Il trouva sur son bureau le livre des Écritures saintes ouvert.

— Je ne puis me dispenser de voir ma femme et mes enfants, dit le prisonnier.

— Vous êtes au secret jusqu'à ce soir huit heures. Je ne puis prendre sur moi de vous laisser communiquer avec personne, mais, si vous le voulez, écrivez un mot à M. le préfet, et envoyez-le lui par un estafette.

Il n'était que six heures du matin, Mme d'Aveillaus ne se levait qu'à huit heures, le directeur écrivit à M. Delavau.

L'estafette fut de retour à temps, porteur de nouvelles instructions, qui permirent à M. d'Aveillaus de prendre deux repas en famille, mais en présence de l'agent secret, qui prendrait, pour la circonstance, le titre d'inspecteur général des prisons.

Dans la journée, M. Margue se présenta pour parler au directeur, qui s'excusa de ne pouvoir le recevoir.

Ce refus parut louche au docteur, mais il était engagé trop loin pour reculer. Il n'en dit rien à M. Guillié-Latousche.

Enfin l'heure fatale sonna !...

XXI

LE GUET-APENS

A sept heures arrivèrent à Bicêtre deux agents secrets pour prêter main-forte au premier. M. le Préfet avait renoncé à venir en personne, trouvant sans doute la besogne indigne de lui.

— Au besoin, ces hommes, munis de pleins pouvoirs, auraient pu faire incarcérer le directeur et donner des ordres à la petite garnison. D'Aveillaus posta ces messieurs dans un cabinet dont la porte vitrée permettait de voir dans le salon, où le directeur devait recevoir l'argent.

En même temps, M. Guillié-Latousche, muni d'un ordre écrit de M. d'Aveillaus, se faisait introduire chez les condamnés. Il leur apportait des perruques et des fausses barbes, des costumes complets.

Raoulx et Pommier commençaient à trouver le temps long et, retombés dans le doute, leur espoir se raffermit.

— Encore quelques heures, soupiraient-ils, enivrés de cette pensée.

— Eh bien! mon cher Bories, dit Goubin, ces moustaches, ne les coupons-nous pas?

Prétendons-nous garder notre physionomie militaire, au risque de nous trahir. Allons!

— Tout à l'heure, disait Bories :

— Douterais-tu encore !

— En deux coups de ciseau ce sera fini, répondit Bories. Écoute! C'est maintenant que notre sort s'agite comme les dés dans le cornet, je le sens. Tiens, vois, mon front est humide. Au creux de l'estomac s'appuie comme une main de glace. Oui, l'heure est sonnée.

— Eh bien! alors, lève-toi, habille-toi! Vois Pommier, il s'apprête. Et toi, Raoulx, tu ne doutes plus, n'est-ce pas?

— Comment douter, répondit Raoulx. Ce n'est pas une comédie. Ces messieurs sont des gens sérieux et c'est pour cette nuit...

— Parbleu! appuya Pommier. Nous avons eu nos raisons pour douter et maintenant nous avons nos raisons pour croire. Mais Bories est singulier.

— Je ne prétends pas, du moins, à me singulariser, répondit ce dernier. Oui, je crois, comme vous, que nous allons bientôt sortir et être libres. Je devrais être joyeux, mais, je ne sais pourquoi, j'ai le cœur triste et je pleurerais, si je savais pleurer.

— Mais tu es fou, Bories.

— Ton courage s'est abattu après le verdict et il ne peut se relever.

— Oh! mon courage est debout, parce que j'ai accepté la mort. Elle peut venir, je me suis habitué à la regarder en face.

. . . .

— Mais laissons là ces vains propos, et voyons ce qui se passe chez le directeur de Bicêtre.

Celui-ci est assis au milieu de son salon, auprès d'une table couverte d'un tapis et garnie d'un vase de fleurs et d'albums dont il parcourt machinalement les images.

Il est très pâle et très nerveux. Son regard, de temps en temps, interroge la pendule. Il est huit heures moins quelques minutes. Tout à coup, il entend des voix bien connues :

— Monsieur le directeur est chez lui ?

— Oui, monsieur.

La porte s'ouvre et M. Margue s'avance vers lui.

Il se lève d'un mouvement automatique, comme l'accusé pour entendre lire sa sentence.

— Eh bien ! nous sommes toujours décidé, je pense ? demande le chirurgien.

— Vous voyez, cher monsieur Margue, je vous attendais, répond d'Aveillaus d'une voix affaiblie.

— Je suis exact. De votre côté, je compte sur votre exactitude, votre honneur y est engagé et je crois que la vie des quatre condamnés en dépend. C'est bien pour ce soir ?

— Oui, pour ce soir.

— Voici donc la somme qui vous a été promise.

M. Margue tira d'une poche de son paletot un sac contenant la somme de dix mille francs en or et le déposa sur la table.

Au même instant, le trois agents de police s'élancèrent dans le salon.

M. Margue se recula instinctivement, mais il n'avait pas le temps de fuir...

Ses yeux se fixèrent sur le visage blême et décomposé du directeur.

— Misérable ! fit-il.

Les agents l'entouraient.

L'un d'eux mit la main sur le sac d'or.

Un autre demanda :

— Vous êtes, monsieur le chirurgien Margue ?

Il ne répondit pas.

La surprise, l'horreur d'un pareil guet-apens le suffoquaient.

D'Aveillaus retomba inerte sur sa chaise.

— Quelle infâmie ! exclama encore le docteur.

— Votre complot, monsieur, dit un agent, était connu depuis quelque temps de M. le Préfet de police. Nous avons un mandat décerné contre vous. Puis d'autres arrestations vont suivre.

Comme il disait ces mots, on entendit dans le vestibule :

— Monsieur le directeur?
— Il est ici, monsieur, avec M. le docteur.

Et la porte livra passage à M. Guillié-Latousche, un peu étonné de voir tant de monde.

Le docteur tenta de le sauver :

— Que venez-vous faire ici, monsieur? lui dit-il, d'un ton sévère. Laissez-nous !

Mais un agent repartit en riant :

— Ah ! monsieur est M. Guillié-Latousche, votre interne. Il arrive à merveille, au contraire, car nous avons aussi un mandat contre lui.

— Quoi ! fit le jeune homme stupéfait. Est-ce possible !... Que signifie?

Puis, recouvrant sa présence d'esprit :

— Mais, permettez, monsieur, de quoi s'agit-il? Un mandat d'arrêt, dites-vous?

— Oui, monsieur. Vous êtes bien monsieur Guillié-Latousche?

— Oui.

— Eh bien ! au nom du roi, je vous arrête.

— Pour quelle raison?

— Je n'ai pas d'explications à vous donner. Je suis chargé de vous arrêter, voilà tout. Monsieur Margue et monsieur Guillié, je vais vous conduire à la Préfecture de police, où vous êtes attendus, là, vous vous expliquerez.

M. Guillié regardait alternativement le docteur et d'Aveillaus. A ces regards interrogateurs, M. Margue répondit :

— C'est un Judas, un traître, il m'a vendu et vous a calomnié par dessus le marché pour arrondir la somme qu'il voulait toucher. Mais vous ignorez ma tentative, je voulais... mais je vous raconterai cela plus tard. Votre crime, pour le moment, est d'être mon élève, de passer pour mon confident, ce qui n'est pas absolument vrai, — bien que vous en soyez digne, — et mon complice, ce qui est faux et, je le maintiendrai, je ne connais d'autre coupable que moi.

— Messieurs, dit l'agent, je vais être obligé de vous séparer.

A M. d'Aveillaus :

— Monsieur le directeur, veuillez appeler le brigadier de gendarmerie.

D'Aveillans, heureux de s'esquiver sortit du salon où il étouffait.

Un instant plus tard, les gendarmes arrivèrent et, sous leur escorte, MM. Guillié-Latousche et Margue furent placés dans une voiture à quatre places, qui partit au grand trop pour Paris.

Le premier agent, posté par le préfet, était resté seul à Bicêtre, pour prévenir toute tentative de fuite de la part du directeur.

Cependant plus de deux heures s'étaient écoulées et M. Guillié n'avait pas reparu chez les condamnés. Ceux-ci commencèrent à souffrir d'une inquiétude qui ne fit que s'accroître d'heure en heure pour les replonger de nouveau dans le désespoir.

Lorsque minuit fut passé, ils se couchèrent dans un morne silence, n'osant se communiquer leurs pressentiments.

XXII

LES JOURNAUX. — DERNIÈRE RÉSOLUTION DE LA VENTE-SUPRÊME

Le 20 septembre, le *Moniteur* annonça que l'on avait découvert une tentative pratiquée pour faire évader les quatre condamnés à mort dans l'affaire des quatre sergents de la Rochelle. Les corrupteurs furent arrêtés et une somme considérable fut saisie. « Nous avons fait, dit un journal, d'inutiles efforts pour nous procurer des renseignements. L'immense château de Bicêtre a été entouré, pendant toute la journée, par la force armée et il n'a pas été possible d'y aborder ; privés de détails directs et ne pouvant accueillir les bruits divers qui ont circulé aujourd'hui à Paris, nous sommes contraints de nous borner à reproduire ce que dit le journal ministériel du soir sur le projet qui a été déjoué.

« Il paraît que ce complot avait été découvert avant qu'on eut tenté de le mettre à exécution, puisque depuis deux jours plusieurs feuilles ont annoncé que la garde de Bicêtre avait été doublée et que des agents supérieurs de la police avaient été mis en permanence dans la prison.

« S'il faut en croire le *Journal du Soir* le complot était connu depuis le 14. Hier, dans l'après-midi, on a arrêté un élève en médecine attaché à l'hospice de la maison, au moment où il venait de compter, au concierge de la maison, une somme de dix mille francs, moitié en or, moitié en billets de banque. Cette somme, ajoute la même feuille, n'était qu'un acompte de celle de soixante mille francs qui, rente et pension, devait être le prix de l'évasion.

« L'argent et le corrupteur, ainsi que d'autres individus soupçonnés de complicité ont été amenés à Paris et remis entre les mains de la justice. M. le Préfet de police a interrogé ce matin plusieurs personnes prévenues d'avoir favorisé ce projet d'évasion. »

Le lendemain, les journaux faisaient connaître que le jeune élève en médecine prévenu d'avoir voulu tenter l'évasion des condamnés à mort de La Rochelle se nommait Margue.

Quelques erreurs s'étaient glissées dans les informations de la presse, mais on doit remarquer que des indiscrétions avaient été commises, par exemple, au sujet de la somme de soixante dix mille francs. Ces tristes nouvelles achevèrent de tuer un espoir déjà bien ébranlé par le rejet du pourvoi.

Les carbonari n'apprirent ce qui s'était passé que par le redoublement de surveillance pris autour de Bicêtre. Ils avaient là des affidés chargés d'espionner les allées et venues du château. Un d'eux reconnut un des agents venus en dernier au moment où il passait la tête à la portière de sa voiture pour parler au cocher.

Les voitures des carbonari attendaient à Gentilly ; elles furent prévenues à temps qu'il se passait quelque chose d'extraordinaire et enfin que l'on avait arrêté le docteur Margue et un étudiant.

Elles rentrèrent à Paris.

A minuit la Vente-Suprême tint une dernière séance.

Un grand nombre de membres, en s'y rendant, ignoraient ce qui s'était passé. La plupart s'attendaient à d'heureuses nouvelles. Lorsque MM. Scheffer et Fabvier, qui avaient été à Gentilly, leur apprirent la triste vérité, le doute se mêla à la surprise et la confusion fut extrême. On ne pouvait comprendre comment une entreprise si rapidement menée et par des hommes si honorables, eut été vendue à la police.

Enfin il fallut se rendre à l'évidence.

L'article du *Moniteur* devait, le lendemain, confirmer le rapport de Fabvier et de Scheffer. Lafayette essaya de relever les courages abattus.

— Ce que l'on n'a pu faire, dit-il, c'est à nos bras de l'accomplir. Je reviens à ce que j'avais commencé, à l'émeute qui permettra aux carbonari de délivrer leurs frères. Que tous soient convoqués pour l'heure du supplice de la Conciergerie à la Grève. Le nombre des troupes ne doit pas nous intimider, elles ne tireront pas sur nous.

— A quel chef obéira-t-on ? demanda un membre.

— On obéira à un signal, répondit Lafayette. Au moment opportun, une fusée sera tirée sur une des tours de Notre-Dame et l'on s'élancera sur les charrettes aux cris de : Vive le roi ! Vive la liberté !

Un membre. — Il vaudrait mieux attaquer le convoi hors Paris, sur le chemin de Bicêtre.

Cette proposition fut l'objet d'une discussion générale et passionnée, mais, finalement, on se rallia à la proposition de Lafayette, que l'on trouva la moins dangereuse. Les carbonari ne pouvaient se réunir sur le chemin de Bicêtre, sans exciter l'attention de la police, ils y seraient trop à découvert et pourraient être balayés par un escadron de cavalerie. On objecta aussi la difficulté que l'on éprouverait à être avertis et pouvoir avertir à temps ses « bons cousins » du transfert des condamnés de Bicêtre à la Conciergerie.

Cette dernière raison était seule suffisante.

Il n'était pas douteux que l'exécution aurait lieu dans un délai très court. On devait donner des ordres en conséquence.

Un membre de la Vente-Suprême fit observer que l'on ne pouvait avoir à redouter le supplice des quatre sergents pour le 21 et même le 22 septembre, parce que le roi n'avait point fait décommander une grande fête qui devait être donnée, aux Tuileries, dans la nuit du 21 au 22.

La séance fut levée.

Tel fut le dernier effort du carbonarisme en faveur de ses victimes.

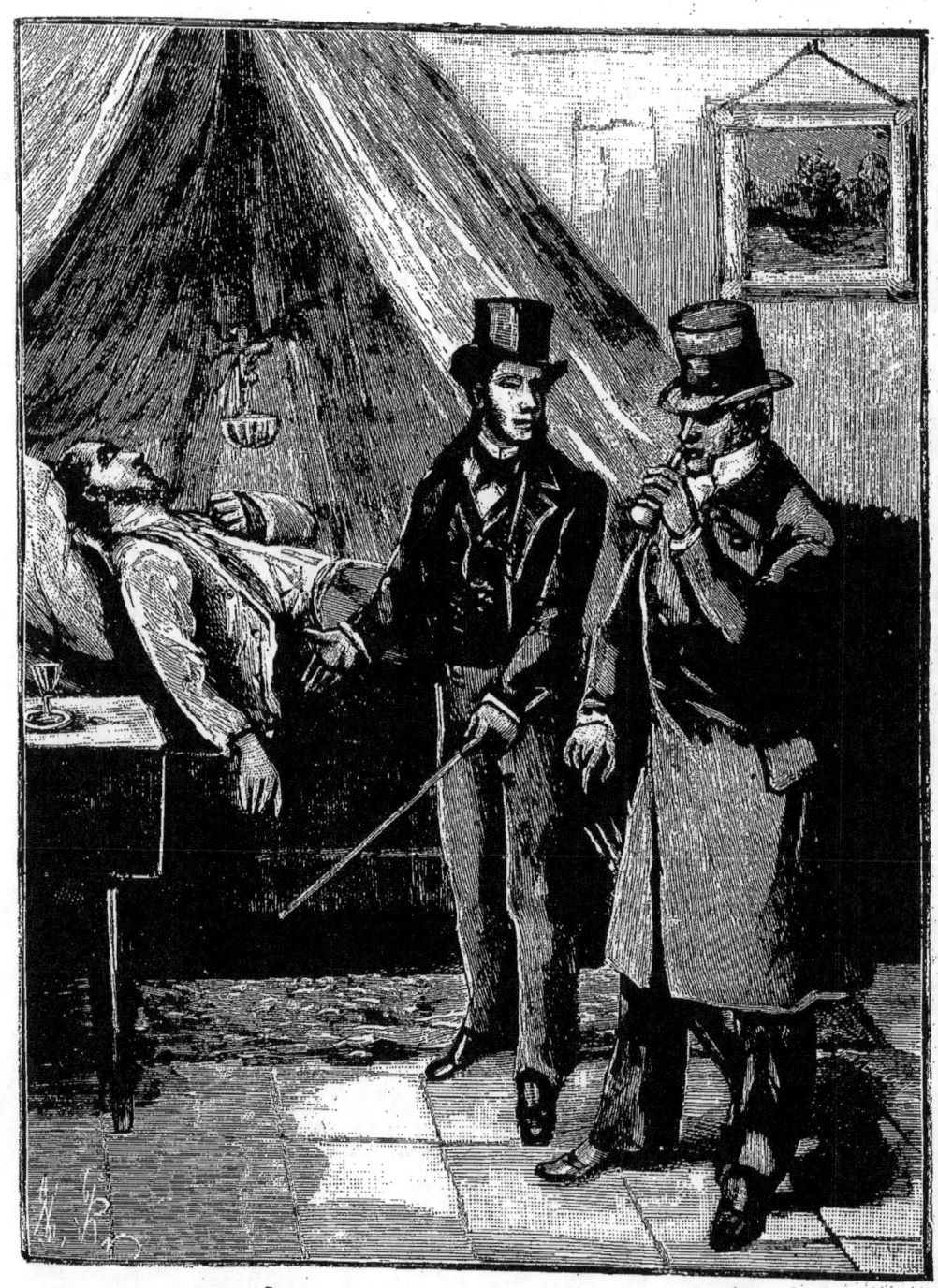

Je connais cela, je suis docteur médecin.

XXIII

LE DERNIER JOUR

L'article du *Moniteur* avait produit son effet dans le peuple, et le 21, dès la pointe du jour, et comme par un instinct, une foule innombrable, se précipita sur les ponts et les quais. De vagues rumeurs circulaient : on avait répandu le bruit que les condamnés avaient été mystérieusement transférés de Bicêtre à la Conciergerie, et que l'exécution devait avoir lieu le jour même.

Bientôt les crieurs publics sillonnèrent les rues et vendirent aux passants l'extrait des minutes du greffe de la Cour royale, qui condamnait les quatre sergents à la peine de mort. La vérité devait bientôt être connue.

Le 21 septembre, à huit heures du matin, M. le directeur de Bicêtre, accompagné de M. le chef de la Sûreté et du geôlier en chef de la prison, pénétrèrent chez les condamnés. M. le directeur leur dit qu'il avait la douleur de leur apprendre qu'il devait se séparer d'eux et les remettre entre les mains de M. le chef de la Sûreté pour être transférés à Paris.

— C'est donc pour aujourd'hui ? demanda Bories.

— Non, pas encore, répondit le directeur.

Les préparatifs de départ des condamnés ne furent pas longs et, quelques minutes plus tard, ils descendirent dans la cour où les attendaient deux voitures fermées, une grande et une petite. On les fit monter tous quatre dans cette dernière avec trois gendarmes, dont un occupait une place près du cocher. Dans la grande voiture montèrent les agents de police. En prévision d'une tentative des carbonari, on espérait leur donner ainsi le change.

Les voitures partirent sous l'escorte de cinquante gendarmes.

Quelques piquets de cavalerie étaient espacés le long du chemin, mais on ne rencontra que quelques passants étonnés, et inoffensifs.

Les voitures arrivèrent à dix heures à la Conciergerie, dont la grille s'ouvrit et se referma aussitôt.

Le directeur vint au devant des condamnés.

— Messieurs, leur dit-il, votre transfert n'a pas la gravité que vous lui prêtez peut-être, il était nécessaire pour remplir quelques formalités de procédure.

Ils remercièrent d'un sourire le directeur de son attention bienveillante, mais toute illusion était désormais impossible.

Cette fois, on les incarcéra isolément, chacun d'eux eût sa cellule, ce qui parut leur être fort sensible.

L'huissier de la Conciergerie vint lire aux trois condamnés qui s'étaient pourvus, l'acte donné de leur désistement.

Parut ensuite un autre personnage, dont la présence était encore plus significative, — le vénérable abbé Montès.

Quelle ironie! La même religion qui brûlait au fond des cœurs des Marchangy, leur envoyait un consolateur. Pourquoi donc, parmi tous les prêtres de Paris, depuis l'archevêque jusqu'au plus humble abbé, ne s'était-il pas trouvé un homme pour se jeter aux pieds de son roi et implorer sa clémence?

Des consolations! Il en était bien temps. Et la tâche de l'abbé Montès était vraiment ingrate. Que ne leur donnait-on, pour consolateur, l'aumônier de Bicêtre qui les avait livrés au bourreau! — Puis comme le fait remarquer avec tant de justesse M. A. Fouquier : « On avait fait de la religion un instrument politique; on l'avait associée aux passions, aux vengeances, aux menaces de la monarchie : le conspirateur vaincu ne voyait en elle qu'une ennemie, et refusait au ministre de Dieu, un repentir qu'il eût craint de paraître offrir à son vainqueur. »

L'abbé Montès n'avait pas le défaut de chercher à s'imposer, il se contenta de se présenter, pour la forme, chez les condamnés qui, de leur côté le reçurent avec respect, tout en refusant les bons offices de son ministère.

Le bruit du transfert des condamnés s'était rapidement répandu dans Paris, et la foule se massait aux environs de la Conciergerie.

A cette époque, la justice avait le courage de son opinion, elle ne dérobait pas au public l'exécution de ses arrêts; le châtiment était donné en exemple, on ne doutait pas de la légitimité de la peine de mort en l'appliquant ; aussi, presque toujours les exécutions se faisaient en plein jour, au centre de Paris.

N'en déplaise à la plupart des moralistes modernes, la nécessité de la peine de mort étant admise, sa publicité est également nécessaire, et au fond des convulsions bachiques de la populace qui assiste aux exécutions, il se glisse un profond sentiment de terreur qu'elle déguise mal. Reléguer l'exécution dans la cour d'une prison, c'est avouer que l'on en a honte, que l'on doute de sa nécessité ; on ne doit pas châtier comme on assassine, dans l'ombre, à l'écart ; s'il en était ainsi, il serait plus moral d'abolir la peine capitale.

On pouvait donc s'attendre à voir tout à coup les aides de Samson se diriger vers la Grève, pour y élever l'échafaud ; et ceux qui n'espéraient plus trouver de place du côté de l'Hôtel-de-Ville, se rabattaient vers les quais. Et beaucoup, sans doute, se disaient en regardant la prison : — « Ils sont là ! Est-ce qu'on ne fera rien pour les délivrer ? »

Certes, la foule était sympathique. Il n'eût fallu que l'élan d'une poignée d'hommes résolus pour soulever la foule. Il est certain que l'ordre d'agir fut donné aux Ventes civiles et militaires, il est également certain que les carbonari descendirent dans la rue, armés de pistolets et de poignards, et y prirent les postes qu'ils jugèrent les plus favorables ; mais malheureusement, on ne leur laissa point la libre initiative de l'attaque, ils devaient attendre un signal.

Dans la soirée, après leur travail, les ouvriers des faubourgs descendirent au centre de Paris. La propagande fayettiste avait produit son effet. Mais la police comptait lasser la patience du plus grand nombre, en prolongeant son attente et reculant l'heure du supplice.

En effet, beaucoup de ceux qui passèrent une partie de la nuit dans les cabarets, accablés de fatigue, s'endormirent avec le jour, ou retournèrent chez eux.

On pouvait croire que le lendemain matin, il y aurait une nouvelle poussée de foule, mais les premiers venus, masse inerte, sans vigueur, feraient obstacles aux derniers. Les historiens de ces tristes journées parlent tous d'un complot de carbonari qui attendaient un signal, mais nullement de bandes organisées, d'une multitude obéissant à un mot d'ordre. Enfin, avouons-le, on plaignait les victimes, on s'indignait, mais on ne s'en passionnait pas. Peut-être trop d'événements sanglants, en peu d'années, avaient fatigué le ressort du caractère parisien.

Mais revenons à nos héros.

Eux aussi étaient brisés par les émotions violentes, leur sensibilité était épuisée par de brusques et rapides alternatives d'espérance et de désespoir, et par de longues insomnies. Lorsque l'abbé Montès les eut quittés, ils se couchèrent et s'endormirent aussitôt d'un sommeil calme et profond.

Leurs cellules étaient contiguës, et ils n'étaient séparés que par une faible cloison. Vers les deux heures, Raoulx appela Goubin, son voisin le plus proche, à plusieurs reprises.

Enfin, Goubin se réveilla :

— Tu me fais tort, répondit-il en bâillant, je dormais de si bon cœur.

— Dans deux heures, nous dormirons ensemble, et pour longtemps.

Leur heure dernière était proche, en effet. Le profond silence qui régnait fut bientôt troublé par le retentissement des dalles sous les bottes ferrées de l'exécuteur des hautes œuvres, de ses aides, et de l'état-major des employés de la prison.

La cellule de Bories fut ouverte la première, par le directeur.

— François Bories, dit-il, vous pouvez sortir. L'heure est venue de vous préparer à subir l'arrêt de la justice. Vous avez du courage.

Puis, successivement, il se fit ouvrir les trois autres cellules, en appelant les condamnés à peu près dans les mêmes termes.

Il s'agissait de la toilette.

Bories ayant jeté un regard sur le groupe des bourreaux, dit au directeur.

— Accordez-nous la faveur, monsieur, de nous couper les cheveux les uns aux autres?

Le directeur parut surpris de cette demande sans précédent dans les annales de la Conciergerie. Il réfléchit un instant, puis refusa :

— Ce serait une infraction au règlement, dit-il. Il ne nous est permis de laisser, aux mains des condamnés, aucun objet dont ils puissent se servir pour attenter à leur vie.

Une chaise attendait les patients. Bories se soumit et y prit place, et le premier aide de Samson lui coupa les cheveux qui couvraient la nuque. Ils avaient poussé pendant le procès.

Après lui, ses amis subirent également le premier contact du fer et de l'exécuteur. Pendant ces apprêts, Raoulx, qui était de petite taille, ne put retenir une plaisanterie :

— Il y a vraiment conscience, dit-il, à me couper la tête. Une fois tombée, voyez un peu ce qui restera.

Ses amis sourirent à cette boutade, dite sous l'effort d'une gaieté forcée, mais avec une sorte de bonne humeur vraiment inconcevable en un pareil moment.

Quelques condamnés, surexcités par l'approche de la mort, deviennent bavards ou plaisantent avec une gaieté nerveuse. Ce pauvre Raoulx était devenu, je crois, indifférent à son sort.

Bories voulut savoir dans quel ordre ils monteraient à l'échafaud.

— L'exécuteur avait, à ce sujet, des ordres écrits :

— Raoulx sera le premier, répondit-il, Goubin le second, Pommier le troisième, et vous le dernier.

— Ce diable de Raoulx, dit Bories, il aura du bonheur jusqu'au bout.

La toilette funèbre n'avait duré que quelques minutes ; les condamnés, lorsqu'elle fut terminée, s'attendaient à partir, cependant, on les laissait abandonnés à leurs réflexions, et aucun bruit n'annonçait les préparatifs du départ.

— Eh bien ! fit Bories, s'adressant à Samson, ne partons-nous pas, messieurs ?

— Pas encore. Nous avons devant nous plus d'une heure.

— Pourquoi donc, alors, nous avoir réveillés si tôt ? Ce procédé est barbare.

Le greffier, silencieux dans un coin, répondit :

— On a voulu, monsieur, vous laisser le temps de la réflexion.

— Que voulez-vous dire ?

— On a pensé que l'horreur de votre situation pouvait vous inspirer quelque regret et des révélations.

— Oh ! c'est trop fort, fit Bories.

— Nous n'avions pas mérité cette injure, ajouta Raoulx.

— C'est l'usage, messieurs, dit le greffier, n'en soyez pas blessés. Il n'a rien d'injurieux.

— Vous trouvez ! fit Goubin, qui, sans doute, pensait à Goupillon.

— Remettez-vous, je vous prie, messieurs, dit le greffier. Je crois entendre M. le Président qui vient ici.

— En effet, presque aussitôt, M. de Montmerqué parût.

Il venait dans le but indiqué par le greffier. On se rappela sa bienveillance à l'égard des accusés, avant et après le verdict, il devait être le bienvenu près de ces derniers.

Il les prit chacun à part.

— Depuis ce matin, dit-il, j'attendais de vous des révélations.

— Nous preniez-vous pour des délateurs?

— Non, j'ai toujours rendu justice à votre courage et à vos bons sentiments, mais j'ai vu, en vous, des jeunes gens entraînés par une société secrète d'hommes politiques, ayant des intérêts politiques là où vous n'en avez aucun. Vous devez voir, aujourd'hui, que vous n'avez été que des instruments d'hommes puissants et ambitieux, qui, après vous avoir conduits à l'abîme, vous abandonnent.

— Ils ont tenté de nous délivrer, mais ils ont été trahis.

— Nous nous sommes dits que vous vous trouviez actuellement, par leur fait, déliés de tout serment de discrétion à l'égard de leur société, et que, pour donner au roi une marque de repentir qui provoquât sa clémence, vous pouviez donner, à la justice, des renseignements qui lui permit de prévenir des catastrophes semblables à la vôtre.

Vous n'avez rien dit; il est bien tard, mais il est temps encore; parlez. Le président de Montmerqué, qui vous y invite, est incapable de vous conseiller une lâcheté ou une action contraire à l'honneur.

Ils l'écoutèrent d'un air pensif, et répondirent, l'un après l'autre :

— Nous n'avons rien à dire.

Lorsque le président se retira, il était cinq heures moins un quart au Palais.

En ce moment, les grilles de la Conciergerie s'ouvrirent : Un long frémissement courut dans la double haie de soldats échelonnés du Palais de Justice à l'Hôtel-de-Ville, et quatre charrettes sortirent sur le quai.

Presque toute la garnison de Paris était sous les armes, et des détachements de gendarmerie parcouraient toutes les rues aboutissant à la Cité.

Dans chaque charrette se trouvait un condamné garrotté, tête nue, entre deux gendarmes. Dans la première était Raoulx, avec l'abbé Montès, dans la seconde Goubin, la troisième Pommier, la dernière Bories. Le cortège, suivant les quais jusqu'au pont Notre-Dame, marchait lentement.

Et pendant tout le parcours, pas un cri ne s'éleva de la foule immense, pas un mouvement ne s'y produisit.

On attendait le signal qui ne fut pas donné.

Les charrettes arrivèrent au pied de l'échafaud. Les condamnés descendirent avec l'aide des valets de Samson, auxquels ils remirent une partie de leurs vêtements. Ils formaient ainsi un petit groupe paisible au pied de l'horrible machine.

Raoulx, qui devait périr le premier, demanda à embrasser ses camarades.

Cette dernière faveur ne lui fut pas refusée, et les mains liées derrière le dos, tous quatre se donnèrent le baiser d'adieu. Puis, Raoulx, d'un pied ferme, gravit les marches de l'échafaud.

Là, au moment où les bourreaux abattaient leurs mains sur ses épaules, pour le coucher sur la bascule, il cria d'une voix retentissante : — Vive la Liberté !

Goubin lui succéda, puis Pommier, et tous deux avec la même fermeté.

Enfin, Bories parut à son tour sur la plate-forme. Il se tourna vers la foule et lui dit d'une voix qui vibra au fond de bien des cœurs : « Souvenez-vous que c'est le sang de vos frères qu'on fait couler aujourd'hui ! »

Il était six heures trente-cinq minutes.

A la même heure, de nombreux invités se pressaient dans les salons des Tuileries. Louis XVIII et la famille royale souriaient de bonheur à la brillante aristocratie réunie autour d'eux, en ce jour de fête.

Le bruit du couperet ne parvenait pas jusqu'au palais... le palais du *dix août*. A quoi servent les leçons de l'histoire ?...

Cependant, dit-on, cette fête eut son terrible *Mane Tecel Pharès*. Au milieu du bal qui succéda au dîner, une main mystérieuse avait fait circuler le distique suivant :

« Louis sait se donner les plaisirs en un jour.
« D'un massacre à la Grève et d'un bal à la cour. »

Le marquis se dressa sur ses étriers pour prendre le baiser de bienvenue.

En rentrant dans son cabinet de travail, le lendemain, le roi fut encore frappé par de plus terribles paroles qui étaient une prophétie :

Il trouva sur son bureau le *Livre des Écritures,* ouvert à la page renfermant ce verset que l'on avait souligné :

« *Convertam, Israël, festivas vestras in luctum et jubila vestra in planctum.* » Je changerai, Israël, vos fêtes en deuil et vos joies en pleurs.

Mais il était écrit que ses frères payeraient toujours pour lui.

Huit ans plus tard, Charles X et sa famille reprenaient le chemin de l'exil, et le 21 septembre 1830, 4,000 citoyens se réunissaient sur la place de Grève pour une cérémonie expiatoire.

M. Mérilhon était ministre de la justice. Les restes des quatre sergents de La Rochelle furent déposés au cimetière Montparnasse. Leurs amis leur élevèrent un modeste monument consistant en un tumulus surmonté d'une colonne tronquée. — Ce tombeau est depuis soixante-six ans l'objet d'un constant pèlerinage. Les cimetières parisiens abondent en pierres tombales de souvenirs politiques, nous n'en connaissons pas à qui le public soit aussi resté fidèle. Tous les 2 novembre, les couronnes et les bouquets fleurissent la tombe des martyrs de la liberté.

Bien des héros plus grands qu'eux, plus élevés dans leur gloire, sont moins tranquilles au Panthéon que les modestes sergents de La Rochelle à Montparnasse. On ne discute plus devant eux, on s'incline simplement. Aucun nom, aucun emblème n'attire le regard, on les trouve tout de même. Ils ont leurs fidèles, leurs amis. On raconte même qu'ils ont eu longtemps *leur amie.* Celle dont nous voulons parler ici s'appelle : *La fiancée de Bories.* La légendaire pariétaire gracieuse de la tombe a poussé ses racines déliées entre les pierres, et au-dessus d'elle balance sa tige souple et sa fleur charmante.

Il y a une vingtaine d'années, tout le Paris de la rive gauche connaissait une vieille femme qui marchait courbée en deux, en s'appuyant sur un long bâton. Son visage touchait presque ses genoux. Elle portait constamment à son corsage un bouquet, le plus souvent fané, qu'elle renouvelait lorsqu'elle en avait le moyen.

Cette vieille était pauvre, ou du moins le paraissait. Ses vêtements étaient ceux d'une mendiante, et cependant elle ne demandait point l'aumône. On la disait dévorée par un long chagrin. Elle faisait des commissions, dont on la chargeait par charité, et malgré son air cassé, était toujours en route. Les gens de son quartier la regardaient comme atteinte d'une monomanie douce et touchante, d'un *fonds de chagrin,* comme on dit vulgairement.

Mais quelques curieux l'interrogèrent, et elle leur confia que sa tristesse provenait d'un amour brisé dans sa jeunesse, par une catastrophe inoubliable. Elle avait été la fiancée d'un héros, de François Bories, et elle avait assisté à son exécution. Le martyr, du haut de sa charrette, lui avait jeté comme un éternel adieu un bouquet de violettes qu'il venait de porter à ses lèvres. Le bouquet qu'elle piquait à son corsage était un souvenir de celui du condamné. On la voyait tous les ans au cimetière Montparnasse apporter des fleurs. Elle est morte vers la fin de 1864.

Nous ne relèverons pas les invraisemblances de cette fable, nous respectons les légendes comme les tombes ; nous ajouterons seulement que l'on nous a cité jadis, au quartier latin, d'autres fiancées du sergent Bories ; à cette différence, que ces dernières n'avaient gardé, des amours passées, aucune poésie.

Mais voici, pour terminer l'histoire de notre héros, un fait vrai et réellement touchant.

A Villefranche — pays de Bories, — il y eut concert admirable entre tous les habitants pour cacher sa fin tragique à ses vieux parents. A l'étonnement des vieillards de ne point recevoir de nouvelles, on répondit que leur fils était passé dans les colonies, et il y avait cette vraisemblance, bien faible, mais dont on a pu se servir, que le 45ᵉ de ligne, tombé en disgrâce, avait été embarqué pour la Guadeloupe. Enfin, pendant plusieurs années, tous les habitants de la contrée où vivaient les Bories gardèrent un silence absolu.

XXIII

CE QUE DEVINRENT NOS AUTRES PERSONNAGES

« Après la mort des sergents de La Rochelle, — dit Louis Blanc, — la Charbonnerie s'affaiblit et se décompose. Deux partis se forment dans son sein. L'un veut qu'on se prononce nettement pour la République, et il entoure Lafayette; l'autre ne veut pas qu'un gouvernement quelconque soit imposé à la nation, et il se couvre du nom de Manuel. Ces divisions, sourdes d'abord, s'aigrissent bientôt, s'enveniment, et éclatent en accusations réciproques. L'anarchie pénètre la Charbonnerie par tous les pores, et à la suite, s'introduisent les défiances injustes, les haines, l'égoïsme, l'ambition.

La période du dévouement passée, celle de l'intrigue commence.

La Charbonnerie n'était point descendue dans les profondeurs de la société. Elle n'en avait point remué les couches inférieures. Comment se serait-elle longtemps préservée des vues de la bourgeoisie, mais après l'avoir usée, fatiguée, mise sous la main des agents provocateurs et du bourreau, que lui restait-il de noble à tenter et que pouvait-elle faire?

Ce fut dans cet état de dépérissement et d'impuissance pour le bien, qu'elle accepta et subit l'empire d'hommes tels que MM. Mérilhon et Barthe. Ce dernier, dans la défense des accusés de Belfort, avait eu de nobles inspirations, mais si on lui attribua les vertus d'un ami du peuple, ce fut le tort de ceux qui le jugèrent.

On a beaucoup parlé des scènes dramatiques que la Charbonnerie couvrait de son ombre, des serments de haine à la royauté, prononcés sur des poignards et autres formalités sinistres. La vérité de tout cela est que la Charbonnerie ayant pris une grande extension, les *Ventes* avaient dû échapper à toute direction centrale. Il y en avait de républicaines, d'orléanistes, de bonapartistes. Quelques-unes conspiraient sans autre but que de conspirer. Les pratiques variaient selon les principes; et au fond d'une association, un moment si terrible, il ne restait plus que le chaos. Le défaut de principes, vice originel de la Charbonnerie, se retrouva dans les causes de sa ruine.

C'était tout simple.

Quant à son influence, elle se manifesta par deux résultats divers.

En montrant au pouvoir combien ses ennemis étaient nombreux et implacables, la Charbonnerie le précipita sur la pente des réactions, au bas de laquelle était un abîme.

D'un autre côté, en réagissant d'une égale ardeur et contre la dynastie des Bourbons qui occupait le trône et contre le parti féodal qui dominait dans la Chambre, elle força les deux pouvoirs à se réunir et amortit, pour quelque temps, ce qu'il y avait de nécessaire, d'inévitable, dans la cause de leur rivalité.

La force que la Restauration déploya sous le ministère Villèle, et les efforts violents qui la perdirent sous le ministère Polignac, n'eurent donc qu'une même source : La Charbonnerie.

. . . .

Le même historien apprécie ainsi la fête donnée aux Tuileries, le jour de l'exécution des quatre sergents :

« Quand Louis XVIII ordonnait qu'on dansât à la Cour à la même heure où le fossoyeur recevait des mains du bourreau les corps sanglants des quatre sergents de La Rochelle, Louis XVIII prenait sa revanche des victoires de la Chambre. Il y avait fête au château, parce qu'au milieu des humiliations de la royauté, l'atrocité impunie de cette fête ressemblait à de la force. Chassé de partout, l'orgueil du monarque s'était réfugié dans cette fanfaronnade sauvage. »

. . . .

En somme, ces infortunés soldats qui, pendant leur long procès avaient été l'objet des sympathies ou de la pitié de tous, ont été abandonnés de tous à leur dernier moment.

Quand on lit la liste des membres de la Vente-Suprême, on peut s'étonner du peu qu'elle a fait pour arracher ses victimes à l'échafaud. A la plupart de ces noms est resté attachée une auréole d'intelligence, de libéralisme, de générosité, de courage. La liste est longue, et il semble qu'il ne fallait que quatre ou cinq de ces patriotes pour sauver les sergents de La Rochelle.

C'était une compagnie d'élite que celle qui comprenait MM. Bazard, Flottard, Buchez de Corcelles, père et fils, Sautelet, Guinard, Voyer-d'Argenson, Dupont (de l'Eure), de Schoonen, Jacques Kœchelin, Manuel, Favier, Barthe, les frères Scheffer, Lafayette, Horace Vernet, Mérilhon, etc., etc. Je ne sais pas à quelle époque de notre histoire on aurait pu réunir plus de citoyens considérables par leur passé, leurs talents, et même leur fortune; aussi, dis-je, on peut s'étonner du peu qu'ils ont fait. Pris à part individuellement, chacun de ces citoyens réunit tant de qualités éminentes et demeura impuissant comme membre de la Vente-Suprême.

Mais n'en est-il pas toujours ainsi?

Voyons les autres sociétés secrètes et les Parlements?

Malgré le fractionnement d'une assemblée politique, en partis et en groupes, les grandes individualités s'y trouvent diminuées, elles s'y délayent, elles s'y noient. Elles ont besoin du nombre, et le nombre les absorbe. La convention mathématique qui enfle la valeur de l'unité par l'adjonction des zéros ne leur est pas applicable. Les individualités, dans une assemblée, perdent leur initiative. Les courants souvent fictifs de la politique s'en emparent. Tel député qui eût été, comme ministre, un homme d'État, n'est qu'un vote.

On a vu des assemblées, telles par exemple, pour ne pas chercher trop loin, l'Assemblée nationale de 48, où la nation se trouvait représentée par toutes les sommités intellectuelles du pays; ses membres étaient unis par l'amour de la patrie; ils étaient honnêtes (nous sommes, hélas! obligés de mentionner l'honnêteté aujourd'hui). Eh bien! ces citoyens illustres et ces honnêtes gens, qui, chacun pris individuellement, étaient la monnaie d'or du génie national, réunis en assemblée, furent démonétisés, et l'Assemblée constituante se retira impuissante!...

Enfin, aux défauts des assemblées, la Vente-Suprême ajoutait encore ceux d'une coterie. Sauf dans l'affaire de Colmar, elle se montre partout mesquine et quelquefois pusillanime. C'est un corps immense sans chaleur, sans volonté. Les éléments qui composent son cerveau se neutralisent les uns par les autres, et des Favier, des Manuel, des Flottard, des Scheffer, des Dupont de l'Eure, etc., il ne reste que la Vente que vous savez.

. . . .

Parlons maintenant des personnages principaux qui jouèrent un rôle dans notre récit.

MM. Margue et Guillié-Latousche?... Nous avouerons que nous ignorons à quelles peines ils furent condamnés. Il est probable qu'ils subirent un emprisonnement de plusieurs années, mais ils ont dû bénéficier de l'intérêt que le gouvernement avait à étouffer la tentative de corruption et surtout la délation odieuse de l'aumônier.

L'abbé Mulot?... En odeur de sainteté et délivré du chantage de sa sœur, il gravit d'un pas lent, mais sûr, les degrés de la hiérarchie ecclésiastique. Il mourut riche et en odeur de sainteté. Dieu protège les siens.

Le marquis de Toustain, tombé en disgrâce par excès de zèle, fut envoyé aux Antilles avec son régiment.

Henri Gislain de Noyelles finit comme la plupart de ses pareils. Ruiné, épuisé, goutteux, fourbu, ne sachant plus où se réfugier pour manger sa pension, il fit la paix avec sa femme.

Quant aux condamnés de Poissy, on ne leur fit pas grâce d'un jour de prison. Ils sortirent complètement oubliés. Lefèvre se maria avec sa prétendue Parisienne, et s'établit à Rouen ; il y publia, dans les journaux, quelques articles sur la conspiration de La Rochelle, qui furent réunis en brochure, ainsi que quelques chansons patriotiques. — « Il avait, dit-il de lui-même, quelque facilité à saisir les ridicules et à les présenter dans des chansons appropriées au goût des soldats. »
— On se souvient que M. de Toustain remarquait avec indignation que ce fusilier jouissait au régiment d'une certaine importance !

Que devint Marchangy ?

A ce sujet, voici ce que nous apprend le Dictionnaire Larousse :

« En 1822, il fut nommé avocat général à la Cour de cassation : c'était la récompense du zèle qu'il avait montré à faire condamner les quatre sergents ; mais la faveur royale s'arrêta là. Marchangy fut tellement honni et conspué par la presse, qu'on n'osa plus attirer les yeux sur lui. Son impopularité le fit rejeter de la Chambre des députés où il avait réussi à se faire envoyer, en 1823, par le collège du département du Nord ; on ajourna son admission sous prétexte qu'il ne produisait point les pièces justificatives constatant qu'il payait le cens voulu.

Réélu dans le Haut-Rhin à la session suivante, car il n'avait pas profité de l'ajournement pour justifier de sa situation, il vit cette fois son élection annulée pour le même motif.

Il renonça dès lors à la carrière législative, et se renferma dans l'exercice de sa profession d'avocat général.

Il mit la dernière main à une composition littéraire pour laquelle il espérait un succès égal à celui de sa *Gaule poétique*. La mort surprit l'auteur comme il écrivait le dernier chapitre. Marchangy mourut jeune, à peine âgé de quarante-quatre ans, à la suite d'un refroidissement, contracté dans la basilique de Saint-Denis, le jour de la fête expiatoire du 21 janvier. Il est à remarquer que cette cérémonie coûta la vie à deux autres membres de la Cour de cassation, Brillat-Savarin et Robert de Saint-Vincent. La sottise humaine est toujours la même :

« Pour honorer les morts fait mourir les vivants. »

Enfin, il nous reste à raconter la fin tragique du malheureux d'Aveillaus.

Son frère, l'aumônier, avait bien obtenu qu'il ne serait point poursuivi pour les faits criminels concernant la tentative d'évasion des quatre sergents, mais il n'avait pas songé que d'Aveillaus ne pourrait être maintenu directeur de Bicêtre, et par conséquent, destitué et jeté sans ressources sur le pavé.

Pendant quelques jours on le laissa tranquille. Il ne fut mandé qu'une fois à la Préfecture. M. Delavau voulait connaître les noms des complices de MM. Margue et Guillié-Latousche, mais il se refusa énergiquement à les faire connaître. Il jura qu'il n'en connaissait aucun, que ses relations au sujet de l'évasion avec M. Margue, avaient été très courtes, et s'étaient bornées à deux ou trois entrevues ; mais seulement qu'il avait toujours pensé que le chirurgien ne faisait qu'exécuter les ordres de la Vente-Suprême des Carbonari.

On fit semblant de le croire ; on le surveilla pendant quelque temps. On le laissa en place afin de ne pas confirmer officiellement les bruits déjà répandus sur la tentative d'évasion.

Le malheureux ne se faisait pas d'illusions et tomba dans une tristesse mortelle. Sa femme et ses filles étaient impuissantes à le consoler et leur vue ne faisait qu'exaspérer sa douleur. Son frère, depuis la catastrophe, l'évitait. Il demeurait donc des jours et des nuits enfermé dans sa chambre sans vouloir recevoir personne, s'attendant, chaque matin, à apprendre sa destitution, sans trouver un moyen de remédier à son infortune et à celle des siens.

Son frère, en lui reprochant d'accuser le roi d'ingratitude lui avait dit : « Évoquez le passé, et dans votre jeunesse vous verrez si vous avez toujours été bon serviteur de la cause royale. »

A quoi l'abbé avait-il fait allusion ? Quelle faute avait-il commise ? Que pouvait-on lui reprocher qui expliquât la demi-disgrâce dans laquelle il se trouvait tombé à la rentrée en France des Bourbons ?

Et tout à coup, il se rappela une affaire singulièrement drama-

Ah! ma Thérèse! nos amours auront toutes les ivresses. La fête commence.

tique à laquelle avait été mêlée un personnage énigmatique, mystérieux, dont il s'était fait un ennemi. C'était la conspiration dont son oncle, le marquis Armand de la Rouarie, avait été l'âme et la victime. Il s'y était trouvé doublement compromis, c'est-à-dire suspect aux deux camps politiques, aux républicains et aux royalistes.

Tout ce passé terrible lui apparut.

Et il murmura :

« Non, s'il en est ainsi, il faut laisser toute espérance. Je n'ai plus d'autre refuge que la mort. »

Comme il disait cela, son domestique frappa à sa porte et lui remit le *Moniteur*.

Il le parcourut avec une curiosité avide, et de nouveau s'écria :

— Ah! c'est bien cela!... Le voilà donc de nouveau le mauvais génie. Il m'a compromis en 1815, il m'achève aujourd'hui!... Que la destinée s'accomplisse!...

Elle était bien étrange la destinée.

Après avoir un instant parcouru sa chambre à grands pas et en silence, il s'arrêta devant un bureau et couvrit quelques pages d'une écriture rapide et tremblée.

C'était des adieux à sa femme et à ses enfants.

Il écrivit encore à son frère, mais quatre lignes seulement.

Il étala ces papiers sur le bureau, bien en vue, et les laissa sans les relire.

Ensuite il alla à un petit meuble ancien et de bois précieux, un souvenir de famille. Il l'ouvrit et fit jouer le ressort intérieur d'une cachette. Dans cette cachette se trouvaient quelques objets qui ne pouvaient avoir de prix que pour lui, et un flacon de cristal bouché à l'émeri et enveloppé de papier noir.

Vous devinez ce qu'il contenait : Un remède suprême contre la vie.

Il avait traversé bien des misères sans songer à s'en servir.

Il en ôta l'enveloppe de deuil, et le mania, avec un sourire où il y avait autant de tristesse que d'ironie.

Il referma le meuble et posa le flacon sur sa table de nuit.

Il n'avait plus qu'à se coucher et à boire quelques gouttes du poison pour être délivré de tous ses maux et goûter l'éternel sommeil.

Rien de plus commode, et cependant l'instinct de la conservation n'était pas encore brisé chez lui, et pendant un instant, pâle, oppressé, le regard tourné vers le remède, il trouva peut-être que c'était trop commode et que ça serait trop vite fini.

N'avait-il rien oublié?... Il passait lentement la main sur son front humide.

« Allons! allons! murmura-t-il. Il sera bien content en me trouvant ainsi. Mais dépêchons-nous afin de prévenir sa visite. »

Son lit était bas, il se jeta dessus, promena autour de lui un regard éperdu, saisit le flacon, le déboucha, et répétant encore : — Allons! allons! Il avala le toxique d'un trait.

Puis sa tête se renversa sur l'oreiller.

La mort était présente.

On frappa.

Il l'entendit. Le poison n'était pas foudroyant. Il avait les yeux grands ouverts, et ses mains crispées roulaient son mouchoir.

On frappa à plusieurs reprises et de plus en plus en fort. Son silence donna à penser et l'on enfonça la porte.

Deux hommes, suivis de son valet, se précipitèrent dans la chambre, et de suite furent au lit du mourant.

— Ah! fit l'un d'eux, il vient de s'empoisonner, tenez, voici le flacon.

— Il n'est pas mort, dit l'autre.

— Non, reprit le premier.

Et flairant le flacon, il ajouta :

— Je connais ça. Je suis docteur en médecine. Nous sommes arrivés à temps et je puis le sauver.

Il tira de sa poche un carnet, griffonna une ordonnance et la donna au valet en lui disant : — Ne perdez pas une minute. Revenez avec le médicament.

Pendant ce temps, l'état de d'Aveillaus paraissait toujours le même. Il voyait, entendait, mais ne pouvait plus parler. Ses mains étaient devenues immobiles, et, comme son visage, étaient d'un blanc légèrement bleuâtre.

Un des étrangers ramassa le *Moniteur* jeté au milieu de la chambre.

— Il venait sans doute, dit-il, d'apprendre sa destitution.

Ce monsieur était le secrétaire général du préfet de police; son compagnon était le successeur de d'Aveillaus.

Le domestique rentra avec le contre-poison et une cuillère.

— Très bien, dit le docteur; allez maintenant prévenir la famille.

Puis s'adressant au secrétaire :

— De gré ou de force, dit-il, il faut qu'il avale ceci; mais c'est urgent.

Tout en parlant, il remplit la cuillère, et d'une main entr'ouvrant les lèvres de d'Aveillaus, de l'autre, il essaya de lui introduire le contre-poison dans la bouche.

La première cuillerée passa presque entière. Encouragé, le médecin en prépara une seconde.

Au même moment, la femme, les enfants accoururent, effarées, jetant des cris, entourant le lit.

— Oh! mon Dieu! mon père! Il se meurt!

Le médecin les écartait doucement; c'était un homme âgé, à cheveux blancs; on lui obéit, mais en éclatant en sanglots déchirants.

D'Aveillaus prit encore la seconde cuillerée; mais ce n'était pas tout.

Une amélioration se montra cependant. Son regard perdit de sa fixité, ses lèvres s'agitèrent.

L'abbé voulut s'approcher à son tour. On le laissa.

A sa vue, le visage du malade se contracta douloureusement, et avec un puissant effort sans doute, d'Aveillaus dit :

— Toi!... Toi, malheureux!

L'abbé parut atterré, il ne bougea plus.

— Va-t-en! fit le moribond.

L'abbé tomba à genoux, le visage dans les mains.

— Allons, reprit le médecin, encore une cuillerée et nous sommes sauvé...

— Non! répondit d'Aveillaus. Non. Ne me tuez pas à moitié, vous êtes venu pour m'achever, achevez-moi.

— Mon ami! implora Mme d'Aveillaus.

— Mon père! Vivez pour nous!

— Du courage, monsieur d'Aveillaus, dit le secrétaire général.

— Qui êtes-vous?

— Le secrétaire de M. Delavau et monsieur...

— Oh! lui je le connais. Lui aussi a tout fait pour me perdre. Il sait bien qu'il ne peut pas me sauver; et il s'en réjouit.

— Que dit-il? fit le nouveau directeur de Bicêtre. Allons, cher monsieur, ne repoussez pas la vie qui vous est rendue. Acceptez-la.

— Au nom de Dieu! mon frère.

— L'abbé, repartit d'Aveillaus d'un ton sévère, c'est par vous que je meurs. Ce sera pour vous une pénitence et un devoir sacré de soutenir ma femme et mes filles.

Les sanglots de celles-ci redoublèrent.

— Obéissez! Dieu le veut! dit brusquement le médecin. Encore cette goutte et je réponds de votre vie.

Et il agit avec une habileté telle, que le contre-poison entra dans la bouche du patient; mais celui-ci le rejeta.

— Vous devoir la vie! jamais! dit-il encore.

Mais ce furent ses dernières paroles.

L'irritation qu'il éprouva contribua sans doute à abréger son existence. Son visage se convulsa de nouveau; ses yeux reprirent leur rigidité.

Sa famille reprit, au bord du lit, la place étroite laissée aux derniers adieux. Que dire des larmes, des sanglots?...

Le deuil de ces pauvres femmes devait être long; elles ignoraient encore la destitution de celui qu'elles croyaient disputer à la mort.

Le nouveau directeur dit à demi-voix :

— Ce pauvre Paul!

— Vous l'avez connu autrefois? lui demanda à voix basse le secrétaire général.

— Oui, dans ma jeunesse, beaucoup, puis nous nous sommes tout à coup séparés et perdus de vue. Nous avons ensemble commencé la guerre de l'Ouest, la Chouannerie...

— Ah!... Ah!... fit le secrétaire d'un air de considération.

Puis, changeant de ton et de visage :

— Comment un tel gentilhomme a-t-il pu déchoir ainsi? fit-il.

— C'était un original, un cerveau brûlé, répondit le docteur. — J'aurais voulu le sauver.

— Baste! fit le secrétaire général, il n'est pas le plus à plaindre. Mais qu'est devenu l'aumônier? Va-t-il le laisser partir ainsi pour l'autre monde?

Ce disant, il se retourna et aperçut l'abbé d'Aveillaus étendu au pied d'un fauteuil; il avait perdu connaissance.

Docteur et secrétaire se portèrent aussitôt à son secours.

Il tenait à la main un rouleau de papier. Le secrétaire l'en débarrassa avec empressement et — par habitude, — y plongea un regard policier. Il lut :

Mémoire sur la conspiration du marquis Armand de la Rouarie.

— Qu'est-ce? fit le docteur qui dévorait des yeux le rouleau.

— Un *mémoire*, répondit le secrétaire; c'est toujours bon à consulter.

C'était cette histoire dont Paul d'Aveillaus se disait, une heure auparavant, en ayant évoqué les souvenirs de sa jeunesse :

« S'il en est ainsi, il faut laisser toute espérance! Je n'ai plus d'autre refuge que la mort!... Que la destinée s'accomplisse. »

C'était l'histoire de d'Aveillaus et celle de son successeur, avant que le premier ait cédé la place au second, — elle est étrange et dramatique, — nous allons vous la dire.

XXIV

L'ÉVOCATION DU PASSÉ

Il est superflu de le dire, malgré son énergique résolution et les encouragements donnés au docteur Margue, M. d'Aveillaus était vivement impressionné par les remontrances de son frère.

« Croyez-moi, lui avait dit ce dernier, retrempez-vous dans les souvenirs de votre jeunesse. »

Accoudé au bord de sa fenêtre, le regard perdu dans le vague, il fit involontairement appel à ses souvenirs, qui se présentèrent nombreux, tumultueux et rapides. Tous n'étaient pas également agréables. Il en était même que leur auteur eut volontiers étouffés ou répudiés mais qui se dégageaient de la multitude, et qui, par dessus les meilleurs, s'imposaient à lui. Les uns laissaient à désirer au point de vue de la délicatesse morale, les autres au point de vue de l'intelligence.

Péchés de jeunesse.

Dire desquels l'homme âgé eut rougi le plus, nous ne le savons pas.

Ils lui prouvaient que s'il avait toute sa vie appartenu au service de la cause royale, il ne l'avait point toujours soutenue avec un égal bonheur, et avait autant contribué à ses défaites qu'à ses succès.

Certainement sa longue carrière royaliste méritait une autre récompense que la place de directeur de Bicêtre, et cependant il le voyait et en était comme saisi à cette heure, il était telle aventure qui, racontée au roi, aurait pu modérer sa reconnaissance.

Singulière aventure où il pécha par légèreté, par imprudence juvénile, et compromit une entreprise considérable.

En se la rappelant, tout à coup, il sentit la rougeur envahir son front et la sueur perler dans ses cheveux.

Il se leva, marcha à grands pas à travers sa chambre, essaya, mais longtemps en vain, d'en chasser le souvenir. Il dut l'entendre, le subir d'un bout à l'autre, et repasser ainsi par les émotions de l'un des drames les plus terribles de la Chouannerie.

Il y avait de cela trente-trois ans, et l'affaire s'était accomplie dans les cinq derniers mois de 92. Elle porte, dans l'*Histoire de la Révolution*, le nom de conspiration de la Rouarie. Tout le monde n'en connaît point les ressorts secrets.

Qu'on nous permette de la raconter ici en passant, et l'on verra de quels sentiments tumultueux son souvenir devait agiter le cœur de d'Aveillaus, au moment où il se disposait à trahir son roi.

Le baron Paul d'Aveillaus était neveu du marquis Armand de la Rouarie[1], qui l'avait attaché à son *état-major*, si je puis dire.

Ce gentilhomme breton a été bien diversement jugé.

Les uns n'ont vu en lui qu'un écervelé, d'autres qu'un aventurier de génie, d'autres enfin le considérèrent comme un héros. C'était, en tout cas, un homme remarquable par son intelligence, son audace et

---

1. On écrit aussi de la Rouërie.

sa patiente énergie. Sans en faire un héros, on peut admirer de lui des actes héroïques.

Il eut la jeunesse la plus bizarre et la plus orageuse. Officier aux gardes-françaises à vingt-deux ans, il se fit surtout remarquer par son mépris pour le roi et pour la cour. Un duel qu'il avait eu avec le comte de Bourbon-Busset, à propos d'une actrice, Mlle Fleury, lui valut d'être cassé de son grade. De désespoir, il s'empoisonna, mais on le secourut à temps, et il courut se faire trapiste !... C'était une seconde tentative de suicide, ses amis vinrent encore une fois à son secours et l'arrachèrent au couvent. Il s'embarqua avec Rochambeau pour aller défendre la liberté en Amérique, ou plutôt l'indépendance des colons anglais, car, de retour chez nous il se montra l'un des plus opiniâtres défenseurs de l'aristocratie nobiliaire et parlementaire.

En 1787 le Parlement et la noblesse de Bretagne avaient protesté contre l'abolition des privilèges de la province ; La Rouarie leur offrit son épée, et fut un des douze députés envoyés à Louis XVI pour lui signifier que ses ordres ne seraient pas exécutés ; — on le jeta à la Bastille.

A peine en fût-il sorti qu'il organisa, en Bretagne, la résistance à la convocation des États-Généraux. Ennemi déclaré de toute réforme, notre marquis allait jusqu'à dire, en combattant les justes réclamations du Tiers-État : « Le peuple demande des établissements publics qui lui soient destinés, n'a-t-il pas des hôpitaux et des prisons ? »

Pareil propos, tenu à Paris un an plus tard, lui eut mérité la lanterne.

Chez lui, tout était excessif. C'était un ferrailleur, outré dans ses paroles, insolent et provocateur, né pour la guerre civile.

Enfin, les frères du roi ayant donné le signal de l'émigration, La Rouarie se rendit à Coblentz, afin de leur soumettre un plan de contre-révolution. Il dévouait à leur cause sa vie et sa fortune, et s'engageait à entraîner toute la Bretagne, où déjà il avait acquis une certaine influence.

Les plans de ce cerveau brûlé étaient d'un bon sens pratique qui semblait assurer le succès. Dans la confédération monarchique qu'il avait imaginé, aucun conflit n'était possible entre les autorités des trois ordres.

Les comités d'insurrection étaient des États en miniature. Les res-

On détacha les chiens, on fouilla le jardin sans découvrir le voleur.

sources indispensables à un armement et à une prise d'armes étaient prévues, et rien n'était plus habile que le moyen dont il y pourvoyait. Il ne demandait, aux membres de l'association, qu'une année de leurs revenus. A ce prix, ils avaient un sauf-conduit pour eux, pour leurs propriétés, ils étaient garantis des pillages royalistes, et, de l'autre côté, ils étaient garantis également, parce qu'on les engageait à s'unir, se *marier* avec les autorités constituées jusqu'à ce qu'on put les trahir.

Ce plan emporta le suffrage de l'ancien ministre de Calonne, qui le fit agréer au comte d'Artois. Le 5 décembre 1791, les frères du roi autorisèrent La Rouarie.

Muni de pleins pouvoirs pour organiser et commander l'insurrection en Bretagne, le marquis rentra dans un château qu'il possédait du côté de Lamballe,

Ce château avait le double avantage d'être fortifié et d'occuper, dans la province, une position à peu près centrale.

Vrai manoir breton, assis, comme un monstre de granit, au milieu d'une lande bordée de chênes, massif et menaçant. La plaine d'ajoncs et de broussailles, en faisant le désert autour de lui, lui permettait de surveiller ses approches et de prévenir les coups de main de l'ennemi.

Dans un semblable repaire ne pouvaient germer que des idées de violence, de vol et de carnage, et la féodalité y offrait la retraite la plus digne d'elle à ses derniers défenseurs.

XXV

LA CONSPIRATION BRETONNE

Le 20 mars 1792, vers midi, le guetteur perché au faîte du donjon sonna sa fanfare. A ce signal, les chiens de garde et la meute après eux remplirent l'air de leurs aboiements, palefreniers et valets coururent aux écuries, un mouvement inaccoutumé ranima le château, enfin le pont-levis s'abaissa pour laisser passer une joyeuse cavalcade.

En avant d'un groupe de cinq ou six gentilshommes galopait une amazone solidement et gracieusement assise sur une jument de race anglaise.

En face d'eux, d'un sentier du bois, on voyait entrer dans la lande trois cavaliers montés sur des poneys indigènes, et portant le costume breton. Le premier, en tête, était le marquis Armand de La Rouarie, le second son aide de camp Saint-Pierre, et son valet de chambre Loisel, qui ne le quittaient point.

Ils revenaient de Coblentz.

Ils n'avaient pas traversé la France en cet équipage qui les eut fait, dans ce moment, regarder de travers, — chez eux l'audace n'excluait point la prudence, — mais ils avaient repris la petite veste et les larges braies à la frontière de leur province bien-aimée.

En se revoyant, Armand et la jeune amazone ne retinrent plus leurs montures, et à travers les herbes dures et hautes, se rejoignirent en quelques foulées rapides.

Le marquis se dressa soudain sur ses étriers pour prendre le baiser de bienvenue que ne lui refusait pas la belle écuyère inclinée vers lui ; puis retombant en selle et maintenant son poney.

— Eh bien! cher cœur, dit-il, quelles nouvelles?

— Très bonnes, mon ami. Et de votre côté?

— Excellentes.

— Dieu soit loué!... Vous avez vu tout votre monde?

— Sans doute, les princes d'abord, et en m'en revenant le roi des Tuileries ; mais je ne me suis arrêté qu'un jour à Paris, le temps de notre séparation me semblait long, tandis que vous aviez, pour vous distraire, nombreuse compagnie.

— Vous plaisantez, Armand, fit la jeune fille avec un sourire.

Thérèse de Moëlen (de Fougères), jeune et belle, intrépide et romanesque, lui était attachée à la fois par les liens du sang et ceux de l'amour. Elle le suivait partout, de la Chambre du Conseil à la lande ensanglantée. Elle était l'âme et le charme de ses complots.

Interrompue par l'arrivée des amis qui la suivaient, elle s'isola de nouveau, tandis que le marquis était entouré par MM. de Nordec, de La Châtaigneraie, de Laguyomarais, de Saint-Yves et d'Aveillaus.

Après l'échange des compliments d'usage, on remit à un autre moment la conversation sur les événements politiques, que chacun brûlait d'aborder.

Jusqu'en mars 92, on n'avait encore eu, en Bretagne, qu'une sourde agitation et que quelques courtes émeutes provoquées par le clergé, mais si la révolte n'avait pas pris de plus grandes proportions, c'est parce que, jusqu'alors, elle avait manqué de chefs, d'armes et d'organisation et aussi d'autorité suprême. Le retour de La Rouarie allait lui donner tout cela.

Quelques curés de village attendaient leur seigneur pour le saluer et prendre ses ordres. L'air joyeux de celui-ci leur était de bon présage. Ils savaient tout au moins qu'il venait de Paris, et voyaient en lui le représentant de la cour.

Un repas plantureux, où le gibier et la volaille formaient les plats de résistance, et auxquels succédaient la solide pâtisserie locale, réunit gentilshommes et prêtres, et dès que le vin eut remplacé le cidre, la curiosité des convives ne put se contenir.

Eh bien! marquis, fit M. de Nordec, vous allez sans doute nous faire part des résultats de votre voyage?

— Certainement, comte, aussitôt qu'il vous plaira de m'entendre.

— Mais nous sommes prêts, parlez, parlez!

— Je suis allé jusqu'en Allemagne, dit La Rouarie. J'ai vu Calonne tout d'abord, à qui j'ai fait part de nos projets, et qui m'a présenté au comte d'Artois, déjà prévenu par lui en ma faveur. J'ai vu ensuite le comte de Provence, que quelques impertinents nomment déjà Louis XVII. Enfin le prince de Condé et son armée, ou son innombrable état-major... Je ne souhaiterais pas que nos braves Bretons fissent le même voyage. On a dit bien souvent que l'on revient de Rome moins chrétien qu'on n'y est allé. La cour du Vatican, la licence des propos et des mœurs des princes de l'Église est le scandale des pèlerins sincères. Il en est de même de Coblentz. L'esprit d'ignorance et d'orgueil y aveugle tout le monde. Les *troubles de Paris* n'y sont qu'un sujet de raillerie; la situation critique du roi y fait rire.

Il est de mauvais ton, de mauvais genre de prendre au sérieux l'Assemblée législative, et l'on ne parle que du prochain retour à Paris.

Les favoris de l'ancienne cour mènent grand train ; les malheureux qui ont émigré en laissant derrière eux leurs biens en flammes, sont réduits à solliciter quelques travaux, aussi humbles que rares ; ils crèvent de faim et attendent encore qu'on leur donne un fusil ou un cheval. Beaucoup regrettent d'avoir quitté la France, et doutent de la revoir jamais.

— Ainsi, demande un des convives, vous doutez de l'armée de Condé ?

— Certainement. J'en nierais volontiers l'existence.

— Et l'étranger ?

— Il ne voit pas nos émigrés d'un bon œil et s'en tient éloigné.

— Alors, nous n'avons pas à compter sur les armées de la Prusse et de l'Empire ?

— Peut-être !... Les monarques allemands voient, dans la cause de Louis XVI, la cause des rois, une affaire d'honneur qu'ils ne peuvent abandonner. Ils ont aussi le plus grand mépris pour les soldats de la Révolution. — Qui se trompe ? Nous le saurons, je crois, prochainement.

— Alors, fit M. de Nordec, vos projets, vos offres ont paru de peu d'importance ?

La Rouarie eut un sourire railleur.

— Je vous ai dit que j'avais eu tout d'abord affaire à Calonne. C'est par le côté financier que mon plan les ravit. La cotisation d'une année de revenus les enchanta.

Songez un peu : Je ne leur demandais pas d'argent !... Je vis le moment où ils allaient m'en emprunter.

Tous les convives se prirent à rire.

— Enfin, messieurs, nos princes consentent généreusement à ce que nous nous fassions trouer la peau, couper le cou, ruiner,... c'est bien le moins !... pour leur conserver leur couronne. Il nous est permis d'acheter des armes et de la poudre en Angleterre ; il nous est permis de nous emparer des villes et des citadelles, de chasser les prêtres assermentés, de nous organiser au nom du roi. *J'ai pleins pouvoirs pour cela.*

« Nous allons, si vous le voulez bien, au nom du roi, essayer de sauver la Bretagne !... »

Des applaudissements accueillirent ces paroles.

— Encore un mot, reprit le marquis. Avant de vous montrer mes pouvoirs signés des princes, j'ai à vous parler du roi et de la reine. En revenant, je suis passé par Paris. J'obtins une entrevue de la famille royale. Eh bien! j'ai le regret de le dire, mais j'ai rencontré, chez Leurs Majestés, des illusions non moins grandes que celles de leurs frères.

La reine marchande et achète, à beaux deniers comptants, les conventionnels qui lui semblent le plus en faveur.

Elle compte trop sur son frère et l'étranger. Le roi compte trop sur l'amour de son peuple. En somme, la famille royale est toujours prisonnière, et sous la plus humiliante surveillance.

Elle n'ose approuver ouvertement nos projets. Le roi gémit sur le sort des prêtres. Il m'a promis de demander la mise en liberté de quelques-uns qui sont à Brest, mais son autorité sera-t-elle assez grande ? Ce sera à nous de l'appuyer.

« Pour le roi quand même, messieurs! Telle doit être notre devise. »

Nouveaux et unanimes applaudissements.

Après ce toast, le marquis dit en promenant, parmi ses convives, un regard interrogateur :

— Maintenant, messieurs, n'avez-vous, de votre côté, aucune nouvelle ?

Ce fut M. de Laguyomarais qui répondit :

— J'ai reçu, dit-il, il y a huit jours, des nouvelles d'Angleterre. Des émigrés, des marins bretons pour la plupart, ont loué et armé des navires anglais. Ils sont à Jersey, prêts à se jeter sur Saint-Malo. Ils désirent combiner leur action avec la nôtre et attendent de nous le signal. Nous avions l'espoir que vous nous annonceriez la guerre à la frontière de l'Est. N'était-il point convenu, marquis, que nous marcherions sur Paris en même temps que nos alliés ?

— Et des armes? demanda M. de Nordec.

— Armes à volonté. L'important est d'agir et d'affirmer notre résolution.

— Le danger, dit un autre, est de jeter et promener nos bandes sur des contrées paisibles et d'être obligés de vivre comme en pays conquis. Il nous faut donc amasser assez d'argent pour que nos hommes payent ce qu'ils prendront. Avons-nous de l'argent ?

— Je vais en faire, répondit le marquis, mais que cette promesse ne décourage pas votre zèle. Cet argent est pour solder une livraison d'armes dans un mois.

Le jour baissait lorsqu'on sortit de table. Les invités quittèrent, pour la plupart, le château, et le marquis se retira dans l'appartement de Thérèse de Moëlen.

Il avait la tête fort échauffée et, comme il le disait, du feu dans le sang. Après avoir prodigué à tout ce que ses lèvres pouvaient attendre d'elle, un millier de baisers qu'il prétendait avoir fidèlement gardés en réserve depuis son départ de Bretagne; après un premier apaisement donné à son amour, il fut pris d'une gaieté railleuse et amère, dont les princes, la cour et le parti royaliste faisaient tous les frais. Ce rire était l'épanchement de sa bile et l'apaisement de ses nerfs. Cela partit à une observation de Thérèse :

— Vous avez parlé bien légèrement des princes, Armand.

— Ah ! vraiment, parlons de ces fils d'Henri IV et de saint Louis, qui, au premier danger, plantent là leur frère. Ce comte de Provence, qui a déjà sur la conscience le supplice de Favras, sait à peine respecter dans son frère la dignité du malheur. Louis n'a pas de critique plus injuste et plus impitoyable; il n'a pas d'ami plus compromettant, plus poltron et plus sot que ce grand dadai de comte d'Artois. A Paris, *Monsieur* vendait une partie de *son jardin* du Luxembourg pour garnir sa bourse, et d'Artois passait pour généreux à force d'être prodigue; en Allemagne, ils ne songent qu'à tirer de l'argent pour leurs plaisirs, et laissent sans pitié crever de faim autour d'eux un tas de hobereaux qui sont venus grossir les rangs de la prétendue armée de Monsieur le Prince. Tous les marquis de Molière, tous les fats de Trianon, toute la cour imprudente et folle se fait, là-bas, des gorges chaudes du désarroi des gentilshommes restés en France, de la misère publique et des dangers du roi.

« Et tu crois, ma Thérèse, que c'est pour ces gens-là que nous allons combattre !

— Ce n'est pas pour la Constitution non plus, je suppose, repartit Mlle de Moëlen.

— Non, certes ! Ni pour les maîtres en fuite, ni pour les valets ou les esclaves révoltés, ni pour papa Veto, ni pour les bourgeois beaux parleurs, qui se grisent de leur salive, ni pour le peuple affolé qui se grise de sang, pour rien de tout cela, mais pour notre Bretagne féodale et catholique, pour le principe de la royauté, supérieur aux rois, et puis,... et puis,... s'il faut tout dire, pour le plaisir !...

« Après m'être battu contre les Anglais pour des manants américains qui m'intéressaient fort peu, je reviens en Europe y combattre les manants, en tendant la main aux Anglais... Voilà qui peut paraître de la dernière inconséquence. Eh bien! pas du tout. J'ai servi la cause du peuple, là-bas, parce que c'était là-bas,... bien loin d'ici, et qu'il est des moments dans la vie où, pour secouer la fadeur énervante et malsaine d'une aristocratie en décomposition, on a besoin d'aventures au large, d'action brutale et virile, de lutte, de choc des épées et du sifflement des balles.

« La guerre est partout à cette heure, il faut prendre parti, ma belle! A cheval, à cheval! La guerre, c'est notre vie, à nous autres gentilshommes. Nos femmes sont braves comme elles sont belles, elles savent galoper la lande et manier le mousquet. Ah! ma Thérèse, nos amours auront toutes les ivresses! La fête commence !

Et, délirant ainsi, il se roulait sur un canapé, bondissait à travers la chambre, et ne s'arrêtait que pour saisir sa maîtresse à pleins bras, et noyer ses dernières paroles dans les flots de ses cheveux blonds.

Elle, à demi grisée de son ivresse, lui répondait :

— Apaise-toi, mon bien-aimé, oui, je sens que tu as raison. Nous sommes en pleine vigueur de corps et d'âme; la jeunesse doit courir comme une eau limpide, sous peine de s'endormir dans la pesanteur des marais. Je n'étais pas née pour broder, pendant des années, dans le tiède salon d'une douairière, en attendant de Dieu un mari. Et si j'avais épousé M. de X... ou M. de Z..., où serais-je à cette heure? Peut-être à l'étranger, domestique de quelque princesse émigrée; esclave d'une étiquette surannée, consumée d'ennui. Je serais morte avant d'avoir senti battre mon cœur. O cher Armand! je n'étais pas femme à me cacher dans une cave au premier éclair de l'orage. Si je tremble, ce sera pour celui que j'aime; si je souffre, ce sera pour lui. Je n'ai jamais mangé de meilleur pain que les croûtes trempées avec toi dans les fontaines, dans nos courses à travers bois. Je n'ai jamais si bien dormi qu'à la belle étoile, avec ton épaule pour oreiller. Eh bien! avec toi, je me réjouis d'avance, je veux être ton lieutenant.

Ne se possédant plus, il ajusta l'inconnu.

— Tu l'es, tu le seras, répondit La Rouarie. Tu ne recevras d'ordre que du commandant en chef des armées royales de Bretagne.

Puis, tirant de sa poche un étui, il en extraya un parchemin portant le grand sceau de cire rouge et contenant ses pleins pouvoirs, signés de Monsieur et du comte d'Artois.

Elle considéra un instant, non sans un secret orgueil, peut-être, ce parchemin, puis dit tout à coup :

— Tiens, je le garde.

— Que veux-tu dire?

— Il sera plus en sûreté sur moi que sur toi,... car plus d'un rival sera tenté de le détruire; je vais le coudre dans mon corsage.

La Rouarie réfléchit un instant et la laissa faire.

Dans les guerres civiles, on est sans cesse exposé aux guet-apens et aux trahisons.

XXVI

LE NERF DE LA GUERRE

Les travaux d'aiguille portent à la réflexion.

— A propos, dit Thérèse, cet argent dont tu parlais à table?

— Eh bien ?

— Il existe réellement?

— Oui et non, fit le marquis avec un sourire.

— Ah! tu ne le possèdes encore qu'en espérance?

— Si tu veux; c'est en assignats.

— Oh! fit dédaigneusement Thérèse.

— Et même en faux assignats, mais j'en ai une belle quantité; ils ne coûtent pas cher à Coblentz.

— Mais il sera impossible d'écouler ces chiffons en Bretagne?

— Je le sais bien, et je ne les ai pris qu'avec l'intention de les changer à Paris.

— Et tu ne l'as pas pu?

— Je ne l'ai pas essayé. C'était, pour moi, déjà suspect, trop difficile, mais j'ai songé, pour cela, à un de nos amis. Tu te rappelles de ce jeune chirurgien qui, l'an dernier, m'a soigné et m'a sauvé la vie?

— M. Latousche[1]?

— Oui.

— Il est donc à Paris?

— Tu ne le savais pas? J'ai voulu le revoir, mais, comme je venais de me procurer son adresse, j'étais sur mon départ. Il a, paraît-il, une nombreuse clientèle, il sera à même de me changer mes assignats. J'en ai de tous les prix et je consens à un rabais considérable.

— Mais, enfin, voudrais-tu retourner à Paris pour t'entendre avec lui?

— Oh! mon amie, ce serait un second exil. Non, je vais tout simplement lui envoyer un des nôtres.

— Qui est-ce?

— Fais dire à d'Aveillaus de venir me parler.

Mlle de Moëlen ne fit aucune objection au dessein du marquis.

Paul d'Aveillaus était aimé d'eux. Il leur plaisait par sa franchise juvénile, qui allait parfois jusqu'à la naïveté et par un fond de bonne humeur inaltérable. C'était, disaient-ils de lui, un gros sans-souci, un bon enfant. Il avait cependant âge d'homme, vingt-cinq ans. Nous l'avons vu à Bicêtre... Comme on change avec l'âge!

Il accourut près du marquis, qui avait repris son air grave.

— Paul, lui dit celui-ci, j'ai à vous donner une mission de confiance qui vous fera honneur et qui n'est pas sans danger.

— Je vous en serai reconnaissant, mon oncle.

— Elle exige une vertu qui ne vous est pas coutumière : une grande discrétion. Mais la crainte des dangers auxquels vous serez exposé par la moindre imprudence et le désir que vous devez avoir de me satisfaire, retiendront votre langue.

— Mon oncle peut être tranquille, fit le jeune homme d'un air suffisant, je bavarde souvent pour m'amuser, mais je ne dis jamais que ce que je veux bien dire.

— Voici, mon neveu, ce que j'attends de vous. Vous allez partir pour Paris. Vous emporterez avec vous cinq cent mille francs en

---

[1]. Ce Latousche n'était point parent, croyons-nous, de M. Guillié-Latousche, l'interne de Bicêtre.

assignats. Vous ne les montrerez à personne. Un petit sac d'honnêtes écus servira à vos frais d'auberge. Vous voyagerez de façon à ne pas attirer l'attention sur vous, en modeste équipage, comme un bon petit patriote de Rennes, qui va prendre l'air de la grande révolution. Vous aurez un passeport au nom de Pornic — Yves Pornic : rien de plus breton et de plus vulgaire. Vous prendrez garde de dire des sottises royalistes, féodales ou cléricales, et vous direz vos prières sans chapelet. En un mot, vous serez sans-culotte, surtout dans les villes que je vous conseille d'éviter le plus possible. M'avez-vous compris ?

— Oui, mon oncle, répondit d'Aveillaus attentif.

De La Rouarie poursuivit :

— Vous emporterez deux adresses : celle de l'auberge où vous devez descendre et celle d'un de nos amis, dont vous avez, l'an dernier, ébauché la connaissance, le chirurgien Latousche. Dès que vous serez arrivé, sans perdre de temps, vous vous rendrez chez lui.

— Mon oncle, lui direz-vous, va entrer en campagne contre les soldats et les tenants de la Convention nationale, il a besoin d'argent. M. le marquis connaît vos sentiments et votre loyauté ; il s'adresse à vous comme ami et coreligionnaire pour lui en procurer. Au nom des princes dont il a commission et au nom de la Bretagne, il vous prie de lui changer, contre or et argent, au prix que vous pourrez en trouver, cinq cent mille francs d'assignats.

« Vous verrez, Paul, ce qu'il vous répondra. S'il ne vous oppose point un refus, vous lui remettrez votre papier. Vous attendrez qu'il l'ait examiné. Vous le prierez même de le faire, et, s'il paraît satisfait de son examen, vous le préviendrez que les billets sont faux. Je ne veux pas le tromper.

— Ah ! ils sont faux ? fit le jeune homme.

— Que vous importe ! repartit La Rouarie d'un ton dur. Vous entendrez la réponse du docteur Latousche et vous me l'écrirez en termes énigmatiques, c'est-à-dire sans nommer les objets en question. Votre réponse pourra, je pense, se rédiger ainsi :

Le docteur refuse absolument ; — ou il espère et fera le possible ; — ou encore je reviendrai *tel jour* à votre complète satisfaction.

— Oui, monsieur le marquis. Mais la somme sera bien lourde !

— C'est vrai ; j'allais vous le dire. Vous aurez donc affaire à un banquier qui vous remettra, en échange, un bon au porteur pour un banquier de la Manche. Quand la somme sera là, elle ne sera pas loin de mes coffres. Latousche, dans cette affaire, guidera votre inexpérience.

« C'est tout ce que j'avais à vous dire, mon cher Paul. De la prudence, n'est-ce pas, surtout à Paris; sortez le moins possible, sans avoir l'air de vous cacher. En tout, laissez-vous styler par le docteur.

— Et quand partirai-je, mon oncle?

— Demain matin; soyez levé de bonne heure; j'aurai peut-être encore à vous causer.

— Mon oncle, dit Paul en saluant le marquis, je n'ai plus qu'à vous remercier.

Et il se retira, tout gonflé de l'importance qu'il venait d'acquérir, et plein d'une joie confuse de voir Paris.

Le lendemain, après avoir déjeuné, il enfourchait un bidet breton déjà chargé d'une petite valise, et partait pour son long et périlleux voyage.

XXVII

LA MISSION DE PAUL D'AVEILLAUS

A leur tour et sans tarder davantage, s'attendant à l'intervention prussienne et autrichienne pour la fin de printemps, le marquis et Thérèse de Moëlen se multiplièrent dans leur œuvre de propagande. Ils allèrent, de château en château, de métairie en métairie, plaidant la cause du roi et des deux ordres persécutés, fortifiant, chaque jour, leur association d'adhésions nouvelles.

Chaque membre s'engageait à payer le prix d'un an de son revenu, mais ne donnait, le plus souvent, que des acomptes. Il devait, en outre, à la première réquisition du marquis, être équipé, lui et ses gens, et se transporter au lieu indiqué par le commandant en chef.

Quel appui, se demande un historien, la noblesse voulait-elle apporter au soulèvement populaire? Longtemps sacrifiée à la noblesse de cour, la noblesse de province craignait fort, en se mettant en campagne, de n'opérer que le triomphe de ses anciens ennemis. Ils n'aimaient pas Coblentz; ils connaissaient l'émigration. Plusieurs avaient été la voir et étaient revenus.

En tirant l'épée, en attirant sur eux les forces de la Révolution, ils auraient réussi seulement, selon toute apparence, à faire rentrer les émigrés avec les armées ennemies ; les courtisans, la bande de la reine et du comte d'Artois, les chevaliers de l'Œil-de-Bœuf revenaient à Versailles, demandaient, exigeaient, emportaient tout.

Permi aux nobles de campagne de retourner chez eux, de revoir leurs terres ruinées, de reprendre leur vie monotone, pauvre, obscure, ennuyeuse; la messe, la chasse pour tout amusement.

Rien n'était plus judicieux que ces réflexions.

Mais, d'autre part, ceux qui n'émigraient point étaient insultés, obsédés pour leur inaction. Ils trouvèrent donc, dans le système de coopération imaginé par de La Rouarie, un moyen terme qui donnait satisfaction aux princes et aux émigrés, tout en leur permettant de rester chez eux.

Bien qu'il sut s'imposer aux uns par son éloquence, sa bravoure bien connue, et qu'il sut en séduire un grand nombre par des promesses, bien qu'enfin il fut puissamment secondé par Thérèse de Moëlen, le marquis était heureux de pouvoir étaler ses pouvoirs, qui le nommaient chef des royalistes de l'Ouest, car il avait pour compétiteur ou rival Botherel, ex-procureur-syndic des États de Bretagne, qui dirigeait les émigrés de Jersey et de Guernesey, sous la protection de l'Angleterre.

La Rouarie déploya une activité et une habileté extraordinaires à combattre l'influence jusqu'alors prépondérante de Botherel, et, sans toutefois s'en faire un ennemi, il fonda, en Bretagne, en Vendée, dans l'Anjou, le Poitou et le Maine, des comités royalistes, tous reliés entre eux, et auxquels il imprimait une direction centrale. En même temps il se créait des affiliés dans toutes les administrations, les tribunaux et jusque dans les arsenaux maritimes et dans les forts. Des règlements militaires furent élaborés, des cadres d'officiers déposés pour recevoir des volontaires.

En mai 1792 tout semblait mûr pour l'exécution. Il ne lui restait plus qu'à modérer son impatience belliqueuse et celle de ses amis.

Mais voyons comment le jeune Paul d'Aveillaus, — de retour au château, — s'était acquitté de sa mission.

Le voyage s'était accompli sans obstacle et sans imprudence. Arrivé à Paris, le voyageur n'avait pas cédé au désir de parcourir la ville qu'il ne connaissait pas, et s'était rendu directement chez le docteur Latousche.

Celui-ci le reçut avec une froide réserve, mêlée d'étonnement. Depuis un an il avait un peu oublié ses anciens amis de Bretagne, et, probablement, il ne tenait pas à renouveler connaissance.

— Monsieur, lui dit le jeune homme, je suis arrivé hier soir de Bretagne, et je me présente à vous de la part de M. le marquis de La Rouarie.

— Ah! oui; M. le marquis Armand. Comment se porte-t-il à cette heure?

— Mais, très bien, monsieur.

— Je vous remets, maintenant!... Vous avez un peu changé!... Vous êtes monsieur Paul... Paul?... (Il chercha.)

— Paul d'Aveillaus, monsieur.

— Parfaitement. J'ai une mémoire détestable. Je suis, monsieur d'Aveillaus, enchanté de vous voir.

(Il lui avança un siège.)

« Vous venez d'accomplir un bien long voyage. Il ne vous est arrivé rien de fâcheux?

— Non, monsieur.

— Et Mlle de Moëlen, habite-t-elle toujours le château?

— Oui, monsieur.

— C'est une bien charmante personne; un cœur d'or, un esprit de feu. — J'ai gardé de La Rouarie, sous tous les rapports, les meilleurs souvenirs de ma vie, et j'aime souvent à m'y reporter, au milieu des agitations ou des convulsions parisiennes.

« Vous êtes pour longtemps à Paris?

— Non, monsieur. J'ai l'ordre de mon oncle de rentrer en Bretagne aussitôt que j'aurai rempli la mission dont il m'a chargé près de vous.

— Une mission? fit le médecin avec intérêt. Laquelle, je vous prie?

— L'agitation que vous avez sans doute remarqué en Bretagne, a grandi, elle a même pris des proportions considérables, et s'est étendue aux provinces de l'Ouest voisines : la Vendée, le Poitou, l'Anjou, le Maine. Mon oncle, M. de La Rouarie, s'est rendu à Coblentz. Il a proposé aux princes et à M. de Calonne un plan de confédération de la Bretagne et d'insurrection de l'Ouest : son plan a été adopté, et il est revenu avec sa nomination de *chef des armées royalistes de l'Ouest*, signée de monsieur et de monseigneur le comte d'Artois. Il ne nous manque plus que des armes.

— Et de l'argent, fit le docteur avec un sourire.

— Oui, monsieur.

— Il n'est pas abondant en Bretagne.

— Cependant, mon oncle, tout en jetant toute sa fortune dans la caisse de l'insurrection, a trouvé le moyen de lui créer des ressources.

— Il est plus fort que Calonne. Et ce moyen ?

— C'est de faire contribuer toute la noblesse de Bretagne, en demandant à chacun de ses membres une année de son revenu.

— Eh ! très bien !... Mais ce revenu n'est pas facile à réaliser en monnaie sonnante, objecta le docteur, et le marquis Armand n'accepte pas les dons en nature ?

— Le moment de les accepter n'est pas venu. Plus tard, la campagne ouverte, il ne refusera rien ; mais, à cette heure, il a des armes à payer aux Anglais, et le temps presse...

— Ah ! le temps presse ?

— Oui, les émigrés des îles vont débarquer ; les Allemands, l'armée de Condé vont entrer en Alsace ; nous n'attendons qu'un signal. Aussi, M. le marquis, en ces graves circonstances, a songé à vous.

— A moi ! fit Latousche, dont le visage pâle, d'un gris de cendre, se colora soudain.

— Il a besoin d'un royaliste dévoué et habitant la capitale.

— Et pourquoi, je vous prie ?

— Pour lui changer des assignats contre de l'or.

— Hum ! fit le médecin d'un air contristé. Il en a beaucoup ?

— Pour cinq cent mille livres.

— Oh !... se récria Latousche.

— Il en faut beaucoup pour faire une somme d'or ou d'argent,

Figurez-vous, docteur, que ces billets sont de fabrique **allemande**.

reprit le jeune d'Aveillaus, et nous sommes prêts à subir la perte qu'il faudra.

— Les assignats, répondit le docteur, en février et mars perdaient trente-quatre, quarante et quarante-sept pour cent; ils perdent, aujourd'hui, cinquante et même davantage[1].

— Mon oncle s'en doutait. Mais, en province, il nous est impossible d'en écouler. On n'en voit qu'à Rennes et à Brest, et il ne faudrait pas chez nous en offrir à des Anglais, on se ferait insulter.

— M. Armand se trompe s'il croit qu'il est facile ici de les changer par grosses sommes. On en écoule chez les petits marchands, l'épicier, le boucher, qui sont obligés de les recevoir, et encore, ne vous servent pas comme si vous leur donniez de l'argent, et vous passent leurs marchandises de rebut.

— Mais les banquiers? demanda d'Aveillaus.

— Si vous pouvez m'en indiquer, monsieur?

— A la Bourse?

— Ah! oui, la petite coterie de la rue Vivienne, au bout du Palais-National? Mais il est dangereux à un inconnu comme moi de s'y présenter avec une si grosse somme.

— Vous ne croyez donc pas pouvoir changer nos assignats, même au-dessous du cours?

— Je ne vous refuse pas, mais je ne le crois pas facile.

— Je vais vous les montrer. Nous en possédons de différents prix. Ils sont tout neufs.

Il ouvrit un portefeuille :

— Voyez, fit-il, en étalant sa marchandise.

Le docteur en mania quelques liasses, d'un air ennuyé.

— Je connais tout cela, dit-il. C'est avec cela qu'on me paye, hélas!...

— Permettez, monsieur le docteur, insista le jeune homme. Il ne faut pas prendre chat en poche; ayez la bonté d'examiner ce papier. Vous savez qu'il en circule de deux sortes.

— Comment cela?

— Mais, des vrais et des faux.

— C'est juste.

---

1. *La Révolution*, par Taine, t. I, p. 364.

— Ayez la bonté de comparer ceux-ci avec les vôtres.

Latousche en examina attentivement quelques-uns.

— Ils sont très bons, dit-il.

Puis il les compara avec ceux qu'il avait en portefeuille. Il froissa doucement le papier neuf, en regarda la gravure à la loupe, et parut perplexe.

— Eh bien? monsieur, fit d'Aveillaus.

— Je crois leur trouver un défaut, dit-il.

— Lequel?

— Ils sont mieux gravés.

— Ah!... c'est fâcheux.

— Mais de là à affirmer qu'ils sont faux, je n'oserais me prononcer.

— Alors, ils peuvent passer?

— Sans doute.

— Vous me rendez la vie. Figurez-vous, docteur, que ces billets sont de fabrication allemande.

Latousche, à cet aveu, changea de visage.

— Mais, alors?... fit-il.

— Pardonnez-moi, repartit d'Aveillaus, peu importe leur provenance, s'ils ont l'air parisiens, et s'il le faut, pour les perfectionner, on peut les froisser légèrement, les salir, leur donner ces coups d'épingle qui attestent une longue circulation.

Latousche sourit.

— Très bien! allez, vous êtes fort, mon ami, pour un jeune gars du Morbihan.

— Comme la gravure n'est pas chère en Allemagne, reprit Paul en plaisantant, et que tout cela n'a coûté que dix florins, mon oncle est disposé aux plus grands sacrifices.

— Je le crois facilement. Il ne risque point de se ruiner.

— L'affaire sera bonne pour tout le monde. Le nouveau possesseur de ces richesses achètera à l'État du bien d'émigré : un beau château ou une forêt, selon ses goûts.

— C'est comme cela que l'État s'enrichit.

— Et que les manants deviennent grands propriétaires, ajouta Paul. — Enfin, docteur, vous consentez à les changer? C'est votre dernier mot?...

Latousche parut réfléchir, et dit :

— Demain matin, vous aurez ma réponse définitive. D'ici là, j'aurai vu quelqu'un qui peut beaucoup m'aider dans une affaire semblable.

Il retînt le jeune d'Aveillaus à dîner.

Ce repas, commencé à une heure, se prolongea jusqu'à trois ; c'est dire qu'ils causèrent beaucoup. Paul, flatté par le docteur, excité par le vin, dépeignait, sous les couleurs les plus vraies, le fanatisme des paysans bretons et vendéens, l'organisation contre-révolutionnaire créée par le marquis, en un mot, toutes les forces de la guerre civile imminente, tendant la main à l'invasion étrangère. Écouté avec l'intérêt le plus marqué, il dit tout ce qu'il savait, tout ce qu'il avait surpris en tournant autour de son oncle, tandis que celui-ci causait avec Thérèse de Moëlen. Il raconta ainsi, non seulement son voyage à Coblentz, mais son audience aux Tuileries. Il avait vu la famille royale. Le roi et la reine respiraient la plus parfaite confiance et Mme Élisabeth dit à La Rouarie : — Nous sommes tranquilles maintenant, parce que nous avons Danton. »

Mon Dieu oui, ils avaient acheté Danton, comme autrefois Mirabeau ! Ils étaient bien avancés avec cela.

XXVIII

LE CHANGEUR

Paul d'Aveillaus rentra fort satisfait de lui-même à son hôtel, ne doutant pas que le docteur Latousche lui promettrait, le lendemain, de changer ses assignats. Il jouissait d'avance de son succès et jusque dans l'avenir.

Plus tard, à la cour, il pourrait raconter cette brillante négociation, et il se promettait de protéger le docteur Latousche.

Celui-ci était resté en proie aux plus pénibles réflexions.

En Bretagne, il avait été un agent royaliste actif et dévoué, et un ami du clergé convaincu.

D'ailleurs, jusqu'alors, tout le monde, en France, était bon royaliste, c'est-à-dire que personne ne mettait en question le maintien de la monarchie. La révolution avait commencé au cri de vive le roi. Les réformes les plus essentielles s'étaient accomplies en son nom. On détestait la reine, l'Autrichienne, et les princes, le haut clergé et la noblesse de cour, mais on aimait le roi. En Bretagne, et surtout en Vendée, c'étaient surtout le fanatisme et les superstitions chauffés par les prêtres non assermentés, qui exaltaient les populations et fomentaient la plus affreuse des guerres civils. Les serfs et les vassaux ne se seraient pas battus pour leurs seigneurs, si les curés ne leur avait mis les armes à la main.

Pour Louis XVI lui-même, très dévot, là était la pierre d'achoppement.

De retour à Paris, le docteur breton avait senti son cléricalisme se fondre et son royalisme tiédir. En un an, la révolution avait marché, ou du moins creusé l'abîme qui séparait l'état des ordres ci-devant privilégiés, et le docteur n'y avait pas vu de mal. Bref, il avait laissé en province, — sa province sauvage, — ses anciennes croyances et ses vieilles opinions. Il était pour le progrès.

Mais il avait eu le grand tort de ne pas avoir prévenu ses anciens amis de ses nouvelles convictions.

Il avait fait de *mauvaises* connaissances : des députés de la gauche, et entre autres le fameux Danton.

Ses réflexions portèrent sur la gravité d'une insurrection bretonne, conduite par un chef aussi habile et aussi intrépide que le marquis de La Rouarie, et, effrayé de ce qu'il avait appris, il se rendit chez Danton, après la séance de l'Assemblée.

« Le médecin, dit Michelet, l'historien à qui j'emprunte cette histoire, n'est pas un traître, mais enfin il voit un abîme qui se creuse sous la France ; il ne peut ni taire cet affreux secret, ni le dénoncer.»

Pour nous, c'est bien un traître, et la suite le prouvera. C'est un Judas ; les trente deniers de la trahison l'ont démontré.

Danton, en l'écoutant, — bien qu'il *appartînt* à la famille royale, — bondit de surprise et de joie. La découverte d'un complot allait accroître sa puissance.

Il cherchait alors à « sauver la France » d'un côté ou d'un autre, pourvu qu'il la sauvât. L'occasion ne pouvait s'offrir à lui plus avantageuse.

Sans perdre une minute, Danton se rendit au Comité de sûreté générale.

Ce Comité était composé de ses adversaires politiques, des Girondins; beaux discoureurs, mais formalistes et lents à agir, comme la plupart des doctrinaires. Il leur fait part de la révélation du complot de Bretagne. Ils sont effrayés, mais la légalité les arrête. Que faire?

Comment, sur un *on dit*, arrêter tant de personnes? Ils ne peuvent rien et ne feront rien.

Voilà, pour eux surtout, un beau coup manqué.

Sans plus s'inquiéter d'eux que de la légalité, Danton va s'emparer de l'affaire.

Il a rempli un premier devoir et il a pris acte de l'incapacité de ses adversaires. Que lui faut-il pour agir seul? De l'argent. Il sait toujours où en trouver. Au besoin, l'or des Tuileries payera. On se souvient du mot de Mme Élisabeth : « Nous sommes tranquilles, Danton est avec nous. »

La reine partageait cette illusion; le malheur rend crédule.

Danton, en sortant du Comité de sûreté générale, se rendit chez le médecin.

Celui-ci crut, tout d'abord, que Danton lui apportait de l'argent.

— Mon cher ami, lui dit sans rire le tribun, j'ai mieux que cela à t'offrir.

— Quoi donc?

— De bons conseils.

— Quittons la plaisanterie; je t'avoue que je ne vois pas matière à raillerie dans le complot dont je t'ai fait le tableau, et que le marquis de La Rouarie n'est pas une marionnette parisienne.

— Je l'entends bien ainsi, fit Danton. J'aurais de l'argent, je te le remettrais de suite; mais, en attendant, je t'apporte mieux qu'une somme que l'on finit toujours par se procurer; mieux que des subsides pour un parti qui ne sert pas le roi, comme il le prétend, mais les aristocrates; je viens te conseiller d'entrer dans la conspiration bretonne pour la paralyser et pour sauver la Patrie!

« Je l'ai dit et je le répète, je ne veux pas que l'on touche au roi;

mais parce que la royauté doit consacrer et affirmer les conquêtes de la Révolution.

« Nous n'avons plus à combattre le pouvoir absolu, mais deux ordres politiques privilégiés : le clergé révolté contre la Constitution et la noblesse. Ces ennemis minent la France. Ton marquis va se séparer de la grande patrie française pour faire un duché de Bretagne. Il faut couper court à son intrigue et sauver ton pays ! Tel est, Latousche, le rôle magnifique qui s'offre à toi au milieu des événements qui s'accumulent.

« Tandis que les bavards de l'Assemblée perdent un temps précieux, n'agissent pas et m'empêchent d'agir, les Prussiens sont en marche ; les Anglais mettent à la voile ; le parti aristocratique resté à Paris relève la tête. Tout s'arme contre nous, la terre et le ciel, et jamais la Vierge n'est apparue si souvent en Vendée.

« C'est l'heure où tout bon patriote doit jouer sa vie, l'heure des luttes décisives.

« Tu vas retourner en Bretagne, près de ton ancien ami de La Rouarie. Tu emporteras cent cinquante mille livres ; c'est, je crois, tout ce que je pourrai avoir de ses chiffons ; tu en garderas cinquante mille pour toi... »

Latousche fit un mouvement de surprise et de refus ; Danton reprit :

— Pas de scrupules déplacés !... Nous sommes en guerre civile ; pour garder notre sûreté et notre liberté personnelles, nous avons besoin d'argent... Vas-tu en mendiant chez un marquis ? Tu es son esclave et tu m'es légitimement suspect. Mais laissons ces misères... Tu vas retrouver La Rouarie, qui te croit son ami, qui a confiance en toi, tu vas le surveiller, tirer des preuves de lui, le trahir,... oui, *le trahir*, et, le perdant, sauver la France !...

. . . .

« Quel argument, dit Michelet, Danton employa-t-il auprès du médecin ?... L'argent ?... L'éloquence ?... Probablement l'un et l'autre. Danton était alors ministre de la justice. Il parla de l'affaire aux autres ministres, mais bientôt, voyant leur lenteur, leur indécision, il ne dit plus rien, passa outre, prenant en ceci, comme en tout, l'initiative des mesures de salut qu'imposait la nécessité.

« La honteuse et périlleuse commission qu'il donna au médecin, ce fut d'aller dire à son ami, à son malade La Rouarie, que Danton était royaliste ; que, las des excès de la populace, il voulait le rétablissement de l'ancien régime ; que lui, Latousche, avait reçu de Danton l'autorisation d'éloigner les troupes de Bretagne.

« Et, en effet, dans l'attente de l'invasion prussienne, on les faisait filer vers l'Est !... »

Après quelques refus mollement opposés et une certaine quantité d'objections décentes, Latousche accepta et prit parti pour Danton.

Quelques heures plus tard, il avait l'argent.

Il en remit la somme convenue à d'Aveillaus, la main encore toute chaude de son marché.

Cent mille livres, c'était peu, mais il dit que le preneur s'était aperçu de la fraude et que l'argent n'était pas commun et se cachait.

Paul écrivit de suite à son oncle le résultat obtenu.

Il eut la joie d'être accompagné, à son retour, par le docteur, qui se trouvait, disait-il, dans une situation équivoque à Paris et avait, d'ailleurs, des devoirs à remplir en Bretagne. Il ne faisait que choisir son champ de bataille.

Les dernières nouvelles qu'il emportait étaient des plus graves ; on s'attendait à un grand mouvement populaire contre la famille royale.

On n'était pas loin du 10 août.

Enfin l'alliance de l'homme populaire, du ministre de la justice, que vous savez.

Il fut cordialement accueilli du marquis et de Thérèse, qui, cependant, ne lui cachèrent pas qu'ils avaient espéré plus de cent mille livres. Armand fut complètement dupe de la prétendue alliance. Sa maîtresse n'en fut point enthousiaste. Elle avait entendu parler beaucoup de l'homme par des gens qui l'avaient vu et connu, de sa répugnante laideur, de sa grossièreté allant jusqu'au cynisme, de sa cupidité et de son indélicatesse.

Il est possible qu'elle en eût vu quelque portrait, et, avec le flair délicat de la femme, elle avait senti qu'une odeur de perfidie ou de trahison sortait de cet ensemble de vices et de grossièreté. Elle éprouvait pour lui une aversion secrète, à la fois instinctive et raisonnée.

Les événements allaient bientôt justifier ces sentiments.

Elle disait au marquis :

— Que les crédules prisonnières des Tuileries croient à la parole

A la pointe du jour, des messagers partaient dans toutes les directions.

d'un tel homme, je n'en suis pas étonnée ; mais je ne puis concevoir qu'Armand de La Rouarie y ajoute foi.

Armand lui opposait les preuves apparentes de la loyauté du ministre :

— Il m'a envoyé cent mille livres ?
— C'est qu'il en a touché le double.
— Mes billets étaient faux?
— Ils valaient bien ceux de Cambon, je pense.
— Latouche fait éloigner les troupes de la Bretagne?
— C'est que Paris a plus à redouter des Prussiens que des Bretons. D'ailleurs, en même temps, ne s'efforce-t-il pas de vous faire ajourner l'insurrection ?

Il n'a pas tort ; nous devons, au moins, attendre l'entrée en campagne des Prussiens. Le moment venu, les routes d'ici Paris seront dégarnies. Le voyage à Paris sera une simple promenade militaire. Nous pourrions fixer le jour de notre entrée dans la capitale. Tandis que les Prussiens entreront par les portes Saint-Martin et Saint-Denis, nous entrerons par les Champs-Élysées.

En attendant, on allait à la côte acheter des armes et des munitions, sans trop de mystère. On parcourait les campagnes pour les distribuer aux paysans. Ceux-ci, heureux de l'importance nouvelle qui leur était donnée, se considéraient comme des soldats, et recevaient des secours en argent, comme un acompte sur leur solde.

Les curés ne dormaient plus ; ils étaient persécutés ; ils vivaient, au contraire, des dons des fidèles ; tout le monde demandait et s'adressait principalement à La Rouarie.

Le médecin accompagnait souvent ce dernier dans ses tournées. Le pays ne lui était pas inconnu ; il lui était facile de compléter les renseignements qu'il faisait passer au ministre de la justice.

Un souci le tourmentait encore :

Comment se procurer des preuves écrites, matérielles, qui permissent à la justice d'agir?

Il y songeait sans cesse.

La confiance absolue du marquis, l'étourderie de d'Aveillaus semblaient lui en fournir tous les moyens ; mais, en réalité, il ne pouvait se procurer aucun document et voyait, avec anxiété, la crise approcher.

Les archives de la conspiration ne devaient pas être considérables. Armand n'aimait pas à écrire, Thérèse aimait fort brûler.

Certains reçus, cependant, devaient être conservés dans le coffre-fort, ainsi que des lettres qui étaient des engagements pris par des nobles de la province. Armand devait les garder pour se couvrir au besoin. Enfin, il y avait le livre de dépenses et de recettes.

Celui-là, un jour Latousche l'aperçut et il conçut, naturellement, le dessein de s'en emparer.

XXIX

LE VOL

Le cabinet où Armand serrait tout ce qu'il avait de précieux était contigu à sa chambre à coucher. Ces pièces, situées au premier étage, ouvraient leurs fenêtres sur un jardin qui prolongeait ses ombrages jusqu'au mur d'enceinte. Ce côté du château en était la partie familière et préférée. Là, quelquefois, le marquis faisait dresser la table sous les branches d'un vieil arbre chargé de fruits et plein de nids. On y prolongeait, le soir, la causerie.

C'était aussi par ce jardin qu'Armand et Thérèse sortaient pour se promener dans la campagne ou aller tirer des oiseaux d'eau au bord d'un étang. Quelquefois, d'Aveillans ou le docteur Latousche les accompagnaient, et ils avaient aussi une clef de la poterne par laquelle on sortait dans les champs.

On était au mois d'août; il faisait une chaleur orageuse et accablante, et l'on ne savait où trouver un peu de fraîcheur. Un soir, vers dix heures, Armand, seul, le fusil en bandoulière, par habitude, revenait des champs, lorsque, sur un bureau qui faisait face à la fenêtre ouverte de son cabinet de travail, il aperçut quelqu'un qui semblait compulser des papiers, à la lueur d'une petite lampe.

Personne autre que lui, nous croyons l'avoir dit, n'entrait seul dans ce cabinet,... personne, Thérèse exceptée... Un moment, il crut que c'était elle; mais, bientôt, il distingua le costume d'un homme. Il en était trop éloigné encore pour en voir davantage, et la lueur de la lampe était d'ailleurs très faible.

Mais celui qui avait osé pénétrer dans cette pièce interdite ne pouvait avoir que de mauvais desseins.

Une colère subite et violente s'empara d'Armand; il hâta sa marche tout en étouffant le bruit de ses pas, et, parvenu à environ quinze mètres du château, ne se possédant plus, il ajusta l'homme et tira.

Son fusil était simple et chargé à plomb de lièvre.

La lampe s'éteignit et l'homme disparut, comme la fumée de l'arme.

Il s'élança vers la fenêtre, et, s'aidant d'un espalier dont elle était bordée, l'escalada facilement.

D'abord, il parcourut le cabinet, puis, tout à coup, se trouva en présence de Thérèse qui, dévêtue, pieds nus, sortait de la chambre à coucher.

La porte de communication était demeurée ouverte.

— Qu'est-ce donc?... Qu'y a-t-il?... Qui a tiré? s'écria Mlle de Moëlen.

— C'est moi qui ai tiré, répondit Armand. Il y avait un homme ici.

— Un homme?

— Allumez une bougie, Thérèse. Je vous dis que j'ai tiré du jardin sur un homme qui était ici.

La jeune femme s'empressa d'allumer un candélabre et reparut promenant, dans le cabinet, une lumière qui eût fait croire qu'Armand avait rêvé.

— Je l'ai bien vu cependant, disait celui-ci. Penché sur le bureau, il semblait compulser des papiers.

Puis avec surprise :

— Tiens! voici la lampe dont il se servait.

Mais comment le coquin m'a-t-il échappé? Ah! j'y suis, il est passé chez vous et a sauté de votre fenêtre dans le jardin au moment où je grimpais ici. Il n'est pas loin; il faut que je le trouve!

Cependant, au bruit du coup de feu, tout le château s'était réveillé. Les chiens faisaient un vacarme insupportable et tout le monde s'habillait à la hâte pour venir demander ce qui s'était passé.

Les premiers qui accoururent furent le valet de chambre Loisel et l'aide de camp Saint-Pierre, puis Paul d'Aveillaus et son valet, puis des amis débarqués de la veille, braves gens, fort incapables de compulser des papiers, mais prêts à verser leur sang pour leur hôte.

Armand ne voulut pas perdre de temps en explications répétées.

— Un malfaiteur s'était introduit ici, dit-il, il m'a échappé en sautant dans le jardin, détachons quelques chiens, et nous le retrouverons.

Tout le monde se répandit dans le jardin qui, en quelques minutes, fut fouillé au clair de lune, et à la pointe du sabre ou de l'épée, dans ses moindres recoins. On arriva ainsi jusqu'au rempart et l'on trouva la poterne ouverte.

Le mystère était éclairci.

Il n'y avait que trois clefs de la poterne.

— Ah! s'écria Armand. Je sais qui. Mais il n'est pas loin. Il n'a sur nous que quelques minutes d'avance ; lancez les chiens.

Sa voix tremblait. Il était bouleversé, car il ne doutait plus de la trahison infâme.

Seuls, d'Aveillaus et Loisel le comprenaient et ne paraissaient pas moins bouleversés que lui.

Les chiens couraient et les piqueurs à leur suite. Le marquis promenait autour de lui des regards furieux, tantôt se lançant dans un sentier de la lande, et tantôt dans un autre, par mouvements désespérés.

Sauf ses intimes, ceux qui le voyaient s'imaginaient un vol important ou une infidélité de sa maîtresse. Ses yeux rencontrèrent ceux de d'Aveillaus !...

— Eh bien ! lui dit-il, notre ami ?...

Son nom lui eût écorché la bouche.

Mais ces recherches, conduites sans méthode la nuit, dans le désert d'ajoncs et de broussailles, étaient insensées. Déjà ils n'entendaient plus la voix des chiens.

Le marquis le comprit. Il lança quelques coups de sifflet pour rappeler ses piqueurs et, après les avoir attendus quelques instants, reprit le chemin du château.

Les natures jeunes et droites comme La Rouarie supportent mal la trahison.

Le docteur, — il l'avait cru, — lui avait sauvé la vie. Étant malade, il avait appris à l'estimer, à l'aimer. Un peu plus tard, ils avaient échangé leurs sentiments, leurs idées politiques. Latousche correspondait avec des émigrés de grande naissance, et les princes eux-mêmes... il était Breton... étaient ses amis... Eh! quoi! dans ses paroles et ses actes cet homme n'était que mensonge!

Rentré chez lui, il s'empressa d'inventorier ses papiers. On avait forcé le tiroir du bureau où il enfermait ses documents les plus précieux ; une partie de sa correspondance, ainsi que des ordres signés de lui et adressés à différents chefs de la conspiration avaient été soustraits. Il eut donné sa vie vingt fois pour épargner celle de ses amis ; ce ne fut pas pour lui qu'il trembla, mais pour eux. On peut juger de ce qu'il éprouva.

Thérèse était venue s'asseoir près de lui, un peu en arrière ; elle lisait ses impressions sur son visage, mais gardait le silence comme on le doit en présence des grandes douleurs que l'on ne peut consoler.

Le reste de la nuit s'écoula à chercher les moyens les plus prompts de prévenir les conspirateurs compromis. Le marquis rédigea quelques billets à la hâte, et, à la pointe du jour, des messagers partirent dans toutes les directions.

Un rayon de soleil entrait dans sa chambre.

— Voilà, dit-il, un jour que je n'oublierai pas!

C'était le 11 août. On sait les événements de la veille à Paris. Il ne devait les apprendre que plus tard.

XXX

EXPLICATION

A huit heures du matin, à l'heure où d'habitude les maîtres du château faisaient, dans la salle à manger, les honneurs du premier déjeuner, Armand et Thésèse prirent leurs places accoutumées. Les abbés, toujours exacts, arrivèrent après eux, puis — ô stupéfaction! — le docteur... le docteur Latousche.

Il entra frais, reposé et souriant et vint saluer Thérèse, pâle de saisissement comme à la vue d'un spectre.

— Que s'est-il donc passé d'extraordinaire cette nuit? dit-il en s'adressant au marquis. L'ai-je rêvé? Il m'a semblé entendre des aboiements, des allées et venues, mon sommeil en était troublé sans être interrompu...

— Je vous dirai cela tout à l'heure, répondit Armand d'une voix altérée et sans oser le regarder.

En même temps, les autres convives arrivaient. Tous savaient le crime; ils n'en pouvaient croire leurs yeux. On déjeuna en silence, ce dont Latousche paraissait surpris à son tour. Enfin, lorsqu'on se fut levé de table, toujours silencieux :

— Docteur, dit le marquis, puisque vous avez dormi d'un si profond sommeil, venez, je vous prie, que je vous raconte ce qui s'est passé cette nuit.

— Volontiers, marquis, j'en suis très curieux.

De La Rouarie l'introduisit dans son cabinet de travail, lui donna un siège et lui dit, sans le quitter des yeux :

— Un vol a été commis ici cette nuit.

— Ah! l'on vous a volé? Combien?

— Non de l'argent, mais des papiers. Je rentrais des champs, vers dix heures, mon fusil à l'épaule; les fenêtres du rez-de-chaussée étaient restées ouvertes. J'aperçus devant ce bureau, éclairé par cette petite lampe, un homme qui triait des papiers.

— Tiens! fit Latousche imperturbable. L'avez-vous reconnu?

— Non, mais je crois le connaître.

— Pourquoi me regardez-vous ainsi? Croyez-vous que c'est moi?

— Tout le monde du château, au bruit du coup de fusil que je tirai sur le voleur, se leva à la hâte et accourut ici. Tout le monde, dis-je, excepté vous.

— Alors, fit le docteur avec un sourire amer et dédaigneux, vous croyez que c'est moi?

— Attendez. On détacha des chiens, on explora, fouilla le jardin sans découvrir le malfaiteur et l'on arriva à la poterne; elle était ouverte.

— Avez-vous trouvé, enfin?

— J'ai réfléchi. Il n'y a que trois personnes qui possèdent la clef de cette porte : d'Aveillaus, vous et moi. Et d'Aveillaus était près de moi! Mes soupçons, naturellement, se sont portés sur vous. Mon neveu eut la même pensée; votre absence le certifiait. Inutile de vous dire ce qu'une telle idée eut de cruel pour moi; ce fut un coup de couteau au cœur.

— Et comment n'avez-vous pas songé à monter chez moi?

— Je ne sais pas, j'étais convaincu. Comment êtes-vous la seule personne qui ne se soit pas levée au bruit qui se fit?

— Vous savez bien que j'ai l'oreille un peu dure, que je suis difficile à m'émouvoir et que je couche dans une chambre qui donne sur la cour. J'ai bien entendu du bruit, mais il s'est mêlé à mon rêve.

— Quelque douloureux que soit mon premier soupçon, j'ai du mal à l'arracher, reprit La Rouarie. Il reste dans la plaie comme une flèche que je ne pourrai arracher.

— Je vous plains, fit l'impassible docteur.

— Si ce n'est vous, qui se peut-il être?

— Cherchez.

— Ce n'est pas un vol ordinaire.

— Que vous a-t-on pris?

— Des papiers, des lettres, des ordres de convocation.

— C'est fâcheux, très fâcheux.

— Mais c'est la poterne ouverte que je ne m'explique pas!

— Il y a bien autre chose que moi je ne puis m'expliquer, reprit Latousche, qui, cette fois, donna une certaine âpreté à ses paroles et se leva en prenant un air digne; il y a quelque chose qui me confond, c'est que sans preuve, sur de simples présomptions, moi que vous connaissez de vieille date, envers qui vous faisiez profession d'amitié et de confiance, je sois le premier soupçonné. Mais je ne me défendrai point d'une accusation aussi injuste qu'invraisemblable, ce serait indigne de moi.

Il se dirigea vers la porte.

— Encore un mot, Latousche, dit La Rouarie. Si j'étais convaincu, mes pistolets auraient déjà fait justice d'une si infâme trahison. Vous vivez, de quoi vous plaignez-vous? Est-ce de moi ou de la fatalité qui a assemblé contre vous les semblants du crime? J'ai été généreux, car je n'ai pas agi avec vous comme tout autre, moins de vos amis eussent agi autrement. J'aurais pu dissimuler mes soupçons et vous

Il entra, frais, reposé.

épier. Loin de là, je me suis ouvert à vous. Soyez juste, regardez autour de nous ; sur qui voulez-vous que mes soupçons tombent? Il n'y a ici d'homme politique que vous.

— Et un autre, un étranger, un inconnu ne peut-il s'être introduit chez vous?

— Un inconnu, oui, mais non un étranger.

— Que voulez-vous dire?

— Un étranger n'eut pas su pénétrer dans ce cabinet sans réveiller Mlle de Moëlen, et, entre quatre tiroirs de ce pupitre, n'eut pas justement ouvert celui qu'il fallait. Ah ! je vous en prie, monsieur, donnez-moi donc quelque raison solide et convaincante qui m'arrache au supplice des soupçons.

— Je n'ai rien de plus à vous dire, monsieur, répondit Latousche, et je vous laisse à vos réflexions.

La Rouarie le suivit du regard en se disant : Est-ce lui? est-ce un traître?

Il manda près de lui le jeune d'Aveillaus. Il lui exposa ses soupçons, que celui-ci partageait, et lui donna pour mission de surveiller nuit et jour le docteur.

— S'il est coupable, lui dit-il, il ne demeurera pas longtemps chez nous. Il voudra seulement s'en aller sans donner à sa fuite un air de précipitation. S'il est coupable, il doit avoir un complice dans les environs avec lequel il communique secrètement, par conséquent la nuit. Si la nuit tu le vois sortir et rentrer en conciliabule avec quiconque tire dessus, ne le manque pas. Je vais te donner des pistolets et un fusil.

XXXI

FUITE DE LATOUSCHE

Plusieurs jours se passèrent sans incident. Ainsi qu'il l'avait pensé, Latousche était le coupable et il avait un complice.

Voici comment il avait réussi à s'échapper du cabinet de travail du marquis. Cette pièce, nous le rappelons, n'avait de communication qu'avec la chambre à coucher où se trouvait Thérèse de Moëlen. Comme il venait d'essuyer, sans être touché, le coup de feu de La Rouarie; au lieu d'aller au devant de celui-ci en sautant par la fenêtre, il se glissa dans la chambre voisine en rampant au-dessous de la fenêtre afin d'échapper aux regards de Thérèse, il gagna une porte communiquant avec le reste de l'appartement, et de là descendit au jardin. Thérèse, en courant vers la pièce d'où venait le bruit, n'aperçut pas le fuyard et passa près de lui.

Il aurait pu remonter de suite chez lui et ç'eût été le mieux, mais un homme l'attendait à la poterne pour recevoir les papiers. Cet homme était un agent de Danton et lui servait d'intermédiaire.

Il lui remit une lettre du ministre et reçut en échange les papiers que l'on sait.

— Ma vie est en danger, lui dit rapidement Latousche. Il me faut des chevaux au plus tôt. Vous m'attendrez au bois.

— A mon retour de Rennes, répondit l'agent en s'éloignant.

Latousche rentra dans le jardin et regagna la maison avant que la chasse lui fut donnée. L'obscurité, l'émotion générale le favorisèrent, et La Rouarie ne pouvait s'expliquer comment il lui avait échappé.

D'Aveillaus fut fidèle à sa consigne. A peine s'accorda-t-il, pendant le jour, quelques heures de repos. Caché la nuit dans un réduit devant lequel Latousche devait passer pour sortir de chez lui, il se soumit à un véritable supplice pour épier le traître. Privé d'air et de mouvement, courbaturé par la contrainte de son attitude, dévoré par la soif, il se jurait bien de ne pas le manquer si l'occasion le plaçait au bout de son fusil, en flagrant délit de trahison.

Enfin, l'événement attendu se produisit.

Dans la nuit du 13 au 14 août, l'espion se disposa à quitter le château.

Il ne pouvait plus y tenir, ainsi qu'on le verra plus loin.

D'Aveillaus se mit sur ses traces.

Il remarqua que le docteur était muni des clefs de toutes les portes et ne rencontrait pas d'obstacle. Les chiens le connaissaient et se contentaient de gémir amicalement sur son passage.

Sorti du château, il se dirigea vers le bois. Le ciel était orageux et couvert, d'Aveillaus devait le suivre à courte distance, en prenant soin de se masquer des buissons, ruse familière aux chasseurs et aux futurs chouans.

Parvenu à la lisière du bois, le traître s'arrêta et donna un coup de sifflet qui, pendant un certain temps, resta sans réponse. Ce retard permit à d'Aveillaus de se rapprocher et de se poster aussi bien que possible. Il avait le doigt à la gâchette de son fusil lorsqu'un second coup de sifflet partit de la forêt.

Latousche, qui s'était assis, se leva soudain, répondit avec son sifflet et fit quelques pas vers l'entrée du bois, où en même temps que lui apparaissait un homme tirant derrière lui deux petits chevaux par la bride.

Tremblant de les voir disparaître, d'Aveillaus fit quelques pas dans leur direction et tira.

Un cri de fureur se mêla à la détonation.

Paul vit les deux hommes s'agiter violemment, puis disparaître.

Jetant son fusil et armant ses pistolets, il s'élança à leur poursuite, en se disant : « J'en aurai au moins un ! »

En trois bonds il fut à l'endroit qu'ils venaient de quitter, mais il les entendit détaler rapidement. Il allait reprendre sa course désespérée lorsqu'un objet tombé sur l'herbe frappa ses regards; c'était un rouleau de papier taché de sang.

Sa balle n'avait donc pas été perdue, et il en rapporterait au château le rouge certificat; mais elle n'avait pas complètement atteint son but, et le reptile irrité n'était que plus redoutable.

De retour au château, il s'empressa de réveiller son oncle et de lui remettre le rouleau de papier, tout en lui racontant ce qui s'était passé. De La Rouarie se dit que n'ayant pas su guetter Latousche lui-même, comme il l'aurait dû, il n'avait pas le droit de se montrer trop exigeant et félicita le jeune homme.

Le rouleau consistait en plusieurs numéros du journal de Prud-homme, *Les Révolutions,* le mieux fait et le plus répandu des journaux populaires. Ces numéros contenaient le récit de la journée du 10 août.

Il l'ignorait encore; le coup fut cruel et il en entrevit les conséquences. Une feuille de papier, sans signature, contenait les mesures à prendre en province, en conséquence des événements de Paris. On y désignait tels et tels aristocrates Bretons et Vendéens devant être immédiatement arrêtés. Le marquis n'avait pas été oublié, non plus que Thérèse de Moëlen.

Cette note, destinée à la police, était d'un grand prix. Elle dissipait les dernières illusions que l'on pouvait conserver sur le double jeu de Danton et servait d'avertissement.

Des arrestations multipliées pouvaient aussi être considérées comme une déclaration de guerre. Il eût été insensé d'attendre que le parti fut décimé.

De La Rouarie, homme d'imagination, se montra fortement atteint par la trahison de Latousche et la perfidie de Danton. Comme la plupart des hommes qu'affectent un profond scepticisme moral, il ne criait si fort à la déloyauté et à la corruption générale que parce qu'il avait un profond besoin de loyauté et de nobles sentiments. La perfidie et la méchanceté le surprenaient toujours.

Lorsqu'on le trompait, il prétendait n'en être pas surpris; il essayait bien haut d'en rire, se répandait en railleries, mais en pleurait en secret.

— Eh bien! fit Thérèse, votre Latousche?

— Ce n'est qu'un homme, Danton l'a acheté; il se vend bien lui-même.

— Vous ne l'auriez pas cru; moi, je m'en méfiais.

— Oh! vous, Thérèse.

— Non, ce n'est pas pour me vanter ce que j'en dis; c'est d'instinct féminin.

Je sentais en lui un caractère douteux. Je n'allais pas jusqu'à croire qu'il nous trompait, mais qu'il n'était pas tout à fait avec nous.

— Ce bon docteur! Cet ami du genre humain! Lui qui appelait l'humanité la grande famille. Ce grand partisan de l'abolition de la peine de mort.

— Il était trop philanthrope pour être vraiment humain ou charitable, dit Thérèse. Il était trop philosophe pour être royaliste. Ne voyez-vous pas qu'il se moquait de vous parce que vous disiez vos prières? C'était un païen. — Raison de plus de s'en méfier. Tous les Tartufes ne sont pas gens d'église.

— Et ce Danton qui reçoit de l'argent de ces malheureuses femmes, la reine et la sœur du roi, qui leur promet de les sauver, en même temps qu'il organise, contre elles, la plus terrible des insurrections !... Et chez nous, ces rivalités, ces jalousies misérables qui nous divisent et qui me font désespérer de toute unité d'action !... En vérité, je suis une bonne dupe, un brave chevalier don Quichotte !... Je suis dégoûté et découragé des autres et de moi. Je ferais peut-être mieux de planter là l'entreprise, rendre mes pouvoirs aux princes, et passer en Angleterre. Là, paisiblement, comme un sage, j'assisterais, du rivage, à la fin de la tempête.

— La douleur vous égare ; je voudrais bien vous voir paisible spectateur, comptant les coups de la bataille ! je ne vous reconnaîtrais plus. Est-ce que c'est possible ? Que deviendriez-vous le jour où vous sauriez que l'on se bat et où vous ne pourriez vous jeter dans la mêlée ?... Ne vous laissez pas abattre ; le moment d'agir est venu ; les Prussiens ont franchi la frontière. Avant un mois, peut-être, ils seront à Paris. Convoquez vos amis ; prenez leurs conseils, et, sans attendre que les gendarmes viennent ici pour vous arrêter, aux armes !...

Ainsi réconforté par la vaillance de son amie, Armand convoqua la noblesse de Bretagne en une assemblée solennelle, où devait se décider le rôle politique de la Bretagne. Une cinquantaine de seigneurs se rendirent à son appel de tous les coins du Finistère et du Morbihan. La réunion eut été plus nombreuse, elle n'eut pas été plus efficace... au contraire. Chacun y vint avec ses prétentions farcies d'ignorance et de vanité. Ils arrivaient à cheval, pistolets aux arçons, couteau de chasse au côté, et suivis d'un valet également à cheval, ayant en croupe un gros porte-manteau de livrée... Trois ou quatre étaient accompagnés de leurs femmes ou de leurs sœurs, dont les soins ou le conseil leur était indispensable. Parmi ces dernières, on eut remarqué pour sa beauté, la comtesse de Tronjoli, cousine et amie du marquis, dont Châteaubriand parle à propos des noces de sa sœur Julie. C'était, comme Thérèse, une amazone, écuyère admirée, esprit ardent et fin, mais naturellement incomprise.

Elle se trouvait perdue au milieu de cette troupe bretonnante, pétrie des plus antiques préjugés, plus celtes que français, parlant patois, les uns par nécessité, les autres par affectation patriotique.

Le premier jour fut employé à se reconnaître, le second à faire des phrases éloquentes contre les révolutionnaires de Paris, et en l'honneur de la Bretagne.

La Rouarie avait rédigé un programme de discussion ; mais il ne fut pas écouté, l'utilité n'en fut pas comprise. Chacun avait son petit bagage d'idées, sur lequel il comptait pour se faire valoir, et qu'il s'entêtait, en Breton, à ne pas abandonner. Les opinions les plus différentes furent exposées.

Il fallait marcher de suite...

On devait attendre les émigrés de Jersey.

On s'emparerait de la ville la plus prochaine et on y proclamerait le programme de la contre-révolution.

On marcherait tout droit dans la direction de Paris, sans se laisser arrêter par la résistance des villes, sans autre but que de se porter à la rencontre de l'armée prussienne.

On n'agirait point sans le concours de la Vendée qui était prête.

On se passerait d'elle.

L'armée formerait un seul corps.

Elle serait divisée en plusieurs corps.

Les volontaires Bretons seraient suivis de leurs femmes et de leurs enfants, et des convois assureraient l'existence des camps.

Enfin, d'autres demandaient la suppression des convois de vivres et réclamaient la discipline militaire des troupes régulières.

La question de la solde ou des indemnités mettait le comble à la confusion des idées. Plusieurs seigneurs, impatientés, partirent avant la dernière séance. Le découragement s'emparait de nouveau du marquis.

— Ils ne veulent rien faire, concluait-il.

— Tant qu'on n'en aura pas emprisonné ou guillotiné quelques-uns, disait la comtesse, sa cousine, ils ne bougeront pas.

Il est vrai que le plus grand nombre se ralliait volontiers aux propositions d'une sage expectative.

On se sépara sans avoir pris aucune résolution importante.

Cependant, on apprit que le docteur Latousche avait été arrêté, incarcéré à Rennes, puis, sur un ordre du ministre de la justice, acheminé sur Paris.

Danton n'avait pas voulu *brûler* son agent, comme l'on dit en terme de police. Il avait arrêté Latousche, afin de lui donner un brevet de victime de la Révolution, et de pouvoir l'utiliser en Angleterre.

En effet, de l'autre côté du détroit, l'espion devint, auprès des émigrés et des Anglais, l'agent de la République.

Un autre de la même farine, un aventurier royaliste, Laligaut-Morillon, livrait à ce moment même les secrets de Coblentz. On l'y envoya lui-même; il saisit et mit dans la main du gouvernement une association immense, dont les ramifications s'étendaient sur quatre-vingts lieues de pays. Déjà on avait nommé, pour les princes, un gouverneur du Languedoc et des Cévennes qui s'était établi dans le château de Jalès. Il y fut surpris et massacré.

Il va sans dire que le contre-coup de l'affaire de Jalès, se ressentit en Bretagne. Il y jeta un découragement voisin de la stupeur. Les mineurs royalistes s'aperçurent qu'ils travaillaient sur une contre-mine.

Rien de pire; dans cette situation, on doute de tout, où la veille on voyait la victoire on lit le désastre.

Mais des coups terribles allaient se succéder.

Vingt jours plus tard, ils apprenaient les quatre jours d'égorgement de septembre, cette orgie d'assassinats qui n'a d'équivalent que dans les grands massacres de l'antiquité; — puis, vingt jours après encore, la retraite de l'armée prussienne.

Dans cette retraite, — œuvre politique si longtemps restée mystérieuse, — des hommes éclairés, comme le marquis de la Rouarie, ne pouvaient voir le résultat d'une première victoire de l'armée française, ils se virent dupes, sans parvenir à découvrir les raisons auxquelles on les avait sacrifiés.

Leurs prétendus alliés les plantaient là, sans même daigner les préparer à cette défection.

Les rôles étaient intervertis. De l'offensive qu'ils s'étaient promis, ils étaient relégués à la défensive.

En un mot, ils n'avaient plus qu'à défendre leur peau.

En effet, les brigades de gendarmerie, armées de mandats d'arrêt, et soutenues par des compagnies de municipaux, commencèrent à sillonner les campagnes et frapper aux portes des châteaux.

La Rouarie avait droit à leur première visite. Il en fut averti à temps.

Il crut devoir se défendre pour l'honneur.

Il n'avait que bien peu de monde, une douzaine de domestiques,

Si j'étais convaincu, mes pistolets auraient déjà fait justice du traître.

tout au plus, et le château avait une enceinte assez étendue. Il ne voulait pas compromettre des paysans pour une cause qu'il considérait comme perdue, il n'en appela aucun, et même il crut honnête d'avertir ceux de ses serviteurs qui voudraient se soustraire au premier danger et aux représailles qui suivraient.

Tous lui répondirent qu'ils étaient prêts à se faire tuer, jeunes et vieux, et jusqu'aux femmes. Il leur assigna leurs postes et leur donna quelques leçons d'armes. Plusieurs n'avaient jamais manié un fusil.

XXXII

POUR L'HONNEUR

Il fit placer au faîte du donjon un drapeau blanc sur lequel, en grandes lettres rouges, on lisait : *Vive le Roi!*

C'était bien plus séditieux qu'il ne se le figurait, car depuis vingt-quatre heures la France était une République. Mais les nouvelles de Paris arrivaient si tard ! Il en était encore à combattre une constitution qui avait déjà près d'un an d'existence.

Toutes les armes, — une vingtaine de fusils et autant de pistolets, — avaient été chargées. L'eau de l'étang avait été amenée dans le fossé qui bordait le rempart, et le pont-levis avait cessé de s'abaisser. Les lances, les sabres, les hallebardes ne manquaient pas.

Enfin, l'attaque prévue et attendue s'accomplit.

Une petite troupe de gendarmes et de municipaux s'arrêta à la lisière de la forêt, en face du château, et, étonné de trouver celui-ci sur ses gardes. Ils le croyaient, sans doute, beaucoup plus fort qu'il n'était.

Après avoir tenu conseil, un officier municipal portant une cocarde et un brassart tricolores, et traînant un long sabre qui lui battait les talons de son fourreau de cuivre, se fit accompagner d'un brigadier et d'un trompette, et s'avança vers la grande porte de la forteresse.

La Rouarie, Saint-Pierre et d'Aveillaus se trouvaient à cet

endroit et les regardaient venir. — Lorsqu'ils furent à la portée de la voix, ils s'arrêtèrent, et l'officier cria :

— Au nom de la loi dont je suis le représentant, et en vertu des pouvoirs qui me sont confiés par le district de..... je vous somme, vous, Armand de La Rouarie, ci-devant marquis, de m'ouvrir la porte de votre domicile, sous peine de vous y voir contraint par la force.

— Contraignez, citoyen ! répondit Armand d'un ton railleur.

— C'est bien au ci-devant marquis que je parle?

— Parfaitement. Maintenant, passez au large, ou je vous envoie du plomb.

— Je suis porteur d'ordres du district; vous faites résistance à la loi.

— Oui, j'ai cette audace de me défendre; mais cela se passe d'explications : — Vous venez pour m'arrêter, et je refuse de me laisser arrêter. C'est tout simple. Prêt à repousser la force par la force.

Et, levant son fusil :

— Au large, vous dis-je !

L'officier se retira aussitôt et fut rendre compte de son entrevue avec le ci-devant marquis. — Il ajouta :

— Il ne nous reste plus, citoyens, que d'exécuter les ordres que nous avons reçus : Nous emparer de *main militaire* du coupable en rébellion contre les lois.

— Ce ne sera pas facile, fit un brigadier. C'est un siège en règle que l'on attend de nous, mais nous n'avons rien de ce qu'il faut pour cela; ni canons pour ouvrir la brèche, ni échelles pour escalader les murailles.

— Je n'ai pas à discuter avec vous les moyens à employer. Vous avez reçu l'ordre, sachez obéir.

Un murmure courut dans les rangs de la troupe. « Était-il fou? »

— Mais, pardon mon officier, si c'est impossible?

— Devant notre résolution, l'ennemi prendra la fuite.

— C'est-à-dire que si nous nous approchons trop des remparts, il tirera sur nous et nous serons ridicules.

— Il serait plus ridicule de nous retirer sans avoir combattu. Ce n'est pas pour me faire escorte dans la lande que l'on vous a envoyé ici.

— On n'avait pas prévu un siège.

— Un républicain doit savoir vaincre ou mourir. Il ne doit pas fuir sans combat.

Nouveaux murmures.

Le rouge de la colère ou de la confusion monte au front de l'officier. La République était encore trop nouvelle pour être bien comprise et pour enfanter des héros.

Tout à coup, des remparts s'élevèrent les sons nasillards des musettes, invitées, par La Rouarie, à saluer la retraite des soldats. Cette moquerie acheva d'exaspérer le municipal.

— Trompettes! cria-t-il, sonnez la charge.

En avant! marche.

Et tirant son sabre, il s'élança en avant. Municipaux et gendarmes le suivirent; les musettes les décidaient.

Mais leur élan n'était pas moins insensé. Sans échelles, que pouvaient-ils faire. Heureusement, le brigadier recouvra promptement son sang-froid, et, dès qu'il fut à portée de fusil, commanda halte:

— Couchez-vous, dit-il à ses hommes, derrière les buissons ou les rochers, et visez longtemps le premier qui se montrera.

Quelques coups de fusil partirent du château, mais eurent pour résultat de permettre aux assaillants de régler leur tir.

Un royaliste ayant laissé passer au-dessus du mur le haut de son chapeau, eut aussitôt le crâne labouré de deux balles. La riposte ne se fit pas attendre; elle avait de meilleures occasions; ceux du dehors étaient moins abrités; la fusillade s'anima; les assaillants eurent un mort et plusieurs blessés; ceux du château comptaient aussi quelques blessés.

Et les musettes jouaient toujours.

Enfin l'officier municipal jugea sans doute que le sang avait assez coulé, et que l'honneur militaire était satisfait; il fit sonner la retraite.

La troupe se retira lentement, emportant son mort sur un brancard de branchages. Il était convenu que, dès le lendemain, on requisitionnerait des échelles dans un village voisin, et qu'à la nuit on tenterait de s'emparer du château par surprise. On se promettait de se venger par le pillage et l'incendie. La prise d'assaut, autrefois, autorisait tous les excès et tous les crimes.

Mais leur intention fut devinée.

La Rouarie savait bien que l'ennemi reviendrait en force et peut-être avec du canon. Résister davantage lui serait impossible; ce qu'il y avait de mieux à faire, c'était de quitter son château, en n'y laissant que quelques domestiques désarmés pour en ouvrir les portes.

Les fugitifs employèrent la nuit à s'équiper pour le voyage. Tous ne suivirent pas leur seigneur de crainte de lui être à charge. — La Rouarie et Thérèse de Moëlen, accompagnés de d'Aveillaus, de Saint-Pierre et des valets de chambre, partirent, avant le jour, pour le château de Laguyomarais.

XXXIII

LAGUYOMARAIS

Le château de Laguyomarais, croyons-nous, se trouvait du côté de Saint-Malo.

C'était une des vieilles forteresses féodales de ce pays, quelque chose comme Combourg.

Après avoir traversé le petit domaine réservé au régisseur, on parcourait une cour fermée, à droite et à gauche, par de longues écuries. Au fond s'élevait le château, dont la façade sévère présentait une courtine de mâchicoulis denticulée et couverte.

Cette courtine reliait entre elles deux tours couronnées de créneaux et terminées par des toits pointus.

Les fenêtres étaient percées inégalement. Elles étaient rares et grillées. Un large perron raide et droit, d'une vingtaine de marches, sans rampes, sans garde-fou, remplaçait, sur les fossés comblés, l'ancien pont-levis et atteignait la porte du château percée au milieu de la courtine. Au-dessus de cette porte se voyait l'écusson et les taillades à travers lesquelles sortaient, jadis, les bras et les chaînes du pont-levis.

A ce premier bâtiment en succédaient trois autres, également vastes et tristes. D'un vestibule voûté on passait dans une salle des gardes éclairée par plusieurs fenêtres ouvertes dans des murailles de huit pieds d'épaisseur. Deux corridors à plan incliné partaient des deux angles extérieurs de la salle et conduisaient aux deux tours. Un escalier serpentant dans une de ces tours mettait en communication la salle des gardes avec l'étage supérieur, tel était le corps de logis.

Les pièces du bâtiment de la façade étaient sombres, les embrasures des fenêtres étaient étroites et tréflées, les murailles sans autres ornements que des trophées de chasse ou quelques lambeaux d'antiques tapisseries.

Le château, assez vaste pour contenir une garnison, n'était habité que par la famille de Laguyomarais et quelques valets rustiques. L'ennui, un ennui lourd et étouffant comme l'atmosphère d'une habitation mal aérée, y régnait, aggravé des angoisses causées par la Révolution.

La Rouarie, en y demandant l'hospitalité, ne songeait qu'aux facilités qu'il pourrait trouver pour gagner la côte et l'Angleterre. Connaissant le caractère ombrageux de ses hôtes il n'y aborda qu'avec les plus grandes précautions.

Il se présenta le soir, et sous le nom de Gosselin.

On le reçut sans empressement et parce qu'on ne pouvait, sans déshonneur, lui refuser asile.

Entré dans ce sauvage et silencieux repaire, il s'y trouva comme retranché du nombre des vivants. Jamais un journal n'avait pénétré chez les Laguyomarais, et, sans le dévouement de son domestique Loisel, il eut ignoré qu'il était dénoncé publiquement dans les affiches de Rennes et dans la société populaire de cette ville. Dans les moindres communes, on faisait appel au zèle des citoyens pour dénoncer sa retraite et faciliter son arrestation. Saint-Pierre, son ami, et Thérèse de Moëlen n'étaient pas traités avec moins de rigueur. Seul, par un oubli inexplicable, Paul d'Aveillaus n'était l'objet d'aucune poursuite, et l'on prétendit plus tard que le docteur Latousche l'avait volontairement oublié dans la liste des conspirateurs qu'il livra à la police.

A plusieurs reprises, d'Aveillaus demanda à Loisel :

— Et que dit-on de moi?

— Rien que je sache, monsieur, répondait celui-ci.

D'Aveillaus n'en était pas seulement étonné, mais humilié.

Il était donc bien peu de chose! Sa naissance lui donnait seule des droits à la proscription, et la balle qu'il avait envoyée à Latousche y ajoutait encore. Il était jeune et peu initié à certaines perfidies.

Latouche ne croyait pas avoir laissé, à l'entrée du bois, trace de sang, il croyait que sa blessure était ignorée et il donnait ainsi, en ne dénonçant point d'Aveillaus, l'idée que celui-ci l'avait *ménagé*.

La Rouarie devina la ruse et conserva à son neveu son estime.

Cependant l'hiver arrivait, et les ordres contradictoires des princes, toujours hésitants et rarement d'accord entre eux, les empêchèrent de rien entreprendre. Il fallait attendre au moins jusqu'au mois de mars, et, malgré le charme de son caractère chevaleresque, de son imagination jeune et brillante de son esprit, malgré la puissance de séduction que Thérèse eût pu jusqu'alors croire irrésistible, la famille de Laguyomarais commençait à trouver long le séjour des fugitifs et le leur laissait voir.

La Rouarie était décidé à quitter des hôtes chez qui l'hospitalité n'était qu'un pénible devoir, quand son lieutenant et ami Saint-Pierre tomba gravement malade.

De quelle maladie? Nous l'ignorons, mais probablement d'une maladie contagieuse, car les biographes du marquis disent qu'il était seul à soigner son ami. Pendant près de deux mois il le disputa à la mort.

Enfin Saint-Pierre guérit, mais le 16 janvier, La Rouarie, épuisé de fatigue, tomba malade à son tour.

Ce fut à Thérèse et à Loisel de le soigner.

Comprenant de suite qu'il allait devenir insupportable aux Laguyomarais, il songea à diminuer les charges de son séjour en congédiant la femme de chambre de Thérèse et en priant son neveu d'aller chercher un autre asile.

Il manda donc celui-ci près de lui.

— Paul, lui dit-il, mon ami entre à peine en convalescence et je tombe malade à mon tour. Cependant, on est las de nous nourrir et de nous abriter ; la générosité a des bornes. Je voulais partir, je ne le puis ; je dois me résoudre à de nouveaux sacrifices. Pour alléger les charges de mon séjour ici, nous allons nous séparer. Tu vas nous quitter, mon cher ami, et chercher un autre gîte ; nous nous retrouverons au printemps.

— Mon cher oncle, répondit d'Aveillaus, je suis prêt à ce sacrifice ; mais dès que votre santé sera rétablie, j'espère que vous me rappellerez près de vous.

— Où vas-tu?

— Je ne le sais, mais rien ne me menace, comme vous le savez; je n'ai pas l'honneur d'être compromettant. D'ici, je vais me rendre à Fougères où nous avons des amis, je ne veux pas m'éloigner de vous, afin d'avoir, au plus tôt, de vos nouvelles.

— Adieu donc, mon ami, dit La Rouarie en tendant à son neveu sa main brûlante et pâle.

Thérèse, en lui disant adieu, le reconduisit jusqu'au bout de l'appartement et revint auprès du malade.

XXXIV

TOUS LES MALHEURS

D'Aveillaus n'avait pas encore eu le temps de prendre congé des Laguyomarais lorsque Loisel apparut tout bouleversé chez son maître.

— Qu'as-tu donc, Loisel?

— Monsieur le marquis, il me serait impossible de m'acquitter de la commission dont on vient de me charger pour vous, sans être comme hors de moi.

— C'est de Mme de Laguyomarais qu'il s'agit, je suis sûr?

— C'est elle, en effet, qui vient de me parler; mais elle n'est que le porte-parole de la famille.

— Voyons, remets-toi, fit le marquis avec bonté, je sais à quoi je dois m'attendre de la part de ces ours mal léchés.

— Vous ne devineriez jamais ce qu'ils m'ont chargé de vous dire. Je descendais chercher le déjeuner de mademoiselle et dire adieu à Yvonne, qui s'en va tout en larmes, quand je fus apostrophé par Mlle Hermine de Laguyomarais.

— Ah! vous voilà, Loisel.

— Oui, mademoiselle.

— J'ai vu votre ami Saint-Pierre. Dieu merci! il est complètement rétabli et se porte à merveille.

Au nom de la loi je vous somme de m'ouvrir la porte.

— Il est encore faible sur ses jambes et a besoin de reprendre des forces, répondis-je, mais il a recouvré la santé.

— Il ne faut pas non plus qu'il s'écoute. Il n'est plus malade et c'est le principal. Comment n'est-il pas parti avec le jeune d'Aveillaus?

— M. le marquis ne se sépare jamais de lui, mademoiselle.

— Très bien à M. le marquis, lorsqu'il est chez lui; mais cet hiver est rigoureux et tout est hors de prix. On ne sait plus avec quoi battre monnaie, nos droits sont supprimés et l'on va nous accabler d'impôts. M. de La Rouarie est assez raisonnable, je pense, pour faire la part des circonstances et celle de notre bonne volonté. En d'autres temps, il nous aurait été très agréable de posséder la compagnie de M. le marquis et de Mlle de Moëlen pendant toute une année, mais, aujourd'hui, cela ne nous est pas possible.

— Vous m'avez bien compris, Loisel?

— Oui, mademoiselle, je crois comprendre.

— Vous répéterez à M. le marquis ce que je viens de vous dire, de la part de mon frère et de ma belle-sœur.

Je repris, à moitié suffoqué :

— Vous invitez M. le marquis et Mlle de Moëlen à quitter votre château?

— Oui, c'est bien cela, répondit sèchement Mlle Hermine. Je ne vois pas votre maître, je suis bien obligée de m'adresser à lui par votre intermédiaire.

— Monsieur est indisposé, dis-je.

— Je n'en suis pas surprise, me répliqua Mlle de Laguyomarais, il ne sort plus, lui qui était habitué à une vie active; le voyage et le grand air lui feront du bien.

La Rouarie eut envie de rire.

— Vous voyez, mon amie, dit-il à Thérèse. Étonnez-vous, après cela, de ce que l'on appelle l'ingratitude de nos paysans!

Allons, aidez-moi à me lever et faisons nos bagages.

— Vous n'y songez pas, Armand, par ce froid, avec la fièvre que vous avez, c'est chercher la mort.

— Il le faut.

— Je vais parler à cette fille, dit Thérèse avec vivacité.

— Pas un mot, de grâce!... Loisel, soutiens-moi.

Il se souleva péniblement et s'habilla; son amie demeurait accablée. Jusqu'alors elle n'avait eu à le consoler que des déceptions politiques ou des fatigues d'une vie de propagande; mais le plat égoïsme de leurs hôtes était au-dessous de tout ce qu'elle avait pu imaginer et la stupéfiait.

Lorsque vêtu, mais pâle, il vint en souriant pour l'embrasser, elle ne put retenir ses larmes.

— On nous chasse! fit-elle. Oh! les sauvages!

Loisel alla faire les bagages. Il rencontra Saint-Pierre et lui apprit l'événement.

— Je m'en serais douté, dit celui-ci, quand je mange ils me font des yeux effrayants. Mais La Rouarie n'est pas bien portant, où irons-nous?

— M. le marquis le sait probablement.

— Voilà de tristes amis!

Il remonta avec Loisel auprès du marquis. Celui-ci dit à son valet de chambre :

— Tu vas trouver Gildas et tu lui diras : « Veuillez transmettre à votre maître, ainsi qu'à sa respectable sœur, les remerciements de Mlle de Moëlen et de M. le marquis de La Rouarie, pour l'aimable et généreuse hospitalité dont ils ont joui jusqu'à ce jour, et veuillez les informer de leur départ. »

Politesse pour politesse, ajouta-t-il. Peu s'en est fallu qu'il nous signifiât congé par huissier. Décidément les mœurs ici sont grossières comme les murailles, et le proverbe est vrai, qui dit : « Tel nid tel oiseau. »

La commission fut faite par Loisel, comme son maître l'avait voulu. Les Laguyomarais furent vivement blessés qu'on leur mit ainsi le nez dans leur sottise, mais ils ne surent rien répliquer.

Une demi-heure plus tard, Armand, donnant le bras à Thérèse, et se tenant aussi droit et aussi ferme qu'il le pouvait, descendit dans la cour où les attendaient trois poneys, dont un portait leurs bagages. Saint-Pierre et Loisel les suivaient à pied.

Quelques pâles rayons, noyés dans un ciel gris, éclairaient les voyageurs sans les réchauffer. Il faisait froid. Le sol, rocailleux, sonnait sous le pas des chevaux. Le givre restait aux buissons. Ils avaient cinq bonnes lieues à faire avant d'atteindre un autre château, Thérèse qui ne quittait point des yeux Armand et le voyait mal assuré sur son cheval, proposa de s'arrêter à la première chaumière que l'on rencontrerait.

La chaumière bretonne, à cette époque, était un bien misérable abri; mais, en pareille circonstance, on n'est pas difficile, et le malade se prit à la désirer ardemment.

On marchait depuis une heure à peine, quand Armand se plaignit que chaque mouvement du cheval lui causait des douleurs de tête intolérables.

Enfin, on gagna la baraque d'un bûcheron; le marquis fut déposé, presque inanimé, sur un lit de mousses. Thérèse lui fit une tisane dont la chaleur le ranima un instant, mais Saint-Pierre déclara que s'il persistait à voyager, son ami périrait en route.

Que faire? La cabane était dénuée de tout secours, et, d'ailleurs, n'aurait pu abriter les trois voyageurs pendant la nuit.

— Nous en sommes réduits, dit Saint-Pierre, à retourner sur nos pas.

— Oh! c'est cruel! exclama Thérèse, à qui la pensée de reparaître à Laguyomarais fit monter la rougeur au front.

— C'est affaire d'humanité, reprit Saint-Pierre, je suis prêt à leur imposer le devoir qu'ils ont à remplir; mais il suffira de parler de les indemniser.

— Je ne puis me résoudre à abandonner Armand, dit Thérèse.

Ce dernier, les yeux mi-clos, faisait des efforts pour écouter et comprendre ce qu'on disait; mais il lui était impossible de donner son avis. Peut-être même avait-il déjà le délire.

L'opinion de Saint-Pierre prévalut. Comme La Rouarie ne pouvait se tenir à cheval, le bûcheron construisit un brancard.

Après d'assez longs préparatifs, le triste cortège reprit le chemin du château inhospitalier.

Saint-Pierre se chargea de prendre la parole près du sire de Laguyomarais, de sa dame, et de sa respectable mère.

— Je leur proposerai, disait-il, une indemnité honnête pour notre séjour; s'ils font la mine, gare à eux!...

Grande fut la surprise des Laguyomarais en les voyant revenir. Une brutale franchise était, paraît-il, leur qualité maîtresse, aussi ne se donnèrent-ils pas la peine de dissimuler leur ennui. Saint-Pierre s'en aperçut.

— Je vois à vos mines, dit-il, que vous auriez autant aimé qu'Armand fût mort en route. Vous êtes des sans-cœur de l'avoir renvoyé dans cet état par un temps si rigoureux, aussi je ne m'adresserai pas à votre humanité, nous payerons ici le loyer de nos chambres et notre dépense, et vous en ferez le prix.

— Allez-vous nous faire injure? se récria Mlle Hermine. Quittez ce ton menaçant qui ne convient pas à des fugitifs. Puisque le marquis est malade, nous sommes bien obligés de le recevoir. Mais nous sommes des gens simples et francs, et nous ne vous cachons pas que nous aimerions mieux vous voir chez des seigneurs moins gênés que nous, et surtout moins menacés. Vous êtes recherchés partout. Le nom de Gosselin ne suffit pas à vous déguiser; et si on vous prend ici, on nous enlèvera avec vous.

— Je comprends. C'est malheureux pour vous d'être royalistes. Il vous serait plus aisé et plus profitable, pour le moment, d'être républicains. Mais nous n'abuserons pas de vos bontés, et aussitôt que le marquis pourra réellement faire quatre ou cinq lieues à cheval, nous vous dirons adieu.

Le lendemain, l'état du marquis ne s'était pas amélioré. Ses amis étaient fort perplexes. Ils n'avaient confiance dans la discrétion d'aucun médecin et n'osaient en appeler. Ils manquaient de médicaments, et les affiches qui ordonnaient à tout bon citoyen d'arrêter le ci-devant marquis de La Rouarie, la nommée Thérèse Moëlen, les sieurs Saint-Pierre et Loisel, donnaient le signalement de chacune de ces personnes.

Pour faire leurs commissions, ils devaient se servir des domestiques du château, et ceux-ci, aussi bavards que maladroits, ne leur inspiraient aucune confiance. Apothicaire ou herboriste voudrait savoir qui était malade au château, le nom d'emprunt ne sauverait rien, il suffirait que l'on sût que le château cachait des étrangers, pour qu'on y supposât des suspects.

On arriva ainsi à la fin de janvier. Armand surprit, dans la conversation de ceux qui le veillaient, la nouvelle de l'exécution de Louis XVI. Ce fut pour lui un coup terrible. Dans le délire de la fièvre, il ne cessait de parler du roi. Il devint comme fou furieux. Un médecin fut enfin appelé. Il déclara que le malade était atteint d'une fièvre putride, et qu'il ne répondait point de ses jours.

XXXV

NOUVELLES DE D'AVEILLAUS ET DU DOCTEUR

Sur ces entrefaites, M. d'Aveillaus revint à Laguyomarais.

Il était très effrayé et venait prévenir son oncle de chercher un autre asile.

— Votre oncle, lui répondit M. de Laguyomarais, est à l'article de la mort, et justement ma femme est occupée à lui chercher un nouvel et dernier asile.

— Que voulez-vous dire? fit d'Aveillaus.

— Je croyais vous parler bien clairement. Allez la voir, elle est dans le jardin avec Périn, le jardinier, pour lui indiquer l'endroit où il faudra creuser la fosse du marquis.

— Mais qu'a-t-il donc?

— Une fièvre putride. N'allez pas chez lui, c'est inutile pour lui et dangereux pour vous. Il a perdu connaissance et sa maladie est contagieuse.

— Si mon oncle en est là, dit Paul d'Aveillaus, alors il est à souhaiter qu'il meure au plus tôt; car lorsque je quittai Rennes, on venait d'arrêter la famille Desilles, et l'on parlait de m'arrêter ainsi que M. de La Rouarie et ses complices; c'est le dernier coup de griffe de notre cher docteur.

— Comment cela?

— Vous connaissez la famille Desilles?

— De nom.

— Et de renommée. Vous avez entendu parler, l'an dernier, du jeune et héroïque officier Marc-Antoine Desilles, qui, dans une échauffourée de la garnison de Nancy, pour empêcher une lutte fratricide, se jeta, à plusieurs reprises, devant des canons chargés à mitraille, et finalement, fut fusillé par ses soldats?

— Oui, on m'a conté cela.

— L'assemblée accorda des honneurs publics au jeune Desilles: le président écrivit à son père une lettre de condoléances...

Eh bien! le père Desilles et ses filles viennent d'être décrétées d'arrestation.

Laguyomarais regarda d'Aveillaus d'un air de dire, que me conte-t-il là? Qu'est-ce que ça peut me faire?... D'Aveillaus le devina et poursuivit :

— Attendez!... En nous quittant, le docteur Latousche, l'ami de Danton, se rendit chez Desilles, gagna sa confiance, lui emprunta de l'argent, le compromit, et le dénonça comme complice de La Rouarie.

On vint pour arrêter Desilles, il s'échappa, et maintenant, je crois, il n'est pas loin de Jersey, mais toute sa famille fut saisie; les scellés furent apposés; on rechercha sa correspondance... Et pendant ce temps, le croiriez-vous, Latousche n'avait pas quitté Rennes. Bien mieux! les jeunes filles qui le croyaient leur ami, demandaient ses conseils, et les suivaient aveuglément.

Embarrassées d'une bourse de deux cents louis destinés à leur père, elles la déposèrent entre ses mains, et lui donnant leur meilleur cheval, le pressèrent de se mettre lui-même en sûreté. Il se fit arrêter, et j'arrivai trop tard chez les Desilles, pour leur apprendre à quel fourbe ils avaient affaire, mais assez à temps, pour apprendre l'imminence du danger qui menace La Rouarie et les siens.

— Nous nous attendons, d'un moment à l'autre, à l'arrivée des municipaux, répondit Laguyomarais. Notre jardinier a vu, à la ville, des affiches, où l'on ordonne l'arrestation de votre oncle, de Mme de Moëlen, de Saint-Pierre et même de Loisel; votre nom seul est omis.

D'Aveillaus rougit.

— Il est vrai, dit-il. Cette omission doit me cacher quelque nouvelle perfidie, car je ne doute pas que les affiches ont été faites sous sa dictée.

— Votre oncle prenait en mauvaise part mes conseils, mais il y a longtemps, s'il m'avait écouté, qu'il serait en Angleterre et en bonne santé.

— Je ne ferai pas long séjour chez vous, répondit d'Aveillaus.

Dès que j'aurai eu avec Mlle de Moëlen quelques instants d'entretien, je remonterai à cheval et gagnerai la côte.

Comme il faisait au vieillard cette promesse rassurante, Thérèse descendit.

La présence de d'Aveillaus parut la surprendre. Sans doute, était-il le messager d'un nouveau malheur.

— Comment ! mon ami, fit-elle, vous ici?

— Ne m'en blâmez pas, mademoiselle, répondit-il, mon intention n'est point de m'arrêter longtemps. J'ai quitté Rennes parce que j'y ai appris que, d'un moment à l'autre, nos ennemis seront ici.

— Nous les attendons. Sont-ils partis en même temps que vous?

— Quand j'ai quitté la ville, ils n'étaient pas partis encore, mais Latousche, qui s'est fait mettre en prison pour mieux tromper ses victimes, est sur le point de se faire transférer à Paris : or, il est certain qu'il ne quittera point la Bretagne avant d'avoir réglé le compte de ses anciens amis. Je ne m'explique même pas qu'il ait tant tardé à le faire. Il ne doit pas ignorer que mon oncle est malade.

— Dites mourant, ajouta Thérèse. Armand ne passera pas la nuit. M. de Laguyomarais a dû vous le dire. Ce Latousche ou ses hommes venus de Paris, ne veulent pas s'embarrasser d'un malade. L'arrestation d'un mourant a quelque chose de trop odieux, Latousche ne veut pas non plus paraître un traître, ce qui l'empêcherait de faire d'autres dupes.

D'Aveillaus lui dit comment il avait surpris la bonne foi de M. Desilles et de ses filles, et, après les avoir exploités, les avait dénoncés comme conspirant contre la République.

Thérèse connaissait cette famille, et particulièrement les deux jeunes femmes, Mme Angélique de la Fouchais et sa sœur. Toutes deux étaient douces et honnêtes. L'aînée, veuve de vingt-sept ans, ne manquait ni d'amabilité, ni de caractère. La plus jeune était d'une santé fort languissante. Les deux sœurs avaient, l'une pour l'autre, une étroite amitié, qui pouvait s'élever jusqu'à l'héroïsme, ainsi qu'on le verra plus loin.

— Ainsi, dit M. de Laguyomarais, en regardant Thérèse, les plus aventureuses ne sont pas toujours les plus exposées, et comme dit un vieil auteur, par différents chemins on arrive aux mêmes fins.

Mlle de Moëlen proposa ensuite à Paul d'Aveillaus de voir son

Le sol rocailleux sonnait sous le pas des chevaux.

oncle avant une séparation qui devait être éternelle. M. de Laguyomarais lui fit observer que Paul n'était point, comme elle, habitué à l'air du malade, et pourrait attraper son mal, mais Paul crut, de son honneur, de braver le danger, et suivit Thérèse près de La Rouarie.

Hélas! L'infortuné ne se ressemblait plus. Ses yeux s'étaient cavés, ses traits amaigris. Il avait une longue barbe blonde, des cheveux longs à la mode de Bretagne. Sa physionomie s'était adoucie, et un feu surnaturel brûlait dans son regard. Thérèse y voyait son âme.

Les bras croisés sur la poitrine, il avait l'air d'un saint des premiers âges qui venait de subir le martyre. D'Aveillaus ayant heurté le pied d'une chaise, il se tourna vers lui, et lui tendit la main.

Paul fléchit le genou, et la lui serra doucement, mais il n'osa la porter à ses lèvres, elle était humide et glacée.

Armand avait le délire. Il reconnut son neveu, mais continua son rêve de bataille victorieuse :

— Tu les as vu fuir, dit-il. La journée a été bonne; demain, nous marcherons sur Chartres. C'est à Paris, avec les princes, que nous signerons la paix. Les États de Bretagne ratifieront...

Puis, d'une voix qui allait s'éteignant :

— Je suis épuisé; j'ai perdu beaucoup de sang.

Il retira sa main et ferma un instant les yeux.

Paul l'enveloppa d'un long regard d'adieu et se retira. Il ne lui restait plus qu'à prendre congé de Mlle de Moëlen.

— Je ne sais pas, lui dit-il, où je coucherai ce soir, mais j'hésite à m'éloigner, en me demandant si je ne pourrais pas vous être utile.

— Vous comprenez, Paul, répondit Thérèse, que je resterai ici jusqu'à la dernière minute. Et quand il ne sera plus, que m'importera le reste? J'ai juré de donner ma vie à notre pays. Que ce soit dans un combat, que ce soit sur l'échafaud, un peu plus tôt ou un peu plus tard, maintenant que je suis seule, cela m'est égal, je serai morte pour la Bretagne. Vous, vous devez écouter la Providence, vous réserver pour les jours où l'armée catholique marchera sur Chartres, comme Armand l'a vu dans son rêve de victoire. Enfin, si vous le pouvez, un jour, vengez-nous du traître Latouche, livrez-le, démasquez-le à la justice royale.

Elle le reconduisit jusque dans la campagne, sans savoir si elle devait lui dire au revoir ou adieu.

A son retour, elle rencontra Mme et Mlle de Laguyomarais. Elles étaient suivies du jardinier Périn et d'un jeune homme de leurs amis, M. de Lachauvenais. Périn portait une pelle et une pioche.

Elle ne leur demanda point ce qu'ils venaient de faire ; elle le devina. Une crainte trop juste s'était emparée du château : En cas de mort, que faire du cadavre ?

Lachauvenais, de son propre mouvement, avait commencé à creuser une fosse à l'entrée du bois, et Périn, à la prière de Mme de Laguyomarais, l'avait achevée.

Le 30 janvier 1793, après quatorze jours de maladie, La Rouarie expira vers quatre heures du matin. On fit au corps plusieurs incisions dans laquelle on versa de la chaux vive. La fosse fut ensuite comblée et recouverte de terre, avec l'aide de Saint-Pierre et de Loisel. Avec Mme de Laguyomarais, Mlle de Moëlen, le jeune Lachauvenais, et les deux fidèles serviteurs du mort prièrent longtemps sur la tombe.

Lorsqu'ils regagnèrent le château, ils remarquèrent que Périn n'avait pas pris part aux funérailles. Cet homme était peureux, enclin aux idées nouvelles, sans doute, il avait craint de se compromettre.

Thérèse de Moëlen était décidée à quitter Laguyomarais dans la matinée. Le temps était supportable, et d'ailleurs il lui était trop pénible de se retrouver seule sous le toit où Armand venait d'expirer. Malgré les instances de ses hôtes, que l'excès de ses infortunes avait fini par apitoyer, elle était décidée à reprendre sa vie errante.

Elle eut la prévoyance de brûler des papiers dangereux. Quant à la liste des conjurés, elle l'enferma dans une bouteille, qu'elle déposa ou fit déposer, sous le cadavre de La Rouarie. Elle changea ensuite de costume, sa toilette de femme attirant trop l'attention en voyage, et étant incommode dans des courses à travers bois et rochers, elle revêtit les braies et la veste du paysan breton, et accommoda sa coiffure au costume. Saint-Pierre et Loisel la supplièrent de les prendre à son service ; elle les remercia, prétendant qu'avec ses pistolets et son couteau de chasse, elle ne craignait personne.

On lui amena son poney, et, saluée des souhaits les plus sincères, elle sortit du château de Laguyomarais.

Elle se dirigea vers l'ouest, sans avoir dit où elle se rendait.

De ce côté, à un quart de lieue environ, s'élève un monticule couvert d'un bois chétif et semé de roches ; lorsqu'elle y fut parvenue, elle s'arrêta afin d'envelopper d'un regard d'adieu la terre où reposaient les restes de son ami.

De ce coteau fort modeste, sa vue s'étendait à une lieue à la ronde, et même plongeait dans les jardins et une cour du château. A droite, à gauche, elle n'avait sous les yeux que des terres incultes et des broussailles qui s'étendaient jusqu'aux fossés de l'antique forteresse. Derrière elle, le petit village de Laguyomarais. Devant elle enfin, au bord de l'horizon, les bois et le mauvais chemin que l'on prenait pour aller à la capitale du Morbihan. Le paysage n'avait rien d'enchanteur, surtout en hiver, il respirait la misère, la tristesse et l'abandon. Le roux et le gris foncé en composaient les teintes générales. Enfin, au milieu de cette campagne mélancolique, s'accroupissait la masse difforme du manoir féodal ; architecture barbare, puissance déchue, amas de pierres, qui semblait stériliser le sol en pesant sur lui.

Après avoir, pendant des siècles, respiré la violence, la tyrannie, et répandu la terreur, à cette heure, entre ses épaisses murailles, il abritait, sans les protéger, la faiblesse et l'infortune, quelques femmes et un vieillard. Cependant ce pays ingrat, ces châtelains égoïstes tenaient au cœur de Thérèse. Le chagrin, la souffrance, le danger gravent chez nous, des choses et des êtres les moins aimables, des souvenirs qui nous deviennent chers, à force d'être profonds et personnels. Le prisonnier n'éprouve plus de haine, au moment où il sort de prison, et plus tard, il aime revoir les murs qui ont longtemps contenu son existence. Mlle de Moëlen ne regardait point tout cela sans émotion. Déjà la rêverie s'emparait d'elle, quand tout à coup elle aperçut des hommes, et au-dessus d'eux, des pointes de baïonnettes ; ils descendaient rapidement du bois vers le château. C'étaient des gardes nationaux, toute une compagnie sans doute, car ils paraissaient fort nombreux. Leurs allures belliqueuses la faisaient sourire. Afin de pouvoir assister à leurs exploits, elle abrita son cheval derrière une cépée de chênes, et se cacha elle-même. Bientôt ils pénétrèrent dans le château, fort surpris, probablement, de ne pas rencontrer de résistance. Elle les vit reparaître dans la cour. L'officier plaça à l'entrée une sentinelle.

Ses regards se reportant ensuite sur les abords de la forteresse, c'est-à-dire sur des murs éboulés couverts d'épines et de lierres qui l'entouraient, elle vit, à sa grande surprise, d'autres gardes nationaux qui cernaient le château pour ramasser les fuyards!... Mais d'où sortaient ceux-ci, ils n'avaient pas suivi le même chemin que les premiers. Il ne manquait à la petite armée que de la cavalerie et du canon. Probablement ils se proposaient de battre la campagne et de visiter le village.

Thérèse renonça à son observatoire. Mais, au moment où elle se disposait à reprendre sa monture, une lourde poigne s'abattit sur son épaule. Elle se retourna, et sa main chercha son couteau de chasse. Mais ce second mouvement fut prévenu, plusieurs gardes nationaux l'entouraient déjà, tandis que d'autres se montraient sur le coteau.

— Pas de sottises, mon jeune gars, dit un sergent. Rendez-moi ce joujou, ajouta-t-il en s'emparant du couteau. Je n'ai pas besoin, je crois, de vous demander ce que vous êtes, et ce que vous faites là.

— Et que voulez-vous de moi? fit Thérèse, que nous pourrons désigner sous le nom de Gosselin. Pour qui me prenez-vous?

— Eh! parbleu, pour ce que vous êtes. Un des jeunes ci-devant de ce château. Un sieur d'Aveillaus ou un sieur Lachauvenais. Nous saurons cela tout à l'heure, le citoyen juge a tous les signalements. Allons, Lachauvenais ou d'Aveillaus, il faut nous suivre!

— Je me nomme Gosselin, répondit la jeune femme.

— Ah! oui, fit le sergent, le prétendu Gosselin est mort; nous savons cela, mon gars, et bien d'autres choses encore!

Thérèse fut frappée de ces révélations.

Latousche n'était donc pas le seul délateur de Laguyomarais?

— Mais, sergent, fit observer un garde, on est fort bien ici pour voir tout ce qui se passe, et, si quelques-uns de nous s'y cachaient, ils y ramasseraient du gibier.

Eh bien! dis aux camarades que je vous détache ici, mais il faut que je conduise mon prisonnier devant le juge.

— Vous me permettrez, dit Thérèse, de prendre mon cheval?

— Oui, mais à pied, par la bride.

— Vous avez donc bien peur que je vous échappe?

Elle prit le poney par la bride, et suivit les gardes nationaux.

Ils n'étaient point descendus au bas du mamelon:

— Tiens! fit le sergent avec surprise, les voilà qui s'en retournent avec leurs prisonniers, et sans nous avertir!... Voilà qui est drôle! Mais il faut que je rappelle mes hommes.

Et, se faisant un porte-voix de ses mains, il appela les gardes nationaux apostés sur le coteau. Ils voyaient aussi la retraite du gros de la troupe, ils comprirent et les rejoignirent en courant.

La première compagnie, emmenant une douzaine de personnes au moins, se dirigeait, en effet, vers le bois d'où ils étaient descendus moins d'une demi-heure auparavant.

— Ils ont été vite en besogne, disait le sergent. Ils ont donc renoncé à la perquisition? Ce n'est pas ainsi que doivent se passer les choses. Pas de perquisition! Mais c'est une affaire manquée. Pourtant le juge de paix est un vieux renard qui connaît son métier. Et l'officier qui ne s'inquiète pas plus de nous que si nous n'avions jamais existé.

Pendant ce temps, Thérèse, fort résignée en apparence, se demandait à quel endroit de la lande elle pourrait sauter en selle, et si elle pouvait compter sur la vitesse de son cheval. Elle n'était pas désarmée, elle avait encore en poches deux pistolets.

On approchait du bois; il était temps qu'elle se décidât, quand elle remarqua que l'on ne prenait pas le chemin de Rennes, mais un sentier qui montait vers la lisière, et vers un autre point.

Elle aperçut aussi, en tête de la troupe, le jardinier Périn, qui portait sur son épaule, une pelle et une pioche, comme le soir où il était allé avec Mme de Laguyomarais, pour creuser la fosse d'Armand de La Rouarie dans le bois. Qu'allait-il faire? Ce Périn n'avait obéi à sa maîtresse qu'à contre-cœur. Était-il le délateur qu'elle soupçonnait ce matin? Préoccupée de ce qui allait se passer, elle oublia son projet de fuite.

C'était, en réalité, quelque chose d'étrange, que cette longue file de soldats et de prisonniers à travers champs.

XXXVI

CONSTATATION D'IDENTITÉ

Parvenue au bord de la forêt, et sur l'ordre du juge de paix, petit homme court et bedonnant, essoufflé par la marche, la troupe fit halte et s'aperçut enfin de son arrière-garde. Le juge dit à Périn :

— Dis-moi, est-ce loin dans le bois?

— Non, citoyen juge, c'est à l'entrée, à deux minutes d'ici.

— Bien.

« Alors, lieutenant, reprit le juge, il est inutile de faire entrer tout ce monde. Il ne me faut que quelques témoins. »

Puis s'interrompant :

— Mais, fit-il étonné, qui est-ce donc que l'on nous amène là?

— N'est-ce pas le nommé d'Aveillaus? demanda l'officier.

— Peut-être, répondit le juge. Alors, la rafle serait à peu près complète.

— Vous le connaissez, citoyen juge, ce d'Aveillaus?

— Non, mais j'ai son signalement. Je vais l'interroger avant de pénétrer dans le bois. Ce coquin est un ci-devant, neveu de La Rouarie et ami du vieux bougre Desilles. Il est seul?

Faisant signe au sergent :

— Approchez! Approchez!

Au moment où le sergent passait devant lui avec son prisonnier le jeune Lachauvenais ne put retenir une exclamation douloureuse.

— Citoyen juge, dit le sergent, je vous amène ce jeune homme que j'ai surpris dans les environs du château, armé de ce couteau, et prêt à agir dans une intention évidemment délictueuse. Il dit se nommer Gosselin.

— Que nous chantes-tu là! Et qui ne connaît la belle Thérèse Moëlen? fit le juge avec impertinence.

De francs éclats de rire accueillirent les paroles du juge, qui rit lui-même, très satisfait de sa découverte.

— Veillez bien sur elle, dit-il, à défaut du ci-devant marquis, nous ne pouvions trouver mieux. Sa réputation n'est plus à faire, c'est la fine fleur des « brigandes. »

Thérèse ne desserra point les lèvres, mais le juge lui ayant tourné le dos pour entrer dans le bois, elle lui cria :

— Où allez-vous ainsi?

— Hein? fit le juge. Vous me questionnez?

— Oui, je vous demande où vous allez ainsi.

— Je pourrais vous répondre que cela ne vous regarde pas, mais je consens à vous le dire : Je vais constater un décès.

Elle devint blanche.

— Il vous faut des témoins?
— Sans doute.
— Prenez-moi !
— Soit, venez. Venez aussi, citoyen de Laguyomarais, et vous, jeune homme. (Il désignait Lachauvenais.)

A Périn : A l'ouvrage.

Ils entrèrent dans le bois, Thérèse les suivit d'un air déterminé. Comme on le voit, on allait procéder à l'exhumation du cadavre de La Rouarie, pour constatation d'identité.

Le jardinier Périn, par lâcheté, avait été dénoncer, aux autorités du département, la mort et l'enterrement du principal chef des royalistes. Revenu avec les gardes nationaux, il s'était mis à la disposition du juge, et il déblaya avec zèle la fosse à peine fermée.

Le juge, les témoins choisis par lui et rangés derrière le remblai, suivaient le travail d'un regard anxieux.

L'impression de la scène était vraiment sinistre.

Elle devint presque douloureuse, lorsque la pelle découvrit le suaire. Il n'y avait pas de cercueil.

— Prenez garde de déchirer le mort, dit M. de Laguyomarais.

Le juge seul ricana.

Enfin, on put soulever le suaire. Périn hésitant, le juge lui demanda sa pelle : Le corps mutilé, rempli de chaux vive dans les profondes cavités de ses coupures, le visage horriblement tuméfié devenu un objet d'indescriptible horreur, apparut soudain.

Thérèse poussa un cri et tomba sans connaissance.

— Ah! fit le magistrat, il a cessé de plaire. Allons, soyons humain. Périn, aide-moi à mettre de côté cette pauvre petite. Le cri qu'elle a poussé nous permet de croire qu'elle l'a reconnu.

Aidé de Périn, il transporta Thérèse à quelques pas de là, puis revint à la fosse, et procéda à la rédaction sommaire d'un procès-verbal.

« L'an II de la République, etc...

« Nous... etc. En présence des citoyens, etc., avons constaté le décès du sieur Armand de La Rouarie, ci-devant marquis, qui a eu lieu au château de Laguyomarais, le... etc.

« Ont signé comme témoins... »

Il y en avait une longue page, qu'il présenta à la signature de

Le triste cortège reprit le chemin du château.

Périn, qui mit sa croix, de Lachauvenais, de M. de Laguyomarais, dont la main tremblait si fort, que son nom était presque illisible.

Ensuite, il se retourna vers l'endroit où il avait transporté Thérèse :
— Elle n'y était plus! Par exemple!

Il se prit à jurer, comme un petit père Duchesne, et cela ne servit pas même à réveiller l'écho de la forêt.

— A moi! municipaux, cria-t-il. La prisonnière s'est échappée. Fouillez-moi ces taillis. Hâtez-vous! Elle ne saurait être loin.

— Vous croyez! fit le jardinier. Elle connaît le bois mieux que personne, et d'ailleurs, soyez certain qu'elle n'est plus seule à cette heure.

— Tu mens!

— Cherchez, citoyen; mais sans trop vous attarder dans la forêt, repartit Périn.

Le juge, exaspéré, ne savait quel parti prendre, mais le dernier argument du jardinier l'emporta. Il se rappela qu'à certains endroits, la forêt était épaisse et sombre, et il songea que la première balle partie des taillis, serait pour lui.

Il conclut à se replier en bon ordre, sur la ville de Rennes.

Quant aux perquisitions, il y avait tout d'abord renoncé. Le château était trop vaste, les cachettes trop faciles. Il s'était contenté de mettre les scellés sur les meubles et coffres de quelque importance. Les saisies de papiers et d'or n'étaient dues qu'à la délation. Combien de fortunes, à cette triste époque, n'ont dû leur origine, qu'aux perquisitions et arrestations!

Le juge de paix envoyé à Laguyomarais ajourna ses recherches, et reprit le chemin du chef-lieu. Comme fiche de consolation, il profita du poney de Mlle de Moëlen.

Il fit, avec sa troupe et ses prisonniers, une glorieuse rentrée à Rennes. La foule, qui les attendait, se porta au devant d'eux et leur fit ovation.

Le nombre des prévenus des deux sexes, dans l'affaire dite du complot de La Rouarie ou complot de l'ouest, s'élevait à vingt-sept; on jugea ce nombre suffisant pour la composition d'un convoi que l'on dirigea vers Paris. Cependant le départ fut ajourné.

Les femmes et les vieillards avaient droit à des charrettes; les escortes étaient fournies par les municipalités.

Tantôt en arrière, tantôt sur les flancs du convoi, le docteur Latouche, — soi-disant prévenu, — par faveur particulière, cheminait à cheval. Ce coquin, ainsi qu'Angélique Desilles l'a raconté plus tard en prison à Mme Roland, proposait aux chefs du convoi de passer dans les grandes villes, dans l'espoir d'y faire massacrer les prisonniers.

Nous laissons à imaginer les souffrances de ce genre de transfert, qui n'avait d'autre but que d'accélérer la marche des procès, et de leur donner le dénouement favorable à la politique du jour.

Ces pitoyables caravanes de suspects ou de prévenus, vouées aux lumières du tribunal de Fouquier-Tinville, ne savaient jamais si elles parviendraient au terme de leur voyage. Non seulement les fatigues de la route et l'infection des prisons remplies de malades abrégeaient les jours des transférés, mais si le cortège passait trop près d'une grande ville, il y provoquait la colère des sans-culottes, qui faisaient de ces derniers, justice sommaire, à coups de sabre ou de fusils. Mais, ce qui paraît étrange, bien rarement les prisonniers étaient délivrés. On craignait, peut-être, en attaquant l'escorte, de les faire massacrer par elle. En général, ceux qu'en 93 on voyait ainsi acheminés vers Paris, étaient considérés comme condamnés.

XXXVII

L'ÉVADÉE

Nous ne pouvons perdre de vue l'amie du marquis Armand, et nous vous devons l'explication de sa fuite.

Cette fuite n'avait pas été préméditée, et Thérèse, comme on l'aurait pu croire, n'avait pas feint une syncope. Elle était réellement tombée sans connaissance au bord de la fosse, et lorsqu'elle sortit de cet état, elle éprouva une surprise extrême.

Elle était dans une sorte de caverne, où un jour rare ne tombait que d'en haut, tamisé par des hautes herbes et des branches à demi-dépouillées. A côté d'elle, se trouvaient Loisel et Saint-Pierre, qui attendaient son réveil avec une anxiété affectueuse.

— Quoi! c'est vous, amis? fit-elle, d'une voix encore faible. Mais je n'ai pas rêvé, c'était bien vrai... Et comment suis-je ici?

— Vous aviez renoncé à nos services, dit Saint-Pierre, mais nous étions bien décidés à vous servir malgré vous.

Il fut convenu, entre Loisel et moi, que nous vous suivrions partout, invisibles, à distance, que nous remplacerions, dans son dévouement, notre seigneur et ami La Rouarie. Peu s'en fallut, cependant, que vous ne nous fussiez enlevée, car à peine étiez-vous arrivée sur le coteau, que nous avons vu arriver les gardes nationaux. Nous nous cachâmes dans les fossés du château, bien résolus à tuer les premiers qui oseraient porter la main sur vous.

L'attentat eût lieu, et nous n'avons pas bougé, mais ce n'était que partie remise. En effet, vous êtes descendue avec les gardes nationaux, qui se hâtaient de rejoindre le gros de leur bande.

Nous avions auparavant aperçu le juge et le fossoyeur Périn, nous n'avons pas tardé à deviner où ils se rendaient et ce qu'ils voulaient ; nous les avons devancés en courant. Le trouble que nous pouvions jeter parmi eux, les facilités que nous offraient la forêt, nous donnèrent l'espoir de vous délivrer.

« Vous vous rappelez, mademoiselle, ce qui se passa.

« En vous voyant tombée sans connaissance, le juge vous fit transporter à quelques pas de la fosse, puis il se mit à rédiger son procès-verbal. Il y était occupé, et tous les regards s'étaient tournés vers lui, nous en avons profité pour vous enlever et vous emporter sur le sentier de ces rochers. Il n'y a pas bien longtemps que nous y sommes arrivés. L'ennemi n'est pas loin, mais il a perdu nos traces.

— Restons donc ensemble, dit Mlle de Moëlen ; c'est la seule manière de vous remercier de votre dévouement. Vous m'avez sauvé la vie ; à charge de revanche, et, si je ne puis rien pour vous, Armand vous félicitera plus tard. Pauvre Armand !... Si brave ! si fidèle à sa cause !... Il a fini d'une façon bien cruelle. Mais tout n'est pas mort de lui. Je le vois dans sa tombe, et je le sens près de moi.

« Quand le juge a soulevé son suaire, ma main, machinalement, chercha un de mes pistolets... (car je les ai toujours), et je me demandais si ce n'était pas le moment de placer ma dernière balle avant d'être guillotinée.

— Heureusement, vous vous êtes dominée.

— Non, je me suis évanouie comme une femmelette. — Et qu'est devenu mon cheval ?

— Il sera vendu au profit de la République, mais nous en trouverons d'autres. Saint-Pierre et moi, nous ne sommes pas sans argent.

— Et moi donc! Quelques jours avant sa mort, Armand m'a remis mille louis d'or, le trésor de la guerre future. Ne pouvant les porter, et ne sachant à qui les confier, j'en ai gardé cent pour moi, et j'ai caché le reste sous la première marche du perron du jardin.

— Mais comptez-vous demeurer sur la terre de Laguyomarais? fit Saint-Pierre.

— Non, répondit Thérèse, mais à moins que la guerre éclate, nous ne nous en éloignerons pas beaucoup. Pendant quelques jours, nous n'avons rien à y craindre, ils me croiront bien loin.

— Ce n'est qu'une supposition, mademoiselle, rien ne le prouve; le contraire est possible. Puis ici, nous avons Périn, un traître.

— Enfin, dit Loisel, on va rechercher M. Paul d'Aveillaus. Qu'il soit signalé dans les environs, et nous voilà de nouveau infestés de fusiliers municipaux.

— D'Aveillaus, répondit Thérèse, va se réfugier en Angleterre.

— Le désapprouvez-vous, mademoiselle?

— Non; c'est le plus prudent.

— Le plus sage.

— D'accord, mais ce n'est ni le plus brave, ni le plus utile à la cause. Tant qu'il y aura un Breton à qui je puisse serrer la main, un toit breton sous lequel je puisse abriter ma tête, je ne quitterai pas le sol de mes pères. L'émigration, c'est en quelque sorte la fuite. Beaucoup de nos hobereaux en ont voulu goûter, et ils en sont revenus fort découragés. A cette heure, nous aurions du mal à réveiller leur zèle. Ils se tiennent coi, tâchent de se laisser oublier. Nos meilleurs alliés, pour ne pas dire les seuls, sont les curés.

« Ce sont les cloches des paroisses qui donneront le signal de l'insurrection. »

Elle disait vrai, et l'événement ne tarda pas à le prouver.

Cependant, par le froid intense qui régnait encore, ils ne pouvaient passer la nuit à la belle étoile. La forêt de Rennes est grande, on y rencontre des chaumières ou des villages; ils se réfugièrent dans la cabane d'un paysan, ils y étaient plus en sûreté, et surtout plus à leur aise que dans la plupart des châteaux.

Partout, ils trouvèrent les paysans prêts à combattre pour leurs curés. Tous possédaient un fusil, soit d'ancienne date, soit acheté par le marquis, aux contrebandiers anglais, quelques mois avant sa mort. Ils reconnaissaient la compagne et les amis de ce dernier, et leur demandaient quand ils devraient prendre les armes.

On ne saurait se faire l'idée de leur ignorance de toutes choses. Ils ne se croyaient pas du peuple pour lequel combattaient les révolutionnaires.

Ces derniers, à leurs yeux, souillés du sang de leur roi, comme Caïn du sang d'Abel, étaient devenus en horreur à la terre et au ciel. Ils avaient fait un pacte avec le diable, et, comme les sorciers, avaient de faux prêtres vendus comme eux à l'enfer, qui faisaient, des églises et des objets du culte, un usage sacrilège. Les prêtres constitutionnels ne faisaient des sacrements, du baptême, du mariage, etc., qu'un usage criminel.

Privés de se marier, de baptiser leurs enfants, de confesser leurs mourants, les malheureux paysans devaient, on le conçoit, porter à la République une haine terrible. La seule vie morale qu'ils connussent leur était interdite, et ils en souffraient plus que d'une famine. Les prêtres non assermentés, qui erraient parmi eux, entretenaient et exaltaient leur fanatisme.

Malgré les efforts de La Rouarie et de ses successeurs, la Bretagne, sans les prêtres, ne se serait pas révoltée. Elle eut adhéré à une révolution, qui était si avantageuse au paysan.

Dans ses villes, et principalement les ports de mer, elle était sincèrement républicaine. Bourgeois et ouvriers formaient les mêmes patrouilles pour surveiller la côte.

Quimper avait déjà donné un grand exemple d'énergie patriotique. Un paysan des environs de cette ville, de Fouesnant, Allain Nedelec, qui était juge de paix et régisseur du marquis de Cheffontaine, se met, après la messe, à prêcher les paysans devant l'église, cinq cents prennent les armes et menacent de brûler les maisons de ceux qui ne viendront pas pour Dieu et pour le Roi.

Le lendemain, à trois heures de la nuit, cent cinquante gardes nationaux de Quimper, avec quelques gendarmes et un canon, marchant rapidement à travers les campagnes, partirent pour Fouesnant. Les magistrats étaient en tête avec le drapeau rouge.

Accueillis par une charge meurtrière, que trois cents paysans l firent à bout portant, ils enfoncèrent cette bande, prirent le bourg, s'y établirent, passèrent la nuit dans l'église avec leurs morts et leurs blessés. Le lendemain, ils rentrèrent dans Quimper, et toute la ville vint au devant d'eux.

Cette vigueur étonna la révolte. Cependant, ce ne fut pas en Bretagne, mais en Vendée, que l'insurrection éclata. Là aussi, comme en Bretagne, le paysan isolé, ignorant, ne voyait que son curé.

« Le Vendéen, dit un historien, enfermé, aveuglé dans son fourré sauvage, ne voyait nullement le mouvement qui se passait autour de lui. S'il l'eût vu un moment, il eut été découragé, et n'eut pas combattu. Il eut fallu qu'on le menât bien haut, en haut d'une montagne, et que là, donnant à sa vue une portée lointaine, on lui fit voir ce spectacle prodigieux. Il se fut signé, il se fut cru au jugement dernier. Il eut dit : Ceci est de Dieu!

Ce spectacle que la France eut offert à ses yeux, c'était un tourbillonnement immense, une circulation rapide des biens, des choses, des personnes. Les douanes entre les provinces, les octrois aux portes des villes, les péages innombrables des ponts et des fleuves, toutes ces barrières de l'ancien régime avaient disparu tout à coup..... »

Une formule puissante semblait animer toutes choses : *Au nom de la loi!*

Réveillés à ce mot, les immeubles prenaient des ailes. Déjà, deux milliards de biens du clergé volaient en feuilles légères, sous forme d'assignats. Les domaines coupés, divisés, se prêtaient aux besoins nouveaux d'un peuple immense, immensément multiplié. Partout des ventes et des achats; on achetait volontiers, on donnait l'assignat plus vite qu'on n'eût donné l'argent. Partout des mariages (ils furent innombrables du moins, dans les premières années de la Révolution), et la nation faisait la dot; elle donnait des biens nationaux.

XXXVIII

SUITE

Ce fut, disions-nous, de la Vendée que partit le brandon qui mit le feu à tout l'Ouest, bien qu'il n'existât aucun lien, aucun pacte entre la Vendée et la Bretagne.

L'insurrection prit comme un feu dans le bois, comme une révolution sur un boulevard de Paris, par un coup de pistolet. La situation était d'ailleurs sans exemple, au dehors et au dedans. Les nouvelles les plus sinistres arrivaient des frontières. Les Anglais s'étaient emparé de Dunkerque; les Autrichiens assiégeaient Condé et Valenciennes. Nous étions repoussés de l'Allemagne; la famine sévissait à peu près partout, en même temps, par toute la France, fut proclamée la loi de réquisition.

Un jeune homme, à Saint-Florent, prêcha la résistance, tira sur les gendarmes; la foule prit parti pour lui; ce coup de pistolet retentit dans quatre départements.

On amena du canon; les canonniers furent tués à coups de bâton.

Le tocsin sonna, et fut répété par les cloches de l'Anjou et du Poitou, par plus de six cents paroisses. Les communications étaient interrompues; les courriers ne passaient plus. Des massacres, des cruautés sans exemple, répandirent la terreur.

La nouvelle de ces événements courut bientôt en Bretagne, et jusqu'en Angleterre.

Mlle de Moëlen songea alors à soulever tous ceux qui, naguère, s'étaient associés à La Rouarie, et convoqua les principaux chefs. En même temps, plusieurs émissaires des émigrés des îles de la Manche annonçaient le débarquement de 7,000 hommes.

Parmi ceux-ci, d'Aveillaus et Latousche s'étaient enrôlés dans la même compagnie.

Comment semblable rapprochement avait-il pu s'accomplir?

Par la faiblesse et la crédulité du premier et l'habileté du second.

Ce fut Latousche qui fit les premiers pas, et des compères firent le reste.

Le docteur expliqua au jeune homme l'erreur de La Rouarie, et, pour lui prouver qu'il n'avait jamais cessé de servir les princes, lui communiqua quelques lettres du comte d'Artois, et même de seigneurs du Morbihan.

Il rejeta tout son malheur sur Mlle de Moëlen, qui, dit-il, avait encouragé un jeune gentilhomme des environs de La Rouarie. Il n'avait pas voulu l'accuser, et avait été la victime de sa discrétion.

Enfin, ajoutait-il, s'il avait été républicain, il se serait vengé. Il

Thérèse, frappée en pleine poitrine, tomba.

eut répondu au coup de fusil d'abord, et ensuite, n'eut pas laissé le marquis passer tranquillement l'hiver à Laguyomarais.

Quant aux Desilles, c'était la folle terreur du vieillard qui avait compromis ses filles.

S'étant ainsi remis avec d'Aveillaus, Latousche en obtint des confidences.

Latousche était de ces hommes qui prennent un facile ascendant sur les jeunes gens, ou les gens honnêtes dont ils ont capté l'estime. Ils s'arrogent une supériorité qu'on ne leur conteste pas, parce qu'ils ont l'art de la rendre intéressante et surtout naturelle.

Il disait des républicains : « On pourrait vivre avec eux, si on voulait les laisser vivre. Il ne faut ni les braver, ni avoir l'air de les craindre. »

Lorsqu'il apprit les décrets concernant la conscription, il prédit l'insurrection. C'est pour nous le moment de débarquer et de faire sonner le tocsin dans les paroisses. Mais qu'est devenu le trésor de la guerre amassé par La Rouarie?... Et, bien plus précieux, qu'est devenue la liste des chefs du mouvement?

— La Rouarie, dit d'Aveillaus, avait amassé mille louis d'or.

— Je le sais, fit le docteur, mais où les a-t-il cachés?

— Une seule personne le sait, c'est Thérèse de Moëlen.

— Est-ce dépensé?

— Non, dit d'Aveillaus, j'en suis certain, à moins que M{}^{lle} de Moëlen en ait disposé.

— C'est elle aussi, probablement, qui possède les archives de la conspiration?

— Il est plus que probable... mais pas sur elle.

— Ah! vous savez cela? Comment le savez-vous? fit Latousche avec vivacité.

D'Aveillaus se troubla.

— C'est un secret, répondit-il.

— Vous faites erreur, reprit Latousche, c'était un secret, mais aujourd'hui ce secret se trouve divulgué.

— Il n'est pas parvenu jusqu'à vous, cependant.

— Oh! moi, je n'avais pas le bonheur d'être dans les bonnes grâces de Thérèse; mais le bon sens le proclame, nul secret de femme n'est secret bien longtemps. Elle aurait mieux fait de jeter ce papier au feu.

— C'est ce qu'elle a fait de presque tous les papiers de mon oncle, avant de quitter Laguyomarais.

— Elle a brûlé le fatras et a conservé le plus précieux et le plus dangereux. Ce n'est pas l'affaire d'une femme de conspirer, et si je savais à cette heure où elle est, je lui enverrais une quenouille pour la rappeler à ses occupations naturelles. Qu'arrivera-t-il? les noms des conjurés, qui nous seraient si nécessaires en ce moment, vont tomber entre les mains de son nouvel amant.

D'Aveillaus demeura insensible à tous ces arguments.

Le docteur revint à la charge, sans affectation, en opposant souvent la nécessité d'agir au manque d'autorité et à la pénurie des ressources.

D'autre part, si le mouvement avait à sa tête Mlle de Moëlen, il devait renoncer à y prendre part.

— Partez, d'Aveillaus, disait-il, allez la rejoindre. Votre place est marquée dans l'état-major de Mlle la générale.

— Mon devoir le voudrait, en effet, répondait le jeune homme. Qu'importe que nos paroisses soient menées au feu par une femme, si cette femme est noble de naissance et de caractère, si elle est brave et sait inspirer l'enthousiasme? Il n'est besoin ni de science militaire, ni de stratégie, dans la guerre que nous allons faire.

— Eh bien! mon ami, qu'attendez-vous? Voilà déjà *tels* et *tels* qui se sont embarqués hier; d'autres, MM. de X... et de Z... vont les suivre; joignez-vous à ces derniers.

— J'irai les voir.

Mais il n'y allait pas. Il cherchait de l'argent à emprunter. Il ne pouvait voyager à pied.

— Consentiriez-vous à partir avec moi? lui demandait Latousche.
— Oui.

— Eh bien! dites-moi où est la liste des compagnons du marquis, j'y choisirai des officiers; nous formerons une armée indépendante de celle de Mlle de Moëlen. Vous êtes avec moi ou vous êtes avec elle. Je vous offre un brevet de commandant, signé du comte d'Artois.

— Il ne me connaît pas!

— Vous savez bien qu'il a en moi toute confiance? J'ai là un brevet signé dont il ne reste qu'à remplir le blanc laissé pour le nom du titulaire.

La tentation était forte.

Latousche lui lut des lettres des princes. Il lui montra le parchemin, tatoué de fleurs de lis et revêtu du grand sceau de cire rouge. Cela lui donna dans l'œil.

— Allons, laissez-vous tenter, disait Latousche. C'est si beau, à votre âge, de commander une armée de partisans. Reprenez votre héritage, n'êtes-vous pas neveu du marquis de La Rouarie?

— Je sais où est mon héritage, comme vous dites, répondit d'Aveillaus, mais je n'aurai pas, je l'avoue, le courage de le prendre. Il faudra que vous le preniez vous-même.

— Et pourquoi donc? fit Latousche. Où donc est-il déposé?

— Dans une bouteille et sous le corps de mon oncle, au bord du bois de Laguyomarais.

— Très bien, je m'en charge; mais, mon cher Paul, êtes-vous donc superstitieux et avez-vous peur des morts?

— Un peu.

— Quelle folie!

— Quand j'ai donné au mort de garder son secret, dit d'Aveillaus en baissant la tête.

— C'est de l'enfantillage. Vous me conduirez, du moins, à l'endroit où le marquis est enterré?

— Il le faudra bien. Jamais, autrement, vous ne le découvririez.

— Eh bien! mon officier, donnez-moi tous vos noms que je complète votre brevet.

— Paul-Charles-Henri d'Aveillaus.

Et, sans délai, Latousche remplit le blanc laissé dans le brevet, et le remit ensuite au neveu de La Rouarie.

A partir de ce jour, ils devinrent deux amis inséparables. D'Aveillaus sentait que le poids d'une faute est trop lourd à porter seul. Il avait besoin de rejeter une partie de sa trahison sur son tentateur.

Ils ne s'occupèrent plus que de leurs préparatifs de départ. Latousche ne manquait pas d'argent; il en touchait à la fois de Paris et de Coblentz. D'Aveillaus dut avoir recours à sa bourse, qui lui fut d'ailleurs obligeamment ouverte. Il prit le costume d'officier et fit prévenir son frère de son arrivée.

L'abbé, alors caché chez des paysans, était poursuivi pour rébellion contre la République; il disait des messes, remplissait en secret tous les devoirs de son ministère.

XXXIX

LE FLACON

Une barque de pêcheur les déposa dans la baie de Saint-Michel. L'abbé les rejoignit bientôt dans un village de la côte. Ils s'enveloppaient de mystère, et, cependant, ne traversaient qu'une population prête à se battre pour eux. L'abbé, déjà considéré comme un saint, ne pouvait faire cent pas sans distribuer des bénédictions et donner à baiser ses mains. D'Aveillaus, bien que sans uniforme et vêtu comme un simple paysan avait fort bonne mine, et, dans le bon accueil qu'on lui faisait partout, pressentait le succès de son uniforme.

Ils passèrent plusieurs jours dans un château de Fougerais qu'ils savaient appartenir à la conspiration de La Rouarie. Ce fut là que Paul apprit dans ses détails les horribles massacres de Mâchecoul, où les Vendéennes se signalèrent par leurs cruautés. Ces événements, encore récents, frappèrent vivement son imagination. Ils caractérisaient la lutte acharnée qui allait ensanglanter l'Ouest.

— Docteur, dit-il, nous allons avoir une guerre au couteau, une guerre de sauvages.

— Les Bleus, répondit le docteur, vont user de représailles assurément; leurs chirurgiens n'auront pas beaucoup de prisonniers à panser.

— Ils ne feront pas de prisonniers; les Vendéens n'en ont fait que pour les martyriser, ils agiront de même.

— Œil pour œil, dent pour dent, c'est ainsi dans les guerres civiles. Il vaut mieux se faire tuer que de se laisser prendre.

— Que feriez-vous, demanda d'Aveillaus, si vous étiez pris par les Bleus?

— Je me tuerais.

— Mais, si vous étiez désarmé?

— J'ai toujours sur moi, dans un petit flacon, une liqueur dont quelques gouttes sont un remède à tous les maux.

— Excellente précaution.

— Ce n'est pas chrétien, je l'avoue.

— Oh! mais les Bleus ne vous offriraient pas de confesseur, et, d'une façon comme de l'autre, vous seriez sûr de mourir en état de péché. Vous dites qu'il n'en faut que quelques gouttes?

— Oui.

— Votre flacon en contient peut-être assez pour nous deux?

— Je ne crois pas.

— Voyons, docteur, agissez en bon frère d'arme, et puisque nous allons partager les mêmes dangers?

— Ce que vous me demandez là n'est pas ordinaire et exige réflexion.

— Vous me connaissez, vous me savez incapable d'en faire un mauvais usage.

— Oh! sans doute. Mais je ne suis pas assez sûr de votre prudence.

— Vous êtes sûr, du moins, de mon instinct de conservation. On regarde à deux fois à se donner la mort. Croyez que je tiens à la vie.

— Nous verrons ça.

— Vous manquez peut-être de flacon?

— C'est vrai.

— J'en trouverai un. Mme de X... a des flacons de sels ou de parfums, je lui dirai que je suis sujet à la migraine, et elle m'en donnera un.

— Vous avez donc bien peur des Bleus?

— Mais... et vous?

Latousche sourit de la repartie et parut céder. Au fond, il ne demandait pas mieux. Que lui importait la vie de d'Aveillaus? Et, s'il était fait prisonnier, il était préférable qu'il se suicidât avant d'avoir parlé de son ami le docteur.

Le lendemain, d'Aveillaus lui ayant remis un flacon, il lui donna une partie de son poison, en lui disant :

— Il n'est pas foudroyant, mais son action est extrêmement rapide et ne fait pas souffrir.

Il ne lui en dit pas le nom, et Paul ne songea point à le lui demander.

On sait déjà l'usage qu'il en fit.

Parvenu à son but, l'agent de Danton et des Princes interrompit sa tournée de châteaux en châteaux, et proposa à d'Aveillaus de se rendre au bois de Laguyomarais.

— Nous serons trois ou quatre au plus, lui dit-il, et, pour la grosse besogne, nous retrouverons, là-bas, le jardinier Périn.

— Allez donc le trouver, répondit d'Aveillaus. Je vous serais inutile, et, je vous l'avoue, il me serait extrêmement pénible d'assister à cette violation de la tombe de mon oncle.

— Mais votre présence fait autorité.

— Vous n'en avez pas besoin.

— Périn est républicain.

— Il reçoit les assignats et ne refuse pas les louis d'or. Il est à qui le paye. Vous n'avez pas de profession politique à lui faire. Vous lui dites ce que vous voulez et il vous obéit. Enfin, s'il n'était plus à Laguyomarais, vous trouveriez d'autres guides; tout le monde sait, maintenant, où est enterré La Rouarie, et le terrain bouleversé l'indiquerait au moins clairvoyant.

Latousche ne voulut pas le contrarier pour si peu. Il fut convenu que d'Aveillaus l'attendrait au village de Laguyomarais.

Latousche et ses amis se rendirent au château. Ils n'y trouvèrent que deux ou trois petits domestiques, Périn était *en France;* mais les domestiques se mirent volontiers à leur disposition, ne sachant pas de quoi il s'agissait, et croyant que ces messieurs désiraient prier sur la tombe.

Latousche, qui devinait leur erreur sans vouloir les détromper, leur dit : — « Emportez toujours des pelles et des pioches, car notre pauvre ami a bien le droit de reposer en terre chrétienne, et peut-être irons-nous le porter au cimetière du village ou à celui de La Rouarie. »

On fit ce qu'il demandait.

En cette circonstance, la présence de l'abbé d'Aveillaus eût été précieuse, mais le jeune apôtre les avait quittés pour poursuivre son apostolat. La compagnie de Latousche ne lui plaisait pas; il sentait que le docteur n'avait pas la foi, et il était un croyant fanatique.

La petite expédition se fit en plein jour. On était loin des gardes nationaux; on n'avait, semblait-il, rien à craindre. Au château, on avait respecté tous les scellés, excepté ceux de la cave.

Après un plantureux déjeuner, qui eut suffi à raffermir le plus défaillant courage, on s'achemina à travers la lande, le fusil de chasse en bandoulière, comme si l'on allait s'amuser à tirer quelques lapins.

Latousche était un causeur amusant, ses compagnons ne pouvaient trouver le chemin long avec lui. Il causa du marquis défunt « le dernier des chevaliers errants », disait-il, qui, sous les regards « de sa dame », aurait accompli des prodiges de valeur. Et il n'épargna point à Thérèse ses railleries.

— Mais, reprenait-il, l'âge poétique de la Révolution est passé, aujourd'hui on était entré dans l'âge de raison, et les belles amazones étaient de trop dans les armées; enfin, si en faveur du roi, de l'autel et de la Bretagne, Dieu recommençait un de ses miracles, il ne choisirait pas pour instrument et porte-bannière Mlle de Moëlen.

On riait encore de ces plaisanteries quand un des gars de Laguyomarais s'arrêta, en disant :

— C'est ici.

Le docteur, afin de dissiper les craintes superstitieuses de ses gens, prit une pioche et entama la terre de la tombe; puis, quelques minutes plus tard :

— Mes gars, dit-il, disons une prière pour le repos de l'âme de notre cher défunt, et préparons-nous à enlever ses restes qui doivent, à cette heure, être réduits à quelques ossements.

La prière dite avec ferveur, il remit les outils du fossoyeur à deux paysans en les engageant à continuer sa tâche.

— En d'autres temps, disait-il, un grand nombre de prêtres auraient assisté à cette œuvre de piété, mais les prêtres sont arrachés à leurs églises, en attendant que celles-ci soient fermées, et les chrétiens persécutés comme sous les empereurs païens.

Les pluies avaient amolli la terre et le travail avançait rapidement, malgré la répugnance marquée des travailleurs.

Il leur semblait troubler le repos du mort. Ils appréhendaient l'apparition des restes du marquis, et, en pareil moment, le cri d'une chouette, dans le bois, eut suffi à leur faire prendre la fuite. De tout ce que leur disait le docteur pour les encourager, ou les distraire, ils n'écoutaient rien.

Quand Latousche jugea leur travail assez avancé, il voulut leur épargner l'horreur de la levée du suaire, ou peut-être pour ne pas

Vous voyez, messieurs, dit-il aux magistrats, quelle est ma forteresse.

risquer que leur pioche brisât la bouteille déposée dans la fosse, il prit la pelle à leur place et enleva la terre avec précaution.

Les deux gentilshommes qui l'avaient accompagné s'étaient assis à quelque distance.

— Voici le squelette, dit-il.

En effet, du cadavre du marquis, il ne restait plus que les os, et, au-dessous des côtes, près de l'une des hanches, il aperçut l'objet convoité.

Après avoir jeté, à la dérobée, son regard dans la fosse, les deux gars s'étaient signés et mis à genoux. Ils tournaient le dos au bois et levaient les yeux au ciel.

Tout à coup un bruit de pas se fit entendre d'eux dans les feuilles sèches et les cailloux du sentier, puis une exclamation de surprise s'éleva :

— C'est trop d'audace ! Quel sacrilège a osé rouvrir cette tombe ?

Les gars se jetèrent la face contre le sol, et, Latousche, effrayé, regrimpa hors de la fosse.

Nouvelle exclamation à la vue de ce traître.

— Ah ! tout s'explique par ce scélérat. Mais, cette fois, nous l'aurons mort ou vif.

On a compris que la personne survenue en ce moment était Thérèse de Moëlen, suivie de Saint-Pierre et de Loisel. Elle aussi était venue dans l'intention de reprendre à la tombe la liste des amis de La Rouarie.

On comprend ce qu'elle éprouva en présence de ce nouvel attentat.

Non seulement la liste des conspirateurs était pour elle, pour ses amis, un document d'une importance considérable, mais, dans les mains d'un traître, elle était une arme terrible qu'il fallait reprendre à tout prix.

Tout en parlant, elle était entièrement sortie du bois et s'était avancée à une dizaine de pas de la fosse. Latousche était remonté de l'excavation et se redressait de l'autre côté, derrière le déblai. Les deux gentilshommes qui avaient suivi le docteur s'étaient levés et regardaient Thérèse avec stupéfaction.

Enfin, sur l'ordre de celle-ci, Saint-Pierre et Loisel se dirigeaient vers Latousche, prêts à lui mettre la main au collet.

Les gars, étendus au bas de la fosse, les obligèrent à faire un léger détour.

Latousche, pour toute réplique, cria : « A moi, messieurs ! A moi, mes amis ! »

Et il arma son fusil.

Thérèse n'avait d'autre arme que ses pistolets. Elle en prit un, et, en l'ajustant, répliqua :

— Si tu bouges, tu es mort.

Les domestiques s'arrêtèrent, comme pour laisser passer la balle de Thérèse.

— Halte-là ! mademoiselle, dirent les deux gentilshommes en se rapprochant. Ne tirez pas.

Tous demeurèrent ainsi un instant immobiles.

— Messieurs, reprit Thérèse, sans abaisser son arme, cet homme est un traître ; c'est l'agent de Danton à qui il vend les Princes. Ce qu'il vole ici, il a tenté une nuit de le voler à La Rouarie ; il fracturait un meuble, Armand l'a surpris... il a fui.

— Tais-toi, langue de vipère, répliqua Latousche, l'ami de Danton, c'était ton amant, c'était lui qui fracturait le meuble, et que le marquis a poursuivi en vain. Va-t-en, malheureuse, ou meurs !

En même temps, il épaula le fusil qu'il venait d'armer.

C'était un duel à mort devenu inévitable. Les deux comparses de Latousche, ahuris, n'en saisissaient pas la fatalité. Ils auraient voulu s'entremettre. L'un d'eux avait tiré l'épée et menaçait Loisel.

— Ah ! c'est ainsi, fit Thérèse en s'avançant l'arme au poing, pâle, et les yeux fixés sur son ennemi.

— Va-t-en, ou meurs ! répéta Latousche.

Il allait tirer, Saint-Pierre bondit vers lui pour détourner le coup.

Ce fut le pistolet de Thérèse qui partit, et, sa balle, passant entre Latousche et Saint-Pierre, alla effleurer la peau de l'un des deux témoins.

Saint-Pierre s'arrêta machinalement, et le docteur, mettant à profit son hésitation ou sa surprise, avec le sang-froid qui ne le quittait jamais, mit en joue et tira à son tour.

A moins de dix pas, c'était presque à bout portant. Thérèse, frappée en pleine poitrine, tomba.

En même temps les amis du docteur se jetaient sur Saint-Pierre pour le dégager, et, malgré ses efforts furieux, parvenaient à le contenir.

Loisel se portait au secours de Thérèse. Elle était tombée les bras étendu, la face contre les terres de déblai. Il la releva, ses yeux brillaient encore, mais le sang coulait à flot de sa poitrine déchirée. La grosse boule de plomb avait traversé le corps, et peut-être brisé les reins, car elle ne pouvait se tenir assise, et retombait sur le bras de Loisel.

Le meurtrier, seul, était impassible, prêt à recharger son fusil, mais certain, cependant, d'avoir tué la dangereuse femme qui pouvait le démasquer.

Il n'avait pas perdu sa journée.

Coup double.

Il s'était emparé des papiers de la conspiration bretonne, et Thérèse de Moëlen n'était plus.

Cependant, Saint-Pierre hurlait de rage, et une lutte corps à corps s'engageait où de suite on pouvait prévoir que la victoire ne resterait pas aux deux gentilshommes. D'une minute à l'autre, il devait dégager une de ses mains et saisir son couteau de chasse passé dans sa ceinture.

— A nous, les gars! criaient les gentilshommes.

Mais les gars avaient détalé au galop.

Si Loisel n'avait pas été comme abruti par la mort de Thérèse, c'eut été fait d'eux.

Il fallut bien que Latouche secourût ses amis. Il aurait pu en finir d'une balle avec l'ex-lieutenant de La Rouarie, mais il n'osa accumuler les meurtres. Il ne voulait point qu'on l'accusât plus tard d'avoir été au delà de ce que permet le cas de légitime défense.

— Lâchez-le, cria-t-il, je ne le crains pas.

Et, en effet, son fusil rechargé, il se recula de quelques pas et menaça son adversaire. A peine celui-ci se retourna-t-il vers lui, le couteau levé et l'injure à la bouche, qu'il reçut une balle à la jambe droite, et fut mis hors de combat.

— Canaille! fit Saint-Pierre, qui ne fut point la dupe de sa générosité.

Restait Loisel, toujours assis près de la morte.

On l'entoura.

— Rends-toi, lui dit Latousche.

Mais, Loisel ne songeait pas à se défendre, il ne répondit pas.

— Éloignons-nous, dit Latousche, laissons ce pauvre homme à sa douleur. Il se chargera d'inhumer la demoiselle. Quant à son camarade, il est boiteux, tant mieux, il courra moins vite pour avertir les gendarmes.

— Oh! fit un des gentilshommes, les républicains s'estimeront bien débarrassés.

— Mais, ils saisiront toujours l'occasion de nous poursuivre, et, pendant quelques jours, messieurs, nous allons être obligés de nous cacher comme des malfaiteurs.

XL

LE PROCÈS DES COMPLICES DE LA ROUARIE

Latousche avait ce qu'il voulait, et ne tenait pas à batailler dans les landes de sa province. Après s'être promené pendant quelques jours, de château en château, il se déroba adroitement et se rendit à Paris.

Il donna à Danton la liste authentique de tous les conjurés bretons.

Peu de temps après, Loisel et Saint-Pierre furent arrêtés pour être joints au premier convoi des prévenus arrêtés à Rennes (les Desilles), et à Laguyomarais. On feignit de rechercher activement Latousche en Bretagne, et on le laissa parfaitement tranquille à Paris.

Mme Roland parle de lui dans ses *Mémoires,* ainsi que de la famille Desilles. « Lorsque j'avais été à l'Abbaye, dit-elle, la famille Desilles y était encore; elle fut bientôt transférée à la Conciergerie, d'où plusieurs des compromis de la conspiration de Bretagne furent conduits à l'échafaud. Angélique Desilles, femme de Roland de la Fouchais, dont la conformité du nom avec moi occasionna des *quiproquos* singuliers de la part d'un de mes amis, qui projetait de m'enlever, fut une des victimes; ses sœurs furent acquittées et devaient, en conséquence, jouir de leur liberté; mais, par mesure de sûreté générale, on les fit arrêter sur-le-champ et conduire à Sainte-Pélagie, où je les trouvai.

Nous nous entretînmes quelquefois. D'abord accablées de douleur, elles paraissaient devoir y succomber, mais toutes deux mères de jeunes enfants, malheureux dans l'âge le plus tendre, elles avaient à se conserver pour eux et se servirent de tout leur courage. Elles m'ont plusieurs fois parlé de l'indigne trahison de Cheftel[1], homme d'esprit connu à Paris, où il exerce la médecine; Breton d'origine, qui s'était insinué dans la plus intime confiance du père Desilles, et connaissant ses vœux, paraissait servir ses projets; mais lié en même temps avec Danton, il recevait par lui des commissions du Pouvoir Exécutif, se rendait en Bretagne courtiser son ami, loger à sa campagne, caresser ses desseins et y prêter, par son aide, une activité nouvelle. Au moment qui lui parut le plus sûr, il le dénonce secrètement et fait venir des personnes commises pour s'en emparer.

« Le père Desilles échappe, toute sa famille est saisie; les scellés sont apposés, on fait des recherches sur les lieux où peut être cachée la correspondance que Cheftel avait indiquée. Les jeunes femmes, qui le croient toujours l'ami de la maison, demandent ses conseils et suivent aveuglément ce qu'il leur dicte. Embarrassées d'une bourse de deux cents louis destinée à leur père, elles la déposent entre ses mains, font préparer le meilleur cheval de leur écurie, et pressent Cheftel de partir pour échapper lui-même. Il a l'air de vouloir encourir leur sort...

« On vient à Paris, le procès s'entame, le nom de Cheftel est rayé de la correspondance parce qu'il a révélé le complot, et les pauvres victimes reconnaissent alors le serpent qu'elles avaient accueilli. Jugées, acquittées, encore détenues et sans argent, les deux jeunes femmes se rappellent la bourse de deux cents louis; elles confient cette particularité à un homme probe et ferme qui se rend chez Cheftel et lui demande les deux cents louis. Cheftel, surpris, nie d'abord, s'étonne de la vigueur du requérant, qui menace de le couvrir de mépris à la face de l'univers; il balbutie, confesse la moitié et la rend en assignats; mais, après plusieurs conférences, Cheftel, précédemment médecin de Mme Élisabeth, visant à la fortune, avait également gagné la confiance d'un riche particulier appelé, je crois, Pagamel,

---

1. C'est le nom que Mme Roland donne à Latousche; d'autres le nomment Veltel.

ou à peu près ainsi, possédant, entre autres, des terres immenses en Limousin.

« Cet homme, désirant émigrer pour échapper aux orages de la Révolution, fait à Cheftel une vente simulée; il part et compte sur les revenus que son fidèle ami doit lui faire passer; mais Cheftel les garde et jouit, avec Danton, des plaisirs d'une opulence que tous deux ont acquise par des moyens pareils.

« Enfin, les sollicitations réitérées et peut-être soutenues d'offres plus concluantes, valurent à Mlles Desilles leur liberté; je les ai vues sortir. Je n'ai pas eu leur secret à cet égard, mais je viens de voir Castellane quitter cette même prison au prix de trente mille livres délivrées à Chabot. Dellon est sorti des Magdelonnettes de la même manière: tous deux étaient impliqués dans un projet de contre-révolution. A cet instant, 22 août, j'ai sous mes yeux une demoiselle Briant, demeurant Cloître-Saint-Benoît, n° 207, fille entretenue dont l'ami est fabricateur de faux assignats. Dénoncé, on a paru le poursuivre, mais l'or a coulé dans les mains des administrateurs; celui qui met sur pieds la force destinée à chercher sa personne et à s'en emparer sait où il est caché; sa maîtresse est arrêté pour la forme; les administrateurs qui paraissent venir l'interroger lui donnent des nouvelles de son ami, et bientôt ils auront ensemble la liberté, puisqu'ils ont de quoi la payer [1] ».

Mme Roland a ignoré comment Angélique Desilles, Mme de La Fouchais a péri, et ne parle pas du sort des autres prévenus du procès La Rouarie.

Tous les prévenus furent jugés révolutionnairement, mais, après des débats prolongés et solennels, sur vingt-sept accusés, douze furent condamnés à mort. Le jardinier Périn, comme dénonciateur, ne fut condamné qu'à la déportation. Tous écoutèrent leur sentence avec calme et marchèrent au supplice avec fermeté, refusant l'assistance des prêtres constitutionnels. Ils s'embrassèrent au pied de l'échafaud, et la plupart crièrent : *Vive le roi*!

Angélique Desilles, condamnée pour sa sœur, ne voulut point éclairer le tribunal sur sa méprise, et périt avec courage [2].

---

1. Mme Roland, *Mémoires*, tome II. Anecdotes.
2. *Moniteur universel*, 1793. — Beaux traits de dévouement, par Nougaret.

Il est probable que les demoiselles Desilles eurent recours à Latousche-Cheftet pour sortir de prison. De tous les commerces infâmes qui peuvent se faire pendant une époque d'anarchie, celui de la liberté et de la vie des prisonniers politiques, — pour certains individus bien placés, — était le plus lucratif et le plus facile. C'était le wilsonisme de la guillotine.

Comme d'autres hommes de police, Latousche échappa à la catastrophe qui entraîna les Dantonistes. Les gens de son espèce sont toujours nécessaires à l'administration de la police, et possèdent toujours les secrets de plusieurs partis. Celui qui les emploie aujourd'hui succombe-t-il? Ils ont prévu sa chute, s'ils n'y ont pas travaillé, et ils avaient déjà un pied dans le camp du lendemain.

Latousche était un modèle dans son genre, il servait et desservait tour à tour le roi et la République, les princes émigrés et Danton, Danton et le Comité de sûreté générale.

C'était lui qui, médecin de Mme Élisabeth, avait imaginé un feint rapprochement entre son ami Danton et cette infortunée princesse. C'était aussi la sœur du roi qui l'avait accrédité près des princes. Il serait difficile de trouver un agent secret plus complet et un coquin plus dangereux.

La saisie de la liste des membres du complot formé par La Rouarie, fut suivie, comme on le pense bien, de l'arrestation d'un grand nombre de ces derniers, elle eut des résultats considérables.

En paralysant les nobles, elle déplaça le commandement des bandes, et ce fut au profit d'un simple paysan, Jean Chouan, qui lui imprima une activité étonnante.

Les intrigues politiques ne furent pas moins nombreuses qu'à l'origine, Latousche s'y trouva mêlé. Mais à mesure que la République parut s'affermir en réalité, elle perdit sa force brutale et la foi dans l'avenir.

Les masses prolétariennes qui s'étaient élevées à la propriété, désiraient le maintien d'un régime qui leur avait livré les milliards de la noblesse et du clergé, mais en même temps, se fatiguaient des convulsions politiques, qui les empêchaient de tirer de leurs biens au delà de leur subsistance, en anéantissant le commerce et l'industrie et stérilisait la fortune.

L'immoralité des politiciens et des hommes de gouvernement

A l'attaque de la forêt de Vouvant, le combat avait été acharné.

arrivée à son comble, n'ayant plus rien à dévorer et à vendre, songeaient à vendre la République elle-même, le gouvernement dont ils ne pouvaient écarter la famine, aux sources mêmes de l'abondance, les sièges et les titres de leurs magistratures, et mettaient la France à l'encan, après l'avoir mise au pillage. Le chef du Directoire négociait avec Louis XVIII; il avait reçu la promesse de douze millions. Les autres cherchaient le moyen de se partager le nouveau règne...

Les entremetteurs étaient plus que jamais nécessaires : — Latouche mit les mains dans tous ces tripotages dégoûtants.

Mais un *soldat heureux* s'empara du pouvoir, brisa le fil des négociations royalistes, rétablit l'ordre, la sécurité, et les chauves-souris, telles que Latouche, n'eurent que le temps de repasser en Allemagne ou en Angleterre.

L'agent des princes aurait pu s'y rencontrer avec le neveu de La Rouarie; mais il changeait souvent de résidence et de noms, il se prodiguait moins aussi. Son instruction lui permettait d'être un homme de cabinet, plutôt qu'un homme d'action. Cependant, il n'est pas douteux qu'il se trouva mêlé à la conspiration de Cadoudal. Comment n'y rencontra-t-il point d'Aveillaus?

En voici la raison.

La paix religieuse s'était faite. Les prêtres réfractaires rentraient dans leurs paroisses; l'Ouest se pacifiait et ne souffrait plus guère que du brigandage; le gendarme salutaire arrêtait, dans le Maine, les dernières bandes de chauffeurs.

— Voyez l'histoire de la *Bande d'Orgères*.

En attendant la paix solide, il y avait un désarmement général.

Alors, l'abbé d'Aveillaus, le zélé et timide abbé, demanda et obtint une cure en Bretagne; une fois en sûreté et chez lui, il appela son frère Paul.

Celui-ci, qui était sans ressources en Angleterre, accourut à l'odeur de la galette de sarrazin. Il eut ainsi un pied-à-terre, et plus facilement continua à conspirer contre Bonaparte.

Enfin, il ramassa quelques débris de la fortune de son père; peu de choses, car presque tout avait été confisqué et vendu; il épousa une femme pauvre comme lui, et mit tout son espoir dans la défaite de la France, dans le triomphe de l'Europe coalisée, et le retour des précieux Bourbons.

Afin de rafraîchir ses droits à leur reconnaissance, il se mêla à un tas de petites conspirations du Midi ; mais il n'eut plus que rarement l'honneur de leur écrire. Il arriva d'ailleurs un temps où les communications royalistes furent forcément interrompues, et où il perdit l'adresse de ses princes.

Il fallait vivre cependant, et le colosse impérial ne semblait pas près de mourir. L'abbé soutenait son courage. Plus sobre, plus simple dans ses mœurs, s'il savait se contenter de son maigre casuel, et même en économiser une partie pour son frère, cependant il lui fallait concilier ses vœux politiques secrets avec les prières qu'il adressait au ciel étonné pour l'Empereur, je ne sais comment sa conscience s'arrangeait de ce partage immoral, mais de là à conseiller à son frère de prendre un emploi public, il n'y avait pas loin ; il le fit.

Paul, habitué au doux *farniente* du conspirateur, de l'agent politique, répugnait à ce changement d'existence.

Enfin, il avait deux filles qu'il aimait...

Ses habitudes d'intrigue politique le tournèrent vers la police... mais la police assise, les bureaux.

L'homme de police, comme l'épicier, comme tout le monde, tient à son métier. Paul d'Aveillaus, en rôdant autour de la Préfecture, y rencontra, — ce ne pouvait manquer, — d'autres agents politiques du temps de la Révolution, qui avaient demandé du pain au ministre Fouché.

Fouché, le type de la corruption politique, ne pouvait s'étonner de voir venir à lui l'ancien chouan. On se serra un peu derrière les cartons verts d'un bureau du ministère de la police, et Mme d'Aveillaus, — en attendant Louis le Désiré, put mettre régulièrement le pot-au-feu.

Nous ignorons si Fouché l'employa dans ses machinations ; nous sommes portés à croire, qu'il désira se faire oublier.

Enfin, l'empereur succomba ; la France retomba dans l'anarchie, et les politiciens, ainsi que les policiers politiques, se retrouvèrent dans leur élément. Des bandes de mendiants d'emplois firent queue dans les escaliers des ministères.

Latousche ne fut pas des derniers.

Dans l'affaire de La Rouarie, il se donna le beau rôle, et prêta à d'Aveillaus celui d'un jeune étourdi, dont il avait eu à réparer les fautes. Il accusa le neveu du marquis d'avoir été le rival de celui-ci, et, finalement, rejeta sur lui le meurtre de Thérèse de Moëlen, — dont tous les royalistes avaient pleuré la mort.

C'était aussi, selon lui, dans les vêtements de la belle amazone, que le juge de paix républicain avait découvert la liste des conspirateurs bretons. D'Aveillaus était donc un royaliste sincère, mais un homme maladroit et funeste. Il parla tant et si bien qu'il obtint pour lui une place d'inspecteur des établissements d'utilité publique, sinécure très largement appointée, que l'on avait d'abord destinée à Paul d'Aveillaus, neveu du marquis de La Rouarie, mais que l'on refusa au prétendu meurtrier de Thérèse de Moëlen.

Plus tard, sa place d'inspecteur, qui n'était qu'une mission de police secrète, lui ayant été retirée, Latousche eut un emploi dans les bureaux.

Lorsqu'il apprit la tentative en faveur des quatre sergents, il se dit que la direction de Bicêtre lui conviendrait, et, sans attendre que la démission de d'Aveillaus fut un fait accompli, il se proposa pour lui succéder.

On sait ce qu'éprouva Paul d'Aveillaus, en lisant, au *Moniteur*, la nomination de Latousche. On peut se figurer l'horreur qu'il éprouva, lorsqu'au moment de mourir, il le vit au pied de son lit.

Bientôt sa femme et ses filles accoururent à la nouvelle d'un nouveau malheur.

Elles avaient espéré mieux du courage du chef de famille, et tout d'abord, ne pensèrent pas à un suicide.

— Mon mari! se récria la veuve; mais comment est-il mort?...

— Le chagrin l'a tué, madame, répondit le secrétaire général.

— Lorsque nous sommes entrés, ajouta Latousche, M. d'Aveillaus était étendu sur son lit. Sa main avait laissé échapper le journal officiel. Il venait de vider ce petit flacon qui contenait un poison mortel, mais il vivait encore. J'envoyai son valet de chambre chercher, à la pharmacie, un médicament capable de combattre l'intoxication; je le lui fis prendre, mais il était déjà trop tard. Déjà, sa vue était troublée, il avait perdu l'usage de la parole, ses extrémités étaient glacées... M. l'aumônier, que j'avais fait appeler également, ne trouva plus qu'un cadavre.

— Monsieur est médecin? fit Mme d'Aveillaus.

— Oui, madame.

— Vous êtes, sans doute, appelé à succéder à M. le docteur Margue ?

— Non, madame, je suis le docteur Latousche, et je suis nommé, depuis hier, directeur de Bicêtre.

— Ah!... exclama douloureusement Mme d'Aveillaus.

— M. le secrétaire général de la Préfecture de police était venu pour me présenter à monsieur votre mari.

La présentation était ainsi faite.

Trois jours plus tard, l'ancien ami de Danton et des princes était installé à Bicêtre; l'abbé d'Aveillaus avait donné sa démission et avait quitté le vieux château-prison, pour une destination inconnue.

Deux ans plus tard, par une chaude et lourde journée d'août, le général Derivas, tout en se plaignant de la température étouffante, prenait un café avec son jeune ami, M. Moriès. Il venait de lui conter son dernier voyage dans l'Aveyron, et le plaisir qu'il avait fait à son vieux sergent et à sa femme, en leur portant une copie du beau portrait de François, fait d'après nature, à Bicêtre, par Horace Vernet, quelques jours avant l'exécution. Ces bonnes gens, que le général aimait comme s'ils eussent été de sa famille, croyaient toujours à l'existence de leur fils, et ne se plaignaient que de sa longue absence.

— Dame! il a promesse de passer officier, leur répondait le général.

Puis, s'adressant à Moriès, il ajoutait avec une expression de tristesse :

— Ils sont heureux, plus heureux que moi, car le poids de l'âge me rappelle chaque jour que je mourrai avant ma fille, sans savoir le sort qui lui est réservé.

— Pourquoi ne la mariez-vous pas? fit d'une voix étouffée M. Moriès.

Marguerite, penchée sur son ouvrage, travaillait à quelques pas d'eux. Il est peut-être encore trop tôt pour y songer, répondit le général.

Cependant, indirectement, et sans appuyer, je lui en parlai dernièrement.

— J'ai peut-être eu tort, lui disai-je, de renoncer au monde : Avec l'âge, le cercle des relations se rétrécit fatalement, en te quittant pour toujours, je te laisserai, chère enfant, dans la solitude.

— Et que vous répondit-elle ?

— C'est vrai ; mais ne parlons pas de cela. D'où vient donc que depuis quelques mois, vous me parlez si souvent d'un malheur que, Dieu merci, nous pouvons éviter encore vingt ans.

— Oh ! vingt ans, dis-je, il faut en rabattre.

Mais, je n'insistai pas, de crainte de la chagriner, et pourtant c'est un fait, que depuis le printemps dernier, j'éprouve des malaises, des indispositions, qui sont les avant-coureurs de l'apoplexie.

— Bah ! fit Moriès.

— Oui, des somnolences prolongées, des étourdissements, des vertiges,... et tenez, à cette heure même,... ma tête est de plomb, et je dois être cramoisi.

— Mais non, général, au contraire, dit Moriès, avec une certaine émotion, car il remarquait, chez le vieillard, un signe autrement alarmant, la fixité rigide des prunelles.

Et comme Marguerite s'était tournée vers eux.

— N'est-ce pas, mademoiselle, monsieur votre père est pâle ?

Elle en fut frappée.

— Mais oui, répondit-elle ? en se levant alarmée. Qu'as-tu donc père ?

— Un de ces malaises auxquels je suis sujet depuis quelque temps.

Il essaya de sourire et de se dominer.

— Ce ne sera rien, reprit-il. Mais, qui sait ? une autre fois.

Il prit la main de Marguerite.

— Ma pauvre fille !...

Moriès, vous avez de l'amitié pour Marguerite ?

— N'en doutez pas, mon cher Derivas, et si je ne craignais de froisser les susceptibilités de mademoiselle, elle saurait que mes sentiments, pour elle, s'élèvent au delà d'une amitié ordinaire.

— Et toi, mon enfant ?

— Moi, mon père ? Je suis très flattée et très heureuse des sentiments exprimés par M. Moriès, et je lui assure qu'ils sont partagés.

— Eh bien ! mademoiselle, dit le général, je vous demande votre main pour M. Moriès. Dès aujourd'hui, nous allons remplir les démarches nécessaires à votre mariage.

LES JUMEAUX DE LA RÉOLE

En 1770, sur la rive gauche de la Garonne, et à peu de distance de la petite ville de La Réole, vivait dans la retraite, et uniquement occupé de l'éducation de ses enfants, le capitaine Faucher; ses blessures l'avaient forcé de quitter le service, et même à renoncer à la carrière diplomatique qui, pendant quelques années, lui avait été ouverte. Il avait ainsi successivement rempli les fonctions de secrétaire à l'ambassade de Turin, de chargé d'affaires près de la République de Gênes, et de secrétaire général du gouvernement de Guyenne. Veuf à quarante-cinq ans, il s'était trouvé trop âgé pour se remarier, et, ne pouvant rester dans l'inaction, il consacrait son temps à des études de droit, à l'amélioration de ses terres et à l'éducation de ses deux enfants, César et Constantin, âgés alors de dix ans. Également distingué comme militaire et comme homme politique, il n'était pas resté étranger au grand mouvement libéral et philosophique de son temps, et, s'il avait confié à un abbé l'enseignement du latin et du grec à ses fils, il s'était réservé celui des mathématiques et l'histoire. En même temps, les exercices du corps n'étaient pas négligés, et les jeunes Faucher recevaient d'un ancien soldat des leçons d'équitation et d'escrime.

Ces jeunes gens étaient jumeaux, et leur ressemblance était si parfaite qu'elle trompait leurs parents eux-mêmes; elle existait en tout, physique et moral. Ils étaient également beaux et intelligents. Leurs bouches, leurs regards avaient les mêmes expressions et les mêmes sourires; leurs voix les mêmes accents. Ils se rencontraient dans leurs goûts et partageaient en même temps les mêmes émotions, les mêmes amitiés. On eut dit qu'ils n'avaient qu'un cœur et qu'une âme, et, souvent dans la conversation, il arrivait à César de continuer la pensée de Constantin. Cette conformité absolue et étrange, qui faisait de l'un de ces jeunes hommes la reproduction complète de l'autre les rendait inséparables, et leur amitié n'était vraiment que de l'égoïsme à deux. Leur ressemblance leur avait fait une sorte de renommée dans le pays où ils se promenaient souvent, et étaient très aimés. On les distinguait à la couleur de leur cravate ou de la fleur qu'ils portaient à leur boutonnière. César avait pour couleur le rouge, et Constantin le bleu... mais ils n'avaient, pour ces couleurs, aucune préférence.

Un jour de l'hiver de 1770, le mauvais temps, une pluie mêlée de neige ayant retenu les enfants au château, leur père voulût s'assurer de leurs progrès dans les langues anciennes, et pria leur professeur de les lui amener dans son cabinet de travail.

Les jeunes élèves, à sa grande satisfaction, traduisirent, à livre ouvert, plusieurs pages de Suétone et de Cicéron, puis des poèmes d'Ovide et d'Horace. En grec, leurs progrès, moins rapides, n'étaient pas moins satisfaisants, si bien que leur père les embrassa, en s'écriant :

— C'est très bien ! Voilà qui mérite récompense. Et il cherchait ce qu'il allait leur offrir lorsqu'on frappa à la porte.

M. Rufin, son garde-chasse général, demandait à lui parler.

Sur sa réponse affirmative, ce *haut dignitaire* du domaine se présenta.

C'était un gros gaillard, court et trapu, aux yeux petits et fuyants sous une broussaille de sourcils roux ; en un mot, un homme d'une physionomie fausse et bestiale.

— Monsieur, dit-il en s'inclinant et en roulant son bonnet de fourrure entre ses mains, avec l'air de servilité particulier aux traîtres ; je vous amène enfin une capture dont vous serez peut-être surpris.

— Ah ! fit M. Faucher, qui est-ce donc ?

— L'insaisissable braconnier, le ravageur de nos réserves... regardez, je vous prie.

Et Rufin indiquait une fenêtre qui donnait sur la cour.

Les deux enfants coururent à cette fenêtre, et, à travers la neige qui tombait plus épaisse, aperçurent deux paysans, le père et le fils, les mains liées, confiés à la garde de quelques valets.

Tout deux furent pris de la même compassion.

— Oh ! mon père, s'écria Constantin, c'est Gilbert et son fils, grâce pour ces pauvres diables.

— Je les verrai plus tard, dit M. Faucher à son garde, enfermez-les en attendant.

— Mon père, reprit César, ils ont l'air si malheureux ! Gilbert est

Latousche, par faveur particulière, cheminait à cheval.

blessé, et la neige à ses pieds est rouge. Pardonnez-lui et il ne le fera plus.

— Enfants, répondit M. Faucher, vous n'écoutez que votre pitié; ce serait encourager la maraude et le braconnage. Allez, Rufin, et emmenez-les, justice sera faite.

Le garde gagnait déjà la porte quand César et Constantin se jetèrent entre leur père et lui.

— Permettez, dit l'un.

— Mon père, dit l'autre, vous nous aviez promis une récompense.

— Eh bien?

— Accordez-nous, dit le premier, de ne pas envoyer en prison, où ils vont geler, ces pauvres gens. Interrogez-les. Écoutez leur repentir, et votre bonté pour eux sera notre meilleure récompense.

M. Faucher, vaincu par leur insistance, donna l'ordre à Rufin d'amener devant lui le braconnier et son fils.

On sait que, sous l'ancien régime, le droit de chasse était protégé par des lois féroces.

Quelques instants plus tard, les deux coupables étaient introduits devant leur seigneur et maître.

Ils ne paraissaient point à leur avantage; la misère, longtemps supportée, ne nous embellit pas, et il faut le coup d'œil d'un homme éclairé pour faire la part de ses ravages.

Après l'avoir considéré un instant, M. Faucher dit au braconnier Gilbert.

— Tu n'as pourtant pas l'air d'un malhonnête homme... et tu ne vis que de rapines?

— Mes rapines ne sont pas considérables, monsieur.

— Tu prends ce que tu trouves.

— Quelques lièvres... Il y en a de trop sur vos terres...

— Et un chevreuil? fit Rufin.

— Et un chevreuil, je le reconnais... mettons encore quelques lapins... et voilà tous mes crimes.

— Parce que tu ne trouves rien de mieux à prendre.

— Oh! monsieur, fit Gilbert, dont le sang monta au front, je ne suis pas un voleur!

— Prendre un chevreuil ou un lapin, c'est un vol, et le braconnage conduit au brigandage, cela est certain, et se voit tous les jours.

— Ce que j'ai pris, ce n'était pas pour m'enrichir, pour le vendre, ou pour mon plaisir, c'était par nécessité. J'ai femme et enfants, je n'ai pas de travail, et, au logis, depuis longtemps, nous sommes sans pain.

— Il fallait t'adresser à ton seigneur; lui aussi a charge d'âmes; il ne doit pas laisser ses vassaux périr de faim.

— Eh bien! monsieur, ne me suis-je pas adressé plusieurs fois à vous?

— A moi?

— Oui, monsieur. Je vous ai fait savoir que j'étais sans ressources, et qu'avez-vous répondu? Que vous n'aviez pas le moyen de me faire des rentes.

— Comment!

— Je vous ai informé de la maladie de ma femme, et vous m'avez répondu que j'aille voir le médecin.

— Qui t'a dit cela?

Gilbert se tourna vers le garde-chasse :

— Votre homme, fit-il.

Rufin se trouvait fort mal à l'aise.

— Monsieur ne croira jamais cela, dit-il. En voilà des mensonges! D'ailleurs, qui sait voler sait mentir.

— Ah! tu nies, toi, s'écria le braconnier. Je vois bien que si tu veux me perdre, c'est pour te débarrasser de moi. Nieras-tu aussi que si j'avais voulu travailler pour toi et tes marchands de gibier de La Réole, tu m'aurais laissé tranquille? Nieras-tu que tu m'as poussé au mal en me disant que le seigneur était impitoyable? Ah! j'ai tué un chevreuil! Combien en as-tu vendu, toi?

— Ah! le coquin! exclama Rufin. Quel coquin abominable! Heureusement que monsieur ne croira point un mendiant tel que toi.

Ce n'était pas sûr.

Le maître, qui les écoutait et les observait, était frappé de l'accent de vérité dont sonnaient, comme monnaie de bon aloi, les accusations du braconnier. Il était physionomiste, et, pour la première fois, considérant son garde-chasse, il s'étonnait qu'il eût pu accorder sa confiance à un individu qui avait le vice peint sur le visage, et il concevait des soupçons.

— Allons! la paix, fit-il. Point de querelle.

La cause est entendue. Gilbert, tu es coupable, mais la misère est ton excuse, et ta femme et tes enfants, qui sont innocents, ne doivent pas souffrir du tort où tu t'es mis. Tu vas rentrer chez toi, j'y enverrai des provisions, et, en attendant que je trouve à t'occuper, je te viendrai en aide. A l'avenir, si tu braconnes, tu n'auras plus d'excuse.

— Oh! merci! merci bien, monsieur! s'écria Gilbert, vivement ému.

— Quant à tes accusations, reprit M. Faucher, tu dois les retirer; une accusation n'a de valeur qu'autant que l'on peut fournir la preuve. Tu n'as pas de preuve?

— J'ai parlé sur ce que j'ai vu, dit Gilbert.

— Nous aussi, César et moi nous avons vu, s'écria Constantin.

— Que signifie? fit M. Faucher d'un air sévère.

— Oui, mon père, appuya César. Il y a huit jours, nous revenions à cheval, à la brune, nous avons rencontré monsieur le garde qui rentrait chez lui. Il avait sur le dos un sac assez lourd. Ce sac était un peu déchiré, et nous avons vu, par la déchirure, une grosse touffe de poil passer. Est-ce vrai, Constantin?

— Oui, César.

— C'était un sac de mousses, dit le garde-chasse. Le jour baissait, ces messieurs se sont mépris.

— Il est étonnant que vous alliez chercher de la mousse par ce temps-ci, fit observer le maître.

— Et la mousse n'est pas lourde comme un chevreuil? ajouta Constantin.

Un éclair de haine, le premier, jaillit des yeux enfoncés du garde-chasse, et il n'échappa point à M. Faucher.

— Laissons cette discussion, dit-il. Elle me devient pénible, et elle ne peut se prolonger sans inconvenance. Je ne me prononcerai pas; cependant, comme Rufin ne peut demeurer ici sous le poids d'un soupçon, je l'engagerai à chercher ailleurs une place de garde.

— Merci, messieurs!... fit Rufin, devenu furieux.

— Et maintenant retirez-vous, et point de bruit, ajouta M. Faucher.

Le lendemain, Rufin avait quitté le château, mais en emportant, contre les jumeaux, une haine qui ne devait finir qu'avec eux.

II

LA JEUNESSE DES FRÈRES FAUCHER

Les haines les plus fortes ne sont pas toujours celles qui éclatent promptement, et les plus terribles sont celles dont la cause est injuste. Le garde-chasse vendait le gibier de son maître, et il eut dû se dire que son renvoi était mérité, mais il n'était pas philosophe. Il pardonna à Gilbert de s'être défendu et vengé en l'accusant, et il garda toute sa haine contre les jumeaux.

Pendant longtemps, les circonstances ne le favorisèrent pas. Il dut changer de province pour trouver un emploi; puis, les jeunes Faucher quittèrent La Réole pour Paris.

Le 1ᵉʳ janvier 1775, ils entrèrent l'un et l'autre, à l'âge de quinze ans, aux chevau-légers de la maison du roi, et, au mois d'août 1780, ils passèrent tous deux officiers dans le même régiment de dragons.

Officiers à vingt ans, dans un régiment de la magnifique maison du roi, c'est-à-dire à Versailles, au sein des pompes et des fêtes de la Cour, et à quelques lieues de Paris, la ville athénienne des philosophes et des courtisanes, des beaux esprits, des artistes, des savants, des empiriques et des aventuriers, des penseurs, des viveurs et des amuseurs; la ville unique!

Vivre à Paris et à Versailles, assez noble pour être reçu partout, assez riche pour se donner tous les plaisirs, quelle plus belle destinée!

La jeunesse des jumeaux de La Réole dut être des plus heureuses... et la preuve, d'ailleurs, c'est que l'histoire n'en dit rien.

Cependant, si de leur singulière conformation résultaient pour eux les jouissances d'une vie morale particulière, si chez eux l'amitié fraternelle s'élevait à un degré inconnu aux autres hommes, ils devaient aussi en éprouver quelques inconvénients.

La mutualité dans certaines émotions sentimentales, l'admiration d'une œuvre d'art, par exemple, ou d'une action héroïque ou d'un beau spectacle, était à l'actif de leur bonheur à la fois individuel et commun; ils pouvaient encore s'unir dans les haines généreuses du mal, dans les attendrissements de la pitié, l'élan de la reconnaissance, les voluptés délicates de la charité, mais les bonheurs suprêmes sont sans partage; l'amour, l'amour-passion, l'amour qui crée la famille, ils ne pouvaient le connaître sans déchirement. Ils ne pouvaient partager de l'amour que les caprices, les galanteries des plaisirs sans lendemain, et qui, par leur inconsistance échappent à la jalousie.

Que serait-il arrivé si César, je suppose, s'était épris d'une femme? C'est que Constantin s'en serait épris immédiatement au même degré. L'un n'aurait pu se sacrifier à l'autre, et, si la femme n'avait pris la fuite, leur mort était inévitable.

Voyez-vous ce drame? Un frère continuant, aux pieds de son idole, le compliment commencé par son frère, et la dame trompée par la monstrueuse ressemblance des deux amoureux. Les entendez-vous se prenant pour mutuels confidents de leur passion, jusqu'au jour où le hasard leur découvre qu'ils aiment la même femme?

Aussi les jumeaux ne se marièrent pas; la nature n'ayant pas répété pour eux, au féminin, le prodige de leur ressemblance... Ils n'eurent même pas de maîtresses attitrées. Leur père étant mort, ils furent copropriétaires de son héritage et vécurent en communauté.

La main dans la main, souriant avec confiance à l'avenir, — la régénération française dont tout le monde pressentait l'approche, — ils arrivèrent à 1789.

Les jeunes seigneurs de La Réole étaient de ceux qui reconnaissaient nécessaires de grandes réformes économiques et politiques, qui furent réclamées dans tous les *cahiers*. Ils renonçaient volontiers à leurs privilèges, ils n'avaient rien de *féodal*. Après les journées d'octobre, ils se retirèrent dans leur pays natal, prévoyant les services qu'ils seraient appelés à rendre à leurs concitoyens, comme directeurs ou modérateurs du mouvement révolutionnaire.

Leur instruction, leur amour du travail, leur probité les rendaient précieux à La Réole. Ils furent appelés à des fonctions publiques par le choix de leurs concitoyens. César était commandant des gardes nationaux et président du district de La Réole, et Constantin devint chef de la municipalité de cette ville.

Le tempérament girondin jouit, on le sait, de l'heureuse influence de son climat tempéré, et, grâce à lui, pendant longtemps les excès et les violences de la Révolution lui furent épargnés. La Réole accueillit avec enthousiasme les réformes dont la Constitution de 91 promettait la réalisation. La liberté y régna sans désordre, et le respect des opinions, qui en est un principe essentiel, y permit aux royalistes demeurés fidèles à Louis XVI, de blâmer publiquement le jugement et l'exécution du roi.

Après le 21 janvier, les frères Faucher donnèrent un exemple de courage civil bien rare à cette époque, ils se démirent de leurs fonctions après avoir plaint le sort de Louis et blâmé son supplice.

Leur inaction, toutefois, fut de courte durée; l'appel aux armes poussé par la Convention, à la suite des revers militaires de 1793, les fit presque immédiatement accourir dans les rangs de l'armée républicaine.

A l'âge de trente-trois ans ils entrèrent, comme simples volontaires, dans un des corps dirigés contre la Vendée. Cette guerre était la plus cruelle pour des patriotes. Ils s'y distinguèrent, et, par leur intelligence et leur bravoure, obtinrent un avancement rapide.

Chaque grade fut le prix d'une action d'éclat; chaque promotion eut lieu sur le champ de bataille, et tous deux, s'élevant chacun du même pas, furent nommés le même jour et pour le même fait, généraux de brigade.

C'était le 13 mai 93, à l'attaque de la forêt de Vouvant, le combat avait été acharné de part et d'autre, Constantin avait été démonté et blessé; César, déjà atteint seize fois par le fer et le plomb des Vendéens, y recevait onze blessures nouvelles. Leur valeur avait fait l'admiration de tous leurs compagnons d'armes. Ramassés parmi les morts sur le champ de bataille, ils avaient été transportés à l'hôpital de Saint-Maxent pour y attendre leur guérison. Ils y étaient encore quand arriva leur nomination, et ce fut sur leur lit de souffrance qu'on leur apporta leur brevet de général.

Cette récompense, qu'ils avaient méritée sans l'ambitionner et la demander, eut suffi à leur faire oublier le 21 janvier et les attacher définitivement à la République. Pendant quelque temps, ils avaient dû craindre d'être suspects.

Il ne suffisait pas alors d'être franchement rallié à la République, il fallait avoir applaudi à tous les excès de la Révolution et à ses crimes même, pour ne pas être accusé de modérantisme, et envoyé à la guillotine. Enfin, après avoir prodigué leur sang sur les champs de bataille, ils pouvaient voir, dans leur grade de général, un titre de civisme et l'absolution de leur royalisme passé.

Ils se trompaient.

Si leur nomination avait été bien accueillie de leurs troupes, presque entièrement composées de terroristes, il n'en avait pas été de même dans leur pays. Leurs anciens amis les considérèrent comme des renégats, et les sans-culottes rappelèrent les discours des jumeaux prononcés en faveur du tyran. Leurs ennemis se mirent en devoir d'éclairer le Salut Public, dont la bonne foi avait évidemment été surprise. Un d'eux partit pour Saint-Maxent avec une dénonciation du comité révolutionnaire de La Réole, adressée au représentant en mission, Laignelot. Ce zélé patriote n'était autre que l'ex-garde chasse général, dont les vols avaient été dénoncés par les frères Faucher.

Rufin, devenu le citoyen Gracchus, exposa au citoyen Laignelot (un des émules de Carrier) le scandale causé dans la Gironde par les nominations des royalistes Faucher. Ces deux ci-devant avaient fait partie de la maison du roi, ils avaient, avec Antoinette, dans le célèbre banquet offert au régiment de Flandre, à Versailles, foulé aux pieds la cocarde tricolore; ils avaient versé le sang du peuple dans les journées d'octobre, et n'étaient rentrés dans leur province que pour s'y joindre aux aristocrates et y organiser la contre-révolution. A la mort de Capet, ils avaient levé le masque.

Enfin, se voyant débordés par les sans-culottes, afin de se faire pardonner leurs crimes et mieux cacher leur but, ils avaient repris du service dans l'armée de Vendée.

C'en était assez.

Laignelot se transporta à l'hôpital, accompagné du citoyen Gracchus, à qui il ordonna de renouveler ses accusations en présence des généraux Constantin et César Faucher.

— N'est-il pas vrai, demanda le traître, que vous avez, en 1775, fait partie de la maison Capet?

Les deux jumeaux, pendant un moment, doutèrent de leurs yeux à la vue du garde-chasse.

— Oui, répondit Constantin, aussi vrai que tu as été au service de

Répondez à mes questions, et ne m'insultez pas, répliqua l'impudent coquin.

mon père et que tu as été chassé pour vol de gibier. C'est la haine et le désir de la vengeance qui t'amènent ici pour nous accuser.

— Répondez à mes questions et ne m'insultez pas, répliqua l'impudent coquin. Le bon temps des aristocrates est passé.

— Je répondrai au citoyen représentant, dit Constantin, s'il a des questions à m'adresser.

Laignelot lut alors la dénonciation rédigée par le Comité révolutionnaire de La Réole.

— Il est vrai, répondit Constantin, que nous avons publiquement blâmé l'exécution de Louis XVI, mais nous croyons avoir, par notre dévouement, prouvé notre attachement à la République. En nous élevant tous deux au grade de général, le comité de Salut Public nous a élevés au-dessus de semblables accusations.

— Nous verrons cela, fit Laignelot en s'éloignant.

Rentré chez lui, le représentant signa l'ordre de transférer à Rochefort, pour y être jugés, les citoyens généraux César et Constantin Faucher, accusés de royalisme.

III

LEQUINIO

Leurs blessures n'étaient pas encore fermées ; épuisés, saignés à blanc par les Chouans, ils ne pouvaient se tenir debout, cependant on les transporta devant le tribunal révolutionnaire de Rochefort.

Le point capital de l'accusation était d'avoir fait l'éloge de Louis XVI, en annonçant, comme fonctionnaires de la République, la mort de ce souverain et d'avoir porté publiquement son deuil. Ils n'hésitèrent pas à reconnaître la vérité et furent condamnés à mort. Ils entendirent la sentence avec le même calme qu'ils bravaient les dangers du champ de bataille, et malgré leur faiblesse ils refusèrent la charrette de l'exécuteur et voulurent se rendre à pied sur le lieu du supplice. Cependant, comme ils ne pouvaient, selon leur désir, s'appuyer l'un à l'autre dans leur marche, et que par moments ils défail laient, on dut les aider. La foule murmurait sur leur passage, ne pouvant voir des coupables dans ces glorieux soldats, et trouvant, sans doute, par trop féroce d'achever, par la guillotine, les blessés de l'armée républicaine.

Il n'y avait peut-être qu'un homme qui suivit d'un regard satisfait leurs pas chancelants.

Cependant ils étaient parvenus au pied de la guillotine, déjà ils s'apprêtaient à en franchir les degrés, quand un bruit de tambours retentissait à l'entrée de la grande place. L'attention de l'assistance et même des bourreaux se tourna de ce côté; l'exécution fut suspendue.

C'était le représentant Lequinio, récemment nommé, en remplacement de Laignelot, qui faisait son entrée solennelle.

Avant de se rendre à l'Hôtel de Ville, Lequinio s'arrêta devant l'échafaud et s'enquit des crimes reprochés aux deux condamnés. Les noms des héros de Vouvant ne lui étaient pas inconnus. Il s'étonna de la sévérité de l'arrêt qui les frappait, et ordonna de surseoir à l'exécution.

La foule applaudit et partagea ses acclamations entre le nouveau représentant en mission et les deux soldats arrachés au supplice.

Cet acte de justice était peut-être le premier de Lequinio, qui n'a laissé dans l'histoire que de sanglants souvenirs. Sa mission dans l'Ouest n'était pas la première qu'il remplit : En avril 93, il avait été envoyé à l'armée du Nord, puis dans les départements de l'Aisne et de l'Oise pour faire exécuter l'incarcération des suspects. Il était envoyé à Rochefort pour « régénérer cette ville », c'est-à-dire pour la bouleverser et mettre en fuite ce qui pouvait rester encore des chefs de la marine. Sa correspondance donne une idée de ses opérations ; il écrivait :

« J'ai lutté dans l'église avec le curé, j'ai terrassé les mystères par les arguments, et le peuple, après avoir hué son pasteur, vient de nommer l'église le *Temple de la Vente*. »

Par son premier acte d'autorité, Lequinio, à Rochefort, n'avait eu d'autre but que d'affirmer son pouvoir d'une façon éclatante.

L'humanité n'y était pour rien ; le lendemain il brûla la cervelle à deux Vendéens, dans la prison où ils attendaient des juges, et donna l'ordre d'en fusiller cinq cents. Il étendit ses *travaux* révolutionnaires à Lorient, Brest et La Rochelle, et écrivit à la Convention : — « J'ai dit partout qu'il ne fallait plus faire de prisonniers vendéens, il faudrait en effet ce décret pour en finir avec cette guerre. »

Si cet individu était arrivé à Rochefort huit jours plus tôt, il est probable que César et Constantin auraient été exécutés.

Renvoyés devant un second tribunal, leur sentence fut annulée, et, remis en liberté, ils se firent transporter à La Réole.

Enfin, obligés par le nombre et la gravité de leurs blessures de quitter le service, ils demandèrent leur réforme.

Thermidor leur offrit en vain les délices de la vengeance; ils les méprisèrent, tandis que Rufin-Gracchus, effrayé de la réaction contre les terroristes, se sauvait du département.

Leur repos forcé profita à leur pays natal.

Leur fortune leur permit, en 1794, d'opérer au loin des achats de céréales qui détournèrent de La Réole le fléau de la famine. Ils mirent leur influence au service d'un grand nombre de proscrits, firent obtenir aux uns leur liberté, à d'autres leur radiation de la liste des émigrés, à d'autres encore la restitution de leurs biens. Avec une simplicité vraiment républicaine et une générosité naturelle qui allait bien au delà de leurs devoirs, ils donnaient à l'agriculture, alors abandonnée, une activité nouvelle, procuraient du travail et venaient au secours de toutes les misères.

Le consulat vint : César accepta la sous-préfecture de La Réole, et Constantin devint membre du Conseil général de la Gironde.

Leurs bienfaits, leur noble conduite n'avaient pas désarmé leurs ennemis, mais leur avaient imposé silence. Optimistes qu'ils étaient, ils pouvaient se croire sans ennemis. Ils ignoraient l'envie et la haine, qui n'est, le plus souvent, que de la reconnaissance avortée. Faire le bien n'est pas seulement difficile, mais dangereux. Mais laissons les faits parler, ils se passent de commentaires.

Ces jumeaux étaient de braves gens. Ils ne savaient pas mentir et mettaient leurs actes d'accord avec leurs paroles. Ils aimaient la liberté, non seulement pour eux, mais pour les autres, sans dire aux autres : Sois libre ou je te tue. Ils aimaient et servaient leur pays sans phrases, et ne profitaient pas de ses malheurs pour le dévaliser, ou prendre d'assaut les places lucratives. Ils ne troublaient pas l'eau pour y pêcher, et obligeaient leurs concitoyens sans prélever de commissions. C'étaient de braves gens et d'étranges gens aussi,... en ce temps-là.

Ils gardèrent leurs fonctions aussi longtemps que dura la République, mais lorsque Bonaparte se fit empereur, les jumeaux votèrent contre ce changement, se démirent de leurs fonctions et rentrèrent dans la vie privée, sans bruit et sans arrière-pensée de révolte.

Ce fut dans cette position que les trouva l'invasion de 1814.

Ils étaient trop patriotes pour se réjouir de malheurs qui semblaient donner raison à leur opinion. Ils ne désirèrent pas nos défaites, comme tant de citoyens, distingués d'ailleurs, en 1814 et en 1871. Ils regrettèrent d'être trop vieux pour pouvoir reprendre du service.

Se trompant sur leurs sentiments, quelques royalistes de Bordeaux leur firent des ouvertures en faveur du rétablissement des Bourbons. Ils répondirent qu'ils resteraient étrangers à tout mouvement qui n'aurait pas pour but de combattre l'ennemi, et ils proposèrent aux autorités impériales de se charger d'une partie de la défense de la rive droite de la Garonne. Le croirait-on, cette offre, qui ne fut pas acceptée, jointe au refus qu'ils avaient opposé aux avances des royalistes, leur valut, plus tard, le renom de révolutionnaires et de bonapartistes incorrigibles, tant il est difficile de contenter tout le monde et son père.

Ils demeurèrent donc étrangers aux événements, étouffant dans leur cœur leur souffrance patriotique. Heureusement à La Réole la folie sanguinaire de certaines villes fanatiques du Midi fut longtemps avant de sévir, et jusqu'au retour de l'île d'Elbe on les laissa tranquilles.

Tandis que se déchaînaient les fureurs de la terreur blanche, que les Trestaillon renouvelaient les exploits des Carrier, ils s'enfermaient chez eux, gardaient le silence, mais réfléchissaient, et leurs réflexions n'étaient naturellement point à l'avantage du gouvernement *paternel* des Bourbons.

Par leur naissance, par leur jeunesse, passée au service de Louis XVI, ils auraient pu, sans étonner personne, être royalistes, mais ils ne pouvaient renoncer aux conquêtes de la Révolution, ni approuver la réaction sanguinaire qui sévissait sur le pays, noyant dans le sang la liberté, la justice, la sûreté publique.

Ils se demandaient encore comment la France échapperait aux fureurs royalistes, quand ils apprirent le retour de Napoléon.

Celui-ci leur fit l'effet d'un Messie, et ils saluèrent avec joie la journée du 20 mars.

La Réole se prononça, avec eux, pour l'Empire : Constantin fut élu maire et César nommé député. Dans leurs discours de cette époque, on ne retrouve que le plus ardent patriotisme, et tous leurs efforts se tournèrent vers la défense de la patrie.

La division militaire de Bordeaux était sous le commandement du général Clausel, avec qui ils étaient intimement liés ; ils formèrent, dans la Gironde, une sorte de triumvirat bonapartiste. Bordeaux accepta le gouvernement des Cent-Jours, mais avec les regrets les plus profonds ; cette ville, par ses vœux, n'avait jamais cessé d'être royaliste ; Clausel, après Waterloo, mit le département de la Gironde en état de siège, et donna à Constantin le commandement des arrondissements de La Réole et de Bazas.

On n'avait eu, pendant cette période difficile, aucun excès de pouvoir à reprocher ni à Clausel, ni à ses lieutenants. Ils s'étaient bornés à prévenir l'anarchie, à maintenir l'ordre, et les frères Faucher devaient croire qu'ils s'étaient acquis de nouveaux titres à la reconnaissance publique.

La rentrée de Louis XVIII aux Tuileries fut connue le 12 juillet à Bordeaux, mais ce ne fut que le 21 que la soumission de l'armée, retirée derrière la Loire, fut connue du général Clausel, et, le 16 seulement, il reçut les premiers ordres du ministre de la guerre, Gouvion-Saint-Cyr, qui enjoignaient à tous les généraux nommés par suite de la guerre, de cesser immédiatement leurs fonctions, et de remplacer le drapeau tricolore par le drapeau blanc.

Constantin reçut copie de cet ordre, le soir du 21, et le 22, à l'aube, en présence du lieutenant de gendarmerie, seule autorité militaire à La Réole, les deux frères donnèrent en même temps leur démission et firent arborer le drapeau blanc.

IV

PROVOCATIONS ET VIOLENCES

Comme on l'a vu, les frères Faucher n'étaient point des ambitieux, des politiciens, mais de bons patriotes, toujours prêts à servir leur pays, sans songer à se servir de lui.

Après les Cent-Jours, ils croyaient rentrer paisiblement, et pour jamais, dans la vie privée, lorsqu'un incident local, mais auquel ils étaient restés complètement étrangers, précipita, contre eux, une série de persécutions inouïes.

Leurs démissions étaient donc remises, quand un détachement du 41° de ligne, se rendant de Toulouse à Bordeaux, et composé de vingt-cinq hommes, passa à La Réole. Ces soldats portaient encore la cocarde tricolore; la vue des drapeaux blancs les irrita; ils les arrachèrent et les foulèrent aux pieds. Un bataillon, composé de nègres des colonies, et à qui la garde de la mairie était confiée, s'était joint à eux. La population demeura neutre, et, lorsque les troupes de passage eurent quitté la ville, le maire s'empressa de faire remplacer les drapeaux. Une heure après, on n'y songeait plus.

Mais l'histoire de cet insignifiant incident se répandit au dehors; avec l'exagération habituelle aux populations du Midi, elle grossit en chemin, et, lorsqu'elle arriva à Bordeaux, elle avait pris les proportions d'une révolte.

La Réole, disait-on, s'est soulevée, et, ayant à sa tête les généraux Faucher, a proclamé Napoléon II. On ajouta foi à ces folies, et, d'ailleurs, on ne fut pas fâché d'avoir une occasion d'affirmer son zèle royaliste. Un monsieur Johnston organisa une troupe de volontaires à cheval, et, le surlendemain, 25 juillet, marcha contre l'insurrection.

La Réole avait à peine quatre mille habitants.

Le vaillant Johnston pouvait y compter sur un grand nombre de royalistes, il espérait bien se couvrir de gloire, mais il ne comptait pas délivrer la ville sans coup férir. Sa déception fut énorme, lorsqu'en entrant à La Réole, il y vit le drapeau blanc arboré sur tous les édifices et la tranquillité la plus parfaite régner dans les rues. Il ne voulut pas, pour cela, manquer l'effet de son entrée ; il fit mettre sabre au clair à ses volontaires et se précipita au grand trot aux cris de : *A bas les brigands Faucher ! A bas les généraux de La Réole ! Il faut les tuer !*

Les habitants, stupéfaits, les regardaient, les écoutaient sans mot dire et sans bouger.

Ces singuliers volontaires parcoururent ainsi la ville à plusieurs reprises, mais sans oser s'arrêter devant la maison des jumeaux. Lassés, mais non découragés de leurs provocations inutiles, ils se couchèrent, mais pour reprendre leurs courses à cheval, leurs menaces et leurs cris. En vain, le maire leur expliqua ce qui s'était passé, ils imaginaient une complicité entre les frères Faucher et les soldats de passage. Ils ne voulaient pas rentrer bredouilles à Bordeaux et redoutaient le ridicule. Espérant lasser la patience des habitants ou des vieux généraux, et obtenir une petite émeute, pendant six jours, ils multiplièrent leurs tentatives, toujours en vain.

Pendant leur séjour, les frères Faucher étaient restés enfermés chez eux, avec leurs domestiques et plusieurs voisins, décidés à se défendre et à repousser toute attaque par la force.

Ils avaient cru devoir prévenir le nouveau maire de leur résolution :

« Nous ne laisserons pas violer notre domicile, lui écrivirent-ils, nous nous défendrons. » Le maire leur répondit, et, dans sa lettre, approuva leur résolution.

Ils informèrent également le général Clausel de ce qui se passait, non comme fonctionnaire, puisqu'il avait donné sa démission depuis longtemps, mais comme ami.

Cette lettre fut saisie, on prétendit qu'elle s'adressait non à l'homme privé, mais au général ; on en tortura le sens en feignant de prendre au sérieux des railleries que, naturellement, la déception de Johnston devait inspirer ; enfin, on fit de cette lettre la pièce principale de son procès. En voici quelques passages que nous empruntons à l'*Histoire de la Restauration*, de M. de Vaulabelle.

« Général, vous commandez encore, et, jusqu'au dernier moment, nous vous rendrons compte de la situation des contrées que vous *aviez confiées* à notre commandement. Nos fonctions de général *cessèrent*

Le capitaine écrivait au général lorsqu'elle se présenta.

avec la journée du 21 juillet. Le 22, à l'aube, conformément à votre ordre du jour, le drapeau blanc fut arboré par nos soins... » Suivaient le récit de l'insulte faite au drapeau royal dans la même journée ; l'annonce de l'arrivée des volontaires royaux, ainsi que la relation des cris et des menaces proférés par ces volontaires, qui avaient pour complices, disait la lettre, les frères Durand-Laubessac et Durand-Lavison, parents du sous-préfet Perly, l'âme de tout ce mouvement. Les jumeaux ajoutaient :

« Dans cet état de choses, notre maison est vraiment en état de siège ; et, au moment même où nous vous écrivons, nos armes sont là, nos avenues sont éclairées et le corps de la place en défense, et nous ne craignons pas la désertion de la garnison. Cet état respectable est respecté par ces messieurs, qui attaquent les enfants et les femmes. »

Après avoir rapporté plusieurs exemples de cette violence, ils terminent en ces termes :

« Nous enlèverions ces messieurs (les volontaires) et nous comprimerions facilement leurs satellites ; ce serait l'affaire de deux heures après-midi, avec les seules forces que nous offre la population bonne, mais nous craignons que cet acte de juste défense ne puisse être le signal de la guerre civile. Nous vous aurions une grande obligation si vous nous disiez quelle est la marche que nous devons tenir pour venir en aide à la patrie souffrante.

« La Réole, 25 juillet 1815. »

Le général Clausel, par une singulière exception, bien qu'il eût rétabli le drapeau blanc le 22, avait conservé son commandement et l'avait exercé sans conteste jusqu'au 30. La ville était fort tranquille. Trois mois auparavant, lorsqu'il y était entré avec cent cinquante soldats et vingt-cinq gendarmes, il n'avait rencontré aucune résistance. Après la déchéance de Napoléon, il n'inspirait au gouvernement du roi aucune méfiance et attendait paisiblement son successeur.

Par étourderie ou par routine administrative, il envoya la lettre des frères Faucher au préfet de la Gironde, M. de Tournon.

Celui-ci prit au sérieux les plaisanteries qu'elle contenait sur « l'état de siège, les avenues éclairées, la place en défense, les armes, la garnison », et, le 29 juillet, *considérant que de cette lettre résultait l'aveu que les frères Faucher avaient, dans leur maison, un amas d'armes, et qu'ils y avaient réuni des individus armés,* il ordonna à la gendarmerie de se transporter chez eux et d'y exercer les plus sévères perquisitions, et d'en remettre le procès-verbal au procureur du roi, pour être pris *telles mesures que de raison*.

Deux jours plus tard, une petite armée était dirigée sur La Réole. Aux trente cavaliers de la gendarmerie, on crut prudent d'ajouter 60 Espagnols et une centaine de gardes nationaux.

Grande fut la surprise des jumeaux, en voyant leur maison cernée par deux cents hommes, auxquels avaient dû se joindre les gendarmes de La Réole. Ils crurent qu'il s'agissait encore de l'affaire des drapeaux, et exprimèrent tout d'abord leur étonnement qu'une semblable méprise ne fut pas dissipée. La lecture de l'arrêté de M. de Tournon les tira d'erreur, mais le second malentendu n'était pas moins étonnant.

— Vous voyez, messieurs, dit Constantin aux magistrats, quelle est ma forteresse et comme elle est gardée.

Ceux-ci, en arrivant, avaient trouvé toutes les portes ouvertes.

— Permettez-moi de vous présenter notre garnison. Son importance n'est pas dans le nombre, mais dans sa fidélité. Voici mon ordonnance, le factotum Joseph, notre cuisinière et sa nièce, cette enfant de onze ans, deux servantes, et enfin notre nièce et notre neveu, deux adolescents. Vous voyez si nous avons raison de braver les menaces de M. Johnston et de ses volontaires. Nos armes ne sont pas moins redoutables ; nous pouvons vous montrer, en cinq minutes, tout notre arsenal ; mais vous avez mandat de perquisition, nous sommes à vos ordres pour faciliter vos recherches.

Les magistrats, se cuirassant de gravité contre le ridicule, fouillèrent la maison de la cave au grenier. Les gendarmes sondèrent, de leurs sabres, les fourrages de l'écurie. Pas un placard, pas un tiroir n'échappa aux hommes de police. Enfin, après une journée de labeur, ils emportèrent les armes énumérées, ainsi qu'il suit, dans le procès-verbal :

« Deux fusils double de chasse ; huit fusils simples de chasse, dont trois hors de service ; un fusil de munition ; une carabine de chasse ; deux paires de pistolets d'arçon ; trois sabres de cavalerie légère ; deux briquets (sabre d'infanterie), dont un sans fourreau ; sept vieilles épées, dont cinq ne pouvant sortir du fourreau ; huit *pétards*, montés sur affûts, *du calibre du petit doigt* et propres seulement à *faire du bruit;* sept piques, dont deux pour drapeaux. »

On ne pouvait considérer ces armes de chasse ou hors d'usage comme un dépôt d'armes de guerre, non plus que les trois enfants, les trois servantes et le domestique comme une garnison. Le résultat de cette expédition trompait amèrement l'espoir du procureur du roi, M. J. Dumoulin, et, plus amèrement encore, l'attente du sous-préfet Pirly, qui avait besoin de faire du zèle. Ces messieurs, anciens fonctionnaires de l'Empire, conservés sous la première Restauration, avaient dû aux frères Faucher d'être maintenus pendant les Cent-Jours. Un brevet d'ingratitude leur était nécessaire. Il ne suffisait pas, pour faire preuve de dévouement au roi, de renier leurs amis de la veille, il fallait les persécuter. L'occasion leur avait semblé excellente, et, de là, ce déploiement de forces militaires, qui exagérait, d'une façon perfide, l'accusation que l'on portait contre deux vieux patriotes, aimés et estimés de leurs concitoyens.

Les deux coquins — procureur et sous-préfet — après avoir pris l'avis d'un chevalier Dunoguès, commandant militaire de La Réole, se décidèrent à passer outre. Ardents à la proie, prêts à tout faire pour conserver des places qui leur avaient coûté déjà tant de bassesses et de palinodies, ils résolurent de sacrifier... que dis-je?... d'assassiner judiciairement, s'il le fallait, les deux braves généraux de La Réole, à qui, pendant les Cent-Jours, ils avaient dû de conserver ces mêmes places.

Le procureur, bien que le procès-verbal de perquisition fût sous ses yeux, remit au capitaine de gendarmerie un ordre de sa main, ainsi rédigé : « *Le bruit public m'informe* que vous avez trouvé, chez les frères Faucher, plusieurs épées, sabres et PIERRIERS; *si ce fait est vrai*, il me paraît constituer le crime prévu par l'article 93 du Code pénal. En conséquence, j'ai l'honneur de vous requérir de faire saisir et traduire, devant moi, les deux frères Faucher. »

C'était l'arrestation immédiate des jumeaux de La Réole, et l'on sait qu'en temps de révolution un homme arrêté est un homme condamné d'avance.

On a remarqué le mot *pierriers*, glissé là comme par inadvertance. Il substituait ainsi des petits canons en usage sur les navires de guerre, à de véritables joujoux. Ces canons, au nombre de huit, étaient liés ensemble par une ficelle et tenaient dans le creux de la main du gendarme qui les avait présentés au procureur.

Le jour suivant, 1er août, le juge d'instruction Richou lança contre les prévenus un mandat de dépôt, et, le 2 août, le procureur général Rateau donna l'ordre de transférer ces derniers de La Réole à la prison de Bordeaux. L'affaire était lancée. Dumoulin et Perly avaient fait leurs preuves de zèle et étaient dignes de leurs places.

Le 4 août, les deux prévenus furent incarcérés au fort du Hâ, dans la division des condamnés où se trouvaient déjà des forçats qui attendaient leur départ pour Toulon

V

UNE AMIE INCONNUE

Sur ces entrefaites descendit à Bordeaux, à l'hôtel de Bristol, lady Lucy Mac-Gregory, veuve du général Mac-Gregory, mort l'année précédente des suites de ses blessures dans la capitale de la Gironde.

Le retour de l'île d'Elbe l'avait surpris sur son lit de douleur.

On se souvient peut-être que pendant les Cent-Jours, le gouvernement militaire de la Gironde avait été donné au général Clausel, Constantin avait été nommé sous-préfet de La Réole, et César député. Ils formaient un triumvirat tout-puissant. Ils se voyaient et conféraient souvent ensemble, et, nous l'avons dit plus haut, on n'avait qu'à se louer de leur douceur et de leur modération. Même après Waterloo, ils firent leur devoir de bons citoyens en gérant les affaires jusqu'à l'arrivée de leurs successeurs.

Clausel traita avec humanité les prisonniers anglais blessés transportés à Bordeaux. Lord Mac-Gregory qu'il avait combattu peut-être, fut l'objet de bontés particulières, et sa femme, qui était accourue près de lui, devait en demeurer d'autant plus reconnaissante que nos prisonniers, en Angleterre, étaient traités avec la plus ignoble barbarie.

Le général anglais avait succombé à ses blessures, lorsque Waterloo permit à sa femme de retourner en Angleterre pour affaires de famille. Ces affaires terminées enfin, elle était revenue à Bordeaux.

Cette ville, d'ailleurs, rappelons-le en passant, a toujours été particulièrement agréable aux Anglais. Cela n'est pas nécessaire à l'éloge de la magnifique Bordeaux, mais prouve en faveur du bon goût britannique.

Lady Mac-Gregory ne retrouva plus le général Clausel, ni ses amis Faucher, et elle eut le chagrin d'apprendre que ces derniers étaient persécutés.

— Oh !... Vous dites?... Persécoutés?

— *Yes*, milady, répondit Lacoste, le maître d'hôtel.

— Et pourquoi ?

— Parce qu'ils ont servi Bonaparte.

— Mais vo aussi!

— Oui, milady, mais pas pendant les Cent-Jours.

— Et pouisque les Bourbons ils étaient en fouite. Et Clausel?

— Il a obtenu sa grâce. Tandis que ses amis Constantin et César sont, à cette heure, enfermés au fort du Hâ. Vous êtes anglaise, milady, j'ai mon franc parler devant vous, et je vous dirai que cela m'a fait de la peine de les voir conduit par des gendarmes, comme des malfaiteurs.

— Les Français sont des fous.

— Ceux qui commettent ces cruelles injustices, reprit Lacoste, seraient en effet des fous s'ils croyaient être justes; mais ce sont des coquins qui se vengent, ou vengent le gouvernement moyennant récompense. Ce sont MM. Jonhson, Pirly, le préfet.

— Cela me faisait beaucoup de peine, dit la veuve du général Mac-Gregory d'un accent sincère.

Lorsque, pour la première fois elle était allée solliciter le général Clausel, Constantin Faucher se trouvait près de lui. Il le lui avait présenté en ces termes :

« Le plus brave de nos anciens généraux, et le meilleur Français que je connaisse. »

Constantin était encore bel homme, sous son uniforme de sous-préfet; il produisit sur l'étrangère une heureuse impression.

On causa, et la conversation de Constantin lui plût, par l'élévation de ses idées et la distinction de son langage, par l'aménité de son caractère, toutes qualités en opposition complète avec ce qu'elle avait pu imaginer des Français. Ceux-ci, en Angleterre, n'étaient point dépeints à leur avantage ; la plupart des généraux étaient représentés comme des brigands, et les soldats comme des brutes sanguinaires.

Elle ne put se retenir d'exprimer sa surprise au maître d'hôtel Lacoste, qui lui répondit :

— Que diriez-vous, milady, si vous aviez pu, comme moi, juger de toutes les qualités du général Faucher, un officier dont l'audace, sur le champ de bataille, n'a d'égale que son sang-froid ; généreux dans la victoire, comme un ancien chevalier, modeste dans son dévouement au pays, simple et fraternel avec ses inférieurs, honnête, irréprochable dans ses mœurs, enfin un vrai modèle !... Et quel serait votre étonnement si vous voyiez ensuite son frère, le général César Faucher, qui lui ressemble en tout, à se méprendre, un vrai miracle de la nature, quoi !...

Et, encouragé par la bienveillante curiosité de l'étrangère, Lacoste lui raconta l'histoire des deux jumeaux de La Réole.

Elle y prit grand intérêt, et voulut revoir celui des deux qu'elle avait rencontré chez le général Clausel. Un des frères Faucher se trouvait chez ce dernier, mais en costume civil. Elle lui adressa la parole, avant qu'il lui eut été présenté. Clausel ne la détrompa point, s'amusant de sa méprise, et laissa au député César la tâche délicate de lui expliquer son erreur.

— Nos amis, lui dit-il, nous distinguent à la couleur de notre cravate. J'ai choisi pour couleur le rouge, et mon frère Constantin le bleu.

Ce qui mettait le comble à l'illusion, c'est que les jumeaux avaient la même voix, le même accent, les mêmes intonations, c'est que par le geste, la démarche, ils complétaient cette extraordinaire ressemblance.

Ayant eu l'habileté d'amener dans la conversation les mêmes sujets qui avaient fait le fond de son entretien avec Constantin, César lui avait répondu dans des termes identiques.

Ni par les sentiments, ni par les idées, ils ne différaient l'un de l'autre, et leurs pensées revêtaient des formes semblables.

L'intelligence, chez chacun d'eux, s'était développée en même temps et sous le même professeur. La communauté des sensations et des fonctions intellectuelles était parfaite.

Leur père, qui avait cru avoir deux fils, n'avait-il eu, en réalité, qu'un seul enfant en deux exemplaires ?

Il y avait en cela quelque chose de choquant et de bizarre.

Mais alors Mme Mac-Gregory, à moins qu'elle n'accordât une préférence à la couleur de la cravate, n'avait aucune raison pour préférer le député au sous-préfet, César à Constantin, et elle n'avait aucune raison pour ne pas accorder à tous deux une égale sympathie.

Ces considérations avaient quelque temps jeté le trouble ou la confusion dans son esprit ; mais à son retour à Bordeaux, en apprenant du maître de l'hôtel de Bristol l'infortune des jumeaux, elle avait oublié cravate bleue et cravate rouge, et les avait unis dans le même sentiment d'affectueuse compassion.

Pendant plusieurs jours les deux frères furent l'objet unique de ses pensées. Obsédée en quelque sorte par leur souvenir, elle sollicita du procureur du roi la faveur de leur rendre visite.

Un magistrat français n'avait alors rien à refuser à la veuve d'un général anglais ; cette faveur lui fut accordée.

VI

AU FORT DU HA

Le système de persécution adopté contre les deux prévenus avait été observé dans leur transfert et y avait apporté une aggravation de peine. Les frères Faucher avaient été enfermés dans la division des condamnés au bagne où ceux-ci attendaient la chaîne. C'était l'ancienne prison dans ce qu'elle avait de plus inhumain et de plus infect, qui torturent le prisonnier dans sa chair et dans le sentiment humilié de sa dignité d'homme. Les murs en étaient nus, sans le moindre meuble, le jour parcimonieusement ménagé par une étroite meurtrière, la voûte basse et noire, suintante d'humidité, le sol dallé, sur lequel on jetait, dans un coin, un peu de paille pour le coucher. Aux

Les guichetiers n'entraient jamais qu'armés de pistolets, sabres nus, accompagnés de gardes nationaux.

murs se voyaient d'énormes anneaux et des bouts de chaînes restés comme des menaces.

Ainsi la justice et la police modernes s'élevaient à la hauteur de la barbarie du moyen âge.

Mais rien de ces lâches méchancetés ne pouvaient surprendre le courage des jumeaux, ils s'y attendaient. Ils avaient appris à connaître les hommes. Ils savaient que la pitié et la justice étaient bannies des luttes politiques, et que, sous le correct costume de l'homme du monde ou celui du magistrat, on retrouve la férocité du sauvage.

— Que l'on ne parle plus, disait Constantin à son frère, des hommes de sang de 93, nos dames les plus délicates, qui ne prononcent qu'avec horreur le nom d'un Marat, causent et valsent, dans les plus élégants salons, avec des Pirly, des Dumoulin, des Jonhston.

— Ils me rappellent, répondait César, les citoyens Laignelot et Lequinio.

— Quand Laignelot nous faisait traîner tout sanglants de l'hôpital à la guillotine, nous n'étions pas plus émus qu'à cette heure, notre situation, cependant, était encore plus affreuse.

— Il semble qu'il est dans notre destinée d'être livrés aux bêtes féroces. Si nous étions nés à Rome, nous aurions péri dans le cirque.

— Il suffisait jadis pour cela d'être vaincu et fait prisonnier.

— Ou d'être chrétien.

— Aujourd'hui, il suffit d'être honnête homme.

— C'est demain, dit César, que l'on nous interroge. Le juge pourrait, après-demain, rendre un arrêté de non-lieu.

— Il n'y a pas de danger, fit Constantin. Sa démission suivrait de près son arrêté. Ils nous tiennent, c'est pour faire du zèle et nous exécuter.

— Qu'ils se dépêchent donc! car, pour moi, Constantin, je suis las de la vie; si je sortais d'ici, c'est dans un désert que je voudrais achever mes jours.

— Avec moi, toutefois, dit Constantin en riant.

— Oh! sans toi, frère, plutôt mille fois la mort, s'écria César.

Après un court silence, Constantin reprit :

— Cependant, frère, la douleur ne nous rend-elle pas injustes?

— C'est possible.

— Ta misanthropie n'est qu'une boutade, et avant de te retirer au désert, il est plus d'un ami à qui tu ne dirais pas adieu sans regret. Le vieux Caton qui se tue en s'écriant : « O vertu, tu n'es qu'un nom ! » n'est qu'un orgueilleux et un ingrat. Il y a d'autres honnêtes gens que nous.

— Je te l'accorde, répondit César ; cependant les amis qui nous restent ne sont pas nombreux.

— Peu nombreux, mais excellents. Par exemple, l'avocat Ravey... Nous pouvons compter sur lui pour défenseur.

— C'est possible. Mais que penses-tu de M. Arnaud de Peyrusse, dont la femme et la belle-mère nous doivent, l'une sa liberté, l'autre la restitution de ses biens, et qui est aujourd'hui maire de Bordeaux ?

— Laissons les ingrats et rappelons-nous le brave capitaine Monneins, plus affecté que nous de ce qui nous arrive, et sa femme qui, ce matin déjà, nous a fait passer des fruits et du linge.

Et notre chère petite nièce Anaïs ?

— Oh ! oui !... Oui, Monneins, Anaïs !... Qu'ils me pardonnent !... Pardonne-moi, frère. En vérité, je ne sais où j'avais l'esprit, et je le reconnais. Dans l'extrême malheur où nous sommes, nous devons nous féliciter d'avoir conservé des amis comme les Monneins et notre charmante Anaïs. Cette chère enfant nous a suivi à Bordeaux avec Mme Monneins. Toutes deux auront imploré la faveur de nous voir, et, naturellement, cette grâce leur a été refusée. Nous ne les reverrons qu'au tribunal, sans doute.

— Ce serait folie, dit Constantin, d'espérer la moindre faveur, et je m'étonne d'une chose qui doit également t'avoir surpris ?

— Laquelle ?

— C'est que l'on ne nous ait pas séparés.

— C'est vrai, répondit César, avec l'accent de la frayeur.

Et tous deux, mesurant pendant un instant le danger de cette cruelle éventualité, demeurèrent silencieux. Ils venaient d'arriver au fort du Hâ ; le cachot qu'ils occupaient n'était peut-être que provisoire.

Ils avaient tous les courages, excepté celui de la séparation, et ils se promirent de ne faire entendre aucune plainte sur l'insalubrité de leur prison ou les privations qu'ils subissaient. Ils se passeraient plutôt de pain et d'eau fraîche.

Ils étaient encore sous le coup de cette émotion, quand le pas du geôlier se fit entendre, et leur porte tourna sur ses gonds.

— Je viens, dit ce dernier, vous demander si vous voulez recevoir la visite d'une dame qui se dit de vos amies?

— Une dame! fit César.

— C'est Mme Monneins, dit Constantin. — Mais oui, monsieur, avec plaisir, avec reconnaissance.

— C'est une dame anglaise.

— Ah!... Elle se nomme?

— Je l'ai là sur un papier, mais il ne fait pas assez clair pour le lire.

— Mais cela ne fait rien. Faites entrer cette dame, je vous en prie.

Et les deux frères se levèrent aussitôt.

Le geôlier s'éloigna dans le couloir, où on l'entendit appeler : — Madame!...

Peu après la dame parut,... autant que possible dans l'obscurité du cachot.

Le lieu était tellement sinistre que l'on pouvait lui tenir compte de son courage.

Elle croyait avoir été annoncée, et pensait que Constantin Faucher se souvenait de son nom. Du premier coup d'œil elle chercha à distinguer Constantin à la couleur de sa cravate, mais cela n'était pas possible.

— Monsieur le général Constantin Faucher? demanda-t-elle.

— C'est moi, madame.

— Vous ne me reconnaissez pas, sans doute?

— Madame ne m'est pas inconnue, et, en plein jour, je la reconnaîtrais facilement.

— Auriez-vous pu oublier le nom d'une personne que vous avez obligée? Le nom d'un glorieux général anglais.

— Ah! pardonnez-moi; le général Mac-Gregory, peut-être?

— Oui, monsieur, après la mort de mon mari j'ai fait un voyage en Angleterre; à mon retour à Bordeaux j'ai appris, avec autant de peine que de surprise, que l'on vous imputait à crime la magistrature que, par dévouement à votre pays, vous aviez exercée pendant les Cent-Jours. Aussitôt j'ai cru de mon devoir de venir vous rendre visite et vous exprimer la part que je prends à votre malheur, ainsi qu'à celui de monsieur votre frère.

— Mon frère et moi, milady, nous sommes vivement touchés de votre bonté.

— Je vous devais une visite.

— En pareille circonstance, les âmes vulgaires oublient volontiers.

— J'ajouterai général, qu'une femme, et surtout une étrangère, s'alarme facilement. J'ignore les lois françaises; vos compatriotes sont portés à l'exagération, et l'on m'a fait croire que votre liberté était en danger.

— On ne vous a rien exagéré, milady; sous une paix apparente, nous éprouvons encore les passions d'une guerre civile. Tant que l'Empire a duré, nous nous sommes tenus à l'écart; lorsqu'il est tombé, nous avons pris le deuil de la patrie. Lorsqu'après les fautes accumulées, les Bourbons ont été chassés une seconde fois, nous avons, par pur dévouement au pays, accepté les emplois que vous savez. Nous nous y sommes montrés impartiaux et respectueux de la liberté d'opinion, liberté si nécessaire chez un peuple qui, en peu d'années, a changé tant de fois de gouvernement. Nous ne nous croyions pas d'ennemis et nous en avions. On incrimina le badinage d'une lettre intime écrite à notre ami, le général Clausel. On nous accusa de cacher des armes; on en chercha chez nous sans en trouver. Mais il fallait des victimes. La plupart des grandes villes du Midi s'étaient deshonorées par des scènes sanglantes. Bordeaux fut jalouse de les égaler. On nous arrêta, et nous voilà accusés de complot contre l'État; crime puni de la peine capitale.

Mme Mac-Gregory baissant la voix :

— Mais vous avez des amis?

— Tous nous ont abandonnés, excepté vous, madame, notre jeune nièce Anaïs Faucher, et un brave capitaine en demi-solde, M. Monneins.

— Auriez-vous confiance en moi?

— Oui, madame.

— Votre sort m'intéresse au delà de ce que je puis vous dire, et je crois pouvoir vous être utile. Donnez-moi, je vous prie, l'adresse de **votre nièce**.

— Elle demeure chez le capitaine Monneins, rue..... n°... La femme et les filles de notre ami rivalisent avec lui de bonté pour nous.

— Je vais m'entendre avec ces personnes. Je leur communiquerai mes idées et, aidées par elles, général, je ne désespère pas de vous être utile.

— Vous êtes étrangère et Anglaise, vous serez plus favorablement écoutée qu'une Française; mais n'espérez rien de la générosité de nos ennemis. Notre mort est jurée. Nous ne nous faisons aucune illusion. Nous sommes résignés. Selon la loi naturelle, nous sommes arrivés au terme ordinaire de l'existence. Nous n'avons plus rien à demander à la vie.

— Ah! pardonnez, fit l'étrangère, vous pouvez encore vivre de nombreuses et heureuses années. Ne regretteriez-vous pas de quitter vos amis et votre jeune nièce? Vivez encore pour eux.

Elle n'osa dire : Et pour moi; mais elle ajouta :

— En revenant dans la Gironde, j'avais espéré vous revoir et cultiver votre connaissance en achetant une propriété aux environs de la vôtre. Vous aimez à faire le bien ; je me serais associée à vos bonnes œuvres. Vous aimez les distractions paisibles qu'offre la campagne ; nous les aurions partagées.

Les jumeaux l'écoutaient avec surprise.

Ils croyaient entendre la voix d'une amie et regrettaient de ne pas avoir connu plus tôt Mme Mac-Gregory. Celle-ci, avant de se retirer, leur demanda s'ils n'avaient aucune commission pour le capitaine et Mlle Anaïs Faucher.

— Ne leur dépeignez point notre affreux séjour, dit Constantin. Dites-leur que demain nous serons interrogés par le juge d'instruction, que nous espérons les revoir, lorsque cette formalité judiciaire sera remplie et que nous pourrons nous écrire.

— Vous ne désirez rien de plus? demanda Mme Mac-Gregory.

— Pardon, milady, répondit Constantin, j'ignore comment la faveur de votre visite nous a été accordée, mais s'il nous était permis d'espérer qu'on vous la renouvelât, notre plus grand désir serait de vous revoir.

— Ma permission est illimitée, général; et puisque vous y consentez, je reviendrai ici toutes les fois que je le croirai utile, mais sans marquer cependant un empressement qui pourrait alarmer vos gardiens. Je vais donc voir Mlle Anaïs et M. le capitaine Monneins, et je vous rendrai compte de ce que nous avons décidé de faire pour vous.

Après avoir reçu les remerciements des deux prévenus, Mme Mac-Gregory se retira.

De la prison du Hâ, elle se rendit directement chez le capitaine Monneins.

Lorsqu'elle se présenta, il était occupé à écrire à un général qui avait connu les généraux Faucher, et qui n'avait pas repris de service aux Cent-Jours.

C'était, pour un bonapartiste fidèle, une bien pénible démarche.

VII

LE CAPITAINE MONNEINS

Que l'on se figure un homme de cinquante ans environ, à la moustache grisonnante, au teint brûlé et comme tanné par la vie en plein air ; ses traits étaient réguliers et exprimaient la droiture et l'énergie ; ses épais sourcils prêtaient un air sévère à des yeux très doux.

Le costume, la tenue étaient ceux de tous les « grognards » de l'époque ; la redingote longue et boutonnée du haut en bas, le col de crinoline. La démarche était militaire. En somme, un des plus beaux types de la France guerrière. Tel était M. Monneins, capitaine en demi-solde.

Il était de La Réole, comme les frères Faucher, mais parti volontaire en 92, il avait accepté l'Empire dans la gloire d'Austerlitz, et lui était resté fidèle jusqu'à Waterloo.

S'il avait eu appris à lire, écrire et compter avant de partir, ou s'il avait eu plus de temps au régiment pour se procurer cette instruction élémentaire, il serait parvenu à un grade plus élevé ; mais, comme il le disait : — Si j'avais été général en 1815, Louis XVIII m'aurait fait l'honneur d'un peloton d'exécution.

Moins intelligent et moins instruit que les jumeaux, il n'avait jamais osé rechercher leur société. La médiocrité de sa fortune l'obligeait aussi à rester chez lui. Il s'était contenté d'abord d'échanger, avec les Faucher, des témoignages d'estime réciproque, mais l'hostilité à laquelle ils furent bientôt en butte le firent sortir de sa réserve, et en toute occasion il se prononça en leur faveur.

Enfin, lorsqu'ils furent arrêtés, il leur écrivit la lettre suivante :

A Messieurs les généraux César et Constantin Faucher,

Messieurs,

Dans les tristes circonstances que nous traversons, nous venons, ma femme et moi, vous offrir notre complet dévouement ; très honorés et très heureux s'il peut vous être bon à quelque chose. Mes filles, désolées du malheur qui frappe Mᵐᵉ votre nièce en la privant de ses protecteurs, se joignent à nous pour vous prier de l'autoriser à partager notre modeste existence.

Veuillez, messieurs, agréer, etc.

L'offre fut acceptée ; Anaïs alla vivre sous le toit du capitaine Mouneins, et, avec la famille de celui-ci, suivit ses oncles à Bordeaux.

Après avoir sollicité, mais en vain, la permission de les voir, elle chercha à tromper sa douleur en s'ingéniant, avec Mᵐᵉ Monneins, à leur procurer tout ce qui pouvait adoucir leur condition.

Les ordres des autorités supérieures étaient des plus sévères, mais avec de l'argent on adoucit les règlements et les cerbères.

Le capitaine, de son côté, multipliait ses démarches et cherchait des défenseurs à ses amis. Les Faucher avaient été si obligeants, si tolérants et généreux, que la mission qu'il s'était donnée lui parût d'abord facile, mais elle n'était, en réalité, qu'ingrate et dangereuse.

Partout on lui ferma la porte, après l'avoir écouté d'un air contraint et inquiet. Les plus honnêtes s'excusaient de leur impuissance. La plupart ne se gênaient pas pour lui prédire le sort des jumeaux.

Des cris: A mort, les frères Faucher! se firent entendre.

Plus l'injustice était évidente, et plus le dénouement fatal était certain. Des imbéciles ajoutaient : « Il faut bien que Bordeaux aussi se montre ! »

Monneins ne se décourageait pas, et à l'heure où nous en sommes il écrivait à un général, résidant à Paris, et très estimé de la nouvelle Cour, où les généraux de Bonaparte prenaient rang, selon le jour et l'heure de leur « défection. »

Il était de la même heure que Marmont, duc de Raguse.

Ce général si bien en cour n'était pas un méchant homme, on le disait même très « bon enfant ». Il avait connu les frères Faucher, peut-être s'intéresserait-il à eux ? Il lui racontait la vérité des événements de La Réole et lui dépeignait les cruelles rigueurs déployées contre deux anciens généraux dont la carrière, à tous les points de vue, avait été des plus honorable.

Comme il achevait sa lettre, sa femme lui annonça milady Mac-Gregory ; il s'empressa de la suivre au salon. Mme Mac-Gregory pria d'abord M. Monneins de lui pardonner de manquer aux usages les plus respectables en ne se faisant pas présenter à lui et à sa famille, mais elle ne connaissait personne à Bordeaux. Elle venait de la part de leurs amis, MM. Faucher, de La Réole, à qui elle avait fait visite et qui l'avaient chargée de compliments et aussi de quelques communications pour la famille Monneins et sa nièce, Mlle Anaïs Faucher.

Cette explication fut parfaitement accueillie. On la pressa de questions ; elle les informa du commencement de l'instruction, et leur dit que bientôt il leur serait permis de correspondre avec les prévenus. Elle ajouta qu'en attendant et plus tard elle pourrait leur servir d'intermédiaire.

Afin d'inspirer une certaine confiance, elle raconta comment elle avait connu le général Constantin Faucher, elle hasarda quelques mots d'éloge, et aussitôt Monneins fit le panégyrique des jumeaux de La Réole.

Le mérite de ces héros fut entre l'étrangère et les Girondins un terrain commun, sur lequel on s'entendit sans réticence.

Monneins dit le noble usage qu'ils avaient fait de leur fortune. Comment, sous leur administration, les mendiants et même les les pauvres avaient disparu de leur arrondissement ou district. Mais ils avaient fait autant d'ingrats que d'heureux, et beaucoup de ces ingrats même étaient devenus des pires ennemis. Après s'être adressé aux Bordelais, il écrivait aux Parisiens,... mais cependant avec moins d'espoir.

L'étrangère lui demanda :

— Quelle était votre espérance?

— La clémence royale, madame, à qui nous aurions adressé une pétition. Vous pourriez l'appuyer de votre signature.

Elle sourit.

— Vous ne croyiez pas dire si vrai, fit-elle, mais à une condition toutefois, c'est qu'elle-même ne ferait qu'accompagner une plus considérable, et je puis dire la plus puissante de toutes.

Elle s'interrompit pour laisser à ses auditeurs le plaisir de deviner; puis voyant qu'ils cherchaient en vain.

— Vous ne devinez pas? reprit-elle. Je vais donc vous le dire, mais en vous priant d'en garder le secret, c'est la signature de LORD VELLINGTON.

Un frisson nerveux secoua le capitaine Monneins, que sa femme regarda avec inquiétude.

Il y eut un court silence, dont tout autre, moins enthousiaste de son idée que milady Mac-Gregory, se fut aperçu. Dans son culte naïf et aveugle pour le héros de son pays, elle croyait à l'admiration universelle pour lui.

Très certainement Louis XVIII n'eût osé rien refuser au vainqueur de Waterloo, mais ce nom, plus puissant que le roi, pouvait être écarté par un soldat français.

Monneins ne l'eût pas accepté.

Il est vrai que les Faucher n'avaient pas été à Waterloo.

— En avez-vous parlé aux généraux Faucher? demanda le capitaine.

— Non, monsieur. Je les ai prié d'accepter mon dévouement, ce qu'ils ont fait de la meilleure grâce, et j'ai ajouté que je désirais me concerter avec leurs amis ; ce qui me vaut l'honneur de votre connaissance.

— Vous avez donc connu lord Wellington, milady?

— Non, capitaine, pas moi, mais mon mari. Le général Mac-Gregory, dans ses derniers temps, était très bien vu de Sa Grâce.

— Certainement votre idée est excellente, cependant je vous engage à ne pas y donner suite avant d'en avoir parlé à nos amis.

— Par convenance?

— Par prudence, milady.

— Comment? Que voulez-vous dire?

— Qu'il ne conviendrait peut-être pas aux généraux Faucher de devoir la vie à l'intervention du vainqueur de Waterloo. Cela vous étonne? Les hommes d'épée ont souvent de ces susceptibilités exagérées.

— Mais Wellington n'est plus l'ennemi des Français, répondit l'étrangère. Et vous, qui n'êtes pas royaliste, vous implorez bien la grâce de Louis XVIII?

— Louis est Français, répondit Monneins.

Mme Mac-Gregory s'inclina devant ce dernier argument, qu'elle avait été loin de prévoir. Bien que dans son pays l'amour-propre national soit excessif, elle n'imaginait point qu'il existât chez les autres peuples, les Français, surtout, piétinés et humiliés par l'occupation étrangère.

Il lui semblait singulier que de simples généraux vaincus et emprisonnés ne se missent pas à plat ventre devant le vainqueur de Napoléon, surtout quand ce duc de Wellington avait été fait, par le roi, maréchal de France.

Elle pensa, sans doute, qu'il n'est pas toujours facile de faire le bien.

Monneins devina que ces objections avaient affligé un bon cœur, et s'empressa d'en adoucir l'amertume.

Le lendemain, sa femme et lui rendirent sa visite à Mme Gregory et l'invitèrent à dîner. Ils commencèrent ainsi à se lier, et Anaïs Faucher partagea une partie de son temps avec le dame anglaise.

Pendant la semaine que prit l'instruction, les prévenus furent au secret.

VIII

LES DEUX PREMIERS INTERROGATOIRES (8 ET 9 AOUT)

Ces deux premiers interrogatoires procurèrent aux prisonniers quelques heures de détente dans les souffrances de leur cachot. Ils respirèrent, dans le cabinet du juge, un air pur, dont ils étaient privés déjà depuis longtemps; ils eurent des chaises pour s'asseoir; une bienfaisante chaleur ranima leurs membres engourdis.

Le juge d'instruction, nommé Rateau, leur était inconnu.

Ils furent interrogés séparément.

Constantin, considéré comme le plus coupable, à cause des fonctions qu'il avait exercées, fut entendu le premier.

Après lui avoir demandé ses nom, prénoms, qualités, dernier domicile, le juge poursuivit :

— Vous savez pourquoi vous avez été arrêté, ainsi que votre frère César?

— Je l'ignore absolument.

D. — Vous êtes accusé d'usurpation de fonctions publiques, de propagande bonapartiste, de manifestations hostiles au roi et à son gouvernement. Le 20 mars, vous avez salué avec joie le retour de Bonaparte. Expliquez-vous.

R. — Les faits ont parlé pour moi. Les accusations portées contre moi tombent d'elles-mêmes devant eux. Quelle fonction ai-je usurpée?

D. — Celle de maire de La Réole.

R. — J'ai été élu spontanément et librement par les citoyens de La Réole. Pour soutenir cette accusation, il faudrait prouver que mon élection a été entachée de fraude. De quelle fraude est-elle entachée?

D. — Vous n'êtes pas ici pour m'adresser des questions, mais pour me répondre. Niez-vous avoir manifesté publiquement votre joie du retour de Bonaparte?

R. — Je conviens m'être associé à la joie publique; mes sentiments étaient ceux de tout bon patriote, c'est-à-dire de tout bon Français.

D. — Vous calomniez la population sincèrement royaliste de La Réole, et les expressions dont vous vous servez, entachées de jacobinisme, prouvent que vous n'avez pas cessé d'être révolutionnaire.

R. — Je regrette d'avoir à expliquer le sens du mot patriote et de m'entendre reprocher d'être bon Français. Un Russe ou un Anglais ne m'adresseraient point ce reproche.

D. — Il n'y a de bons Français, monsieur, que ceux qui aiment le roi et lui sont fidèles. Vous n'êtes pas de ceux-là, car, lorsque Bonaparte revint de l'île d'Elbe, vous avez prêché la discorde.

R. — Permettez ; lorsque le roi eut quitté les Tuileries et la France, j'ai engagé mes concitoyens à soutenir le gouvernement acclamé par l'immense majorité du pays.

D. — Je retiens cet aveu. Continuons. Vous avez, bientôt après, réuni en vos mains les deux sous-préfectures de La Réole et de Bazas.

R. — Je réalisais ainsi l'économie d'un sous-préfet. Est-ce encore là une usurpation de pouvoir public?

D. — Pouvez-vous en douter? L'usurpation est double.

Constantin sourit et répondit :

R. — Comme on se trompe ! J'avais cru, en acceptant cette charge assez lourde, faire acte de dévouement. Mais je n'ai pas eu l'honneur de la réclamer ; elle me fut imposée par le général Clausel, alors commandant militaire de la Gironde. Il me nomma sans me consulter. Et l'autorité du général n'a jamais été contestée.

D. — Vous étiez lié avec le général Clausel?

R. — Intimement, depuis de longues années. J'étais allé faire un voyage à Paris avec mon frère, cette nomination me rappela à La Réole.

D. — A votre retour de Paris, n'avez-vous pas distribué, par petits morceaux, au peuple de La Réole, qui entourait votre maison, un gros pain, que Bonaparte vous avait remis dans ce but?

R. — La fable est vraiment trop grossière.

D. — Le fait que je cite est recueilli par l'enquête faite à La Réole.

R. — Vous ne pouvez vous arrêter à une assertion aussi invraisemblable?

— Vous n'avez pas à apprécier ; répondez oui ou non.

R. — Eh bien ! je répondrai *non*.

D. — Il suffit. D'ailleurs, vous ne niez pas avoir fait de la propagande pour Bonaparte ?

R. — Je n'ai rien fait de plus que les fonctionnaires encore en activité à Bordeaux, rien de plus que les membres eux-mêmes de la Cour royale. Enfin, qu'il me soit permis de vous faire observer qu'une ordonnance récente du 24 juillet...

D. — C'est bien ; vous vous défendrez devant le tribunal. Ici, je vous le rappelle, vous n'avez qu'à répondre à mes questions.

L'interrogatoire tirait à sa fin, et la suite offre peu d'intérêt. Nous ferons remarquer que l'accusation avait changé de caractère. Arrêté d'abord, ainsi que son frère, comme détenteur de *canons* et autres armes de guerre, il n'eut à répondre à aucune question relative à ce chef de prévention ; toutes les demandes eurent pour objet des actes depuis la journée du 20 mars. Mais, si l'on avait renoncé à l'accusation de détention d'armes de guerre, — unique motif de l'arrestation, — on ne pouvait davantage incriminer la conduite des deux frères, depuis le retour de l'île d'Elbe, et c'est ce que Constantin voulait faire observer au magistrat instructeur. L'ordonnance du 24 juillet interdisait, dans les termes les plus formels, toute espèce de recherche pour les faits antérieurs au retour du roi, qui ne concernaient pas un des cinquante-sept proscrits désignés dans les deux premiers articles.

Or, les frères Faucher ne figuraient pas sur cette liste : il ne restait donc qu'à rendre une ordonnance de non-lieu.

Le même jour, César fut interrogé ; son interrogatoire est presque la reproduction de celui de Constantin.

Le lendemain, l'accusation chercha si, à la chute de l'usurpateur, les frères Faucher n'avaient pas songé à se fortifier contre un revirement de l'opinion publique ; si, dans ce but, ils n'avaient pas amené des armes ?...

Mais le juge n'alla pas à fond. Il n'y avait encore, de sa part, qu'un retour semblable à un regret vers un objet d'accusation trop vite abandonné.

Le 9, l'instruction du juge Rateau fut close.

Les jumeaux se félicitèrent de ses résultats négatifs et s'ouvrirent à l'espérance.

— Où il n'y a rien, dit gaiement César, le roi perd ses droits.

Ils trouvèrent, pendant plusieurs nuits, les dalles de leur cachot moins froides et moins dures. Ils goûtèrent même quelques heures de sommeil. Mais, à leur profond étonnement, on refusa de lever le secret.

Allait-on se venger en les laissant pourrir dans leur cachot?... Ce cachot ressemblait fort à une oubliette. On les savait épuisés de forces, sinon de courage, et l'on espérait peut-être les voir périr avant d'avoir à les juger et d'être obligé de les absoudre?...

Non, ce n'était pas cela.

La *justice* (je n'ai pas d'autre mot à employer) ne lâchait point sa proie, elle avait recours à un autre expédient.

IX

TORTURES PHYSIQUES ET MORALES

La famille Monneins, Anaïs et Mme Mac-Gregory avaient passé, après l'instruction Rateau, par les mêmes phases d'espérance et de désespérance que les prisonniers. Comme ceux-ci, ils avaient cru pressentir une ordonnance de non-lieu, puis s'étaient alarmés en voyant que l'entrée de la prison était impitoyablement refusée à Mme Mac-Gregory.

Voici, cependant, ce qui se passait :

Voyant l'accusation tomber devant l'ordonnance du 24 juillet, on avait résolu de lui donner pour objet la lettre adressée à Clausel. Elle fut donc soumise à l'examen de certains légistes qui, prêtant à chaque mot une signification voulue, y *découvrirent* trois chefs d'accusation suffisants pour renvoyer les jumeaux devant une commission militaire.

L'instruction de cette nouvelle affaire, confiée au comte de Vioménil, gouverneur de la division; à M. de la Porterie, sous-chef d'état-major, et au chevalier de Ricaumont, nommé capitaine-rapporteur, devint, pour les accusés, une véritable torture.

Anaïs était autorisée à porter des fleurs.

On ne nous croirait pas, et l'on croirait que nous prêtons à la vérité les exagérations de la fiction, nous citerons l'histoire :

« Devenus les justiciables de M. de Vioménil, de la Porterie et de Ricaumont, ils furent transférés à la tour dite des Forçats, dans une pièce immense, ouverte à tous les vents, que dix-sept galériens avaient quittée la veille, et on leur donna pour meubles une cruche, pour lit, deux bottes de paille; on daigna, par grâce, y ajouter une mauvaise couverture et un matelas. Le feu et la lumière leur furent interdits; on ne leur laissa ni rasoir, ni couteau, ni fourchettes; ils ne purent obtenir ni un bois de lit, ni une chaise, ni un banc, parce qu'ils pourraient les briser, disaient MM. de la Porterie et de Ricaumont, et s'en faire des armes.

« Crainte étrange, quand on songe que les guichetiers n'entraient jamais dans le cachot des jumeaux qu'armés d'une double paire de pistolets, de sabres nus, et accompagnés de quatre gardes nationaux armés.

« Les prisonniers demandèrent au moins une malle pour s'asseoir; ils ne purent l'obtenir; on leur refusa jusqu'à un vase de nuit, sous prétexte qu'il existait, dans l'intérieur de leur cachot, une ouverture au niveau du sol, servant de lieux d'aisances. L'infection résultant de cette ouverture, toujours béante, et qui recevait, en outre, les déjections des étages supérieurs; l'absence de feu dans cette vaste pièce ayant des murs de huit pieds d'épaisseur, et dont les longues fenêtres, garnies de deux rangs de barreaux de fer, étaient dépourvues de toute autre fermeture et laissaient librement arriver l'air extérieur; les nuées d'insectes immondes qui couvraient la chambre, et dont les morsures, dès le soir du premier jour, avaient fait de leur corps une seule plaie: tous ces maux étaient encore tolérables auprès d'une autre souffrance : l'impossibilité de pouvoir être assis.

« Lorsqu'ils étaient las de marcher, ils s'arc-boutaient l'un contre l'autre, en se tournant le dos, mais leurs douleurs et leurs blessures les obligeaient bientôt de quitter cette position; alors, ils se remettaient en marche ou se couchaient.

« Nous croupissons dans la vermine, écrivaient-ils le 15 septembre, un mois et demi après leur arrestation; notre linge fait horreur. Les vents se croisent sur notre grabat, et, l'autre nuit, la pluie y est venue. Pour être moins tourmentés des insectes qui nous dévorent, nous nous découvrons ; mais un moment après, nous sommes raides de nos blessures et de nos douleurs ; nous remettons alors sur nous la mauvaise couverture, et nous nous serrons l'un contre l'autre ; la chaleur, la moiteur reviennent, et de petits accès de fièvre sont les moindres résultats de cette manière d'être. Nous ne pouvons dormir que le jour. Vous savez que nous ne buvions point de vin ; il nous devient nécessaire comme remède. »

A ces tortures physiques, qui durèrent jusqu'au dernier jour, vinrent se joindre des tortures morales.

« Un major, de la Bouterie, à qui ils remettaient, toutes ouvertes, les lettres écrites par eux à leurs amis ou à leurs gens d'affaires, avait l'impudence de leur dire que chacune d'elles était immédiatement envoyée à sa destination, et, cependant, il les gardait. Tous ceux qui les approchaient : guichetiers, gardes nationaux, officiers de ronde ou gens de police, leur montraient, en outre, la mort comme le terme de leur détention. Il n'était jamais question, devant eux, que des massacres qui ensanglantaient alors le Midi ; les uns leur disaient :
— « On marche dans le sang dans toutes les villes voisines ; ce sont de justes représailles ; on achève, contre les révolutionnaires, les vengeances commencées en l'an III... »

D'autres ajoutaient :

« Les représailles des *honnêtes gens* s'avancent avec rapidité de Marseille à Avignon, à Nîmes, à Uzès ; elles sont arrivées à Toulouse ; on les attend à Bordeaux [1]. »

Tel était le langage des bourreaux royalistes et catholiques d'une ville qui, jusqu'alors, avait été renommée pour la douceur de ses mœurs. D'après celle-là, on peut juger des autres villes, moins avantageusement famées.

Les énergumènes et les goujats ne sortaient plus, cette fois, des bas-fonds de la société, mais des rangs de l'aristocratie.

Le capitaine-rapporteur de Ricaumont affectait le langage du *Père Duchesne* ; ses nobles collègues paraissaient, comme lui, étrangers au vulgaire savoir-vivre et à la politesse la plus élémentaire. Comment s'étonner des septembriseurs, quand on voit à l'œuvre de pareils misérables ?

---

1. *Histoire des deux Restaurations*, par de Vaulabelle, t. IV.

Et, après avoir refusé une malle pour s'asseoir à deux vieux généraux, véritables modèles de générosité et d'honneur, ces coquins allaient embrasser leur femelle et leurs petits, faire les beaux près des belles dames des salons, qui les trouvaient charmants, et enfin, le dimanche, ils s'agenouillaient à la sainte table et priaient un prêtre vénérable de leur servir à manger le corps de Jésus-Christ.

Pauvres jumeaux ! Les païens, moins cruels, vous auraient envoyés aux bêtes.

Parmi les bourreaux, il y avait, cependant, une créature qui avait pitié d'eux.

Vous l'avez deviné, c'était une femme, la femme du concierge de la prison. Les larmes de la nièce des détenus l'avaient touchée. Elle ne la recevait pas chez elle, mais elle la voyait comme par hasard, en ville, lorsqu'elle sortait pour faire ses provisions de ménage. Elle acceptait, au risque d'être battue par son mari et de perdre sa place, quelques douceurs qu'elle faisait passer par un guichetier, son complice, aux malheureux vieillards. Son dévouement n'était peut-être pas complètement désintéressé. Anaïs y vidait sa bourse et Mme Gregory donnait sans compter, mais la prudence exigeait qu'elle refusât souvent. Le guichetier ne pouvait pénétrer dans la tour qu'à la dérobée : on se souvient que le geôlier en chef ne visitait les inculpés qu'avec une escorte armée.

La pelure d'un fruit, un morceau de pain blanc, auraient suffi à lui révéler les relations des jumeaux avec le dehors.

Quant aux lettres de ces derniers, nous avons dit qu'ils les remettaient à un traître, nommé La Bouterie. Plusieurs billets de Monneins et de Mme Gregory restèrent ainsi sans réponse, au grand étonnement de leurs auteurs.

La veuve du général anglais était prête à tous les sacrifices.

Un jour, elle prit à part le capitaine Monneins et lui dit :

— Je ne puis voir nos amis, je ne puis obtenir d'eux l'autorisation que vous jugez nécessaire pour implorer l'intervention du duc de Wellington le temps se passe, d'heure en heure diminuent les chances du salut. Les bruits les plus sinistres circulent. On ne se gêne point de parler devant moi. On dit que leur mort est jurée et que l'on usera de tous les moyens pour l'obtenir. Ainsi, au lieu d'un tribunal ordinaire, on va les faire passer devant un conseil de guerre et si, par extraordinaire celui-ci ne les condamnait point à mort, le peuple, — c'est-à-dire une centaine de brigands payés par leurs ennemis se précipiterait dans la prison pour les égorger.

— C'est bien possible, dit le capitaine d'un air découragé.

— Et que pouvez-vous pour eux ?

— Rien. Avec beaucoup d'argent, on pourrait tenter de corrompre le geôlier.

— Je suis riche, capitaine, je mets ma fortune à votre disposition.

— J'ai charge d'âme, milady, une femme et cinq enfants ; croyez-vous que j'aie le droit de risquer ma vie ; je m'en rapporte à votre jugement ?

— Non, répondit l'excellente femme, vous risquez déjà de perdre la petite rente, votre pain quotidien, et même vous exposez vos jours, car si l'on soulevait de ces fausses émeutes de bandits, vous seriez en danger.

Capitaine, j'habite chez vous et, en pareil cas, que vous y consentiez ou non, je mets sur votre porte le drapeau anglais... Mais laissons cette éventualité. Revenons à la tentative d'évasion. Elle demande à être préparée de longue main. En avons-nous le temps et les moyens ?

Monneins secoua négativement la tête.

— Je le pense comme vous, reprit l'étrangère, et je ne peux m'y résigner. Aussi me passe-t-il par l'esprit les conceptions les plus bizarres. En voici une, par exemple, à laquelle je me suis arrêtée depuis hier et que je n'oserais confier qu'à vous. Je me suis dit : « Si j'étais la femme de l'un des jumeaux, oseraient-ils m'arracher mon mari ?

— Mais, répondit Monneins en souriant, votre mari n'aurait pas perdu sa nationalité.

— Et si je réclamais la protection de l'Angleterre ?

— Justement ! Elle ne vous serait plus acquise de droit, car, par votre mariage, vous seriez devenue française.

— Un tel mariage pourrait peut-être ralentir leurs coups ?

— Ils ne vous l'accorderaient qu'à la dernière heure, *in extremis*, et, d'ailleurs, vous ne pourriez épouser qu'un des jumeaux, et son frère... Vous n'ignorez pas qu'ils sont inséparables, et que César ou

Constantin refuserait la grâce qui ne lui serait pas commune avec son frère.

— Eh bien ! s'écria lady Mac-Gregory, qu'ils rejettent leur grâce s'il en ont le fol orgueil, mais, dès aujourd'hui je vais adresser une supplique à lord Wellington, et mieux encore, je vais la faire apostiller par le général Clausel, qui est à Bordeaux.

Le visage de Monneins se rembrunit.

— Écrivez à lord Wellington, fit-il ; quant à Clausel, j'ai le regret de le dire, mais s'il était un véritable ami des jumeaux, il l'aurait déjà fait voir.

Le même jour, la vaillante femme écrivit au duc une éloquente supplique qui partit le lendemain pour Londres.

X

L'ASSASSINAT PRÉMÉDITÉ

Ainsi qu'on le disait, on pouvait improviser une émeute et faire égorger les frères Faucher dans leur prison.

L'assassinat, le massacre étaient devenus le suprême moyen de régner.

Tandis que la France était encore occupée par plusieurs centaines de mille d'étrangers, il s'était formé dans chaque ville, dans chaque bourgade, des *comités royalistes*, qui intervenaient dans les actes des autorités communales. Ces comités étaient composés non d'hommes politiques proprement dits, mais de gens tarés, de repris de justice de la République et de l'Empire, de banqueroutiers, de libertins ruinés, de femmes décriées, d'abbés sans ressources et autres de même farine. Ces *comités*, qui rappelaient beaucoup, dans le sens opposé, ceux de 93, avaient en sous-ordre des coupe-jarrets, des brigands bientôt armés et organisés en gardes nationaux ou volontaires royaux.

Ces misérables dressaient des listes de suspects, dénonçaient et arrêtaient jusqu'aux plus humbles fonctionnaires ou les plus paisibles citoyens, soit par vengeance, soit pour répandre la terreur ou extorquer de l'argent à leurs victimes.

Ces excès s'accordaient d'ailleurs avec le système *d'épuration* appliqué aux administrations publiques par l'odieux ministère Fouché-Talleyrand.

Grâce à ces comités, le cours des lois était suspendu et l'on pouvait se passer de tribunaux et ceux qui se chargeaient de maintenir l'ordre étaient précisément ceux qui favorisaient ou accomplissaient les massacres. L'impunité leur était assurée.

Bien mieux, leurs crimes, comme chez Trestaillons étaient pensionnés par la cassette royale.

Nous avons vu à l'œuvre, au début de cette histoire, les volontaires royalistes de M. Jonhston ; c'était l'élite du genre. Si la justice se montrait trop lente et faisait craindre qu'une maladie ne frustrât le bourreau en enlevant les prévenus de La Réole, les volontaires, suivis d'autres brigands, pouvaient forcer la prison et exécuter les deux « brigands bonapartistes ».

Déjà devant la prison du Hâ des rassemblements se formaient et des cris : *A mort les frères Faucher!* se faisaient entendre. C'était un essai : on accoutumait l'opinion, on répétait le drame. Bordeaux est réfractaire aux plaisirs sanglants, mais on espérait l'habituer.

Des coquins attendaient les autorités ou les juges au passage pour pousser leur cri de meurtre. Ces cris, injurieux pour la justice, n'étaient pas réprimés. Tout semblait permis contre ces victimes destinées à bientôt disparaître. La dureté des autorités, les brutalités des geôliers et leurs menaces.

— Nous n'avons jamais craint la mort, répondait l'un d'eux, et nous la regardons comme une libératrice. Le dernier supplice qui nous est réservé sera bien moins cruel que les traitements que nous subissons. Nous ne sommes pas traités en accusés, — car tout accusé est présumé innocent, — mais en condamnés. La France, plus tard, nous jugera au tribunal de l'histoire.

— Vous servirez d'exemple, répondait le geôlier. Il faut des exemples.

Enfin le 18, le geôlier, après leur avoir mis les menottes, les plaça sous escorte et leur ordonna de les suivre.

Il les conduisait dans le cabinet du capitaine rapporteur de Ricaumont chargé d'une instruction nouvelle, basée uniquement, nous l'avons dit sur la lettre écrite au général Clausel.

Les absurdités ne sont point rares dans cet interrogatoire, nous en citerons quelques-unes. L'accusation leur faisait un crime d'avoir songé à se défendre contre les violences de M. Jonhston.

D. — Lorsque M. Jonhston arriva à La Réole pour venger l'honneur du drapeau outragé, vous vous êtes renfermé chez vous, ainsi que votre frère, vous vous sentiez donc coupables?

R. — Du tout, mais les volontaires royalistes criant : A bas les brigands Faucher, il faut les tuer! nous nous sommes enfermés chez nous, décidés à repousser toute attaque de vive force. Nous en avons averti le maire ; nous lui avons écrit : « Nous ne laisserons pas violer notre domicile ; nous nous défendrons. » M. le maire nous a répondu qu'il approuvait notre résolution. Sa lettre est au dossier. Nul doute qu'il ne nous eût, au besoin, prêté main-forte.

D. — Le maire n'avait pas compris son devoir. Au lieu de prévenir un conflit, il le provoquait.

R. — Le maire était l'interprète sincère des sentiments publics. Les habitants étaient indignés de l'invasion d'une bande, sans autorité et sans mandat, qui parcourait les rues en les insultant, et, dans leurs fureurs, allèrent même jusqu'à battre des enfants et des femmes.

D. — Votre attitude menaçante est la meilleure preuve de votre culpabilité, et c'est grâce à la modération de M. Jonhston, qu'il n'y a pas eu de sang versé. N'avez-vous pas essayé d'enrôler des habitants pour votre défense?

R. — Non, monsieur.

D. — Vous en êtes accusé, ainsi que votre frère, qui, d'ailleurs, a entièrement réglé sa conduite sur la vôtre. C'est vous qui avez écrit au général Clausel?

R. — Oui, monsieur.

D. — Ce général avait cessé ses fonctions, il n'a point voulu endosser la responsabilité de vos projets de rébellion, bien qu'il se dit de vos amis, et il a transmis votre lettre au nouveau préfet, M. de Tournon.

R. — Le général Clausel n'a sans doute pas lu ma lettre, et l'a expédiée au nouveau préfet comme un papier administratif; et si

Je suis commissaire, j'ai un mandat à faire exécuter.

M. de Tournon l'avait lue, il aurait bien vu que nous ne parlions de nos armes et de notre défense que par plaisanterie.

D. — Vous ne plaisantiez pas cependant lorsque vous écriviez, dans cette même lettre, au général Clausel : « Nous enlèverions ces messieurs les volontaires et nous comprimerions facilement leurs satellites ; ce serait l'affaire de deux heures en plein midi avec les seules forces que nous offre la population bonne ; mais nous craignons que cet acte de défense ne puisse être le signal de la guerre civile. »

R. — Nous n'avions pas bonne opinion du courage des soldats qui maltraitaient les enfants, et l'on devrait nous tenir compte de notre modération. La population de La Réole était avec nous, voilà ce que je tenais à dire.

A Constantin succéda César dans le cabinet du juge d'instruction.

— Après-demain, 22, dit celui-ci aux prévenus vous comparaîtrez devant le conseil de guerre. Vous avez vingt-quatre heures pour préparer votre défense.

— Ce n'est pas beaucoup.

— C'est bien de trop f...é !... Voulez-vous me donner la liste des témoins ? Mon ordonnance attend depuis trois heures, nom de D...! Et je veux qu'elle arrive demain à La Réole : Quelque chose que vous disiez ou que vous fassiez, c'est une affaire décidée, vous serez jugés vendredi. Ainsi, nom de D...! vous voilà prévenus. Je suis pour les affaires qui marchent rondement, moi. Voilà trop longtemps que ça traîne. Quand à moi, je vous le déclare, je serai sans ménagements pour des bourgres comme vous, et je requerrai la peine capitale.

Les jumeaux avaient choisi, pour avocat, le défenseur habituel de leurs intérêts privés, M. Ravez. Il était leur allié, leur ami ; c'était à lui, comme à l'homme de l'intimité qu'ils avaient eu recours dès le lendemain de leur arrestation, il avait formellement promis de se charger de leur cause.

Après la visite de M. de Ricaumont, ils reçurent une lettre pressée où il leur disait qu'à son profond regret, il était forcé de renoncer à les défendre.

César et Constantin lui répondirent :

« Nous allons tomber sous la hache, que depuis deux mois l'on aiguise pour nous frapper. Nous tomberons avec le sentiment de notre innocence. Si nos ennemis sont parvenus à enchaîner votre âme indépendante, quels succès n'auront-ils pas sur les autres défenseurs que nous pourrons demander? Nous n'avions qu'un patron, on nous l'arrache ; c'est nous condamner à la mort. Nous saurons y marcher avec la fermeté que vous devez attendre d'hommes qui eurent votre amitié. »

Ces paroles, d'une bonté trop grande peut-être, mais d'un sentiment si élevé, laissaient la porte entr'ouverte au repentir de ce lâcheur honteux. Ravez n'en profita pas et garda le silence.

Les jumeaux s'adressèrent alors à M. Gergères, un autre ami.

« Deux de vos amis vous appellent, lui écrivirent-ils, ils demandent vos conseils pendant quelques instants. On ne leur donne que peu d'heures pour préparer leur défense. Vous lirez. Vous les entendrez ; si à la vue des charges et des dépositions, vous avez des doutes sur *un seul fait* et que nous ne les levions pas à l'instant, nous ne demanderons pas à l'amitié des soins dont la conscience ou la délicatesse auraient à souffrir. Nous vous attendons ! »

Ce Gergères, — qui égale en courage le comte d'Artois, — ne répondit même pas ! Les lumières du barreau, les défenseurs de la veuve et de l'orphelin se cachèrent.

Nous regrettons de ne pouvoir donner les noms de tous les lâches qui restèrent muets aux appels des deux accusés. « Ainsi, dit M. de Vaulabelle, ces hommes, dont la longue carrière était une vie toute d'honneur et de loyauté, pour lesquels la fortune reçue de leur père, n'était qu'une sorte de dépôt, qu'ils restituaient en bienfaits répandus autour d'eux ; ces patriotes qui avaient mis leur influence au service des proscrits de tous les régimes, surtout des proscrits royalistes, et que moins de deux mois auparavant, on avait encore vu sauver et protéger plusieurs partisans des Bourbons, qu'on leur ordonnait d'arrêter et de punir ; ces hommes ne purent trouver, dans Bordeaux, ville de 100,000 habitants, peuplée de légistes, un seul avocat qui consentît à venir les défendre contre l'accusation de crimes purement imaginaires !... »

En même temps qu'ils écrivaient aux avocats, ils annonçaient à leurs véritables amis, à la famille Monneins, à leur mère et à la dame anglaise que le secret était levé et qu'ils pouvaient les recevoir.

Déjà, depuis plusieurs jours, sans rendre leur prison moins malsaine, sans rien changer au dépôt des Forçats ou on les avait logés, on tolérait qu'Anaïs et le capitaine Monneins leur fissent passer des aliments, du linge et des fleurs. Il est probable que l'on n'avait pas songé à l'interdire, parce que l'on n'avait pas supposé que ces témoignages d'amitié fussent possibles, et on laissait les bas employés de la prison profiter des pourboires et des commissions.

Après avoir fouillé les roses et ouvert les figues et les pêches pour s'assurer qu'elles ne contenaient pas de lime ou des scies faites avec des ressorts de montres, on laissait entrer fleurs et fruits à la tour des Forçats.

Dans la soirée du 20, après l'interrogatoire du capitaine de Ricaumont, on permit à Anaïs Faucher et au capitaine Monneins de voir les prévenus.

En embrassant ses oncles, la désolée et faible jeune fille faillit tomber sans connaissance. Il fallut que Monneins la soutînt dans ses bras, tandis que les gardiens qui, dans un coin, assistaient à cette scène, ricanaient entre eux.

Lorsqu'elle se fut remise, elle raconta à ses oncles les démarches qu'elle avait faites auprès de ses anciens amis. La plupart n'avaient pas daigné la recevoir. Chez d'autres, introduite au salon, elle n'avait été reçue que par leurs femmes. L'une avait dit que son mari était absent, et l'autre qu'il était en conférence avec des hommes d'affaires. Après avoir satisfait leur curiosité au sujet des événements de La Réole et surtout des horreurs de la vieille prison du Hâ, elles l'avaient accablée de consolations banales, de phrases convenues. On l'avait même questionné sur son prochain héritage.

« Vos oncles possèdent une belle fortune? »

Ils vivaient simplement à la campagne, n'allaient pas dans le monde et auraient pu amasser. Mais il paraît qu'ils se laissaient exploiter, qu'ils donnaient beaucoup et prêtaient encore davantage. S'ils venaient à mourir, ils laisseraient des affaires très embrouillées. Elle était leur unique héritière. Croyait-elle qu'ils laisseraient quelque chose aux Monneins?

A combien évaluait-elle leur héritage?

— Je ne me suis jamais inquiétée de la fortune de mes oncles, madame, répondait Anaïs en rougissant; je sais qu'ils en ont toujours fait un noble usage, cela me suffit pour me joindre à tous ceux qui bénissent leur mémoire.

Un monsieur qu'elle avait vu souvent à La Réole, à la table de ses oncles, un ami de jeunesse, lui tint ce raisonnement :

— Ma chère enfant, que voulez-vous que je fasse pour vos malheureux oncles? Oui, ces braves généraux, ces citoyens, l'honneur de leur patrie, ces excellents hommes que l'on ne peut séparer dans son cœur; oui, César et Constantin sont mes amis et vous n'en doutez pas, mais c'est justement pour cela que je ne puis rien pour eux. On connaît notre amitié et, comme on dit, on nous mettrait tous trois volontiers dans le même sac. Tout le bien que je dirais d'eux serait suspect, venant de moi. On répondrait : « C'est un de leurs amis qui parle!... » Et la haine que l'on a de moi s'ajouterait à celle qui s'est amassée contre eux! Tout ce que je puis faire pour eux, je vais vous le dire : C'est de ne pas bouger, et de ne parler d'eux ni en bien, ni en mal.

C'était le dernier mot du dévouement qu'Anaïs devait rencontrer.

Enfin, les menaces et les propos cruels ne lui étaient pas épargnés.

Des brutaux la recevaient debout, sans l'inviter à s'asseoir, et sans daigner s'apercevoir de ses paupières gonflées de larmes, des traits de son visage tirés par le chagrin, ils lui parlaient de ses oncles comme s'ils allaient monter à l'échafaud.

— Ah! vous êtes une Faucher? Vous êtes leur nièce. Eh bien! il faut vous résigner, vous faire une raison, vos oncles sont condamnés d'avance. Par le temps qui court, le bonapartisme est une maladie qui ne pardonne pas. Aller se compromettre à parler pour eux, ce serait une inutile folie... Que voulez-vous? Ils sont vieux ; ils ont près de soixante ans, ils sont couverts de blessures mal guéries, quoi qu'il arrive, ils n'iront pas loin maintenant. Si vous avez de la religion, il faut prier pour eux et pour vous. — C'est le père Monneins qui vous a envoyé chez moi?

— Mais non, monsieur, je suis venue de moi-même.

— Dites-lui, de ma part, qu'il n'est qu'un vieux fou et qu'il se tienne tranquille.

Une femme la reçut encore plus mal :

— En voilà une idée! Mais mon mari n'a jamais fréquenté ces gens-là. Dieu merci, personne de notre famille n'a été de la bande à Bonaparte. Vous voulez donc nous compromettre. C'est quelqu'un de nos ennemis qui vous a conseillé de vous adresser à nous? Mais je vais dénoncer vos manœuvres. Allez, mademoiselle, porter la peste ailleurs.

On allait jusqu'à faire entendre charitablement à Mme Monneins que si elle et son mari continuaient à s'intéresser aux jumeaux de La Réole, son mari perdrait sa pension.

Anaïs ne raconta point toutes ses déceptions à ses oncles, elle passa sous silence les paroles les plus amères. Ils lui remirent d'autres lettres, une pour un avocat, entres autres.

A Monneins, Constantin, qui était plus dans la lutte que son frère, tint le raisonnement qu'il devait faire bientôt à M. Gergères : « Si des charges et des dépositions qui s'élèvent contre moi, on peut dégager un seul fait *douteux*, je renonce à me défendre, mais si aucune accusation ne peut être soutenue, il faudra bien m'acquitter. Déjà une première instruction a été abandonnée, et la seconde n'a porté que sur l'interprétation de la lettre à Clausel, c'est-à-dire sur un sujet auquel le premier juge d'instruction n'avait trouvé aucune importance. Il ne faut pas encore désespérer.

Et c'était le prisonnier qui cherchait à consoler son ami.

Monneins était crédule au bien, il l'écoutait avec avidité, ne demandant qu'à être délivré des doutes poignants qui le torturaient. La parole tranquille, la physionomie sereine des deux inculpés contribuaient à le rassurer. Enfin, comme tous les bons cœurs, les âmes honnêtes, il se disait : Est-il possible que des juges les condamnent, à moins que des juges puissent être des scélérats?

Il ne s'était jamais occupé de politique, il avait vieilli, plus naïf que les jumeaux.

Il ignorait qu'en politique le cœur pouvait être à droite, et se croire bien placé; que les lois de la nature et celles de la civilisation changent selon les intérêts des partis; que les mots les plus usités changent de signification, que calomnier, c'est déployer un zèle louable, que condamner un innocent, c'est faire acte de justice.

Ce langage n'était pas celui des camps; grossier, mais sans sous-entendus perfides; c'était un langage de convention, une sorte d'argot qu'il ignorait.

XI

UN AMI VÉRITABLE

Monneins fit, un peu tard, un triste apprentissage de l'égoïsme, de l'ingratitude et de la lâcheté, mais cette écœurante expérience le grandit encore; son amitié s'éleva jusqu'à l'héroïsme. Lorsqu'il vit la panique des avocats, il proposa aux deux frères de se présenter avec eux devant le Conseil de guerre pour les y défendre.

« Je sors de chez M. Ravez, écrivit-il à ses amis, je l'ai supplié de vouloir bien prendre votre défense, comme il vous l'avait promis ; mais il m'a montré une lettre du comte de la Porterie, qui lui intimait l'ordre de M. le gouverneur de Vioménil de ne point se mêler, ni directement, ni indirectement de vos affaires. Lui ayant fait observer que sa réputation, son caractère et son attachement connu pour le roi devaient le mettre au-dessus de toute crainte, il m'a répondu sèchement qu'il ne pouvait en aucune manière vous défendre, vu les circonstances présentes [1]. » Peu après il écrivait aux jumeaux :

« On m'assure que l'un de vous est sérieusement malade. Si votre santé ne vous permet pas de vous défendre, je ne suis pas orateur, mais ma faible voix suffira, je l'espère, pour prouver votre innocence. Ainsi, je vous défendrai si vous daignez accepter mes faibles services. »

Tant de témoignages d'amitié étaient autant de scandales. Ils semblaient un blâme jeté sur les mesures prises par le gouvernement et un encouragement au crime. Le public finissait par s'intéresser aux brigands. Irrités d'une fidélité que la menace même d'une carrière perdue ne pouvait affaiblir, MM. de Vioménil et de la Porterie résolurent de sévir.

Un beau matin un commissaire de police, que suivait à quelques

---

1. Il a été récompensé de sa belle conduite; il est devenu président de la Chambre des Députés, comte, et premier président de la Cour royale de Bordeaux.

pas une escouade d'agents, se présenta au domicile du capitaine Monneins.

Toute la famille, les jeunes filles, dont l'aînée avait quinze ans, Anaïs, lady Mac-Gregory, autour d'une grande table ronde, étaient assises pour prendre le premier déjeuner. Mme Monneins remplissait des tasses de lait, quand le commissaire, sans se faire annoncer, entra.

Jugez de l'effroi général.

Monneins alla au devant de lui :

— Que désirez-vous, monsieur?

— Monsieur, je suis le commissaire de police de votre quartier. je me présente au nom de M. de Vioménil, dont j'ai un mandat à faire exécuter.

— Ah!... quel mandat? fit Monneins stupéfait.

— Au nom de la loi, je vous somme de me suivre au château Trompette.

— Comment!... Et pourquoi, je vous prie?

— Je l'ignore. Vous vous expliquerez avec le magistrat que vous verrez probablement dans la journée.

— Mais on n'arrête pas une personne sans alléguer une raison, bonne ou mauvaise?

— Il est vrai : Vous êtes arrêté par mesure d'ordre public.

— Je trouble l'ordre public?

— Vous vous en expliquerez avec le magistrat.

— C'est un acte arbitraire. Aucune loi ne l'autorise.

— J'exécute les ordres que j'ai reçus.

— Je ne céderai qu'à la force.

— La force est à votre porte et n'attend qu'un mot, un signe de moi.

— C'est une infamie!

— N'aggravez pas votre situation. Je regrette d'avoir à consigner dans mon rapport de semblables propos.

— Mais je suis innocent!

— En voilà assez, monsieur. Je vous accorde cinq minutes pour mettre ordre à vos affaires.

En achevant ces mots, le commissaire se retira d'un pas solennel dans le petit vestibule de l'appartement.

Les sentinelles criaient : Au large !

Alors les femmes, frémissantes et pâles, se levèrent et enveloppèrent le chef de famille, le père, l'époux, l'ami de tous !

Elles lui prenaient les mains, les genoux, l'embrassaient, pleurant, priant, toutes à la fois. Il ne savait à laquelle répondre.

Mme Monneins, la plus sage, lui conseillait de céder : « Il n'était pas le plus fort. Dans la journée elles iraient à la mairie, à la préfecture, partout, le réclamer. On le relâcherait, puisqu'on n'avait pas le droit ! »

Les cinq minutes furent vite écoulées; le commissaire reparut.

Il était visiblement ennuyé. Mieux que personne il sentait ce que sa besogne avait d'odieux. En ces temps de tyrannie, c'est le propre des ministres, maires, gouverneurs, commandants, hauts larbins du pouvoir de dégoûter du gouvernement les argousins et de faire rougir les gendarmes.

Il s'arrêta silencieux sur le seuil.

Il fut compris.

Les bras se détachèrent de leurs étreintes. Les adieux s'étouffèrent dans un dernier baiser, et le *prévenu* dit :

— Je cède à la force, monsieur le commissaire ; je vous suis.

Tous deux s'éloignèrent.

Dès qu'il apparût hors de la maison, les agents, postés à droite et à gauche de la porte d'entrée se ruèrent autour de lui. Bientôt les badauds, la foule les entoura. Elle leur fit escorte jusqu'à destination, l'antique citadelle de Bordeaux, — dont le gouverneur, sous Henri II, — nommé aussi Monneins, — et, comme ce dernier, un honorable et brave officier, — fut tué par la foule insurgée. Peu s'en fallut que l'honnête capitaine ne fut aussi massacré comme son homonyme. Les foules, à toutes les époques, sont toujours les mêmes, des masses inconscientes, avides d'émotions brutales. Monneins dut la vie aux agents qui le protégèrent contre des misérables exaltés qui hurlaient : A bas les bonapartistes !! A bas les brigands ! A bas les frères Faucher !... A mort Monneins ! »

L'autorité n'avait pas l'intention d'intenter un procès contre l'ami des jumeaux, par conséquent celui-ci fut enfermé, et mis au secret et ne fut pas interrogé.

On n'avait rien à apprendre de lui, puisqu'il n'y avait rien.

Le premier moment de terreur passée, Mme Monneins et Mlle Faucher reprirent chacune « le service » d'un prisonnier, sans se laisser intimider par les menaces. Lady Mac-Gregory qui, d'origine irlandaise était catholique, allait à l'église, faisait dire des messes et brûler des chandelles pour le salut de ses amis sur la terre. Elle était exacte également aux arrivées des courriers de Paris et des navires anglais, dans l'attente d'une réponse de Sa Grâce, le maréchal de France anglais. Entre temps, elle secondait Anaïs. Cette jeune fille, dit un historien, restée seule l'appui de ses deux grands-oncles, sentit redoubler ses forces. Toutes les démarches nécessitées par le procès, lettres à porter aux juges, notes à remettre aux avocats, tous ces soins reposèrent uniquement sur elle ; toujours prête et sans cesse en chemin, la courageuse enfant ne s'arrêta que lorsqu'elle n'eût plus personne à protéger. »

Les jumeaux apprirent avec une peine visible que la persécution s'était rabattue sur leur ami Monneins. Il leur fallait se rappeler les jours les plus affreux de la Terreur de 93 pour trouver des faits semblables.

XII

INCIDENTS DIVERS. — MAITRE ALBERTAS

Enfermé au mépris de toute justice, M. Monneins ne se découragea point et, loin de se soumettre, il protesta. Il écrivit au procureur du roi.

Monsieur,

Des agents sans mandat, avec une brutalité honteuse, m'ont brusquement arraché à ma femme, mes enfants, et à mes affaires pour me jeter dans un cachot. J'ai naturellement réclamé une explication ; j'ai demandé à être conduit devant un magistrat ; ni mes réclamations, ni mes demandes n'ont été écoutées. Depuis six heures, détenu pour un délit imaginaire, j'attends en vain le juge que l'on ne refuse à aucun prévenu, je reste privé de communications avec ma femme et mes enfants qui doivent être plongés dans la plus vive inquiétude.

En effet on ne peut aujourd'hui se reposer sur son innocence, en ce temps de trouble où les factions parviennent à égarer la justice, un citoyen arrêté est en péril, on peut le laisser languir, sans jugement, au fond d'une prison, jusqu'à ce que ses ennemis aient amassé contre lui assez de mensonges et de calomnies pour l'accabler. Ma vie est pure, monsieur le procureur du roi, ma conscience ne me reproche rien, veuillez vous enquérir des causes de mon arrestation, s'il en existe d'apparentes, et réparer l'erreur qui vient d'être commise à mon sujet.

Ce n'est pas seulement dans mon intérêt personnel que j'insiste, mais encore dans celui de deux infortunés, qui m'ont honoré de leur amitié.

Messieurs les généraux Faucher, après une glorieuse carrière tout entière consacrée au bonheur de leur pays, après avoir rendu à ses amis et à ses adversaires politiques aujourd'hui haut placés, de signalés services, ne trouvent pas un seul avocat qui ait le courage de sa profession, et qui consente à les défendre ; je me suis offert à remplir leur office.

En me retenant plus longtemps en détention, vous donnerez à penser que vous avez voulu priver les deux accusés de défenseurs. Est-il possible que leurs ennemis redoutent le faible secours de ma parole? Je me refuse encore à le croire, ne craignent-ils pas plutôt que, connaissant leur vie mieux que personne, je n'en fasse ressortir tous les actes de vertu, de patriotisme et de bienfaisance, tous les traits d'héroïsme et de bonté? mais vous, monsieur, dont le devoir est de faire triompher la justice, vous saurez confondre un semblable complot en me rendant à la liberté, c'est-à-dire au soin de la défense de MM. Constantin et César Faucher.

Dans cette attente, j'ai l'honneur d'être votre très humble et très obéissant serviteur.

P. Monneins.

La lettre fut remise au procureur du roi, mais, ainsi qu'on le devine, elle resta sans réponse.

Le capitaine écrivit également à sa femme et à Anaïs Faucher avec qui il croyait pouvoir s'entretenir, mais sans plus de succès. La dame

anglaise rôda en vain autour de la prison, les sentinelles lui criaient :
« au large ! » et les officiers la prenaient pour une folle.

Sa Grâce, lord Wellington, ne répondait pas.

La journée et la nuit s'écoulèrent lentes et désolées pour les deux familles Faucher et Monneins, sans apporter le moindre changement à leur situation.

En leur portant leur souper, le geôlier apprit aux jumeaux l'arrestation du capitaine. Un sourire amer entr'ouvrit leurs lèvres, mais ils ne parurent pas étonnés. Inutile de demander la raison de cette injuste rigueur.

Quand le geôlier fut parti :

— Nous serons donc obligés de présenter notre défense nous-mêmes, dit César.

— Monneins, répondit Constantin, n'est enfermé que parce qu'il a voulu prendre la parole, il sera relâché aussitôt après le procès. Cette mesure est peut-être heureuse pour lui ; il n'est pas toujours maître de sa parole et il aurait achevé de se compromettre.

— Elle est regrettable pour nous, dit César, car il nous eut vengé en proclamant le bien que nous avons fait, tandis que nous, nous ne pouvons faire notre propre éloge. Notre tâche sera singulièrement restreinte, comme le champ de l'accusation. Qu'y-a-t-il dans cette affaire ? Rien que ce que l'accusation a voulu y mettre. Notre perte est jurée. L'honneur militaire, qui aurait pu nous donner confiance en nos juges est inconnu de ceux-ci, qui ne seront ni des soldats, ni des magistrats, mais des exécuteurs. Chose étrange, comme pour certains individus, la morale change selon les circonstances. Ces officiers, nos juges de demain, vont, sans rougir de honte, faire semblant de nous juger et nous envoyer à la mort. Ils ne croiront pas être des assassins et seront félicités de leur dévouement au roi. Et rien en eux ne protestera contre une pareille monstruosité ! Et pourtant, jusqu'à cette heure, j'avais cru à ce que les moralistes appellent l'infaillibilité de la conscience...

— Nous avons conscience de nos pensées et de nos actes comme nous l'avons de nos sensations, sans être pour cela éclairés sur leur valeur et leur nature. Nous jugeons de nous, selon le milieu dans lequel nous vivons, et les enseignements que nous avons reçus. Les grands criminels ne se croient pas toujours coupables et beaucoup croient que tout le monde, à leur place, en eut fait autant qu'eux.

Ainsi, en pleine liberté d'esprit s'entretenaient ces honnêtes gens. Ils ne s'attendrissaient qu'au sujet de la famille Monneins et de leur nièce, qui, sans cette dernière, eut été sans protecteur. Dans leur honnêteté, ils ne se figuraient pas à quels pièges cette jeune héritière pouvait être en butte.

Cependant, l'inexpérience du monde, la naïveté et l'isolement d'Anaïs n'avaient pas échappé à un membre obscur du barreau qui avait cru voir en elle une proie facile.

Me Albertas, jeune avocat, doublement disgracié de la fortune et de la nature, pauvre et contrefait, mais intrigant sans vergogne, prêt à tout aventure, avait, comme ses confrères, reçu la visite de la jeune solliciteuse. Par exception, il lui avait fait un aimable accueil.

Tout en raillant avec esprit la panique honteuse des avocats de Bordeaux, il avait affirmé bien haut que son courage était à la hauteur de son devoir professionnel et avait ajouté :

— Communiquez-moi seulement une copie de la lettre qui est la pièce la plus importante du procès, et le jour suivant, je vous rendrai réponse.

Anaïs apporta la lettre et retrouva Me Albertas d'une amabilité plus marquée encore. Il était seul dans un petit salon qui ressemblait à un boudoir et dont l'air était chargé de parfums irritants. Il insista pour quelle s'assit sur un canapé dont il occupait une des extrémités et lui parla de la vie paisible qu'elle menait à La Réole :

— Vos oncles vous entouraient de leur affection ?... Ils vous aimaient beaucoup? Mais vous receviez peu de monde, vous n'aviez que les visites de quelques vieillards?

— J'étais heureuse, répondit Anaïs.

— On ne vous conduisait pas dans le monde ?

— Je suis encore bien jeune et, d'ailleurs, la société de mes oncles est celle que je préfère à toutes.

— Sans doute, messieurs vos oncles se proposaient d'étendre le cercle de vos relations, car ils étaient trop vos amis, pour ne pas songer à votre avenir. Et voyez, à cette heure, comme la solitude s'est faite soudain autour de vous. Il n'en serait pas de même si, plus répandue, vous aviez déjà pu fixer votre choix pour un mari.

— Un mari ! se récria la jeune fille surprise, mais je n'ai pas seize ans !

— Vous m'étonnez, répondit l'avocat, vous paraissez plus âgée, et vous possédez toutes les beautés d'une femme.

— Mais, monsieur...

— Je suis sincère et je regrette, pour défendre la cause de vos oncles, de ne pas être votre fiancé ; cette cause eut été la mienne, et j'aurais, pour la défendre, trouvé des accents irrésistibles.

Ce langage et le ton qui lui était donné avaient plongé M{\ll}e Faucher dans un trouble profond et mêlé de crainte.

La pauvre fille n'avait jamais songé au mariage et elle sentait la griffe de la cupidité sous la caresse du disgracieux avocat.

Parvenant néanmoins à se reprendre :

— Ah ! monsieur, fit-elle, avec une sorte d'élan de bonté naïve, sauvez mes oncles et, s'ils le permettent, je consentirai à être votre femme.

— Voilà une bonne parole.

— Je ne vous connais pas, monsieur, mais pour sauver mes oncles, je donnerais ma vie et je ne dis pas que la reconnaissance ne m'inspirerait pas pour vous beaucoup d'amitié.

— Je ne suis pas non plus un mauvais parti, reprit le tentateur. Je suis de bonne famille et allié à des personnes haut placées. Mes parents, qui ont fait de grands sacrifices pour mon éducation, et ont souffert les événements politiques, ont peu de fortune, mais m'ont ouvert une carrière aussi lucrative qu'honorable.

— Tant mieux, monsieur, mais je n'en suis pas à penser à tous ces avantages ; ils s'effacent à mes yeux pour un bonheur suprême, le salut, la liberté de mes oncles. Je ne vois que cela. Je n'ai pas d'autre pensée. Sauvez mes oncles, monsieur, et vous pourrez leur demander ma main, elle vous est promise.

— Je vais donc le tenter.

— Vous acceptez leur défense ? fit Anaïs avec vivacité.

— Permettez, répondit l'autre avec réserve. Je vais examiner l'affaire.

Il paraît qu'elle n'est pas bonne et que les deux généraux se sont gravement compromis. Aucun de mes honorables confrères ne consentirait à s'en charger. Non seulement ils craindraient d'aller au devant d'un insuccès, mais encore, et *surtout*, chère demoiselle, ils redouteraient de se perdre dans l'opinion très excitée contre les accusés, et de tomber sous la disgrâce du garde des sceaux, de briser leur carrière.

Ah ! cette défense n'exige pas seulement un grand talent, mais une grande abnégation. Et moi, qui suis aux débuts, je joue gros jeu, je risque ma situation et mon avenir.

— Mais ils sont innocents !

— En politique, cela ne suffit pas toujours.

— Vous les sauverez.

— Je l'espère, mais si j'échoue...

— Vous serez béni de votre bonne action et mes oncles sont assez riches pour la récompenser.

— Ah ! pardonnez.

— Je ne connais pas le chiffre de leur fortune, mais je sais qu'il est considérable et qu'ils sont généreux. Acceptez leur défense et fixez vos honoraires.

— Je vous ai dit, chère demoiselle, le prix que je mettais à mon acceptation.

Il se rapprocha d'elle, lui prit la main qu'il porta tendrement à ses lèvres.

Deux grosses larmes roulaient le long des joues d'Anaïs, mais l'intrépide bossu en tint peu de compte.

Il était sûr que la cause des jumeaux était perdue d'avance et que, s'il la plaidait, il se compromettrait presque autant qu'eux, aussi voulait-il plus que des promesses. Le trouble, la faiblesse de la jeune fille, ou si l'on veut, son ardente amitié pour ses parents, lui faisaient espérer des gages. Il devint pressant.

Elle retira sa main et se leva.

— Vous refusez de m'entendre ? dit-il avec l'accent du reproche.

— Mais non, monsieur.

— Vous vous dérobez.

— Que puis-je vous dire de plus ?

— Sans doute, vous ne pouvez répondre comme je le désirerais aux sentiments que vous m'inspirez, mais daignez seulement m'écouter.

— Qu'avez-vous encore à me dire ?

— Que je vous aime.

— Je ne croyais pas que l'amitié vînt si vite, répondit la jeune

Monsieur, laissez-moi, ou j'appelle.

fille un peu pâle et baissant les yeux. Et puis, voyez, je suis pleine de tristesse et vêtue de deuil. Si vous avez quelque amitié pour moi, si vous me plaignez, eh bien! promettez-moi de défendre mes oncles?

Elle tourna vers lui ses regards humides et suppliants.

Il s'inclina :

— Je ferai le possible.

— Je vais donc me reposer sur vous, monsieur, et annoncer votre acceptation à mes parents.

— Ne précipitons rien, fit l'avocat.

— Comment ?

— Je vous ai dit que j'avais besoin d'examiner l'affaire et que vous aviez besoin de réfléchir.

— Mes réflexions sont faites, monsieur, mais le temps presse.

— Je vous rendrai réponse demain.

Anaïs se retira.

Elle était fort perplexe, car, après cet homme, il ne lui restait plus qu'une démarche à tenter, et cette dernière ne lui inspirait pas grande confiance.

Elle ne dit rien aux Monneins des propositions qui lui étaient faites et le lendemain, retourna chez l'avocat Albertas.

XIII

SUITE

Les démarches qu'Anaïs faisait pour ses oncles, elle ne les eut pas faites pour elle-même. Ces refus hautains ou hypocrites et en dernier lieu ces conditions impudentes, ne laissaient pas de l'humilier. Elle en souffrait, d'autant plus qu'elle était obligée de taire ce qu'elle en pensait.

— Jusqu'alors on avait respecté sa jeunesse et ses vêtements de deuil, et maintenant un individu sans mérite, dont elle sentait l'infériorité, avait l'audace de la soumettre à un brutal marchandage.

Sa douleur était si profonde, elle en avait le cœur tellement noyé, que sans hésitation, elle avait répondu par le sacrifice aux propositions intéressées de cet homme, qui au fond lui répugnait.

Certainement, si ses oncles lui avaient dit : « Sois à lui pour nous sauver, » elle eût obéi.

De retour chez l'avocat, elle s'aperçut de suite que celui-ci avait jugé bon de changer de ton et d'attitude, sans abandonner son dessein.

Nous croyons superflu d'exposer les secrets calculs de ce monsieur ; nous les avons laissé entrevoir plus haut. Le devoir professionnel, pour lui, se transformait en chantage. Il ne visait que l'héritage des jumeaux de La Réole.

Il reçut Anaïs avec une certaine froideur. D'un air préoccupé, il froissait la copie de la lettre écrite par Constantin au général Clausel.

Après avoir introduit Mlle Faucher dans le salon-boudoir, témoin, la veille, de sa passion, et l'avoir invitée à s'asseoir, il demeura debout.

— Voilà, s'écria ce méchant bossu, un document capable d'envoyer à la mort les généraux de La Réole. L'esprit de révolution y éclate à chaque ligne.

— Pouvez-vous dire cela ? fit Anaïs avec vivacité. Ne voyez-vous pas que ces descriptions de notre défense militaire, armes et garnison, sont pures plaisanteries ?

— Il vous plaît à le dire.

— Laissez donc ! Prenez-vous mes oncles pour des imbéciles ? Ils ont plus d'esprit que ceux qui les jugeront.

— C'est possible, répondit l'avocat, légèrement piqué de la comparaison qu'il subissait, mais il n'est jamais spirituel de prêter le flanc à son ennemi. Le bon sens exige qu'en temps de guerre on se tienne sur ses gardes. La lettre de vos oncles se prête à une double interprétation ; leurs ennemis choisiront celle qui doit les condamner. Je reste donc convaincu que leur défenseur se perdra avec eux.

— Mais, monsieur, fit Anaïs secrètement révoltée par ces calculs égoïstes, votre profession ne vous oblige-t-elle pas à prêter le secours de votre parole à l'accusé sans défense ?

— Non, mademoiselle, il n'existe qu'une obligation morale. Il n'existe point de sauveteur de profession[1]. On ne peut exiger d'un

---

1. C'était vrai à son époque ; il existe, aujourd'hui, des sociétés dont les membres s'engagent à se dévouer pour leurs semblables.

avocat qu'il se charge d'une cause qui lui paraît mauvaise. En plaidant, nous prêtons à notre client l'autorité de notre nom et de notre honorabilité, comme le secours de notre parole. Nous risquons de perdre notre renom d'honnêteté en plaidant en faveur de crimes qui paraissent monstrueux.

— O mes chers et vénérés prisonniers? s'écria la jeune fille indignée, est-ce de vous que l'on parle ainsi?

— Pardonnez à ma franchise, chère demoiselle. Pour moi, MM. Faucher sont innocents; mais la calomnie, l'esprit de parti, aux yeux du public ignorant, en ont fait des monstres.

Si Dieu veut que je les défende et que je les sauve, ils ne me refuseront peut-être pas votre main; mais s'ils sont condamnés, je succombe avec eux. Mes confrères se vengeront sur moi de la peur qui les a retenus et dont ils ressentent quelque honte.

Accablé de leur mépris et de leur ressentiment, je finirai, dans la misère, une carrière brisée. Que me restera-t-il? Votre estime? Sans doute. Votre amitié? Ah! j'en aurais grand besoin pour panser mes blessures, pour me consoler de la défaite, pour reprendre à la vie, mais, qui sait? Peut-être, à la douleur de la défaite, aurai-je à ajouter celle d'un amour incompris et repoussé?

Déjà, cette pensée me torture. Anaïs, je vous aime. Il ne dépend que de votre volonté de faire de moi le plus heureux ou le plus malheureux des hommes.

Laissez-moi croire que nous sommes inséparables, quoi qu'il arrive. Laissez-moi vous aimer et ne me repoussez pas, je vous en supplie.

— Monsieur!... Mais, monsieur! se récria la jeune fille alarmée, en repoussant ses longues mains enhardies.

— J'embrasse vos genoux.

— Vous me fâchez, à la fin!

— Vous êtes si belle!

— Mais, c'est mal! Laissez-moi! Oh! mon Dieu!

— Je suis à vous pour la vie. Non, jamais je n'aurai d'autre femme que vous, Anaïs, soyez à moi!

— Monsieur, laissez-moi, ou j'appelle.

— Appelez! répondit Albertas avec exaltation.

Effrayée, furieuse, la jeune fille fit appel à toutes ses forces et parvint à se dégager. L'indignation et la colère étincelantes dans ses yeux, sa voix vibrante et frémissante tout à la fois, interdirent un moment le coupable, qui avait voulu brusquer le dénouement et, comme il le disait, prendre des gages.

Il recula à employer la violence, et y renonça, après avoir compté sur la surprise et le trouble d'une enfant.

Il retomba à genoux, demanda pardon, balbutia de vaines excuses. Elle ne l'écoutait plus et se dirigeait vers la porte. Il la rejoignit, la suppliant de se remettre, de recouvrer un peu de calme avant de reparaître dans la rue.

— Ne me quittez pas ainsi, lui disait-il encore. Dites-moi que vous me pardonnez les emportements d'une passion dont votre beauté est la cause.

— Soit, dit-elle, je vous pardonne et vous dis adieu, puisque je ne puis compter sur vous pour défendre mes parents. Adieu.

— Réfléchissez! lui cria-t-il, en la voyant s'éloigner d'un pas rapide.

XIV

LE DERNIER MOT DE LA DÉFENSE

Anaïs avait le sentiment du danger qu'elle avait couru, et, indignée, n'avait plus à réfléchir.

Mais de telles luttes étaient pénibles à soutenir, et, depuis quelques semaines, elle avait fait du monde un cruel apprentissage. Ce n'était partout, sous les dehors les plus corrects, que lâcheté, égoïsme, hypocrisie, cupidité, et pis encore. Ses oncles, les Monneins, étaient les exceptions morales qui, seules, lui relevaient le cœur et la retenaient de nier la vertu.

Justement, ce fut le soir même du jour où elle avait eu à repousser le brutal attentat d'Albertas, que le brave capitaine Monneins déclara, pour la première fois, son intention de s'offrir pour défenseur de ses amis.

— Oh ! merci pour eux ! s'écria-t-elle en lui sautant au cou. Vous seul pouvez les sauver, car vous en avez seul le courage, et vous serez compris, si les juges connaissent l'accent de la vérité.

Cette résolution la soulageait d'un poids énorme : ses oncles avaient un défenseur.

Toute la famille encouragea le capitaine dans sa tentative. Nul, mieux que lui, n'était au courant de la vie des deux patriotes de La Réole ; nul n'avait plus d'autorité pour la raconter. Il y avait, semblait-il, dans sa décision, un fait providentiel.

A partir de ce moment, le front de la jeune Anaïs fut moins sombre, le repos de sa nuit fut assuré, et, le lendemain, elle ne quitta point la maison.

On n'osait la questionner sur ses visites aux avocats ; cela l'irritait au delà de toute expression.

— Ces hommes-là, disait Monneins, sont vraiment destinés à faire de la politique. Les beaux parleurs y décrochent des portefeuilles et la fortune ; les fruits secs y trouvent un gagne-pain.

Anaïs pensait bien, par moments, à raconter à ses amis les obsessions de M⁰ Albertas, mais les faits en étaient encore trop récents, trop *chauds*, pour en parler sans émotion.

Le capitaine préparait son plaidoyer, en citant les actes de bienfaisance des deux jumeaux, étendus aux malheureux de tous les partis. Il vantait l'égalité d'humeur de ces hommes qui, à la fin de la vie, n'étaient pas encore guéris des coups de feu et de sabre reçus en Vendée, dans leur jeunesse. Leur visage avait échappé aux coups. Ils gardaient la finesse des traits, la pureté du teint légèrement coloré, la physionomie noble et sympathique. Ils étaient beaux. Naturellement, près des femmes qui, d'ailleurs, ne pouvaient se douter des terribles entailles qui zébraient leur corps, ils devaient exercer longtemps une puissante séduction.

Leur grade militaire, leur fortune y ajoutaient encore.

Monneins le rappelait.

Plus d'une, indirectement, lui avait fait offrir sa main. D'autres...

Où donc, à cette heure, étaient donc ces belles amies ? L'une d'elles disposerait-elle de son influence en sa faveur ?

A quelques-unes, ils avaient répondu qu'ils étaient perclus de douleurs ; à d'autres, ils avaient opposé la véritable raison de leur célibat : leur qualité de jumeaux, les liens qui les rendaient inséparables.

Ces deux frères que Dieu, sans détruire son ouvrage, aurait pu réduire à un seul homme, n'avaient qu'un esprit et un cœur.

Celui des deux qui crut aimer le premier se jeta dans les bras de son frère, en lui disant :

— *Je l'aime* !

— Moi aussi, *je l'aime*, lui répondit ce second lui-même, avec l'accent d'une égale passion.

Ils se considérèrent tous deux avec étonnement, mais sans mouvement jaloux, heureux plutôt de se retrouver, une fois de plus, dans la communauté de leurs sentiments.

— Mais, reprit le premier, comment cela ?

— Sa beauté, sa grâce, l'éloquence de son regard assuré, sans hardiesse. Tandis qu'elle te parlait, je buvais ses paroles sur ses lèvres, et je me sentais de moitié dans le bonheur que tu devais éprouver à l'entendre.

— C'est étrange.

— Vous êtes sortis du salon, entrés au jardin ; les plus simples convenances m'interdisaient de vous suivre. Je demeurai donc quelque temps sur ma chaise, agité d'une singulière inquiétude. La distance, seule, nous séparait. Je vous accompagnais par la pensée et je revoyais ainsi, sous la pénombre des arbres, la blancheur fuyante de ses belles épaules, et mon bras portait son bras nu.

— Sais-tu, frère, que cela me donne à réfléchir.

— Il y a longtemps que j'ai réfléchi à ce sujet. Nous sommes ainsi faits... Mais tu m'as demandé comment j'aimais, comme toi, Mlle X..., et je te l'explique. Je rougirais de t'en faire un mystère. Je reprends donc.

« Je fus au devant de vous, au moment où vous rentriez.

— Oui, nous marchions lentement en causant bas. Je lui disais : — « Je crois que la beauté pure et la bonté sont sœurs et qu'un beau visage révèle une belle âme.

« Et vous me dites, en nous abordant :

« Vous faites tort, Constantin, à la beauté de mademoiselle, elle a droit à la lumière. La lumière est son élément. » — Un instant, j'ai cru que tu allais lui répéter mes propres paroles.

— J'aurais pu lui exprimer quelques idées analogues qui nous sont également familières, car j'éprouvais les mêmes sentiments. Ainsi se passa toute la soirée.

— Je m'en aperçus et, volontiers, je t'aurais fait une part dans mon bonheur ; mais il est des bonheurs que l'on ne peut partager.

— C'est pour cela qu'il faudra renoncer à notre amour.

— Si c'est possible !

— Il le faut, cependant, mon ami.

— Peux-tu dire comment y arriver ? Dis-le moi, et je consens d'avance à employer le moyen que tu m'indiqueras.

— Il est bien simple, ne le devines-tu pas?

— Peut-être.

— Voyons, parle.

— Ce serait de changer de couleurs de reconnaissance.

— Justement. Tu as le rouge, moi le bleu, nous changerons, à notre prochaine rencontre avec Mlle X...

— C'est convenu.

En effet, à la première soirée où ils se rendirent, Constantin mit à sa boutonnière la fleur rouge de César, à qui il céda la place près de sa conquête. Mlle X... y fut trompée. César eût auprès d'elle le même succès que Constantin, et les deux frères gardèrent le secret de cette innocente supercherie ; mais une telle surprise suffisait à les éclairer. Ils devaient renoncer à l'amour et au mariage.

Ils quittèrent La Réole pour quelque temps et voyagèrent pour oublier.

— Et la demoiselle X...? demanda Mme Monneins à son mari.

— Elle adressa un jour, mais plus tard, à César, les reproches que méritait l'inconstance de son frère. Elle est aujourd'hui mariée.

XV

LE FILS DE CONSTANTIN

Ces anecdotes que le capitaine Monneins tirait de la vie de ses deux amis, ne concluaient pas à ce que ces derniers eussent prononcé des vœux monastiques, mais devant sa femme et ses filles et Anaïs, il

Regardez-moi bien, n'est-ce pas que je lui ressemble?

croyait convenable de taire quelques épisodes vulgaires de l'existence de ces héros.

Si les jumeaux durent renoncer au mariage, ils n'épuisèrent pas, pour cela, les rigeurs ascétiques du célibat. Entre ces deux extrêmes, il existe des terres libres pour les gens de vertu modérée. Nos jumeaux pouvaient s'y rencontrer sans danger, selon la définition de Chaufort : l'échange de deux fantaisies et le contact de deux épidermes.

Nous-mêmes n'entrerions pas dans ces détails, si nous n'y étions obligés par certains incidents dignes d'être rapportés.

A mesure que le dénouement approche, les chances ou les moyens de résistance surgissent et se multiplient.

Lorsque l'instruction faite contre les deux généraux fut close et que geôliers et guichetiers, avec leur escorte militaire, eurent reconduits les prisonniers à la tour du Hâ, une demi-heure ne s'était pas écoulée, que la porte du cachot se rouvrit et livra passage à un grand garçon qui faisait partie du personnel de la tour.

C'était la première fois qu'un guichetier se hasardait seul dans « la cage aux lions ».

— Messieurs, dit-il, d'une voix légèrement émue, ce n'est pas sans peine que je suis parvenu à rentrer dans votre cachot, et je n'ai à moi que peu de temps pour vous entretenir.

Les jumeaux le considérèrent avec surprise. Ils croyaient le voir pour la première fois et ils lui en firent l'observation.

— En effet, répondit-il, je ne suis entré au service du geôlier en chef que depuis hier soir, et vous n'avez eu encore que deux fois l'occasion de me voir. — Celle-ci sera probablement la dernière, du moins à la tour du Hâ.

— Pourquoi ? demanda César Faucher.

— Vous allez l'apprendre.

Le jeune homme passa la main sur son front d'un air pensif et, après un court silence :

— Ce que j'ai à vous dire tout d'abord, fit-il, va vous paraître bien étrange, mais il est nécessaire que vous le connaissiez. Je vous prie d'en excuser la hardiesse et d'user envers moi de la même franchise dont je vais user avec vous. Dites-moi, messieurs, n'êtes-vous pas venu, en promenade, au mois d'août 1795, sur les bords de l'Adour ?

— Oui, répondit un des jumeaux. Pourquoi cette question ?

— Vous le saurez tout à l'heure. Il n'y a que quelques jours que je le sais moi-même. — Vous vous êtes arrêté à l'auberge du *Chariot d'Or ?*

— C'est possible.

— Rappelez vos souvenirs, je vous en prie, dit le guichetier. Il n'y a de cela que vingt et un ans ; il est impossible que l'un de vous n'ait pas gardé le souvenir de cette auberge.

— Je m'en souviens effectivement, dit Constantin.

— Ah ! vous, monsieur, vous vous en souvenez fit le jeune homme en l'enveloppant de son regard ardent. Vous vous nommez ?

— Constantin.

— Vous rappelez-vous les personnes qui habitaient le *Chariot d'Or ?*

— Parfaitement. Je revois l'aubergiste, un bonhomme à longue barbe, sa femme, assez jolie blonde qui, à cette époque, était enceinte... Seriez-vous leur fils ?

— Non.

Avec effort et un embarras visible.

— Ils avaient, à leur service, une jeune fille brune, aux yeux bleus, assez jolie aussi, vous la rappelez-vous ?

— Oui, répondit Constantin.

— Et maintenant, dit le jeune homme, en faisant quelques pas vers la fenêtre jusqu'à ce qu'il fût en pleine lumière, — regardez-moi bien, n'est-ce pas que je lui ressemble ? C'est ma mère.

Les jumeaux le regardèrent avec attention et l'étonnement le plus profond se peignit sur leur visage.

— N'est-ce pas, insista le jeune homme, c'est bien à elle que je ressemble, elle prétend que c'est à mon père et me soutient que je suis son vivant portrait.

— Que veut-il dire ? balbutia César en reportant son regard sur son frère.

Ce *portrait* était en effet celui de leur vingtième année. La ressemblance était frappante.

— Serait-il vrai ? fit Constantin vivement ému, — Oui, votre mère a raison, la nature également l'atteste, oui, vous êtes mon fils.

Il lui ouvrit ses bras.

Le jeune homme l'embrassa en l'appelant son père. A la première effusion de leurs sentiments succéda, comme toujours, un long silence. Enfin le tumulte de leurs pensées s'apaisa; et Constantin reprit :

— Combien je regrette, mon fils, d'avoir si longtemps ignoré votre existence. C'eût été un bonheur pour vous et pour moi. Mais à cette heure, hélas ! nos instants sont comptés. La mort nous attend,... que puis-je faire pour votre mère et pour vous ?

— Vivre, répondit laconiquement le jeune homme.

— Que voulez-vous dire ? demanda Constantin. Si je vivais, je pourrais vous reconnaître.

— C'est ma plus grande ambition, mon père. Mais cela n'est pas impossible.

— Y songez-vous, à cette heure ?

— Nous ne nous comprenons pas, dit le jeune homme. Vous ne songez donc pas à vous évader ? fit-il d'un air presque naïf.

Puis, avec vivacité :

— Ne craignez point ; je ne viens pas vous soutirer vos secrets !... Mais j'ai une proposition à vous adresser, si réellement vous n'êtes décidés à rien tenter d'autre part, c'est de quitter, ce soir, la tour du Hâ.

— Plaisantez-vous ?

— Dieu m'en garde ! Je suis depuis peu de temps à Bordeaux, et depuis un jour seulement dans la forteresse, mais j'ai étudié le terrain et pris connaissance de toutes les difficultés. Le geôlier en chef lui-même me les a enseignées. Je le questionnai à ce sujet d'un air simple et, pour le plaisir de rétorquer toutes mes objections, il m'a expliqué le fort et le faible de la place. Ce n'est pas très compliqué et ma mémoire est bonne. Non seulement vous évader n'est pas impossible, mais, avec ma complicité et de l'audace, ce n'est pas très difficile.

Je ne ferai pas l'injure à un général de lui parler des dangers.

— Très bien, fit Constantin. Tu as le don de persuasion. Je t'avouerai que nous n'avons jamais songé à nous évader, mais je t'écoute volontiers, parle ?

— Ce soir, dit le jeune homme, je dois payer ma bienvenue à

tous les employés de la prison. Ma mère m'a donné, pour cela, son dernier napoléon d'or, si on ne le boit pas tout entier, je tâcherai que l'on en consomme le plus possible.

Quand viendra la ronde d'inspection de dix heures, ils seront tous plus ou moins gris. Alors, mon père, voici ce que nous ferons : Le geôlier en chef, suivi de son escorte, guichetiers et gardes nationaux, éclairé par une grosse lanterne, pénétrera ici comme d'habitude pour constater votre existence et dira — « Rien de nouveau ? C'est bien » — Au moment où tout le monde se retournera vers la porte, ce qui ne peut se faire, surtout entre gens ivres, sans un certain désordre dans les rangs, je laisserai tomber à vos pieds mon bonnet, et je jetterai ma casaque ; vous vous en emparerez rapidement, et coiffé, habillé comme moi, vous prendrez ma place dans l'escorte. — Quand à moi, je resterai près de votre frère et je verrai bien si l'on me guillotinera pour avoir sauvé mon père.

— Cher enfant ! s'écria Constantin, gagné de nouveau par l'émotion, c'est courageux, c'est héroïque ce que tu me proposes.

— Vous consentez?

— Je ne le puis.

— Comment ! se récria le jeune homme.

— On ne saurait penser à tout, reprit Constantin avec l'accent de la tristesse.

— Qu'ai-je donc oublié?

— Que j'ai un frère ; que César et moi nous sommes jumeaux, c'est-à-dire deux inséparables, et qu'il n'y a place que pour l'un de nous dans ta casaque et sous ton bonnet.

— N'est-ce que cela ? fit César en s'avançant vers le père et le fils. Vaut-il mieux, Constantin, que tous deux périssent? Fuis, je t'en conjure : c'est la moitié de moi-même que tu auras sauvée et ma reconnaissance te suivra.

— Non, répondit Constantin, je ne me sens pas ce courage. Me séparer de toi ?... Non, je t'en prie, César, ne l'exige pas. Tu ne me sauverais point, j'en mourrais. Si j'étais libre, dans la foule, et que je te regarderais monter à l'échafaud, aucune puissance humaine ne pourrait m'empêcher de m'élancer vers toi et de réclamer ma part du supplice.

— Mais, mon frère, la raison !...

— Il n'y a pas de raison qui tienne contre le sentiment qui nous lie l'un à l'autre !

— Et votre fils ? réclama le jeune homme. Ne ferez-vous rien pour lui ?

— Mais en te laissant ma place, cher enfant, est-ce que je ne te vouerais pas à la guillotine, ou pis encore, au bagne ?

Et je consentirais pour vivre, moi, vieillard infirme, qui n'a déjà que trop vécu, à briser ton existence, à l'empoisonner jusque dans l'avenir ?... Oh ! ce serait un crime d'égoïsme. Non, « je ne ferai pas cela pour toi » mon généreux libérateur ! Mais ce que je puis faire, si on m'en laisse le temps, c'est de te reconnaître légalement pour mon fils.

— Une fois en liberté, du fond de la retraite que vous auriez choisie, — l'Espagne, par exemple, — vous pourriez épouser ma mère, me donner votre nom.

— Et moi, reprit César, je dirai que ce jeune homme était ivre, que je me suis jeté sur lui et l'ait bâillonné, tandis que tu le dépouillais de son vêtement. Il en serait quitte pour quelques mois de prison.

— Et puis ? fit Constantin avec irritation, et puis ? je te survivrais ? Je survivrais à mon frère ?... Encore une fois, est-ce possible !... Qu'on me coupe un bras, une jambe, à mon âge, on peut survivre à l'amputation, comme on peut en mourir ; mais que l'on *ampute* un des jumeaux de son frère, l'un et l'autre doivent en périr ; César, tu le sais bien ?...

— Que va dire ma mère ?

— Avant mon procès, elle n'espérait point me revoir ; elle reprendra le deuil de ses souvenirs.

— Ne croyez pas à son indifférence. C'est votre portrait, acheté à un colporteur, qui lui a révélé votre nom et votre sort. Elle n'avait pas cessé de vous aimer. Cette révélation provoqua chez elle une explosion de tendresse.

Le dessein de vous délivrer lui vint aussitôt à l'esprit. J'accueillis ses projets avec transport et, dès le lendemain, nous nous sommes mis en route, certains qu'une si sainte entreprise serait favorisée du ciel... Et vous nous refusez...

— Il le faut.

— Et le premier jour ou j'aurais vu et connu mon père n'aura peut-être pas de lendemain !

— Jusqu'à la dernière heure nous pourrons nous voir, répondit Constantin d'une voix douce. Résignons-nous.

— Espérons, dit César en pressant la main de son neveu ; notre arrêt n'est pas encore prononcé. Ce n'est pas la première fois que nous avons été aussi près de la guillotine. En 1793, nous montions les degrés de l'échafaud, quand on cassa l'arrêt qui nous condamnait à mort et que l'on nous remit en liberté. Notre sort peut changer, car nous n'avons pas affaire à la justice véritable, mais à la justice politique, qui varie comme le vent. Si nous sommes libres, nous ne nous quitterons plus ; si nous sommes condamnés...

— Je vous vengerai, dit le jeune homme d'une voix sourde.

— Non ! fit vivement César, nous ne voulons pas être vengés. Nous partageons cette conviction, que dans la suite logique et inévitable des événements, le crime, ou l'injustice, trouve toujours son châtiment. Nous avons beaucoup vécu et nous le savons par expérience. Celui qui plante l'arbre du mal s'empoisonne de ses fruits, je ne vous dirai pas pardonnez à nos juges ; mais attendez avec confiance leur punition de l'avenir.

Le jeune homme, tout en écoutant, regardait et comparait entre eux les deux jumeaux, dont la ressemblance parfaite confondait l'imagination.

Cependant le temps s'écoulait ; il y réfléchit, on allait s'inquiéter de son absence à la conciergerie de la forteresse.

Abattu, attristé par les refus des deux frères, il les embrassa et s'éloigna.

Il paya sa bienvenue ainsi qu'il en était convenu, mais sans gaîté et sans s'efforcer de griser ses collègues. A dix heures, ainsi que de coutume, il monta avec l'escorte près des prisonniers.

Ceux-ci étaient étendus sur leur grabat, il ne put même leur souhaiter une bonne nuit. Ils redoutaient sans doute une imprudence ; mais ils ne dormaient pas. Auraient-ils pu s'endormir si vite après ce qu'ils venaient d'apprendre ? Naturellement, après le départ du jeune guichetier, ils avaient longtemps causé de leur voyage d'il y avait vingt ans, sur les bords de l'Adour, et de la jeune servante du *Chariot d'Or*.

Constantin aurait voulu vivre assez pour la revoir et réparer un oubli coupable.

Il ne s'arrêtait guère au projet d'évasion. L'idée de fuir ne lui était jamais venue. Il semblait qu'elle lui répugnait. Mais il désirait, — si ses biens n'étaient pas confisqués, — laisser une petite fortune à son fils naturel.

XVI

LA MÈRE ET LE FILS

Le jeune Basque portait le prénom de son père, le seul nom que sa mère, pendant longtemps, eut connu ; un parrain y avait joint celui d'André, par lequel nous le désignerons pour ne pas faire confusion.

C'était un beau garçon, — je crois l'avoir dit, — et de plus un jeune homme d'un caractère au-dessus de sa condition. Le mystère de sa naissance, au lieu de l'humilier, lui permettait de croire que son père était un personnage aussi distingué par sa position sociale que par sa fortune, et il en tirait secrètement vanité en se promettant de parvenir.

Il avait souvent regretté que sa mère, au lieu d'aller habiter Bordeaux, fut restée dans son village, retenue par son indolence autant que par sa pauvreté.

Il se sentait brave, intelligent et, comme beaucoup de ses compatriotes, ne doutait de rien. En apprenant qu'il était le fils d'un général, détenu pour cause politique, — circonstance qui le grandissait encore à ses yeux, — il pressa sa mère de partir pour Bordeaux, roulant en même temps dans sa tête tout un plan pour parvenir près de Constantin Faucher, se faire reconnaître de lui, et se dévouer au besoin pour son salut.

L'ambition qui l'animait était noble, il faut en convenir, et certainement il était touché de la situation de son père. Le refus de ce dernier lui fut donc sensible, et ce fut la tête basse et le cœur serré qu'il redescendit à la conciergerie et le lendemain, lorsqu'il revit sa

Sur ce pupitre peu commode, une bougie leur prêtait sa lumière.

mère, qui s'attendait à un événement, il eut des larmes dans les yeux.

— Je l'aurais bien décidé, moi, dit la pauvre femme ignorante, et je vais demander la permission de le voir.

On connaît la vivacité des femmes du Midi, toujours plus promptes à parler qu'à écouter leur interlocuteur. Sans vouloir entendre son fils, la mère, se transportant par la pensée auprès des prisonniers, leur adressait déjà le discours le plus éloquent. Constantin n'y pouvait résister et se déclarait prêt à exécuter ses ordres. Il s'agissait encore d'une substitution de personnes, et l'évasion devait être ce que fut plus tard celle de M. de Lavalette, sauvé par sa femme; avec cette différence, toutefois, que M. et Mme de Lavalette pouvaient échanger leurs vêtements, étant de même taille, tandis que la mère d'André était de beaucoup plus petite que le détenu.

Lorsque le torrent de ses paroles se fut écoulé, son fils rétorqua l'une après l'autre toutes ses imaginations et lui donna les raisons solides sur lesquelles Constantin basait ses refus. Alors, il lui fallut bien se rendre et se résigner.

Adieu beaux rêves!...

Cependant, elle ne renonça point à voir le touriste oublieux qui l'avait séduite, et elle se recommanda de son fils auprès du geôlier en chef.

Celui-ci avait les ordres les plus sévères, et, pour les enfreindre, il eût fallu une bourse mieux garnie que celle de la paysanne; il ne permit à cette dernière que de l'accompagner jusqu'au seuil du cachot.

Elle n'osa désobéir et se contenta de revoir Constantin sans se montrer et le prévenir de sa présence; mais elle ne désespéra point de faire visite aux deux jumeaux. Il lui avait été impossible de distinguer Constantin de son frère, mais, une fois de plus, avait pu constater la ressemblance d'André avec les jumeaux. Il lui semblait étonnant que les gens de la prison ne s'en fussent pas aperçus.

— Tu devrais, dit-elle à son fils, demander à ton père les noms de ses amis et des lettres pour eux, car je ne sais comment faire pour vivre, si le procès dure encore huit jours. Peut-être te donneront-ils un peu d'argent, et, si ton père périt, il te restera leur protection.

— Mais ce sera publier le secret de ma naissance!

— Qu'importe, *si tu touches.* D'ailleurs, ton père ne t'a-t-il pas promis de te reconnaître? Il ne t'a pas renié; il t'a appelé son fils. Tu es, dès à présent, son héritier légitime « s'il veut passer un papier en ta faveur ». Tu n'es pas assez hardi.

— Mais, je ne l'ai encore vu qu'une fois, se récria le jeune homme. Lui demander de l'argent, c'est lui faire croire que je n'agis que par intérêt, ce qui n'est pas pour me rendre aimable et me faire estimer. Un peu de patience, et vous, cherchez une place jusqu'à la fin du procès.

Avant de s'adresser à eux, il interrogea les gens de la Conciergerie.

— On ne voit pas venir de leurs amis? fit-il.

Ce fut un sujet de risée.

— Des amis! Ils n'ont pas même un avocat pour les défendre; ce qu'obtiennent tous les voleurs et tous les assassins. On les regarde comme des pestiférés, et ils sont, pour tout le monde, des objets d'horreur.

— Quoi! pas un ami, pas un parent?

— Si, un vieux capitaine en retraite qui a tant parlé en leur faveur qu'on l'a fichu en prison au Château-Trompette, et une jeune fille, leur nièce, Mlle Anaïs Faucher.

— Et cette jeune fille vient les voir?

— Quelquefois, dans les commencements, mais on y a coupé court.

— Elle ne vient plus?

— Rarement. Mais on dirait que cela t'intéresse?

André rougit.

— Une jeune fille, répondit-il, si elle est jolie, est toujours intéressante.

Ce mot quasi plaisant donna le change sur ses véritables impressions, et la conversation changea bientôt de sujet.

Cependant, il demeurait profondément étonné de l'ingratitude humaine et du peu de chose de ce que l'on nomme amitié. Anaïs le préoccupa beaucoup; il était très curieux de la connaître. Il lui savait gré de ne pas abandonner les prisonniers, de ne pas reculer devant la haine et ses menaces; il sympathisait avec elle sans la connaître. Il était naturel et il pouvait être utile qu'il entrât en rapport avec elle.

et il résolut de guetter sa visite prochaine à la tour, de l'aborder et d'obtenir son adresse.

Il ne lui dirait rien, d'abord, de ses liens de parenté, mais il mettrait son dévouement à ses pieds.

Qu'en résulterait-il?

Peut-être plus qu'il n'avait rêvé. Il attendit l'occasion, sans rien dire à sa mère, et, dans l'entrevue qu'il eût ensuite avec son père, se garda de lui parler de ses amis.

Assez de vieilles blessures se rouvraient sans celle-là!... Il eut le bon sens de ne pas toucher à ce foyer de douleurs morales. Il les eut peut-être fait pleurer de ce qui faisait tant rire.

Enfin, Anaïs vint leur apporter un bouquet.

Les gâteaux, le chocolat, les fruits, les gardiens les mangeaient; ils épargnaient les fleurs.

Il entrevit la jeune fille, mais sans qu'il put lui parler, ni la suivre. Elle lui parut belle comme un ange. Elle l'était, en effet, si, par ange on entend une créature toute de lumière, le corps pur, l'esprit simple et droit, le cœur tout de bonté. Elle n'avait pas seize ans; le premier contact impur qu'elle eut subi avait été celui de l'avocat Albertas. Aussi, un certain respect se mêlait à l'admiration qu'André éprouvait pour elle.

Il saisit, dans la première visite qu'il fit à son père, l'occasion de lui parler de sa nièce en admirant les fleurs qu'elle lui avait apportées.

— J'étais à la Conciergerie, dit-il, lorsqu'une jeune fille apporta ce bouquet.

— Cette jeune fille, répondit Constantin, est Mlle Anaïs Faucher, ma petite nièce; c'est la seule parente qui nous reste. Nous l'aimons beaucoup, et elle nous est très affectionnée.

— Ne lui est-il pas permis de communiquer avec vous?

— Il n'y a ici d'autre règlement que l'arbitraire d'un juge ou d'un geôlier. Pendant les premières semaines on nous accorda le plaisir de nous voir, puis on prétendit qu'elle venait trop souvent et que ses visites dérangeaient trop de monde, et la permission nous fut retirée. En vain, j'offris de dédommager le geôlier de son dérangement, on me répondit qu'il était défendu aux gardiens de recevoir de l'argent des détenus.

— On m'a laissé ignorer ces particularités, dit André, et si vous désirez parler à votre nièce, je saisirai la première occasion de la faire parvenir jusqu'à vous.

— Merci, mon ami, répondit Constantin. Notre procès tire à sa fin; s'il devait avoir un dénouement funeste, je te rappellerai tes offres. En tout cas, sois toujours assez prudent pour ne pas perdre ta place; il est possible que j'aie besoin de toi.

XVII

LE PROCÈS

Le soir, à la ronde de dix heures, le geôlier apprit aux jumeaux qu'ils comparaîtraient le surlendemain devant le Conseil de guerre. Il venait de le lire dans le journal de la Préfecture.

Le public était instruit avant eux.

Ils s'abstinrent de toute réflexion. Leur visage ne trahit aucune émotion et garda son calme imperturbable.

Lorsque les gardiens furent partis, César dit, mais en faisant allusion aux esclaves du Gouvernement :

« Nous les gênons peut-être plus qu'ils ne nous gênent. »

Ils n'en perdirent pas une heure de sommeil, et, le lendemain, ils renouvelèrent l'eau de leurs fleurs, en leur disant :

— Encore un jour !

— Nous vous suivrons de près !

Parmi ces fleurs, il y avait des roses cueillies dans le jardin de La Réole; ils les avaient reconnues et les aimaient deux fois plus que les autres. Elles supportaient bien l'air du cachot.

Dans la journée, Anaïs se présenta à la tour du Hâ, pria, supplia, pleura, mais en vain. André ne put rien pour elle. La consigne la plus sévère était donnée.

Après-midi, un huissier vint leur donner lecture de la citation à comparaître. Ce fut la distraction de quelques instants.

Le jour suivant, enfin, ils furent extraits de la tour du Hâ pour être conduits devant le Conseil de guerre.

Une foule idiote et brutale, que dans les journaux du temps on appelle « le peuple », les attendait à leur sortie.

Ils furent obligés, par ces bandes de furieux, de renoncer à la voiture amenée pour les conduire, et de parcourir à pied le trajet qui les séparait du tribunal, en butte aux outrages et aux huées.

A leur arrivée dans la salle du Conseil, la présence seule des juges empêcha les mêmes manifestations de se renouveler.

Le Conseil était ainsi composé :

Le chevalier de Gombaud, colonel de cavalerie, *président;*

Bontemps-Dubarry, chef d'escadron;

Boisson, Montureux, capitaines;

Colas, lieutenant au 10ᵉ de ligne;

Moulinié, sous-lieutenant d'infanterie de ligne;

Fabre, sergent-major de la garde nationale de Bordeaux, *juges,*

Dupuy, capitaine au 10ᵉ de ligne, *commissaire du roi;*

Le major de La Bouterie remplaçait, comme *rapporteur,* le chevalier de Ricaumont « légitimement empêché ».

Le Conseil, avant l'ouverture des débats, dut statuer sur l'absence des défenseurs. Il décida qu'aux termes de l'article 20 d'une loi du 11 brumaire an V, le *refus* des défenseurs et l'*impossibilité d'en trouver,* ne pouvaient retarder le procès.

Cet incident vidé, on interrogea les accusés.

L'interrogatoire ne porta sur rien que vous ne connaissiez et fut conduit avec l'indifférence que méritait une simple formalité. Le juge n'avait rien à apprendre, l'accusé n'avait rien à répondre qu'il n'eut déjà dit cent fois.

On passa aux témoins.

Ceux-ci habitaient tous La Réole, et, parmi eux, on remarquait les principaux fonctionnaires de cette ville, entre autres le maire, M. Arnaud de Peyrusse, dont la femme et la belle-mère devaient aux jumeaux, la première, sa liberté, la seconde, la restitution de ses biens, et qui, lui-même, leur était redevable de la conservation de sa fortune et de sa radiation de la liste des émigrés.

On devait les attendre au nombre des témoins à décharge; point! Ces *braves gens* venaient calomnier leurs bienfaiteurs. La lâcheté des avocats n'avait pas dit le dernier mot de la bassesse humaine, ils venaient en étaler les hontes. De quel front?... Hélas! les rôles des juges militaires les encourageaient sans doute. Ils se trouvaient en bonne et nombreuse compagnie; puis, pour des coquins, l'occasion d'être félicités de leur infamie était unique.

Leurs dépositions, dit un historien, dictées par les questions mêmes que posait le président étaient toutes dans le sens de l'accusation; toutes se ressentaient de ces haines de petite ville, sourdes, implacables, qu'engendrent la sottise et l'envie, qu'alimentent un mot mal entendu, un sourire ou un geste mal compris, et qui, nourries souvent durant vingt années, s'attachent surtout aux hommes que distingue la supériorité du cœur ou de l'intelligence.

Comment ces gens-là, si avides de distinctions, de titres, de croix d'honneur, ne craignent-ils point d'être un jour, et pour des siècles, affichés au pilori de l'Histoire? Sans doute, une certaine stupidité les aveugle.

Vinrent ensuite tous ceux qui tremblaient pour leur place, leur gagne-pain ou celui de leurs proches; puis, les imbéciles qui emboîtent régulièrement le pas aux triomphateurs du jour, et le nombre est complet pour condamner deux justes.

César et Constantin les considéraient avec pitié; ils avaient à peine la force de les contredire et le dégoût leur fermait la bouche.

Après le défilé de ces faux témoins, M. de La Bouterie lut le réquisitoire, entièrement basé sur la lettre confidentielle écrite par les jumeaux au général Clausel. Ce n'était qu'un commentaire partial et passionné de cette unique pièce du procès; l'envoi seul de cette lettre était, à ses yeux, la condamnation des accusés.

Il conclut à la peine de mort.

César et Constantin, durant tout le débat, avaient fait preuve du plus grand calme et d'une rare fermeté. Dépourvus d'avocats, ils demandèrent à présenter eux-mêmes leur défense. Ils le firent avec une logique éloquente, mais une modération de langage que l'on serait tenté de leur reprocher.

— Messieurs, dit César en terminant son instruction, M. de Ricaumont nous avait annoncé qu'il requerrait contre nous la peine capitale; déjà, auparavant, et depuis les rigueurs excessives employées envers nous, les menaces d'une populace sanguinaire venant se joindre à celle des représentants du Gouvernement, la panique et la défaillance du barreau Bordelais, tout nous annonçait une cause perdue. Il semblerait, d'après l'acharnement universel déployé contre nous, que le plus grand malheur public, peut-être, fut la démonstration de notre innocence.

Qu'il nous soit cependant permis de répondre aux principales accusations dont on prétend nous accabler.

Que l'on nous pardonne tant d'audace de prétendre nous disculper. Les anciens qui livraient, dans le cirque, leurs prisonniers de guerre aux gladiateurs et aux bêtes féroces, accordaient à ces condamnés une épée et un bouclier. Nous sommes des victimes nécessaires; qu'il nous soit permis de ne pas tomber sans combat. Ni la vieillesse, ni les blessures qui nous ont mérité les plus hauts grades de l'armée, ne nous exemptent de la dernière lutte « pour l'honneur! »

L'honneur est notre premier et dernier bien. C'est lui qui mit notre première épée au service de notre roi Louis XVI; c'est lui qui, au risque de l'échafaud, nous fit protester contre la mort du roi; c'est lui qui nous arma contre la guerre civile, lui qui nous fit renoncer à la carrière militaire, lorsque le général Bonaparte devint Napoléon Ier, lui encore qui nous rendit notre épée, lorsque Napoléon, succombant sous l'Europe, laissa la France dans les périls de l'anarchie. Le général Clausel qui, par patriotisme, avait accepté le gouvernement militaire de la Gironde, nous appela à le seconder; il nous revêtit, mon frère et moi, de pouvoirs purement nominaux, et l'accusation ne saurait trouver un seul fait d'abus de pouvoir. Notre influence fut tout entière consacrée à pacifier le pays et à y maintenir l'ordre, et, ainsi qu'une lettre du général Clausel, qui est au dossier, en fait foi, nous avons abdiqué toute fonction dès le 21 juillet, dès que l'ordre du général Gouvion Saint-Cyr nous est parvenu. C'est en présence du lieutenant de gendarmerie, seule autorité militaire de la ville de La Réole, que je me suis démis de mes fonctions, après avoir fait substituer le drapeau blanc aux couleurs tricolores, sur tous les monuments de la cité.

Comment nous a-t-on tenu compte de notre modération?... Un fait, entre cent, suffira à vous le montrer.

Vers le milieu d'août, j'étais à Bordeaux, que je devais quitter dans la soirée, je dînais chez un restaurateur, et me levais de table vers six

Cela suffisait à les faire renoncer au mariage.

heures, lorsque six jeunes gens, à cocardes blanches et à petites moustaches, entrèrent dans la salle de ce restaurateur, et se dirigèrent vers moi. L'un d'eux me demanda si je n'étais pas M. *Faucher, de La Réole*. Sur ma réponse affirmative, ils s'élancent sur moi, me saisissent; je m'arrache de leurs mains; alors ils me disent, au milieu d'injures, dont le ton appartient à la dernière classe de la société, *qu'ils me défendaient de revenir dans cette maison et qu'ils m'ordonnaient de partir de Bordeaux dans le jour même, sans quoi ils me poignarderaient.* Je répondis qu'ils avaient pris le seul moyen de m'y faire rester, et je leur demandai leurs noms, qu'ils refusèrent de me donner. Je leur dis que je logeais à l'hôtel des Ambassadeurs, que je les y attendais tous les six. Ils répondirent qu'ils ne voulaient pas de lutte avec moi, *qu'ils voulaient m'égorger*. Je leur dis avec véhémence et avec un accent que justifiait la circonstance, qu'ils étaient de vils assassins, des lâches, indignes de porter l'habit dont je voyais l'un d'eux revêtu. C'était celui de garde royal. Je sortis, bien décidé à rester à Bordeaux, et à revenir dîner chez le même restaurateur.

« Je passais, à la nuit close, sur la place de la Comédie, lorsque trois jeunes gens se détachèrent d'un groupe, me joignirent à l'entrée de la rue Sainte-Catherine, me jetèrent les mêmes injures et me renouvelèrent les mêmes menaces d'assassinat, auxquelles je répondis de la même manière que je l'avais fait l'après-dîner; les trois jeunes gens étaient du nombre des six qui m'avaient assailli quelques heures auparavant. Ainsi, ami de la paix, je me trouvais de tous côtés en lutte aux injures et aux menaces d'assassinat.

Il me revînt de tous côtés que notre mort était jurée, et par des ennemis inconnus. Nos amis, eux-mêmes, devenaient douteux. Quels témoins sont venus déposer contre nous? Des hommes qui n'ont pu citer un seul fait, un seul acte coupable, mais qui, en revanche, puisqu'il faut le dire, auraient pu témoigner du bien que nous leur avons fait. Ils ont préféré justifier les vers du poète :

> « Celui que tu nourris va vendre ton image
> « Noire de sa méchanceté [1]. »

Le président interrompt César Faucher et menace de lui retirer la

1. Gilbert.

parole. Il le rappelle au respect des témoins, et l'invite à rester dans les limites fixées par l'accusation. — L'accusé continue :

— D'après une lettre purement amicale et confidentielle, écrite après notre démission, au général Clausel, et envoyée par méprise au préfet, nous aurions songé, mon frère et moi, à faire de notre maison, à La Réole, une forteresse contre le gouvernement.

Si ce reproche était fondé, ce n'est pas d'un Conseil de guerre que nous relèverions, mais d'un médecin aliéniste.

A la suite d'une erreur bien constatée, mais qui s'étant propagée à Bordeaux, y avait causé une légitime indignation, — je parle de l'affaire du drapeau que l'on nous accusa d'avoir renversé, — M. Jonhson, avec une bande de cavaliers volontaires, vint en furieux à La Réole, l'outrage et la menace à la bouche; la petite ville se moqua de sa forfanterie, et nous nous en moquâmes également, sans toutefois aller jusqu'à l'injure et dépasser les convenances qui s'imposent à des gens bien élevés.

Cependant, comme une calomnie est d'autant plus tenace qu'elle est plus absurde, on visita notre domicile, et un procès-verbal établit que trois enfants, trois femmes et un domestique mâle, étaient les seules personnes qu'on y eut rencontrées. Enfin, mon frère et moi, nous fîmes établir par les témoins eux-mêmes, que pendant notre commandement, La Réole n'a jamais vu de soldats, que nous reproche-t-on encore?...

Constantin prit à son tour la parole. Ce qui étonna surtout les auditeurs, c'est la facilité avec laquelle chacun des jumeaux continuait la pensée et la discussion de celui des deux frères que la fatigue forçait à se reposer; ayant la même taille, les mêmes vêtements, les mêmes usages, le même son de voix, l'un d'eux se taisait depuis longtemps, que l'on croyait encore l'entendre parler. Mais que pouvaient leurs efforts contre la passion des juges?...

Après une courte réplique du ministère public, le conseil se retira pour délibérer, et les accusés furent ramenés à leur prison, toujours au milieu d'une foule qui, sans les gendarmes, les eût écharpés.

Le conseil, à l'unanimité, les condamna à la peine de mort, comme coupables :

1° D'avoir retenu, contre la volonté du gouvernement, un commandement qui leur avait été retiré;

2° D'avoir commis un attentat ayant pour but d'exciter à la guerre civile et d'armer les citoyens les uns contre les autres, en réunissant dans leur domicile des gens armés et qui criaient : *Qui Vive!* aux patrouilles de la garde nationale ;

3° D'avoir comprimé, par la force des armes et par la violence, l'élan de fidélité des sujets de Sa Majesté.

César et Constantin écoutèrent la lecture de ce jugement, véritable monument de haine et d'iniquité, sans que leur visage trahît la moindre émotion, seulement, on put voir leurs mains se chercher, s'unir et s'étreindre.

— Marchons de suite ! dirent-ils.

On les mit sur-le-champ aux fers.

XVIII

EN REVISION

La nouvelle se répandit rapidement dans Bordeaux avant la publication d'aucun journal. Nous aurions du mal à croire qu'elle fut accueillie avec joie par la partie saine de la population.

Des crieurs, porteurs de placards parcoururent les rues, et ne manquèrent pas de hurler la condamnation sous les fenêtres de la famille Monneins. Mais déjà auparavant, quelques personnes charitables (il y en avait encore), avaient reconduit chez elle Mlle Anaïs, tombée sans connaissance devant le Palais de Justice. La dame anglaise l'accompagnait, épanchant, dans sa langue natale, son indignation. L'amitié du capitaine Monneins ne fut pas non plus épargnée, mais il se redressa contre la satisfaction insolente du guichetier accouru pour l'accabler :

— Ce n'est pas fini, dit-il ; j'espère qu'ils en appelleront.

Les jumeaux savaient qu'il leur restait une chance... une faible chance... la revision, mais ils ne s'en souciaient pas. Ils n'y voyaient qu'un dernier échec et la prolongation d'une existence devenue presque insupportable. Le mieux qu'ils puissent espérer n'était qu'une commutation de peine. Ils ne refusaient pas la revision par orgueil; ils étaient las de la vie. Mais, le lendemain, leur nièce les supplia de ne pas renoncer à ce recours suprême, et ses larmes les touchèrent.

Ils ajoutèrent toutefois :

— Il faut t'accoutumer à l'idée de notre mort.

Et ils l'entretinrent de ce qu'elle devrait faire après eux, et lui firent entrevoir la consolation de leur perte dans le mariage qui lui donnerait une seconde famille. Ces propos de mourant achevaient de la désoler.

Les gardiens, restés dans un coin en surveillance, y coupèrent court. Avant qu'ils partissent, un des frères Faucher leur demanda ce qui fallait pour écrire, sans oublier la liberté des mains, pour adresser au Conseil une demande de revision.

Nous empruntons à Vaulabelle ce qui concerne cette juridiction.

« Les accusés ne comparaissent pas devant les conseils de revision; les moyens de cassation sont présentés par un défenseur; le commissaire du roi justifie le jugement attaqué, puis le Conseil prononce. L'intervention d'un avocat était donc indispensable. On recourut *d'office* au bâtonnier de l'ordre.

N'osant assumer sur lui seul le soin, disons mieux, le blâme d'une défense que tous ses collègues avaient repoussée devant le tribunal du premier degré, ce dignitaire s'adjoignit le bâtonnier de l'année précédente, celui de l'année judiciaire qui allait s'ouvrir, et le doyen du conseil de discipline.

La condamnation avait été prononcée le 22, le conseil de revision se réunit le 26.

Ce second Conseil, formé pour la circonstance comme le premier, par le comte de Vioménil, se composait du maréchal de camp, comte de Puységur, *président;* du prince de Santa-Croce, colonel; de M. Lacoste, chef de bataillon d'artillerie; du chevalier de Bois-Saint-Lis et du vicomte de Fumel, capitaines-adjoints à l'état-major, *juges.*

L'ordonnateur Lucot d'Hauterive faisait les fonctions *de commissaire du roi.*

On pourrait croire que, honteux pour leur ordre et pour eux-mêmes des refus exprimés quelques jours auparavant, les avocats donnés d'office aux généraux Faucher firent entendre quelques paroles de repentir ou d'excuse ; il n'en fut rien : loin de là, ils demandèrent pour ainsi dire pardon aux juges de la défense qu'ils allaient prononcer.

Nous ne pouvons croire que notre conduite (l'acceptation de la défense), que ce *pénible* dévouement, soient critiqués ou blâmés par aucun de ceux dont nous sommes jaloux de conserver l'estime, dit l'avocat Émerigon. — « Il nous était impossible de repousser la voix suppliante de deux hommes frappés par une condamnation capitale, et sur la tête desquels la mort a déjà lavé sa faux menaçante ; nous ne nous occuperons ni de leur conduite, ni même des délits qui leur sont imputés. Notre ministère se borne à examiner la procédure instruite et le jugement rendu. Nous sommes les avocats de la loi, plutôt que les défenseurs des accusés.

Après ces lâches paroles, M. Émerigon développe ensuite six moyens de cassation, qui lui avaient été envoyés par les frères Faucher, du fond de leur prison.

Le premier chef de condamnation ne pouvait frapper que Constantin, qui seul, avait été revêtu du commandement militaire des arrondissements de Bazas et de La Réole. Cette partie du jugement offrait un moyen de cassation, indiqué par les deux frères, mais César avait ajouté de sa main : « Toutefois, on ne perdra point de vue, en faisant valoir ce moyen, que s'il ne devait amener la cassation du jugement qu'en faveur de César, on doit l'abandonner, parce qu'il veut partager le sort de son frère. »

Émerigon termina ainsi :

Le devoir que nous venons de remplir n'a pas été le *moins pénible* de ceux que notre profession nous impose. Mais l'homme courageux, ajoute-t-il en élevant la voix, n'hésite jamais quand il s'agit de remplir un devoir.

Une pareille défense était tout à la fois une insulte pour les condamnés et une véritable moquerie, ce qui n'empêcha pas M. Lucot d'Hauterive de commencer son réquisitoire par un pompeux éloge du *noble courage du barreau de la ville fidèle.* — Il poursuivit en ces termes :

« Quelque soit le rang des hommes, quelque soit la peine que leur inflige la loi, vous veillez religieusement *à ce que les accusés n'aient été privés d'aucun des moyens protecteurs qui leur étaient accordés.* »

Probablement ces phrases étaient tirées de quelque recueil et apprises par cœur par cet impudent magistrat avant de se rendre au tribunal.

Cependant les fureurs qui suivent ces hypocrisies sont bien de l'époque et égalent, si elles ne dépassent pas les réquisitoires de Fouquier-Tinville.

Écoutez plutôt :

— Deux frères, s'écrie Lucot d'un air épouvanté, se glorifiant *d'une horrible solidarité,* placés sous l'égide de la clémence royale, osaient lever audacieusement *leur tête hideuse d'un demi-siècle de crimes.* Après vingt-cinq ans d'absence, assise sur le trône des rois ses aïeux, Sa Majesté avait défendu aux lois, avait défendu aux tombeaux d'accuser les dévastateurs de la France. Les tombeaux restaient silencieux ! Les parents des victimes laissaient vivre leurs bourreaux ! *Les frères Faucher existaient à La Réole!*

Avides de nouveaux crimes, ils accoururent à Paris, quand l'ennemi du monde (Napoléon), y apparut de nouveau menaçant la France des jours de deuil de 1793. Exécuteurs de ses ordres, ministres de ses vengeances, les frères Faucher furent envoyés au *nommé* Clausel, si digne de tels agents. Ils furent tous deux chargés par lui, de missions particulières et d'un commandement supérieur dans les arrondissements de La Réole et de Bazas, déclarés en état de siège.

« César, élu membre du *Club patriotique* connu sous le nom de Chambre des représentants, fut jugé par *la bande,* propre à remplacer dans ces belles contrées les proconsuls régicides dont Bordeaux n'a point perdu le souvenir.

« Constantin se fit élire maire de La Réole. Dès lors la révolte, la dévastation, le pillage, les concussions, la guerre civile furent organisés dans les deux arrondissements livrés à la fureur des frères Faucher.

« Cependant, les nobles alliés du meilleur des rois le ramenèrent dans sa capitale le 8 juillet. Sa Majesté y répandit de nouveau les trésors d'une clémence inépuisable. Elle pardonna de nouveau aux traîtres si récemment comblés de ses faveurs.

« C'est plus spécialement depuis cette époque que les frères Faucher se sont rendus coupables de crimes qui les ont fait traduire devant le premier conseil de guerre, et, je dois me hâter de le dire, mes sieurs, ces crimes n'appartiennent ni aux opinions politiques, ni aux circonstances : ce sont des crimes contre la société tout entière, des crimes prévus par toutes les nations civilisées ; c'est la guerre civile laissant après elle tous les maux qui l'accompagnent, proclamée, organisée et dirigée par les frères Faucher. C'est la rébellion à main armée contre l'autorité légitime reconnue, c'est la violence et la force des armes employées afin de comprimer l'élan du peuple dans la manifestation de ses sentiments de fidélité pour cette autorité légitime reconnue ; ce sont des taxes arbitraires, des réquisitions de toute espèce, frappées par les frères Faucher, qui les rangent dans la classe des justiciables des conseils de guerre.

« Que le supplice des frères Faucher, commandé par la loi, apprenne aux conspirateurs subalternes, aux complices des rebelles, quelque soient leur rang et leur fortune, que la persévérance dans le crime fatigue la clémence et que la société, lasse d'une trop longue impunité, sollicite et obtient de la loi vengeance des attentats commis contre la société.

« Puisse cet exemple contenir dans l'obéissance ces hommes qui, se confiant en leur obscure complicité, méditent peut-être de nouveaux crimes ! Qu'ils s'efforcent de jouir en paix de cette impunité que veut bien leur accorder le roi, qu'ils ont trahi au mépris des serments les plus solennels ; qu'ils aillent loin de la société qu'ils ont outragée, cacher leurs honneurs et leurs dignités flétris et ces décorations royales obtenues par un sacrilège, heureux s'ils peuvent, un jour, ne pas jouir sans remords de ces biens honteux qu'ils ne doivent qu'à la dépouille des nations et à la générosité du roi. »

Émerigon répliqua, — pour obéir à l'usage, — mais son éloquence ne pouvait faire pâlir celle de Lucot de Hauterive.

La conscience du Conseil de revision était éclairée et, à la majorité absolue, il rendit un jugement qui confirmait celui du Conseil de guerre.

L'exécution fut fixée au lendemain 27.

Le pathos burlesque et l'hypocrisie lâche des Émerigon et des Lucot doivent étonner plus d'un lecteur, ces défauts sont communs au plus grand nombre des avocats de la Restauration.

Le fait suivant donnera la mesure de l'emportement auquel se

Elle eut beau prier, supplier.

croyaient obligés tous les hommes revêtus de fonctions publiques, tous les ambitieux aspirant à des positions officielles.

Bordeaux comptait, parmi ses nombreux avocats, M. de Martignac, homme de mœurs élégantes et faciles et dont la parole douce, polie, tolérante, devait faire la fortune sous la seconde restauration. Il eut un grand renom d'obligeance et de bonté ; ses compatriotes ont même élevé une statue à cette bienveillance qui était sa principale vertu, or, voici en quels termes M. de Martignac, — qui n'était pas seulement l'ami des deux frères, mais leur obligé, qui avait usé de leur crédit et puisé dans leur bourse, parlait de ces infortunés le 17 décembre 1815, trois mois après leur exécution.

Il plaidait dans un procès fait à quelques-uns des soldats du 41e de ligne qui le 22 juillet avaient, à La Réole, abattu les drapeaux blancs rétablis le matin par les jumeaux. Son système de défense consistait à présenter les accusés comme les instruments et les victimes des deux frères ; il disait :

« Les crimes qui vous sont dénoncés aujourd'hui sont, vous n'en doutez pas, l'ouvrage des deux frères, dont La Réole conservera longtemps *l'effrayant* souvenir. Ces deux grands coupables ont payé leurs *forfaits* de leur vie. Vous ne confondrez pas l'égarement avec le crime, l'erreur d'un jour avec *la scélératesse de vingt-cinq années*, j'oserai même dire les victimes avec les bourreaux. »

C'est ainsi que le doux Martignac *arrange* ses anciens amis.

Ce langage, du reste, n'appartenait pas seulement aux fonctionnaires ou aux ambitieux de province, on ne s'exprimait pas autrement à Paris, sur les hommes mêlés aux faits de la Révolution et aux événements de l'Empire : c'était, en un mot, le langage de l'époque[1].

On se rappelle la réponse du duc de Berry à un vétéran qui sollicitait la décoration.

— Et qu'avez-vous fait pour la mériter ?
— J'ai servi la France depuis vingt-cinq ans, monseigneur.
— Ah !... vingt-cinq ans de brigandage ! fit le prince avec mépris.

Le mot fut justement blâmé de tous les hommes politiques. Mais tous les Français qui n'avaient été ni Chouans, ni Vendéens, ni com-

---

1. De Vaulabelle.

pagnons de Jéhu, compagnons du Soleil, ou simplement chauffeurs, tous ceux qui avaient servi leur pays sous la République et sous l'Empire furent désormais classés comme coupables de vingt-cinq années de crimes.

Un bon Français, — selon les royalistes, — était celui qui avait passé vingt-cinq ans à conspirer en faveur de la coalition étrangère.

On croit rêver.

La veille du jour où les jumeaux se démirent de leurs fonctions, — les couleurs nationales brillaient encore sur leur demeure, quarante-cinq officiers, députés par un détachement de l'armée de Clausel, se rendirent auprès de Constantin : — Ils venaient le conjurer de se mettre à leur tête, de les conduire une dernière fois contre les ennemis de l'empereur et de leur procurer une mort glorieuse.

— Nous voulons mourir, disaient-ils, pourquoi survivre à la liberté de notre pays ?

Et ces braves versèrent des larmes. Saisissant les mains du général, ils cherchaient à l'entraîner, mais celui-ci, tout en partageant leur douleur, leur fit comprendre qu'il n'était plus temps, que la destinée de la France était accomplie, que c'était un devoir civique de se conserver pour le jour où la patrie aurait besoin d'eux.

Ils se retirèrent.

Le lendemain, le drapeau blanc flottait partout à La Réole.

Peu après, ces mêmes drapeaux furent abattus par des militaires d'un corps en marche, qui allèrent auparavant en prévenir le sous-préfet.

Mais leur erreur ne leur était point particulière. A Toulouse, à l'apparition de la cocarde et du drapeau blanc, l'armée s'est débandée. — L'affolement est partout. L'ordre, maintenu pendant les Cent jours, a fait place à une tumultueuse anarchie. Des bandes de paysans parcourent les villages et se livrent à tous les excès, encouragés secrètement par le sous-préfet Ferly et le préfet Fauchet. Ce sont eux qui les poussèrent en avant, et comme les amis du préfet doivent avoir une conduite analogue, chacun dans l'ordre de ses fonctions, le procureur du roi et son substitut se gardèrent bien de sévir contre les criminels de tentative d'assassinat ou de violences graves exercées contre des jeunes filles ou des femmes âgées, mais lancèrent un mandat d'amener contre un vigneron qui avait commis le crime épouvantable de dire hautement que l'état actuel n'était que passager, que les amis de la patrie triompheraient, et qu'il l'avait lu dans un livre ancien. Les prisons s'emplirent de semblables criminels. Tel fut le zèle des gens de justice; telle fut la *Terreur blanche*.

XIX

LETTRE D'UN MAGISTRAT A SA FEMME

« Chère amie,

« Je sors du bal de la Préfecture, il est trois heures du matin. A cette heure, tout le monde dort à Mériac, et je crois voir toutes mes têtes chéries, blondes et brunes, enfoncées dans l'oreiller, mais moi, je ne puis dormir, tout frémissant que je suis encore de cette brillante soirée. Tout ce que Bordeaux compte de personnes illustres par leur naissance ou leur dévouement au Roi, honorait de sa présence les salons officiels. On remarquait le jeune duc d'A..., de retour de Nîmes, en officier des gardes de Marie-Thérèse et quelques gardes royaux, mais en somme, peu d'uniformes militaires; d'anciens traîneurs de sabres, que l'on pouvait compter du reste, portaient l'habit et avaient sacrifié leurs moustaches. La fête, on le sentait, était spécialement donnée à la magistrature et au barreau bordelais, qui viennent d'ajouter à leurs anciennes gloires une action qui les dépasse toutes. Aussi, dès mon entrée, ai-je pu juger de l'immense succès de notre attitude dans l'affaire des deux jumeaux. L'accueil du préfet, qui m'a entretenu très longtemps, est pour moi des plus significatifs, le marquis de Z..., le comte de V... m'ont félicité de la façon la plus délicate, chacun d'eux n'ignorant pas les relations d'affaires que j'avais eu avec les Faucher, relations qui ajoutent un grand prix à l'impartialité d'un magistrat. M. Simonneau, qui sera un jour notre grand historien girondin, ne m'a dit qu'un mot, mais avec sa finesse d'érudit :

— « Brûle ce que tu as adoré; adore ce que tu as brûlé. » C'est le mot de la situation et du progrès. C'est ainsi que ce savant aimable met la science à la portée de ses amis. En somme, l'arrêt prononcé ce matin par le Conseil de guerre, bien qu'il fût généralement attendu, a produit un effet considérable. On peut s'attendre à quelques croix de Saint-Louis, et, quant à ce qui me concerne, je crois ma prochaine candidature à la Chambre des députés en bonne passe. Votre grande ambition, madame, sera donc satisfaite, et nous habiterons Paris l'hiver prochain.

Les jaloux et les sots (il y en a partout), ne manqueront pas de rappeler les services d'argent que ces misérables de La Réole nous ont rendus; mais, sans cela, quel mérite aurais-je eu à les combattre. La victime n'a de prix, qu'autant qu'elle nous est chère.

A bientôt, je vais dormir; on entend déjà un bruit insolite de voitures, il est causé, je pense, par les paysans qui viennent assister à la double exécution. Adieu. Mille baisers à partager entre grand-père et les enfants. »

X...

XX

LA DOUBLE EXÉCUTION

Dans les *Mémoires* du bourreau Samson, on lit que la veille des grandes exécutions de la Terreur, il était malade, et qu'au retour, la vue d'une tache de vin sur la nappe lui faisait mal; cet homme n'avait cependant aucune responsabilité, il n'était que le moteur inconscient d'une machine; je n'ai jamais entendu dire qu'un juge et même un juge politique eût mal dormi; cela doit tenir à ce qu'il prononce ses arrêts selon sa conscience.

Cependant on ne dormait pas partout, à la suite de ce jour de condamnation capitale et de fête.

Chez les Monneins, au Château-Trompette, dans la prison du capitaine; enfin, dans le cachot des condamnés, la douleur avait banni le sommeil.

Mme Monneins avait réuni Anaïs, ses filles et Mme Gregory dans sa chambre et là, elles pleuraient et priaient jusqu'au jour. Dans le silence de cette veillée mortuaire, elles aussi entendirent le roulement des voitures qui emmenaient les invités du Préfet.

Dans la Conciergerie du fort du Hâ, on veilla en buvant, à la santé du Roi, un bol d'eau-de-vie brûlée.

— Il y a longtemps, disait le geôlier, qu'on en aurait fini avec les deux Faucher, si on avait voulu. Il n'y aurait eu qu'à mettre dans le même cachot quelques condamnés que nous avons ici, ils les auraient dévorés.

— Les nouvelles qui arrivent de tout le Midi, reprit un guichetier, montent toutes les têtes. Il faut du sang. Ce qui anime surtout contre les jumeaux, c'est leur impiété. Ce sont deux vrais païens. Ils n'ont pas assisté à une seule messe depuis qu'ils sont ici. M. l'aumônier leur a lavé la tête à ce sujet et leur a envoyé un numéro du *Mémorial Bordelais,* où ils étaient traités comme ils le méritent et où l'on demandait leur tête. Un officier de la garde nationale leur a dit devant moi : — « Les honnêtes gens voient que les lois sont insuffisantes et prennent soin de leur vengeance. Ils avaient commencé en l'an III, cela dura trop peu ; ils cessèrent trop tôt. Ils continuent en ce moment. Nous prenons notre revanche. »

Un autre valet de prison ajouta :

— Un gros négociant de la garde nationale m'a proposé d'assommer les deux Faucher, en me promettant une bonne récompense et sa protection contre toute poursuite, j'aurais dit qu'ils s'étaient révoltés. Un autre voulait me forcer à prendre de l'argent, en me disant : Ce soir, tu assommeras ces deux infâmes bonapartistes.

Un troisième guichetier raconta encore qu'on lui avait offert une forte somme, pour mettre un boudin de poudre dans la paillasse des deux jumeaux. « C'était pendant la première instruction. »

— Demain, à Bordeaux, ce sera fête.

— Je voudrais bien savoir ce qu'ils font en ce moment-ci, dit le geôlier en chef.

— Moi aussi, dit André, encore pâle des injures qu'il venait d'entendre.

— Je parie une bouteille, dit un autre, qu'ils dorment du sommeil des braves ; car ils sont braves, on ne peut pas leur refuser cela.

— Moi, je parie qu'ils ne dorment pas, reprit André; autrement je craindrais de les réveiller, ce serait une cruauté.

— Pourquoi ça? fit le geôlier en ricanant. Ils ont toujours le temps de dormir. Voyons, quelle heure est-il?

Il consulta sa montre.

— Il est minuit. Qui vient avec moi? Venez-vous, les *parieurs?* Mais il faut bien s'entendre. S'ils sont couchés, ils sont censé dormir?

— C'est cela.

— Nous ne ferons que jeter un coup d'œil, ajouta le geôlier en décrochant ses clefs.

Et tous trois grimpèrent au cachot des condamnés à mort, après avoir ôté leurs sabots. Le geôlier ouvrit aussi doucement que possible, et regarda par l'entrebâillement de la porte. Mais, si faible que fut leur bruit, il éveilla l'attention des deux frères, qui veillaient encore.

Ils se tenaient l'un près de l'autre, assis sur leur malle, qui depuis quelques jours leur avait été accordée. Une planchette qu'ils étaient parvenus à en détacher, était posée sur leurs genoux. Sur ce pupitre peu commode, une bougie leur prêtait sa lumière vacillante.

Ils écrivaient.

L'un d'eux s'étant retourné vers lui :

— Allons, c'est bien, dit le geôlier; soyez toujours sages. Désirez-vous quelque chose?

— Merci, répondit un des infortunés, nous n'avons besoin de rien.

La porte se referma.

— C'est André qui a gagné, dit le geôlier en reprenant l'escalier.

— J'aurais voulu leur souhaiter une bonne nuit, dit le jeune guichetier, mais je n'en ai pas eu la force.

En effet, il tremblait et se tenait aux murs pour ne pas tomber.

— Mais, mon garçon, lui dit son maître, je n'ai jamais vu ton pareil; tu n'es qu'une poule mouillée, tu ne pourras jamais faire notre métier.

— C'est la première fois que je vois deux condamnés à mort, répondit André; je n'aurais pas cru que cela me ferait un pareil effet. Oui, vous avez raison, patron, je ne vaux rien pour le service.

Rentré dans la loge, il écarta sa chaise de la table, et se retira dans un coin. Il était pâle, et, à ses paupières rougies, on eût dit qu'il avait pleuré. Peu après, il se dit malade et alla se coucher.

César et Constantin passèrent la nuit du 26, et la matinée qui suivit, à écrire. Quand l'un était fatigué, l'autre reprenait sa plume et continuait.

Ces lettres étaient les testaments de leur cœur et de leurs opinions philosophiques; elles ne se ressentaient point de leur position; on y retrouve la facilité et la liberté d'esprit des temps heureux de leur vie. Elles n'étaient pas écrites pour le public, mais exclusivement pour ceux à qui elles s'adressaient, au brave capitaine Monneins, à Anaïs Faucher, à André... L'émotion, et nous pourrions dire l'horreur du présent y tient peu de place, et c'est du passé ou de l'avenir qu'ils entretiennent le plus volontiers leurs amis.

Nous voudrions pouvoir en donner de longs extraits, mais nous n'en possédons que de rares et courtes citations.

Dans l'une d'elles, ils écrivaient :

« Si quelque chose survivait à la dissolution de notre être, nous serions au milieu de vous ; mais, notre tendresse est comme la pensée, elle est indestructible tant que les objets de l'affection existent. Ainsi, vous devez vous dire, dans vos moments de peine : — Le cœur de nos meilleurs amis les partageait à l'avance, et, dans vos temps de prospérité, dites-vous encore : — Leur cœur les a goûtées et les désirait continues. »

« Vous connaissez notre cœur, écrivait César ; vous savez si jamais il fut coupable de pensées criminelles. Nous tombons victimes d'une réaction dans laquelle les gens que nous avons le plus obligés sont ceux qui ont le plus cherché à nous nuire. Nous avons démasqué la malveillance, écrasé les faux témoins, forcé les rétractations ; mais, le parti était pris, on voulait boire notre sang. On espère, par là, effrayer ceux qui conserveraient des idées libérales... »

« Le malheur nous frappe debout. »

La dernière se termine ainsi :

« Dans une heure, nous ne serons plus. Nous allons marcher au devant du peloton qui doit nous fusiller. L'officier qui commande nous fait prévenir qu'on nous attend. »

Déjà l'aumônier également, cet aumônier cruel et lâche, qui, au

Je leur dis que c'étaient des lâches, indignes de porter l'habit de la garde royale.

refus des deux patients de feindre une religion qu'ils n'avaient pas, et d'assister à la messe, s'était mis en fureur et leur avait envoyé le *Mémorial Bordelais*, où l'on racontait les massacres du Midi; cet aumônier, disons-nous, était venu leur offrir les consolations et les secours de sa religion.

Ils l'avaient remercié.

Soudain, les corridors retentirent d'un bruit inaccoutumé, le greffier du Conseil de guerre, suivi d'une nombreuse escorte de policiers, de gardes nationaux, de guichetiers, pénétra chez les condamnés pour leur donner lecture de l'arrêt, et, selon l'usage, leur demander de nommer leurs complices.

Les jumeaux, pour la seconde fois, entendirent sans sourciller leur condamnation, et répondirent qu'ils étaient innocents.

Tandis qu'un guichetier les débarrassait de leurs fers afin qu'ils pussent marcher, et remplaçait les chaînes par des cordes, un des assistants, cédant à la pitié, ne put se retenir de pleurer en disant :

— Oh! c'est vraiment trop cruel.

César lui répondit avec un sourire.

— L'arrêt qui nous frappe est plus injuste que pénible pour nous. Le temps ordinaire de la vie est de soixante ans; nous en avons cinquante-six, ce n'est donc que quatre ans que l'on nous prend.

Un officier leur demanda s'ils n'avaient aucun papier ou objet à faire transmettre soit aux autorités, soit à leurs parents ou à leurs amis.

Ils lui remirent les lettres écrites, depuis la veille, à leurs amis, à leurs hommes d'affaires, puis leurs montres, et quelques objets de peu de valeur dont une lettre ouverte indiquait la destination.

L'officier les assura que lettres et autres objets seraient immédiatement déposés au greffe, où les destinataires seraient avertis de venir les réclamer pour en donner reçu.

On se mit ensuite en marche.

Au moment de quitter leur cachot tous deux s'embrassèrent, puis, se prenant par la main, allèrent se placer au milieu du détachement chargé de les conduire.

Ils parurent à la porte de la tour, l'œil calme, le front haut, la démarche ferme. Ils étaient, comme d'habitude, vêtus de la même façon;

ils portaient une polonaise et un pantalon en molleton blanc ; le col de la chemise rabattu.

Ils se prirent par le bras pour parcourir le long chemin qui, du fort du Hâ allait à une prairie désignée pour le lieu du supplice en face de la Chartreuse, cimetière de Bordeaux.

Depuis plusieurs jours, l'autorité avait fait un grand déploiement de forces militaires et avait pris des précautions inouïes, soit qu'elle craignit qu'on ne lui arrachât sa proie, soit qu'elle eût voulu donner un caractère plus terrible et plus imposant à la double exécution qui allait avoir lieu. Des pièces de canon chargées à mitraille, de forts détachements de troupes stationnaient depuis la veille, jour et nuit, sur la place du Hâ. Le 27, on prit encore des mesures plus extraordinaires et toutes les troupes de la garnison furent mises sur pied. La garde nationale fut convoquée. Les volontaires royaux à cheval et la légion de Marie-Thérèse étaient sous les armes.

Autour des troupes se pressait, tumultueusement, la foule des ultra-royalistes, tous les lâches insulteurs, tous les énergumènes de la réaction.

Bordeaux, ce jour-là, donna un odieux et navrant spectacle.

Le supplice des deux frères était pour elle l'occasion d'une grande fête.

Une joie féroce était sur tous les visages. Les balcons, les fenêtres, sur le chemin que devaient suivre les deux martyrs, étaient chargés de femmes qui agitaient leurs mouchoirs et applaudissaient à ce grand crime.

Les condamnés, marchant entre deux haies de soldats et des masses de curieux hostiles, ne perdirent pas un seul instant leur digne attitude et la sérénité de leur physionomie.

Ils souriaient et saluaient parfois quelques visages d'amis, qui n'avaient pas craint de venir leur dire un dernier adieu. Sans haine, sans fiel, ils ne se sentaient pas atteints par l'injure.

Une dame, placée à une fenêtre peu élevée, dit un historien, et qui se faisait remarquer par la vivacité de ses acclamations, agitait en poussant des cris, un mouchoir blanc qu'elle laissa tomber. César quitte aussitôt son frère, s'avance sous la fenêtre, ramasse le mouchoir, le rend avec un sourire à la dame et reprend sa place au funèbre cortège.

On avait beaucoup crié : *Vive le Roi!* Le trajet était long ; de près d'une lieue. Les aboyeurs parurent se lasser. « La vue de ces deux hommes de haute taille, si semblables, touchant l'un et l'autre à la vieillesse et qui, victimes humaines s'avançaient vers la mort à pas réguliers, le corps droit, la physionomie sereine, la main dans la main, finit par causer une certaine impression sur la foule, elle ne tarda pas à devenir silencieuse. Bientôt même, à mesure que les deux frères approchaient du lieu fatal, ce silence se changea en stupeur... »

« Par un hasard qui pouvait devenir providentiel, la fille de Louis XVI, — de ce roi pour lequel ils avaient failli perdre la vie, — se trouvait alors à Bordeaux, un ordre, un seul mot d'elle pouvait les sauver, mais, lorsqu'après avoir marché pendant une heure, ils approchèrent de la Chartreuse, nul n'apparut avec leur grâce au bout de ce long chemin ; ils n'y trouvèrent que le peloton d'exécution. »

Le renom de dureté de la duchesse d'Angoulême était déjà si bien établi que personne n'avait songé à lui demander la grâce de ces deux innocents. C'eût été la méconnaître et on eut cru lui faire injure.

Parvenus devant le peloton d'exécution, César et Constantin Faucher refusèrent de se mettre à genoux et de se laisser bander les yeux. Ils se placèrent debout en face des soldats, se tenant toujours par la main.

César commanda le feu.

Il tomba foudroyé.

Constantin, blessé au ventre, se dressa dans un suprême effort et regarda son frère. Un sous-officier s'approcha et, lui plaçant le canon de son fusil contre l'oreille, l'étendit mort.

XXI

LE DERNIER ANNIVERSAIRE

Une douzaine de personnes attendaient les corps des suppliciés, qui furent enterrés dans une partie du cimetière réservée aux restes *impurs* des malfaiteurs et des impies.

Parmi ces amis de la dernière heure se trouvait le capitaine Monneins, relâché assez à temps pour qu'il pût voir assassiner ses deux amis.

Ainsi qu'on l'avait promis, ceux à qui les jumeaux avaient laissé un souvenir ou une lettre furent prévenus d'avoir à les retirer du greffe. Mlle Faucher trouva ainsi plusieurs lettres à son adresse qui, la dernière exceptée, avaient été décachetées et retenues arbitrairement par le directeur de la prison. Une d'elle était bien faite pour déchirer le cœur de la malheureuse jeune fille, à cette heure de deuil.

Le 10 septembre, César Faucher écrivait à sa petite nièce :

« Ma chère Anaïs,

« Vous lirez cette nouvelle assurance de notre tendre amitié, le 12 septembre, c'est le jour de notre anniversaire...

« Dans l'isolement absolu où nous sommes, il y a des sentiments tendres qui reviennent avec plus de force, et ils gagnent à ce que perdraient d'autres affections, d'autres pensées. L'obligeance toute amicale de M. A... nous revient toujours avec un nouveau charme.

Ce n'est que dans la jeunesse qu'on a l'âme aussi ardente et aussi généreuse, faites-lui de tendres amitiés de notre part et félicitez-le du courage qui ne lui a pas fait craindre de hanter une maison battue de la tempête et menacée de la foudre... Invitez cet ami à manger du fruit et à boire du vin blanc avec vous le mardi 12 septembre, faites-y ensemble commémoration des deux jumeaux qui à ce moment commencent leur cinquante-sixième année, sans avoir fait couler une larme de douleur, et qui en ont séché tant qu'ils ont pu. »

XXII

LE TESTAMENT

Nous ne savons de quel subterfuge Mme Monneins avait usé envers Anaïs, mais elle était parvenue à l'écarter du supplice et de l'enterrement de ses oncles; le capitaine, en sortant du Château-Trompette, n'avait eu qu'à suivre la foule; ce qu'il avait fait. Filé et escorté par la police, il était parvenu à étouffer sa douleur et son indignation, et n'avait proféré aucun cri séditieux. Lorsqu'au tumultueux départ du cortège avait succédé le grand silence dont nous avons parlé, une détente s'était opérée en lui, et quelques larmes furtives avaient roulé sur ses moustaches. Tous ses efforts tendaient à se rapprocher le plus possible des victimes, si bien qu'il se trouva à l'un des premiers rangs de la foule qui formait un demi-cercle autour de la place de l'exécution. Il ne put retenir cette exclamation :

Adieu! Adieu!

Il fut entendu de ses amis qui lui répondirent par un signe de tête. Non loin de lui était un jeune homme qu'il ne remarqua point, mais dont il fut remarqué, et qui suivit, avec lui, les corps au cimetière.

Le lendemain, ce qui devait arriver arriva. André et Anaïs se rencontrèrent près des tombes, apportant des couronnes de fleurs. Ils se regardèrent tous deux avec une sorte de surprise mêlée de curiosité. Elle se demandait sans doute à quel titre ce jeune homme était là, et avait un crêpe à son chapeau.

L'endroit étant désert en ce moment, le gardien, jardinier des tombes, se hasarda d'offrir ses services à la nièce des défunts qui lui donna la pièce, et s'entretint quelque temps avec lui.

L'occasion était bonne pour André d'adresser la parole à la jeune fille, il ne l'osa, et remit à un autre jour. Une telle démarche, jointe à l'aventure de sa naissance, lui eût donné l'air d'un intrigant.

Le surlendemain, il reçut, ainsi que sa mère, une lettre d'un notaire, qui les invitait à assister à la lecture du testament des frères Faucher.

Leurs biens n'avaient pas été confisqués, ainsi qu'on pouvait le craindre.

Les jumeaux n'avaient pas oublié le jeune paysan qui leur devait la vie, et était accouru de son village pour tenter de les sauver. Ils lui avaient demandé les noms, prénoms et adresse de sa mère, et avaient légué, à chacun d'eux, une somme de 25,000 francs. Le capitaine Monneins recevait également la même somme, à laquelle s'ajoutaient différents objets de prix. Aucun serviteur fidèle n'avait été oublié, tous avaient une petite pension. Après eux seulement, venaient quelques parents éloignés, depuis longtemps perdus de vue, mais dont les deux jumeaux s'étaient souvenus à leur dernier moment. Enfin, Mlle Anaïs, leur fille d'adoption, nommée légataire universelle, héritait de près d'un million.

La fortune consistait surtout en terres. Les frères Faucher, comprenant combien il serait pénible à leur nièce de résider à La Réole, où leurs oncles avaient fait tant de bien et n'avaient récolté que l'ingratitude, exprimaient le désir qu'elle vendît le domaine et se retirât dans une ville de son choix, la moins infectée de fanatisme religieux et royaliste. Les testateurs terminaient en lui recommandant de prendre, en toute chose, le conseil des époux Monneins, en qui ils avaient la plus complète confiance.

Ce testament était, en somme, une œuvre de sagesse et de bonté.

Mais le legs important fait à deux inconnus, la paysanne gasconne et son fils, devaient donner lieu à bien des commentaires. A quel titre héritaient-ils? On ne pouvait se l'expliquer qu'en supposant qu'André, en sa qualité de guichetier de la tour du Hâ, leur avait sans doute rendu quelque service secret et important.

Le capitaine, qui avait déjà remarqué André, entreprit d'éclaircir ce mystère.

En sortant de chez le notaire, il le joignit et lui dit sans ambages :

— Ce n'est pas la première fois que j'ai l'honneur de rencontrer monsieur? lui dit-il.

— Vous êtes le capitaine Monneins? répondit le jeune homme.

— Oui, monsieur. Et vous?

— Je me nomme André Mérac, et je suis de X..., un village des Pyrénées.

— N'êtes-vous pas employé à la Conciergerie de la tour du Hâ? quelqu'un me l'a dit tout à l'heure.

— Je l'étais en effet, mais je ne le suis plus. J'ai souvent entendu parler de vous, mon capitaine, par les guichetiers de la prison du Hâ et par les deux martyrs, je sais que les brigands, redoutant votre amitié et votre courage, vous ont enfermé au Château-Trompette, je puis donc vous confier des choses que je ne dirais à personne. Eh bien! capitaine, j'étais venu à Bordeaux, et j'étais entré au service du geôlier du Hâ, dans l'espoir de sauver les jumeaux de La Réole.

— Vraiment! fit le capitaine, en fixant le jeune homme. — Puis, tout à coup :

— Mais êtes-vous donc parents? Vous avez, avec eux, une étonnante ressemblance.

— N'est-ce pas? fit André, avec un sourire, mais les yeux baissés d'un air confus. Tout le monde me l'a dit, mais ma mère qui, jadis, avait connu MM. Faucher, et qui avait leur image, n'a pas attendu qu'on le dit pour le reconnaître, et l'idée nous vint à la fois, presque en même temps, de faire servir cette ressemblance à leur salut.

— Quelle idée!

— Je ne suis qu'un paysan, je n'avais jamais vu une grande ville, une prison encore moins, je ne pouvais me l'imaginer. De loin, tout semble facile.

— Mais vous saviez, jeune homme, que vous alliez risquer votre vie?

— Sans doute.

— Et l'on n'est donc pas royaliste, dans votre village?

— Si, au contraire, tout le monde l'est, excepté nous; cela nous met mal avec tout le monde, et plus on nous fait de misères, plus nous aimons l'empereur et ceux qui l'ont servi. Aussi, je n'avais qu'un rêve : sauver les deux généraux... Et si je ne pouvais en sauver deux, au moins en sauver un.

— Mais comment cela?

— Je n'en avais pas l'idée exacte, mais en me substituant à l'un d'eux.

— Vous vous perdiez! s'écria Monneins avec vivacité.

— Ah! je ne voyais pas d'autre moyen.

— Mais savez-vous, mon ami, que vous êtes tout simplement héroïque! repartit le capitaine, en saisissant les mains d'André et en le contemplant avec admiration: Chez vous, la ressemblance avec Constantin et César, ne s'arrête pas aux traits du visage, et vous avez leur grandeur d'âme.

— Oh! ne m'en dites pas tant, se récria André, je ne suis, auprès d'eux, qu'un pauvre garçon. D'ailleurs, il n'est pas sûr que je me serais laissé pincer... Mais enfin, pour tout dire, mon parti était pris et bien pris.

Les condamnés marchaient entre deux haies de soldats et de curieux hostiles.

Tout en causant, les héritiers étaient arrivés chez le capitaine. Celui-ci retint André à déjeuner.

— Vous nous conterez, à table, dit-il, pour expliquer son invitation, des particularités de la détention de ceux que nous pleurons.

Pendant le repas, on ne s'occupa que de l'étrange ressemblance d'André avec les jumeaux, et celui-ci se borna à rapporter quelques détails de la vie des prisonniers, quelques propos, en évitant, autant que possible, ce qui pouvait affecter très péniblement Anaïs.

On arriva au dessert, M. Mouneins prenait seul du café noir; il fumait; il profita de ces habitudes pour accaparer de nouveau André et obtenir d'autres confidences.

— Il vous reste encore bien des choses à me conter, lui dit-il.

— Volontiers, répondit le jeune homme.

XXIII

SUITE DES CONFIDENCES

Le capitaine reprit :

— Vous avez probablement fait part de votre dessein aux frères Faucher ?

— Dès les premiers jours de mon service. Le temps pressait. Je leur dit ce que je vous ai raconté. C'était à M. Constantin que je m'adressai. Vous savez que le geôlier, dans ses visites aux détenus, s'était adjoint une nombreuse escorte de porte-clefs et de fusiliers. Il se donnait ainsi de l'importance. Tout ce monde encombrait le cachot et, le soir, le manque de lumière jetait dans les rangs un certain désordre, on n'était éclairé que par une grosse lanterne. J'avais observé cela dès le premier jour de mon service et je résolus d'en profiter. Mais ma déception fut profonde lorsque je m'ouvris de mon dessein aux deux prisonniers. M. Constantin me remercia et me dit qu'il ne pouvait s'évader sans son frère, que M. César et lui étaient inséparables, puis qu'il leur répugnait de fuir et préféraient affronter le danger.

J'insistai, mais en vain, et il ne me resta d'autre consolation que d'adoucir leur position autant qu'il m'était possible.

— Vous êtes un brave cœur !

— Mais vous, monsieur, vous êtes un ami dévoué, car vous avez bravé la fureur des ennemis de MM. Faucher, en offrant de présenter leur défense.

— C'était tout simple et tout naturel répondit Monneins avec sincérité. « César et Constantin ont été instruits de mon arrestation ? »

— On ne leur laissait ignorer rien de ce qui devait les affliger, mais ils ne se laissaient point abattre, leur calme était imperturbable ; ils ne paraissaient point s'apercevoir du mal qu'on leur faisait. Parfois j'en souffrais plus qu'eux. Je ne saurais vous dire la peine que me causa le refus de M. Constantin. Je ne pouvais plus cacher mes sentiments et je faillis cent fois me compromettre, aussi je renonçais au métier de valet de prison.

— Vous n'étiez pas né pour le faire.

— Sans me flatter, il est trop barbare pour moi.

— Et maintenant, qu'allez-vous faire?

— Je ne sais.

— Avec votre héritage, vous pouvez vivre tranquillement, mais, à votre âge, il faut une occupation.

— Je n'ai pas de métier.

— Savez-vous lire et écrire ?

— Je sais signer mon nom et, quand j'étais enfant, j'appris un peu à lire, mais je vais m'y remettre ; puis je chercherai du travail chez les jardiniers. Je ne veux pas quitter Bordeaux.

— Pourquoi ?

— Je n'ai pu sauver MM. Faucher, je les vengerai.

— Quelle idée !

— Un jour, j'en suis certain, l'occasion s'en présentera. *Ils* ne seront pas toujours triomphants. Notre tour reviendra. Et, si les événements se font trop attendre, les coquins qui les ont envoyés au peloton d'exécution expieront leurs crimes.

— Prenez garde à de semblables idées.

— J'ai pris les noms et les adresses des juges et de quelques avocats.

— Vous m'effrayez ; n'allez pas commettre un meurtre.

— Il me faut, au moins, le châtiment de deux coupables. Il y a eu deux victimes. Je l'ai résolu et cela sera.

— Vous vous calmerez, je l'espère, fit M. Monneins d'un air contrarié. L'avenir se chargera de nous venger.

L'entretien en resta là et changea de sujet.

Quelques jours plus tard, les nouveaux amis se rencontrèrent de nouveau, André dit à M. Monneins avec un éclair de fierté dans le regard :

— J'ai trouvé ma vengeance, mon capitaine.

— Comment cela, mon ami ?

— L'événement vous l'apprendra ; mais ne craignez rien du côté de l'honneur, il sera sauf. J'ai pris un maître d'armes ; j'apprends à tirer l'épée et le pistolet.

Monneins n'eut aucune objection à lui faire. Il soupira de regret :

— J'étais autrefois une assez bonne lame, dit-il, j'aurais pu vous donner des leçons.

En ce temps-là, le duel faisait fureur à Paris et dans presque toutes les villes de garnison. On ne parlait que de rencontres entre les officiers de l'ancienne et de la nouvelle armée, entre royalistes et bonapartistes. Il ne pouvait en être autrement.

Tandis que quinze mille officiers, qui avaient gagné leurs épaulettes sur les champs de bataille, étaient renvoyés en demi-solde et traités de brigands, des émigrés, des hommes qui n'avaient jamais manié une arme de guerre devenaient colonels et généraux. Les campagnes faites contre la France comptaient pour la retraite.

Ces Français n'étaient-ils pas les pires étrangers.

Comment, sans sentir le sang bouillonner dans leurs veines, les officiers de Napoléon pouvaient-ils coudoyer les officiers de Louis XVIII, dont les grades étaient la récompense de la trahison ?... Comment supporter l'insolence des vainqueurs, des protégés, des cosaques ?

Des deux côtés les haines étaient trop violentes, les passions étaient trop exaltées. Sous une apparente pacification, on était, en réalité, en guerre civile.

Les partis, sous Louis XVIII, ne désarmèrent pas un seul instant, et la réplique de l'épée était encore la plus noble, la plus loyale que les vaincus pussent donner aux exécutions, aux meurtres juridiques et aux assassinats.

Enfin, à cette raison excellente s'en ajoutait encore une autre pour le fils naturel de Constantin.

Il n'existait pas à Bordeaux de clubs politiques; l'opinion du gouvernement y régnait sans conteste avec des nuances plus ou moins exagérées; mais l'opposition y demeurait désarmée et latente. Elle ne s'affirmait ni ne se groupait. Bonapartistes et républicains se dissimulaient prudemment; le capitaine Monneins, on l'a vu, paraissait un excentrique. De là, les épées restaient au fourreau et les pistolets dans leur étui. A peine remarquait-on une innocente société de jeunes gens que la conscription de Napoléon avait fait trembler, et qui s'en vengeaient par un ultra royalisme, mêlé de poésie catholique et de fantaisies moyen âge. Ils devaient, un peu plus tard, se fondre dans le grand courant romantique des vicomtes de Chateâbriand, d'Arlincourt, Hugo, de Beauvais, etc. Leur devise était mon Dieu, mon Roy, Madame. Ils s'appelaient les jeune-France. Ils mêlaient à leurs rêveries religieuses et à leurs poésies de troubadours, des idées de tolérance et de liberté, qui n'étaient pas à dédaigner après les fureurs réactionnaires que vous savez.

Ce fut cependant dans ce troupeau paisible qu'André reconnut un jour les fils des hommes qui avaient le plus contribué au meurtre des jumeaux de **La Réole** et les voua à la vengeance.

« Je ne puis, s'était-il dit, obtenir une réparation quelconque de ces lâches avocats qui ont refusé de présenter la défense de mon père et de mon oncle, non plus que des juges, — personnages trop haut placés pour que mes injures puissent les atteindre, — c'est à leurs fils que je m'adresserai. »

Ces séminaristes de la politique ne se rencontraient dans aucun café ou rendez-vous de plaisirs publics, mais ils se promenaient souvent dans la semaine, à certaines heures, sous les antiques ombrages de Touny.

Mais, de quel genre de provocation user à leur égard? Comment les décider à venir sur le terrain? Quelle injure leur adresser sans leur laisser le prétexte de se tirer d'embarras en recourant à la police?

Il fallait que la politique demeurât étrangère à la provocation, autrement il n'eût abouti qu'à se faire fourrer en prison.

En se creusant la tête à ce sujet, il ne trouva d'abord que deux moyens à employer : le premier, de chercher querelle au théâtre à l'occasion d'une pièce nouvelle; le second, d'inviter une des demoiselles Monneins ou Anaïs Faucher à une promenade sous les allées, et de se prétendre offensé par des regards, ou des sourires moqueurs adressés à la demoiselle qu'il accompagnerait.

Il écarta ce second procédé comme trop compromettant pour ces jeunes filles, et attendit avec patience une occasion au théâtre; soit une première, soit le début d'un artiste. Il n'était allé que bien rarement au théâtre, son goût ne l'y portait pas; mais il avait entendu raconter des représentations orageuses. Que lui fallait-il? Un peu de tapage. Il se tourna donc de ce côté, et y passa quelques soirées pour y étudier les habitudes du public.

Il revît ses jeune-France à l'orchestre. Plusieurs étaient abonnés, et, par conséquent, ne changeaient jamais de place. Il avait déjà fait son choix, et, justement, le premier qu'il se proposait de provoquer se trouvait au nombre des habitués. C'était un jeune homme de taille médiocre, pâle, d'un blanc de papier mâché, à l'air chafoin, étudiant en droit. Son père, M. de Véry, avait été un des ennemis acharnés de Constantin Faucher, après en avoir été l'ami.

André l'avait marqué pour la première victime à immoler « aux mânes des jumeaux », et, à force d'y penser et de l'observer, l'avait pris en haine.

Certainement, si les deux fusillés de la Chartreuse avaient pu se relever de leur tombe, ils se seraient opposés à toute vengeance; mais André, dans son affection pour les morts, dans son indignation contre *la justice,* n'entrait pas dans ces délicatesses de sentiment. Il ne consulta point le capitaine Monneins sur son dessein. « Ce vieux brave, pensait-il, en sera enchanté, mais se croira obligé de m'en dissuader.

La seconde victime marquée était le fils d'un avocat, dont l'ingratitude avait presque égalé celle de Véry. La troisième, — car il espérait en sacrifier une demi-douzaine, — était un élégant, traduit de l'anglais, si l'on peut dire.

En le regardant, André se disait :

— Ce n'est pas un Français, cela, c'est bon à tuer.

Et il se réjouissait de l'effet que produirait la réplique de son épée au peloton d'exécution; chaque jour, en salle, il répétait les coups mortels; sa supériorité aux armes était devenue sans rivale, et ses maîtres n'avaient plus rien à lui apprendre. La danse pouvait commencer. S'il surgissait quelque épée digne de la sienne, et qu'il n'attendait pas, tant mieux !

Et, enfin, qui oserait lui faire un reproche d'abuser de sa supériorité aux armes? Est-ce que les pères ou parents des victimes n'avaient pas abusé de leur situation? La question de justice morale pour lui n'existait pas, à moins que ses représailles ne dussent servir de leçon aux magistrats de l'avenir.

Enfin arriva la nouvelle saison théâtrale, où les débuts d'artistes inconnus à Bordeaux allaient soulever des discussions, où l'on allait intriguer et monter des cabales. Il loua un fauteuil justement à côté du jeune Arthur de Véry.

Un soir d'octobre, au Grand-Théâtre, on donnait la première d'un opéra-comique de Scribe, musique d'Auber. La pièce avait, à Paris, un succès mérité; elle ne faisait plus l'objet de discussion, et elle allait attirer le public le plus riche et le plus élégant de Bordeaux; mais le premier rôle de femme, qui était digne d'une étoile, était chanté par une jeune fille récemment sortie du Conservatoire. La presse locale l'avait annoncée à grand frais, cependant, ce qui prouvait au moins la confiance de l'administration.

Pour un paysan nouvellement frotté de civilisation, André ne manquait ni d'une certaine désinvolture, ni d'audace; mais il n'avait pas, cependant, prévu toutes les difficultés de son entreprise.

Il allait se heurter à un monde qui n'était pas le sien, et dont il ignorait les préjugés et les usages. Il allait enfin jeter le défi à toute une caste puissante, orgueilleuse, ennemie des gens d'épée, dénouant d'habitude ses affaires par l'intrigue, l'habileté et la ruse, payant rarement de sa personne. Allait-il produire l'effet d'un fou, ou ressusciter les coutumes des anciens chevaliers errants, dont le dernier fut Don Quichotte?

Il n'entra dans aucune de ces considérations, et, correctement vêtu, ganté de frais, il se rendit au Grand-Théâtre.

La place était déjà sillonnée des plus riches équipages; la petite pièce d'ouverture était jouée; les loges se garnissaient des dames du monde dans leurs prétentions à la beauté et les triomphes de leurs parures. Le décolletage obligatoire exhibait beaucoup d'épaules trop rondes ou trop creuses que parcouraient de leurs jumelles les beaux qui tournaient le dos à la scène.

Le jeune de Véry était là, et dans son voisinage se trouvaient aussi ses compagnons ordinaires.

André les vit tous du premier coup d'œil.

Lui aussi avait sa jumelle, et il la braqua également sur les loges où il ne connaissait personne, et qui ne l'intéressaient pas. Mais, des avant-scènes passant aux secondes, il aperçut Mme Monneins, ses filles et Anaïs Faucher.

Son regard s'arrêta complaisamment sur celle-ci; il lui sembla qu'elle l'avait remarqué.

Mais les musiciens s'étaient déjà emparés de leurs places. Le chef d'orchestre occupait son poste élevé. Le murmure précurseur de l'attention parcourait la salle, il s'assit.

L'ouverture enlevée, le rideau se leva. Son plan était fait : — contrecarrer son voisin Arthur de Véry.

Deux ou trois scènes se succédèrent sans incident. La débutante parut; un mouvement d'intérêt se fit sentir. Toutes les lorgnettes se tournèrent vers la jeune artiste, qui paraissait très émue. La première impression lui était favorable; elle était fort jolie.

Volontiers André eut pris parti pour elle; mais il n'en était pas libre.

« Si quelqu'un siffle, j'applaudis à outrance », se disait-il.

Elle chanta, et les fauteuils donnèrent le signal des applaudissements. Il regarda son voisin. Le petit jeune homme avait pris feu; son teint blafard s'était coloré.

— Oh! oh! fit André assez haut pour être entendu de lui.

Arthur de V... lui décocha un regard où la colère se mêlait à l'étonnement, et qui signifiait : — « Quel est ce balourd? »

La chanteuse continua son morceau. C'était un récitatif qu'elle détaillait en véritable comédienne.

André se disait : — « Quel dommage! Pourtant il le faut! » — Il n'eut osé siffler, mais il donna de nouvelles marques d'impatience et de raillerie qui irritèrent vivement son voisin.

Le morceau terminé, les abonnés applaudirent franchement, en juges qui prononcent un arrêt, et André dit tout haut :

— C'est une cabale.

Et il fixa son regard ironique dans les yeux du jeune de Véry.

— Vous dites, monsieur? fit celui-ci.

Paf!!! une gifle.

— Que c'est une cabale, un coup monté.
— Vous ne vous adressez pas à moi, je suppose?
— A vous comme aux autres.
— Vous êtes un insolent, fit Arthur.
— Et vous un imbécile, répliqua André.
— Un grossier!

Paff!... Une gifle. (Envoi d'André.)

L'étudiant leva le bras pour répliquer, mais un de ses camarades le retint et se pencha entre lui et son adversaire en s'écriant :

— Misérable!

Nouvelle gifle du même.

Explosion d'indignation dans toute la salle. La représentation est interrompue. Une dame se trouve mal ; c'est la mère du jeune de Véry. Mais les amis de l'ordre opèrent « un mouvement tournant ».

— Vous m'en rendrez raison, monsieur! dit très haut le second giflé.

— Voici ma carte, dit André.

Il en donne une et en reçoit deux ; en même temps il se sent saisir au collet et entraîné vers une sortie latérale. Il ne résiste pas, mais prétend rester dans le couloir ; à quoi poliment on s'oppose.

Il a deux témoins sur lesquels il peut compter : le capitaine Monneins et son ami le commandant Beaugrand. La soirée était à peine commencée ; les dames Monneins étaient au théâtre, il fut trouver le capitaine, lui raconter son aventure.

XXIV

DÉFAUT DE NAISSANCE

Il était tout fier de ce qu'il regardait comme un premier succès et une première vengeance. Monneins ne partagea ni sa bonne humeur ni ses espérances.

— Vous n'avez pas affaire à des gens d'épée, dit-il ; nous ne touchons pas encore au dénouement de votre affaire: Je regrette que vous ne m'ayez pas informé de votre dessein.

Au théâtre, pendant les entr'actes, on ne s'entretint que de la querelle sans cause apparente survenue parmi des jeunes gens que l'on croyait incapables d'une inconvenance. Pendant quelque temps : « Les jeune-France se sont conduits, disait-on, comme des gamins du poulailler. »

Enfin l'on apprit que le provocateur, l'auteur du désordre, le brutal, n'était pas un jeune-France, mais un intrus, un individu complètement inconnu de la bonne société.

Quant à la pièce et à la débutante, la soirée ne fut pour elle qu'une longue ovation. Eussent-elles été médiocres, il n'en eut pas été autrement.

L'émoi était dans la famille de Véry. Le petit jeune homme sentait toujours sa joue brûlante. Son père trouvait étrange qu'il se fût abaissé à se quereller avec un inconnu, un grossier personnage. Mme de Véry, qui adorait son fils, le suppliait, avec toute son éloquence maternelle, de ne pas donner suite à une si ridicule affaire; puis elle l'interrogeait afin de savoir si la raison restée inconnue de cette violente provocation n'était pas dans quelque intrigue galante, dans une rivalité inavouable. Son fils avait vingt-quatre ans !

La débutante était depuis trop peu de temps à Bordeaux, et n'avait servi que de prétexte.

L'insolent, envers qui Arthur restait débiteur d'un soufflet, n'était-il pas le frère ou l'amant de quelque jeune Bordelaise?

Arthur n'étant pas expansif, elle lui posa nettement la question.

Le bon jeune homme, dont les passions mitigées de la sagesse d'un futur robin se contentaient des coureuses anonymes, lui jura que ses soupçons s'égaraient.

— Je n'ai aucune relation du genre que vous supposez, répondit-il, et j'ai vu cet homme hier pour la première fois de ma vie. Demain, je saurai s'il est fou, ou s'il était ivre. J'ai prié deux de mes amis, MM. de Galien et de Saint-Lambert, de se rendre chez lui vers les dix heures du matin. D'autre part, mon valet doit prendre, de bonne heure, des renseignements dans le quartier.

— Un duel !... Mais j'en mourrai de peur.

— J'ai le choix des armes.

— Quelle arme choisiras-tu?
— L'épée.
— Mais, es-tu habile tireur?
— Non, je suis de force médiocre; mais je connais un coup infaillible, c'est tout ce qu'il me faut.
— Et le pistolet?
— Je suis assez fort... mais ma main peut trembler, et entre nous, je l'avouerai, comme dans cette ridicule affaire cet homme a tous les torts, je voudrais ne pas essuyer son feu.
— Mais, puisque tu trouves cette affaire ridicule, pourquoi exposer tes jours?
— Puis-je garder son outrage?
— Évidemment, il était ou ivre, ou fou.
— Ce n'est pas évident pour tout le monde, mes témoins en jugeront.

L'affaire suivit son cours ordinaire.

Depuis qu'il avait hérité, André avait changé de domicile et de quartier. Dans la rue qu'il habitait, il était peu connu, mais n'avait jamais donné prise à la médisance. Ce que l'on put affirmer au valet du jeune de Véry, c'est qu'on ne l'avait jamais vu ivre ou seulement gris, que sa conduite paraissait d'une régularité irréprochable, et, qu'assurément, il n'était pas fou.

L'enquête n'alla pas plus loin; autrement on aurait remonté jusqu'à la conciergerie de la Tour.

MM. de Gatien et de Saint-Lambert, — deux jeune-France, — se présentèrent chez André et lui demandèrent des excuses publiques ou une réparation par les armes. Il répondit qu'il n'avait aucune excuse à faire, et qu'il priait ces messieurs de vouloir bien s'entendre avec ses témoins, MM. Monneins et Beaugrand, qui les attendaient.

Lorsqu'ils se furent retirés, M. de Gatien dit à son ami :

— Ce M. Faucher... (c'était le nom qu'André avait pris sur sa carte), nous envoie près d'un M. Monneins. Le rapprochement de ces deux noms me semble bizarre.

— Et pourquoi? mon ami.

— Ils ont eu assez de retentissement l'an dernier, ne vous en souvenez-vous pas?

— Mais oui, les Faucher de La Réole, les jumeaux et leur ami fidèle le capitaine Monneins. Cependant, il n'existe plus de Faucher mâle, que je sache. Nous croyez-vous en présence d'un membre de la famille des deux criminels?

— J'y songe. M. de Véry avait été très lié avec les deux frères avant qu'ils ne se fussent roulés dans le crime.

— Si André Faucher est de cette famille, tout s'explique.

— Il est vrai.

— Et, ce qui me porte à le supposer, c'est qu'il a pour témoin l'ancien et fidèle ami des jumeaux, le capitaine Monneins.

— Nous allons savoir cela. Il faut que nous sachions à qui nous avons affaire..

— Il s'agirait alors d'une vendetta dans le genre corse, dit M. de Gatien.

— Mais, ces bonapartistes sont donc incorrigibles! s'écria M. de Saint-Lambert avec une sincère indignation. Tous assassins ou spadassins!...

— Modérez-vous, Saint-Lambert, nous allons, avant tout, nous informer près de la vieille culotte de peau. Voici sa demeure ou son repaire.

— Je vous laisse la parole, Gatien. Vous savez mieux que moi garder votre sang-froid.

Ces messieurs entrèrent chez M. Monneins; il était avec M. Beaugand, et ils attendaient.

Gatien exposa l'objet de sa visite et fit un récit de la querelle dont M. André Faucher avait été l'auteur. M. Faucher refusait les excuses publiques qui lui étaient légitimement réclamées, M. de Saint-Lambert et lui, de Gatien, venaient s'entendre pour une réparation par les armes.

— Cependant, ajouta M. de Gatien, avant d'aborder ce dernier sujet, qu'il nous soit permis d'adresser une question aux amis de M. Faucher.

— M. André Faucher appartient-il à la famille de MM. Constantin et César Faucher?

M. Monneins mordit sa moustache :

— Oui, monsieur, répondit-il.

— Ah!... fit de Gatien. Il est?

— Il est le fils de Constantin Faucher.

— Son fils !... mais il n'était pas marié ?

— Il est son fils naturel. Il l'a reconnu en lui laissant par son testament une part de sa fortune.

— L'a-t-il reconnu par acte authentique ?

— La mort ne lui en a pas laissé le temps.

— Alors, c'est au bâtard d'un criminel condamné à mort que nous avons affaire ?

— Monsieur ! répondit le capitaine, n'oubliez pas le respect dû à la mémoire de deux hommes de bien, de deux illustres patriotes, au moins en la présence de leurs amis.

— Et vous, monsieur, n'oubliez point qu'il y a des lois ! fit M. de Saint-Lambert.

— Les lois dont vous voulez parlez, monsieur, vous en vivez ; c'est votre pain trempé dans notre sang.

— Prenez garde ! fit Saint-Lambert en pâlissant.

— Concluons, reprit M. de Gatien, et bornons-nous à la mission que nous avons à remplir. Il est bien évident, messieurs, que la qualité de fils naturel de Constantin Faucher, chez l'adversaire de M. de Véry fils, en changeant le caractère de la provocation et l'état civil, la position sociale de notre adversaire ne nous permet pas de nous avancer plus loin, et, jusqu'à la demande formelle d'une réparation, avant d'en avoir référé à notre ami, M. Arthur de Véry.

— Parfaitement, fit M. de Saint-Lambert.

— La provocation de M. André... donne à supposer la vendetta d'un père par son fils naturel, nous ne savons pas si nous pouvons le suivre sur ce terrain.

— Comme il vous plaira, messieurs, répondit M. Monneins en s'inclinant.

M. de Gatien ajouta :

— M. de Véry vous fera connaître sa résolution dans la journée, messieurs.

Et les témoins du jeune Arthur se retirèrent, certains de ne pas revenir.

— Pourquoi, dit Beaugrand, ce garçon a-t-il mis le nom de Faucher sur sa carte ?

— Il est fier de sa naissance, répondit Monneins, les autres ne le sont-ils pas de la leur? Mais il est brave; quant au Véry, il ne le suivra pas sur le terrain.

Mais toute l'indignité d'André n'était pas encore mise à découvert, et elle ne pouvait tarder à l'être.

Le second jeune-France provoqué, un M. Léonard, fut informé dans la matinée que le prétendu André Faucher n'était qu'un ancien porte-clefs de la prison des frères Faucher. Ce fut un comble.

Gatien était en train de raconter son entrevue avec le capitaine Monneins lorsque M. Léonard survint avec cette nouvelle. Toute l'irritation des jeunes gens ne tint pas devant cette désopilante révélation, et ils furent pris d'un fou rire.

On résolut de bâtonner cet âne revêtu de la peau du lion.

On avait cru à un drame, et il ne s'agissait que d'une fable de La Fontaine.

A la profonde satisfaction de Mme de Véry, il fut décidé qu'aucune suite ne serait donnée à cette ridicule affaire, et l'on s'amusa à rédiger une note pour le *Spectateur*, journal des théâtres, où l'on raconta qu'un jeune maniaque, appelé comme guichetier au service des frères Faucher, naguère écroués à la Tour, s'était imaginé être le fils naturel de l'un d'eux, et avoir à venger son père.

L'article fut rédigé à temps pour paraître le soir.

A sept heures et demie, André, qui avait vu ses témoins, malgré leurs sages conseils, alla au *Grand-Théâtre*.

Sur la place, il acheta le journal, et remit pour le lire; mais en se présentant au contrôle, il fut aussitôt reconnu par un agent aposté qui le pria de le suivre chez le commissaire. Il obéit.

Selon l'usage, ce magistrat s'enquit d'abord des noms, prénoms et qualités de la personne arrêtée.

— Je vous ferai observer, dit-il ensuite à André, que votre situation n'est pas régulière, vous êtes sous un faux nom, le nom de Faucher ne vous appartenant point légitimement. Secondement, vous vous rendez au théâtre dans le but évident de troubler la représentation, en insultant des spectateurs honorables et inoffensifs. Vous poursuivez de votre haine MM. de Véry, Léonard et leurs amis. Ces messieurs, vous devez le savoir, ont répondu à vos provocations par le mépris. Votre naissance et le métier de guichetier que vous avez exercé à Bordeaux ne permettent pas à ces messieurs de répondre à vos attaques, sans se rendre ridicules et sans déroger au rang qu'ils occupent dans le monde.

— Leur naissance, répondit André, est souillée du crime de leurs pères, je ne veux que leur donner l'occasion de se réhabiliter, en prouvant qu'ils ne sont pas aussi lâches que les assassins de Constantin et César Faucher.

— J'ai pitié de votre exaltation; car vous commettez un délit, en traitant d'assassins des magistrats. Mais je consens à vous faire mettre en liberté, sur votre promesse de ne pas donner de suite à vos attentats insensés.

Promettez-moi donc de vous tenir tranquille, et vous êtes libre.

— Je ne le puis.

— C'est bien ; vous réfléchirez.

Le commissaire fit un signe à deux agents, et quelques instants plus tard, André était écroué à la maison d'arrêt.

Que se passa-t-il en lui dans cette situation ?

Peut-être regretta-t-il de vouloir porter le nom de son père, mais il ne renonça point à ses projets de vengeance. Tout au contraire, sa haine contre les juges, les avocats, les traîtres et leur progéniture, ne fit que s'accroître et s'exaspérer.

Sa prison ne l'intimidait pas; il savait qu'on ne pouvait le garder longtemps sous les verrous. C'était pour lui une retraite qui ne lui déplaisait pas, en le dérobant au public, et en lui laissant le loisir de méditer de nouveaux plans.

S'ils refusent de se battre, se disait-il, je les harcèlerai d'outrages. Partout où l'occasion s'offrira, je les bâtonnerai, je leur cracherai au visage...

Après quinze jours de prévention, adoucies du reste par les témoignages d'amitié qu'il reçut de la famille Monneins et de ses amis, — qui commençaient à relever la tête, — il fut traduit en police correctionnelle et condamné à huit jours de prison.

Mais à l'expiration de sa peine, par mesure d'ordre public, il fut banni de l'arrondissement de Bordeaux.

Il sortit de la ville sous escorte de gendarmes, en se promettant d'y rentrer bientôt.

Le capitaine avait renoncé à « prêcher sa haine », comme il disait. Il en reconnut l'inutilité, et avec peine, il prévoyait à cette

Tiens, imbécile, fais donc usage de tes armes.

fureur inassouvie un funeste dénouement. Anaïs Faucher, elle-même, avait échoué : « Un crime, lui avait-elle dit, ne reste jamais impuni, si vous croyez en Dieu, c'est à sa justice que vous devez en appeler, et votre père vous blâmerait s'il pouvait vous parler... »

Mais rien ne pouvait l'arracher à sa fatale résolution.

Après avoir voyagé pendant quelques mois, André revint incognito.

Mais on avait prévu son retour, et la famille de Véry avait envoyé Arthur terminer ses études à Paris.

Tant mieux! se dit André, nous allons nous retrouver sur un terrain neutre, où je jouirai de toute ma liberté. Là-bas, j'aurai cent occasions pour une de retrouver mon adversaire.

Et il débarqua au quartier Latin.

Son passage à Bordeaux, son départ par la diligence, n'étaient pas restés ignorés de la police, qui en avait averti la famille de Véry.

Celle-ci fut épouvantée d'un pareil acharnement.

Que faire?... Rappeler Arthur, mais il n'avait plus que ses derniers examens à passer. Ses parents le conjurèrent de se tenir sur ses gardes.

Arthur était prudent, mais sans être poltron.

« Il y a des sergents de ville à Paris, se dit-il. A la première insulte publique, je le ferai arrêter, juger et condamner, et s'il attente à ma vie, j'en serai débarrassé tout à fait, on l'enverra au bagne. »

C'était parfaitement raisonné.

La maison meublée qu'il habitait, était exclusivement peuplée de Girondins. Il n'avait pas à craindre qu'André s'y hasardât. Ses habitudes casanières, studieuses, donnait peu d'accès aux aventures. On ne le voyait jamais au bal, et rarement il allait au café, à moins que ce ne fût pour y accompagner un compatriote. S'il sortait le soir, pour aller au théâtre ou en soirée dans le noble faubourg, il prenait un fiacre.

Enfin, il demeurait non loin du Panthéon, dans le voisinage de l'École.

André, en effet, fut quelques semaines avant de le dénicher.

Le changement de milieu et d'habitudes, le bruit et le mouvement parisiens, devaient dissiper ses idées, assoupir sa passion dominante. L'atmosphère de Paris est imprégnée de tolérance. Il y a du scepticisme dans l'air, et on l'y respire surtout sur la rive gauche.

L'entêté et vindicatif Béarnais dût subir cette influence, et peut-être que s'il fût si longtemps avant de retrouver l'étudiant bordelais, c'est qu'il se laissa aller aux distractions de la grande ville. Mais ce ne fut pas tout à fait du temps perdu; en courant çà et là, il fit quelques connaissances utiles. En ce temps de guerre civile latente ou mal étouffée, les gens de la même couleur politique se distinguaient aisément et se liaient facilement. C'était la plus commune et la plus naturelle des sociétés secrètes. André se fit ainsi un ami d'un jeune officier de Waterloo en demi-solde, — Victor Helier. Il lui conta toute son affaire et l'eut pour admirateur.

Victor Helier était un homme de haute taille, robuste, brave, et un des persévérants duellistes du Palais-Royal.

Épargné par le fer et le feu des batailles, il avait, dans ses duels presque toujours heureux, récolté un certain nombre de blessures, dont une balafre à la joue ajoutait à son air rébarbatif.

XXV

PREMIÈRE RENCONTRE A PARIS

Un soir, comme Helier et André traversaient la place du Panthéon, celui-ci s'écria, en désignant un jeune homme qui venait à eux.

— Tenez! Le voilà!

Et, d'un bond, il fut en face d'Arthur de Véry.

L'étudiant se jeta de côté, mais il fut rejoint aussitôt.

— Un instant, monsieur de Véry, dit André, voilà longtemps que je n'ai eu le plaisir de voir votre face de lâche. C'est étonnant comme vous ressemblez à monsieur votre père. Il se porte bien le vieux criminel?... Il digère ses remords, comme vous votre soufflet. Il vous a envoyé vous cacher à Paris. Mais je vous aurais suivi en Chine. Je paye mes dettes, moi, bâtard et manant. Je vous dois quelques gifles pour m'avoir fait mettre en prison. Puisque vous êtes trop lâche pour vous battre, vous me direz combien de soufflets valent un coup d'épée, et je m'acquitterai par acomptes.

Victor Helier ricanait.

Arthur, d'un air sournois, cherchait autour de lui un sergent de ville.

Il n'y en avait pas.

— Monsieur, dit-il en passant la main sous son paletot, je vous préviens que je suis armé, et que si vous me frappez, je ferais usage de mes armes.

— Tiens! imbécile, s'écria André en le souffletant, fais donc usage de tes armes, et appelle la police.

Les coups étaient d'une telle violence que de Véry vit, comme on dit, trente-six chandelles, et chancela.

— La suite à demain! cria André.

L'étudiant tira un pistolet de poche, mais avant qu'il l'eût armé, son ennemi l'avait déjà dépassé de dix pas, et s'éloignait en riant.

Il n'osa tirer, et, les yeux pleins de larmes, remit le chien au cran et l'arme dans sa poche.

Est-ce que cela allait continuer ainsi? Est-ce que cela pouvait durer?...

Nous ne savons quelle résolution il prit. Peut-être se consola-t-il en se promettant d'être plus prompt à la riposte une autre fois. Il dût convenir, cependant, qu'il ne pourrait endurer de continuels outrages, et qu'il fallait en finir avec un coup d'épée. D'ailleurs, pourquoi hésitait-il? Il pouvait déroger sans crainte; à Bordeaux on ne saurait rien de son duel. Puis, il n'avait pas à le redouter; ne possédait-il pas une *botte* irrésistible?

Il avait remarqué le grand escogriffe qui accompagnait André, et il pouvait être sûr que, s'il faisait coffrer de nouveau ce dernier, l'autre lui chercherait querelle.

Ces considérations devaient le déterminer à se battre.

« Je vais faire quelques jours de salle, se dit-il, et après nous verrons. »

Le lendemain, à neuf heures du matin, il descendit comme d'habitude sur la place, où un grand nombre d'étudiants attendaient l'ouverture de l'école. Jeunesse alors plus mouvante et plus gaie que de nos jours, qui remplissait ce coin silencieux de Paris de ses glapissements d'essai de procureurs et d'avocats. Tous ces séminaristes de la plus froide et de la plus fallacieuse des religions, formaient devant la grille un grouillement noir, dont un augure antique eut sûrement tiré mauvais présage. Aux abords de cette phalange se disséminaient quelques groupes péroreurs et des individualités isolées, allant, venant tête basse, par grandes enjambées.

A peine Arthur de Véry fut-il parvenu parmi ces derniers, que deux hommes se détachèrent d'un groupe et s'écrièrent :

— Voici le lâche Véry, de Bordeaux, qui vient me réclamer sa troisième paire de gifles. Son père, un des magistrats assassins des deux jumeaux de La Réole, l'a envoyé ici pour expier sa gloire. Allons, jeune Véry, venez recevoir vos soufflets.

De semblables injures devaient causer un scandale énorme. Le malheureux Arthur, blême, l'œil hagard, cette fois rompit les chiens, et, ne se possédant plus, s'élança vers André, qui, le bras levé, le sarcasme aux lèvres, l'attendait.

— Misérable ! criait Arthur.

André lui cracha à la poitrine, mais n'eût que le temps de parer le coup de poing que lui portait de Véry.

Dix jeunes gens s'interposèrent, bénévolement, pour éviter le scandale d'un pugilat.

— Et maintenant, lâche, cria André, te battras-tu ?

— Voici ma carte, dit-il.

— Voici la mienne, répondit l'agresseur en jetant une carte, où, cette fois, ne se lisait qu'un seul nom : *André*.

Les portes de l'école s'ouvrirent, et, en cinq minutes, il ne resta plus sur la place qu'André et son ami Helier.

— Maintenant, dit le premier, il faut espérer qu'il ne se dérobera pas. Vous me procurerez un second témoin, Victor !

— Je vais m'en occuper de suite.

— C'est encore lui l'offensé, vous attendrez ses amis.
— Je vous le promets.
— Il me faut un combat sérieux.
— Vous l'aurez.
— Il ne pourra être terminé que par la mort de l'un des combattants.
— C'est entendu.

Helier ne comprenait pas d'autres conditions. — Il ajouta :

— Ce serait, autrement, un précédent fâcheux créé pour les autres... car vous n'en resterez pas là.

Et il partit enchanté.

C'était la première fois, peut-être, que pareil événement s'était accompli au parvis de l'École de Droit.

Arthur de Véry eut du mal, probablement, à se pourvoir de deux témoins, mais, au besoin, il s'en serait passé, tant il était exaspéré.

Lui non plus, ne voulait pas d'une de ces rencontres qui finissent par un déjeuner à la campagne ; il voulait un combat à mort, car chez lui aussi le poison de la haine était monté au cerveau.

A ce sujet, — n'ayant pu donner de complètes explications à ses témoins, — il eut du mal à persuader ces derniers. Son exaltation paraissait insensée, on ne savait pas tous les outrages qu'il avait subis. Maintenant, furieux, il ne se battait pas seulement pour laver l'injure et y mettre fin, mais pour tuer son ennemi. S'il ne s'était battu, il l'eût assassiné.

Il fut donc convenu que le combat ne cesserait que par la mort de l'un des combattants ; — qu'il aurait lieu à l'épée ; — que dans le cas où l'un des deux combattants serait mis, par une blessure au bras, dans l'impossibilité de tenir son épée, il serait procédé à un second combat au pistolet, tenu de la main gauche, à vingt pas, avec liberté du tir et de la marche vers l'adversaire ; que des balles seraient ainsi échangées jusqu'à la mort de l'un des deux adversaires.

C'était assez féroce.

Mais, des deux côtés, on ne comptait que sur l'épée. Arthur surtout.

Afin d'éviter les blessures au poignet, si fréquentes et insignifiantes, il avait encore été stipulé que l'on se battrait avec le gant de salle.

Enfin, le rendez-vous fut donné aux environs de Châtillon, entre Châtillon et Bagneux.

Les conditions du combat étaient étranges et folles ; les témoins de l'offensé les avaient longtemps repoussées, et même avaient été sur le point de se retirer, ne voulant pas assumer la responsabilité de pareils combats. Mais l'étudiant les avait suppliés de ne pas l'abandonner.

— J'ai fait tout ce que j'ai pu pour éviter ce combat, leur dit-il ; j'ai accepté jusqu'au mépris de mon adversaire ; je me suis trop longtemps dominé pour pouvoir me contenir encore. Cet homme a juré de me tuer, et, après moi, tous les fils de ceux qui ont pris part à la mort des frères Faucher de La Réole. Tant qu'il vivra, je n'aurai pas de repos ; il faut en finir.

Ses jeunes amis se rendirent à ce raisonnement. Ils admiraient son énergie.

André écrivit à M. Monneins.

« Enfin, je tiens le petit Véry. Nous nous battons demain matin à Châtillon, dans un endroit que seul je ne connais pas. Quand j'en aurai fini avec celui-là, je retournerai à Bordeaux chercher l'autre... »

Nous avons omis de dire que, depuis qu'il était à Paris, il n'avait pas passé un jour sans se perfectionner dans une des meilleures salles d'escrime. Il avait pris part à plusieurs assauts et était estimé une des meilleures lames de Paris.

Il avait en son épée une confiance absolue.

Le lendemain, frais et dispos, il prit un fiacre avec ses deux témoins, et, à l'heure dite, se trouva sur le terrain.

D'un commun accord, on chercha une place convenable. C'était entre un sentier et un petit bois.

Le sol, presque entièrement dénudé, ne conservait que de rares vestiges de gazon.

Le terrain allait un peu en pente, très peu, mais enfin d'une façon sensible.

Il était tombé de la pluie pendant la nuit ; le sol, sans être boueux, n'était point parfaitement sec.

Toutes ces observations furent faites, mais il parut difficile aux témoins des deux partis de trouver mieux, et surtout un endroit plus discret.

Un étudiant en médecine de seconde année accompagnait ses camarades de l'École de Droit.

— Vous n'aurez, lui dit Véry, qu'une mort à constater.

Deux heures sonnaient au village voisin; les places, tirées au sort, furent assignées aux combattants. Celle du côté du sentier appartint à l'étudiant.

Bientôt les épées se cherchèrent; le combat s'engagea, et, pour l'œil d'un connaisseur comme Victor Helier, l'infériorité du jeune de Véry ne tarda pas à être un fait démontré.

Le premier engagement fut très vif et mené avec une extrême ardeur; il se suspendit un instant sur une parade heureuse de l'étudiant, puis reprit une nouvelle vivacité.

M. de Véry rompit de deux pas, et, tout à coup, en se fendant, glissa et tomba sur un genou.

Son adversaire eût pu le tuer, mais, loyalement, il attendit qu'il se fût relevé. Véry, furieux de son accident, ne comprit pas — ou ne voulut pas comprendre — la générosité d'André, et en se relevant se pencha, et d'un coup lui ouvrit le ventre.

— Canaille! exclama André. Et, lâchant son arme, il tomba sur le dos.

— Il l'a assassiné, dit Helier.

Personne ne le contredit.

De Véry, très pâle, tout tremblant, restait debout comme pétrifié.

L'étudiant en médecine se pencha sur le blessé, et, après un rapide examen de l'horrible blessure qui mesurait plusieurs centimètres, déclara l'état d'André très grave.

L'infortuné ne tarda pas à perdre connaissance.

Le combat ne pouvait être continué, et, d'un avis unanime, il ne fut plus question que de regagner Paris.

Pour le blessé, ce n'était pas chose facile. L'étudiant en médecine appliqua un premier pansement; mais il ne croyait pas qu'André pût arriver chez lui en vie.

On ne pouvait songer à lui trouver un lit chez les paysans des environs. On aurait passé des heures à cette recherche, et probablement sans résultat. On le transporta dans le fiacre à quatre places, sans qu'il se réveillât.

Le village était occupé par une avant-garde.

Mais avant de reprendre le chemin de Paris, sur la demande de Victor Helier, il fut décidé que les témoins se réuniraient dans une auberge située au bas de la côte, pour y rédiger le procès-verbal de la rencontre.

On descendit lentement derrière les voitures qui allaient au pas, en proie aux idées les plus sombres.

Dans le combat à outrance qui avait été décidé on n'avait prévu qu'un malheur et il y en avait deux. André avait perdu la vie, et de Véry l'honneur.

Son dernier coup d'épée était d'un traître. Helier l'avait hautement constaté, et les autres témoins avaient gardé le silence.

A cette heure, les amis d'André marchaient à la portière de sa voiture ; les deux camarades d'Arthur de Véry venaient ensuite, de Véry cheminait à l'écart sous le poids de la honte qui l'accablait.

Maintenant, l'affaire n'en resterait pas là. Victor Helier relèverait l'épée du mort.

Cette chute sur le terrain, cette feinte, était donc la *botte* irrésistible qui faisait son espoir et sa sécurité !... Mais, désormais, il ne pouvait plus compter sur elle.

Il ne s'agissait plus pour lui de se battre, mais de donner son sang pour laver son honneur, et de payer de sa vie celle d'André qu'il venait d'assassiner, aussi lâchement que Constantin Faucher avait été fusillé par son père.

Les voitures s'arrêtèrent.

André n'avait pas encore repris connaissance.

Les quatre témoins rentrèrent à l'auberge.

Le procès-verbal de la rencontre fut rédigé ainsi que le voulait Helier, c'est-à-dire qu'il mentionna le dénouement du combat tel qu'il avait eu lieu réellement.

Lorsque les deux étudiants voulurent en donner lecture à leur ami, il n'était plus là... Il avait disparu.

Il ne devait plus reparaître.

— Le misérable ! dit Victor Helier en présence du corps inanimé de son ami... Je le retrouverai !...

Mais, le même soir, le jeune de Véry avait quitté Paris, et, quelques jours plus tard, il était en Italie où il voyagea pendant plusieurs années.

MOUTON-DUVERNET

LA LISTE DES VICTIMES

Une des plus illustres et des plus sympathiques victimes de la Restauration fut le général patriote *Mouton-Duvernet*.

Napoléon avait quitté la France; Louis XVIII y rentrait pour la seconde fois, et de Cambrai il lançait une proclamation où il promettait sa clémence à son peuple égaré; mais autour du roi et à Paris, on n'entendait crier que justice ou vengeance. Les royalistes et les étrangers, princes et généraux, ne voulaient voir dans le retour de l'île d'Elbe, que le résultat d'une vaste et ténébreuse conspiration et réclamaient des châtiments pour ses auteurs.

Cette conspiration était une chimère.

Les auteurs du retour de l'île d'Elbe se trouvaient surtout parmi les royalistes qui, *n'ayant rien oublié et rien appris* depuis vingt-cinq ans, avaient meurtri de leurs exigences, de leurs outrages et de leurs haines sanguinaires, une nation qui ne les comprenait plus.

Mais les rois, les généraux étrangers, leurs ministres, mais les exaltés se plaignaient de ce que pas un général n'eut été mis en jugement.

— Le nombre des coupables est-il un embarras? s'écriaient les officiers russes, nous nous chargerons de vous en débarrasser, — on les transportera en Sibérie!

— Si on ne frappe pas toutes les têtes de la conspiration, ajoutaient les représentants anglais, l'Europe n'en a pas pour une année.

Cependant, où prendre les coupables? Pourquoi ceux-ci plutôt que ceux-là? Allait-on décimer l'armée vaincue?

Le ministre de la police pendant les Cent-Jours, Fouché, duc d'Otrante, mieux instruit que personne de ce qui s'était passé avant le 20 mars, fut chargé par le ministère de démontrer les difficultés et l'inutilité des châtiments. Il adressa aux grandes puissances un mémoire où il exposait les causes du retour de l'île d'Elbe, l'absence de complot et concluait :

« On aurait beau multiplier les recherches on se convaincra que personne n'a eu connaissance d'aucune conspiration ; et avant d'attaquer qui que ce soit sur ce sujet, ne faudrait-il pas accuser d'abord les ministres du roi qui n'ont su ni deviner ni prévoir le départ de l'île d'Elbe?.....

« Quelques individus ont peut-être plus marqué que les autres : mais celui-ci dirait qu'il a été entraîné par ses officiers et par ses soldats, un autre que ses troupes l'ont abandonné, et pour un principal coupable que l'on chercherait à convaincre, on ne trouverait que des innocents, ou bien l'on découvrirait des milliers de complices. On ne peut se dissimuler combien de pareilles poursuites paraîtraient encore plus *odieuses* au milieu des malheurs publics. On opposerait à ces inutiles vengeances les magnanimes déclarations des souverains ; on ne croirait pas que ceux-ci les exigent, on les imputerait au roi seul... »

Mais les magnanimes étrangers demeurèrent inflexibles.

Alors Fouché, de la même plume qui venait de rédiger ce mémoire, dressa la liste des victimes.

Puisqu'il le fallait, il était décidé à « faire largement les choses. » Il se fixa un chiffre : une centaine, et comme la tâche était considérable, il élargit le champ des culpabilités et prit des coupables jusqu'en 1814. Il se dit aussi que l'occasion pour lui était belle de se débarrasser de ses ennemis et d'anciens amis qui avaient trempé dans ses intrigues et pouvaient le compromettre.

A mesure que sa mémoire lui dictait un nom, il l'écrivait sur une feuille brouillon, sauf à le reprendre plus tard dans un classement alphabétique.

Le premier de la liste fut Arnault, un académicien inoffensif, un de ses plus anciens et de ses plus intimes amis. Pourquoi? Interrogé plus tard à ce sujet par Arnault lui-même, il lui répondit avec l'indifférence cynique qui le caractérisait : « Eh! que veux-tu? Il fallait des noms ; la lettre initiale t'a désigné. »

Venaient ensuite beaucoup d'autres noms insignifiants. Mais il n'oublia aucun des généraux qui avaient conspiré avec lui, avant le retour de l'île d'Elbe, en faveur du duc d'Orléans.

A la lettre C, il écrivit les noms de Carnot, Benjamin Constant et Coulaincourt.

A la lettre D, Durbach, ami de Dupont (de l'Eure). Durbach, le jour de la capitulation de Paris, avait accusé Fouché de trahison.

Puis sa mémoire tarit un instant, il chercha.

— Ah! fit-il à mi-voix, le général Dejean.

Celui-ci, le 20 juin, à la Villette, avait proposé de le faire arrêter et fusiller.

Après?...

Il eut de nouveau un de ses hideux sourires qui accompagnaient ses méchancetés et il écrivit : — Le général Mouton-Duvernet.

Celui-là, qu'avait-il fait? Il semblait qu'il n'eut contre lui que le crime du patriotisme, le vomissement de la dynastie des Bourbons imposée par l'étranger. Son rôle, pendant les Cent-Jours, n'avait été ni plus influent, ni plus signalé que celui des autres chefs militaires, Mouton-Duvernet avait commandé Lyon deux fois. Le second commandement qu'il y exerça lui avait été donné par Fouché lui-même, alors président du gouvernement provisoire... Ce souvenir fixa l'attention de Fouché.

Il allait ainsi se faire pardonner la nomination d'un honnête homme.

Enfin, après le honteux labeur d'une longue soirée, le duc d'Otrante put remettre à ses collègues une liste de *cent dix noms!*... Cent dix... dont un grand nombre hurlaient, comme on dit, de se trouver ensemble. On y voyait des hommes qui n'avaient plus paru sur la scène politique depuis le consulat.

Cette liste, soumise au Conseil, souleva des réclamations nombreuses. Plusieurs proscrits avaient occupé, la veille encore, des positions élevées; ils avaient des amis dans le gouvernement qui intervinrent pour faire rayer leurs noms. Ce premier travail réduisit le nombre à quatre-vingt. Le czar fit rayer aussi quelques noms. Enfin, dans un dernier Conseil, la liste fut maintenue à *cinquante-sept*.

Mouton-Duvernet n'avait point d'ami dans le Conseil, son nom fut maintenu.

Le 24 juillet, seize jours après la rentrée de Louis XVIII, quatre jours après l'envoi du *mémoire*, parut au *Moniteur* l'ordonnance royale qui envoyait devant les conseils de guerre, les généraux et officiers suivants :

Ney, Labédoyère, Lallemant aîné, Lallemant jeune, Drouet d'Erlon, Lefebvre, Desnouettes, Ameil, Brayer, Gilly, *Mouton-Duvernet*, Grouchy, Clausel, Laborde, Debelle, Drouet, Cambronne, Lavalette, Rovigo.

Nous avons déjà reproduit cette ordonnance.

Lorsqu'elle vint le frapper, Mouton-Duvernet se trouvait à Paris avec sa femme.

Sa première impression fut celle de la stupéfaction.

Sa conscience lui faisait illusion sur le danger qu'il courait; il ne se sentait pas coupable. D'un caractère bienveillant et tolérant, il avait notamment, pendant son commandement à Lyon, obligé beaucoup de royalistes; il ne se connaissait pas d'ennemi.

Enfin, ignorant que la *liste* eut été préparée par Fouché, il était tout prêt à réclamer son appui. Sa femme... les femmes sont souvent devineresses... le supplia instamment de n'en rien faire, lui disant qu'il y avait du Fouché là-dedans.

— Tu n'as qu'une chose à faire, ajouta-t-elle, te cacher.

— Moi, me cacher! répondit le général, ce serait la première fois de ma vie que je fuirais; ce serait m'avouer coupable.

— D'aussi courageux que toi et d'aussi innocents se cachaient sous la Terreur pour échapper à Robespierre; ils ne se croyaient point déshonorés pour cela. La justice politique est de l'injustice; si l'on t'accuse, c'est pour t'exécuter. Et toi, si tu attends leurs gendarmes, c'est que tu as confiance en leur justice. Leur accordes-tu ta confiance?

— Le ciel m'en préserve!

— Alors, fuis!

— Si ce n'est pour toi, insista Mme Mouton-Duvernet, que ce soit pour moi.

— Eh bien, soit! fit le général; mais où nous cachons-nous?

— D'abord, je ne me cache pas, moi!

— Ah!

— Je te serais plus gênante qu'utile, je te trahirais sans le vouloir; je resterai ici jusqu'au jour où je pourrai te rejoindre sans danger.

Le général réfléchit un instant :

Il n'y avait plus, en Europe, un seul coin de terre où un soldat de Napoléon pût reposer sa tête. Le droit d'asile était aboli. La France elle-même était tout entière occupée par les peuples coalisés.

— Il ne me reste plus de refuge, dit-il, que dans nos montagnes d'Auvergne.

— C'est vrai, répondit Mme Mouton-Duvernet; mais, d'ici là-bas, il y a de la place pour un malheur.

Il fallait des papiers; tous deux étaient tourmentés de cette pensée sans oser se la communiquer. La générale ajouta :

— Eh bien! voilà qui est convenu, n'est-ce pas, mon ami, tu vas en Auvergne.

— Oui... si je le peux.

— Attends-moi donc un instant, je vais revenir, nous en reparlerons... (*Elle s'éloigna.*)

LES PAPIERS DU GÉNÉRAL

Le baron Regis-Barthélemy Mouton-Duvernet était né au Puy, Haute-Loire, en 1779; sa femme était également Auvergnate. Quand les Auvergnats sont bons, il n'est pas de gens meilleurs. Ils aiment la grande et la petite patrie, la France et leur pays natal. A Paris, ils se fréquentent volontiers et se soutiennent avec une fraternité simple et bien comprise. S'étant demandé qui pourrait, en ce moment terrible, lui rendre service, la générale pensa à un Auvergnat. Elle descendit sans hésitation et se rendit chez le charbonnier établi à quelque pas de chez elle.

Elle avait vu souvent ce brave homme apporter de l'eau ou du charbon, et même elle lui avait adressé, au passage, quelques paroles aimables. C'était, comme son mari, un homme de haute taille, solidement bâti, d'un air martial et doux.

Sans souci du quand dira-t-on, elle traversa rapidement la rue et s'élança dans la boutique; là, elle pouvait se rassurer, il n'y faisait pas clair.

Le charbonnier était seul; sa femme, dans l'arrière-boutique, préparait la soupe au choux.

— Monsieur Barthomieu, dit la dame, j'ai quelque chose à vous dire.

— A moi, madame? fit ce dernier stupéfait.

Elle pénétra dans l'arrière-boutique, il la suivit.

Après avoir regardé autour d'elle dans les coins noirs, et avoir reçu l'assurance qu'ils étaient bien seuls, elle s'assit et poursuivit :

— Mes amis, vous ne savez peut-être pas le malheur qui nous arrive?

— Un malheur, ma bonne dame? Oh! non, par ma fidé! répondit la charbonnière.

— Mon mari, ainsi que dix-sept autres généraux, vient, par une ordonnance du roi, d'être cité à comparaître devant un conseil de guerre, comme coupable d'avoir combattu à Waterloo.

— Povre monchieu, vede aon paou!

— C'est pour le fusiller, vous comprenez, parce qu'il a défendu sa patrie. Je lui ai dit, général, il faut t'en retourner au pays et t'y tenir caché jusqu'à ce que la rage des royalistes soit passée. Il ne voulait pas, mais je l'ai supplié et oraisonné si bien qu'il a consenti. Mais, maintenant, voilà une autre affaire. Écoutez-moi bien un peu. Si on lui demande ses papiers, que répondra-t-il? Voilà une chose...

— Oui, fit Barthomieu, une choge...

— Qui est dangereuse.

— Dangereuge.

— Vous le concevez?

— Je le conchois; ayant été arrêté autrefois et mig en prigeon parche que je n'avais pas de papiers.

— Et vous en avez maintenant?

— Chan doute.

— Eh bien! prêtez-les nous...

Barthomieu eut un mouvement de surprise.

— Prêtez-les à *notre* général, pour lui sauver la vie.

Agir sans réfléchir n'est pas d'un homme sensé; Barthomieu réfléchit. Sa femme, interloquée, gardait le silence.

Mme Mouton-Duvernet ajouta :

— Que craignez-vous? Si jamais cela se découvrait, je dirais que je vous les ai volés. Et, en définitive, ne feriez-vous pas quelques mois de prison, s'il le fallait, pour le brave général Mouton? Mais, mon

Ce sont les uhlans!

mari vous ressemble, il est Auvergnat, il parle patois aussi bien que vous; avec vos papiers, il passera son chemin jusqu'au Puy, comme vous-même. Voyons...

Barthomieu regarda sa femme.

— Donnez che que vous avez, dit-elle.

Le charbonnier se leva, et, quelques instants après, remit à la générale une « quittance » de loyer et son acte de baptême.

Mme Mouton-Duvernet l'embrassa les larmes aux yeux.

— Ce n'est pas tout, mon ami, lui dit-elle, il me faut une blouse, un pantalon, deux chemises, des souliers ferrés, et un chapeau auvergnat.

— Vous les aurez ce soir, madame, répondit le brave homme.

ERRANT A L'AVENTURE

Il n'y avait pas une heure à perdre.

Le lendemain de la publication de l'ordonnance royale, le général, habillé en paysan, embrassa sa femme pour la dernière fois et sortit de Paris sans avoir été reconnu par les agents de la police secrète apostés aux barrières.

Il avait pris la route d'Orléans.

Il était bon marcheur, son bâton noueux à la main, il allait d'un pas rapide se rappelant les petits voyages de sa première jeunesse. La beauté d'une matinée d'été, la nouveauté, l'étrangeté de la situation auraient suffi à le distraire, si, à chaque instant, il ne se fut croisé avec des détachements prussiens ou autrichiens dont les routes étaient encombrées.

Il profita du premier chemin de traverse qu'il rencontra pour s'isoler en pleine campagne; mais, en fidèle historien, nous devons le noter, il avait beaucoup plu. L'année 1816 fut désolée de pluies diluviennes, la traverse était boueuse, puis, s'il passait dans un village, il se heurtait aux camps ennemis, obligé de se dissimuler. Il se trouvait ridicule.

Il n'avait pas peur d'être reconnu : — Qui se douterait, disait-il, en me voyant tirer mes guêtres de la boue, que je suis un général français! Je me déguise trop.

Il se proposait d'acheter un cheval, — les voitures publiques, d'ailleurs dangereuses, n'ayant plus de service régulier, — mais il fallait que l'occasion s'en présentât; la guerre, le manque de foin rendaient les chevaux très rares dans les campagnes.

Il pouvait descendre de Paris en Auvergne sans trouver une monture, et, cependant, en essuyant au passage les regards méfiants des aubergistes et des gendarmes, en subissant les courts mais substantiels interrogatoires qui suivaient l'exhibition de ses papiers, il se disait parfois que les jambes d'un cheval pourraient lui être utiles.

Les gendarmes surtout l'inquiétaient; la plupart étaient sortis de l'armée et le connaissaient; il n'aurait pas osé, en les priant de fermer les yeux, les détourner de leur devoir. Un bandit est dans son rôle en brûlant la cervelle à qui lui met la main au collet; un général ne le peut pas.

Chaque jour un incident mettait sa vie en danger. Ici, il avait laissé voir trop d'argent, et là, des mains trop blanches. Ailleurs, une querelle entre paysans et étrangers avait éclaté, et le premier était indignement maltraité sous ses yeux sans qu'il put le protéger; un peu plus loin, c'était un goujat qui attachait une croix d'honneur à la queue de son cheval, et il devait le regarder impassible.

Les femmes avaient à souffrir selon leur rang : la bourgeoise était une grisette pour le « noble officier »; pour le soldat, elle était une honorable dame. Pour tous, gradés ou non, la paysanne, la femme, la fille de l'ouvrier n'étaient respectables qu'autant qu'elles étaient protégées et qu'elles savaient se défendre et faire scandale, — mais les marchandes ambulantes, les bergères, les servantes appartenaient, selon eux, à qui voulait les prendre.

Contre ces marées montantes de croates de hulans, de cosaques, beaucoup de ces malheureuses subissaient leur destinée jusqu'à la mort; quelques-unes résistaient, rendant coups pour caresses et blessures pour outrages. Telle fille de ferme, armée d'une fourche; telle lessiveuse, armée de son battoir, avait parfois raison des plus entreprenants.

Quelques-unes s'alliaient entre elles. Enfin, il en étaient qui, parmi leurs ennemis mêmes, se cherchaient un protecteur.

Système excellent, — connu des pompiers sous le nom de part du feu, — pourvu que l'endroit ne changeât pas trop souvent de garnison.

A une vingtaine de lieues de Paris, un soir, sur la grande route d'Orléans, que les pluies l'avaient obligé à reprendre, le général arriva dans un gros bourg où les fumées de bivouac lui annonçaient l'ennemi.

La faim et la fatigue le forçaient à s'y arrêter.

On sait comment sont construits la plupart de nos villages. La grande route devient leur rue principale à laquelle se rattachent quelques ruelles qui, à droite et à gauche s'enfoncent dans les champs. Au milieu de son parcours, ordinairement, la grande rue s'élargissant sur ses bas côtés forme une place où s'élèvent l'église, la maison commune, et la plus grande auberge de l'endroit.

Au moment où il entra, le village n'était pas encombré de troupes, il n'y trouva que l'avant-garde d'une division autrichienne.

L'auberge de la *Croix-d'Or,* tenue par Cormier, ne renfermait que deux ou trois officiers et leurs ordonnances. Ils se préparaient au départ.

Bien qu'on fut en été, l'humidité était si grande que l'on faisait du feu. La moitié d'une fascine achevait de brûler, et le voyageur s'approcha du foyer pour se sécher.

Tout à coup un roulement de tambour se fit entendre et les Kaiserlichts sortirent.

Le maître de l'auberge ferma la porte derrière eux en soupirant.

— Vous voilà débarrassé, dit le voyageur.

— Eh! mon brave, nous en aurons toute la nuit, après en avoir eu toute la journée. Des bleus, des noirs, des rouges, de toutes les couleurs. C'est un corps d'armée autrichien qui quitte Orléans pour se rapprocher de Paris. Nous avons eu de la cavalerie; on nous annonce de l'artillerie pour ce soir. La commande est faite. Pour les chevaux : cinq cents bottes de foin, mille mesures d'avoine... Cherche du foin!... Trouves-en de l'avoine!... Ce n'est pas ici; mes greniers n'ont plus une botte, ni un sac. Quant au pain, le boulanger a cuit toute la journée... je ne sais pas quoi.

— Avez-vous un morceau de pain pour moi? fit le voyageur. Je vous le payerai ce que vous voudrez, car j'ai très faim.

L'homme interrogea sa femme du regard et celle-ci sa fille, une jolie personne de vingt ans. Et la femme dit :

— Il faut que tout le monde mange. Nous allons manger aussi, nous *autres*. Depuis neuf heures du matin, nous n'avons pas osé tirer du manger de la cachette.

Cormier, l'aubergiste, fronça les sourcils au mot *cachette*.

— C'est bon, c'est bon, bavarde, fit-il.

Le voyageur le devina.

— Oh! n'ayez pas peur, mes bonnes gens; j'ai le cœur français, ce n'est pas moi qui vous trahira.

Pendant ce temps, Virginie Cormier était allée chercher le manger, et le général tirait de sa bourse deux pièces de cinq francs qu'il déposait sur la table.

L'aubergiste le regarda avec surprise. Il avait manqué de prudence en n'écoutant que la faim et la soif qui le tourmentaient.

— C'est trop, *monsieur*, dit Cormier en écartant du doigt un des écus.

— C'est que, dit le voyageur, je vous demanderai, avec mon pain, quelque chose, ce que vous pourrez, et une bonne bouteille, s'il en reste.

— Non, nous ferons de notre mieux, répondit l'aubergiste, mais nous ne sommes pas des écorcheurs. Reprenez la moitié de votre argent.

Le voyageur obéit. Il y avait assaut de générosité. Dans les temps calamiteux nous devenons meilleurs ou pires.

Virginie rentra avec le quart d'une miche, un morceau de lard et du fromage. Le couvert fut vite mis pendant que Cormier était allé chercher du vin.

Si le pain était dur, si le lard était rance, personne ne l'a jamais su.

On travailla fortement des mâchoires, sans dire mot, et, de temps en temps, l'oreille au guet, quant on croyait entendre du bruit dans la plaine.

Enfin le repas s'acheva sans être troublé, chacun avait mangé pour vingt-quatre heures. Il ne resta rien, et on eût même encore le temps d'échanger quelques paroles.

— Vous venez de loin comme ça, monsieur?

— De Paris, madame.

— Vous allez encore loin, sans vous commander?

— En Auvergne.

— Ah! vous êtes Auvergnat.

— Oui.

— Il y a d'honnêtes gens partout. Et qu'est-ce qu'on dit, à Paris?

— Ah! dame, c'est selon. Les avis sont partagés.

— Les Parisiens, ils s'tirent toujours d'affaire, eux; ils n'sont pas malheureux, mais nous, avec ces coquins qui passent constamment, nous sommes toujours entre la vie et la mort.

La jeune fille, qui était allée à la porte pour écouter, rentra en disant :

— Les voilà! on entend un roulement sourd.

Les aubergistes sortirent de la maison. C'était bien le bruit de l'artillerie sur la route.

— Virginie, dit Cormier à sa fille, tu vas aller dans ta chambre, tu t'enfermeras bien et tu t'étendras toute habillée sur ton lit.

— Oui, père.

— Moi, je vais remonter de l'eau-de-vie; ils ne boivent que cela.

Le père et la mère embrassèrent leur fille, qui souhaita une bonne nuit au voyageur et se retira.

— Vous, monsieur, reprit Cormier, je ne puis vous coucher, ils vous jetteraient par terre; je n'ai pas même une botte de paille à vous offrir. Ils ne vous laisseraient pas près de leurs chevaux. Restez avec nous, près du feu, jusqu'à ce qu'ils s'en aillent.

A L'AUBERGE DE LA CROIX-D'OR

Une demi-heure plus tard, l'auberge était envahie par une centaine d'artilleurs qui s'agitaient, montaient, descendaient, criaient, administraient au passage, et sans raison, des coups de poing et des coups de pied à l'aubergiste et à sa femme, qui n'avaient ni vin ni bière à leur verser, ni rôtis, ni pain à leur servir et allaient et venaient eux-mêmes, ahuris, sans savoir ce qu'ils faisaient.

Le voyageur restait immobile et muet près du feu et d'un tas de fascines, témoin indigné de ce tumulte.

Peu à peu, cependant, le nombre de cette soldatesque diminua. Elle réussit à se caser dans les chambres en dédoublant les lits, et beaucoup, ne trouvant où se coucher, s'en allèrent. Le rez-de-chaussée, ou pour mieux dire, la cuisine se vida. Le maire était parvenu à rassembler sur la place une partie des denrées réclamées. Bêtes et gens ne désiraient plus que dormir.

Cependant deux postes veillaient encore, l'un à la mairie et l'autre à la *Croix-d'Or;* — ce dernier était composé de douze hommes.

Une sentinelle se promenait devant la porte. Un sergent-major fumait sa pipe près du feu, le reste, assis autour de la table, réclamait de l'eau-de-vie et du sucre.

Il s'agissait de faire un bischoff; mais le sucre et le citron manquaient absolument.

Ces braves étaient fort gais et d'une gaieté très bruyante; ils n'en étaient pas à leur premier saladier d'eau-de-vie brûlée. Ils frappaient la table du poing et du pommeau de leurs sabres, en criant : « Schnik!... Schnik!... tout de suite. »

L'aubergiste leur répondit :

— C'est bien, je vais vous servir.

— Nous ne voulons pas de toi, dit un des soldats; nous voulons la jeune fille.

Cormier ne répondit point, et revint au bout d'un instant, avec un saladier en étain, qui contenait au moins deux litres d'eau-de-vie.

A peine eut-il franchi la porte.

— Encore ce vieux! fit le même canonnier. Nous voulons être servis par la jolie servante.

— Je n'ai pas de servante.

— Si! Si! Là-haut! crièrent plusieurs soldats.

L'imprudente, comptant sur la nuit, s'était mise un instant à sa fenêtre. Ils l'avaient aperçue.

— C'est ma fille, messieurs.

— Ah!... Ah! sa fille, s'écrièrent les soldats en riant. — Nous voulons être servis par sa fille.

Pour eux, c'était toujours une servante de cabaret. — Les officiers dormaient : le poste était maître de l'auberge; les Cormier ne pouvaient guère résister.

Ce que nous ne pouvons rendre, c'étaient l'ébriété des voix, la menace des attitudes. Le vacarme était tel que l'on n'avait pas entendu frapper à la porte, et qu'un voyageur, un Français, était entré sans avoir été remarqué.

Ce nouveau venu, chétif et malingre, se glissait vers la cheminée. Son costume était celui d'un petit propriétaire campagnard.

— Vous êtes l'aubergiste? dit-il à Cormier. Auriez-vous une petite place pour mon cheval?

— Non, répondit ce dernier qui, debout près de l'entrée de l'escalier ne voulait pas quitter sa place.

Les soudards le devinèrent et reprirent en chœur :

— Si! si! Conduire cheval tout de suite.

Une lutte devenait imminente.

Alors Mme Cormier survint à son tour :

— Je vais mener votre cheval, monsieur, dit-elle, en se dirigeant vers la porte.

Les *Kaiserlichts* parurent déçus et vexés.

Elle traversa la salle, l'étranger la suivit, mais à peine la porte se fut-elle refermée sur eux, que quatre ou cinq des soldats les plus excités quittèrent la table et se ruèrent vers Cormier, en criant en allemand :

— Nous allons la chercher, nous!

— Vous ne passerez pas, moi vivant! répliqua l'aubergiste.

Puis, s'adressant à l'impassible sergent-major qui restait absorbé dans la jouissance de sa pipe :

— Sergent! cria-t-il, je vais me plaindre à votre capitaine.

Le sous-officier, pour toute réponse, haussa les épaules, et ses soldats saisirent le père de famille, l'un par les bras, l'autre par le collet, mêlant ses cris et ses imprécations au gros rire de nos amis, — les ennemis. Le retour de la femme mit le comble au vacarme qui devait s'entendre d'un bout de la place à l'autre.

— Allons, silence! ordonna enfin le sergent.

L'aubergiste fut renversé violemment, la tête sur le carrelage de briques, et l'escalier fut libre...

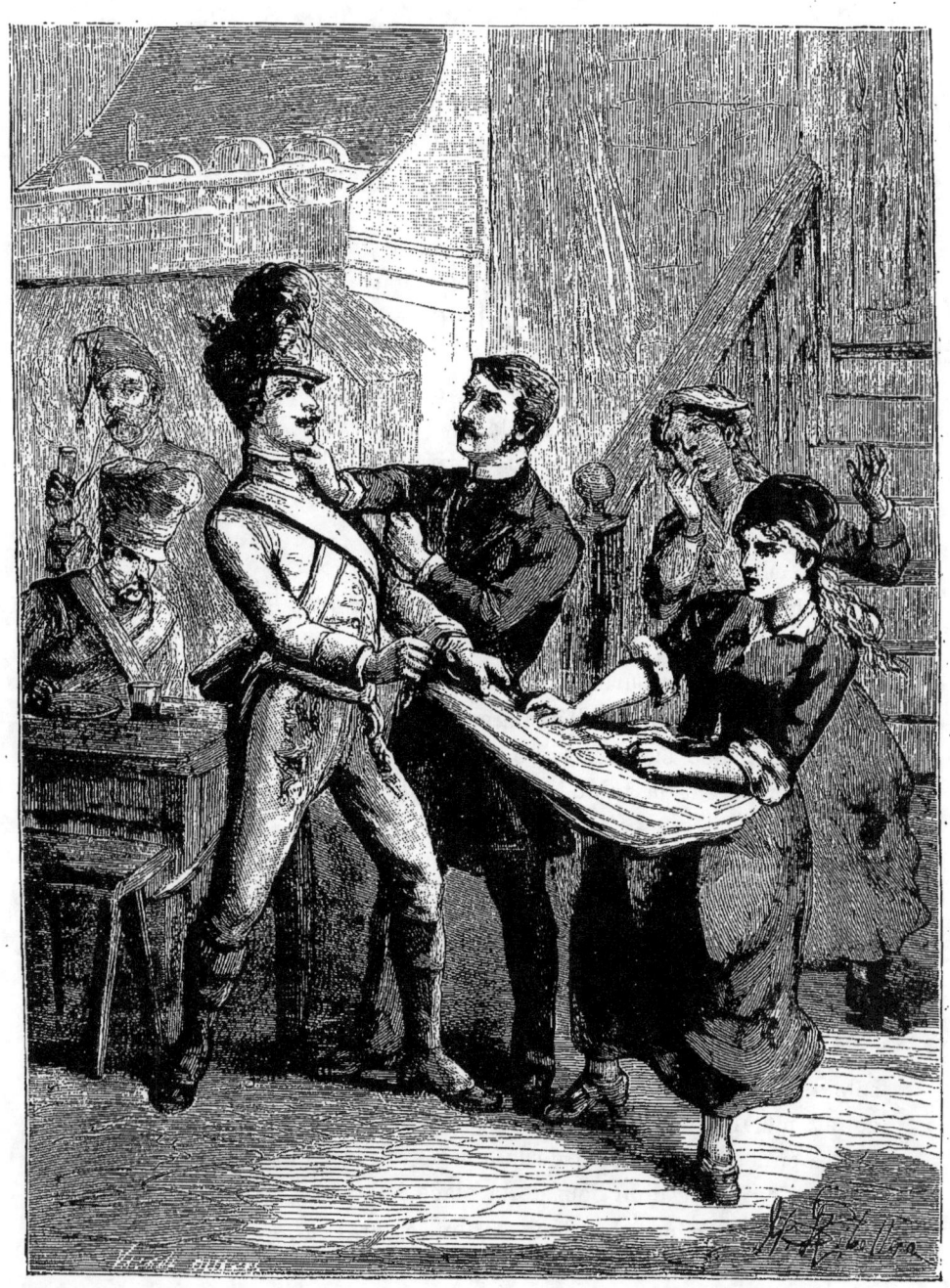

Le voyageur ne se possède plus, il court au secours des femmes.

Mais, au même moment, Virginie Cormier apparut, pâle, mais résolue, et tenant un petit couteau à la main.

Les soldats lui firent place, étonnés, impressionnés aussi peut-être par sa beauté.

On eut pu croire au silence qui s'était fait que tout était fini.

Le sergent se souleva à demi de sa chaise :

— Jeune fille, dit-il, servez le bischoff.

Mais le regard de Virginie venait de se fixer sur Cormier, resté sans connaissance. — Elle le crut mort et se jeta vers lui.

Un soldat voulut la retenir et sans doute la rassurer. Au contact de cet homme qui, pour elle, était un des assassins de son père, tout son être se révolta, et elle le frappa de son couteau, au cou, au-dessus de l'oreille...

Le sang jaillit avec abondance.. C'était la guerre rallumée.

La fureur s'empare des soldats qui tombent sur la malheureuse et sur sa mère, à coups de pieds et de poing.

Alors, le voyageur lui-même ne se possède plus, il s'élance au secours des femmes.

— Halte-là! messieurs. Halte-là! s'écrie-t-il en se précipitant sur les forcenés et les secouant rudement.

Un soldat tire son sabre, il le désarme d'un coup de bâton sur le poignet.

Tous se tournent contre lui.

C'est en ce moment qu'un capitaine, un lieutenant et leur peloton d'escorte s'arrêtèrent à la *Croix-d'Or*.

Tout d'abord irrité du désordre, l'officier imposa d'un mot le holà; les combattants parurent changés en un groupe de statues.

Le sergent rendit compte à son chef de ce qui s'était passé, de la façon la plus inexacte et la plus favorable à ses hommes.

Après l'avoir écouté, et sans lui répondre, le capitaine fit un signe au lieutenant qui donna lecture d'un ordre du quartier général, conformément auquel l'artillerie du 3ᵉ corps en marche devait, au reçu de la présente dépêche, laisser une partie de la route libre, pour favoriser le passage des équipages de S. A. le feld-maréchal et des (numéros) régiments de la garde se dirigeant vers Paris, etc.

Suivaient les instructions nécessaires à l'accomplissement de cette manœuvre assez difficile en pleine nuit.

Le capitaine dit ensuite, en désignant Virginie Cormier et le voyageur :

— Conduisez cette fille et cet homme à la Prévôté.
— Quatre hommes! commanda le sergent.

Quatre soldats s'emparèrent aussitôt des accusés, qui, en pareil cas, étaient des condamnés à être passés par les armes, et sortirent avec eux ; les officiers, après avoir rallumé leurs cigares, allaient en faire autant, quand l'individu à mine suspecte, qui avait assisté à la querelle, s'avança d'un air humble vers le capitaine.

Il avait quelques observations à lui soumettre... Et, d'abord, il était employé secret du ministre de la police.

— Notre roi bien-aimé, dit-il, ayant cité à comparaître devant les conseils de guerre, dix-huit généraux de l'ancienne armée, j'ai été chargé par le ministre de m'assurer de l'un des coupables, le sieur Mouton-Duvernet. M'étant rendu au domicile de ce dernier, j'appris qu'il venait de quitter Paris. Je procédai à une petite enquête chez les marchands du quartier ; tous ignoraient le départ du maréchal, mais un d'eux, un charbonnier, me dit : « Laissez tranquille les Auvergnats, ce sont tous des honnêtes gens. »

L'idée me vint que Mouton-Duvernet, qui est du Puy, avait dû prendre la route de l'Auvergne, et je crois l'avoir reconnu dans le personnage que vous venez de faire arrêter.

L'officier considéra le mouchard avec un air de mépris :

— C'est bien, faites votre métier.

Et il lui tourna le dos.

— Où se trouve la Prévôté? demanda l'agent.

Ce fut le sergent qui lui répondit :

— A la mairie, de l'autre côté de la place.

— Je suis sûr de le *pincer*, fit l'agent en prenant la porte et en redressant sa petite taille.

Il faisait nuit noire, nous y insistons ; l'encombrement des canons, des caissons, des chevaux et des hommes, chargés de les déplacer et de les ranger sur une seule file était énorme. Quelques torches, tenues de distance en distance, ne suffisaient pas à éclairer cette bagarre. L'agent de police ne parvint à la Prévôté qu'en risquant de se faire écraser. En y arrivant, il dit en allemand à un sous-officier :

— On vient de vous amener un Français et une jeune fille?

— Non.

Il attendit. Les quatre soldats qui conduisaient les prisonniers vinrent à leur tour, mais l'air piteux ; le voyageur et la demoiselle Cormier les avait quittés en chemin.

— Consolez-vous, leur dit l'agent, je me charge de les repincer, moi !

LES FUGITIFS

Profitant des ténèbres et de l'encombrement, ils s'étaient échappés, passant sous les voitures et dans les jambes des chevaux, ils avaient gagné une ruelle et les champs ; mais ils ne pouvaient encore se flatter d'être hors de peine. Les jardins, les enclos, tous les abords du village, regorgeaient de troupes.

Les feux de bivouac projetaient çà et là leurs clartés subites et intermittentes qui les dénonçaient.

Virginie Cormier, heureusement, savait se guider dans le dédale des sentiers.

— Venez, n'ayez pas peur, disait-elle ; ne se doutant pas qu'elle parlait à un des plus vaillants soldats de l'Empire.

A travers les champs, changés en marécages, ils gagnèrent un coteau dont le sommet boisé leur promettait un refuge. De la lisière, on voyait une plaine d'une vaste étendue où s'élevaient plusieurs villages et un grand nombre de fermes ; les feux les indiquaient. Virginie les nomma et ajouta :

— Nous avons des amis dans beaucoup de ces pays, mais aujourd'hui, à quels amis se fier ?

Elle se rappela alors qu'elle n'avait pas encore remercié le voyageur qui s'était compromis pour prendre sa défense, et elle lui dit :

— Je ne vous ai pas encore remercié de m'avoir défendue, mais ne croyez pas pour cela que je sois ingrate ; mes parents et moi nous n'oublierons jamais ce que vous avez fait.

Puis son cœur se gonfla :

— Mes pauvres parents, dit-elle en éclatant en sanglots, ils me croient morte. Pourvu que les coquins ne se revengent pas sur eux !

— Mais puisqu'ils s'en vont, dit le général. C'est une petite affaire qui passera avec tant d'autres.

— Je voudrais pouvoir les prévenir.

— N'en faites rien! répondit le voyageur avec vivacité. Vous mettriez sur nos traces. N'avez-vous pas remarqué un voyageur, venu après moi, à la figure de fouine?

— Non, je ne m'en souviens pas.

— C'est un agent de la police secrète de Paris. Voilà un homme de l'espèce la plus dangereuse. Il va nous suivre; il nous suit.

— Voilà une ferme là-bas, on m'y aime bien, mais on m'y ferait froide mine, si on croyait que je puis attirer le malheur sur la maison. Que faut-il faire?

— Ne pas vous montrer où il y a des troupes; couchez plutôt à la belle étoile. Moi aussi, j'ai des connaissances dans le pays, mais je n'ai pas parcouru à pied la campagne. Je la traversais autrefois en voiture. Laissez-moi m'orienter. Il doit y avoir, de ce côté, un château de la Mornay?

— Mais oui, fit Virginie.

— Vous le connaissez?

— J'en ai entendu parler. Il est à cinq ou six lieues d'ici.

— Vous pouvez m'y conduire?

— Certainement.

— J'en connais le propriétaire. Je lui ai même rendu service autrefois. Il nous donnera bien asile pour quelques jours : le temps nécessaire pour dépister l'agent de police, et débarrasser la contrée des Autrichiens.

— Eh bien! attendons le jour, dit Virginie, et nous irons.

— Quel chemin?

— Presque tout bois.

Ils s'assirent résignés à l'endroit le moins mouillé qu'ils trouvèrent et attendirent le lever du jour.

Par une belle nuit de juillet l'attente n'eût pas été pénible, mais on eût dit que le ciel, par un second déluge, voulait punir les hommes de leurs fureurs sanguinaires.

« Si le mouchard nous suit, pensait le général, il aura du courage. »

Le jour montra enfin sa face blême à travers le rideau de pluie.

De ses rayons sans chaleur il leva encore dans la vallée un nouveau contingent de nuages. Nos voyageurs dégourdirent leurs jambes; le proscrit se coupa un bâton; la jeune fille, mouillée et crottée, répara comme elle put le désordre de sa toilette, et, tous deux se mirent en chemin vers le château de Mornay.

La pauvre Virginie, si courageuse avec les siens, se désolait.

— Tout pourrit dans les champs, disait-elle, et ces armées passent toujours. Quand il n'y aura plus ni un sac de grains, ni un verre d'eau-de-vie, ni une vache, ni une poule dans nos villages, que deviendrons-nous? On dit que, dans les anciens temps, les paysans ont mangé de l'herbe, ça va revenir.

Que lui répondre? Elle avait le temps de gémir; les malheureux paysans n'étaient qu'au commencement de l'épreuve; l'occupation devait durer un an.

Le général aurait pu aussi s'abandonner aux plus tristes pensées. Il lui était pénible d'aller demander un asile à une famille qu'il ne connaissait que pour l'avoir obligée lorsqu'il commandait Lyon. On n'aime pas réclamer une dette, même de reconnaissance.

S'il ne s'était trouvé en si pitoyable état, jamais ce M. de Mornay n'aurait eu de ses nouvelles, et jamais il n'en aurait reçu de lui. Leurs opinions politiques les séparaient complètement.

A mesure qu'il approchait de la résidence royaliste, il éprouvait une appréhension de plus en plus forte.

Peut-être ce château était-il rempli d'officiers étrangers? Comment pourrait-il vivre au milieu d'eux?

« Je n'y ferai pas long séjour, se disait-il; mais, tout ce que je demande, c'est un jour et une nuit de repos. Et, si je puis me procurer un cheval... »

C'était là son plus grand désir. Avec un bidet de paysan il serait parvenu plus vite dans la montagne, dans le désert. Il aurait acheté une valise et du linge dont il manquait.

Mme Cormier le tira de sa rêverie :

— Voici le château, lui dit-elle.

Il aperçut, à cinq minutes de lui, un château ancien situé sur un mamelon et entouré d'épais ombrages. Une avenue de vieux noyers aboutissait à la route. Lorsqu'il fût à l'entrée de cette avenue, il s'arrêta et pria Virginie de se rendre seule au château.

— Rendez-moi ce service, dit-il, on vous laissera entrer plus facilement que moi. Vous demanderez à parler à M. de Mornay seul. Vous direz que vous êtes chargée pour lui d'une commission pressante. Puis, lorsqu'il sera seul avec vous, vous lui direz : « Monsieur, il y a un voyageur qui arrive de Paris pour vous voir; il vous attend dans l'avenue, et désire vous parler sans témoin. »

Virginie se rendit au château et revint, un instant plus tard, avec M. de Mornay.

Le proscrit alla à sa rencontre, et la jeune fille se retira à quelque distance.

— Monsieur de Mornay, dit le général, vous souvenez-vous de Mouton-Duvernet?

— Oui, répondit de Mornay avec embarras.

— Le voici devant vous, dit le général en ôtant son chapeau auvergnat.

— Ah! fit de Mornay. J'avoue que, tout d'abord, je ne vous ai pas remis... monsieur.

— Tant mieux, cela prouve que je suis suffisamment déguisé.

— Mais... n'êtes-vous pas proscrit?

— Mieux que cela, je suis sommé de comparaître devant un conseil de guerre. Vous savez ce que valent les tribunaux politiques dans un temps aussi troublé que le nôtre. Autant par prudence que par condescendance pour Mme Mouton-Duvernet, j'ai consenti à me retirer dans mon pays, dans les montagnes de l'Auvergne, en attendant que l'orage fut passé. Je suis parti sous ce déguisement, et je ne vous aurais pas dérangé sans une affaire assez fâcheuse, et la rencontre d'un mouchard à quelques lieues d'ici. Obligé alors à me sauver dans les bois et y passer la nuit, j'ai songé à vous demander le repos de quelques heures.

— Quelques heures!... fit M. de Mornay avec vivacité. Oh! pour quelques heures, certainement, monsieur, cela ne peut se refuser. Vous pouvez entrer chez moi, monsieur, y prendre le repos et le repas qui, probablement, vous est nécessaire. Votre secret sera religieusement gardé.

— Très bien, répondit le général d'un ton ironique.

— En politique, reprit M. de Mornay, nous sommes ennemis; mais vaincu, poursuivi, vous venez vous confier à ma loyauté de gentilhomme... ma maison vous est ouverte.

— Pour quelques heures, reprit Mouton-Duvernet.

— Je vous avouerai, dit le gentilhomme, que le château, en ce moment, est rempli de mes amis, de fidèles sujets du roi, comme moi, et qu'il y aurait plus qu'imprudence à vous y recevoir plus longtemps. Je le regrette, mais vous savez à quel degré les passions sont montées.

Le général eut un sourire amer.

Le royaliste reprit :

— Je n'ai pas oublié certain service que vous m'avez rendu quand vous étiez gouverneur de Lyon.

— Je ne me souviens, monsieur, que d'avoir eu le plaisir de vous voir.

— Si je puis autrement m'acquitter envers vous, dit le gentilhomme en faisant mine de tirer sa bourse.

Mouton-Duvernet l'arrêta d'un geste.

— Il suffit, monsieur. Je trouverai, chez quelqu'un de vos paysans, ce qui m'est nécessaire. Ayez seulement la bonté de garder le secret de notre entrevue.

— Mais, monsieur...

— Je vous serais reconnaissant de faire donner à déjeuner à cette jeune fille ; Mlle Virginie Cormier est la fille d'un aubergiste des environs. Des soldats ivres ont assommé son père et l'ont obligée à fuir dans les champs ; elle m'a servi de guide jusque chez vous.

— Mais, très volontiers !... Mais, monsieur, vous allez déjeuner avec elle...

— Non, merci. Je continue ma route.

— Pardonnez, vous m'avez mal compris, et...

— Si vous croyez avoir contracté envers moi quelque obligation, que cette légère dette ne vous inquiète pas, elle est acquittée. Adieu.

— Mademoiselle Virginie !

— Monsieur ?

— Vous allez déjeuner et vous reposer au château ; puis, pour cette nuit, tâchez de vous abriter chez un paysan. Ne retournez pas chez vous avant que l'artillerie n'ait évacué le village. Allons (il lui tendit la main), adieu, et merci.

Tiens, c'est toi, Lemblin.

— Vous partez seul? fit la jeune fille étonnée.

— Oui. Bonne chance, jeune fille, et ne parlez pas du charbonnier!...

La stupéfaction la cloua sur place.

Le général s'éloigna rapidement.

— Quel orgueil! fit M. de Mornay.

L'ESPION

L'agent de Fouché, malgré son zèle, n'était pas disposé à se remettre de suite en campagne; l'heure avancée, la pluie fine et continuelle qui tombait, énervaient son courage. D'autre part, il n'osait retourner chez le père Cormier, et la place publique appartenait tout entière aux manœuvres de l'artillerie. Il déclina une seconde fois sa profession au poste de la Prévôté autrichienne et obtint qu'on le tolérât dans un coin jusqu'au jour.

Là, pelotonné, les yeux mi-clos, il reprit, pour la centième fois peut-être, la plus chère de ses rêveries : — l'arrestation de Mouton-Duvernet, les félicitations de ses chefs, la *prime* de mille francs, somme pour lui considérable, et à laquelle il attachait l'espoir de toutes les jouissances de la vie : costume neuf, déjeuners fins, soupers galants, et que savons-nous encore!

Tandis qu'il rêvait, le prétendu charbonnier gagnait du chemin; mais lui, le limier de police, savait déjà comment le rejoindre.

D'abord, le fugitif était à pied; et lui était à cheval.

Il ne pouvait suivre la grande route, et, dans sa fuite, avait dû choisir le premier chemin qui s'était ouvert à lui et à sa compagne.

Cette jeune fille, bien connue des paysans, et qui allait le suivre ou le guider pendant quelque temps, signalerait partout son passage.

Quant à la direction de son voyage, elle était toute indiquée par sa naissance et son déguisement.

L'arrestation pouvait seule présenter de sérieuses difficultés. Le général était un homme solide et difficile à intimider. Il y avait là des coups à recevoir. Il avait jusqu'alors compté sur les étrangers pour lui prêter main-forte; mais il venait d'en faire l'expérience, ces messieurs les Autrichiens, en matière de police, avaient des préjugés; tout son espoir devait se tourner vers le zèle des royalistes ou la poigne des gendarmes; c'était fort aléatoire.

Le fugitif s'était constamment détourné des villes, et même à l'auberge de la *Croix-d'Or,* il n'aurait pu l'arrêter.

Le pays qu'il parcourait manquait d'ailleurs de ce beau zèle méridional auquel il suffisait de signaler un bonapartiste pour qu'il l'immolât à son roi.

Les habitants, invités à lui prêter leur concours, lui répondraient volontiers, comme l'officier autrichien : « Faites votre métier. »

Tout bien pesé et considéré, il ne me reste, se dit-il, qu'à procéder comme sous la République. Lorsque j'aurai relevé le gîte du proscrit, j'irai le dénoncer à la municipalité. Au nom de la loi, je requerrai « la force publique », je ferai cerner la maison.

Réconforté par cette décision, le lendemain il se mit en quête.

Après s'être assuré que Virginie n'était pas rentrée, il prit donc le premier chemin des champs qui s'offrit à lui, et qui, justement, était celui qu'avaient suivi les fugitifs.

Quelle ne fut pas sa surprise en se voyant devancé sur cette piste. Il n'avait pas fait une demi-lieue, lorsqu'il vit trottiner devant lui, sur un baudet, un de ses collègues du ministère de la police. Celui-ci le reconnut également.

Inutile de dissimuler.

— Tiens! Lamblin... fit le premier.

— Tiens! Jeangeot... exclama l'homme au bourriquet. — Quelle agréable rencontre!

— Par un beau temps et au sein de la nature.

— C'est la mode, aujourd'hui, de passer l'été aux eaux. Mais sans doute tu espérais y rencontrer quelqu'un?

— Si j'espérais y rencontrer quelqu'un, je l'avoue, ce n'était pas toi.

Ils se prirent à rire.

— Mais, qui t'a mis sur cette piste? reprit Jeangeot.

— Et toi?

— Ah! pas de cachotteries, c'est inutile. Il y a cent à parier que le général cherchera un refuge dans son pays natal. Le bon sens l'indiquait.

— Et tu es décidé à poursuivre jusqu'au Puy? fit Lamblin.
— Comme toi-même.
— Nous allons donc voyager ensemble?
— Comme il te plaira. Cette perspective n'a pas l'air de te sourire?
— Dame! je ne l'avais pas prévue.
— La faute à qui?
— A nos chefs.
— Raison de plus pour accepter l'état de choses tel qu'il nous est imposé. Je suis parti le premier. C'est moi qui fus choisi le premier. Ce n'est pas moi qui viens s'imposer à toi.
— Moi non plus, je ne m'impose pas, fit l'agent au bourriquet.
— Mais tu persistes, répliqua son collègue, à suivre ma route, ce qui revient au même. Cependant, à bien considérer notre entreprise sous toutes ses faces, avantages et difficultés, notre rencontre n'est pas aussi fâcheuse que tu l'imagines, peut-être.
— Que veux-tu dire?
— Que t'a promis le ministre?
— Mille francs.
— Très bien! J'ai la même promesse, elle est alléchante.
— Oui, mais si nous sommes appelés à partager la prime?
— Nous réclamerons chacun de notre côté. En tout cas, ne renouvelons pas la fable de l'ours et des chasseurs, et nous avons le temps de nous disputer la peau de l'animal avant de l'avoir mis par terre. La première difficulté n'est pas de toucher la prime, mais d'arrêter le général. Y as-tu bien réfléchi?
— Certainement.
— Et si tu te trouvais tout à coup seul en sa présence, que ferais-tu?
— Me prends-tu pour une poule mouillée?
— Non, mais c'est *un homme*, enfin, c'est un général.
— Un général qui se sauve, fit Lamblin en haussant l'épaule avec mépris.
— Il bat en retraite, repartit Jeangeot, cela arrive au plus vaillant. Enfin, je voudrais bien te voir.
— J'irais à lui, et je lui dirais : « Général Mouton-Duvernet, au nom de la loi, je vous arrête. »

— Et s'il passait son chemin?
— J'ai des armes.
— Tu le tuerais?
— Non, je le blesserais.
— Et si tu le manquais?
— Ah! dame, à la guerre comme à la guerre. N'en ferais-tu donc pas autant?
— Mais, j'avoue que je n'ai pas ta superbe assurance. Je crois qu'il vaudrait mieux être deux. Voyons, amour-propre à part, ne le penses-tu pas comme moi.
— Mais, si tu as peur? fit Lamblin.
— A deux, je serais plus hardi.
— Eh bien! en avant, et part à deux.

Après avoir marché un instant en silence, Lamblin, un enfant du ruisseau de Paris, à qui la vanité et l'effronterie tenaient lieu de véritable courage, reprit :

— Tu connais le général?
— Pour l'avoir vu.
— Vous avez eu une scène, hier, à la *Croix-d'Or?*
— Tu y es donc passé?
— Ce matin au petit jour.
— Mouton-Duvernet s'y est disputé avec des soldats autrichiens, qui voulaient battre la fille de l'aubergiste. Celle-ci a été arrêtée avec lui; on allait les passer par les armes, quand ils sont parvenus à fuir. Peu s'en fallut que ma mission ne fut terminée.
— La fille est avec lui?
— Oui, ils ne sauraient être loin.
— Elle lui trouvera un asile.
— Peut-être. Tout est encombré de soldats. En tout cas, ils n'avaient qu'un chemin à suivre, et c'est celui-ci.
— Voici un paysan qui vient à nous, il pourra nous renseigner.

Un paysan descendait, en effet, du bois où les fugitifs avaient passé les dernières heures de la nuit.

Lorsque le paysan fut près d'eux, Lamblin lui demanda :

— Avez-vous rencontré mamzelle Virginie, de la *Croix-d'Or?*

Le paysan le regarda d'un air douteux.

— C'est bien possible, dit-il.

— L'avez-vous rencontrée?
— Peut-être bien.
— Avec un grand gaillard, un Auvergnat?
— Ah!
— Elle s'était ensauvée de chez elle à cause des Allemands, mais son père m'a dit de lui dire, si je la rencontrais, qu'elle pouvait rentrer sans crainte. Vous ne l'avez donc pas rencontrée?

Le paysan, encore méfiant, finit par dire :

— C'est peut-être bien elle tout de même que j'ai vue là-bas; elle était, comme vous dites, avec un homme en grand chapeau auvergnat.

— Où cela?
— Sur le chemin de la Mornay.
— Où ça est-il?
— La Mornay?... Vous ne connaissez pas le château de la Mornay? Vous n'êtes donc pas du pays?...

Et sa juste méfiance le reprit.

— Nous sommes des voyageurs, et nous venons de l'auberge de la *Croix-d'Or*, répondit l'agent de police.

PAR MONTS ET PAR VAUX

Revenons à Mouton-Duvernet.

Sa situation était, sinon périlleuse, au moins pénible, car il était harassé de fatigue, était trempé par la pluie et avait faim.

En s'éloignant du château inhospitalier, il avisa la chaumière de la meilleure apparence, et se hasarda à y demander à manger. Il n'y avait au logis qu'une vieille femme et une jeune fille. Elles le regardèrent étonnées et muettes, et, lorsqu'il eut bien expliqué qu'il paierait en beaux écus un morceau de pain, la vieille lui répondit :

— Nous n'avons pas de pain. Nous n'avons plus, pour nous nourrir, que des noix, du lait de notre chèvre, et un peu de fromage.

— Eh bien! voilà cent sous, dit-il, donnez-moi un peu de tout cela.

La jeune fille, en bâillant et en se traînant, alla lui chercher ce qu'il implorait, une poignée de noix et une tasse de lait.

Il demanda ensuite à se reposer un instant, fuma une pipe, — par bonheur il avait du tabac, — et s'informa du chemin du plus prochain village. On le lui indiqua.

Il fallait reprendre dans le bois, mais entre ses ramées humides, il ne risquait de rencontrer personne, et il pouvait espérer trouver à la lisière un gîte pour la nuit.

Il reprit son voyage.

Depuis Paris, il n'avait pas encore subi pareille épreuve, et il n'était pas au tiers de son parcours. Le courage ne lui manquait pas, mais la patience. Il était irrité du nombre des petites difficultés qu'il avait à vaincre et n'avait pas prévues. La pluie, la boue, le manque de ressources.

Partout l'invasion et la ruine.

La tristesse aussi le gagnait.

Un rayon de soleil, un bon repas d'auberge auraient suffi à le ranimer, mais à peine filtrait un jour pâle sous les futaies. Les oiseaux eux-mêmes se taisaient.

Il trouvait le temps long, se demandait si on ne l'avait pas égaré, et s'il ne serait pas obligé de coucher dans cette solitude, il marcha très longtemps sans rencontrer personne, dans la direction du sud-est. A la lisière de cette forêt, dont il ignorait le nom, il aperçut un village. De la plupart des cheminées s'élevait, comme en automne, un panache de fumée, qui dénonçait la présence des Allemands occupés à faire sécher leurs bottes.

Il fallait bien en prendre son parti, pour plusieurs jours encore cette compagnie serait inévitable.

Du lieu où il se trouvait descendait un sentier tortueux qui, avant d'arriver au village, aboutissait à un chemin vicinal. Il dégringola ce sentier d'un pas alerte, malgré sa fatigue, puis s'arrêta pour reprendre haleine.

Au même moment, il vit venir dans sa direction deux individus : l'un monté sur un petit cheval campagnard, l'autre sur un âne, — comme Don Quichotte et Sancho Pança. Le premier ne lui était pas inconnu. Il se rappela l'avoir vu la veille à la *Croix-d'Or*. Le second lui parut de la même espèce que son compagnon.

Cette rencontre lui déplut.

Elle ne lui sembla point l'effet du pur hasard.

Il s'assit sur le bord du sentier et leur laissa le chemin libre. Mais, bien qu'ils fussent encore à près de deux cents mètres, un de ces cavaliers, — M. Jeangeot, — le reconnut également, et ralentit le pas de son cheval.

— Tiens! dit-il en se penchant vers Lamblin, voilà notre homme.

Lamblin s'arrêta court.

— Tu en es sûr? demanda-t-il.

— Oui. L'occasion est belle.

Il mit pied à terre et son ami l'imita, et le général ne douta plus de leur intention.

Jeangeot répéta son invitation à son collègue.

— L'arrêtons-nous?

— Sans doute.

— Comment allons-nous faire?

— Profitant de ce qu'il est sans méfiance, nous l'aborderons poliment... si tu veux te régler sur moi?

— Volontiers.

— Allons.

Tenant leurs montures par la bride, ils s'avancèrent paisiblement.

— Bonjour, monsieur, dit Lamblin avec politesse.

— Bonjour, messieurs.

— Vous paraissez fatigué.

— Je le suis en effet.

— Les chemins sont si mauvais.

— Oh! oui.

— Vous êtes voyageur?

— Je voyage pour mes affaires.

— Eh bien! si vous voulez, nous ferons route ensemble; par ce temps-ci, les bons Français ont besoin de se sentir les coudes.

— C'est bien vrai, mais je suis très fatigué.

Le général se leva et vint sur le chemin; il s'approcha de Jeangeot et de son cheval, et tout en flattant l'animal de la main :

Vous êtes heureux d'avoir un cheval, monsieur. Est-il bon?

— Il n'a pas de mine, mais il est infatigable.

— Voulez-vous me le vendre?

Ils s'assirent résignés à l'endroit le moins mouillé.

— Oh! non.

— Achetez plutôt mon âne, dit **Lamblin**

— Merci bien, je suis trop lourd pour lui, mais ce cheval...

DANS LA MONTAGNE

— Il n'est pas à vendre.

— Cependant, en vous en offrant un bon prix.

— Marchons toujours. Au village, nous verrons; si je puis en trouver un autre.

— Entendons-nous de suite.

— C'est impossible.

— Il vaut cent francs, avec le harnais cent vingt; je vous en offre *mille*.

Jeangeot le regarda avec ébahissement, et Lamblin avec inquiétude.

— Vous êtes donc bien riche? fit ce dernier.

— Je suis si fatigué; puis, mes affaires.

— Eh bien! répondit Jeangeot, c'est marché fait. Au village, je paye une bouteille, et je vous cède la bête contre mille francs en argent.

— En or... Mais je n'irai pas à pied au village.

— Il n'y a qu'une demi-lieue.

— C'est trop, je paye assez cher pour entrer en jouissance de suite.

Jeangeot regarda son camarade, qui, de la tête, lui fit signe que non.

Le général tira sa bourse.

— C'est entendu, n'est-ce pas?

— Du tout, s'écria Lamblin en s'interposant.

— Mais ça ne vous regarde pas, vous, dit le général.

— Ça me regarde.

— Ah! voyons, fit Jeangeot d'un air hargneux.

Lamblin se rapprochant de son collègue, ils échangèrent à voix basse ces paroles :

— Et s'il se sauve?
— J'aurai mille francs.
— Et moi?
— Tant pis.
— Canaille!

Le général mit le pied à l'étrier.

— Vous ne monterez pas!
— Ah! voyons, fit Mouton-Duvernet impatienté.
— Je tuerai plutôt le cheval.
— En voilà un enragé. Il faut le mettre à la raison.

Il tira un pistolet dont il lui toucha la poitrine :

— Si tu bouges, tu es mort.

Puis, se ravisant.

— Mais ce n'est pas la peine.

Il désarma son pistolet, puis, saisissant Lamblin par les épaules, il le fit pivoter sur ses jambes, et, d'un vigoureux coup de pied, l'envoya coucher dans le fossé.

— Tiens! mauvais bougre, tu n'en voudras plus d'autre, dit-il.

La force du général en imposa à Jeangeot, qu'il aurait pu assommer d'un coup de poing.

— Je pourrais t'en faire autant, lui dit-il, mais un honnête homme tient sa parole; voilà tes mille francs, Fouché ne t'aurait pas aussi bien payé.

— Merci, *général,* répondit Jeangeot; à une autre fois.

Le proscrit monta à cheval et partit au trot.

Il est probable que le mouchard, pendant quelque temps, ne goûta de repos que couché sur le ventre, et que son collègue lui abandonna l'honneur et les profits de sa mission.

Le bidet, bien qu'il trottât à merveille, devait être fatigué; cependant, son nouveau maître ne voulut pas s'arrêter au prochain village. Imposant également silence aux appels de son estomac, il traversa la bourgade sans s'arrêter.

Le cheval hennissait en sentant la bonne odeur des écuries.

Deux ou trois lieues plus loin il modéra son allure, et apercevant, à l'entrée d'un second village, des cantiniers autrichiens qui bivaquaient dans un champ, il leur demanda, l'argent à la main, une mesure d'avoine. On lui en vendit deux.

Il apprit, des mêmes individus, que bientôt la route serait libre ; que, d'ailleurs, il lui serait toujours permis de trotter sur les bas côtés.

Dans le village, il parvint à trouver à manger. Il comprit que son voyage allait devenir beaucoup plus facile, et, désormais, sans danger. Plus il s'éloignerait de Paris, plus la circulation serait aisée et les vivres abondants ; moins aussi il aurait à craindre la police.

Depuis son départ de Paris, il avait laissé pousser toute sa barbe, ce qui ajoutait à son déguisement. A moins qu'il ne rencontrât un ennemi personnel, — dont la haine double la perspicacité, — ou qu'il ne tint quelque propos imprudent, il n'avait à redouter aucune dénonciation, et ainsi aucun danger.

Nous ne le suivrons point pas à pas. Nous pourrons omettre certains détails auxquels l'imagination du lecteur suppléera.

Vers la moitié d'août la pluie cessa, les chemins des champs se séchèrent, sa fuite ne fut plus qu'une longue promenade. Il traversa ainsi la grande forêt d'Orléans, puis s'engagea dans la Nièvre, d'un pittoresque si sauvage, pour descendre dans l'Allier.

Son malheur lui avait rendu la liberté de sa jeunesse. Dégagé de tous autres liens que ceux du cœur, pouvant, à son gré, disposer de ses heures, modifier cent fois son itinéraire ; affranchi de toutes obligations mondaines, il pouvait jouir absolument, et sans partage, des spectacles de la nature, de ses souvenirs et du drame intérieur dont chaque jour ébauche ou accomplit une scène, jouissances presque nouvelles pour un homme d'action comme lui.

Il était entré de bonne heure dans les luttes viriles. A dix-neuf ans (en 1798), engagé volontaire, il avait été envoyé à la Guadeloupe avec son régiment et s'était fait remarquer par son courage. Il avait le grade d'adjudant-major au siège de Toulon et s'y était distingué par sa fermeté, son intelligence et sa valeur. Il avait fait avec le premier Consul la campagne d'Italie ; à Arcole, il avait conquis l'admiration de ses chefs. Tous les grades qu'il obtint successivement furent gagnés à la pointe de l'épée.

En 1811, il avait été nommé général de brigade, et général de division en 1813. Il avait trente-quatre ans.

Sa carrière avait été des plus brillantes. Si l'Empire eut vécu, il pouvait espérer le bâton de maréchal, et la France pouvait compter sur un excellent et glorieux défenseur.

En 1815, il se prononça avec énergie contre le retour des Bourbons.

« Je ne suis point orateur, mais soldat, dit-il, les étrangers marchent sur Paris, il faut que vous ayez des armes à leur opposer. L'armée nationale se rappelle qu'on a traité de brigandages les services qu'elle a rendus au pays depuis vingt-cinq ans. Vous pouvez lui rendre son courage et l'opposer avec succès à l'ennemi. »

Fouché, président du gouvernement qu'il avait composé et imposé lui-même, avait confié au général Mouton-Duvernet le commandement de Lyon, qu'il conserva jusqu'à la rentrée de Louis XVIII.

Fouché, lorsqu'il dressa la liste des victimes à immoler à la fureur des étrangers et des royalistes ultra, se souvint de lui.

Tels sont les faits principaux de cette vie si courte et si bien remplie.

Dans cette existence, pas une lacune, dans laquelle le biographe attentif ou même malveillant puisse glisser l'accusation ou le reproche d'une mauvaise action, d'un acte honteux, d'une faute. C'était un Bayard, un loyal serviteur de la France, un homme dont le nom était cité comme synonyme d'honneur et de patriotisme. Il pouvait, sans rougir, fouiller son passé.

Aimant sincèrement son pays, — comme la plupart des montagnards de sa province, — il l'avait servi sans les idées restrictives de l'ambition. Il n'avait pas marchandé son sang, et, le jour de nos défaites venu, au lieu de se reprendre à qui ne pouvait plus le payer, au lieu de trahir les grandes infortunes de l'Empereur et de la nation, il leur était resté fidèle... Que dis-je? Il avait senti combien il les aimait, et était resté à son poste de combat.

Que l'on se représente ce soldat vaincu, ce patriote blessé dans l'âme, ce proscrit pensif, s'en allant à travers les sévères paysages du Morvan en 1816.

SOUS LA VERTE TENTE

De tous temps, les forêts ont servi d'asile aux proscrits; du moins, jusqu'à la fin du siècle, où elles ont été fort éclaircies. Ainsi, la forêt des Ardennes, sous les Romains d'abord, et durant tout le moyen âge.

Les forêts du Vivarais et de la Haute-Loire pendant les persécutions religieuses. Dans ces régions, Jean Cavalier, pour ne parler que du plus illustre; dans le Nord, les fugitifs de Dinan et de Liége au xv⁰ siècle, allaient vivre dans les sept forêts d'Ardennes qu'ils appelaient la *verte tente*. Ils avaient renoncé à la civilisation, trop cruelle, et avaient peuplé ces solitudes de nouvelles hordes sauvages.

A des époques plus rapprochées de la nôtre, nous avons vu des proscrits vivre cachés sous la *verte tente*, pendant la terreur du Comité de Salut public.

Avant d'appartenir à l'industrie qui en exploite les richesses, la forêt, à l'état vierge ou sauvage, offrait aux réfugiés un grand nombre de ressources qui ne demandaient presque aucun travail pour être utilisées. A coup de hache on s'y construisait une habitation. L'arbre donnait encore le lit moelleux; des mousses, des feuilles et des fougères, le mobilier primitif, puis des fruits sauvages. Là des châtaignes, des faines, des noisettes, des merises, des framboises, des fraises, des champignons comestibles, des bourgeons de sapin. Le sauvage pêchait l'étang, mangeait de la viande, ce que n'avait pas le paysan. Avec la peau des animaux, il couvrait sa nudité.

Il était enfin à l'abri des grands fléaux de son temps : la famine, les maladies épidémiques, le fanatisme religieux, la guerre, l'esclavage.

La forêt était bonne mère.

Elle était triste, dira-t-on; elle a ses clairières et elle a ses fleurs.

Mais nous sommes loin de la vie primitive; à l'époque dont il s'agit, la forêt a ses bûcherons, ses charbonniers, ses sabotiers. Le jour elle retentit par endroit du bruit de la cognée, et, si on la traverse le soir, parfois on voit luire les feux des meules de charbon.

Dans ses profondeurs, elle contient des hameaux; par mille chemins elle aboutit à la vie rurale et s'infuse peu à peu de civilisation.

Mais, heureusement, elle n'est pas entièrement à jour. Elle possède encore des retraites dépourvues de sentiers, et où le marchand de bois est dix ans sans pénétrer.

Dix ans de ramures, cela tisse la verte tente!... Cela amasse des provisions d'ombre et de paix! Cela fait des gîtes aux chevreuils et aux proscrits!

Il y a bien aussi des malfaiteurs et des loups, mais les malfaiteurs ont trop de vices pour se contenter de l'existence forestière... et les loups...

Il faut bien des loups, puisque sur terre il n'y a rien de parfait.

Ce fut dans une des grandes forêts qui couvrent l'ouest du département de la Haute-Loire que se fixa Mouton-Duvernet.

Un jour qu'il s'était arrêté à regarder travailler quatre ou cinq taciturnes personnages à la construction d'une meule de charbon, au bout d'un certain temps il entama la conversation.

Généralement, le travailleur des champs ou de la forêt ne suppose chez l'étranger, le passant curieux qui l'interroge, qu'un intérêt secret de lui nuire, et il se montre avare de paroles, méfiant.

Ces derniers prirent l'étranger pour un marchand de charbon.

— Eh bien! comment va le commerce? leur dit-il en prenant un léger accent auvergnat.

— Doucement, répondit l'un d'eux.

— Ça ne va pas comme vous voudriez?

— Ça commence.

— Combien le sac?

— Nous ne vendons pas notre charbon, nous travaillons pour un marchand de Montbrison, qui le vend dans la localité ou à Saint-Étienne. Le prix change selon le marché. Mais il ne vend pas un sac, il en vend par cinquante, cent et mille. Est-ce que vous faites le commerce?

— Oui, mais moi je vends en boutique à Paris. Seulement, depuis les malheurs, la batellerie ne marche plus et l'on manque de charbon à Paris. Je me suis dit, alors, je vais faire un tour dans le pays pour voir à m'en procurer. C'est le hasard qui m'amène ici, car je me suis égaré dans la forêt.

— Où allez-vous?

Le voyageur lui nomma une localité quelconque.

— Si vous voulez, dit le charbonnier, je vais vous mettre sur votre chemin; mais il est tard, vous ne serez pas sorti du bois avant la nuit.

— Merci. Ma bête est fatiguée, et je n'aime guère voyager la nuit; la misère est si grande... Est-ce que vous veillez cette nuit?

— Oui.

— Eh bien! permettez-moi de rester près de votre feu, je vais donner un peu d'avoine à mon cheval et j'attendrai ici le jour. Vous êtes de braves gens, vous autres charbonniers, et je pourrai dormir tranquille. Le voulez-vous?

— Mais ça nous est égal.

Mouton-Duvernet donna à manger à sa monture et l'attacha à un arbre voisin; puis il s'assit, tira de sa valise du pain et des œufs, et, à la fin de son repas, eut le moyen d'offrir la goutte à ses nouvelles connaissances.

Cette libéralité mit le sceau à la considération que l'on commençait à avoir pour lui.

La méfiance se dissipa. Ils causèrent des malheurs du temps.

Les charbonniers n'y pouvaient comprendre. Ils ignoraient ce qui s'était passé à Paris. Le tableau qu'il leur fit des événements leur causa, comme l'on pense, une profonde impression.

Les trahisons des Marmont, des Berthier, des Talleyrand, des Fouché duc d'Otrante et des deux Chambres les indigna. Ils ne comprenaient pas comment le peuple ne les avait pas massacrés. En regard de ces coquins, le général traça les portraits des généraux fidèles du maréchal Moncey, de Daumesnil, de Labédoyère, de Favier.

— Mais, fit observer l'un des charbonniers, il y en avait un aussi, un fameux qui est de notre pays, le général Mouton-Duvernet? Il n'a pas trahi au moins?

— Oh! non, répondit le général avec vivacité, il a combattu jusqu'à la dernière heure.

Le général leur dit ce qu'il avait fait. Efforts inutiles qui devaient se briser contre l'égoïsme des satisfaits et des ambitieux.

Les charbonniers l'écoutaient avec admiration, frappant des mains, se récriant à l'éloge du brave Mouton. Mais, d'après cela, vous pouvez juger de l'effet que produisit la suite des événements. La capitulation de Paris, la France livrée, l'Empereur banni, menacé d'être assassiné, et enfin, la liste de proscription de Fouché.

— Quoi! Mouton aussi?... s'écria l'un de ces braves gens, avec un accent de tristesse dont le général fut touché.

— Mais ils sont capables de le fusiller!

— Ils n'y manqueraient pas, s'ils le pouvaient, répondit le proscrit.

— Vous croyez donc qu'ils ne le pourront pas?

Oui, mes amis, je suis le général Mouton-Duvernet.

— J'en doute.
— Comment cela ?
— Il n'a pas attendu la police de son ami Fouché, et a quitté Paris.
— Ah ! bravo !
Et cent exclamations de joie accueillirent cette heureuse nouvelle.
— Il se cache? Mais où ira-t-il? fit l'un des forestiers.
— Il devrait venir au milieu de vous, n'est-ce pas? demanda le général.
— Mais ici, si l'on est pauvre, au moins on est à l'abri des coquins.
— Eh bien! mes amis, dit Mouton-Duvernet, qui croyait les avoir examiné et sondé suffisamment et avait confiance en eux. Eh bien! le général a fait ce que vous dites.

Ils s'entre-regardèrent stupéfaits.

— Il a, pour quitter Paris, emprunté le costume de son charbonnier. Il est parti à pied pour les montagnes, et, enfin, après bien des misères et des dangers, le voilà au milieu de vous.

Ils le dévoraient des yeux, ils ne comprenaient pas encore.

— Je suis le général Mouton-Duvernet. J'ai foi en votre loyauté, et, pour quelques jours, je vivrai caché parmi vous.

Nous renonçons à dépeindre l'émotion des charbonniers à cette révélation.

Il ne s'éleva point chez eux l'ombre d'un doute. Dans celui qui, depuis plusieurs heures, leur dépeignait les dernières catastrophes, il y avait d'abord un compatriote, puis un homme sympathique dont la parole chaude avait un accent de sincérité pénétrante.

Cet homme-là ne mentait pas; il ne savait pas mentir.

Mais, revenus de leur ahurissement, il leur fallait répondre au général, et l'embarras n'était pas mince.

— Monsieur le général, dit le plus âgé d'entre eux, vous nous faites plutôt honneur qu'autre chose. Nous sommes heureux et flattés comme compatriotes et comme Français de vous voir à notre tête, et nous sommes prêts, s'il le faut, à donner pour vous la dernière goutte de notre sang.

— Merci, mes amis, dit le général.

Il leur serra la main tour à tour.

— A partir de ce moment, reprit-il, pas de cérémonie avec moi, rien qui me distingue de vous. Je ne suis plus que Jean Barthomieu, marchand de charbon à Paris. Gardez mon secret, si vous ne voulez pas me compromettre. Déjà des espions m'ont suivi, et il en viendra d'autres. Enfin, demain ou après, si je vous gêne, ou si du monde vient qui peut me remarquer, nous nous dirons adieu; j'irai plus loin.

— Général, nous sommes à vos ordres. Nous veillerons sur vous.

Ils n'attendaient personne; ils étaient heureux de le posséder et de pouvoir lui être utiles. L'existence ne serait pas confortable, mais ils iraient au village chercher quelques provisions.

En tout cas, nulle part dans la forêt, il ne serait aussi bien que chez eux.

Chacun s'empressa ensuite pour lui fournir un coucher passable.

Comme les paillasses et les huttes étaient pleines de puces, on sécha le sol avec des cendres chaudes, et on chercha des fougères nouvelles. Des feuilles, il n'y fallait pas songer, et les mousses étaient encore trop humides.

Demain, notre général aura de la paille et des couvertures, disaient ces braves gens.

Le général leur montra qu'il savait coucher à la belle étoile, et la nuit fut bientôt écoulée.

SOUS LA VERTE TENTE (SUITE)

Pendant une semaine, il vécut de l'existence paisible de ses hôtes, qui s'ingénièrent à l'envi pour lui être agréable, et lui prodiguèrent les marques de leurs sympathies et de leur respect. Il était vraiment heureux, et, avec ses goûts simples, son amour de la campagne, il n'aurait pas, dans d'autres conditions morales, désiré une autre existence.

Mais il ne pouvait s'empêcher de songer à tant de personnes chères qu'il avait laissées derrière lui : à sa femme, à ses amis, ceux qui avaient été, comme lui, décrétés d'accusation.

Que devenaient-ils ?... Avaient-ils comparu ?... Quelles peines avaient été prononcées ?...

Il n'avait pas un journal, et il eut fallu aller à la ville pour en acheter.

Le bruit d'aucun événement ne parvenait dans les villages. Il le croyait du moins, et, plusieurs fois, ayant interrogé ses amis à leur retour des bourgades voisines, ils lui avaient assuré qu'il ne se passait rien d'extraordinaire.

Un soir, cependant, il remarqua leur air plus triste et plus sombre que de coutume. Il en soupçonna les raisons et voulut les connaître.

— Ne me cachez rien, leur dit-il. Vous avez appris quelque malheur, mais mon courage est à la hauteur de tout ce qui peut m'arriver. Parlez, il s'agit des conseils de guerre, n'est-ce pas ?

— Oui, général.

— Un de mes amis a été jugé et condamné ?

— Oui, général.

— Lequel ?

— Tenez, général, voici un journal de Lyon qui le raconte. Je l'ai volé dans une auberge. Beaucoup étaient déjà venus le lire et disaient tout bas qu'il y avait quelque chose...

Mouton-Duvernet prit le journal et lut à haute voix :

« *Condamnation et exécution du général Labédoyère.* »

Voici ce qui s'était passé :

Labédoyère faisait partie des officiers admis à partager l'exil de Napoléon, un des passeports envoyés à la Malmaison était à son nom. Mais, parti trop tard de Paris, il rencontra la reine Hortense qui revenait de cette demeure, et lui remit son passeport. Au lieu de poursuivre sa route, il voulut revoir sa jeune femme récemment accouchée. Il céda aux prières de celle-ci qui l'engageait à aller chercher, au milieu de l'armée de la Loire, un abri contre les vengeances des Bourbons.

Le général Excelmans et le comte de Flahaut lui donnèrent le titre de chef d'état-major du 2ᵉ corps, cantonné à Riom.

Labédoyère, après s'être muni, à tout hasard, d'une traite de trente-cinq mille francs sur Philadelphie, alla rejoindre ses deux amis dans le Puy-de-Dôme. A Riom, les journaux lui apprirent l'ordonnance du 24. Son nom figurait des premiers sur la liste.

Obligé de fuir pour se soustraire à une inévitable sentence de mort, il céda encore à l'impérieux désir de revoir sa femme et son jeune enfant. M. de Flahaut s'efforça de l'en détourner; Excelmans ajouta que, s'il ne lui donnait pas sa parole d'y renoncer, il mettrait deux sentinelles à sa porte.

Labédoyère promit... mais, comme il se retirait, il rencontra la diligence de Paris; une place était vacante, il la prit, sans même remonter dans son logement et prévenir ses domestiques.

Le 2 août, à huit heures du matin, il descendait rue du Faubourg-Poissonnière, chez une amie de sa famille, avec l'intention d'y attendre la nuit pour se rendre près de sa femme.

Labédoyère était muni d'un passeport que lui avaient fait obtenir, au risque de se compromettre, MM. Rouget et Montroy, employés de la sous-préfecture de Riom; mais, malheureusement, il avait été reconnu par deux voyageurs : un lieutenant de gendarmerie et un marchand nommé Legallerye, depuis commissaire de police à Lyon. L'un d'eux le suivit jusqu'à la maison où il était descendu.

Peu d'instants après la police était avertie, la maison était envahie par des agents et cernée par un bataillon prussien; on s'empara de lui.

Fouché était au milieu des fêtes de son nouveau mariage et donnait un grand bal lorsqu'il fut informé de cet événement.

— Ce jeune homme est bien imprudent, dit-il, il faut l'interroger.

On essaya de lui arracher des propos compromettants pour ses amis, mais sa parole ferme et loyale déjoua leur triste habileté.

Renvoyé devant le conseil de guerre de la première division militaire (Paris), il fut voué d'avance à la mort par les outrages de la presse. Son procès fut un des plus révoltants spectacles de ce genre. Les deux tiers de l'auditoire étaient occupés par des généraux, des officiers étrangers, des ambassadeurs et d'ignobles femmes de la noblesse, venues pour dicter l'arrêt de mort et insulter aux derniers moments de la victime.

Son procès fut l'affaire de quelques heures, et il fut condamné à mort.

Ses amis étaient en fuite ou cachés; ses parents, du côté de sa femme, royalistes, refusèrent d'intervenir. Sa mère et sa femme le décidèrent néanmoins à se pourvoir.

Elles réunirent une somme de cent mille francs pour acheter son évasion. Le préfet de police, M. Decaze, n'était pas d'abord éloigné de la favoriser; mais, après avoir donné sa parole, il la reprit. La tentative avorta.

Il ne restait plus que la grâce royale. Mme Labédoyère, royaliste convaincue, au moment où Louis XVIII sortait de son appartement, se jeta à ses pieds.

— Grâce ! Sire, grâce !

Il la reconnut. Son visage prit une expression sévère :

— Madame, lui dit-il, je connais vos sentiments pour moi ainsi que ceux de votre famille ; je regrette de vous refuser; je ne peux qu'une seule chose pour votre mari : *Je ferai dire des messes pour le repos de son âme.*

La jeune femme tomba évanouie.

A cinq heures, le roi ayant terminé sa promenade, aperçut une femme en deuil qui semblait guetter son retour; on l'arrêta. C'était la mère du condamné.

A la même heure, Labédoyère assis sur une botte de paille dans une charrette était conduit dans la plaine de Grenelle. Il alla au devant du peloton d'exécution, ôta son chapeau, découvrit sa poitrine et dit d'une voix ferme :

« *Tirez, mes amis, et surtout ne me manquez pas!* »

Il tomba. Un prêtre sortit alors d'un fiacre, un mouchoir blanc à la main. Il se pencha vers la victime, imbiba le mouchoir de son sang, le bénit et se retira.

Labédoyère était mort à l'âge de vingt-neuf ans.

La lecture de ce drame émouvant remplit Mouton-Duvernet de tristesse. Il se rappela les autres généraux voués au supplice. Il ne se faisait aucune illusion sur la prétendue générosité de ses ennemis, et se demandait qu'elle serait la seconde victime.

Il les revoyait tous tels qu'il les avait connus jadis dans leur gloire, aux Tuileries, après une ou deux de ces foudroyantes victoires qui suffisaient à briser les nœuds d'une coalition, puis il se les représentait sous l'outrage des avocats, comme il appelait les députés et des officiers marquis de Carabas, envoyés au peloton d'exécution.

Il se décourageait des hommes; il désespérait de la France. Il rougissait en pensant à la joie des étrangers.

Dans sa douleur, il eut voulu rencontrer un ami capable de le comprendre et de sympathiser avec lui. Mais ses amis, comme ceux de Labédoyère, étaient proscrits.

Une longue semaine encore s'écoula. On lui apprit l'arrestation du comte de Lavalette...

Un noir chagrin le dévorait.

Un jour, en causant avec les charbonniers des notables du département, un d'eux prononça le nom de M. de Meau, de Montbrison.

C'était un de ses camarades d'enfance; mais M. de Meau, par tradition de famille, était resté fidèle à l'ancienne monarchie. Du reste, honnête homme, sans ambition et sans fanatisme qui n'avait rien demandé et ne demandait rien au nouveau gouvernement.

« Si j'allais le voir, se dit-il. »

En tout cas, afin d'éviter une déception dans le genre de celle de Mornay, il voulut le faire sonder par un de ses fidèles charbonniers.

Il pria donc un de ceux-ci de porter un billet à M. de Meau, mais sans lui découvrir tout d'abord sa retraite, et en lui disant qu'un voyageur de tel physique l'avait abordé sur le grand chemin et chargé de la commission.

« Ce monsieur, ajouterait-il, attendait la réponse. »

— J'irai la lui porter moi-même, répondit M. de Meau.

Et il recommanda le secret au charbonnier, qui répliqua **malicieusement** :

— Nous ne chommes que des sarbonniers; che n'est pas chez nous que l'on trouve des traîtres.

— Mes amis, dit Mouton-Duvernet à ces braves gens, si je vous quitte, ce n'est pas sans regrets, et votre souvenir me restera cher toute ma vie, mais j'ai besoin de me tenir au courant de ce qui se passe. Les journaux, vendus au Gouvernement, ne me renseignent pas ou me trompent; je vis ainsi dans une inquiétude perpétuelle, et je puis manquer l'occasion, si elle me devient favorable.

Ses vrais amis lui répondirent :

— Ici vous êtes toujours sûr de vivre; ailleurs, vous ne le serez plus; mais un général ne peut passer sa vie dans une forêt; nous le comprenons. Adieu donc, général, et soyez heureux!... Nous aussi nous nous souviendrons toujours de Mouton-Duvernet.

Plusieurs le reconduisirent jusqu'à la lisière de la forêt, et, der-

rière un rideau mobile de ramées, ils virent M. de Meau et le généra
se jeter dans les bras l'un de l'autre.

LA VIE AU CHATEAU

Il y avait bien longtemps qu'ils ne s'étaient vus : avant le départ de Barthélemy Mouton comme volontaire. Leur liaison avait été reprise, mais fréquemment interrompue. Avait-on le temps de quelque chose, en dehors du service militaire? On faisait connaissance entre deux batailles. A peine une victoire remportée, la paix signée, et déjà l'argent de l'Angleterre avait reformé contre nous une coalition.

Royaliste, mais Français avant tout, M. de Meau avait servi son pays sous l'Empire, avait honnêtement donné sa démission, en 1815, et était resté chez lui pendant les Cent jours. C'était un noble caractère, que l'on pouvait comparer aux Jumeaux de La Réole.

On ne voyait pas chez lui, comme au château de Mornay, nombreuse compagnie; pour les traîtres, les fanatiques et les intrigants, il n'était qu'un politique tiède, retiré de la lutte, un égoïste indifférent, ou un incapable. Sa femme était morte; il avait marié ses enfants et vivait seul dans une belle propriété qu'il avait près de Montbrison.

Comme beaucoup d'anciens militaires qui ont conservé de grands besoins d'activité physique, il se plaisait à la culture et aux soins nombreux qu'exige l'entretien d'un domaine. Il avait, chez lui, tous les agréments de la campagne, de l'espace : la chasse et la pêche. Autour de lui, des paysans, auxquels il procurait du travail et dont il était bien vu. Pas de luxe, pas d'équipage qui put éveiller les susceptibilités jalouses des hobereaux du voisinage; il eut préféré être traité d'avare.

Cette maison était bien celle qui devait convenir à Mouton-Duvernet. Il y entra, avec son bidet, sous le nom de Jean Berthomieu qui est, croyons-nous, le nom patoisé de Barthélemy, son nom de baptême, et le titre de marchand de charbon.

Tout lui plût d'abord, dans sa nouvelle retraite et, dès les premiers jours, il s'écria :

Un général ne peut passer sa vie dans une forêt.

— Oh! si ma femme savait comme je suis heureux ici! Elle n'a pas encore eu de mes nouvelles et doit supposer toutes les misères.

— De la prudence! lui répondit son ami, la générale saura que vous êtes en sûreté chez un ami, mais elle n'aura pas votre adresse. Écrivez-lui, mais sans entrer dans aucun détail descriptif qui puisse nous trahir. La police ne vous a pas oublié, elle vous suit. Je prendrai votre lettre et je la mettrai à la poste au Puy, un soir que je serai bien sûr de ne pas être espionné.

Et il partit de là pour lui reprocher de ne pas se méfier assez, de ne pas savoir tenir son masque en toutes circonstances : à table, à la promenade, d'être tantôt Barthomieu et tantôt Barthélemy. Il parlait trop bien le français. Il aimerait à le voir un peu gauche, ignorant la politesse et les usages; ses mains étaient trop blanches, sa barbe trop soignée.

— Vous n'êtes donc pas sûr de vos domestiques? répondait-il.

— Peut-on en être sûr?... Je ne vois personne. Votre arrivée a fait événement. Votre personne, vos manières sont l'objet de toute leur attention et de leurs commentaires. Vous êtes d'une imprudence incroyable.

— Moi?

— En voulez-vous une preuve?

— Dites.

— Une preuve énorme. Depuis que vous m'avez raconté votre aventure avec les deux mouchards qui voulaient vous arrêter, et dont vous vous êtes débarrassé habilement, j'en conviens, comment ne vous êtes-vous pas défait de votre cheval?

— Mais, j'en avais besoin.

— Une fois chez les charbonniers.

— Je n'en avais pas l'occasion.

— Comment! Il fallait leur dire : Mes amis, la découverte de ce cheval, par la police, peut la mettre sur mes traces; je vous le donne; vous direz que vous l'avez trouvé perdu dans la forêt. — Songez donc, général, que le signalement de votre cheval servira à l'homme à la bourrique, que vous avez si bien arrangé, ou à ses successeurs.

— Alors, vendons-le.

— C'est difficile.

— Mais, à la première occasion, à bas prix.

— Vous n'y êtes pas, mon ami. Il ne faut pas qu'on le reconnaisse dans les environs, et il ne faut pas que le marché se fasse ici. Je ne pense qu'à cela depuis que je sais comment vous vous l'êtes procuré.

— Diable!... Tuons-le?

— Cela me répugne... Si je trouvais des marchands ambulants qui descendent aux foires du Midi... Enfin, j'y penserai encore. Mais vous ne vous doutez pas, mon ami, des précautions les plus indispensables.

M. de Meau avait, à la dérobée, écouté les propos que ses domestiques tenaient entre eux, et de là ses craintes. Ils étaient encore très loin d'imaginer que le charbonnier Barthomieu était un officier, et encore plus éloignés de penser qu'il était un proscrit politique, mais ils relevaient ses inconséquences, le trouvaient drôle... pas ordinaire... « A Paris, les charbonniers avaient donc de belles manières?

Un d'entre eux surtout, individu intelligent, sorte de valet de confiance placé à leur tête, nommé Joseph Dougas, parlait de l'ami de son maître avec des sous-entendus, des airs malins, qui alarmèrent M. de Meau. « Voilà, se dit-il, un homme qui voit trop clair. Avant qu'il ait poussé plus avant ses observations, je ferais bien de le prier de chercher une place ailleurs. Il chercha un prétexte et, bien qu'il fut satisfait de ses services, il le remercia.

Il n'ignorait pas qu'il se faisait un ennemi de cet homme, mais il croyait que Dougas chercherait une place à Lyon.

— Vous voyez, dit-il au général, j'ai cru cette exécution nécessaire et je n'ai pas hésité.

Mouton-Duvernet l'en remercia vivement, tout en protestant qu'il était désolé d'être la cause de pareils ennuis. Mais on ne pouvait prendre trop de précautions. Le temps politique était des plus orageux et des plus noirs.

Les procès, condamnations, exécutions, se succédaient de semaine en semaine; la presse officielle et officieuse, aboyeuse et pourvoyeuse des bourreaux en remplissait ses feuilles.

Après Labédoyère, on avait eu l'affaire du comte de Lavalette, le directeur des postes pendant les Cent jours; évadé de prison et sauvé, grâce à l'admirable dévouement de sa femme; puis l'assassinat du maréchal Brune, à Avignon et, un peu plus tard, l'arrestation du maréchal Ney, dans un château du département du Lot.

Pendant quelque temps, Ney était resté également caché aux environs de Montbrison. Cette particularité fit impression sur Mouton-Duvernet.

Ney était parti de Paris le 6 juillet. Davoust lui avait délivré un congé illimité et il avait reçu de Fouché deux passeports, dont l'un portait les noms de Michel-Théodore Neubourg. Le 9 il se trouvait à Lyon et voulait passer en Suisse, mais les chemins étaient gardés par les Autrichiens; il hésita et, après avoir reçu de M. Teste, commissaire général de la place de Lyon, une feuille de route sous le nom de Michel-Théodore Reizet, major au 3° de hussards, il alla attendre à Saint-Alban, village de l'arrondissement de Montbrison, renommé pour ses eaux minérales, une occasion favorable pour gagner la frontière.

Ce fut là que, le 25, un homme de confiance, dépêché par la maréchale, vint lui apporter la nouvelle de l'inscription de son nom sur la fatale liste, signée par Louis XVIII le 24. La maréchale donnait en même temps à son mari le conseil de quitter Saint-Alban et de se retirer chez Mme de Bessonis, qui habitait le château de ce nom, dans le département du Lot, sur les limites du Cantal.

Ney prit cette direction, et il arriva à Bessonis sous le nom d'Escaffre, appartenant à une ancienne famille d'Auvergne.

Confiné dans une chambre haute, d'où il ne descendait pas même pour prendre ses repas, il devait se croire à l'abri de toute recherche. Une inconcevable imprudence le livra.

L'Empereur, lors du mariage du maréchal, en juillet 1802, lui avait fait présent d'un sabre turc de la plus grande richesse. Ce sabre, curieusement examiné, sans doute, par ses hôtes, était resté déposé sur un des sièges du salon. Un habitant d'Aurillac, en visite au château, vit l'arme et l'admira; de retour à sa ville, il raconta ce qu'il avait vu; à la description de l'arme, une personne dit :

— Je crois connaître le sabre dont vous parlez; il n'existe, en Europe, que deux personnes qui peuvent le posséder : le maréchal Ney ou Murat.

La conversation fut rapportée au préfet du département, M. Locart, et excita le zèle de ce fonctionnaire.

Bien que Bessonis, situé dans un autre département que le sien, ne fût pas sous sa juridiction administrative, il y dirigea immédiatement un capitaine et un lieutenant de gendarmerie avec quatorze gendarmes.

Le maréchal avait lu la veille, dans une feuille royaliste, qu'au moment de quitter le roi, quatre mois auparavant, pour marcher contre Napoléon, il avait sollicité et obtenu un don de 500.000 francs. — largesse, ajoutait le journal, qui augmentait l'odieux de sa défection.

Cette calomnie rendait le maréchal presque fou de douleur.

Il était dans cette situation d'esprit lorsque, le 5 août au matin, on lui annonça la présence des gendarmes aux portes du château.

Il pouvait fuir; on le lui proposa; il s'y refusa avec obstination. Bien plus : ouvrant la fenêtre de sa chambre et apercevant les gendarmes dans la cour, il cria à celui qui lui semblait le chef :

— Que voulez-vous?

— Nous cherchons le maréchal Ney, répondit celui-ci sans même regarder qui l'interpellait.

— Que lui voulez-vous?

— L'arrêter.

— Eh bien! montez, je vais vous le faire voir.

Les gendarmes montèrent : le maréchal ouvrit sa porte :

— Je suis Michel Ney, leur dit-il [1]. »

On le conduisit à Aurillac, et de là à Paris. Lorsqu'il traversa les cantonnements de l'armée de la Loire, Excelmans lui fit proposer de l'enlever; il refusa; parce que, dit-il, il avait donné à son escorte sa parole de ne rien tenter pour s'enfuir.

Ces événements, avons-nous dit, devaient impressionner vivement le général, caché, comme Ney, chez un ami, dans la même région que lui, compromis par un objet qu'il avait eu l'imprudence de laisser voir, — ce qui rappela à Mouton-Duvernet son cheval.

Les mêmes journaux, dont les calomnies exaspéraient le maréchal, prodiguaient également au général les plus lâches outrages, et celui-ci avait aussi la faiblesse d'y être sensible.

Enfin, cette paix profonde dont il avait tout d'abord savouré la douceur s'était évanouie au bout de quelques semaines; il fallut que son ami dissipât ses papillons noirs.

---

1. De Vaulabelle. *Histoire de la Restauration.*

LES DOMESTIQUES

A la même époque les royalistes, qui, dans la nation, étaient en faible minorité, afin de se fortifier et de faire de la propagande, formaient, dans les villes, des comitésroyalistes. Par leur insolence, leur besoin de persécuter, de terroriser, leur goût pour la délation, ils rappelaient leurs prédécesseurs, les comités révolutionnaires.

Un de ces comités s'était constitué à Montbrison, et M. de Meau, appelé à en faire partie, n'avait pu s'y refuser. Il devait donc, chaque semaine au moins une fois, se rendre à son comité. C'était sa corvée politique; il lui était sans doute pénible d'avoir à discuter avec des ultra, mais, en compensation, il recueillait là tous les bruits qui circulaient au sujet des *brigands* bonapartistes que la police recherchait. On lui apprit ainsi que Mouton-Duvernet avait été vu en Auvergne, du côté de la Chaise-Dieu, que ce *scélérat* avait été confiné dans ses montagnes, où l'on se proposait d'organiser prochainement de grandes chasses pour s'en emparer mort ou vif.

Un jour, en se rendant en ville, M. de Meau rencontra son ancien domestique de confiance, Joseph Dougas; il alla à lui et s'étonna qu'il fût encore sans place.

Dougas lui répondit qu'il ne cherchait point de place et qu'il songeait à se marier.

— Avec qui donc?

— Ah! je ne puis encore vous le dire; *à chacun ses secrets; le mien, du moins, n'est pas coupable* et vous le saurez bientôt.

Il souligna ces paroles d'un ton d'ironie, salua son ancien maître et s'éloigna rapidement.

M. de Meau ne douta plus que cet homme ne fut dangereux. Il se vengerait en le dénonçant. Il voulut à son tour se renseigner sur lui.

Il apprit que sous prétexte de porter des légumes à la ville, Joseph venait chaque soir au village ou dans la propriété, mais qu'il ne voyait jamais que deux personnes : le jardinier ou son garçon, ou Mlle Ambroisine, une servante du château.

Il disait donc vrai, il avait une « connaissance » et songeait à se marier.

Ambroisine était une des plus anciennes domestiques du château, une honnête fille, sa liaison avec Joseph ne datait que de l'année et n'avait jamais été remarquée. Mais elle et lui étaient fort cachottiers, et ne se mêlaient pas volontiers à leurs camarades. M. de Meau apprenait leur service régulier et silencieux. Ils avaient donc plus d'un point de contact et pouvaient faire des époux assortis, mais ils se rencontraient surtout dans un égal amour de l'argent, tous deux faisaient force économies.

Cependant, parmi tant de qualités Ambroisine avait un grand défaut, le défaut capital de son sexe accru par sa profession, elle était extrêmement curieuse.

Elle connaissait ainsi le château dans ses moindres recoins, logements abandonnés, greniers où l'on se débarrasse des meubles dégradés, des coffres et des malles ; elle avait tout fouillé, tout examiné, essayant les clefs d'un meuble sur un autre, elle avait ouvert tous les tiroirs et il n'y avait plus, dans la maison, une armoire, un secrétaire, une commode, où elle ne put, à son aise, plonger son regard.

En profitait-elle pour voler ? Ordinairement, un défaut en engendre un autre. Mais, si elle ne dérobait aucun objet précieux, elle ne respectait aucun secret. Elle lisait les lettres, examinait les papiers de toute nature.

Or, lorsque Mouton-Duvernet, — dont elle faisait la chambre, eut enfermé dans son secrétaire le peu d'objets précieux qu'il avait emporté avec ses papiers de marchand de charbon, Mlle Ambroisine s'empressa d'ouvrir le meuble et d'en faire l'inventaire.

Elle lut les papiers de Jean Barthomieu, puis la fameuse liste des proscrits, et enfin, dans un écrin en maroquin portant les initiales dorées M. D., elle trouva une croix d'officier de la Légion d'honneur.

Cette croix éveilla tout d'abord sa surprise et ses soupçons.

La croix de la Légion d'honneur n'avait pas encore été prodiguée.

Ses regards se reportèrent sur les initiales M. D. et sa première idée fut que cette croix était un souvenir laissé à M. Barthomieu par un parent mort au champ d'honneur. Mais elle devait revenir sur cette idée, en observant avec plus d'attention que jamais l'ami singulier, bizarre de M. de Meau.

Elle en parla à son amoureux, et celui-ci émit l'opinion que le prétendu Jean Barthomieu était un officier déguisé.

Il ajouta qu'il n'en fallait rien dire. L'initiale M. leur fit croire que le décoré devait être un parent de M. de Meau et n'ayant pas la liste de proscription sous les yeux, ils ne purent faire d'autre rapprochement.

Ils venaient de découvrir ce secret terrible, lorsque M. de Meau congédia l'un d'eux. Jusque-là, ils n'avaient jamais eu de grief contre lui, dorénavant qu'allaient-ils faire ?

Le premier mouvement de Joseph fut celui de la colère et de la haine.

« Attends un peu, se dit-il, je vais te rendre la monnaie de ta pièce, toi, aristocrate, et t'envoyer les gendarmes. »

Mais il suivit le conseil de La Fontaine, il laissa passer une nuit sur sa colère et réfléchit.

S'il devait s'établir dans le pays, serait-il bon de s'y faire un ennemi de son ancien maître ?

D'autre part, Ambroisine craignait d'être citée, d'être appelée en justice.

Ainsi, pendant quelque temps, le danger d'une dénonciation fut écarté, mais sans que M. de Meau en eut l'assurance. Pour ce dernier le péril restait imminent et il cherchait le moyen de le conjurer.

Sur ses entrefaites, le père de Joseph Dougas étant mort, son fils fut appelé à recueillir son héritage. Son absence dura plusieurs mois.

Ce temps ne fut pas perdu.

M. de Meau s'occupa d'Ambroisine. Il ne lui épargna ni les éloges, ni les petits cadeaux, il lui parla même de mariage.

L'hypocrite répondit qu'elle n'y songeait pas, qu'elle était heureuse comme elle était, dans une si bonne maison.

— Vous êtes une fille sage, lui dit M. de Meau, si vous vous mariez, vous choisirez un homme digne de vous. En ce cas, vous et votre mari vous pourrez toujours compter sur moi.

Cette promesse valait de l'or et la servante le savait, elle fonda là-dessus tant d'espérance qu'elle ne se retint pas d'en parler au marchand de charbon en accompagnant ses confidences d'interminables éloges, auxquels il eut la faiblesse de s'associer.

Il arriva au château sous le nom de Barthomieu.

En sortant ainsi de son mutisme habituel, il établit entre lui et cette servante un sujet commun de conversation, auquel sa vive reconnaissance pour son ami l'empêchait de se dérober et enfin il s'habitua à causer pendant qu'elle faisait sa chambre, et se familiarisa avec elle.

Elle, peu à peu, avait prise avec lui des manières très douces de lui parler; laissait tomber ses phrases sous des points interrogatifs : « Pas vrai, monsieur? » « S'pas? » avec des regards troublés et troublants.

Tout en fumant sa pipe, il la regardait aller et venir et s'apercevait qu'elle n'était pas mal tournée et n'avait que dix ans de moins que lui. Il remarquait aussi qu'il ne lui était pas indifférent et enfin, mais un peu tard, il commençait à entrevoir un danger... mais avec quel danger n'était-il pas familiarisé?

La vie au château était aussi très monotone. Chaque heure y ramenait invariablement la même occupation ou le même *farniente*. Sa prison était vaste et confortable, mais était une prison. Le premier caprice y devait mordre à l'hameçon avec avidité. Je pense que l'on ne va pas lui en faire un crime : Pour être général, on n'en est pas moins homme.

LES FUREURS ROYALISTES. — VISITES DOMICILIAIRES

Pendant ce temps, Joseph Dougas soignait son héritage, et Louis XVIII envoyait au supplice les généraux des Cent jours, ne pouvant comprendre la nouvelle politique du peuple français qui consiste à rendre à la vie privée les monarques qui ont cessé de plaire.

Il croyait M. de Veaublanc qui, à deux reprises, au sein de l'enthousiasme parlementaire, s'écriait :

— Oui, messieurs, la France veut son roi![1] MM. Piet, Goin-Maison et autres Veaublancs, en profitaient pour proposer une loi contre les écrits et paroles injurieux au roi.

---

[1]. C'est ce Veaublanc qui, convaincu de sa beauté physique comme de sa supériorité intellectuelle, avait exigé du sculpteur Lemot de le laisser poser pour la statue d'Henri IV.

Cette loi contenait les dispositions pénales suivantes : — Dix ans de travaux forcés pour les cris, les discours, les écrits séditieux proférés ou publiés *isolément*, qui ne seraient suivis *d'aucun effet*, et ne se lieraient à aucun complot ; — dans le cas où ils seraient concertés et *lors même qu'il n'y aurait aucun commencement d'exécution, la* MORT; en cas de commencement d'exécution la peine des *parricides,* — pour les simples outrages ou les calomnies contre la famille royale et selon la gravité des cas, cinq ans de travaux forcés, — les travaux forcés à perpétuité, — *la mort.*

Cette loi suffit à peindre le régime et les amis du trône et de l'autel.

Sous l'ogre de Corse, les calomnies et les injures dirigées contre l'Empereur et sa famille étaient punies des peines encourues pour les injures et les calomnies dirigées contre les simples particuliers.

Les fureurs royalistes étaient loin de s'apaiser et la Chambre ne cessait de psalmodier des sermons que pour vociférer des lois de vengeance. Préfets, sous-préfets, magistrats de tous calibres, semblaient pris de frénésie, et sans autres raisons que leur « bon plaisir » et de l'opinion qu'ils s'étaient formé de vous, vous exilaient de France ou du département, vous interdisaient de fréquenter tel ou tel quartier de leur ville, *ou tel café, ou tel cercle,* vous adressaient des remontrances publiques, vous faisaient arrêter ! Ces comités royalistes, dont nous avons parlé, — quelquefois présidés ou composés par des vieilles dévotes, exerçaient ces pouvoirs discrétionnaires, enlevant ainsi des citoyens à leur industrie, des pères de famille à leurs femmes et à leurs enfants. C'était un délire qui étonnera les aliénistes qui s'occuperont de l'histoire ; Trestaillon et autres assassins font horreur, mais leurs successeurs font pitié [1].

Sans doute, des catastrophes inouïes, accumulées en deux années avaient ébranlé les cerveaux.

L'hiver était venu, la lecture des journaux était la principale occupation de Mouton-Duvernet. Il les lisait, relisait et méditait. Semblables au *Père Duchêne*, ils étaient toujours en colère contre les tièdes et les modérés et partageaient leurs menaces entre ceux-ci et les bonapartistes ; et M. de Meau aurait eu autant de raisons de s'en alarmer que son ami.

[1]. Voir dans Vaulabelle, la fête du 22 février 1816, à Orléans.

Plusieurs fois, ce dernier lui exprima ses craintes.

— Vous m'avez appris à connaître la peur, disait le général. J'ai fui Paris, mais sans trembler, maintenant je souffre d'un mal nouveau pour moi. J'en perds le sommeil. Je ne vis plus qu'avec la pensée affreuse que je vous compromets, que je joue votre vie. Mon ami, je veux vous quitter, je tâcherai de passer en Suisse. Plus tard, je gagnerai la Grèce; l'Orient.

— Soyez tranquille, répondait M. de Meau. Il y a beau temps que j'ai prévu le cas où Montbrison m'enverrait son sous-préfet et ses gendarmes et où nous nous réveillerions avec le château cerné par les soldats. Si cela arrive, même avant que j'en sois prévenu, je suis en état de braver leurs perquisitions les plus habiles et même de recevoir leurs garnisaires. Votre cachette est prête, elle est ignorée de tous. Son existence est un secret de famille et ceux qui l'ont construite sont morts ou disparus. Elle a été faite pendant la Révolution républicaine. Venez, je vais vous la montrer.

Le général le suivit.

Au-dessous du foyer d'une cheminée, dont une plaque de fer mobile fermait le fond, était une échelle de fer qui descendait directement dans un caveau. Ce caveau recevait l'air et une faible lumière de trous pratiqués à une grande hauteur dans l'épaisse muraille du vieux château, et dissimulés par des gargouilles de plomb.

Il était assez spacieux pour contenir les meubles les plus indispensables : un coucher, une table, un fauteuil, une armoire et deux barils. Un trou était en outre pratiqué pour la perte des eaux.

Mouton-Duvernet fut profondément touché en voyant cette cachette déjà remplie de tout ce qui était indispensable à la vie. Il y avait jusqu'à du tabac, et toutes les provisions y avaient été apportées par M. de Meau lui-même.

Qu'un ami véritable est une douce chose!

a dit La Fontaine.

Ces précautions, malheureusement, n'avaient rien d'exagéré.

Les fonctionnaires de tous les ordres et de tous les degrés étaient singulièrement prodigues de visites domiciliaires. Ces visites, qui avaient presque toujours pour prétexte la recherche de quelques-uns des généraux proscrits étaient organisées en expéditions militaires où figuraient la force armée, ainsi que la plupart des autorités hautes et basses de la localité, entre autres, les procureurs du roi portant de grands sabres de cavalerie en bandoulière et des sous-préfets ayant des pistolets à leur ceinture.

Des portes enfoncées, des meubles brisés, des objets précieux ou du numéraire disparus, des papiers d'affaire ou de famille saisis, des coups et des blessures n'étaient pas l'unique résultat de ces perquisitions, transformées souvent en parties de plaisirs.

Ces aventures, les journaux n'en parlaient pas, mais des récits en circulaient tout bas.

Vers la fin de février, M. de Meau apprit la perquisition faite à Issoire, chez MM. Sadourny, propriétaires de deux mines de houille et d'une verrerie.

A la pointe du jour, ces messieurs avaient été réveillés par un chef de bataillon de la légion du Puy-de-Dôme qui les sommait, au nom du préfet Harmand, de livrer sept généraux, cachés dans les profondeurs des mines.

Cinq cents hommes d'infanterie et de cavalerie cernaient les bâtiments, envahissaient l'usine, couraient aux puits d'extraction, et arrêtaient les pompes destinées à l'épuisement des eaux...

— Les mines vont être inondées ! dit M. Sadourny.

— Eh bien ! les généraux sortiront ou seront noyés, leur répondit-on.

MM. Sadourny protestèrent qu'ils ne cachaient personne. Ils prièrent magistrats et officiers de visiter avec eux les galeries.

Éloquence perdue !

— Les généraux sont armés jusqu'aux dents, répondent ces braves, nous nous ferions tuer.

— Nous descendrons avec vous, nous marcherons les premiers.

— Nous allons mettre garnison chez vous, leur dit-on.

En effet, on occupa militairement leur établissement et leur domicile. Ils eurent à nourrir et entretenir 500 hommes pendant plusieurs jours.

Un soldat ivre mit le feu à la verrerie. On les accusa d'avoir allumé l'incendie pour calomnier les troupes royales.

Enfin la bande quitta l'usine, laissant les mines noyées et les bâtiments brûlés.

« Voilà de leurs exploits. »

RÉVÉLATIONS D'AMBROISINE

Un jour, le général lut le fait divers suivant, dans le journal du département :

« On nous annonce que l'ex-général Mouton-Duvernet a été arrêté aux environs de Brioude. On sait que ce scélérat est au nombre des chefs de brigands qui, en vertu de l'ordonnance royale du 24 juillet, doivent être traduits devant les conseils de guerre compétents dans leurs divisions respectives. Il est probable qu'il sera acheminé vers Lyon par la gendarmerie. Depuis plusieurs mois déjà, sa présence était signalée en Auvergne. »

Ambroisine le surprit dans cette lecture, elle avait vu le journal avant lui.

Elle tira, en badinant, un coin de la feuille :

— Vous avez vu, dit-elle, ce chef de brigands que l'on a arrêté?

— Oui, répondit-il.

— C'est très heureux, n'est-ce pas?

— Oh! très heureux, en effet. Mais ce qui m'intéresse davantage, c'est le cours du charbon de bois qui est encore augmenté à Saint-Étienne.

Elle se prit à rire, lui saisit les mains, et en le regardant dans les yeux :

— Le charbon de bois? fit-elle. Il y a longtemps que ces mains-là n'en n'ont touché du charbon de bois!

— A Paris, j'ai un garçon pour servir à la boutique.

— Oui-da! Vous ne me ferez jamais croire que vous êtes charbonnier. Pourquoi me faites-vous des cachotteries à moi?

— Comment cela?

— Parce que je suis une femme?... Mais il y a de l'une et de l'autre, et je ne suis pas de celles que vous croyez. J'ai ma petite tête à moi. Je ne dis que ce que je veux bien dire, je sais bien que je ne suis qu'une servante et que la politique ne me regarde pas, mais je sais bien aussi cependant que mon père avait servi la République et aimait Napoléon, et qu'il n'était pas un brigand pour cela, comme disent les messieurs d'aujourd'hui. Je me rappelle bien lui avoir entendu parler du colonel Mouton, que l'empereur venait de faire général : C'est l'honneur de l'armée et du pays, disait-il. — Ah! Ah! cela vous chiffonne, paraît-il.

— Je ne m'occupe pas de politique, répondit le général avec ennui. Je ne dis rien de l'Empire et je respecte le roi.

— Vous vous méfiez de moi?

— Mais non.

— Mais si.

— Pourquoi?

— Parce que vous vous cachez de moi.

— Je n'ai pas à me cacher.

— Oh!... Vous n'iriez pas à Montbrison, cependant. Eh bien! si quelqu'un vous dénonce, soyez certain que ce ne sera pas moi. Je vous pardonne vos cachotteries, bien qu'elles me prouvent que vous m'avez prise pour votre plaisir, et que vous n'avez pas d'amitié pour moi.

— Mais enfin, demanda le général avec inquiétude, d'où viennent ces propos, et qui croyez-vous donc que je suis?

— Vous êtes un général.

— C'est bien de l'honneur...

— Non, puisqu'on les fusille comme des brigands.

— Vous êtes le général Mouton-Duvernet.

Le proscrit n'hésita plus :

— C'est vrai, répondit-il.

— Eh bien! monsieur le général, vous pouvez être tranquille, ce n'est pas Ambroisine qui vous dénoncera.

— Tu es une brave fille. Mais comment as-tu pénétré mon secret?

— J'ai bien vu que vous n'étiez pas un charbonnier et que vous vous cachiez. Si je vous avais rencontré sur une route, il ne me serait jamais venu à l'idée que vous étiez un général, mais en vous voyant tous les jours, je ne pouvais pas vous prendre pour un marchand de charbon. Après ça, je lis les journaux, j'ai lu la liste des 28; il n'y avait d'Auvergnat que Mouton-Duvernet, je me suis dit : — C'est celui-ci.

— Cela m'a fait rire, quand j'ai vu que l'on vous disait arrêté à Brioude.

— Il y a longtemps que tu as pénétré mon secret?
— Oh! oui, plusieurs mois.
— Pourquoi ne m'en as-tu rien dit?
— Je craignais de vous inquiéter.
— Et tu n'en as parlé à personne?
— Non,... seulement un autre que moi a eu des soupçons, et n'a pas gobé M. Barthomieu.
— Qui donc?
— Un qui a quitté le château, Joseph...
— Je me le rappelle.
— Ce n'est pas un méchant homme. Il gardera ses soupçons pour lui.
— Que t'a-t-il dit?
— Il m'a dit : « Il n'a pas l'air très catholique ce marchand de charbon là. » C'est vrai, ai-je dit, il ne va pas souvent à la messe. — « Il n'aime pas le monde; il a peut-être ses raisons pour cela. » —. Puis, différents propos dans ce genre. Mais je vous l'assure, il n'est pas méchant. D'ailleurs il n'est plus dans le pays, il est allé recueillir l'héritage de son père, depuis longtemps. Il ne pense plus guère à nous autres.

— C'est possible, dit le général; mais il peut revenir à Montbrison, ses idées peuvent changer; il y a là un danger. Si j'étais seul à le courir, je le braverais, malheureusement je puis compromettre mon ami de Meau.

En parlant ainsi, le général paraissait en proie à une anxiété profonde.

Après les preuves de dévouement qu'il avait reçues de son ami, il se serait volontiers sacrifié pour lui. Il devait le prévenir, et malgré Ambroisine qui, devinant son intention, le supplia de ne rien dire à son ami, il fut tout lui raconter.

— Je me méfiais déjà de cet homme, lui dit M. de Meau, c'est pour ce motif que je l'ai renvoyé; je n'avais pas d'autre raison. — Assurons-nous d'abord du silence d'Ambroisine. Il la fit appeler.

Elle accourut tremblante, car elle aimait le général et savait encore rougir.

M. de Meau n'alla pas, comme on dit, par quatre chemins.

— Ma fille, lui dit-il, vous possédez un secret qui peut envoyer

Mademoiselle Ambroisine était excessivement curieuse.

mon ami à la mort. Mon ami et moi nous avons confiance en votre discrétion, mais nous voulons une confiance absolue, c'est-à-dire qui ait des garanties certaines, sur lesquelles nous puissions nous reposer.

— Nous sommes d'honnêtes gens, et vous ne sauriez douter de notre parole... Eh bien! mon ami et moi nous vous promettons de vous assurer une petite fortune, si d'ici une année nous ne sommes point dénoncés. Je me charge de vous doter, de vous établir, d'assurer votre avenir.

— Mais, monsieur, je ne demande rien, fit la jeune fille avec fierté.

— Si ma promesse ne vous suffit pas, je suis prêt à vous donner des gages.

— Mais je ne veux rien, monsieur, que l'honneur de votre confiance.

— Très bien répondu, et ces paroles vous l'assurent tout entière. Maintenant, afin de m'éclairer tout à fait, j'aurais encore besoin de vous adresser quelques questions. C'est au sujet de Joseph. Il vous a fait part de ses observations, n'est-ce pas?

— Je l'ai dit à monsieur le général, Joseph se doutait que monsieur était un officier de l'ancienne armée, mais il ignorait son nom.

— Joseph aime notre roi, et sans doute, comme beaucoup de Français, nourrit une vive animosité contre les officiers de l'ancienne armée?

— Mais non, monsieur, je ne le crois pas.

— Je l'ai rencontré, il y a plusieurs mois, il m'a dit qu'il était dans l'intention de se marier.

— C'est vrai, répondit Ambroisine en baissant les yeux.

— N'est-ce pas avec vous?

— Ah!... je ne sais pas...

— Comment?...

— Il peut avoir changé d'avis.

— Il vous avait donc parlé de mariage?

— Oui, dans le temps...

— Vous ne l'avez pas refusé?

— Non, monsieur.

— Et comment vous êtes-vous quittés?

— Bons amis.

— Je n'ai pas de raison pour vous détourner de l'épouser. Joseph est un travailleur et un homme de bonne conduite; mais j'espère que si vous devenez sa femme, vous ne lui divulguerez pas le nom que vous avez deviné. Que nous puissions seulement rester encore un an tranquille, et vous savez ce que je vous ai promis.

A quelques jours de là, Joseph Dougas reparut au château, avec l'aisance que donne le titre de propriétaire si petit qu'il soit. Il rappela à son ancien maître ce qu'il lui avait dit sur le chemin de Montbrison.

— Je viens voir ma prétendue, dit-il, elle est chez vous, c'est Ambroisine.

— Vous ne pouviez faire un meilleur choix, répondit M. de Meau.

Cependant celle-ci ne montrait point d'enthousiasme, et sans opposer un refus, demandait un délai et montrait une froideur qui dépassait les bornes de ce qu'exigent les convenances.

— Allons, ce sera pour l'été prochain, disait-elle. Il faut au moins laisser à monsieur le temps de chercher quelqu'un.

— D'ici quinze jours, vous serez remplacée, répondait Joseph. Là-bas, dans mon village, on nous attend, et je ne veux pas y rentrer sans les accordailles.

Dans quinze jours j'irai chez vos parents, — vous y serez, et je leur demanderai votre main.

Elle soupirait, et n'osait demander un délai plus long.

Joseph ne lui cachait pas alors qu'il s'était attendu à un autre accueil. Il demanda une explication.

— Vous êtes changée, dit-il.

— Non, Joseph, mais c'est vous qui l'êtes.

— Ah! par exemple!

— Oui, vous êtes maintenant trop riche pour moi. Autrefois, nous étions également pauvres. Aujourd'hui, vous avez l'air de faire une folie en m'épousant, et j'ai toujours entendu dire que si le bien dans un ménage vient uniquement du côté de l'homme, la femme n'est pas heureuse.

— Quoi! c'est là ce qui vous retient?

— Sans doute.

— Eh bien! apprenez que M. de Meau se charge des cadeaux de noces. Il me l'a dit.

Elle était à bout de mauvaises raisons, et mit sa main dans la main de Joseph.

LES RECHERCHES

Les deux fiancés avaient quitté le château, et Joseph avait paru enchanté de l'hospitalité qu'il avait reçue, de la bonté, de l'amabilité de son ancien maître, le meilleur et le plus généreux des gentilshommes.

En effet, la bourse d'Ambroisine était bien garnie. Elle était entrée au château avec un panier et en sortait avec quatre malles.

Avant de partir, elle avait juré en pleurant, au général, de garder son secret et d'imposer silence à son mari, s'il était nécessaire.

— N'importe, se disait Mouton-Duvernet, ma présence ici est une charge trop pénible pour mon ami. Je change son existence en un enfer d'inquiétudes, je ne puis prolonger cet état de choses, et je dois songer à chercher un autre gîte, où je n'expose que mes jours.

Nous ne savons à quel parti désespéré il se serait porté, si en ce moment, il avait pu savoir les recherches exercées pour le découvrir.

Le mouchard qu'il avait maltraité avait rapporté à Paris tous les renseignements qu'il possédait. On avait reconnu son insuffisance, et on avait confié la direction des recherches à deux officiers généraux, MM. Gustave de Damas et de la Roche-Aymon, commandant du département de la Loire.

Ces recherches, — M. de Meau en fut instruit, — devenaient plus actives et plus inquiétantes. Elles l'enveloppaient d'un cercle encore vaste, mais qui se rétrécissait de plus en plus, et ne devait pas tarder à l'investir. Alors, malgré sa notoriété royaliste, il devrait ouvrir à la perquisition.

Depuis l'exécution de Ney, les tribunaux politiques ne cessaient pas de siéger. On était au lendemain du procès des *conspirateurs de* 1816 : Plaignier, Carbonneau et Talleron venaient de périr sur l'échafaud, après avoir eu le poing coupé comme parricides.

Le comte amiral de Linois et le colonel baron Boyer de Peireleau ouvraient la série des accusés militaires de 1816. — L'amiral était condamné à la peine de mort.

Puis le glas lugubre des exécutions continuait à tinter.

Et chaque jour avait sa victime illustre à enregistrer, aux applaudissements des Croates, des hulans, des Cosaques, des deux Chambres et de la presse.

Ceux qui semblaient invulnérables dans leur gloire étaient conduits devant des tribunaux composés de vicomtes de Vidame et de marquis de Carabas, qui les accusaient de patriotisme, leur reprochaient d'être des héros, avaient des outrages pour toutes leurs victoires et bavaient leur venin sur leurs lauriers.

La vie ressemblait à un rêve absurde et douloureux.

On se reprochait d'avoir pleuré sur les victimes des massacres de Septembre et des journées de Robespierre. La seconde Terreur aidait à comprendre la première, et l'une eut fait absoudre l'autre, si le crime pouvait trouver son absolution dans un autre crime.

Bonnaire, Cambronne furent accusés d'avoir défendu la France.

Et le premier fut dégradé au bas de la colonne d'Austerlitz.

A Rennes était traduit, dans des conditions d'iniquité révoltante et sans précédent connu, devant un conseil de guerre, un général éminent; d'un caractère élevé, d'un cœur généreux et loyal, le *général Travot*. — Il était condamné à la peine de mort, et ses défenseurs étaient poursuivis.

Après Travot, un de nos chefs militaires les plus braves et les plus instruits, compagnon d'exil de Napoléon à l'île d'Elbe, le *général Drouot*.

« Le général Drouot réunissait au plus haut degré toutes les vertus qui honorent l'homme privé et illustrent le soldat; sa vie tout entière avait été consacrée au service du pays ; nul ne poussait plus loin que lui l'austérité des mœurs, le désintéressement, le dévouement au devoir et la loyauté. Mais par cela même que les amis de la cause nationale pouvaient peut-être lui reprocher d'être resté enfermé trop étroitement dans ses devoirs militaires, lors de la honteuse capitulation de Saint-Cloud et d'avoir manqué à l'inspiration politique en désespérant trop facilement du salut de la patrie. Drouot n'était pas sans droits à la gratitude de cette royauté, à qui la retraite de nos soldats derrière la Loire, puis leur soumission avaient donné sans lutte Paris et la France. Eh bien ! telle était la justice de cette époque étrange, que quatre membres sur sept déclarèrent le général coupable ; encore une voix et Drouot était condamné à la peine de mort. »

Mouton-Duvernet pouvait-il espérer être plus heureux que ceux de ses illustres complices que nous venons de nommer ? « Le même Fouché qui l'avait inscrit sur les listes de proscription du 24 juillet, lui avait, quelques mois auparavant, donné, au nom de l'Empereur, le commandement militaire de Lyon.

Non, il ne pouvait se faire d'illusion sur le sort qui l'attendait, s'il tombait entre les mains de l'ennemi.

Et cependant il était prêt à quitter sa retraite, lorsque M. de Meau reçut une lettre jetée à la poste de Montbrison, qui écrite à la dérobée ne contenait que ce seul mot : FUYEZ.

Après l'avoir montré au général d'un air calme et souriant, M. de Meau lui dit :

— Eh bien ! mon ami, vous allez être obligé de faire quelques semaines de salle de police. Le cas était prévu, et l'avertissement que nous venons de recevoir n'est pas le premier. Il ne se passe pas huit jours sans que l'on fasse quelque perquisition dans l'arrondissement à votre intention.

— J'ai abusé de votre hospitalité, mon ami, il est temps que je vous quitte. Je partirai cette nuit.

— Mais vous n'avez ni papiers, ni costume.

— Je n'en puis avoir de meilleurs, dans la Haute-Loire, que ceux d'un charbonnier.

— Mais à cette heure ils sont connus de la police ; ils font partie de votre signalement.

— Tant pis ; je ne veux pas vous exposer pour moi.

— Mais le moment serait mal choisi.

— Je n'ai plus le choix.

— Vous manquez de patience, général : N'allez pas imiter le maréchal Ney. Vous ne traverserez pas Montbrison à cette heure sans être arrêté, mes gens qui vous ont vus seront confrontés avec vous, vous me perdrez. Attendez donc, pour vous remettre en route, si ce désir vous domine toujours, que l'orage qui gronde soit passé. Seulement, tenez-vous prêt à descendre dans votre cachette. Allons nous assurer ensemble que la plaque de la cheminée tourne bien.

— Soit, répondit le général vivement touché, je vous obéirai, mon trop généreux ami !

Ils se rendirent ensemble à l'entrée de la cachette et en essayèrent le mécanisme qui fonctionnait parfaitement.

— Je vais coucher en bas cette nuit, dit Mouton-Duvernet, car si je suis dénoncé, c'est dans ma chambre que la police fera tout d'abord irruption.

— Oui, répondit M. de Meau, c'est le plus sage. Emportez donc d'ici tout ce qui vous est personnel. Je vais vous y aider. Il faut qu'on ne puisse trouver ici rien qui trahisse votre séjour, pas un objet, pas un papier, une pipe, un grain de tabac.

Ils opérèrent tous deux un déménagement complet et minutieux ; puis le général, une époussette à la main, balaya soigneusement sa chambre et en jeta les balayures au vent.

Ils avaient été sagement inspirés.

En effet, le lendemain à l'aube, le château était cerné par la troupe, la cour d'entrée occupée par la gendarmerie et le sous-préfet, accompagné du procureur du roi et d'un commissaire de police pénétraient dans l'habitation.

M. de Meau, naturellement, s'inclina devant la force, remit les clefs qu'il possédait, et resta à la disposition des hauts fonctionnaires.

Ceux-ci se dirigèrent aussitôt, et comme s'ils connaissaient les êtres, vers la chambre du proscrit.

C'était montrer assez que ce dernier avait été dénoncé.

— Cette chambre, demanda le procureur, n'était-elle pas occupée, naguère, par un de vos amis ?

— Avant de répondre aux questions de M. le procureur, je lui demanderai si je suis prévenu d'un délit, et de quel délit je suis accusé ?

— Jusqu'à cette heure, vous n'êtes prévenu d'aucun délit, mais vous êtes soupçonné d'un crime.

— Lequel, monsieur le procureur ?

— De culpabilité dans le crime de haute trahison, monsieur. En d'autres termes, nous vous soupçonnons de soustraire aux recherches de la police et à la justice le nommé Barthélemy Mouton-Duvernet.

— Je croyais être, monsieur, à l'abri de soupçons de ce genre, mais tant qu'ils ne se seront pas transformés en un acte régulier d'accusation, je n'aurai à subir aucun interrogatoire.

— Vous refusez de répondre à la question que je vous avais adressée?

— Oui, monsieur.

— Je vous préviens, monsieur, que par votre attitude et votre mauvais vouloir, votre situation peut être rapidement modifiée.

— Monsieur le procureur, je crois de ma dignité de rester dans mon droit.

Le commissaire de police : — « Je ne partage pas du tout l'opinion de M. de Meau.

Dans la recherche d'un criminel et de ses complices, quand je me présente quelque part, j'ai le droit d'interroger les gens de la maison ou de la localité, et ceux-ci ont le devoir de me répondre. Nous sommes avertis du séjour de Mouton Duvernet chez M. de Meau et l'on nous a même indiqué cette chambre comme celle qu'il occupait. Nous tenons les faits pour vrai.

— Comme il vous plaira, monsieur, moi, je n'ai pas à en faire la preuve, ni à en démontrer le contraire.

— Nous ferons la preuve sans vous, monsieur.

— Ah!... Je n'ai donc rien à vous dire.

Après ce colloque d'un ton aigre, on fit monter un serrurier pour ouvrir les meubles, et un maçon pour sonder les murs.

La cheminée ne fut pas oubliée ; mais rien de suspect n'y fut remarqué.

La perquisition poursuivit son cours « régulier » de pièce en pièce, d'étage en étage, de la cave au grenier.

Les domestiques furent interrogés, sans toutefois, par égard pour leur maître, être intimidés ; — « Ils n'avaient vu personne ; ils ne savaient pas ce qu'on voulait dire. »

Ils étaient stylés d'avance, étaient peu nombreux et attachés à la maison.

L'opération se prolongea tellement que l'humanité obligea M. de Meau à offrir une collation à ses persécuteurs.

La nuit tombait lorsque les perquisitionneurs se retirèrent.

Ils se dirent surpris par la nuit, laissèrent garnison de gendarmes et ne se firent pas faute de menaces sous-entendues.

Voilà leur manière d'agir chez des coreligionnaires, car chez M. de Meau, de père en fils, on était royalistes. Une lettre anonyme,

Il y a longtemps que ces mains-là n'ont touché de charbon.

et rien que cela les avait poussés à ces violences qu'ils s'habituaient à considérer comme les conséquences d'un régime libéral, religieux et paternel.

Le commissaire ne se retirait qu'avec l'espoir de revenir, muni d'un mandat en bonne et due forme, pour soumettre à son interrogatoire cet « orgueilleux » qui trouvait indigne de lui d'être questionné.

Le procureur du roi, naturellement, ne rêvait qu'affaires scandaleuses, propres à mettre en relief ses maigres talents.

Le sous-préfet ne désirait que devenir préfet,... modeste ambition.

Mais la notoriété et la fortune de M. de Meau leur donnaient cependant à réfléchir.

Enfin, les agents de Fouché et de Decaze, préfet de police, décideraient des mesures que l'on aurait à prendre.

L'ami du général se rendait parfaitement compte des mobiles d'action de ses adversaires et ne tremblait pas.

Tandis que les gendarmes fumaient leur pipe dans sa cour, il cherchait les moyens de procurer au général un déguisement et des papiers.

Parfois aussi, il se demandait ce qui avait pu dicter la lettre de dénonciation.

A son avis, l'auteur de cette lettre était Dougas.

La cause, il l'attribuait à une mésintelligence survenue entre les nouveaux époux.

Et cette mésintelligence,... cette brouille,... il l'attribuait, en attendant la lumière et, faute de mieux, à quelque coup de langue maladroit d'Ambroisine.

Il n'était pas loin de la vérité.

LE SECRET D'AMBROISINE

Joseph Dougas aimait l'argent, — et qui ne l'aime pas? il est si aimable, — mais peut-être un peu plus que nous ne le permettons à autrui, — il avait vu avec plaisir les cadeaux de noces de M. de Meau, mais après les avoir encaissés, il en éprouva un arrière-goût amer... et réfléchit...

Il institua en lui-même un petit tribunal, dont il fut le juge unique, y fit comparaître Ambroisine, et cita comme témoins à charge contre elle ses hésitations, sa froideur du jour où il vint lui rappeler sa promesse.

Elle ne tenait pas, évidemment, à quitter le château. Elle s'y trouvait donc bien heureuse?... Pourquoi?... Les bontés de M. de Meau étaient là, dans son tribunal imaginaire, sur la table des objets à conviction.

Ah! traîtresse!...

En vain l'accusée voulait-elle recommencer la petite comédie de la fille sans dot qui craint, etc., etc...

Oh! non, non, ce n'était pas là, perfide, la raison de vos hésitations à abandonner votre main. Et le jour des noces, d'où provenait votre pâleur?... Et le soir, vous ne pouvez nier que vous m'avez fait boire et que vous avez tâché de m'étourdir?... Pourquoi?... Ah! cela, aujourd'hui, m'est trop facile à comprendre.

Aussi, insensé que j'étais, je ne m'aperçus de rien... Non, j'étais fou, et si je ne puis jurer aujourd'hui que vous étiez encore digne de moi, je ne puis non plus attester le contraire. Le bon sens m'aide seul à me rendre compte et à comprendre la générosité du maître envers la servante, et, tout bien examiné, je vous condamne!

Ainsi pensait Joseph.

Un jour, rentrant à l'improviste d'une course dans la campagne, il trouva sa femme assise dans un coin de sa chambre, elle pleurait.

A sa vue, elle tressaillit comme prise en faute, et serra dans sa main un objet qui, déjà, avait fixé l'attention de son mari.

— Tiens! fit-il, tu pleures?... Que t'es-t-il arrivé?

— Rien.

— Te serais-tu blessée?

— Oh! pas du tout.

— A la main?

— C'est une tristesse subite qui m'a prise.

— Pourquoi?

— Sans raison.

— Tu me caches quelque chose?

— Quelle idée!

Et il demeurait debout devant elle, assise sur une chaise basse, suivant du regard les moindres mouvements de ses mains, surtout de sa main gauche qu'elle tenait à demi fermée.

— C'est donc quelque chose de mal? reprit-il.

Elle se leva brusquement et voulut porter sa main à sa poche, mais il la saisit au poignet.

Que me caches-tu? demanda-t-il avec la voix sourde de colère.

Elle pâlit.

— C'est, dit-elle, une bague que je me suis achetée.

— Montre!

Elle montra une bague ornée d'une rose.

— Et c'est ça qui te fait pleurer! dit-il, c'est assez singulier... Et où l'as-tu achetée?

Elle était tellement bouleversée qu'elle ne put répondre.

— Je devrais, dit-il, broyer cela sous mon pied, mais je le garde... c'est une preuve.

— Écoute, Joseph, répondit-elle enfin. J'ai commis une faute, je te l'avoue, je suis coupable, tu sais qu'au château, j'avais la manie de fureter partout, j'ai trouvé cette bague perdue dans un vieux meuble... Mais un jour, je retournerai au château, et...

— Jamais! cria Joseph en levant le poing, et cédant à la colère qui s'était chez lui lentement accumulée. Si quelqu'un de nous retourne au château, ce sera moi, ou plutôt...

Il n'acheva pas, mais ses yeux lancèrent des éclairs de fureur et de haine.

— Ah! messieurs les honnêtes gens!... grondait-il. Grand merci de vos cadeaux de noces. A mon tour de vous en faire. Je n'y manquerai pas.

— Mais, Joseph, reprit timidement Ambroisine, que veux-tu imaginer là? Je te jure que M. de Meau ignore que je possède cette bague!

— Et l'autre?... C'est donc de l'autre, en ce cas?

— C'est moi qui l'ai prise...

— Non!... Il y a longtemps d'ailleurs que j'ai ouvert les yeux. Tu ne m'as jamais aimé; tu m'as trompé, mais je me vengerai.

. . . .

Le soir même, Dougas écrivait une dénonciation anonyme, et sa femme jetait à la poste le mot d'alarme : fuyez.

Revenons à M. de Meau et à son ami.

Le zèle du commissaire de police avait donné à réfléchir à celui qu'il avait menacé de mettre en état d'arrestation. D'un moment à l'autre, un mandat d'arrêt pouvait être lancé, et que deviendrait le proscrit dans sa cachette, si la détention de M. de Meau se prolongeait ?

La fuite, pour Mouton-Duvernet, était encore le meilleur expédient.

M. de Meau se procura les papiers d'un soldat blessé qui, renvoyé dans ses foyers, était mort subitement, dans une commune des environs.

C'était un Savoyard. Le paysan chez lequel il était mort avait gardé ses effets et ses papiers, et son signalement répondait à peu près à celui du proscrit. Le mort se nommait Charles-Nicolas Buet.

Le sac au dos, un bâton à la main, le général quitta, pendant la nuit, le toit hospitalier où il avait passé près d'une année. M. de Meau l'accompagna à quelques lieues de la ville, mais de façon à pouvoir être rentré chez lui avant l'aube.

Leurs adieux furent empreints de tristesse; malgré les plus beaux plans et les meilleures résolutions; ils n'espéraient pas se revoir.

DE NOUVEAU A L'AVENTURE

On était à la fin de mai, au commencement de la belle saison, où dans la campagne clairsemée d'habitations, le proscrit errant aurait pu se croire en paix et en liberté. Mais nous ne voyons la nature qu'à travers nos propres sentiments. Tel paysage, dont la grâce ou le pittoresque raviraient un touriste, n'est aux yeux du proscrit que la garnison de cinq gendarmes. Dans tout passant il voit un ennemi, un délateur. L'auberge, dont il attend un morceau de pain et un gîte, a l'aspect d'un guet-apens. Le ruisseau qui l'invite à s'asseoir à l'ombre de ses saules est un danger. Au galop d'un cheval, il se jette hors du chemin, derrière un buisson. Il se souvient des battues organisées dans les campagnes contre les plus honorables serviteurs du pays. Quelqu'un l'accoste-t-il au passage, il est prêt à mentir, lui qui ne connaissait que la franchise. Il se refuse le repos nécessaire ; il faut qu'il marche comme le juif errant de la légende. Et où s'arrêtera-t-il ? Il ne le sait pas. Il est vaincu et odieux au genre humain.

Le noble, qui fuyait la Révolution en 93, avait un refuge assuré au delà de la frontière. La haine qui le poursuit n'a pas de frontière. Le sol de la patrie le repousse... cette patrie qu'il a tant aimée, pour laquelle il a fait cent fois le sacrifice de sa vie, dont le seul nom faisait battre son cœur, elle le renie aujourd'hui et bientôt il n'osera plus dire qu'il est Français

Nous ne suivrons point le malheureux général d'étape en étape, sur la route d'exil qu'il a choisie. Il n'eût que d'insignifiantes et vulgaires aventures. Il subit plus d'une alerte ; il dut plus d'une fois se soumettre à l'examen des gendarmes et s'en tira facilement.

Les mouchards avaient perdu sa piste, et il avait mis entre eux et lui une distance assez grande pour qu'il pût se croire hors de leurs atteintes.

Un jour, dans une auberge, il entendit deux voyageurs qui venaient de Paris, et s'entretenaient de la grande ville. Ceux-ci causaient sans avoir remarqué sa présence.

— Paris n'a pas à se plaindre, disait l'un.

— Et, reprenait l'autre, il ne se plaint pas.

L'occupation pour lui est un coup de fortune. Les commerçants ont vidé leurs magasins. Tout ce qui travaille pour les plaisirs, la toilette, la gueule et les mille vices, ne suffit plus à la commande. Ce que l'on consomme de champagne au Palais-Royal, ce que l'on achète de vêtements et de chapeaux, rue Vivienne, est inconcevable.

— Paris, reprenait l'autre, est devenu le mauvais lieu de l'Europe. Il est en ripailles du soir au matin. Il a été trahi, vendu, il se revend ; l'occupation, c'est une affaire d'or. On fusille le matin et il danse le soir. Ses acteurs, ses actrices, les meilleurs et les plus belles s'exercent à s'aplatir, s'ils ne rampent naturellement devant nos vainqueurs. Ils sont Russes, Anglais, Allemands, tout ce que l'on veut, mais plus Français, — ce n'est plus la mode.

— Oui, on a honte de ses anciennes victoires.

— Quelques princes étrangers se montrent plus Français que nous.

— Le dégoût, parfois, leur monte à la gorge.

— Et les femmes?

— Ah! oui, parlons-en!...

— Je ne parle pas des filles.

— J'entends bien.

— Ni des grandes dames.

— Laissons de côté filles et grandes dames rivaliser de prostitution; vous voulez parler des honnêtes femmes seulement?

— Oui; elles aussi sont heureuses de la chute du scélérat Corse. Celle-ci profite de ce que son mari est compromis; celle-là le compromet et le quitte. Les vieux maris sont renvoyés en demi-solde. Que de divorces! Que de mariages!... Cela rappelle aux anciens les beaux jours de Thermidor.

— Avec cette différence que la vertu se retrouve à l'église. Sans la religion, aujourd'hui, on ne fait rien.

— Et avec elle on fait tout. — Caïn peut manger son frère Abel, pourvu qu'à ses repas il récite le *benedicite* et les *grâces*. D'ailleurs, c'est la religion qui soutient le trône, et le roi est sur l'autel.

— Chut! téméraire!...

— Je ne fais que répéter ce que tout le monde dit.

— Parlons des femmes. Le sujet est inépuisable. Ces pauvres femmes, si négligées par ces guerriers...

— Ces brigands, veux-tu dire.

— Ces brigands qui avaient à peine le temps, entre deux batailles, de venir les embrasser; maintenant — grâce à l'invasion, — ne savent plus auquel entendre, adulées, pressées, entourées de mille séductions... Comment leur est-il possible de résister?

— Surtout dans un temps où les capitulations sont généralement tenues pour honorables.

L'higlander est si séduisant, le grenadier prussien si imposant, le cosaque si suave!...

— Et l'or! l'or cosmopolite!

— Et les faveurs, les grâces de tous genres, qu'ils obtiennent du roi ou de Decazes.

Si beaucoup d'officiers-brigands ont dû leur perte à leurs femmes, d'autres leur ont dû leur salut...

— Ah! tenez, vous me rappelez là des faits qui prouvent qu'en généralisant trop, nous devenons injustes.

— Comment donc?
— Vous me rappelez Mme de Lavalette, Mme de Labédoyère.
— C'est vrai : pas de règle sans exception.
— Et j'en pourrais citer d'autres...
— C'est encore vrai.
— « Respect au sexe auquel tu dois ta mère ! »
— Et puis?
— Allons voir à l'écurie si nos chevaux ont mangé.

Ils se levèrent et aperçurent l'intrus assis dans un coin.

— Tiens! fit tout bas l'un des deux bavards, nous n'étions point seuls.

Dans les dispositions d'esprit où se trouvait Mouton-Duvernet, ce tableau peint des mœurs parisiennes devait produire sur lui une profonde impression.

Ces ripailles, ces coups de commerce, ces transactions, ces trahisons, ces lâchetés, cette dérision du sort dégageaient sur le proscrit une immense amertume.

Sa pensée se reporta naturellement sur sa femme qu'il estimait, mais qu'il ne pouvait, sans peine, sentir dans ce foyer de corruption, — parce qu'il l'aimait.

Il y avait longtemps qu'il n'avait reçu de lettre d'elle.

DANS LA MAURIENNE

Il y avait un mois qu'il errait ainsi à l'aventure.

Dans quelles montagnes se trouvait-il? C'était, croyons-nous, dans les montagnes de la Maurienne, entre le Rhône et les Alpes savoisiennes. Une contrée désolée, un chaos de rochers noirs ou grisâtres, entre lesquels perce une verdure rabougrie ou maladive,... des hameaux, des villages, — car les plus pauvres ont des enfants, — où le voyageur ne trouve pas toujours du pain.

Là, quelques mois auparavant était passé le conspirateur orléaniste Paul Didier,... exécuté depuis. Cette contrée sauvage avait encore gardé des échos de ce drame terrible.

Les domestiques furent interrogés.

Le général se trouvait à Saint-Sorlin-d'Arves. Ce petit village ne possédait qu'une auberge et elle était fermée.

— Allez, lui dit-on pour le consoler, il vaut mieux coucher à la belle étoile ou sur une botte de paille que dans un lit de cette auberge

— Et pourquoi donc? demanda-t-il.

— C'est, lui répondit-on, l'auberge de Balmain.

— Eh bien?

— Vous n'avez pas entendu parler de lui?

— Non.

— Vous l'avez peut-être entendu hurler dans la montagne? Il hurle comme une bête sauvage.

— C'est donc un fou?

— Il doit l'être, mais c'est sa punition.

— Ah!... Il a commis un crime?

— C'est comme on veut l'entendre. Les Français disent qu'il a bien fait de livrer Paul Didier; tout le monde n'est pas de cet avis.

— Paul Didier? fit Mouton-Duvernet.

Qu'est-ce encore que celui-là?

— Mais le chef du complot de Grenoble qui vient d'être découvert! Vous ne connaissez rien de tout cela?

— Non, pas un mot.

— D'où venez-vous donc?

Et on lui raconta ce que l'on savait alors de la conspiration de Grenoble, la fuite de Didier, la trahison de Balmain.

Cette lamentable histoire d'un homme d'une rare énergie et d'une intelligence pleine de ressources, racontée sur le lieu même où elle s'était dénouée, devait impressionner vivement le général proscrit et fugitif.

Sa tête aussi était mise à prix.

Une *honnête* récompense était promise à qui la livrerait.

Il écoutait navré, et regardait autour de lui cette nature d'aspect inhospitalier et méchant.

Combien de temps, lui, également, ensanglanterait-il ses pieds dans ces rocailles, avant d'être livré par un de ces paysans?

Où était le vrai courage?

Consistait-il à disputer misérablement sa vie, à mentir, à dissimuler, ou, comme le maréchal Ney, dire aux gendarmes:

— Vous cherchez Michel Ney?... Le voilà.

En perdant son grade, avait-il fait le sacrifice de sa dignité d'homme? En se traînant, ployé sous la main du sort, n'en acceptait-il pas la violence et l'humiliation?

Malgré sa constitution robuste, il sentait, depuis quelques jours, ses forces physiques s'user dans les privations de nourriture et de repos. Attendrait-il qu'elles fussent anéanties pour tomber inerte au pouvoir de l'ennemi?

En ce cas, il pouvait, en imagination, se voir conduit, enchaîné, en guenilles, pâle, défaillant, entre deux gendarmes, d'étape en étape. Autour de lui, la multitude imbécile riant, en se montrant du doigt le général Mouton-Duvernet!

Il s'examinait; ses souliers s'usaient, ses vêtements étaient sales, sa barbe, ses cheveux étaient incultes. A sa vue, les chiens aboyaient, les femmes rentraient dans leurs chaumières, les enfants s'écartaient du chemin.

Sur ces réflexions amères, l'infortuné poursuivait sa route.

— Si je pouvais, se disait-il, « traverser le Piémont, j'ai de l'argent; je m'embarquerais pour quelque île de l'archipel grec. Là, je vivrais tranquille et d'une façon honorable; ma femme viendrait me rejoindre. Sortons de ce désert, dont la tristesse me démoralise. A la première petite ville, j'achèterai des vêtements et je louerai un voiturin. Avec de l'argent!... »

Pendant plusieurs semaines encore, il continua à errer en Savoie; mais comme il avait dépassé le pays pour lequel il avait reçu une feuille de route et lui tournait le dos, il avait à redouter la rencontre des carabiniers ou gendarmes sardes. Il tournait ainsi sur lui-même, ne sachant quelle direction suivre, et finissant par se faire remarquer des habitants, et éveiller leurs soupçons.

Vers la fin d'une journée de marche et contre-marche sans but dans une gorge aride, où il n'avait pu prendre la moindre nourriture, il découvrit une pauvre chaumière, près de laquelle filait une vieille femme.

Il s'approcha lentement d'elle pour ne pas l'effrayer, et lui dit :

— Ma bonne femme, ne craignez rien de moi, je suis un pauvre voyageur égaré. J'ai de quoi payer mon gîte et ma nourriture, mais l'un et l'autre me font défaut. Pourriez-vous me vendre une écuelle de lait?

La vieille le regardait d'un air mauvais.

— N'êtes-vous pas, lui dit-elle, de ces Français qui ont essayé de renverser leur roi, pour ramener Napoléon? Il en est déjà passé ici.

— Non, répondit le proscrit, je ne suis pas des leurs.

— Qui que vous soyez, je vais vous donner ce que vous me demandez.

Elle se leva et alla chercher une écuelle de lait.

— Mais, ajouta-t-elle en s'éloignant, que le Ciel vous confonde, si vous êtes des amis de l'Empereur, de l'homme de guerre et de sang qui m'a pris mes garçons chéris!

Elle apporta du lait que le général but avec avidité, et, sans savoir quelle réponse lui faire, il la remercia et lui remit un franc.

— Vous n'avez pas de pièces de cuivre? demanda-t-elle.

— Non; c'est ma plus petite monnaie.

— Je ne puis pourtant pas la prendre pour un sou.

— Il le faut bien, ma bonne femme, car moi, je ne puis non plus accepter votre lait pour rien.

L'honnête vieille avait l'air fort perplexe.

— Eh bien! dit le général, vous me donnerez encore un peu de lait, et vous me permettrez de coucher sous votre toit.

Cette dernière proposition n'eût pas l'air de lui sourire, et il s'écoula plusieurs minutes avant qu'elle y répondit.

Enfin, prenant une décision qui paraissait lui coûter beaucoup, la vieille dit :

— Eh bien! que vous soyez ou non un de ceux qui ont soutenu cet homme qui m'a pris mon fils bien-aimé, je ne vous repousserai pas, parce que je veux être charitable et que, peut-être, vous êtes assez puni. Donnez...

Elle prit la pièce de vingt sous qui lui était offerte, puis alla chercher une seconde écuelle de lait, auquel elle joignit une poignée de châtaignes bouillies.

Le proscrit accepta en silence. Il n'avait plus la force de discuter.

Cependant il était effrayé des haines que les dernières conscriptions avaient soulevées contre l'Empire. Chez presque toutes les femmes et chez toutes les mères, il avait rencontré sinon la haine, au moins une profonde hostilité.

Il cherchait quelques paroles de consolation et il n'en trouvait pas.

Cette femme avait repris son travail et préférait son silence à tout ce qu'il pouvait dire. Elle avait épanché ses peines et avait fermé son cœur. Le ciel, où l'on se retrouve après la mort, suffisait à soutenir son courage. Quand le soleil descendit sous l'horizon, on entendit dans le lointain une cloche tinter. Elle tourna le dos au voyageur, se mit à genoux et pria. Sa prière faite, elle montra à Mouton-Duvernet une botte de fougères sèches dans un coin de sa cabane.

— Vous n'aurez qu'à délier cette botte, dit-elle, et vous aurez un lit comme le mien.

— Merci mille fois, répondit-il.

Ils entrèrent tous deux. Elle ajouta :

— Si vous voulez me couper le cou pendant la nuit, reprenez plutôt vos vingt sous, les voilà sur cette pierre.

— Oh! quelle idée! se récria-t-il blessé d'un pareil soupçon. Dormez en paix, comme je dormirai moi-même, confiant en vous.

DERNIÈRE ÉTAPE VERS LA LIBERTÉ

Il dormit d'un sommeil de plomb. Le lendemain, au moment de se remettre en route, il but encore un peu de lait et mangea quelques châtaignes, puis il déposa une seconde pièce blanche sur la pierre, et s'éloigna.

Il avait sans doute du mal à se faire à cette vie d'une sobriété extrême, il s'arrêtait et s'asseyait tous les cent pas, et chez lui la lassitude morale égalait la fatigue physique.

Le soupçon monstrueux de cette bonne femme lui revenait souvent à l'esprit. J'ai donc l'air d'un bandit se disait-il. Il s'en attristait. Sa sensibilité, sans cesse surexcitée, devenait d'une irritabilité maladive ; il s'attendrissait à tout propos, à la vue d'un oiseau ou d'une plante qui lui rappelaient sa première jeunesse.

Si un passant le regardait de travers, il pensait à Paul Didier livré. Il était bien près de la frontière et elle était si nouvelle encore qu'on était exposé à la franchir sans s'en douter. Il se guidait sur le soleil, mais il changeait souvent de sentier.

Il se répétait : Je comprends le maréchal. Il lui était plus facile, dans les neiges de Russie, de saisir un fusil et de se battre à pied contre une bande de cosaques, que de se tenir caché derrière un rideau. Si des gendarmes venaient, je ne leur résisterais, je ne fuirais pas.

— « Qui êtes-vous.

— « Je suis le général Mouton-Duvernet.

« Il me semble que cela me soulagerait, me relèverait l'âme, de leur répondre aussi fièrement !...

« Après tout, je ne suis pas dans le même cas que Michel Ney, je ne m'étais pas rallié aux Bourbons ; je ne leur avais pas juré fidélité. Je n'avais pas non plus cette haute situation militaire qui donnait tant de poids aux moindres actes de l'infortuné maréchal. Je n'ai pas fait de jaloux ; je ne me connais pas d'ennemis ; je pourrais même compter des amis parmi les royalistes, si je n'avais devant moi tant de leçons de l'ingratitude humaine.

« Arrive que pourra !... Chacun a sa destinée. Souvent à l'heure où l'on discute de son sort, il est depuis longtemps décidé. »

Eh ! sans doute, aurait-on pu lui répondre, il est décidé, lorsqu'on fait ainsi abandon de soi-même et qu'on éteint un reste d'énergie par de semblables réflexions.

LES CARABINIERS

Un matin, sur la grande place de Saint-Jean-de-Maurienne, deux militaires portant à leur casque la croix de Savoie, se promenaient à pas égaux en s'entretenant de la clémence de la température et de la sage rigueur des lois.

L'un d'eux, à la manche galonnée, disait à son compagnon :

— Vous n'avez pas pris connaissance, carabinier, de la nouvelle circulaire que j'ai reçue ce matin de Chambéry ?

— Non, brigadier.

— En effet, elle n'est pas encore affichée, mais je vais la mettre au tableau du poste. Elle est relative aux malfaiteurs français qui errent depuis plusieurs semaines dans nos montagnes. Et vous ignorez, sans doute, ce qu'elle comporte de plus important?

— Oui, brigadier.

— Je me propose, en conséquence, d'en donner lecture à ma brigade, avant même de la mettre dans le cadre qui lui est affecté. Elle nous enjoint de redoubler de surveillance et nous autorise à requérir les officiers de la municipalité et les bons citoyens pour nous prêter main-forte. Et savez-vous pourquoi?

— Non, brigadier.

— Vous n'en n'êtes pas répréhensible, puisqu'elle n'est pas encore sortie de mon portefeuille et que vous ne l'avez pas lue. Eh bien, c'est qu'il s'agit d'un nouveau complot. Contre qui? Je vous le donne en cent!

— Contre le roi de France.

— Tiens, vous l'avez deviné!... Mais maintenant quel est ce complot et quel en est le chef! Pouvez-vous le dire?

— Non, brigadier.

— Évidemment, puisque la circulaire pouvait seule vous le révéler, mais tout à l'heure vous n'en douterez plus en le lisant au tableau. Au fait, comme ce n'est plus un secret, je puis vous le dire : — Sachez donc, carabinier, qu'un général... un ex-général, cité à comparaître devant les conseils de guerre, et qui, en état de rébellion, erre dans nos montagnes, y recherche, pour en former un corps d'armée, les débris de la bande de Paul Didier.

— Oh! oh!

— Vous ne savez pas quel est ce général?

— Non, brigadier.

— Moi aussi, je l'ignorais il y a quelques heures, mais maintenant non seulement c'est mon droit de vous le nommer et de vous le signaler, cet ex-général est le nommé Mouton-Duvernet.

— Oh! oh!

— La police est sur ses traces et signale sa présence dans nos environs. Croyez-vous que nous l'ayons rencontré dans nos tournées?

— Non, brigadier.

— C'est un homme d'une quarantaine d'années qui, dit-on, n'a pas froid aux yeux. Il est en fuite depuis près d'un an et se cache sous les habits d'un paysan. Mais vous ne savez pas, carabinier, ce qu'il y a de plus beau dans cette affaire ?

— Non, brigadier. Je ne me permettrais pas d'en savoir plus que vous, brigadier.

— Eh bien ! c'est que pour celui qui arrêtera l'ex-général il y a une prime du gouvernement.

— En effet ! brigadier.

— Allons-nous nous laisser devancer par des pékins, comme Bolmain, par exemple ?

— Oh ! non, brigadier.

— Venez donc au poste, où je vais donner lecture de la correspondance.

Mais comme les deux carabiniers, pivotant sur leurs talons, allaient se diriger vers la maison communale où était casernée la force publique, un d'eux, le non gradé aperçut un individu qui, d'une petite rue débouchait sur la place. La mine de cet étranger lui parut suspecte.

— Pardon, excuse, mon brigadier, dit-il, mais je crois aviser un particulier qui ne me paraît pas catholique. Je vais lui demander ses papiers.

— Eh ! oui, fit le sous-officier, en effet. Je l'avais remarqué. Mais un instant !...

Le carabinier déjà en chemin s'arrêta.

— C'est à moi, reprit le brigadier, comme chef du poste, qu'il appartient de l'interroger.

— Mais permettez, brigadier, c'est moi qui l'ai découvert.

— Que signifie ?... Vous l'avez aperçu, mais c'est à moi de le découvrir en l'interrogeant.

Après une courte hésitation, l'inconnu, d'un pas délibéré, se dirigea vers eux. A peine fut-il à portée de la voix que le brigadier lui cria :

— Eh là !... brave homme, où allez-vous ?

— Je viens vous trouver.

— Ah ! fit le brigadier avec humeur, en le prenant pour un dénonciateur qui lui enlevait sa prime.

— Qui êtes-vous ?

— Je suis le général Mouton-Duvernet.

Les deux carabiniers demeurèrent muets de stupéfaction. Enfin le brigadier reprit :

Le sac au dos, il partit

— Alors, vous vous rendez?

— Pour des raisons dont je ne dois compte à personne, je juge bon de me rendre en France et d'y demander des juges.

— Monsieur Mouton-Duvernet, au nom du roi, je vous déclare mon prisonnier.

— Très bien. Maintenant veuillez m'accompagner à cette auberge où je vais déjeuner.

— Non, monsieur; cela est contraire au règlement; il faut me suivre sans délai au poste, où procès-verbal doit être dressé; ensuite on vous permettra de déjeuner.

Puis, à son subordonné :

— Carabinier! prêtez main forte à la loi.

Le soldat voulut saisir le général au bras; mais celui-ci eût un mouvement de répulsion qui le déconcerta.

— La *main-forte* est inutile, ce me semble, allez, je vous suis.

Les carabiniers se placèrent à ses côtés, mais sans le toucher. Ils se rendirent au poste dont les autres soldats étaient déjà sortis.

Là, les formalités ordinaires s'accomplirent. Il en est d'assez humiliantes. On l'obligea à retourner ses poches pour donner ses armes, son argent et ses papiers.

Il lut la circulaire de police que le brigadier mit dans le cadre des affiches, puis il se fit apporter à déjeuner de l'auberge. Ce détail n'est pas inutile, l'infortuné, depuis longtemps, n'avait pu rassasier sa faim.

Il fut ensuite conduit à Chambéry, où l'on avertit le préfet de Lyon et le gouvernement de Turin. Le télégraphe transmit la nouvelle de l'arrestation à Paris où elle provoqua chez tous les royalistes une joie de cannibales.

A cette époque, les passions étaient loin de s'apaiser. On venait de juger et condamner à la détension et à la dégradation, au bas de la colonne Vendôme, le général Bonnaire, qui en mourait quelques mois plus tard. On venait de fusiller l'aide de camp Mietton dans la plaine de Grenelle. La Terreur blanche régnait toujours.

Mouton-Duvernet rédigea un mémoire explicatif de sa conduite politique; il nous a été impossible de nous le procurer. D'ailleurs, ce mémoire devait être ce que l'on appelle un coup d'épée dans l'eau.

On ne fit pas à Mouton-Duvernet l'application de l'ordonnance du 20 août en vertu de laquelle il eut dû être conduit et jugé à Paris, il fut cité à comparaître devant le conseil de guerre siégeant à Lyon.

Ce conseil était composé de MM. le lieutenant-général vicomte d'Armagnac, président ; du lieutenant-général, vicomte de Briche ; du lieutenant-général, comte Coutard ; du colonel, marquis de Castelbajac ; du commandant Legagneux ; du capitaine Delafaye, juges. Le rapporteur était le marquis de Saint-Paulet, chef d'escadron ; le commissaire du roi, M. Lenos de Loïsla, M. Ladreyt remplissait les fonctions de greffier.

Le général comparut devant ce conseil d'illustrations nobiliaires le 15 juillet.

L'affaire fut expédiée rondement.

Son rôle dans les Cent jours n'avait été ni plus signalé, ni plus influent que celui de bien d'autres chefs militaires dont la Restauration n'inquiétait pas la retraite. Cette considération avait contribué à le décider à se livrer. Il devait, nous l'avons dit, sa proscription à Fouché. En conséquence, il était poursuivi comme coupable « d'avoir trahi le roi et attaqué la France et le gouvernement à main armée avant le 25 mars. »

Or, les preuves de sa trahison, devant le conseil de guerre, résultaient surtout de trois proclamations qu'il avait publiées à Marseille et à Lyon, les *4 avril*, *22 mai* et *8 juin*.

Ce fut inutilement qu'il opposa ces dates à celle du 25 *mars*, inscrite dans l'ordonnance de proscription.

« Vainement, en outre, dit un historien, un grand nombre d'habitants de Lyon et des villes voisines vinrent témoigner de sa tolérance et de sa justice, raconter des services rendus à des citoyens de tous les partis, attester que pendant ses deux commandements à Lyon, nul n'avait été inquiété pour ses opinions politiques et prouvé que les royalistes avaient trouvé constamment chez lui bienveillance et protection, l'infortuné général ne put éviter sa sentence.

LE CRIME

Il n'y avait pas assez de sang répandu entre la Révolution et la Royauté, il fallait que cette dernière reprît les massacres et les exécutions, contre lesquels elle s'était si fort élevée lorsqu'elle en était victime ; il fallait que la terreur blanche égalât la terreur rouge.

Mouton-Duvernet fut condamné à mort à l'unanimité, et le conseil de revision, auquel il eut recours, confirma cette sentence inique.

Sa famille crut que là s'arrêterait la vengeance des Bourbons, et que le roi s'honorerait en accordant sa grâce au condamné. Mᵐᵉ Mouton-Duvernet, qui se trouvait alors à Paris, se rendit, le 21, aux Tuileries, à l'heure où le roi allait à la messe ; elle se rangea sur le passage du cortège, en tenant à la main un placet qu'elle tendit successivement au comte d'Artois, au duc de Berry (1), qui le repoussèrent de la main ; le roi parut ensuite ; elle se jeta à ses pieds en implorant sa clémence.

Le roi sans s'arrêter, lui répondit :

— Je ne puis vous accorder votre demande.

Le 29 on conduisit Mouton-Duvernet au supplice, à Lyon, sur le chemin des Étroits, à cinq heures du matin. Le général ne faillit point à son passé d'homme de guerre. Il regarda la mort qui l'attendait, comme il avait coutume de le faire devant les boulets et les balles de l'ennemi.

« Le lendemain de l'exécution, dit Vaulabelle, *des dames* royalistes de la ville se rendirent au lieu du supplice et ne rougirent pas de faire éclater leur joie en se livrant à des danses impies à l'endroit même où le général venait d'être mortellement frappé.

Les dames, les grandes dames royalistes comptaient donc parmi elles de ces drôlesses sanguinaires que l'on flétrit, sous la terreur révolutionnaire, du nom de « lécheuses de guillotine ? » Mais oui, elles n'étaient pas rares.

Mais il y a plus fort :

« Un banquet eut lieu peu de jours après l'exécution, des vociférations s'y firent entendre, des toasts célébrèrent la mort du général et, pour compléter cette odieuse parodie, les convives assistant à cette saturnale *exigèrent qu'on leur servît* UN FOIE DE MOUTON, *qui fut aussitôt percé de cent coups de couteau.* » (*Notice sur la vie du général Mouton-Duvernet*, publiée en 1844 au Puy, par M. Bouchet, avocat.)

Un tel fait se passe de commentaires.

---

(1) Cela fait penser à Louvel.

PAUL DIDIER

AFFAIRE DE GRENOBLE — 24 CONDAMNÉS A MORT

UN POLITICIEN DE 1816

C'était après Waterloo; Napoléon, vaincu, était à l'Elysée; un Gouvernement provisoire venait de se constituer aux Tuileries, sous la présidence de Fouché.

Les Chambres décidaient du sort de la France.

Les salons du palais étaient remplis d'une multitude affairée et émue, contre laquelle un officier de gendarmerie et un planton défendaient la porte du Président.

Un homme de haute stature, d'une physionomie intelligente et hautaine, portant jusque sur le collet de son habit une crinière de cheveux blancs, se fraya passage entre les rangs pressés de la foule, et tendit sa carte à un huissier qui la porta au duc d'Otrante.

Quelques minutes plus tard, ce personnage, au milieu des murmures, fut introduit.

Fouché et son secrétaire particulier travaillaient à la lueur des lampes.

— Asseyez-vous, dit-il sans relever la tête et cesser d'écrire ; je n'en finis pas, et il me faudra bientôt un régiment de gendarmes pour me protéger contre la marée montante des solliciteurs.

Posant la plume :

— J'ai trouvé le moyen, cependant, de m'occuper de notre affaire; elle est déjà en bon chemin. Dame! il n'y a pas une minute à perdre. Talleyrand en sera, Dupont et quelques généraux. Voici vos papiers diplomatiques ; — vous m'entendez?

— Oui, monsieur le duc.

— Tâchez de passer la frontière

— J'en réponds.

— Il faut devancer le mouvement des Autrichiens. Arrivez donc à temps à Vienne. Ce sera une bonne note pour nous d'avoir arrêté une partie de l'invasion ; le pays nous en tiendra compte... Par où allez-vous ?

— Par l'Italie.

— Ne m'écrivez que dans les cas urgents, et avec la réserve la plus absolue. Vous avez de l'argent ?

— J'en ai touché, monsieur le duc.

— Parbleu ! on commence toujours par là. J'approuve vos affiches ; N'allez pas, toutefois, perdre du temps avec les imprimeurs.

— Ce ne sont que quelques placards faits à la main.

— N'en mettez pas dans mon quartier. Tout ce que le duc d'Otrante approuve ne saurait avoir la sanction du Gouvernement provisoire et de son président. N'oubliez pas de vous arrêter au Puy, et chauffez Excelmans.

— Oui, monsieur le duc.

Fouché se souleva et tendit la main au voyageur en lui disant :

— Bonne chance !

Le jour tombait. Cependant, l'ami de Fouché ne put résister au désir de coller aux murailles ses proclamations, sans doute pour en voir l'effet avant de partir pour l'Autriche ; — amour-propre d'auteur.

Arrivé au coin de la rue du Sentier, il entra chez un marchand de couleurs et y acheta de la colle et un pinceau.

Un peu plus loin s'étendait une rangée de palissades.

Il y afficha un placard contenant quelques lignes tracées en gros caractères et appuyées de sa signature. C'était un appel au peuple qu'il provoquait au renversement de Napoléon, et annonçait l'avènement prochain d'un gouvernement ami de la liberté et de la paix.

Deux dames, qui suivaient le boulevard, s'approchèrent ; la plus âgée était la femme d'un membre de la Chambre des députés ; elle reconnut, dans l'auteur de l'affiche, un compatriote et ami d'enfance.

— Eh quoi ! lui dit-elle, c'est vous, Paul, qui demandez le renversement de l'Empereur ; vous semblez bien joyeux. Vos Bourbons vont donc revenir?

— Votre Bonaparte, au moins, va tomber, répondit l'homme auquel elle s'adressait.

Cet homme était Paul Didier.

La dame secoua la tête d'un air de pitié, et continua sa route.

Bientôt un certain nombre de badauds lui succéda et regarda d'un air méfiant.

L'auteur n'eut pas la joie d'entendre applaudir son œuvre et rentra chez lui où, quelques heures plus tard, on lui amenait une voiture attelée de chevaux de poste.

Il partait pour le Puy, où le général Excelmans avait son état-major.

Mais avant d'aller plus loin et d'aborder le récit du complot de Grenoble-Lyon, disons un mot de Paul Didier.

Malgré la publicité donnée à un long et retentissant procès, le caractère et les agissements de ce conspirateur restèrent longtemps enveloppés de mystère. C'est à un archiviste de la police, l'honorable M. Peuchet, que l'on doit d'avoir fait la lumière. Nous lui emprunterons les principaux renseignements, mais en faisant observer, toutefois, que Peuchet, dans ses appréciations, est optimiste.

« Qui n'a pas entendu parler de Didier, de cette âme de feu dans un corps de fer, de cet homme taillé sur les patrons antiques et si peu en rapport avec son époque et surtout ses concitoyens? Je vais le montrer sous un autre jour qu'il n'a été vu jusqu'à ce moment, et je ferai prévaloir mon opinion au moyen des documents nombreux et certains qui la dégagent de tous les mensonges dont on la voudrait entacher. Voici des faits inconnus et vrais :

« Paul Didier naquit à Upie (département de la Drôme), en 1758. Né dans la classe bourgeoise, il étudia le droit, fut reçu avocat et plaida avec succès.

Dès 1788, pendant le ministère déplorable de Brienne, Didier se distingua parmi les agitateurs de la province. L'an d'après, il assista à l'assemblée de Vizille, regardée par beaucoup comme le berceau de la Révolution.

« Ami de Mounier, de Barnave, Didier partagea tout ensemble leurs illusions et leur désappointement. Détrompé comme eux par les désastres que lui-même avait appelés sur la patrie, il revint, ainsi que ces deux hommes d'État, à de plus saines idées.

Poursuivi par les Jacobins, qui voulaient uniquement des complices, il fut contraint d'émigrer en 1793, ne reparut à Grenoble qu'après le 9 Thermidor, mais alors pour poursuivre, sans relâche et sans merci, les sans-culottes ses ennemis. Didier ne savait rien faire à demi.

Il fut, à cette époque, investi des pouvoirs de commissaire royal; il correspondit avec le cabinet ambulant de Louis XVIII, mais la mobilité de son caractère le tourna vers le soleil levant. Après le 18 brumaire, il multiplia ses voyages à Paris. Portalis, alors, le protégeait. Didier, impatient de cette condition mixte, s'adressa directement à Bonaparte. Celui-ci fut satisfait apparemment, car, après une audience accordée à Didier, l'ancien avocat reçut sa nomination de professeur à l'école de droit à Grenoble.

Ceci eut lieu après qu'en 1802 il eût mis au jour une brochure qui fit beaucoup de bruit, intitulée *Retour à la Religion*.

Des personnes, qui se croient bien instruites, prétendent que le ministère de la police donna le plan et paya la forme de l'ouvrage.

Pourquoi Didier fut-il destitué à l'époque de la création de l'Université impériale?

Les mêmes documents que j'ai cités plus haut veulent qu'à cette époque il reçut, pour la première fois, un agent de la faction dite d'Orléans, qui, lié avec Didier dès son premier voyage à Paris, l'engagea à travailler dans l'intérêt du ci-devant duc de Chartres, devenu duc d'Orléans à la mort de son père.

La police impériale eut vent de cette intrigue.

Rentré dans la vie privée avec peu de ressources, il s'associa à des travaux de mines et de desséchements d'étangs qui ne lui réussirent pas.

Il empira sa situation, et, en 1814, il se proposait de faire un voyage à Palerme, espérant que le duc d'Orléans lui tiendrait une partie des promesses qu'on lui avait faites sous son nom.

Mais les événements changèrent de face les choses; Didier, à la nouvelle de la chute de l'Empereur, accourut à Paris, se targua de sa destitution, s'en faisant un titre, exaltant son royalisme, et en même temps se rapprochant de MM. L..., V..., L..., O..., D..., B... et

Ce personnage fut introduit auprès de Fouché.

autres, qui, dès cette époque, reconstituèrent le parti orléaniste. Didier, que la charge de maître des requêtes qu'on lui accorda, et la promesse de la première place vacante à la Cour de cassation, ne satisfit point, passa, vers la fin de l'année, dans les rangs mourants des libéraux.

Je l'ai entendu souvent se plaindre du Gouvernement royal et prétendre qu'on ne faisait rien pour lui ; mais, depuis que j'ai pu lire dans les archives de la police, l'audace de ses plaintes m'a bien étonné.

Aux Cent jours il afficha le bonapartisme le plus exagéré : c'était un leurre.

Ce nouveau masque lui procura la préfecture des Basses-Alpes.

Didier, cependant, s'était rapproché de Fouché, chef, alors, des orléanistes.

Fouché, qui voulait donner la couronne au duc d'Orléans, le chargea d'aller en traiter, à Vienne, avec les alliés, avant l'entrée en campagne... »

Nous voici revenus au point de départ de notre récit ; nous quittons ici Peuchet et nous nous attachons aux actions de Paul Didier.

Disons, en passant, que ce personnage, qui joua un grand rôle politique, n'était (on a dû le remarquer), ni un patriote, ni un homme de parti, mais un aventurier politique, ambitieux et sans scrupules ; si nous racontons sa vie, c'est parce que, parmi ses nombreux complices, les victimes de sa conspiration sont sympathiques et intéressantes.

Didier ne s'arrêta point longtemps près de l'armée de la Loire, il avait hâte de franchir la frontière autrichienne. Mais, lorsqu'il parvint à cette frontière, elle lui fut interdite.

Ce fut pour lui une grande déception.

La révolution qu'il avait espéré opérer par voie diplomatique, n'était plus possible que par la force, une surprise, un coup de main.

Il en écrivit à Fouché, à qui il envoya un courrier, mais, comme il devait s'y attendre, sa lettre resta sans réponse.

Le duc d'Otrante, au moment où Didier quittait Paris, écrivait à Louis XVIII pour le féliciter de Waterloo et l'assurer du dévouement et de l'amour des Parisiens. Quelques heures plus tard, la Chambre immolait Napoléon à la fureur des coalisés.

Le Vivarais, les bords du Rhône, le centre de la France étaient bonapartistes. Didier le savait; il résolut de prendre le masque de l'opinion dominante pour réaliser le plan suivant, qu'il proposa à Fouché et au comité orléaniste, composé des généraux Lallemand, Drouet d'Erlon, Lefèvre Denouettes, Lafayette, de Dupont de l'Eure, Descazes et le duc d'Otrante, déjà nommé. Nous ne donnons que le résumé du plan détaillé, déposé aux Archives.

Il s'agissait de prêter la main aux imprudences des royalistes et d'alarmer les acquéreurs des biens nationaux, puis de soulever l'armée de la Loire, les campagnes, la classe ouvrière au nom de Napoléon. — Ce nom seul pouvait agir sur le peuple à qui les d'Orléans étaient parfaitement inconnus.

Comme il était impossible que Napoléon reparut, on chercherait à déterminer les officiers et tous ceux qui se seraient compromis dans cette tentative et sans espoir de grâce, à se tourner vers le duc d'Orléans.

Les républicains, en oubliant certaines fautes, se rappelleraient que le fils du conventionnel Philippe-Égalité, avait été membre du club des Jacobins et général de la République en 92 ; les propriétaires des domaines d'église, des biens des émigrés et des condamnés, ne seraient pas les derniers à se tourner vers un prince qui leur garantirait leur propriété; la foule enfin suivrait, lorsqu'on l'aurait bien convaincue que Napoléon II était à Vienne, prisonnier de son beau-père et otage de la Sainte-Alliance.

Ce plan, qui semblait logique, obtint l'assentiment des chefs, et cependant il péchait par la base : il n'était pas avouable au peuple et aux soldats, puisque ceux-ci n'étaient capables de se soulever que pour Napoléon, et qu'il obligeait tous les conspirateurs éclairés à jouer la comédie, à porter le masque d'une opinion qu'ils n'avaient pas, à prêcher une chose impossible, le rétablissement des Bonapartes.

Dans de telles conditions, on manque d'éloquence et souvent de logique, on s'expose à des démentis, à des révélations qui jettent le trouble, l'incertitude parmi ceux que l'on veut entraîner. La conspiration devient une fourberie.

Certainement, il est regrettable que ce plan ne fut pas réalisable.

Louis-Philippe, jeune à cette époque, était préférable à Louis XVIII, à Charles X, et même à Napoléon II, enfant placé sous la régence d'une Marie-Louise. Mais, qu'on me pardonne ce jeu de mots, la poire n'était pas mûre.

Cependant, le plan de Didier eut encore l'adhésion de l'Angleterre. Le cabinet de Londres s'apercevant que le roi de France penchait vers une alliance plus intime avec la Russie, envoya à Paris un agent, qui insinua que la Grande-Bretagne ne s'opposerait pas à un changement dans l'ordre de succession au trône.

Cette ouverture, dont on profita quinze ans plus tard, encouragea les orléanistes. Il fut décidé que l'on tenterait un coup de main.

Mais pour réussir, il fallait, dès le début, occuper une ville importante, une place de guerre dont la conservation fut un gage de sûreté.

Dans cette occurrence, Didier se mit encore en avant; mais en stipulant pour lui des avantages considérables. Il demanda et obtint des lettres-patentes de sa nomination à la charge de chancelier du royaume, — un diplôme de duc et pair héréditaire, — une concession de deux cent mille francs, en rentes à cinq pour cent, — un traitement annuel de deux cent mille francs, — le grand cordon de la Légion d'honneur.

Il quitta Paris, muni d'une très forte somme en or et en billets de banque, pour aller préparer les voies.

Les conspirateurs n'auraient pas été fâchés de reculer jusqu'en 1817 l'ouverture de leurs opérations, parce qu'à cette époque, il y aurait eu en France moins de troupes étrangères, mais aussitôt que le comité-chef eut connaissance du mariage du duc de Berry, il se hâta d'agir.

Quelque temps auparavant, Didier s'était mis en rapport avec le duc d'Orléans, par l'intermédiaire de M. de Grâve, pour la publication clandestine du compte rendu de deux séances de la Chambre où le duc avait soulevé un véritable orage. La reproduction, au *Moniteur*, avait été supprimée en grande partie. Les courtisans avaient crié au scandale et accusé le prince d'être resté imbu des doctrines révolutionnaires. En même temps, la police avait découvert la brochure. Louis XVIII fit donner l'ordre à Louis-Philippe d'Orléans de quitter Paris et de se rendre à Londres. L'imprimerie fut saisie, les planches composées détruites.

Didier ne se découragea pas, loin de là. Cet exil était une réclame pour son prétendant. Les actes chaque jour plus violents des ministres et de la Chambre, par cela qu'ils jetaient la terreur et le désespoir au sein de toutes les classes, augmentaient à ses yeux le nombre des citoyens disposés à renverser le gouvernement. Dans chaque mécontent, il croyait voir un complice.

Son audace devint telle, qu'en quittant Paris, il se découvrit. Il ne craignit pas de répandre le bruit de la création d'une vaste association politique, dite de l'*Indépendance nationale,* ayant pour but de chasser Louis XVIII, et de mettre à sa place un prince du sang. Il ajoutait que dix-sept commissaires avaient quitté Paris, avec mission de décider un mouvement général dans le Midi.

Il continuait ainsi à attirer sur lui l'œil de la police. Celle-ci avait des auxiliaires dans la presse. Des journaux de Paris, du 3 février 1816, signalaient sa présence à Lyon, et annonçaient que des propos tenus dans un cabaret par un sergent, et entendus par un officier, ayant prouvé que ce sergent fréquentait des conspirateurs et recevait de *mauvaises impressions,* le procureur du roi avait fait arrêter six individus, le sergent compris; que leurs réunions, composées du sergent, nommé Rosa, du capitaine à demi-solde, de l'ex-garde nommé Simon, du colonel de l'ex 1ᵉʳ de ligne Jacquemet, de MM. Montain, médecin en chef de l'Hôtel-Dieu de Lyon, Lavalette, ex-receveur général, et Rosset, fabricant de papiers peints, étaient présidées par le sieur Didier, qui prenait le nom d'Auguste. — « Didier, ajoutaient ces journaux, n'a pu être saisi. »

Il se trouvait donc déjà complètement compromis, au moment où il avait besoin de toute sa liberté d'action.

Une information fut commencée.

Rosset, seul, avait vu Didier et avait eu des entretiens avec lui, mais, disait-il, tout ce qu'il savait, c'est ce que tout le monde avait entendu dire d'une association nationale, en faveur du duc d'Orléans, fondée par Fouché (qui alors s'était retiré à Prague, en Bohême), Didier ne lui avait rien appris de plus.

Le 31 août, aucune charge n'ayant été relevée contre les accusés, trois furent acquittés : Rosa, Jacquemet et Simon, trois autres furent condamnés : Rosset et Lavalette, à dix ans de bannissement, dix ans de surveillance, cent mille francs chacun de cautionnement, et Lavalette à la dégradation de la Légion d'honneur; le docteur Montain, à cinq ans de prison, cinq ans de surveillance, dix mille francs d'amende, vingt-cinq mille francs de cautionnement.

Au sujet du docteur, de Vaulabelle cite cet acte de dévouement :
« La condamnation du docteur Montain, pour *crime de non révélation d'un complot non accepté, ni suivi d'un commencement d'exécution,* mais dont il *était accusé* d'avoir *entendu parler chez un malade,* » (termes de l'arrêt), fut l'occasion d'un acte de dévouement qui mérite d'être rapporté. Il avait un frère puîné, médecin comme lui, et chirurgien en chef de l'hospice de la Charité de Lyon. Alarmé par l'état de maladie grave, où les tortures du secret et un séjour de sept mois dans des cachots malsains avaient mis son frère, M. Montain jeune sollicita le transfert du condamné dans une des prisons de Paris, et obtint de l'accompagner pendant le voyage. Ils quittèrent Lyon, le 10 janvier 1817. La ressemblance était grande entre les deux frères; les gendarmes chargés de les conduire changeaient à chaque brigade. M. Montain jeune, durant une de ces haltes de la route, parvint à se substituer à son frère, et fut écroué à Sainte-Pélagie, sous le nom de celui-ci. Au bout de quelques jours, lorsqu'il eût reçu la nouvelle que son frère était en sûreté, il réclama son élargissement; mais au lieu de l'obtenir, il subit une assez longue détention. »

La justice royale sévissait comme la peste ou le choléra.

Soixante-dix mille citoyens furent mis en état d'arrestation pendant les huit premiers mois de 1816. — Les prisons regorgeaient, dans plusieurs départements, la place manqua. Pour y obvier, on convertit la peine de la détention, chez les moins mal notés, en celle de l'exil.

Quant aux destitutions, elles atteignaient des chiffres fabuleux. Pasquier, préfet de la Sarthe, en prononça 622 dans ce seul département. — C'est ce que les gouvernements qui vivent d'expédients appellent *l'épuration.*

P. DIDIER A GRENOBLE

En se sauvant de Lyon, Didier se rendit à Grenoble où il avait des amis. Grenoble était un foyer bonapartiste, il était le séjour d'un grand nombre d'officiers en demi-solde, qui n'étaient possédés que d'une idée fixe : Renverser Louis XVIII, rejeter les Bourbons et les 150.000 étrangers que l'on subissait encore, au delà des frontières. Mais en dehors du bonapartisme, il n'y avait aucune raison de soulèvement.

D'autre part la bourgeoisie, comme l'armée, ignoraient complètement ce qu'était le duc d'Orléans et ce qu'il représentait.

La disgrâce du duc était ignorée ; les journaux n'en avaient pas parlé. D'ailleurs, un tel fait était de minime importance, il ne pouvait exalter des imaginations. Seuls, les ignorants, à qui Didier pouvait encore parler de Napoléon II, se laissaient entraîner.

Il les entretenait aussi du patriotisme de Lyon, qui n'attendait seulement que l'exemple de Grenoble pour se soulever. Mais à Lyon, c'était encore les mêmes sentiments qu'à Grenoble. Quant aux promesses de places, de récompenses, il devait les laisser de côté, c'était bon pour des politiciens.

Mais avant de vous entretenir de Lyon, il est nécessaire que je vous donne une idée des résultats qu'il avait obtenus dans le Vivarais.

Autour de Grenoble, il comptait, dans les campagnes, un certain nombre de partisans. Il avait choisi comme centres d'action, au nord de la ville, route de Paris, la commune de Quaix; au nord-est, les Adrets; à l'est, dans les montagnes de l'Oisans, les communes de Vaugaux et Allemand; au sud, sur la route de Gap, Vizille et Lamure.

A Quaix, il avait le maire destitué, M. Brun, ancien officier de cavalerie qui avait fait la campagne d'Égypte et était surnommé le *dromadaire*; aux Adrets, le notaire Brunet; puis un propriétaire, un maître de poste, un officier en demi-solde, Joly; Millet, propriétaire à Goncelin, trois inspecteurs des douanes; dans l'Oisans, Dussert, ancien guide de l'armée des Alpes, et son parent Durif, l'un et l'autre maires récemment destitués ; à Vizille, l'huissier Charvet, à Lameur,

MM. Buisson frères, etc., etc. Ce que nous venons de citer suffit à montrer à quelle classe sociale appartenaient les partisans de sa tentative. On voit que ce sont des citoyens honorables. Tous étaient bonapartistes, mais dans l'impossibilité de rendre le trône aux Bonapartes, ils pouvaient accepter un prince d'Orléans.

Il n'en était pas de même des autres pays, nous l'avons dit « obligé, dit un historien, d'évoquer le souvenir glorieux de l'empereur et de demander à l'enthousiasme qu'il excitait encore dans toutes les âmes les dévouements dont il avait besoin, Didier, cependant, ne prononçait le nom de Napoléon qu'avec réserve, avec une sorte de contrainte, et il abandonnait aux plus influents après lui le soin de compléter, dans le sens véritablement orléaniste, le sens de ses déclarations et de ses promesses. »

Son drapeau était celui de l'*Indépendance nationale;* il combattait pour *l'honneur français contre la tyrannie*, ces expressions vagues ne satisfaisaient pas toujours le public convié à ses conférences et on le lui faisait observer. Mais le nom de Napoléon promettait trop et celui du duc pour ceux qui l'écoutaient, était trop insignifiant. Par ses initiés, il n'était accepté qu'avec répugnance. — « En définitive, lui disait-on, c'est toujours un Bourbon. »

Un jour, M. Millet, de Goncelin — après un de ses discours, le prit à part et lui dit : — « Tout cela est bel et bien, mais l'empereur est à Sainte-Hélène et son fils en Autriche; franchement, pour qui travaillons-nous ?

— Soyez sans inquiétude, répondit Didier, c'est, à coup sûr pour quelqu'un de *notre époque* et qui connaît nos besoins. L'essentiel est de réussir où il faudrait renoncer à soulever un seul homme, si nous ne parlions pas de Napoléon. »

Maintenant, revenons à Lyon qui avait promis de se soulever à la première nouvelle de la prise de Grenoble.

Lorsqu'il allait à Lyon, Didier s'arrêtait d'habitude dans une auberge isolée à l'extrémité du faubourg de la Guillottière. Là se réunissaient les affidés à l'*Association* pour *l'indépendance nationale*.

Dans la semaine où eût lieu l'exécution du maréchal Ney, des renseignements trompeurs lui firent espérer de pouvoir plus facilement s'emparer de Lyon que de Grenoble. L'exécution de Ney y causait en effet une indignation douloureuse et générale. Il aurait réussi peut-

La prudence seule m'engageait à ne pas vous demander l'hospitalité.

être à se rendre maître de la ville sans un incident vraiment romanesque qui dévoila la conspiration... Ce fait bizarre se trouve dans un rapport de police reproduit par l'archiviste Peuchet :

Un soir de janvier 1816, après une réunion au faubourg de la Guillottière, où s'étaient rencontrés les chefs principaux des groupes lyonnais : — Hervieux, brigadier de gendarmerie ; Rondeau, commerçant; Champoudrin, employé ; André, ouvrier en soie, etc... Paul Didier, au moment de rentrer chez lui, prit le bras du jeune canut :

— Où demeurez-vous? lui demanda-t-il.

— A la Croix-Rousse.

— Vous êtes marié?

— Non.

— Vous habitez chez vos parents?

— Je suis orphelin.

— Vous vivez seul?

— Tout à fait seul.

— Si cela vous convient, je passerai le reste de la nuit chez vous.

André accepta avec empressement.

Hervieux, qui les entendit causer, ajouta :

— Monsieur, vous ne sauriez mieux faire ; la maison d'André semble bâtie pour vous.

En effet, le rez-de-chaussée de cette maison était sans concierge. Il était inhabité, pour cette raison rarement admise, qu'il était inhabitable. On parvenait à l'escalier par une porte toujours ouverte sur une allée étroite et sombre. Le bâtiment composé de deux corps de logis séparés par une de ces cours que l'on pourrait appeler des puits d'air, n'avait que deux chambres à chaque étage, l'une donnant sur la rue et l'autre sur la cour. Le propriétaire, qui tirait un millier de francs de cette masure, s'occupait lui-même de la location, il faisait payer d'avance et ne louait qu'aux gens qui paraissaient paisibles et travailleurs.

Il résultait de là que cette maison était une des plus tranquilles du quartier.

On n'y entendait jamais le duo des querelles, le charivari de la noce; à peine, de loin en loin, au bruit monotone des métiers se mêlait la voix de la seule femme qui demeurât dans la maison ; Mlle Paulette, fille du Sacré-Cœur de Marie, répétant quelquefois ses cantiques avant de se rendre à l'église.

La maison étant sans portière, aucune intrigue ne s'y nouait; les locataires paraissent ne pas se connaître, et d'autre part ne subissaient aucun espionnage.

La chambre d'André, située au quatrième étage, bien quelle n'eût qu'une fenêtre, recevait un jour suffisant.

Devant cette fenêtre était le métier à tisser, à droite une table, à gauche une cheminée, au fond une alcôve et un cabinet destiné à tenir lieu d'armoire et de commode.

Les murs, blanchis à la chaux, étaient nus.

Une planche placée en rayon supportait une demi-douzaine de volumes et ce qu'il faut pour écrire, annonçaient chez le canut des connaissances assez rares de son temps.

— Vous êtes tristement logé, dit Paul Didier, mais patience, nous améliorerons tout cela.

André ne parut pas sensible à cette promesse.

— Voici mon lit, dit-il, si vous désirez vous reposer?

— Merci, nous allons faire du feu et causer ensemble, si vous le voulez bien.

André fit du feu.

Assis au coin de la cheminée, Didier prit les pincettes et, tout en ramassant avec la lenteur bizarre de la préoccupation les braises tombées au bord du foyer :

— La prudence seule ne m'engageait pas à vous demander l'hospitalité, dit-il, je désire faire avec vous plus ample connaissance. Je sais ce dont nos amis sont capables et je veux connaître ce que vous pourrez faire. Rondeau va jeter l'alarme, faire fermer les boutiques, entraîner dans la rue les bourgeois effarés ; Hervieux a ses gendarmes, il a affilié plus de deux cents combattants sérieux et une masse qui, une fois la lutte engagée, grisée de bruit et de fumée, exaltée par le sang versé, fera de l'émeute une bataille, et de la bataille une victoire; j'y compte.

— Serez-vous là? fit André.

— J'ai l'habitude, monsieur, d'être toujours là où je dois payer de ma personne.

— Vous m'avez mal compris.

— On a toujours, sans doute, le droit de se méfier des meneurs, mais vous-même, descendrez-vous dans la rue avec un fusil dont vous ne savez pas vous servir?

— J'y descendrai; je veux ma part de dangers. Si je ne puis combattre, je pourrai toujours recevoir la balle destinée à un meilleur soldat que moi.

— Point de fanfaronnade. Nous ne sommes point des chevaliers, mais des conspirateurs. Au lieu de me parler de votre concours aux barricades, parlez-moi de votre influence sur vos compagnons de labeur, voilà ce qui m'intéresse; je vous écoute.

— Cette influence, dont vous vous exagérez l'importance, je ne l'ai ni méritée ni conquise, je la tiens de mon père qui vécut en bon républicain et mourut en patriote. J'ai hérité de ses relations qui étaient nombreuses. Son ami Hervieux l'a remplacé dans mon affection. Mes opinions ne sont pas toujours d'accord avec les siennes, mais en toute affaire de cœur et d'honneur, nous nous entendons. Il m'a conduit chez ses amis et je me suis trouvé ainsi un lien entre républicains et bonapartistes. D'ailleurs, dans un moment de crise comme celui-ci, il n'y a que deux partis, les patriotes et les amis de l'étranger.

— Très bien. Vous devez aimer la vie de famille? Ne songez-vous pas à vous marier?

— Pas du tout.

— Vous préférez votre liberté? insinua Didier avec un sourire.

— Vous vous trompez.

— Quoi! à votre âge, pas de maîtresse?

— Vous vous trompez, vous dis-je, fit André avec humeur.

— Tant mieux, reprit Didier, une femme, dans une conspiration, c'est la peste.

Le reste de la nuit s'écoula ainsi en causerie; avant de le quitter cependant Didier donna au jeune ouvrier ses dernières instructions et ajouta:

— Vous êtes pauvre, vous ne pouvez perdre votre temps, voici quelques napoléons.

— Non, je vous en prie, gardez cet or! fit André avec vivacité.

— Pas de faux amour-propre, reprit Didier, vous avez besoin d'argent pour vivre et d'ailleurs d'autres, de vos amis, en auront besoin; acceptez pour les autres.

Didier referma une ceinture richement garnie et déposa sur la cheminée une centaine de francs.

Cependant il faisait grand jour, ils se dirent adieu. Au moment où la porte du canut s'ouvrait, une autre porte en face de la sienne s'ouvrait également et une jeune fille, mise avec une propreté et une modestie parfaite, d'une remarquable beauté, attendait qu'on lui livrât passage.

A peine était-elle dans l'escalier :

— La jolie fille! fit Paul Didier à voix basse. Ah! jeune homme, vous ne m'avez pas tout dit. Prenez garde! ajouta-t-il en riant.

Et sur ces mots, il descendit rapidement.

André ne lui avait pas tout dit en effet, il avait hésité à livrer un secret qui ne lui appartenait qu'à moitié. Il rentra dans sa chambre péniblement affecté et se rappelant cette exclamation de Didier :

— Ah! tant mieux. Une femme dans une conspiration, c'est la peste.

« Sans doute, se disait-il, cet homme a raison, on ne peut servir deux maîtres, appartenir à une femme et se dévouer à la Révolution. Je ne puis rompre avec Paulette et je ne puis lui révéler les engagements que j'ai pris. Laissons s'accomplir la destinée. Dans un mois, avant un mois peut-être, je serai mort, ou je serai son mari ; mais, en tout cas, cet amour est funeste... Comment s'est-il si profondément emparé de mon cœur? Comment ce mal m'est-il venu? Et comment m'est-il si cher?

Et voici à peu près les souvenirs qui se présentèrent à la mémoire du jeune lieutenant de Didier.

Lorsqu'il vînt habiter la maison que vous connaissez, le premier camarade à qui il fit part de son emménagement lui dit :

— Quoi! c'est là!... Eh! mais vous verrez tous les jours Mlle Paulette.

— Qu'est-ce que cette demoiselle?

— Vous êtes le seul Lyonnais qui n'ayez pas couru pour la voir.

— Qu'a-t-elle de si extraordinaire?

— Sa beauté d'abord. Quant à son esprit, je ne saurais me prononcer ; les uns la disent folle, les autres sainte...

— Et d'autres hypocrite, fit une femme. C'est une dévote, une mangeuse de *bon Dieu* qui sert peut-être mieux les prêtres que Jésus-Christ.

— Que les femmes sont méchantes langues !

Jamais je n'entendis un homme dire du mal de cette jeune fille et pourtant combien de prétendants elle a remerciés, Tout Lyon, pendant quelque temps, ne s'est occupé que d'elle. Elle a refusé des fortunes.

— Elle est donc bien belle ! fit André.

— Ah ! ah ! Il en tient déjà M. André, s'écria-t-on, mais ne touchez pas à la sainte, le propriétaire vous donnerait congé.

La curiosité d'André était vivement excitée.

Sa voisine sortait chaque matin, à huit heures, pour chercher son déjeuner.

Il fut chez la fruitière et la rencontra. La renommée n'était pas menteuse, il fut presque ébloui.

Paulette avait vingt-deux ans. Sa naissance est un mystère qui n'a jamais été éclairci. Une vieille dame l'avait recueillie tout enfant et élevée par charité.

Dans un rapport de police on parle en ces termes de son caractère et de sa beauté : « Créature angélique, candide, jolie et pieuse extraordinairement ! »

D'après de nombreux souvenirs on peut s'imaginer la belle lyonnaise, ses cheveux d'or bruni, son teint pur, ses yeux d'un bleu chaud aux longs cils bruns. Une existence calme, régulière, avait laissé à ses lèvres et à ses paupières une fraîcheur enfantine.

L'ovale de son visage était assez plein pour exprimer la force, assez allongé pour lui laisser la grâce. Son menton, relevé et arrondi, répondait à merveille à la courbe aquiline du nez, à la hauteur noble du front. Une bouche, petite et charnue, tempérait par sa sensualité le caractère de froideur que produit la régularité trop harmonieuse des lignes.

Bien qu'ouvrière, Paulette était toujours vêtue avec une simplicité élégante. Sa toilette variait le moins possible, afin d'éviter l'attention des curieux.

Les rideaux blancs de sa fenêtre ne s'ouvraient jamais. Et comme on trouverait sans doute ces assertions exhorbitantes, je dirai de suite que ses qualités avaient leur appui dans des défauts solidement établis :

Paulette était orgueilleuse et dévote. Cette jeune fille au front développé était d'une intelligence médiocre, sans imagination et sans culture. Sa chasteté n'avait rien de miraculeux ; l'amour ne s'était jamais offert à elle que sous les formes de la brutalité et du vice. Elle n'avait pas quinze ans et déjà le désir lascif aux regards cyniques aux moins hardies, l'avait attaquée et frappée de terreur et de dégoût. Le soir, des gamins vicieux l'avaient surprise dans l'allée sombre et lui avaient imprimé des baisers violents comme des morsures. Sa résistance provoquait leurs méchancetés.

Puis des provocations ou des propositions plus insultantes que séductrices l'avaient poursuivie même au bras de sa vieille mère adoptive.

Enfin, lorsque les cérémonies religieuses eurent révélé aux jeunes « incroyables » cette « merveilleuse » grisette, lorsqu'à travers l'encens des reposoirs, le parfum virginal et printanier de cette rose blanche parvint jusqu'aux vieux viveurs, Paulette subit des offres d'argent et mille déclarations ampoulées de phrases et de chiffres. Les entremetteurs se mirent en route. Sa résistance exaspéra les plus passionnés, aux prières se mêlèrent bientôt les injures et les menaces... mais d'amour véritable... point.

Paulette eut peur.

Lorsqu'elle eut perdu sa seconde mère, elle renonça à toute compagnie. Elle ne sortit plus que le matin pour faire ses provisions ou aller à la messe. Le dimanche et le jeudi elle prenait l'air dans le jardin du couvent des orphelines et jouait avec les enfants.

Elle parvint ainsi à se faire oublier.

Cependant, sans désirer positivement connaître son nouveau voisin, et tout en évitant de le rencontrer, elle prêtait l'oreille aux bruits de ses occupations régulières et se familiarisait ainsi avec ses habitudes et ses goûts.

Après avoir remarqué la pâleur maladive d'André, elle avait observé qu'il se couchait trop tard, travaillait trop, puis passait des jours sans toucher son métier. Elle eût voulu, par charité, lui adresser quelque remontrance.

André, de son côté, savait déjà l'emploi des journées de Paulette. Il eût pu, comme tant d'autres, aller à l'église pour la voir, mais fidèle à ses convictions antireligieuses autant que Paulette à ses croyances, il n'eut pas voulu mettre les pieds dans un temple.

« Quel dommage, se disait-il qu'une si jolie fille soit dévote. Est-ce croyable? En tout cas, je ne veux pas entrer en partage avec un **Dieu**, la rivalité ne serait pas soutenable.

Cependant, de jour en jour, ses tirades contre la dévotion devenaient plus amères. L'image de Paulette le sollicitait; le désir de la voir, de lui parler devenait plus impérieux.

Il avait beau se dire qu'il était impossible qu'il s'éprit d'une femme à peine entrevue, il aimait déjà, quand un incident que je vais rapporter les rapprocha.

Depuis quelque temps, André s'absentait et passait des soirées chez ses amis.

On était en octobre.

Une nuit, en rentrant chez lui, il fut surpris par une de ces pluies diluviennes dont Lyon a le privilège. Les rues, étroites et monteuses, devinrent de véritables torrents, il eut à traverser des ruisseaux, où l'eau lui montait parfois jusqu'à mi-jambe. Il n'était pas robuste, rentré chez lui, il ne put se réchauffer et tomba malade.

Les jambes perclues, incapable de se lever, il demeura vingt-quatre heures privé de secours. Une soif ardente le dévorait. Enfin il se décida à appeler sa voisine lorsqu'elle passerait près de sa porte pour aller à la messe.

Le moment venu, il cria donc de toutes ses forces :

— Mademoiselle Paulette! à moi!... Au secours!...

Paulette l'entendit.

Elle entra sans hésitation, sinon sans émotion. André la pria d'aller lui chercher un médecin et de lui donner à boire.

— Volontiers, monsieur, lui dit-elle, je n'ai que de l'eau et du sucre, je vais vous l'apporter, puis j'irai chez le docteur.

Elle ne rougit point de pudeur, mais pâlit d'émotion en approchant son verre des lèvres du malade.

Bientôt après, elle fut chercher un médecin.

Celui-ci la suivait; arrivé à la porte d'André.

— C'est ici, demanda-t-il?

— Oui, monsieur.

Et, comme elle allait s'éloigner, au moment où elle ouvrait la porte :

— Mais entrez, entrez donc! fit-il d'un ton impératif.

La jeune fille, troublée, lui obéit.

Elle était encore à genoux lorsque le malade rouvrit les yeux.

— Eh bien ! qu'avez-vous donc ? demanda-t-il.

— Avant-hier, monsieur, répondit le malade, j'ai été surpris par la pluie, mouillé jusqu'aux os et depuis...

— Qu'avez-vous fait ?

— Rien.

— Pas même de feu ?

— Je ne pouvais me lever.

Alors, le médecin se tournant vers Paulette :

— Ah ça, ma chère enfant, à quoi pensez-vous donc ?

— Mais, docteur, mademoiselle...

— Vous n'êtes pas sa femme ?...

— Non, monsieur, répondit Paulette.

— Tant pis pour lui, répliqua le médecin, en admirant la beauté de l'ouvrière.

— Mademoiselle, reprit André, est ma voisine, Mlle Paulette... Ce matin, comme elle se rendait à la messe, je l'appelai et la priai de vous chercher.

— Très bien. En ce cas, mademoiselle, si vous êtes aussi bonne que vous êtes belle et aussi charitable que pieuse, vous aurez soin de votre voisin pendant quelques jours. Faites-lui du feu et portez au pharmacien l'ordonnance que je vais écrire.

Paulette n'hésita point entre les convenances mondaines et le devoir.

Elle se mit de suite à sa tâche de garde-malade.

André, l'âme joyeuse malgré ses douleurs, la suivait des yeux allant et venant par sa chambre et la contemplait travaillant près de sa fenêtre. Il eut voulu lui exprimer sa gratitude, mais elle glaça toute expansion par cette phrase de dévote :

— Ne me remerciez pas, monsieur ; le peu que je fais est pour mon salut.

Comme une garde-malade eut pu dire : « Il n'y a pas de quoi, je suis payée pour vous soigner. » Et comme a dit le poète : « Qui donne au pauvre, prête à Dieu. »

Tout cela était trop subtil pour elle, mais elle comprit qu'elle avait chagriné André.

— Ne vous tourmentez pas, lui dit-elle, quand vous serez guéri, il sera temps de me remercier si vous le voulez.

Cependant, il songea à lui épargner des embarras et des dégoûts qui se payent et la pria de lui chercher une vieille femme, qu'elle connaissait comme lui, qui fît le plus gros de l'ouvrage.

— Je vous prierai seulement, ajouta-t-il, comme la mère Robert a besoin chez elle de bonne heure, de venir le soir me donner un verre de tisane.

Paulette raconta à la vieille les événements de la matinée, de façon que sa présence chez André fut expliquée et justifiée, même par les commères du quartier. Elle demeura chez elle une partie de la journée et le soir reprit près du malade son poste du matin.

Avec la nuit, la fièvre apaisée se ralluma.

Frissonnant et muet, André paraissait insoucieux de sa chère voisine. Celle-ci, ignorante, peureuse, encore mal familiarisée avec l'endroit où elle se trouvait, tressaillait aux plaintes du malade. Plusieurs fois celui-ci soupira : « A boire, je vous prie ! » Et cette voix plaintive, ces mains blêmes, maigries et tremblantes qui choquaient les bords du verre contre ses dents, l'impressionnaient péniblement.

La tête penchée, elle essayait de s'absorber dans son travail, quand tout à coup André, avec les intonations inégales et bizarres du délire, lança un flux de paroles incohérentes.

Saisie de peur, puis de tristesse, elle regarda le malade d'un regard mouillé, en murmurant : pauvre garçon !

Enfin, le délire s'apaisa ; le sommeil vint.

Elle entendit la respiration égale et légère du malade ; elle s'approcha de son lit. Le visage de ce jeune homme abattu par la souffrance avait le charme de la langueur. Elle demeura quelque temps debout à le regarder dormir et sa respiration se mesurait sur la sienne.

Quand elle se fut retirée, elle se mit à genoux et récita, comme chaque soir, un *Pater* et un *Ave*, auxquels elle ajouta une prière, où pour la première fois elle mêla le nom d'André aux paroles qu'elle adressait à Dieu.

Elle était encore à genoux lorsque le malade rouvrit les yeux. Il dut l'admirer ainsi. Cette grande ligne ondulée des épaules aux pieds devait avoir chez elle tant de grâce. De quel éclat son cou de neige incliné et le lourd trésor de ses cheveux d'or devaient briller sous la lumière de la lampe. Et quand elle se relevait, vous figurez-vous la grâce de ces mouvements chastes, abaissant les plis de la robe et la sérénité douce empreinte sur son front?

— Vous vous retirez? demanda André.

— Il est tard.

— Je vous ai vue à genoux. Vous avez prié pour moi?

— Oui.

Elle rougit.

— Voulez-vous boire un peu?

Elle lui donna à boire et tandis qu'il se tenait sur son séant, arrangea son oreiller. Ses paupières étaient gonflées de sommeil, cependant elle ne se retira qu'à la prière d'André.

Chaque matin, à huit heures, elle vint s'informer de la santé d'André et le soir elle prenait sa lampe de brodeuse et travaillait près du malade jusqu'à neuf heures.

La santé d'André se rétablit, sans qu'il osât en rien dire. Il redoutait le jour où il devrait rester levé toute la journée.

Elle ne le craignait pas moins.

S'il lui disait :

— Ce soir, je crois avoir un peu de fièvre.

Elle répondait avec une joie secrète :

— Oh! vous n'êtes pas tout à fait guéri!

Puis ils causaient; l'intimité se faisait.

Un soir, Paulette trouva André debout.

Elle en parut plus embarrassée que joyeuse. Elle ne savait si elle devait poser sa lampe et s'asseoir.

André remarqua son hésitation.

— J'espère, Paulette, dit-il, que vous ne venez pas me dire adieu.

— Cependant, vous n'avez plus besoin de mes soins.

— Et ne craignez-vous point de me chagriner?

Elle ne fit point la coquette et ne répliqua point : « Oh! vous m'oublierez bien vite! »

Elle garda le silence et baissa les yeux d'un air effrayé.

— Avant de nous séparer, reprit André, causons encore une fois ensemble. Voici la chaise, reprenez-la pour une heure encore et causons.

Paulette s'assit d'un air contraint.

Quel temps! fit André. Une véritable tempête. Quand le vent gronde ainsi et que vous êtes seule, ne vous attriste-t-il point?

— Oui, on songe aux pauvres gens. La misère est si grande cet hiver.

— Il en est de plus pauvres que nous, mais les uns ont une famille, les autres des amis, ils ne sont pas seuls.

— Vous n'avez pas d'amis?

— Des camarades. Et vous, Paulette?

— J'ai un ami.

— Qui donc? fit André, dont le cœur se prit à battre.

— J'ai l'abbé François, mon directeur.

— Jeune?

Paulette rougit.

— Un directeur, répondit-elle avec une solennelle naïveté, n'a point d'âge pour sa pénitente. L'abbé François m'a toujours aidée de ses conseils et, grâce à lui, je ne manque jamais de travail. C'est lui qui m'autorisa à vous soigner.

— Vous lui racontez donc toutes vos actions?

— Sans doute.

— Mais n'est-il pas des prêtres qui abusent des secrets de leurs pénitentes?

— Oh! non, André, il n'en est pas.

— Et vous ne vous connaissez point d'autre ami, Paulette?

— Mais... non, répondit-elle avec embarras.

— Personne? insista-t-il.

Elle baissa les yeux.

— Ainsi, vous doutez que je sois votre ami? Vous avez donc de mon cœur une opinion bien mauvaise? Vous croyez que je puis oublier celle qui m'a sauvé la vie! qui, pendant deux semaines me prodigua les soins d'une sœur? Ah! je vivrais cent ans sans perdre le souvenir de cette première soirée, où après une crise douloureuse, rouvrant les yeux, je vous vis agenouillée à mon chevet, je crus rêver, je vous admirais, Paulette, et depuis... je vous aime. Ah! Paulette ne vous éloignez pas!

La jeune fille, confuse, palpitante, s'était levée.

— Vous ai-je offensée?

— Non, André, mais je ne puis en entendre davantage.

— Vous vous retirez?

— Il le faut.

— Allons, je vois qu'il vous en coûte peu de rompre avec moi. Il est vrai que je n'ai rien fait, moi, pour être aimé de vous. J'étais malade, vous m'avez soigné et vous me quittez dès que je suis guéri! c'est naturel, mais vous savez pourtant que je vous aime, qu'un amour repoussé est une souffrance et que, d'une autre façon, je vais continuer à souffrir.

— Il le faut.

— Vous craignez sans doute pour votre réputation?

— Plus que cela.

— Que craignez-vous donc?

— L'amour dont vous me parlez. Adieu donc, monsieur André,

Et Paulette sortit d'un pas rapide. André respecta la volonté de Paulette et ne fit rien pour la revoir.

Elle n'osait aimer de crainte d'avoir à révéler à l'abbé François l'état de son âme et de s'entendre condamner à changer de logement et à oublier André.

C'est en effet ce qui serait arrivé.

André, un ennemi du trône et de l'autel!...

Il valait mieux qu'elle priât Dieu de changer le cœur d'André et de le toucher de sa grâce.

« Bien qu'impie, se disait-elle, il n'est pas méchant; il est bon et charitable. Il ne prie pas, mais il comprend toutes les grandeurs de l'œuvre divine, et quand j'ai prié pour lui, au lieu de me railler il m'a dit merci.

« Ah! si les qualités des impies ne sont que des apparences brillantes, qu'avez-vous permis, ô mon Dieu! »

Ainsi pensait Paulette sans pécher.

Cependant, chez cette vierge de vingt ans, d'une santé forte, d'une sensibilité vive, les sentiments devaient bientôt se transformer en passion; de même qu'André devait prendre une résolution virile.

Un matin, il l'attendit et lui demanda un « dernier » entretien. Elle tenait à la main sa jatte de lait, il l'en débarrassa doucement et l'attirant à l'entrée de sa chambre, la pria de s'asseoir; puis, s'agenouillant à ses pieds, il lui dit :

— Chère Paulette, si vous aviez près de vous votre mère, je me serais adressé à elle, je lui aurais dit que je vous aimais de toute mon âme et je l'aurais suppliée de m'accorder votre main. Elle aurait compris que vous aurez besoin, dans la vie, de quelqu'un qui vous chérisse et vous protège ; elle se serait tournée vers vous et vous aurait demandé : « Paulette, l'aimerais-tu ? »

— Eh bien ! Paulette, vous êtes orpheline, maîtresse de vos actions ?...

— Mon Dieu ! fit-elle avec une sorte d'anxiété.

— Que me répondrez-vous ?

— Je réfléchirai, dit-elle. Cher André, Dieu me conseillera. Espérons.

LA CONSPIRATION

Ce fut quelques jours après cette scène qu'Hervieux vint trouver le canut pour le présenter au *chef* suprême, Paul Didier, et qu'il se lia avec ce dernier.

En le quittant, André avait la mort dans l'âme.

A la veille d'épouser Paulette, on lui mettait le fusil à la main et le poussait dans l'inconnu d'une mêlée sanglante.

Mais il ne pouvait plus reculer.

Fidèle à ses engagements, il faisait donc deux parts de son temps ; l'une qu'il donnait à Paulette, l'autre qu'il consacrait à des affiliations.

Ni l'or, ni les promesses ne lui furent nécessaires. On ne désirait que des armes et un dénouement prochain.

La fièvre de la lutte, si contagieuse, envahit ses veines déjà brûlées par l'amour. Ses courses multiples, ses inquiétudes, sa faiblesse de convalescent mirent une fois encore sa vie en péril ; il tomba malade. Paulette reprit sa place à son chevet.

Un jour, le facteur troubla leur tête à tête et excita vivement la curiosité de Paulette, André ne put lui communiquer sa lettre ; voici ce qu'elle contenait :

Cher ami,

« Si vous avez besoin, soit d'argent, soit d'objets nécessaires à notre travail, tout est en abondance dans ma ferme au bord de l'eau, et j'y serai du premier jour indiqué au dernier. »

Cette lettre était de Didier.

Un soir, vers dix heures, André s'était endormi, Paulette avait pris l'habitude de ne rentrer chez elle qu'après s'être assurée qu'il reposait; des pas lourds, inconnus, se firent entendre dans l'escalier; on frappa à la porte.

Paulette ne répondit point.

Le frappement se renouvela, mais doucement et en laissant entre chaque coup un intervalle qui ajoutait au mystère; puis on essaya de faire jouer la clef dans la serrure.

Effrayée, craignant d'être compromise, elle se réfugia dans le cabinet voisin de l'alcôve.

Deux hommes entrèrent.

L'un était Paul Didier, l'autre un personnage encore inconnu du lecteur.

André se réveilla. Ne voyant plus Paulette, il pensa qu'elle s'était retirée comme de coutume. Il tendit la main à Didier.

— Vous êtes seul? demanda ce dernier.

— Comme vous voyez.

— Nous avons frappé deux fois.

— Je dormais.

Didier présenta son compagnon :

— M. Chambourin, dit-il, ancien président du club des Jacobins de Chartres, ancien rédacteur du *Patriote* de Limoges. Monsieur arrive de Paris, il restera en ville pour agir avec vous.

— Enchanté de faire votre connaissance, citoyen Chambourin, dit André en tendant sa main loyale à ce petit monsieur maigre, chafouin, qui peut-être était un agent de Fouché ou même de Decazes.

— Vous avez reçu une lettre? reprit Didier.

— Oui, je l'ai ici, sous mon oreiller.

— Eh bien?

— Pour le moment je n'ai besoin de rien, mais si le jour de la révolution est prochain.

Il passa près d'elle, elle se leva.

— Il est prochain.

— Alors il faudra des armes pour mes amis. Des sabres courts, si vous en avez, des pistolets de cavalerie et des cartouches, des balles.

— Nous vous en ferons tenir dès demain.

— Quoi ! si tôt.

— Plaisantez-vous, André ; de la décision à l'action il ne faut pas qu'il s'écoule plus de vingt-quatre heures, un secret s'évente trop facilement.

— Mais je suis souffrant.

— Qu'avez-vous ?

— Je me remets à peine d'une courbature.

— Un autre se chargera de la réception et de la distribution des armes.

— D'ici demain, j'irai mieux.

— Tâchez d'être debout. Demain, à la brune, je vous attendrai à ma maison du bord de l'eau ; nous prendrons date.

— C'est entendu.

Didier avait loué, non loin de l'auberge du *Cheval Rouge*, au bord du Rhône, une maison en totalité. Il dit qu'il comptait absolument sur Lyon.

— Lyon, — dit Chambourin, impatient de prendre la parole, — est une bonne ville mais le jésuitisme y tient ses États-généraux. C'est une jésuitière.

— Allez-vous nous faire un article du *Patriote ?* interrompit Didier.

— Je tiens à exprimer mes opinions antireligieuses au citoyen André.

— Allons, faites, citoyen.

— Je prétends que le parti prêtre est un guêpier avec lequel on n'en finira qu'avec la torche.

Didier haussa les épaules.

— On a ébranlé les croyances avant 89 poursuivit Chambourin ; plus tard, on a vigoureusement combattu le clergé ; aujourd'hui il faut l'extirper, c'est une plante vivace et dont une seule racine suffira à repeupler le monde. Cette œuvre est la base essentielle de toute révolution...

— Vous allez trop loin, fit observer Didier.

— Si l'on croit devoir ménager les classes ignorantes, qu'on leur accorde des temples, mais des temples à l'Être suprême par exemple, mais qu'avant six mois il n'existe plus une cathédrale, un évêché ou un monastère. L'expérience est faite, le clergé, rétabli et comblé par Bonaparte, l'a trahi et traîné dans la boue, il en ferait autant de nous si nous le ménagions. Toute religion, et la catholique plus que toute autre le démontre actuellement, est incompatible avec la liberté.

— Le clergé m'occupe peu, répondit Didier avec dédain; il se soumettra toujours à qui le payera et lui montrera sa force. Il conspirera; mais il aura affaire à des conspirateurs.

— Ainsi vous lui accorderez le temps de conspirer?

— Laissons cela, je vous prie : Suis-je plus dévôt que vous?

— C'est une question politique.

— Emparons-nous d'abord du pouvoir. Si le peuple écharpe en passant le clergé, ce sera une leçon pour celui-ci. Débarrassons-le d'abord des soldats et des gendarmes.

— Encore vos préférences, seraient-elles pour le protestantisme?

— Pour le mahométisme si l'on veut, Chambourin, si nous réussissons, je vous promets le ministère des cultes.

— Une sinécure? volontiers.

Après avoir échangé quelques mots d'ordre et s'être communiqué des nouvelles des environs, Didier et Chambourin prirent congé d'André, et celui-ci ne tarda pas à retomber dans le profond sommeil dont il avait besoin.

Alors seulement Paulette rentra dans la chambre.

Elle avait tout entendu.

Les menaces proférées contre la religion et les prêtres l'avaient frappée d'étonnement d'abord, puis d'épouvante, de stupeur.

Elle eut entendu proposer d'incendier la ville qu'elle n'eut pas été plus bouleversée.

Elle avait surpris les complices de l'enfer.

Un jour l'abbé François disait en chaire:

« Dieu fait souvent servir à ses desseins la faiblesse et l'innocence. A l'orgueil et à la puissance des ennemis de son peuple, il oppose une femme, une vierge, un enfant! »

Paulette se rappela ces paroles.

Elle considéra sa présence dans le cabinet comme un fait providentiel. Dieu l'employait à ses desseins.

Pâle et tremblante encore, mais ranimée par le feu du zèle, elle se glissa jusqu'au chevet d'André.

André dormait.

Avait-elle été le jouet d'une illusion?

Le ciel laissait-il descendre un sommeil paisible sur ce front rempli de projets criminels?

La conversation des trois hommes se répétait mot pour mot dans sa mémoire.

— Non, non! murmura-t-elle, cela ne se fera pas. C'est impie! C'est inhumain! Je sauverai l'autel et je le sauverai, *lui*.

Et après avoir enveloppé d'un regard d'amour André endormi, elle se retira.

Un peu plus tard, elle se rendit à l'église. La porte venait à peine d'en être ouverte. Il faisait un froid très vif. Elle était seule. Elle se plaça près de la sacristie. Elle était fatiguée et transie, elle n'avait plus la force de prier et ne pensait plus à rien lorsque le pas bien connu du prêtre la tira de son engourdissement.

Il passa près d'elle, elle se leva.

Il fut frappé de la pâleur de sa pénitente et du tremblement nerveux qui hachait ses paroles.

— Qu'avez-vous? lui demanda-t-il. Vous est-il arrivé malheur, mon enfant?

— Non, mon père, il ne m'est rien arrivé personnellement du moins, mais...

— Vous avez quelque chose à me dire?

— Oui.

— Parlez, j'ai encore cinq minutes à moi.

— Je ne puis vous le dire qu'en confession.

— Vous m'alarmez. Je lis sur votre visage un grand chagrin. Vous ne pouvez rien me dire qui me rassure?

— Rien qu'au tribunal de la pénitence.

— Soit, après ma messe, je suis à vous.

Malgré l'agitation profonde qu'elle éprouvait, Paulette écouta la messe avec recueillement, puis s'approcha du confessionnal.

L'abbé François ne la fit pas attendre, sa curiosité était vivement excitée.

Paulette alors, sous le sceau de la confession, raconta l'événement de la veille.

— Ma fille, lui dit le directeur de sa conscience, reconnaissez l'égarement dans lequel vous vous êtes plongée. Dans votre ignorance, vous avez secouru un serpent prêt à vous mordre et prêt à mordre notre mère la Sainte Église catholique, mais puisque Dieu, dans sa bonté infinie a permis que vous entendissiez ce que vous venez de me révéler, ma fille, vous agirez selon la volonté de Dieu en prévenant les crimes complotés contre les fidèles.

— Que dois-je faire, mon père ?

— Rendez-vous près du commissaire de police, et...

— Mais, interrompit Paulette, ce serait envoyer à la mort celui dont j'ai autrefois sauvé la vie, celui que je me suis engagée à convertir et à épouser ?

Le prêtre garda le silence ; se recueillit. Il était maître du secret de Paulette, mais avait à craindre d'éveiller chez elle une passion dont elle-même ne paraissait pas soupçonner la violence. Il importait de la rassurer sur le sort d'André, afin qu'elle n'avertit point ce dernier du sort qui le menaçait.

Il importait de laisser à cette jeune fille sa foi dans le secret de la confession.

— C'est bien, ma fille, je vais vous donner l'absolution ; priez.

Au sortir du confessionnal, l'abbé François rejoignit sa pénitente, qui s'éloignait à pas lents, non moins en peine qu'à son entrée à l'église.

— Mon enfant, lui dit-il, j'ai lu dans votre cœur. Je sais que votre affection pour ce jeune homme égaré eut son origine dans un sentiment charitable. Ce sentiment, je m'en souviens, je l'ai encouragé. Vous m'aviez intéressé à la misère de ce jeune homme que je supposais être un chrétien ; je me suis trompé comme vous ; vous voulez le sauver ?

— Oui, dit Paulette.

— Moi aussi, je le désire.

Paulette palpita de joie.

— Je ferai pour cela tout ce qu'un chrétien peut faire. Ce n'est pas seulement à l'échafaud qu'il faut arracher ce malheureux, mais à l'enfer. Demain, je dirai la messe à son intention. Espérons que Dieu le touchera. On a vu des conversions subites. Demain dans la journée, je resterai chez moi. Si vous avez besoin de moi, vous me trouverez. Adieu, ma fille, allez en paix.

L'abbé François se tourna vers le grand autel, salua d'une génuflexion et s'éloigna.

Paulette rentra chez elle, le cœur navré.

André était sorti.

Elle passa la journée à demander au ciel la solution de ce problème : Sauver l'Église sans compromettre André. Déjà le jour baissait lorsqu'enfin elle crut l'avoir trouvé ; elle courut au presbytère.

— Quoi de nouveau, mon enfant? lui demanda l'abbé.

Dieu a eu pitié de nous, répondit Paulette, et m'a envoyé une bonne pensée.

— Ah! voyons.

— Mon père, vous pourriez dire ce que vous savez en ne cachant que deux noms, celui d'André et le mien.

— Eh! ma fille, répondit l'abbé qui revenait de l'évêché, ce que vous me conseillez est déjà fait.

— Vous n'avez pas nommé André?

— Non.

— Vous n'avez pas dit que vous teniez ce secret de moi?

— Non plus. Oh! tant mieux; car vous concevez, en parlant de moi vous auriez attiré les soupçons sur lui.

— Sans doute, dit l'abbé.

— C'est que, reprit-elle, si j'étais cause de sa perte, je le sens, j'en mourrais. Enfin, il est sauvé, n'est-ce pas?

— Désormais il est en sûreté ; allez en paix.

Paulette partit le cœur gonflé de joie.

Cependant que faisait André?

Il s'était rendu à la maison du bord de l'eau. Il y retrouva Chambourin.

— J'ai, dit celui-ci, du nouveau à vous apprendre, c'est qu'il n'y aura plus de réunion et que la prise d'armes est fixée à demain, 21 janvier, anniversaire de l'exécution de Louis Capet. On doit dire une messe et vous savez combien cette manifestation est exécrée.

— Oh! certes.

Demain, au premier coup de cloche, à neuf heures, on prendra les armes.

L'auberge du *Cheval Rouge* avait été achetée. Les caves étaient remplies de munitions. De là, pendant la nuit, armes et munitions furent distribuées à d'autres dépôts choisis et préparés dans différents quartiers.

Vers quatre heures du soir, André rentra chez lui; en même temps, Paulette quittait l'abbé François. Elle courait transportée de joie. Elle s'élança dans l'escalier avec une telle rapidité qu'elle faillit renverser une femme qui se trouvait en bas et dont elle n'entendit point les : — Pssitt! Pssitt! mademoiselle.

Elle fut tout droit chez André, ouvrit la porte sans frapper. Celui-ci, stupéfait de ce sans-façon extraordinaire, pressentit un événement.

— Qu'avez-vous donc, chère Paulette? s'écria-t-il.

— Ne m'interrogez pas encore, André, fit-elle en portant la main à son cœur, bientôt je vous dirai ce qui m'arrive.

Puis, l'enveloppant d'un regard radieux.

— Oh! je suis bien heureuse, soupira-t-elle.

— Vous êtes heureuse, faites-moi donc part de votre bonheur?

Paulette le regardait dans une extase silencieuse.

André lui prit la main, la porta à ses lèvres.

— Eh bien! parlerez-vous, égoïste qui gardez une bonne nouvelle?

— Plus tard, vous saurez tout.

— Pourquoi plus tard?

— Ah! voilà!... M'aimez-vous bien?

— Si je vous aime!

Il s'assit sur le carreau à ses côtés.

— Vous êtes donc guéri tout à fait? reprit-elle en tortillant une boucle de ses cheveux.

— Je l'espère.

— Comment, vous l'espérez seulement?

— Je suis d'une santé si délicate... puis, est-on jamais sûr de sa santé et même de sa vie?

— Votre vie, André, s'écria la jeune fille avec chaleur, à cette heure, entendez-moi bien, n'est pas menacée. Votre vie était compromise ; elle est à l'abri de tout danger. — Oui, cher André ; plus de soucis désormais, plus rien qui nous sépare ; vous vivrez et nous serons heureux !

Comme elle disait ces mots, la porte s'ouvrit brusquement, André fut debout aussitôt.

C'était la femme que Paulette avait heurtée au bas de l'escalier. Son visage exprimait une frayeur extrême.

— Vous êtes André, l'ami du brigadier Hervieux ? demanda-t-elle.

— Oui.

— J'ai un mot à vous dire.

— Parlez.

— Pas ici.

André la suivit sur le palier.

— Vous ne savez rien ? lui demanda-t-elle.

— Non ; qu'y a-t-il ?

La femme lui dit à l'oreille :

— La conspiration est vendue.

Il tressaillit ; elle lui mit la main sur le bras.

— Écoutez !... je suis femme d'un gendarme affilié par le brigadier Hervieux ; mon mari a vu la liste de ceux que l'on doit arrêter ; votre nom s'y trouve. Vous n'avez pas une minute à perdre si vous voulez fuir. Adieu. Pensez que vous ne m'avez jamais vue.

Elle s'éloigna en courant.

Lorsqu'André rentra, Paulette vit la consternation peinte sur son visage.

— Qu'avez-vous ? s'écria-t-elle.

— Paulette, du courage, je suis obligé de m'absenter pour quelques jours.

— Ah ! ah ! Vous en jugez ainsi, mon ami, mais souffrez que je m'oppose à ce que vous sortiez.

— Sur mon honneur, je vous jure que je dois sortir sans retard.

— Je vous répète, André, que vous ne sortirez pas.

André la regarda étonné.

— Il faut donc tout vous dire ?... Eh bien ! sachez qu'un grand danger me menace ici et que j'ai à peine le temps de fuir.

Les gendarmes lui mirent les menottes.

Tout en parlant, il ouvrit un coffret, prit à la hâte sa bourse, ses papiers, puis rencontrant divers objets compromettants.

— Paulette, reprit-il, un dernier service, je crains de laisser cela ici pendant mon absence, emportez-le chez vous.

Mais Paulette, lui posant la main sur l'épaule :

— Restez ; vous n'avez rien à craindre, mon ami.

— Mais je vous dis que ma vie est en péril si je reste ici un quart d'heure.

— Et moi, reprit la jeune fille avec exaltation, je prends le ciel à témoin que le danger qui vous menaçait est dissipé !

— Mais, fit André surpris, comment pouvez-vous parler ainsi ? Connaissez-vous ce danger ?

— Oui.

Il pâlit.

— Quel est-il ?

— Vous conspirez.

— Comment le savez-vous ?

— Hier soir, j'étais entrée pour voir si vous reposiez, vous dormiez ; j'allais me retirer, on frappa à la porte ; j'eus peur et je me cachai dans ce cabinet.

— Et là, vous avez tout entendu ?

Oui, et je résolus de vous sauver et de sauver le royaume des entreprises criminelles de ces hommes. Je me rendis à l'église et, sous le sceau de la confession, je racontai tout à mon directeur et je lui demandai conseil.

— Après ?...

— Il me conseilla d'aller chez le commissaire de police.

— Vous y êtes allée ?

— Non, je lui répondis que je vous aimais et que je voulais vous sauver. Il me conseilla de rompre avec vous, mais cependant me donna l'absolution. Comme je m'éloignais, il me rejoignit :

— Vous voulez sauver ce jeune homme, me dit-il, moi aussi je le désire, demain matin je dirai la messe à son intention. Si vous désirez me parler, je resterai chez moi toute la journée.

— C'est tout ?

— Non : je me rendis chez lui et l'abbé François me dit : « Ma fille, je viens de l'évêché, le trône et l'autel seront préservés des attaques des impies, *ne craignez rien pour André, je n'ai prononcé ni son nom ni le vôtre*. Ainsi, allez en paix.

— André paraissait atterré par ces révélations.

— Comment vous peindre la joie que je ressentis, reprit Paulette. Oh! je savais bien que vous alliez m'en vouloir d'avoir fait arrêter ceux qui voulaient vous perdre, je voyais d'avance le visage sombre que vous avez en ce moment, mais je vous aime plus que vos amis, moi. Il veulent vous faire tuer, vous, mon André, mon promis, mon époux... mais vous êtes mon bien et je vous défendrai.

— Et pour me sauver, vous les avez dénoncés, fit André d'une voix tremblante d'indignation.

— André! s'écria la jeune fille effrayée, ne parlez pas ainsi, ne soyez pas ainsi, je vous aime!

— Vous m'aimez?

— Je veux vous soustraire à la mort.

— Et à l'infamie?...

Après un silence :

— Mais ni à la mort, ni à l'infamie. Écoutez, malheureuse! écoute insensée! mon nom est porté sur la liste des hommes que l'on doit arrêter ce soir. La femme qui vient de venir est la femme d'un gendarme... ne la dénonce pas!...

— André! se récria Paulette à cet outrage.

— Et cette femme m'a dit qu'elle avait lu mon nom sur la liste, et que je n'avais pas un instant à perdre si je voulais fuir...

— Que dites-vous?... Mais c'est impossible!

— Pourquoi?... Le prêtre s'est joué de votre crédulité.

— Oh! ce serait infâme!... Il aurait trahi le secret de la confession et il m'aurait menti?... Mon Dieu!

Une telle révélation la bouleversait plus que tout ce qu'avait dit Chambourin.

— Mais s'il en est ainsi, fuyez! s'écria-t-elle.

— Maintenant?

— Fuyez, je vous en supplie.

— Et pourquoi fuir?

— Pour...

— Interdite, elle s'interrompit; elle tomba aux pieds d'André, éplorée, hors d'elle-même.

— Oh! je vous en supplie, fuyez!... Ayez pitié de vous, ayez pitié de moi!

— Non, je reste, dehors est l'infamie. Il faut que mon sang se mêle à celui de mes frères.

— Mais si vous mourez, André, je mourrai.

— Eh bien! vous mourrez.

— Ah! si ma mort pouvait vous sauver.

— Tu ne sais pas comme je t'aime?... Pardonne-moi!

— Je te pardonne.

— Viens donc, fuyons ensemble, je te cacherai dans ma chambre.

— Malheureuse! fit André attendri.

— Ou bien plutôt, dans le bâtiment en face, de l'autre côté de la cour, il y a un magasin qui communique à une ruelle toute noire; je sais où le propriétaire cache la clef. La nuit est venue, on ne nous verra pas traverser la cour. Viens...

André se leva par un mouvement instinctif, puis retomba sur sa chaise.

— Non, je reste!

— Oh! que je suis malheureuse, exclama Paulette, en se tordant les mains. Pourtant tu l'as dit : nous n'avons pas une minute à perdre.

— Je l'ai dit et c'est vrai.

— Eh bien?

Il étendit le bras vers la cour :

— Entends-tu ce bruit?

Elle prêta l'oreille une seconde, puis s'élança à la croisée.

Dans l'ombre, elle aperçut des gendarmes.

Elle se recula terrifiée.

— Ce sont eux, murmura-t-elle.

André demeurait impassible.

Bientôt le bruit de pas incertains et pesants à travers l'escalier, monta jusqu'à eux.

— Viens dans ma chambre, insista Paulette, je te cacherai, je te défendrai.

Les pas retentirent sur le palier.

— Paulette, dit André, embrasse-moi pour la dernière fois.

La porte n'était pas fermée.

On ne frappa point.

— C'est ici, dit quelqu'un, ouvrez.

Et l'on entra.

— Vous êtes le sieur André, ouvrier tisseur ? demanda le commissaire de police.

— Oui, monsieur.

— Je suis porteur d'un mandat d'arrêt lancé contre vous par M. le Procureur du Roi et je viens procéder à son exécution.

— Puis-je en savoir les motifs?

— On vous en parlera.

Puis se tournant vers les gendarmes :

— Faites votre devoir.

Les gendarmes entourèrent André et lui mirent les menottes.

A cette vue, Paulette poussa un cri de douleur et tomba sans connaissance.

— Tiens ! fit le commissaire, quelle est cette personne ?

— M{$^\text{lle}$} Paulette, ma voisine.

— Eh bien ! indiquez-nous son logement, on va la transporter chez elle.

. . . .

Quelques minutes plus tard André était dirigé vers la maison d'arrêt.

LA FIN DE L'ÉCHAUFFOURÉE DE LYON

On fit de nombreuses arrestations.

Didier était sur le point d'ajourner la prise d'armes quand il fut averti ; il prit la fuite.

Que devinrent les deux amants?

En revenant à elle, Paulette tomba dans un profond désespoir.

Plusieurs fois, son regard rencontra un Christ suspendu près de son lit.

« Toi aussi, Jésus, tu as été trahi, » murmura-t-elle. Mais elle ne pria pas. Un sentiment de révolte contre le ciel l'agitait sourdement. Sa foi avait été absolue et candide, la trahison et les lâches mensonges du prêtre lui portaient un coup terrible. Puis, reportant sa pensée sur André : — Je l'ai tué, se disait-elle.

Abandonnée dans sa chambre, sans secours et sans feu, elle fut bientôt en proie à la fièvre et au délire. Que devint-elle?

Deux ou trois jours plus tard, les voisines, étonnées de ne plus la voir, frappèrent à sa porte mais sans obtenir de réponse.

La clef était sur la serrure, elles ouvrirent et reculèrent effrayées.

Au travers de l'entrée gisait le cadavre de Paulette.

André, déjà malade, traité avec la dernière rigueur, ne lui survécu que quelques mois.

L'affaire de Lyon fut ainsi étouffée dans l'œuf, et l'on doit s'en féliciter, le sang généreux qu'elle eût coûté n'eût coulé qu'au profit des royalistes.

L'échec était assez grave pour compromettre le complot général.

Ces tentatives ne se renouvellent pas à de courts intervalles et, même après un succès à Grenoble, Didier n'eût pu compter sur Lyon.

Mais il paraît qu'il en est des desseins d'une conspiration comme d'un engrenage, et que l'auteur pris dans les dents de la machine qu'il a inventée, ne s'appartient plus. Il s'entête et croit faire preuve d'énergie. Jamais il n'aura le vrai courage de dire en pareille circonstance : « Arrêtons-nous ; je me suis trompé. »

A Grenoble, nul ne se doutait de ce qui se passait à Lyon.

Les journaux avaient bien parlé d'un complot ourdi dans le chef-lieu du Rhône, mais cela leur arrivait si souvent, qu'on n'y avait pas pas fait grande attention.

On se disait : « C'est la police ; elle veut un complot, elle l'aura. »

D'ailleurs, d'une façon latente ou déclarée, toute la France conspirait. Les fugitifs, à l'étranger, ne se résignaient pas à l'exil. Le général Drouet d'Eslon, réfugié à Lausanne, était venu aux environs de Grenoble pour voir Didier ; ne l'ayant pas trouvé, il était reparti.

Drouet d'Eslon, au fond, était bonapartiste, mais reconnaissait l'impossibilité de rétablir le trône impérial et acceptait, à défaut de mieux, la combinaison orléaniste.

Le premier point pour lui, comme pour tant d'autres, était d'être délivré des Bourbons.

Ainsi se ratifiait, grâce à Louis XVIII, la déchéance de Louis XVI.

Depuis le grand roi, la dynastie n'était pas heureuse.

Drouet n'était pas assez novice pour s'engager à fond. Il connaissait Didier — un politicien — et son sinistre patron Fouché. Ces instruments de la Providence lui semblaient équivoques et douteux. Il ne voulait point, comme le lui proposait Didier, se mettre à la tête de l'insurrection avant qu'elle fut éclatée et eut fait ses preuves. Il n'eût consenti à se déclarer pour elle et à prendre sa direction, qu'autant qu'elle eût montré, par un succès, des forces respectables. Tandis que Didier, après avoir été un modèle de prudence, devenait un casse-cou.

Après une réunion où l'on avait acclamé Napoléon II, M. Milliet, de Goncelin, ayant pris Didier à part, lui dit :

— « Tout cela est fort bien sans doute, et peut suffire à ces braves officiers et à ces soldats que nous enrôlons, mais enfin l'empereur est à Sainte-Hélène et son fils en Autriche ; franchement, pour qui travaillons-nous ? »

— Soyez sans inquiétude, répondit Didier, c'est à coup sûr pour *quelqu'un de notre époque* et qui connaît nos besoins. L'essentiel est de réussir ; or, il faudrait renoncer à soulever un seul homme si nous ne parlions pas de Napoléon.

Le lieutenant Joly fut chargé de faire imprimer à Grenoble cette proclamation ainsi qu'un faux extrait du *Journal de Vienne*, du 1ᵉʳ janvier 1816, composé par Didier et qui commençait ainsi :

« L'empire d'Autriche, trop longtemps comprimé dans les vœux les plus chers au cœur de son auguste monarque, déclare solennellement à l'Europe qu'il veut rendre Napoléon II aux sollicitations de la France. Ce peuple, digne par sa bravoure d'une destinée plus brillante, gémit sous le poids des vengeances et des réactions. La famille dégénérée des Bourbons devient, par son esprit de haine implacable, indigne de le gouverner. »

Les deux pièces furent présentées à la veuve Peyronnard, imprimeur, qui demanda mille francs pour l'impression. Didier n'avait plus cette somme disponible et elle dépassait les ressources de la caisse des cotisations imposées aux moins pauvres et destinées à des achats d'armes et de munitions.

On se contenta de faire de ces documents des copies manuscrites qui furent aussitôt répandues.

Vers la fin d'avril, toutes les mesures étaient prises pour s'emparer de Grenoble. Les conjurés de la ville étaient prêts à tendre la main à ceux de la campagne. Le commandant Riollet et ses amis avaient ménagé des intelligences parmi les officiers et les soldats de l'ancienne armée entrés dans les corps composant la garnison, tandis que les chefs avaient travaillé les campagnes des environs.

L'officier de gendarmerie Joannini, avec un zèle infatigable et un absolu dévouement, servait d'intermédiaire.

Enfin Didier, au moment d'entrer en campagne, reçut de deux émissaires envoyés à Paris, deux cent mille francs en or qu'il distribua avec une générosité digne d'une meilleure cause.

Avant d'entrer dans les détails de l'insurrection, il est nécessaire que je dise un mot de la ville qui devait lui servir de champ de bataille.

Grenoble est divisée par l'Isère. Sur la rive droite, route de Lyon, s'élève une montagne appelée la Bastille.

La rive gauche a trois portes, Bonne, Graille et Trois-Cloîtres, dont les voies se réunissent au carrefour de la Croix-Rouge, où l'on prend la route de Gap pour aller à Lamure; Vizille, Eybens, où se rencontrent également les chemins de Grésivaudan.

On convint que les conjurés de la rive droite, ceux de Quaix, commandés par le colonel Brun, se porteraient d'abord sur la Bastille à l'entrée de la nuit. Qu'ils y allumeraient des feux qui seraient répétés de l'autre côté de la ville, à Eybens, à une lieue de Grenoble.

A ce signal, les gens de Vizille et Lamure se rendraient à la même heure au bois d'Écherolles, près d'Eybens ; ceux du Grésivaudan et de l'Oisans et les douaniers de Pontcharra, partis dès le matin et arrêtés à peu de distance de la ville, se remettraient en marche pour la Croix-Rouge et se porteraient en colonne serrée sur la porte de Bonne, que des conjurés de l'intérieur tiendraient ouverte.

Ce soin était confié au commandant Riollet, qui, au signal parti de la Bastille, devait arrêter le général Donadieu à son domicile. Ce coup fait, Riollet devait, avec le gros de ses amis, se rendre à la porte de Bonne et, à l'aide du mot d'ordre que lui aurait livré les sous-officiers affidés, pénétrer dans le poste et tendre la main aux conjurés du dehors.

Un capitaine prend le fusil d'un soldat et fait feu.

Après avoir fait arrêter à son domicile le général Donnadieu, Riollet devait, suivi de ses partisans dont les rangs étaient censés se grossir pendant le trajet, s'emparer du poste de la rue de Bonne et ouvrir aux insurgés du dehors. La tâche qu'il avait acceptée était d'une importance capitale et nous en voyons mieux le but que les moyens. Il nous semble cependant qu'une trop large part y est laissée au hasard. Le général serait-il chez lui à l'heure fixée? N'opposerait-il pas une vigoureuse résistance?

On avait bien tâté la garnison, mais on ne s'en était pas assuré. Suffisait-il d'avoir affilié quelques sous-officiers? On comptait sur la nuit pour ajouter au courage des soldats mécontents et le lendemain — jour de marché, — profitant de l'affluence des campagnards, — Didier devait proclamer l'avènement de Napoléon II — trente-six heures plus tard, il devenait maître de Lyon, et quelques jours après de toute la France.

Le beau « pot-au-lait »! En admettant même que Lyon se fut soulevé, où était l'armée et le grand général qui auraient pu rejeter au delà des frontières les 150,000 hommes de troupes étrangères laissées par la coalition aux portes de Paris?

Le 3 mai, le commandant Riollet dit à Didier qu'il pouvait avancer en toute assurance et que le jour suivant, à minuit, il lui ouvrirait la porte de Bonne.

Didier fixa, en conséquence, le moment de l'exécution au lendemain samedi, 4 mai, à onze heures du soir, et remit à Joannini, pour la faire passer de main en main, la circulaire suivante :

« Mon cher ami, malgré toutes les difficultés ordinaires dans de pareilles affaires, nous avons enfin terminé. On est d'accord sur tout, on ne s'occupe plus à présent que de la noce qui est fixée à *dimanche*. Nous vous invitons à nous faire le plaisir d'y venir. Nous comptons sur vous et vous devez être bien persuadé qu'en amenant vos amis, vous nous ferez d'autant plus de plaisir que vous serez plus nombreux.

« Comme la fête doit être, je vous l'avoue, sans façon, vous nous ferez plaisir si vous apportez quelques provisions. »

« Je ne peux pas concevoir, dit Peuchet, comment on a laissé ce complot parvenir à sa maturité, lorsque je vois les archives de la simple préfecture de police regorger de renseignements précis sur les conspirateurs, de dénonciations venues de cent endroits pour dévoiler ce qui se tramait dans le Dauphiné. Je sais que les lumières vinrent de toute part au comte Decazes et que le ministre ferma constamment les yeux.

« Avant 1830, cette conduite me semblait inexplicable; depuis j'ai eu le mot de l'énigme. M. Decazes aurait pu prévenir de longue main ce coup d'État et ménager le sang français qui coula. Il savait tout; ou s'il n'a rien su, il faut que, par une fatalité singulière, ce qui était à la connaissance de l'universalité de la police, se soit arrêté à la porte du ministre. »

Mais le général Donnadieu donna aussi l'exemple d'un singulier aveuglement, et le comte de Montlivaut, préfet du département, se montra tel qu'il était, une brute ahurie par le zèle.

Disons un mot de ces personnages.

Donnadieu, soldat de la Révolution, était parvenu, en l'an X, au grade de colonel. Ayant conspiré contre le premier Consul, il fut envoyé en surveillance à Saint-Jean-de-Luz.

Rentré plus tard au service et nommé général de brigade, le 6 août 1811, il fut nommé au commandement d'Hyères, puis mis à la retraite pour insubordination.

Ce fut dans cette situation que le trouva la Restauration à laquelle il s'empressa d'offrir ses services.

Le comte de Montlivaut lui était encore inférieur.

Ancien chambellan, puis intendant général de l'impératrice Joséphine, Montlivaut était un de ces hommes qui avait le plus accablé Napoléon de sollicitations et de protestations de dévouement pendant les Cent Jours. Après Waterloo, il s'était tourné avec ardeur vers les Bourbons. Comme les autres, il exagérait son zèle.

« Le plus effrayant arbitraire présidait à tous ses actes : exils, destitutions, arrestations ; garnisons militaires imposées aux communes suspectes et payées par leurs habitants ; ordres pour emmener *enchaînés deux à deux*, de simples *témoins dans un procès* et *pour leur faire ainsi traverser toute une contrée durant le jour, en vue de l'exemple*, il prenait, et au besoin inventait, les mesures les plus tyranniques. » Dans son emportement, dit un historien, on le vit enjoindre, par un arrêté, au maire, aux adjoints et aux conseillers municipaux d'un bourg considérable, qu'il avait fait occuper militairement, sous prétexte *du mauvais esprit* des habitants, de se rendre en corps à l'hôtel de la préfecture, pour y demander la grâce de leurs concitoyens et se porter personnellement caution de leur bonne conduite et de leur entière soumission.

Il rivalisait de méchanceté bête avec M. de Bastard, commissaire général de police.

Celui-ci autorisait le maire, les adjoints et tous les membres d'un conseil municipal *à faire arrêter qui bon leur semblerait.* »

Ces trois « phénomènes » : Donnadieu, de Montlivaut et de Bastard s'acharnaient à se contredire et se contrecarrer entre eux. Il suffisait que l'un affirmât une chose pour que l'autre la niât. Ils empiétaient également sur leurs pouvoirs particuliers. Ainsi, de Bastard prenait des mesures préfectorales et le préfet faisait de la police.

Dans un *Mémoire au Roi* sur les *événements de Grenoble, par M. le comte de* Montlivaut, on lit : « qu'il entretenait une correspondance de police très active avec tous les curés et autres vrais Français. » — Cette organisation des curés de chaque commune en une sorte d'agence de police correspondant avec les autorités supérieures, était d'ailleurs générale dans le royaume et dura autant que la Restauration.

Des rapports nombreux signalaient au préfet, depuis quelques semaines, une agitation sourde dans les campagnes du Dauphiné. Le préfet et le général, sans se communiquer leurs craintes, n'en avaient pas moins demandé une augmentation de garnison.

Grenoble n'avait guère que quatre ou cinq cents hommes de troupes : trois cents soldats de ligne, une compagnie d'infanterie dite départementale, une compagnie de gardes à cheval et des gendarmes.

Le ministère envoya cinquante dragons de la Seine et trois cent cinquante chasseurs d'Angoulême.

L'AVIS DU MAIRE DE THEYS

Le 2 mai on signala au préfet des symptômes d'effervescence. — Des placards où on lisait *Vive Napoléon II! Vive la Liberté!* Des cris séditieux. Le préfet fit faire des patrouilles.

Le 3, le prévôt Planta amena chez le préfet un conducteur des ponts et chaussées qui, dans un café, avait entendu dire par plusieurs personnes, entre autres deux officiers, que, dans deux jours éclaterait une insurrection, que plus de deux cents conjurés devaient se réunir au *Jardin-de-Ville* et s'emparer des autorités.

Le préfet fit aussitôt une enquête et on arrêta quatre bourgeois notables : propriétaire, avocat et avoués.

Le 4, au matin, on ordonna des patrouilles, des visites domiciliaires et des arrestations sans daigner en avertir le **général Donnadieu**.

Celui-ci, furieux, signifia au préfet d'avoir à s'abstenir de donner des ordres aux troupes, ou qu'il ferait arrêter les patrouilles par les soldats de ligne. De là violente discussion qui se prolongea jusqu'à deux heures après dîner. Un incident y mit fin. On remit au préfet ces lignes écrites à la hâte par le maire de Theys :

« N'êtes-vous donc pas instruits, à Grenoble, de ce qui doit se passer *ce soir?*... On doit faire des feux sur la Bastille, et toutes les communes marcheront sur la ville pour s'emparer des autorités et changer le gouvernement. »

— Toujours des *on dit*, fit Donnadieu, je ne vois rien de positif dans tous ces bruits.

Mais, le soir, les renseignements devinrent plus nombreux et plus précis.

C'est une lettre de Vif qui lui annonce que les paysans se rassemblent au bois d'Echerolles, ce sont l'adjoint de Lamure, le suisse d'Eybens et un gendarme qui ont assisté au départ des bandes insurgées.

De son côté, le général reçoit des avis semblables qui achèvent de le convaincre d'un danger imminent. Il se rend à la préfecture et, s'adressant à Montlivaut et à Planta :

— Messieurs, dit-il, un nuage vient de tomber de mes yeux ; nous sommes au milieu d'une vaste conspiration.

A cinquante pas d'ici, j'ai rencontré un jeune homme qui, à ma vue, se troubla et se jeta brusquement de côté. Ce mouvement étrange me surprit, je m'avançai vers lui ; une seconde fois il voulut m'éviter.

— « De quoi donc avez-vous peur? lui demandai-je. »

Il balbutia une excuse; je le saisis au collet et l'entraînai à la lumière d'un café en lui demandant qui il était.

Il me répondit en tremblant qu'il était officier en demi-solde... je l'examine et je vois la poignée d'un sabre briller à travers les ouvertures de sa redingote; j'écarte le vêtement : deux pistolets d'arçon étaient passés à sa ceinture, je l'ai mis immédiatement au poste de cet hôtel.

Cette arrestation jeta l'alarme chez les conjurés chargés d'arrêter les autorités : Riollet, Joannini et l'ex-garde général Cousseaux. Ils s'étaient rendus au bois d'Écherolles. Didier fut consterné de leur fuite, mais il était trop tard pour donner contre-ordre, le mouvement était commencé. Les insurgés des montagnes descendaient par petites compagnies pour attendre, sur la route de Gap, le détachement le plus éloigné, celui de Lamure.

Celui-ci comptait cinquante hommes, commandés par MM. Buisson frères et Guillot frères qui les avait armés de fusils de chasse.

Qu'allait-il arriver?

Si les portes étaient fermées, on se disperserait et, grâce à la nuit, on rentrerait chacun chez soi.

Si les portes étaient ouvertes, c'est que les conjurés seraient déjà maîtres de la ville. Le mouvement continua.

A dix heures, les feux furent allumés par le colonel Brun sur la *Bastille;* on les vit se répéter aussitôt sur les hauteurs d'Eybens. Plus de deux cents hommes arrivaient de ce côté-là. Enfin, à onze heures, les insurgés se trouvaient en vue des premiers ouvrages de Grenoble.

Un profond silence régnait des deux côtés des remparts, mais les premiers arrivés ne sont pas assez nombreux, ils se dissimulent et attendent leurs amis.

Cependant, le général Donnadieu, bouillant de l'impatience de s'illustrer par un fait d'armes éclatant, au lieu de fermer les portes, ce qui eut suffi pour arrêter l'insurrection, les tient ouvertes et prépare une sortie. Il envoie en reconnaissance, sur la route d'Eybens, M. de Lestelet, à la tête de cinquante cavaliers de chasseurs d'Angoulême.

Celui-ci part au galop et, de retour un quart d'heure plus tard, déclare qu'il a rencontré une bande d'insurgés qui, à son apparition, a pris la fuite.

Le général expédia à M. de Vautré, colonel de la légion de l'Isère, l'ordre de se porter à la porte de Bonne, et de Vautré y arriva au pas de course au moment où les chasseurs d'Angoulême, pris de panique, se précipitaient en désordre sous la voûte de la porte en criant : les voilà!... les voilà!...

Ils avaient rencontré les insurgés parvenus, nous l'avons dit, aux abords des fortifications vers onze heures.

La fuite des chasseurs, la vue de la porte ouverte encouragent ces derniers qui s'élancent, croyant la ville au pouvoir de l'insurrection.

A l'entrée du pont-levis, ils se trouvent en présence de la troupe de ligne.

Celle-ci qui compte, dans ses rangs, une vingtaine de vieux soldats qui ont pris part, quatorze mois auparavant, au retour de l'île d'Elbe, hésitent... Deux fois, au commandement de tirer, ils restent immobiles. Enfin, un capitaine saisit le fusil d'un soldat et fait feu.

Alors d'autres coups partent. Ils sont presque à bout portant en face d'une masse compacte. Deux ou trois insurgés tombent mortellement blessés, et le reste prend la fuite.

Le colonel de Vautré s'élance à la poursuite des fuyards.

Ces derniers, à moitié chemin d'Eybens rencontrent Didier qui essaye de les rallier et de les rassurer, mais bientôt ils sont rejoints par le terrible colonel. Une nouvelle décharge suffit à disperser jusqu'aux hommes du détachement qu'amenait Didier.

En vain, celui-ci, à cheval, et donnant l'exemple du courage, s'efforce de les ramener au combat; son cheval, blessé mortellement, succombe, il doit fuir lui-même et, grâce à l'obscurité, parvient à gagner les bois de Saint-Martin-d'Hères.

Éclairé à droite et à gauche par les dragons de la Seine, le colonel poursuit sa marche victorieuse et... prudente. Ce n'est qu'à l'aube qu'il parvient à Eybens.

« Un insurgé, revêtu d'un uniforme d'officier de hussards, gisait étendu mort sur la plage du village; son cheval, debout à ses côtés, penchait tristement la tête et flairait son cavalier; ce cadavre était celui du capitaine Joannini, qui tenait encore, à la bouche, un papier que, dans son agonie, il n'avait pas pu entièrement avaler.

Ce papier contenait une liste de noms en tête de laquelle figurait celui du commandant Ravix, arrêté la veille, puis relâché presque immédiatement et qui, dans son ignorance de cette révélation posthume, vient un des premiers, le lendemain, offrir ses services au général Donnadieu.

Après avoir passé quelques heures à Eybens, Vautré se rendit à Lamure, dont il désarma les habitants.

Passons à une autre partie du champ de bataille : La Bastille.

Là, avons-nous dit, se trouvait le colonel Brun. Les troupes de Grenoble, avec de savantes précautions, en investissaient la ruine. Ils gravissaient les pentes en silence, cherchant dans un buisson, une motte de terre, l'abri d'un moment et s'alarmant les uns les autres par les coups de fusils dont ils jugeaient à propos d'éclairer leur marche.

Enfin, après de longues heures d'approches, ils atteignirent le sommet de la montagne et les ruines. Le silence qui y régnait redoubla leur prudence. Mais le jour vint qui leur révéla la solitude.

L'ancien chef des dromadaires, comme on appelait le colonel Brun, vieux soldat d'Égypte, avait été promptement renseigné sur l'échec de la porte de Bonne et avait évacué la ruine.

Quand les soldats de Grenoble y pénétrèrent, la Bastille était évacuée depuis plusieurs heures... Ce qui n'empêcha pas le bulletin de victoire de Donnadieu de mentionner l'assaut furieux donné à la forteresse.

A cinq heures du matin toute trace de révolte avait disparu. Il restait à déplorer la mort de quelques citoyens, âmes généreuses qui, au prix de la vie et sans ambition, avaient tenté de délivrer leur pays du double joug de Louis XVIII et de l'étranger.

Mais, pour les autorités dauphinoises, il y avait le sujet à vantardises, à mensonges officielles et à gratifications.

Les proclamations des Donnadieu et des Vautré sont à relire. Écoutez le général :

Au Ministre de la Guerre.

« Vive le Roi! Monseigneur. Les cadavres de ses ennemis couvrent tous les chemins à une lieue à l'entour de Grenoble (1), je n'ai que le temps de dire à Votre Excellence que les troupes de Sa Majesté se

---

(1) Du côté des insurgés, il y avait six morts et pas une victime de l'autre côté.

Son cheval à ses côtés baissant tristement la tête.

sont couvertes de gloire. A minuit, les montagnes étaient éclairées par les feux de la rébellion dans toute la province. Ils me croyaient parti pour aller occuper la ligne que doit parcourir S. A. R. Madame la duchesse de Berry; mais ils ont bientôt appris que les fidèles troupes du roi étaient là. Je ne saurais trop faire l'éloge de la brave légion de l'Isère et de son digne colonel, le chevalier de Vautré.

« Déjà plus de soixante scélérats se trouvent en notre pouvoir. La cour prévôtale va en faire une prompte et sévère justice. J'aurai l'honneur d'en rendre compte à Votre Excellence, quand tout sera terminé, je remonte à cheval à l'instant. Toutes les autorités civiles et militaires ont fait leur devoir. On évalue le nombre à quatre mille. »

Autre du même genre :

Au lieutenant-général Parthounnaux et au maréchal de camp Clerc, commandant à Lyon et à Valence.

« *Vive le Roi!* mon cher général, depuis trois heures le sang n'a pas cesser de couler!

« *Vive le Roi!* cher général, les cadavres de ses ennemis couvrent tous les chemins qui arrivent à cette ville. Depuis minuit jusqu'à cinq heures, la mousqueterie n'a pas cessé dans le rayon d'une lieue. Encore, en ce moment, la légion de l'Isère, qui s'est couverte de gloire, est à leur poursuite; on amène les prisonniers par centaines; la cour prévôtale en fera prompte et sévère justice. »

Autre :

Le colonel Vautré au colonel de la légion des Bouches-du-Rhône.

« Que n'étiez-vous avec nous, mon cher ami! je savais bien que dans votre province il n'y avait plus de services à rendre au Roi! Tous vos compatriotes sont royalistes, aussi la chose va toute seule là-bas.

« Vous avez appris nécessairement que les montagnards du Dauphiné se sont soulevés et avaient marchés sur Grenoble.

« Je les ai dispersés comme de la poussière; trois fois cependant, à la porte même de Bonne, ils sont venus sur moi à la baïonnette au cri de *vive l'Empereur!*... j'ai défendu de tirer; j'ai fait battre la charge et j'ai ordonné à mes braves grenadiers d'égorger cette canaille à coups de baïonnettes et au cri de *vive le Roi!*

« Une trentaine de cadavres sont restés sur la place, au milieu de la route et dans les fossés. Ils ont eu beaucoup de blessés qui ont porté l'épouvante sur leurs derrières et fait sauver par les montagnes les bandes qui venaient se joindre à eux.

« J'avais quatre-vingt-dix hommes avec moi, mais je n'ai fait donner que trente grenadiers qui étaient ma tête de colonne. Eux seuls ont pu faire le coup de fusil et le coup de baïonnette; c'est au pas de charge et avec ma petite colonne que je les ai menés à ma façon; c'était comme autrefois avec mon 9°.

« Quatre ou cinq chefs ont été tués, quelques-uns pris, que l'on fusillera aujourd'hui, d'autres blessés et qui se sont échappés par les montagnes.

« J'attendais le jour avec la plus vive impatience pour les poursuivre. Je suis allé jusqu'à douze lieues de poste sans m'arrêter. Jusqu'à Lamure, j'étais précédé par la terreur (1). En traversant les villages insurgés, on voyait l'effroi peint sur tous les visages. J'ai fait quelques arrestations à Lamure. J'ai fait venir une partie du peuple sur la place et j'ai dit que je ne savais pas si je ne les ferais pas *tous* fusiller et brûler leur ville.

« Pensez-vous, leur dis-je, que j'aie eu besoin de ces quatre-vingt-dix hommes pour exterminer les brigands qui ont marché contre Grenoble? Non, il ne m'a fallu que cela (et je leur ai montré les grenadiers); comptez-les (je n'en avais plus dans ce moment que vingt-deux). Eh bien! *vos pères, vos enfants* sont pour la plupart morts aux portes de Grenoble. Allez-y voir leurs cadavres. Et vous, monsieur le président des fédérés (j'avais fait arrêter ce gueux-là), un de vos fils a été reconnu parmi les morts, on croit aussi l'autre tué. Tenez, monsieur le brigand, voici un de mes braves officiers qui a reconnu son chapeau et son sabre.

« Tel est, mon cher ami, le résultat de cette *tragi-comédie*.

« Il serait difficile de dire combien ces brigands étaient, mais je présume que j'en avais devant moi à peu près mille assez bien armés.

« Les fuyards de ces gens-là m'ont plus servi que le reste; ils entraînaient tous les leurs; chacun se sauvait chez soi et en se sauvant ils criaient que j'égorgeais tout. A ma rentrée à Grenoble avec

---

(1) Lamure est à quatre lieues de Grenoble, il n'a pas dépassé cette petite ville.

mes quatre-vingt-dix hommes (je n'en avais pas tant) : *Comment, disait-on, le colonel n'avait que cela avec lui?...* C'était une espèce de triomphe. Tous les hommes, toutes les femmes étaient venus au devant de moi. Mon capitaine de grenadiers a été reçu avec acclamations ; nous pouvions à peine marcher. Je me cachais un peu parce que j'étais vraiment honteux. »

Chevalier DE VAUTRÉ.

Cette lettre, qui ne contient pas un mot de vérité, tissu de fanfaronnades et de mensonges. On s'étonne, en la lisant, que les hauts dignitaires de la couronne fussent alors de pareils faquins. On la tira à un grand nombre d'exemplaires et on la vendit un sou dans les rues de Marseille et des villes voisines.

Nous ne doutons pas que les royalistes et surtout leurs femmes n'aient acclamé le chevalier à sa rentrée à Grenoble. Il avait fait prisonniers tous les malheureux paysans qu'il avait rencontrés et en avait orné son triomphe, mais voici l'*état nominatif des morts dans la nuit du 4 au 5 mai,* dressé par M. Bastard, commissaire général de police ; il publie les noms suivants :

1° Angelico, charpentier à Eybens ; — 2° Guillot fils, né à Lamure ; — 3° J.-B. Clermont, né à Vizille ; — 4° Antoine Ballugout, garde-champêtre à Vizille ; — 5° Un inconnu ; — 6° Jouannini, officier en demi-solde.

Et du côté de la troupe?... Néant.

LA COUR PRÉVOTALE DE L'ISÈRE

Le prévôt Planta avait commencé une instruction dès la journée du 5.

Ce Planta était encore un drôle de sire. Révolutionnaire féroce sous la République, il était devenu un bonapartiste exalté pour finir en royaliste enragé. Lui aussi se gonflait d'importance et mentait avec cynisme. Dans sa conduite, dans son attitude et la rapidité avec laquelle il bâclait un procès capital on retrouvait chez lui l'homme de 93.

Il commença donc l'instruction un jour avant que les prisonniers de Vautré fussent écroués. Quatre d'entre ceux-ci, amenés le 6, comparurent le 7 au matin devant la Cour. C'étaient MM. Buisson, Drevet, David et Naude.

Cette première séance fut accidentée par une altercation entre le prévôt et un des accusés.

Planta, comme à son ordinaire, s'étant montré agressif et grossier envers un vieillard, aubergiste à Eybens, nommé Naude, celui-ci s'écria :

— Comment pouvez-vous nous parler ainsi?... N'êtes-vous pas ce Planta qui est venu si souvent chanter la *Marseillaise* devant ma porte, au pied de l'arbre de la liberté et exciter les jeunes gens du village à courir à la défense de la République ou de l'Empereur? N'est-ce pas vous qui êtes cause du départ de mes enfants? Aucun d'eux n'est revenu; je pourrais vous accuser de leur mort. Cependant je ne me plains pas; car je n'ai pas changé, moi, je n'ai pas retourné mon habit!

— Vous faites sans doute confusion, répliqua Planta avec humeur.

— Vous vous appelez bien Planta et je vous reconnais bien.

— Prenez garde, par des propos inconsidérés, d'aggraver votre situation.

Mais Naude avait pu fournir la preuve matérielle où il était d'avoir pris les armes et la Cour l'acquitta.

Les trois autres accusés furent condamnés à mort. Cependant les preuves à l'égard de David ayant été jugées insuffisantes, il fut décidé qu'il serait sursis à son exécution et que l'on solliciterait pour lui la clémence du roi. Le supplice de Drevet et de Buisson fut ordonné pour le lendemain.

C'étaient deux jeunes gens qui jouissaient de l'estime générale et de véritables patriotes. Drevet, ancien soldat de la garde impériale, n'avait pas vingt-sept ans. Buisson avait à peu près le même âge, il était épicier à Lamure et, de même que son ami, était remarquable par sa taille élégante, sa physionomie dont les traits réguliers respiraient l'enthousiasme. L'échafaud était dressé sur la pace Grenette; ils y marchèrent d'un pas ferme en criant : *Vive la liberté.*

En même temps, l'Isère et les départements voisins étaient mis en état de siège.

La proclamation de Donnadieu se terminait ainsi :

« La suspension du cours ordinaire des lois doit rassurer tous les citoyens paisibles. Que les mauvais citoyens tremblent!... Quant aux rebelles le glaive de la loi va les frapper. »

Parut ensuite l'arrêté suivant :

ARTICLE PREMIER. — Les habitants de la maison dans laquelle sera trouvé le sieur Didier seront livrés à une commission militaire *pour être passés par les armes.*

ART. 2. — Il est accordé à celui qui livrera, mort ou vif, le ditsieur Didier une somme de 30,000 francs *pour gratification.*

D'autre part, Montlivaut prenait l'arrêté qui suit :

ARTICLE PREMIER. — Tout habitant dans la maison duquel il sera trouvé un individu ayant fait partie des bandes séditieuses et qui, l'ayant recélé sciemment, ne l'aura pas dénoncé sur-le-champ à l'autorité, sera arrêté, livré à la *Commission militaire et condamné à la peine de mort; sa maison sera rasée.*

ART. 2. — Tout habitant qui, dans le délai de vingt-quatre heures, n'aura pas obéi à l'arrêté sur le désarmement et chez lequel il sera trouvé des armes de guerre ou de chasse, pistolets, épées, etc., dont il n'aurait pas fait la déclaration, sera livré à la *Commission militaire et sa maison rasée.*

A côté de cette commission fonctionnait le conseil de guerre présidé par Vautré (juge et partie). Dès le 9, ce tribunal d'exception fonctionnait, et dans une seule journée, — sans instruction préalable et sans audition de témoins, il jugea TRENTE prisonniers faits par Vautré. Ils n'avaient pas eu le temps de se pourvoir de défenseurs et ils choisirent trois avocats : MM. Vial, Sappey et Mallein que le hasard avait amenés.

Il faut remonter aux plus mauvais jours du tribunal révolutionnaire pour trouver de semblables parodies de la justice. On y voit le président injurier l'accusé, le priver de moyens de défense, lui ôter la parole.

L'accusé se lève-t-il pour se défendre ou faire une observation :

— « Tais-toi, coquin! crie le président, veux-tu te taire! »

Les trois avocats ayant demandé un délai pour préparer la défense de vingt-cinq accusés, le colonel Vautré refuse.

— Je vous avertis, dit-il, que je donnerai pour défenseur

d'office à tous les accusés, le premier tambour qui me tombera sous la main.

Les avocats se résignent à plaider de suite.

— Parlez, mais soyez courts, nous n'entendons pas rester en séance jusqu'à demain.

Et les plaidoyers sont interrompus, à chaque instant, par des exclamations semblables :

— Abrégeons!... C'est vraiment une chose incroyable de voir défendre un pareil scélérat.

— Mais, dit le défenseur, quelle preuve avons-nous qu'il soit un scélérat!

— Des preuves! Vous me demandez des preuves? Mais elles sont plus claires que le jour. Allez, vous devriez rougir de vous constituer l'avocat d'un misérable que l'on aurait dû fusiller sur-le-champ!

— Mais, monsieur le président, je le répète il n'existe pas une seule preuve de culpabilité dans la procédure.

— La procédure! Allez, allez, je n'en ai pas besoin de votre procédure! Je connais l'affaire de ce brigand. Est-ce que je ne suis pas allé sur les lieux? Tout le gribouillage que vous pouvez nous débiter est parfaitement inutile.

L'avocat, M. Vial, reprend son plaidoyer.

— Voyons, n'aurez-vous pas bientôt fini?

— Monsieur le président, dit M. Mallein, les lois qui régissent les conseils de guerre, comme celles suivies par tous les autres tribunaux, veulent que tout accusé soit défendu. Nous sommes ici en vertu du pouvoir que nous ont donné quelques accusés et de celui que vous-même nous avez conféré à l'égard des autres prévenus. La loi nous permet et nous ordonne de dire tout ce qui peut disculper nos clients, elle nous garantit, en outre, des égards que nous n'obtenons pas de vous!

Le président reprend avec grossièreté :

— Ce que je dis là n'est ni pour vous ni pour *celui-ci* (en désignant M. Sapper, mais pour *cet autre* qui me fatigue avec ses phases.

Et voilà comme l'on rendait la justice sous le régime le plus libéral dont la France, disent les royalistes, ait joui jusqu'à nos jours.

De tout temps la justice politique a été destinée à verser dans l'injustice, mais jamais, sous un gouvernement régulier, on ne l'a vue aussi inique et, disons franchement le mot, aussi dérisoire et ignoble.

Il en fut de même, on se le rappelle, pour les deux jumeaux de La Réole.

Vautré, pour achever sa *victoire*, emploie la guillotine ; il lui faut des têtes afin de prouver qu'il a sauvé la royauté.

Malgré les plaidoyers écourtés et interrompus, il compte les obtenir. Cependant un jeune sous-lieutenant, M. Benoît, a pris des notes et s'est convaincu de l'innocence absolue de six habitants de la Tronche.

Il était de notoriété publique qu'aucun habitant de ce village n'avait bougé le jour de l'insurrection.

Une patrouille de dragons ayant le 5 mai, en plein jour, aperçu ces six paysans qui causaient tranquillement au bord de la route, les enveloppa et les fit prisonniers, M. Benoît démontra l'erreur des dragons et demanda leur acquittement. Mais cela diminuait le nombre de têtes qu'il fallait à Vautré. Celui-ci les réclama comme de bonne prise, mais en vain, et l'acquittement des six habitants de la Tronche fut prononcé.

Encouragé, M. Benoît démontra que cinq autres accusés arrêtés, sans armes et sans manifestation hostile sur le grand chemin, le lendemain de l'affaire étaient également innocents. Mais de nouveau Vautré s'opposa à leur acquittement, il demanda la peine de mort avec recommandation à la *clémence du roi*, et ils furent compris parmi les vingt et un accusés condamnés à la peine de mort.

Il est, croyons-nous, de notre devoir de donner les noms des vingt et une victimes :

Alloart père, 59 ans ; Christophe Alloart fils, 32 ans ; André Alloart fils, 21 ans ; J.-B. Richard, 50 ans ; Pierre Belin, 54 ans ; Ambroise, marin, 38 ans ; Antoine Raffer, 57 ans ; J.-B. Hoste, 36 ans: Jean Fiat Galle, 33 ans ; Joseph Carlet, 27 ans ; Claude Piot, 27 ans ; J.-B. Ussart, 26 ans ; Jean Armand, 25 ans ; Jean-François Mary, 24 ans ; Jean Barbier, 23 ans ; François Bard, 23 ans ; André Peyraut, 22 ans ; Antoine Ribaud, 22 ans ; les deux frères Louis et Honoré Regnier, âgés l'un de 19 ans, l'autre de 18 ; Maurice Miard, âgé de 16 ans.

Les cinq condamnés recommandés à la clémence du roi étaient : Alloart père, Pierre Belin, Claude Piot, Jean-François Mary et Maurice Miard.

Le lendemain 10, au moment où les seize condamnés allaient être

En voilà un que le gouvernement paierait cher.

envoyés au supplice, M. Perrier, maire d'Eybens et M. Teissère, étonnés de voir sur les listes vendues sur la voie publique, les noms de Jean-Baptiste Ussart et François Bard, coururent chez Donnadieu pour lui porter les preuves matérielles de l'innocence de ces deux condamnés.

Vautré et le conseil déclarèrent qu'il *serait sursis* à leur exécution. Restait quatorze victimes. Au bruit lugubre du tambour et du glas des funérailles sonné par les églises, les quatorze malheureux, escortés chacun d'un prêtre, furent acheminés sur la place où deux jours auparavant avaient été suppliciés Drevet et Buisson. Ils furent placés à genoux sur une seule ligne et tombèrent frappés de cent balles.

Pendant ce temps, à Paris, on achevait la lecture des lettres de Donnadieu et de Vautré qui prêtaient à l'échauffourée de la porte de Bonne les proportions d'une sanglante insurrection; sous l'impression de ces rapports, M. Decazes et le duc de Feltre répondirent à la demande de grâce par la dépêche télégraphique suivante :

Le ministre de la police générale au général Donnadieu, commandant la 7ᵉ division militaire.

Paris, 12 mai 1856, 4 h. s.

« Je vous annonce, par ordre du roi, qu'il ne faut accorder de grâce qu'à ceux qui ont révélé des choses importantes.

« Les vingt et un condamnés doivent être exécutés ainsi que David.

« L'arrêté du 9, relatif aux recéleurs ne peut pas être exécuté à la lettre.

« On promet *vingt mille francs* à ceux qui livreront Didier. »

La dépêche parvint à Donnadieu dans la nuit du 14 au 15. Cet assassin, car il connaissait parfaitement l'innocence des sept condamnés, donna le jour même du 15 l'ordre d'exécution.

A quatre heures du soir, au tintement funèbre de la cloche de Saint-André, Alloard père, Belin, Mary, Piot, Bard, Ussart et Miard furent conduits sur l'esplanade où leurs amis les avaient devancés. Il ne manquait que David, ce vieillard que la cour prévôtale n'avait condamné qu'en sollicitant la clémence royale.

Conduit sur la terre humide encore du sang de ses deux fils,

Alloard se mit à genoux, l'enfant de seize ans s'agenouilla près du vieillard; leurs cinq compagnons prirent place à côté d'eux. Mais presque aussitôt Piot se lève, ancien soldat de la garde, il veut parler aux soldats du peloton d'exécution et commander le feu. Un roulement de tambour couvre sa voix. Les soldats tirent; le mouvement de Piot apporte de l'incertitude dans la direction des balles. Le jeune Miard n'est que blessé; il se dresse sur les mains et lève la tête, ses regards demandent la vie.

« Une seconde décharge éclate au milieu des cris d'horreur et de pitié poussés par les spectateurs.

« Le résultat est encore incomplet; une troisième décharge termine enfin cet horrible drame. » (De Vaulabelle.)

Cependant David n'était pas oublié.

Le lendemain 16, à onze heures du matin, il montait sur l'échafaud dressé place Grenette d'un pas ferme en criant, comme Buisson et Drevet : *Vive la Liberté!*

LA POLICE DE M. DECAZES

Il était clair pour le gouvernement qu'un conspirateur aussi intelligent que Didier ne pouvait songer à la restauration de Napoléon II avec la régence de Marie-Louise.

Il ne s'était servi du nom populaire de ce prince que pour soulever des masses ignorantes; mais alors pour qui avait-il travaillé ?

Le secret de Didier n'avait pas été absolu. Des rapports nombreux l'avaient depuis longtemps signalé comme le chef d'une conspiration qui avait son centre à Paris, et dont le but était de remplacer Louis XVIII par le duc d'Orléans.

On se rappela que ce prince, le 20 mars et le lendemain de Waterloo, était devenu le candidat avoué d'un parti nombreux. Ce parti avait depuis créé des comités politiques qui existaient encore et même, dans certains départements, avaient pour membres des personnages influents.

L'attitude du duc, dans les derniers temps, qui avait motivé son exil en Angleterre, prouvait qu'il n'avait pas renoncé à ses projets ambitieux.

Parmi les partisans secrets et dévoués de d'Orléans, on découvrit le préfet de la Somme, M. Seguier, le colonel Clouet (un traître du 15 juin 1815), M. Morgan, procureur général, Huet, ancien député, enfin le comte de Thiard, ancien émigré rentré après Brumaire, devenu général de l'Empire.

Mais les recherches et les perquisitions n'amenèrent aucune preuve.

Il ne fut pas question de Fouché, — passé à l'étranger — mais tout le monde le savait du complot.

Revenons à Paul Didier.

Ayant eu son cheval tué sous lui, au milieu de la déroute des siens, il s'était enfui dans un bois, de là dans les montagnes, il avait gagné le col de la Cloche, passage qui sépare l'arrondissement de Grenoble de la Maurienne.

Plusieurs autres insurgés avaient pris le même chemin et bientôt Didier se trouva réuni avec Dussert, Durif, et l'ex-garde général Cousseaux, mais ces derniers lui firent le plus froid accueil.

Ils se plaignaient d'avoir joué leur vie et brisé leur carrière pour rien, et afin d'éviter une querelle, Didier marchait seul en silence.

Un soir, cependant, Cousseaux éclata :

— Vous nous avez trompés, s'écria-t-il, Marie-Louise et le roi de Rome devaient se trouver à Grenoble ; les troupes nous attendaient et, loin d'être accueillis aux cris de *Vive l'Empereur !* c'est à coups de fusil qu'on nous a reçus !

— Eh bien ! oui, je vous ai trompés, répondit Didier, ni Marie-Louise, ni son fils n'étaient à Grenoble, et ils ne devaient même pas y venir. Mais ce qui est réel, c'est la haine que je porte à Louis XVIII et à son gouvernement, la haine que vous lui portez comme moi, vous qu'il a destitués, chassés et qu'il a privés du pain nécessaire à votre famille.

Cousseaux, Dussert et Durif gardèrent le silence, mais l'explication n'était pas complète et devait être reprise le lendemain.

Ils avaient repris leur marche pénible, par les sentiers à peine tracés des Alpes. Durif et Cousseaux marchaient en tête. Didier et Dussert les suivaient, échangeant de rares paroles. Tout à coup,

Dussert dit à Didier, en reprenant la suite de la discussion de la veille :

— Mais puisque ni Marie-Louise, ni le roi de Rome n'étaient à Grenoble, et qu'ils ne devaient pas y venir, qui donc eût régné si nous avions réussi ?

Didier, après une courte hésitation, lui répondit :

— Le duc d'Orléans.

— Le duc d'Orléans ! s'écria Dussert stupéfait. Qui est-ce donc ? Ne serait-ce pas un Bourbon ? Mais Bourbon pour Bourbon, j'aime autant Louis XVIII.

Il court rejoindre ses deux amis et leur fait part de l'explication qu'il vient d'obtenir. Ceux-ci, furieux, attendent Didier, prêts à le battre.

— Ah ! s'écrie Cousseaux, c'était pour un de ces Bourbons maudits que vous vouliez nous faire tuer ? C'est une trahison !... Devenez ce que vous pourrez, je ne veux pas marcher un instant de plus en votre compagnie.

Il se jeta hors du sentier et partit seul, sans s'inquiéter même d'être suivi de Durif et Dussert qui continuèrent leur voyage avec Didier, mais en silence.

Le soir, ils atteignirent la frontière sarde et entrèrent dans le petit village de Saint-Sorlin-d'Arves.

Ils s'arrêtèrent dans une misérable auberge tenue par un nommé Balmain. Il n'y avait là aucune ressource.

Didier se ressentait encore de sa chute de cheval à Grenoble et paraissait harassé de fatigue. Il se traînait, pâle et amaigri, ne désirant que le repos. Mais ses compagnons, loin d'avoir pitié de lui, n'éprouvaient plus que de la haine.

En entrant à l'auberge, il se jeta sur le premier lit qu'il trouva et céda à un profond sommeil.

Ses compagnons dirent à l'aubergiste Balmain :

— En voilà un que le gouvernement payerait cher à celui qui le lui livrerait.

Vous ne savez pas quel est cet homme ? C'est le fameux Paul Didier qui a failli révolutionner la moitié de la France en s'emparant de Grenoble et de Lyon. Sa tête est mise à prix.

Balmain, qui était dans la plus profonde misère, les écoutait en regardant le vieillard qui dormait sur son lit.

— Je ne suis plus Français, moi, dit-il, je suis Sarde ; j'irai, demain matin, avertir la gendarmerie piémontaise de Saint-Jean-de-Maurienne.

— Nous vous accompagnerons, dirent les deux compagnons de Paul Didier.

Le lendemain, dès l'aube, Durif et Dussert quittèrent l'auberge avec Balmain, et en entrant à Saint-Jean, trouvèrent un de leurs parents qui depuis l'avant-veille les y attendait.

Dussert était nouvellement marié à une parente de Durif. Celle-ci, mise dans le secret de la conspiration, s'était résignée à la volonté de son mari. La nouvelle de l'échec de Didier et la disparition de Dussert la désespéra, mais apprenant bientôt sa fuite en Savoie, elle courut au devant lui ; comme tant d'autres, elle avait rejeté sur Didier la défaite des insurgés, et pour venger les siens, elle songea à dénoncer Didier. Elle s'ouvrit de ce projet à son frère Jean-Baptiste Sert qui l'accompagna à Grenoble, chez M. de Montlivaut. Ils offrirent à celui-ci le secret de la retraite de Didier, contre l'impunité de Dussert et Durif.

— Vous savez, dit le préfet, qu'une forte récompense est promise à qui livrera Didier.

— Gardez votre argent, dit la jeune femme, nous ne vendons personne, nous ne voulons qu'échanger la liberté de Dussert et Durif contre la sienne.

Le préfet remit à Sert la promesse écrite qu'il exigeait, et mit à sa disposition un brigadier et quatre gendarmes.

Pendant quatre jours, ils suivirent les traces des fugitifs et arrivèrent enfin à Saint-Jean. Là, l'entente se fit facilement ; Durif et Dussert se mirent à l'écart, Sert et Balmain se rendirent près du commandant des carabiniers (gendarmes sardes).

Didier s'était réveillé peu d'instants après le départ de ses compagnons. Il interroge la femme Balmain qui se trouble, puis se jette à ses pieds, en lui disant :

— Sauvez-vous, monsieur, sauvez-vous, vous êtes trahi.

Didier pâlit, des larmes roulent de ses yeux, mais bientôt, surmontant sa faiblesse, il sort et se traîne vers un bois voisin. Ses pieds meurtris refusent de le porter. Un berger vient à son aide et le guide jusqu'à l'entrée d'une gorge, par où il peut rentrer en France. Il s'y engage seul et en gravit le sommet, frontière des deux pays. Mais là, un de ces nuages qui rampent au flanc des montagnes s'élève soudain et l'enveloppe, Didier s'arrête effrayé, ses dernières forces l'abandonnent, il tombe.

Vers le milieu du jour, il reprend connaissance et se traîne à l'aventure sans s'apercevoir qu'il reprend le chemin parcouru le matin. Une sorte de fièvre l'anime, le soutient, mais il voit à peine devant lui.

Cependant, au moment où à un croisement de chemin, le sentier qui conduit chez Balmain s'offre à lui, il hésite et, instinctivement, prend le sentier opposé. Il arrive ainsi à l'entrée du hameau de Saint-Sorlin, en face d'une chaumière isolée. Sur le seuil est assise une vieille femme. Il s'approche d'elle et lui demande l'hospitalité.

A la vue de ce vieillard aux longs cheveux blancs, aux vêtements déchirés, elle se rappelle le signalement répandu dans toute la contrée.

— Vous êtes celui qui a conspiré contre le roi de France, lui dit-elle, et que l'on cherche dans tout le pays ?

Il se trouble, puis après un silence :

— Eh bien ! oui, dit-il, livrez-moi si vous le voulez, mais donnez-moi un morceau de pain.

— Vous livrer ! se récria la bonne femme ; il n'y a qu'un homme dans le pays capable de vous vendre, c'est Balmain. Entrez ici de confiance, nous ne vous trahirons pas.

Didier pénétra dans la chaumière, et la paysanne lui donna du pain et du lait. Mais à peine le fugitif commence-t-il à se réconforter que paraît le maître du logis. — Du regard, il interroge aussitôt sa femme qui lui répond :

Monsieur est celui que l'on cherche pour l'affaire de Grenoble. Il mourait de faim et de fatigue et n'osait rien me demander de peur que nous le livrions.

— Hum ! fit le paysan, quant à cela il n'y a pas de danger, mais il n'est pas en sûreté chez nous. Sur ma route, j'ai rencontré les gendarmes de plusieurs brigades qui parcourent la vallée, fouillent les maisons, menacent les habitants. Ils n'oublient pas la moindre cabane. Ils vont venir ici, mais il y a un moyen de vous sauver. Un de mes enfants va vous conduire au milieu du bois, dans une vieille grange abandonnée, et où nous vous porterons à manger tous les jours jusqu'à ce que vous soyez en état de vous remettre en route.

— Je vous remercie de votre humanité, répondit Didier. Je ne puis vous exprimer combien j'en suis touché. Mes forces sont épuisées ; une de mes jambes, foulée à Grenoble par la chute de mon cheval, s'est enflée. Tout me devient danger et tout le monde me devient ennemi... Merci ! J'accepte votre secours avec reconnaissance, et je vais tenter un dernier effort.

Tandis qu'ils parlaient, un jeune homme d'une quinzaine d'années était venu rejoindre son père.

Celui-ci lui recommanda le voyageur, et, après avoir pris encore quelques minutes d'un repos dont il était avide, Didier quitta ses hôtes et suivit le jeune garçon.

LE RETOUR DE BALMAIN

La colère de Balmain n'eut d'égale que sa surprise, lorsqu'il trouva Didier déguerpi de son auberge. Après avoir passé la première explosion de sa fureur contre sa femme, il s'excusa près des gendarmes, en jurant que le criminel n'était pas loin, qu'il n'avait plus la force de se traîner.

Il leur sert de guide, il les aide à fouiller les cabanes éparpillées dans les rochers. Il presse de questions les habitants ; mais ceux-ci sont révoltés de l'ardeur de cette chasse à l'homme et lui répondent à peine. Le soir tombe, il revient chez lui exaspéré et lassé tout à la fois. Les gendarmes ou carabiniers haussent les épaules et ne cachent pas leur mécontentement. Ils s'apprêtent à regagner leur caserne, quand un enfant de Balmain, qui a écouté et suivi attentivement cette scène finit par la comprendre et croit avoir aperçu l'homme que l'on cherche.

Il a vu de loin un monsieur gravir le sentier d'un endroit peu fréquenté, où se trouve une grange abandonnée.

Ah ! s'écrie Balmain, cette fois nous le tenons !... (puis à son fils) indique-nous bien le chemin à suivre...

Il y avait encore une longue distance à franchir, à travers la lande

On lui fit prendre place dans une chaise de poste.

pierreuse, puis on entrait sous bois et l'on montait longtemps... et la nuit allait tomber.

Cependant telle était l'impatience, que tous voulurent partir.

L'enfant assura qu'il irait à la grange en pleine nuit sans s'égarer.

L'ascension fut entreprise.

Parvenus dans la forêt, ils n'avaient plus que la faible lueur qui tombait des grands arbres, dont la cime était encore éclairée.

L'ombre et le silence imposants de la solitude troublaient Balmain, individu énervé, esprit malade... Il l'a dit plus tard, il sentit dans ce trajet, sous les voûtes des chênes, un effroi secret de sa mauvaise action.

Sa misère le poussait, mais celui qu'il allait vendre était si misérable. Il allait le surprendre dans son sommeil et le livrer aux bourreaux.

Arrivée à un carrefour, la petite troupe s'arrêta soudain.

— Eh bien! monsieur l'aubergiste, dit un carabinier, à quoi pensez-vous donc? Quel chemin allons-nous prendre?

— Je pense, répondit Balmain, qu'il serait peut-être nécessaire, avant d'aller plus loin, d'attendre le lever de la lune?

— Non, repartit le carabinier, allons toujours devant nous.

On presse le pas, et l'on arrive dans une clairière où l'on aperçoit une chaumière. C'est là!

La troupe s'arrête silencieuse. Les soldats se divisent, la grange est entourée, l'officier et Balmain ouvrent la porte et, suivis de plusieurs carabiniers se précipitent à l'intérieur. Une torche est allumée et ils aperçoivent Didier couché sur une bonne de paille.

— Vous êtes Paul Didier?

— Oui.

— Au nom du roi, nous vous arrêtons.

Allons, levez-vous?

Il fallut bien l'aider à se lever, mais avec quelle brutalité. A peine était-il debout qu'on le fouilla. On ne trouva sur lui que soixante-huit francs. Il ne proféra pas une parole. On croyait par moments, tant il était épuisé, qu'il allait tomber en syncope ou expirer. Les carabiniers n'avaient pu prendre leurs chevaux, il leur fallut improviser un brancard et porter leur prisonnier jusqu'au village, après une halte d'une heure chez Balmain.

Un groupe de curieux s'était formé à l'auberge, attendant en silence, à la clarté des étoiles, le retour de l'expédition, et faisant des vœux pour qu'elle échouât. On était encore trop Français, en Savoie, pour que Louis XVIII y fut populaire.

Quand le cortège arriva, les paysans se découvrirent ; ils croyaient Paul Didier mort.

Conduit à Saint-Sorlin, où il n'y avait pas de geôle, Didier passa la nuit chez un notaire et, de là, fut acheminé sur Turin.

L'ambassadeur de France demanda et obtint une demande d'extradition.

Six jours plus tard, on lui fit prendre place dans une chaise de poste, où se trouvaient un officier supérieur d'artillerie, un officier et un sous-officier de gendarmerie, et il fut reconduit à Grenoble.

Il descendit directement chez le général Donnadieu qui prétendait le voir et l'entendre le premier. Il était tel encore qu'il avait été arraché à sa dernière retraite des bois de Saint-Sorlin. Ses vêtements étaient en loques, ses cheveux, sa barbe étaient en désordre et le vieillissaient. Sa physionomie exprimait les souffrances causées par les privations et les fatigues.

Sans doute, une légère réaction s'était produite chez le général. Il ne profita point de ces nouvelles circonstances pour affecter une exaltation et un zèle féroces. Il permit au prisonnier de changer de linge et de vêtements ; — ce que l'on n'avait accordé que difficilement aux Jumeaux de La Réole. Peut-être aussi, l'orgueilleux Donnadieu voulait-il que celui qu'il avait vaincu eût meilleur air, et ne ressemblât pas à un vulgaire vagabond.

On n'avait saisi sur lui ni armes, ni papiers ; le grand complot n'avait pas d'archives.

L'instruction fut relativement courte.

Le prévenu restait maître de lui-même et bien décidé à ne pas faire la moindre révélation. Les juges, cependant, avaient été avertis qu'ils pouvaient laisser entrevoir au coupable une commutation de peine, s'il donnait quelques éclaircissements sur le but réel du complot et s'il nommait ses complices politiques.

Didier, aux premières ouvertures qui lui furent faites en ce sens, répondit :

— Ce complot, vous n'en doutez pas, était considérable, il n'était pas l'œuvre d'écervelés ou d'aventuriers, mais d'hommes politiques. J'y ai sacrifié ma fortune, le pain de ma femme, l'avenir de mes enfants, la dernière partie de mon existence. Nous avons échoué; je dois périr.

A quoi bon, à mon âge, disputer un reste de vie? De telles entreprises ne se recommencent pas. Vous reconnaîtrez, plus tard, que vous vous êtes trop hâtés de frapper autour de moi des gens honnêtes, qui se sont levés, mais sans verser une goutte de sang et dans la conviction qu'ils sauvaient leur patrie.

— Vous vous seriez donc sacrifié, lui dit-on, à des individus qui, haut placés, profitent de la bonté du roi pour le trahir, et qui, à cette heure, désirent votre mort pour être assurés de votre silence? Il est temps de songer à vos intérêts.

— Que ceux qui se disaient mes amis et qui n'étaient que mes associés, bénéficient, s'ils le peuvent, du hasard qui les sert et de leur position qui les masque, je ne suis point jaloux de leur bonheur, si j'ai fait des victimes, c'est malgré moi.

— Que leur promettiez-vous pour les éblouir et les entraîner?

— Rien pour eux personnellement, mais pour tous les Français, la libération du territoire, la délivrance de la tyrannie, la liberté et le sang que vous avez récemment versé parlera plus haut et plus éloquemment que moi.

— Vous avez reçu des sommes importantes?

— J'ai reçu des cotisations qui ont été dépensées en achats d'armes et de munitions.

— Vous étiez lié avec d'anciens généraux, entre autres avec le général Drouet d'Eslon?

— J'ai eu des relations, autrefois, avec divers généraux, comme tout le monde.

— Le général Drouet devait prendre le commandement des insurgés, si vous aviez emporté Grenoble?

— Je n'ai jamais rien fait, ni dit qui puisse autoriser cette supposition.

— Le général Drouet est venu pour vous voir à Grenoble, et ne vous ayant pas trouvé, a repassé la frontière.

— C'est la première fois que je l'entends dire.

— C'était à la fin de janvier. N'étiez-vous pas à Lyon, à cette époque-là?

— C'est possible ; je ne m'en souviens pas.

— Vous n'avez pu oublier votre séjour à Lyon, il s'y rattache des faits trop graves, qui eux-mêmes sont liés à l'affaire de Grenoble. A la fin de janvier, vous étiez à Lyon ; vous vous cachiez au faubourg de la Guillottière, où vous faisiez de la propagande révolutionnaire. L'instruction du complot de Lyon est restée incomplète, la tentative, dénoncée à temps, a avorté dans l'œuf, mais on sait que vous y avez pris part.

— On va maintenant m'accuser de tous les complots, répondit Didier avec un sourire amer.

— Votre complicité peut seule expliquer l'étrange coïncidence de votre présence à Lyon et de l'émeute du 21 janvier.

Il est certain également que vous comptiez soulever Lyon contre l'autorité royale ?

— Certainement, non seulement Lyon, mais la France entière.

En somme, l'instruction n'apporta au procès aucun fait nouveau.

Le mystère continua à planer sur l'entreprise de Didier,... au moins à Grenoble. Mais il est très probable que la police secrète de Paris fut plus heureuse que les juges de l'Isère. Peuchet, l'archiviste de la préfecture, ne nous dit-il pas qu'il s'étonne que M. Decazes eut ignoré ce qui se passait quand les rapports lui arrivaient de tous côtés ?...

Comment le ministre de la police n'a-t-il rien lu de ce qui a été classé aux archives ?

Il y avait de sa part au moins complicité tacite. Il fermait les yeux et attendait.

Fouché en avait été, s'il n'en était plus ; Talleyrand en était ; beaucoup étaient prêts à se rallier à Didier, si son insurrection eût triomphé dans une grande ville.

Les révélations se sont fait attendre, mais sont venues quinze ans plus tard.

Tout nous sera expliqué alors, jusqu'à la conduite de Donnadieu et de Vautré.

Nous saurons pourquoi on a massacré *sans jugement* vingt et une victimes ; pourquoi Vautré a présidé la Cour prévôtale et pourquoi Donnadieu a voulu voir et entendre le premier, chez lui, Paul Didier.

Celui-ci avait ourdi tous les fils de l'intrigue et avait ainsi assumé toutes les responsabilités ; il devait périr en emportant ses secrets avec lui. S'il n'y eut pas consenti, il eut été assassiné. Sa tentative échouée ; il était condamné. Fugitif, il devait être repris afin d'assurer le secret. Il n'avait que des ennemis et les plus redoutables n'étaient pas ceux qui, semblables à l'ex-garde-général Cousseaux, lui reprochaient de les avoir trompés en leur promettant Napoléon II et en leur réservant Louis-Philippe Ier.

LE PROCÈS

Le 8 juin, Paul Didier comparut devant la Cour prévôtale.

Cette Cour était composée de ses plus intimes amis.

Les débats durèrent deux jours.

Ils ne ressemblèrent point à ceux de mai, où le président entravait la défense, interdisait brutalement la parole à l'accusé, l'insultait.

Les séances furent solennelles, la justice eut son cours régulier. Les convenances furent respectées. Un revirement subit s'était produit chez les juges... et tout cela donne à réfléchir.

L'attitude de l'accusé fut digne et ferme. Il avoua franchement être l'auteur du complot, mais ne livra pas le nom d'un seul de ses complices.

Il dit son but, expliqua ses moyens, raconta la prise d'armes, fit un récit exact de ce qui s'était passé à la porte de Bonne et sur la route, et bien que véridique et en contradiction avec les lettres de Montlivaut et de Vautré, il ne fut pas discuté. — Ses réponses furent les mêmes qu'il avait faites au juge d'instruction.

Le Président. — Quel était le but du complot ?

Réponse : — De proclamer l'*Indépendance nationale* et chasser de France les 150,000 hommes de troupes étrangères formant le corps d'occupation.

— De quel nom vous serviez-vous pour entraîner le peuple à la guerre civile ?

— Il me suffisait de parler de la délivrance du territoire.

— Mais enfin, vous deviez aussi renverser le roi légitime, et alors quel souverain proposiez-vous?

Didier hésitant et les yeux baissés :

— Napoléon II.

— Comment un homme aussi intelligent que vous pouvait-il espérer de replacer sur le trône le fils de l'usurpateur? vous saviez ce qu'un tel projet a d'insensé. Sans doute vous aviez des promesses plus séduisantes. Vous promettiez des places, de l'argent, vous promettiez le pillage?

A cette accusation, Didier releva vivement la tête.

— Pas un de nous, s'écria-t-il, ne se serait souillé par une atteinte quelconque aux personnes ou aux propriétés. Personne n'aurait compromis l'honneur d'une si belle cause !

— Mais, ne promettiez-vous pas de l'argent à ceux que vous cherchiez à entraîner? dit le président.

— Non, répondit l'accusé; l'argent était inutile, l'exaltation de l'opinion publique suffisait, et la supposition qu'on m'ait suivi pour de l'argent est un mensonge infâme.

Ce n'étaient, certes, ni des politiciens, ni des spéculateurs, les vingt-un malheureux arrêtés, jugés et exécutés par M. de Vautré.

Le président, insistant dans le même ordre d'idées : l'attentat aux propriétés, poursuivit :

— Si vous étiez entré à Grenoble, comment auriez-vous pu vous opposer au désordre qui amène toujours le massacre et le pillage?

Didier. — Parmi ceux que je commandais, les trois cinquièmes étaient des militaires, par conséquent disciplinés, et je comptais sur ceux-là pour maintenir l'ordre. Mon intention était si peu celle que l'on veut me supposer, que des sentinelles devaient être placées aux maisons de ceux que l'opinion désignait comme devant courir quelque danger. Au moment de partir pour Eybens, j'ai dit :

« Courage! tout va bien, mais gardons-nous d'attenter aux personnes et aux propriétés; ne souillons pas une si belle cause! » J'ai pu me tromper, mais j'ai toujours pensé que je pourrais entièrement éviter le désordre et l'effusion du sang; je n'aurais pas voulu m'attirer les reproches des...

Le président. — Les reproches des?..

Didier (d'une voix faible). — Les reproches des puissances.

Le président. — Vous saviez pourtant qu'il y avait dans la ville une garnison de braves militaires?

Didier. — Oui.

Le président. — Pensiez-vous donc qu'ils ne feraient pas leur devoir? Qu'ils ne seraient pas fidèles à leurs serments?

Didier. — Non, je ne pensais pas cela.

Le président. — Vous aviez l'intention de vous emparer des caisses publiques?

Didier. — Oui, monsieur le président.

Le président. — Et vous auriez eu, ensuite, recours aux caisses particulières?

Didier (avec un sourire amer). — On a beau jeu maintenant, à dire tout cela, mais ce n'est pas la vérité, c'est entièrement faux.

Le président. — Cependant, si vous aviez été repoussé, après vous être emparé des caisses, vous les auriez emportées?

Didier. — J'avais la conviction, et je l'ai encore en ce moment, que si j'étais entré à Grenoble, je n'aurais pas été repoussé. En trente-six heures j'étais maître de Lyon et bientôt après, de toute la France.

Le président. — Si votre intention n'était pas de faire votre profit particulier, dans cette malheureuse affaire, quel a donc pu être le motif qui vous a déterminé à l'entreprendre?

Didier. — Que sais-je? L'exaltation de l'opinion publique. Mais la supposition que c'était pour de l'argent est un mensonge infâme, dont on reconnaîtra plus tard la fausseté.

Le président. — Quand vous avez été arrêté, n'aviez-vous pas sur vous des lettres de change pour une somme considérable?

Didier. — Non, monsieur le président, je n'avais que soixante-huit francs et quelques papiers. Ces papiers étaient une proclamation, dans laquelle je donnais pour mot de ralliement *Saint-Chaffre*, et il faut que je vous dise pourquoi :

« Lors de l'invasion de la France par les troupes alliées, en 1815, l'un des forts de Besançon (Doubs) se trouvant dépourvu de garnison, était sur le point de tomber au pouvoir des ennemis, lorsque les habitants du village de Saint-Chaffre se jetèrent dans le fort avec la noble résolution de le défendre et de le conserver à la France. Les alliés, pour les réduire à se soumettre, les menacèrent de brûler les

Il monta ferme les degrés de l'échafaud.

habitations qu'ils avaient laissées désertes, s'ils n'y rentraient aussitôt et, sur leur refus, ils mirent le feu à ces habitations.

« Que firent les habitants ?

« Ces braves Français eurent la constance de voir dévorer, sous leurs yeux, la plus grande partie de leur patrimoine, sans être ébranlés dans leurs résolutions, et nos ennemis apprirent qu'il était encore des Français ! (Paul Didier prononce ces derniers mots avec un enthousiasme qui excite un mouvement de sympathie.)

« Quant aux autres papiers, c'était une lettre aux Marseillais, dans laquelle je rappelais à ces anciens amis de la liberté, que toute distinction d'opinion devait s'effacer devant la cause de l'indépendance de la patrie ; c'était, en outre, une lettre à M. l'Evêque, une proclamation aux puissances, et enfin, ce que les gendarmes sardes appelaient mon testament, et dont je parlerai dans ma défense. »

Le ton de franchise avec lequel s'exprimait l'accusé paraissait produire un bon effet sur le tribunal.

Plusieurs des juges avaient eu aussi, à certaines heures de nos désastres, leur élan de patriotisme. Les souvenirs de Didier réchauffaient les leurs toujours agréables, comme tout souvenirs de *jeunesse*. Sans doute, il n'y avait pas longtemps que l'on avait défendu la frontière, mais il semblait que depuis longtemps on n'avait plus entendu de généreuses paroles.

Dans ce second procès, la justice, nous l'avons dit, suivit son cours régulier.

Des témoins furent entendus ; pour la plupart, c'étaient des veuves ou des sœurs d'insurgés. Elles étaient vêtues de grand deuil, leurs paroles étaient entrecoupées de sanglots, mais elles parlaient sans haine et sans colère. Elles évitaient cependant de regarder Didier, ou de prononcer son nom.

Leurs dépositions furent sans intérêt.

A peine avaient-elles vu l'accusé. Elles n'avaient assisté à aucune de ses conversations avec leurs parents, et ne s'étaient pas douté qu'il s'occupait de politique.

Elles avaient appris son nom depuis leur malheur.

Quelle différence entre ces femmes si modestes, si douces et ces mégères, ces furies que l'on voit dans l'histoire des massacres royalistes du Midi. Comme ces filles et femmes *de brigands* forment un frappant contraste avec les femmes et les filles des zélés défenseurs du trône et de l'autel!

Revenons à l'interrogatoire de Didier.

On remarque qu'une seule fois, pendant les débats, comme dans sa défense, il prononça le nom de Napoléon II, pas une seule fois non plus il n'eut une parole de sympathie pour les souvenirs de l'Empire et dans aucune de ses réponses il ne fit l'aveu qu'il eût pour but le rétablissement de la famille impériale.

A plusieurs reprises on lui demanda :

— De quel nom vous serviez-vous pour entraîner vos partisans?

Il répondit enfin :

— Le nom dont je me servais était celui de Napoléon II.

L'interrogatoire terminé, il plaida sa cause, ou si l'on veut, chercha sa réhabilitation dans une biographie habilement présentée, mais en ne paraissant soucieux que de sa mémoire. On l'écoutait avec intérêt, espérant entrevoir, dans l'histoire de ses relations politiques, les noms de ses principaux complices ; mais on n'obtint de lui aucune indication.

La plaidoirie de son avocat fut très courte et n'eut rien de saillant. Il supplia la Cour de recommander son client à la clémence royale.

A la demande ordinaire : Avez-vous quelque chose à ajouter ?... Didier répondit :

— Je n'ai rien à ajouter. J'ai fait mon sacrifice, ma famille saura faire le sien. Je remercie mon défenseur de ses généreuses paroles, mais je prie la Cour de ne pas s'y arrêter ; je ne demande rien au roi...

Il fallait être une mère ou une épouse affolées par la douleur pour croire à la clémence royale, ce diamant de la couronne brillait comme le courage du comte d'Artois.

Paul Didier fut condamné à la peine de mort.

L'exécution de l'arrêt fut fixée au lendemain 10 juin.

LE DERNIER JOUR

On n'usa point envers Paul Didier des méchancetés raffinées dont on se montra si ingénieux et si prodigues, à Bordeaux, contre les Jumeaux de La Réole. On accorda à ses derniers jours un cachot ordinaire, où il pouvait voir clair, respirer et même dormir.

Louis XVIII ne s'en porta point plus mal, la France non plus. On continua à adorer le Sacré-Cœur et la Sainte-Alliance ; deux cultes qui se confondent chez tous les cœurs bien nés, et on continua à se reposer sur le bon fonctionnement des cours prévôtales, des fusillades et des guillotinades. Il n'était vraiment pas nécessaire de torturer Paul Didier. Après la pénible séance du 9 mai, il passa donc la meilleure des nuits que passent, dit-on, les criminels, celle qui suit le verdict.

La tension de tout notre être vers un dénouement si palpitant d'intérêt a absorbé et consumé toutes nos forces ; ce dénouement étant fait, une détente générale se produit en nous, et nous cédons à un sommeil profond,... un premier acompte de l'éternel sommeil.

Le lendemain 10, en ouvrant les yeux, Paul Didier vit à son chevet sa femme, Rosalie Drevon, courageuse compagne, de qui il avait dit, dans sa défense, qu'elle avait été, pendant trente ans, l'orgueil et le bonheur de sa vie.

Grand éloge que la pauvre femme n'aurait pu lui rendre !...

Elle était agenouillée, il s'assit sur son lit et lui tendit les mains qu'elle prit dans les siennes et couvrit de ses baisers et de ses larmes.

Elle avait déjà revêtu ses vêtements de deuil, et, la tête inclinée vers lui, elle récita les prières des agonisants.

Il écoutait ces prières, sans foi, mais comme un dernier cantique d'amour.

Ainsi il ne quittait pas la vie en désespéré, et de toutes les croyances qu'il avait usées il lui restait celle d'avoir été aimé.

A dix heures un quart le geôlier entra et lui annonça la visite du général Donnadieu.

Mme Didier dut se retirer à l'écart pendant quelques instants.

A trois reprises, dans le cours de l'instruction, les juges, — sur l'ordre du ministre de la police, — lui avaient fait entendre que sa peine serait commuée s'il faisait des révélations. — Le général Donnadieu venait faire une dernière tentative.

Il essaya de le prendre par les sentiments.

— Voyons Didier, lui dit-il, vous n'êtes pas un homme vulgaire. Vous avez le cœur haut placé, des vues larges, supérieures, je n'ai pas voulu vous laisser aller à la mort avant de vous parler dans l'intérêt de la France. Et je viens à vous, comme citoyen, de mon propre mouvement. Je n'ai fait jamais auprès d'autres de démarche semblable. Je pense que vous considérez votre entreprise comme avortée complètement ?

N'en doutez pas, fit Didier.

— Alors, bien que vous n'aimiez pas Louis XVIII, vous devez reconnaître comme nous qu'il représente l'ordre et la tranquillité dont la France a besoin plus encore que de liberté. La France, en d'autres termes, est une convalescente qui doit renoncer aux aventures et qui a besoin du roi. N'êtes-vous pas de mon avis, maintenant, après expérience faite ?

Didier parut réfléchir, mais garda le silence ; Donnadieu poursuivit, en donnant plus de chaleur à ses paroles :

Eh bien! au nom de Dieu qui n'a pas permis que la France fut dépecée, au nom du roi qui nous a été donné pour nous relever de nos ruines, je vous en conjure, Paul Didier, arrachez les derniers voiles qui couvrent encore votre complot ! Ne laissez pas derrière vous de derniers brandons de l'incendie que vous aviez allumé... Étouffez un reste de haine contre notre roi. Souvenez-vous que vous avez jadis partagé son exil. Parlez !

— Mais que vous avouerai-je? fit Didier, en haussant l'épaule.

— Les noms de vos complices.

Il frémit.

— Tenez, fit Donnadieu, tirant sa montre. Il est dix heures et demie ; l'échafaud est dressé, les exécuteurs attendent, nommez au représentant du roi ses ennemis et les vôtres, ceux qui vous envoient à la mort, et au nom du roi, je fais démonter la guillotine, je vous laisse la vie et votre peine est commuée !

Pensez à votre femme ! Pensez à vos enfants ! Parlez ; l'heure presse.

Didier paraissait touché, enfin :

— Je n'ai rien à vous dire, général, de ce que vous attendez de moi et je suis résigné à la mort, mais tout ce que je puis faire, en mourant, pour le roi Louis XVIII, c'est de lui conseiller d'éloigner de plus en plus de son trône et de la France le duc d'Orléans et M. de Talleyrand, l'ex-premier ministre.

— Je transmettrai vos paroles au roi, dit Donnadieu, mais elles ne suffisent pas à mériter votre commutation de peine. Je vous quitte, Didier ; que la volonté de Dieu s'accomplisse.

Le même jour, le général adressa, par une dépêche au gouvernement, l'avis du condamné. « Ce sont ses propres expressions, dit-il, ce sont les dernières paroles d'un homme qui allait passer pour jamais dans l'éternité. »

A peine le général Donnadieu s'était-il retiré, que les exécuteurs envahirent le cachot. Il se prêta avec calme et dignité aux funèbres préparatifs de la toilette. Ses longs cheveux blancs, étaient tombés sous le ciseau, ses mains étaient liées, lorsque sa femme força la consigne, et écartant les gardiens de la porte, accourut près de lui.

Elle voulait l'accompagner et soutenir ses pas jusque sur l'échafaud, mais on ne lui permit que de le suivre. On l'écarta et le cortège se mit en marche.

Ici nous laissons la parole à l'historien de la Restauration qui trace, de la mort de Didier, un tableau si émouvant :

« La pluie tombait. Des soldats gardaient toute la ligne qui séparait la prison de la place Grenette. Les portes et les fenêtres sur le passage étaient toutes fermées. Didier fit le trajet à pied. Son courage, dans ses derniers instants, honora la cause qu'il avait embrassée ; il se montra digne des braves gens si malheureusement entraînés par ses illusions et tombés avant lui.

Arrivé au pied de l'échafaud, il en monta les degrés d'un pas ferme, et, repoussant l'attouchement des exécuteurs, lui-même s'étendit sur la planche fatale. Quelques secondes après, le mouvement insurrectionnel du 5 mai, comptait sa vingt-cinquième victime. »

LES RÉVÉLATIONS POSTHUMES

S'il est un fait certain, c'est que Didier « travaillait », comme il l'a avoué à ses compagnons de fuite en Savoie, pour élever au trône le duc d'Orléans. On l'ignorait encore en 1816, mais cette vérité et d'autres encore se firent peu à peu.

En mourant, Didier laissait sa femme et ses deux fils dans la misère et sa famille, dès ce moment, reçut des secours d'une main inconnue. (Peuchet.)

M. Barginet, de Grenoble, qui avait été attaché à Didier, a dit quelques mots qui appartiennent à l'histoire, à l'occasion d'une polémique entre le général Bonnaire et divers journaux, en septembre 1837.

« Les débats publics du malheureux Didier, dit-il, n'ont nullement présenté sous leur jour l'événement désastreux dont il est mort victime; j'avais eu l'occasion de connaître ce personnage en 1815, à Paris, durant les Cent-Jours, et je lui servis alors de secrétaire. J'eus nécessairement des relations avec lui en 1816, lorsqu'il vint dans nos contrées mettre à exécution un projet dont *les principaux auteurs ignoraient le véritable but*. Ce que j'écris là, monsieur le général, c'est de l'histoire. Pour remuer nos patriotiques populations des montagnes, on fut obligé d'évoquer les souvenirs de la République, et ceux de Napoléon, alors encore si palpitants dans un pays, qu'une année seulement auparavant ce grand homme avait traversé en triomphateur. *Mais il ne s'agissait ni de la République, ni de Napoléon*. Le caractère bien connu du monarchiste Didier s'oppose à cette explication du complot.

« Mais quelle est donc la vérité?...

« Il n'y a plus, en France, que trois hommes qui la connaissent, puisque vous n'êtes pas de ce nombre. Il y a un de ces hommes qui gardera ce secret aussi fidèlement que la tombe où repose Didier, et cet homme c'est moi. Quand aux deux autres, je n'ai point à m'en occuper. Il importe peu qu'ils n'apprécient pas, dans la haute position où ils sont placés, une discrétion que je crois utile, ne fût-ce que pour prouver que l'ambition personnelle n'est pas toujours le seul mobile des hommes qui se jettent dans les mouvements révolutionnaires, et celui de 1816 en était un grand, national, digne d'une issue plus glorieuse. »

Le dynastie d'Orléans ayant toutes les préférences de M. Barginet, il ne faut pas se demander si son établissement n'était pas le but de Didier. Il a soulevé un coin du voile.

Quant au désintéressement personnel de Didier, auquel il a cru peut-être, il nous faut en rabattre ; voici, à ce sujet, ce que l'archiviste de la police nous révèle :

Didier, pendant les Cent-Jours, s'était rapproché de Fouché, devenu chef des Orléanistes.

Celui-ci le chargea, — nous croyons l'avoir dit plus haut, — d'aller exposer ses vues à Vienne avant l'entrée en campagne. Une barrière infranchisssable le retint en deçà des frontières.

Le parti se proposait d'alarmer les acquéreurs de biens nationaux, et de soulever l'armée de la Loire au nom de Napoléon. On espérait déterminer les officiers compromis à se tourner vers le duc d'Orléans. Les républicains, ne pouvant reconstituer leur forme chérie de gouvernement, consentiraient à reconnaître l'autorité du fils d'un des leurs.

« Tout ce plan plus détaillé, et que je donne en extrait, — continue M. Peuchet, — obtint l'assentiment des chefs. »

« Didier se mit en avant et ayant reçu des lettres-patentes de sa nomination à la charge de chancelier du royaume, un diplôme de duc et pair héréditaire, une concession de deux cent mille francs de rentes en biens fonds, deux cents autres mille francs en rentes, cinq pour cent, avec un traitement annuel de deux cent mille francs, partit muni d'une très forte somme, en or et en billets de banque. »

On devait créer à Lyon un gouvernement provisoire, composé du général Gérard, du duc de Choiseul, du duc d'Otrante, de Dupont (de l'Eure) et de Didier.

On continuerait la guerre, si la Révolution n'était pas spontanée, et après la première bataille gagnée, le duc d'Orléans serait déclaré

LES QUATRE SERGENTS DE LA ROCHELLE 1249

Sire, c'est le huitième, dit Talleyrand en prêtant serment à Louis-Philippe.

lieutenant-général du royaume et le marquis de Lafayette commandant de toutes les gardes nationales.

Les fonds étaient faits en partie pour payer les premiers frais.

« Chaque lieutenant-général qui passerait au parti, recevrait une dotation de trente mille francs de rentes, le titre de duc et le grand cordon de la Légion d'honneur. On ferait marquis, avec un majorat de douze mille francs, et la plaque de la Légion d'honneur, tout maréchal de camp dont la défection serait utile. Le titre de comte et douze mille francs de pension, à tout colonel qui entraînerait son régiment.

« Enfin, cette Révolution tramée par des hommes d'affaires qui connaissaient le prix de l'or, aurait coûté des sommes énormes. »

. . . .

Passons maintenant aux preuves fournies par la Révolution de 1830.

Nous voyons reparaître, en 1830, tous les personnages du complot de 1816.

Comme en 1816, le banquier Laffitte fournit des fonds.

Lafayette est commandant des gardes nationales.

Nous revoyons Dupont (de l'Eure), le général Gérard, le duc de Choiseul.

Simon Didier fils devient l'objet d'une constante faveur; il est nommé conseiller d'État. — M. Barginet n'est pas oublié.

M. A. Ducoin prouve que tous les enfants des hommes exécutés le 10 mai 1816 à Grenoble, obtinrent des pensions tant du budget que de la cassette particulière du roi Louis-Philippe.

Tout commentaire, après cela, nous semble superflu.

Mais ce qui est très curieux, c'est l'aplomb et la rapidité avec lesquels ceux qui étouffèrent dans le sang la Révolution orléaniste de 1816, retournèrent leurs vestes en 1830. Rien de plus édifiant ; ces comédies, toujours les mêmes et toujours applaudies du peuple, qui jouera toujours le rôle de maître Corbeau tant qu'il aura du fromage, sont reprises chez nous tous les quinze ans, et toujours avec un égal succès.

Mais laissons les commentaires et racontons.

Le 6 août 1830, Charles X quittait à peine Rambouillet, le nouveau roi n'était pas encore nommé, quand le général Donnadieu, alors commandant de la division militaire de Tours pour le roi Charles, offrait ses services à l'insurrection triomphante.

En même temps, il écrivait à Paris qu'il était prêt à combattre son collègue, le général Despinois, toujours à Nantes, et à comprimer la Vendée, dont il pressentait sans doute les sentiments.

De plus fort en plus fort :

« M. de Vautré, devenu général et baron, devait se montrer encore plus empressé.

« Le lundi 26 juillet 1830, à l'apparition des ordonnances, on put l'entendre appeler de tous ses vœux une Révolution, saluer ensuite avec enthousiasme le triomphe populaire, et accuser de lâcheté Charles X et son fils.

On put le voir, le samedi 31, se rendre au Palais-Royal, se mettre à l'absolue disposition du duc d'Orléans, avant même que ce prince eût reçu le titre de lieutenant-général, quand Charles X était encore roi, et déployer plus tard une sorte de violence pour imposer le secours de son épée au nouveau gouvernement et à son drapeau.

Il y a plus :

Repoussé par plusieurs ministres et revenant sans cesse à la charge, il lui arriva, dans ses nombreuses démarches, de paraître un jour en solliciteur devant un des fils de Didier !

« Enfin, M. Descazes, accourant à son tour près du nouveau maître, saluait les couleurs tricolores, leur jurait fidélité et devenait un des plus hauts et des plus influents serviteurs du prince auquel il avait signifié l'ordre d'un long exil et que, certes, il n'eut pas hésité à faire arrêter, si, demeuré à Paris, le chef de la branche cadette des Bourbons se fut trouvé mêlé, autrement que par son nom, aux faits lamentables que nous venons de raconter. » (De Vaulabelle.)

Depuis l'assassinat du duc de Berry, M. Decazes n'existait plus que pour mémoire.

Tenu en disgrâce pendant tout le règne de Charles X, qui le regardait comme le complice des malheurs récents de la monarchie, il ne reparut sur la scène politique qu'au lendemain de 1830, à l'heure où le duc d'Orléans, lieutenant-général du royaume, se faisait proclamer roi.

N'est-ce donc rien qu'un pareil rapprochement? Faut-il croire qu'il n'avait existé aucun genre d'intimité entre ces deux personnages ?

Ajoutons, pour tout dire, que M. de Saint-Aulaire, beau-père de M. le duc Decazes, et que M. le duc de Glugsberg, son fils, obtenaient les postes les plus importants dans la diplomatie.

Enfin, chose remarquable, en devenant grand référendaire de la chambre haute. M. Decazes était l'introducteur naturel des fils de Louis Philippe au Luxembourg et, en effet, ce fut l'ancien ministre de la police, l'ex-favori de Louis XVIII, l'homme de Grenoble, qui présida tour à tour à l'introduction de MM. le duc d'Orléans, de Nemours et du prince de Joinville, comme pairs de France.

Enfin M. de Talleyrand ayant eu, comme ambassadeur, à prêter serment à Louis-Philippe, dont il avait favorisé l'avènement, lui disait avec un ton d'augure.

« C'est le huitième, sire !...

Le pauvre homme est mort sans avoir eu le temps de trahir Louis-Philippe et de prêter serment à la deuxième République. — On attend encore que ses héritiers publient ses *Mémoires* qui ne devaient, d'après sa dernière volonté, être publiés que quatre-vingts ans après sa mort. On y trouvera sans doute de nouvelles révélations sur l'affaire de Grenoble.

Passons maintenant à des vilenies d'un autre genre et racontons ce que sont devenus ceux qui ont touché le prix du sang.

Les détails suivants sur deux acteurs du drame de Grenoble ne paraîtront sans doute pas sans intérêt.

L'un d'eux, Jean-Baptiste Sert, n'avait d'abord songé qu'à obtenir la liberté de son beau-frère Dussert et de son parent Durif, l'appât de la récompense ne tarda pas à transformer en un marché odieux une démarche, déloyale sans doute, mais que pouvait atténuer, jusqu'à un certain point, la démarche qui l'avait dictée.

Il exigea et obtint la moitié des 20,000 francs promis à qui livrerait Paul Didier.

Sa cupidité lui fut fatale. Voici quelques passages d'une supplique que douze ans plus tard, en 1828, il adressa au ministère de l'intérieur.

« J'étais loin de prévoir, écrit-il, qu'une action commandée par mon zèle allait devenir, pour moi et pour ma famille, une source de persécution et de ruine ; qu'il me faudrait abandonner une propriété qui valait au moins quarante-cinq mille francs pour aller régir une perception dans le département de la Nièvre, pour m'éloigner de mes nombreux ennemis.

« A la vérité, elle me fut confiée très généreusement ; je fus dispensé de verser mon cautionnement en entrant en fonctions ; elle m'offrait un revenu de dix-huit cents francs, mais qui, à chaque exercice, diminuait de quarante à cinquante francs par la réduction des contributions. Le peu qui me restait ne pouvait plus suffire à faire subsister ma nombreuse famille, qui est de six enfants et veuf que je suis.

« Considérant alors que j'avais abandonné ma propriété qui est assez considérable, que dix années s'étaient écoulées depuis ma triste expatriation, et que, depuis un aussi long temps, je n'aurais peut-être plus d'ennemis au pays, ces malheureux motifs m'ont décidé, les larmes aux yeux, à dire adieu à mes très honorables et respectables chefs et à mes braves contribuables.

« A mon retour, j'ai trouvé mes bâtiments en ruine, mes forêts dévastées, mes propriétés usurpées et les plus grands malheurs et la persécution ont recommencé pour moi, comme en 1816.

« Ma position est telle, monseigneur, que je suis forcé de me tenir à l'écart comme celui qui a commis le plus grand crime.

« Voilà douze mois que je n'ai pu assister au saint sacrifice de la messe.

« On s'en prend à tout ce qui m'appartient ; mes enfants sont souvent maltraités. C'est ce qui les force à me faire de sanglants reproches pour avoir fait arrêter un brave homme que tout le monde regrette, sans que les Bourbons m'aient aujourd'hui aucune obligation.

« C'est dans cette position, monseigneur, que je me vois dans la nécessité de solliciter un prompt et dernier secours du gouvernement paternel, soit qu'on veuille me rembourser la valeur de ma propriété que j'abandonne au gouvernement à trente pour cent de sa valeur réelle, d'après estimation qui en sera faite à mes frais, et avec ce qui pourra me revenir, j'irai, avec ma famille, loin de mes ennemis. »

Cette supplique, nous le croyons, resta sans réponse.

Le délateur dut subir son châtiment jusqu'à son dernier jour, devenu un objet d'opprobre pour ses enfants et insupportable à lui-même. La Révolution de 1830, survenue deux ans plus tard, acheva de l'accabler.

Si on a le regret de voir mourir dans leur lit, au sein des richesses et des honneurs des Fouché, des Talleyrand, des duc de Raguse et tant d'autres, car le nombre en est grand, on a la consolation de voir des traîtres mourir dans la honte, comme Bazaine, ou la misère, comme Deutch, qui livra à Thiers, pour un million, la duchesse de Berry.

Mais aucun ne fut plus cruellement puni que le complice qui partagea avec Sert les vingt mille francs, prix de la liberté de Didier.

Voici ce qu'en raconte M. A. Ducoin.

« Les voyageurs qui ont visité les montagnes de la Maurienne vous raconteront qu'il y a peu de temps encore, un homme errait à Saint-Sorlin-d'Arves, en proie aux hallucinations terribles que les remords allumait dans sa raison, depuis longtemps perdue. La femme de ce malheureux était morte pendant un voyage qu'il avait fait à Paris, pour y mendier le prix d'une trahison, auquel il croyait avoir droit et qui ne lui fut pas accordé.

Ses deux enfants avaient été forcés de fuir, l'un après l'autre, un pays où le nom de leur père était un sanglant reproche et une cruelle injure. Ils étaient morts tous deux aussi misérablement.

« Alors rebuté de tous, maudit par tous, presque sans asile, cet homme était devenu fou, et dans chaque étranger qui passait devant sa porte, il croyait voir encore celui qui, souffrant et proscrit, était venu un soir lui demander asile.

« Cet homme était l'aubergiste Balmain. »

LA REVANCHE DE LA POLICE SECRÈTE

Si le ministre de la police Decazes savait à quoi s'en tenir sur l'agitation sourde du Vivarais, il n'en était pas de même de ses subordonnés, et la police secrète de Paris, après l'échauffourée lyonnaise du 21 janvier et en présence des agissements mystérieux, mais sensibles du complot de Grenoble, redoublait de zèle à Paris, presque certaine d'y découvrir ses principales ramifications. Les journaux ministériels l'accusaient d'imprévoyance et de cécité.

A tout prix, il lui fallait faire preuve d'habileté et de zèle. A défaut de complot véritable, les apparences devaient lui suffire et, à une époque où les éléments de mécontentement étaient si nombreux, il n'était pas difficile d'y trouver des semblants de conspiration auxquels on pouvait donner de l'importance. C'est ce que l'on appelle de la provocation.

M. Guizot la définit ainsi :

« Il y a, dit-il, des agents qui, d'espions deviennent provocateurs, jetés au milieu des dispositions générales où réside le mal, attachés aux pas des individus en qui elles se sont le plus clairement manifestées, ils les cultiveront pour les amener à effet; il se saisiront du moindre ombrage de crime, du moindre germe de complot pour l'échauffer, le féconder, le nourrir et le livrer à sa destinée, dès qu'il sera assez grand pour supporter la lumière. Et, une fois en possession d'un petit centre auquel se puisse légalement se rattacher ses alarmes, la politique demi-aveugle, demi-perverse s'élancera à la recherche de tous les dangers qu'elle voudrait prévenir, elle ira fouiller dans le sein du mécontentement et de l'hostilité de tout ce qui cause sa peur.

« Elle y recueillera des rapports, des inductions, des preuves ; elle en composera je ne sais quel fantôme dont elle s'épouvantera peut-être elle-même, avant d'en épouvanter les autres, et enfin on la verra demander à la justice de ratifier son ouvrage, en déclarant que ce sont bien là les faits qualifiés crimes par la loi. »

M. d'Anglès, le préfet de police, voyant l'horizon noir, était disposé à provoquer les événements plutôt que de les attendre.

Il était dans ces dispositions, quand un nommé Scheltein, qui avait été renvoyé et qui désirait rentrer en grâce, lui signala l'existence, à Paris, d'une association qu'il qualifia de société secrète.

En définitive, il n'y avait, dans le fait qu'il incriminait, rien de séditieux, il n'y avait ni association ni société secrète. Il s'agissait de la distribution d'un signe de ralliement pour les patriotes, les bons Français, en cas d'événements.

Chez un marchand de vin du quartier Saint-Martin se réunissaient, le soir, après leur travail, de laborieux et paisibles ouvriers. Parmi eux se trouvaient, en bonne camaraderie, un cambreur de bottes, nommé Plaignier, Talleron, un ciseleur, et un écrivain public, Carbonneau, qui eurent cette fantaisie de créer et d'émettre un signe de ralliement.

Ils imaginèrent des cartes dont Carbonneau se chargea de dessiner la devise et pour lesquelles Talleron fabriqua un timbre avec un morceau de fer que Plaignier se procura chez un serrurier de ses voisins. La carte fut donc ornée d'un triangle égalitaire ou maçonnique avec cette devise :

« Union, Honneur, Patrie. »

La distribution de ces cartes était gratuite, se faisait au grand jour et sans mystère. Ils en déposaient dans les cafés, les cabarets, chez les épiciers. Offertes à tous venants, elles étaient facilement acceptées.

Elles eurent un succès de caprice et de curiosité et on en répandit cinq ou six mille, en quelques semaines.

Scheltein, qui s'était introduit dans le cabaret fréquenté par les fabricants de cartes, s'était offert comme distributeur et s'était empressé d'en porter les premiers échantillons à la police. A la Préfecture, on n'y vit rien de séditieux ni de dangereux, cependant on l'engagea à suivre l'affaire.

Il n'y avait pas d'affaire, Scheltein la monta.

— Ceux qui acceptent nos cartes, dit-il, les regardent comme un brevet de civisme.

A la première occasion de troubles se disent-ils, on saura se reconnaître à ce signe. Tous les porteurs de cartes formeront une vaste société de patriotes, vous avez donc, sans y songer, fondé une société patriotique.

Cette façon d'envisager leur succès séduisit l'imagination des trois amis. Ils se laissèrent persuader à profiter du moyen d'action qu'ils semblaient avoir trouvé, à s'attribuer un pouvoir politique. Bref, glissant rapidement sur la pente ménagée par l'agent provocateur, ils résolurent de faire connaître au public leur but politique par une proclamation.

Scheltein proposa un jour d'attaquer les Tuileries.

Stimulé par Scheltein, ce fut Plaignier qui la rédigea et Carbonneau l'écrivit.

Français!

Nous sommes arrivés au terme du malheur; amis du peuple, dont nous faisons partie, nous avons lu dans l'âme de nos frères.

Nous nous sommes empressés de prendre les mesures les plus sages et les plus certaines pour la chute entière des Bourbons. Que les patriotes de l'intérieur se rassurent; nous veillons au salut de tous.

Après ces phrases des plus compromettantes venaient les divagations obligatoires sur la réforme sociale.

Cette seconde partie du programme devint un éternel sujet de discussions, et comme le cabaret ne convenait pas à de semblables débats, ils convinrent de se réunir, soit au Palais de justice, où Carbonneau avait son échoppe d'écrivain public, soit dans l'enceinte de la Sainte-Chapelle, chez les frères Oséré, deux écrivains amis de Carbonneau. Enfin, comme s'ils ne se trouvaient pas assez près de la gueule du loup, ils se réunirent encore, arcade Sainte-Anne, chez Souchon, marchand de vin, en face de l'entrée de la Préfecture de police.

Ils passaient là des soirées à se griser de mots qu'ils ne comprenaient pas et à s'admirer les uns les autres dans leur mission de réformateurs du genre humain.

Bien que le sujet fut inépuisable et que le cercle des conspirateurs ou des bavards se fut agrandi, il arriva que la conversation languit.

Ce fut alors que Scheltein proposa l'action.

Ses amis y étaient peu disposés, mais il insista et un beau jour leur proposa d'attaquer les Tuileries.

Il n'y allait pas, comme on voit, par quatre chemins.

A cette proposition, chacun se récria :

Attaquer les Tuileries? Avec quelles forces? Allait-il faire marcher les faubourgs du 10 août?... Où étaient ses canons?

— Mon plan d'attaque est fait, répondit-il sans se déconcerter. Je me passe de troupes et de canons et vous allez voir mon projet.

En même temps, il étala sur la table un plan des Tuileries dessiné par un ancien capitaine de cavalerie, devenu aubergiste, rue des Barres, qui le *cachait*, c'est-à-dire l'hébergeait pour rien, en comptant sur sa protection pour entrer dans la police.

Sur le plan figurait le tracé d'un égout qui, longeant la façade du palais, du côté du jardin, traversait la terrasse dite du bord de l'eau, puis le quai, et débouchait dans la Seine, non loin du Pont-Royal.

— La grille qui ferme l'entrée de ce souterrain, dit Scheltein, sera facilement ouverte, une pince suffira pour forcer le cadenas rouillé qui la maintient. En choisissant une nuit obscure, nous pouvons introduire dans ce passage, à l'aide d'un bateau, quinze à vingt barils de poudre qui suffiront pour faire sauter les Tuileries avec leurs habitants.

Ce projet n'obtint pas le succès attendu.

— Cela, dit un des assistants, n'a pas le sens commun.

Et il en fit la critique avec vivacité.

Peut-être aussi l'auteur du projet, depuis quelque temps, était-il suspect. Un nommé Gonneau, ancien membre de la Chambre des représentants des Cent-Jours, que la curiosité avait amené pour la première fois dans cette réunion avait sans doute été frappé de la physionomie louche de Scheltein et l'avait observé. Celui-ci s'étant tourné vers lui pour obtenir son approbation, rencontra un regard qui, sans parole, exprimait assez l'indignation et le mépris de l'ancien représentant.

Blessé de ce regard :

— Pourquoi me regardez-vous ainsi? fit-il avec humeur. Est-ce parce que je ne suis qu'un ouvrier et que je porte une veste au lieu d'un paletot?

On s'interposa et l'on prévint une querelle, puis chacun rentra chez soi.

Scheltein, qui avait déjà empoisonné la réunion de mouchards, se rendit avec ceux-ci pour instruire le bureau de la sûreté de ce qui se tramait.

Comme toujours, leurs rapports furent amplifiés et les politiqueurs prirent les proportions de conspirateurs dangereux. L'attentat était imminent, il était temps d'intervenir.

Le lendemain, on lança vingt-huit mandats d'amener.

LE PROCÈS

Le procès s'ouvrit le 27 juin, après deux mois d'instruction. Les accusés sur lesquels pesaient les plus lourdes charges étaient d'abord les inventeurs des cartes : Plaignier, Carbonneau, Talleron, puis Garnier, Cartier, Bonnassier, Desbaumes. Quant à Scheltein, il n'avait été mis ni en prévention ni en accusation.

Plaignier, interrogé, le premier, reconnut avoir fabriqué les cartes et rédigé la proclamation.

— Vous méditiez, lui dit le président, de commettre l'attentat le plus cruel.

— Un attentat! fit Plaignier, au comble de la surprise.

— Sans doute, et vous vous êtes même servi, en en parlant, d'une expression qui n'est pas une simple inconvenance, mais une inconvenance atroce et épouvantable. Vous osez parler, à l'occasion de nos princes, des châtiments mérités par leurs forfaits. C'est à la fois ce qu'il y a de plus féroce et de plus extravagant.

— Mais, monsieur le Président, je n'ai jamais eu la pensée de commettre un attentat, de porter la main sur le roi.

A Plaignier succéda Carbonneau.

Le Président : — Vous avez travaillé, avec Plaignier, à la confection des cartes?

— Oui, monsieur.

— Vous avez collaboré à la rédaction de la proclamation?

— C'est moi qui l'ai remise au net.

— Comment avez-vous pu croire à la possibilité d'un succès? Plaignier n'avait ni caisse, si soldats, aucun moyen d'action.

— Je vous répondrai, monsieur le Président, comme je répondais à ma femme, qui me faisait justement la même question : — Tout cela n'est pas dangereux; on se lassera de la proclamation, on rira des cartes, et tout restera là.

— Vous avez prémédité d'attenter à la vie du Roi?

— On m'a déjà adressé cette question à l'instruction et elle m'a beaucoup étonné.

Le Président interroge Talleron sur le même sujet, et ce dernier repousse cette accusation avec énergie :

— Notre Société, dit-il, n'avait aucun but d'attaque, et j'étais convaincu qu'elle pouvait durer ainsi pendant dix ou vingt ans, en se livrant à des *rêveries de bien public*, et sans faire le moindre mal ; au reste, mon rôle s'est borné à distribuer des cartes et à graver un timbre qui n'avait aucune espèce de signification.

Cartier fut ensuite interrogé.

La vue de ce vieux soldat criblé de blessures, dont une mal cicatrisée l'oblige à se couvrir le front d'un bandeau noir, excite un mouvement d'intérêt sympathique dans l'auditoire.

— Vous avez distribué des cartes ? lui dit le président

— Je n'y voyais rien de coupable, répond l'accusé. Je ne les avais acceptées que parce qu'on m'avait assuré qu'en cas de troubles dans Paris, on me laisserait aller en les montrant :

— Vieux soldat et décoré de la croix d'honneur, vous saviez très bien n'avoir pas besoin d'autre recommandation pour vous présenter partout.

— Je ne connais pas les usages du civil, j'y suis depuis trop peu de temps.

— Vous avez distribué plusieurs cartes ?

— Oui, j'en ai donné à des gens que je connaissais pour les voir jouer à la boule aux Champs-Élysées.

Les charges pesant contre ce vieux brave étant épuisées, le président passe à l'accusé Garnier, ouvrier cotonnier. Mêmes questions et mêmes réponses que le précédent. Lui aussi a accepté des cartes de M. Planson, bijoutier, parce qu'il lui a dit que s'il arrivait du bruit, il lui suffirait de les montrer pour qu'on le laisse tranquille.

Le président attrape vivement le bijoutier. Il a un passé politique. Il y a vingt-trois ans, en 1793, il faisait partie du Comité révolutionnaire de sa section.

Le président : — Vous avez dit à Garnier : Si le gouvernement venait à être renversé, ces cartes prouveraient que vous n'êtes pas royaliste.

— Je lui ai dit qu'en cas de guerre civile, ces cartes le mettraient à l'abri des partis. Je n'avais ainsi d'autre intention que d'être utile à un citoyen honnête et paisible.

Le président. — Le tribunal appréciera.

La distribution des cartes est le seul qui reste des faits incriminés, mais l'accusation la présente comme un crime. On a arraché pour cela les citoyens les plus inoffensifs des fonds les plus paisibles de la population. Ils ne sont « coupables » que d'avoir cru posséder, dans ces cartes insignifiantes, un talisman contre les dangers de la guerre civile qu'ils redoutent.

A Garnier succède une jeune femme, dont la physionomie agréable et sympathique, l'innocence politique, provoquent à plusieurs reprises les marques d'intérêt de l'auditoire. C'est la femme d'un bottier nommé Picart.

M. le président. — Vous connaissez l'accusé Plaignier?

— Il nous fournit des tiges de bottes depuis longtemps. Il m'avait entendu me plaindre des alliés, il y a deux ans, il a cru peut-être que j'étais opposé au gouvernement, et il m'a donné une douzaine de cartes ainsi qu'une proclamation que j'ai eu la faiblesse de recevoir et de ne pas remettre à mon mari qui les aurait brûlées.

Le président. — Votre mari, je le sais, est un homme sage et qui fait un bien beau commerce, il chausse une partie de la brave garde royale... Mais qu'avez-vous fait de la proclamation et des cartes?

— Je les ai données.

— A qui?

— A un de mes parents, M. Bonnassier père, et à un ancien garde du comte d'Artois, le lieutenant Desbaumes.

— Comment cela! Pouviez-vous mettre en doute ses opinions royalistes?

— Du tout; mais c'était mon compatriote et mon ami d'enfance.

Bonnassier et Desbaumes sont entendus.

— Pour moi, dit Bonnassier, je nie avoir jamais vu ou tenu une seule carte.

— Et vous, Desbaumes?

— J'en ai accepté quelques-unes, il est vrai, mais c'était par simple curiosité et sur les instances d'un sieur de Verneuil, chevalier de Saint-Louis, et chef d'escadron d'état-major, singulier monsieur, qui s'est aussitôt empressé d'aller me dénoncer à la police.

Le président. — N'avez-vous pas pris part aux conciliabules politiques tenus chez Souchon?

— Non, monsieur le président.

Le président passe à Dervin, l'aubergiste.

— Dervin, dit-il, vous faisiez partie de la société prétendue politique qui tenait ses séances chez Souchon. Vous étiez là le 25 avril, lorsque Scheltein proposa de faire sauter les Tuileries?

Dervin. — Il est fâcheux pour moi que Scheltein ne soit pas ici, il vous dirait que c'est lui qui m'a poussé à faire tout ce qu'on me reproche. Il a été arrêté *avec moi, dans mon logement,* et conduit en même temps que moi au bureau des inspecteurs de police; je n'ai rien dit qu'il n'ait dit, rien fait qu'il n'ait fait; cependant on l'a relâché. S'il est innocent, je ne dois pas être ici, si je suis coupable, pourquoi n'est-il pas accusé comme moi?

Le président. — Scheltein n'a été mis ni en prévention ni en accusation; nous ne le connaissons que comme un personnage dont vous avez parlé, vous et vos coaccusés.

— C'est pourtant lui seul qui a fait la proposition de placer des barils de poudre dans le souterrain des Tuileries.

— Mais c'est vous qui avez dressé le plan du palais?

— Non; c'est Scheltein. Je lui disais que je voudrais bien trouver un moyen de gagner la confiance de Talleron, afin de savoir les noms des chefs de la Société et de les donner à la police. Il me dit que ce n'était pas difficile et que j'obtiendrais de Talleron tout ce que je voudrais en lui donnant quelque preuve de zèle, en lui apportant, par exemple, un plan détaillé des Tuileries. Il m'a tracé ce plan et m'a seulement fait écrire, sous sa dictée, les noms des cours et des rues. S'il était là, il n'oserait pas me démentir; faites-le venir. On le trouvera facilement, bien qu'il ait changé de nom, et il est aujourd'hui inspecteur des bornes-fontaines, sous le nom de Duval.

Plusieurs accusés se joignent à Dervin pour demander la comparution de Scheltein.

Le président, en vertu de son pouvoir discrétionnaire, ordonne que Scheltein, dit Duval, sera entendu séance tenante.

L'interrogatoire de Dervin est repris.

Cet ami du mouchard raconte ce qui s'est passé le 25 avril chez Souchon, mais sans charger les autres accusés, au contraire, en déclarant que la proposition de faire sauter les Tuileries fut repoussée par tous les assistants. Il n'y eût, dit-il, pas même de discussion à ce sujet. Scheltein parlait seul, on l'écoutait sans mot dire, on échangea à peine quelques paroles entre soi.

La séance fut suspendue.

On attendait Scheltein, il ne parut pas. En reprenant la séance, le président annonce qu'il n'a pu être retrouvé et que l'on a répondu, à son domicile, qu'il était absent depuis trois semaines. (Murmures dans l'auditoire.)

Cette absence de Scheltein était d'autant plus *fâcheuse* que les dénonciations de cet agent provocateur étaient les seules bases de l'accusation; lui seul avait proposé de miner les Tuileries. Pas un seul témoin n'avait été entendu sur ce point capital du procès qui demeurait ainsi sans autre objet que la distribution des cartes, et cependant il n'était pas douteux que Scheltein ne fut caché à Paris et que sa retraite ne fut connue de la police, dans laquelle il venait d'être réemployé.

On croirait que le gouvernement se plaisait à se couvrir d'odieux par de semblables parodies de la justice, où les juges se déshonorent en collaborant avec les agents provocateurs de la plus ignoble police.

On n'en jugeait pas ainsi en 1816.

Le gouvernement, qui n'était pas assez fort pour tenir debout sans l'appui des soldats étrangers, croyait remplacer l'autorité et sa force légitime par la férocité et la terreur; c'est ce qu'il nous reste à raconter.

Les débats avaient déjà occupé huit séances de la cour d'assises, on était arrivé du 27 juin au 4 juillet lorsque les plaidoiries commencèrent; elles occupèrent deux jours. Le 6 juillet, le président (son nom mérite d'être cité), M. Romain Desèze, fils du premier président de la Cour de cassation, — demanda selon l'usage aux accusés s'ils avaient à ajouter quelque chose à leur défense.

Talleron se leva et adressa aux jurés ces fières paroles :

La Vallette fut chargé par Napoléon de la réorganisation de la direction des Postes.

— « J'ignore, dit-il, ce que M. l'avocat général entend par *la lie du peuple* dont il assure que la plupart des accusés sont sortis. Ma famille n'a point de parchemins vermoulus à vous offrir, mais elle s'est fait connaître dans le département de la Nièvre par plusieurs siècles de vertus... »

Dervin, l'aubergiste, aspirant mouchard, eut le tort de ne pas garder le silence.

Il prit la parole pour se plaindre de Scheltein, son infidèle ami.

— J'ai été son bienfaiteur, dit-il, je l'ai logé, je l'ai nourri par pitié, parce que ses malheurs étaient semblables aux miens. Nous voulions tous deux nous mettre de la police et il m'a joué le tour de me dénoncer avec les autres. Scheltein a été de toutes les conspirations de la Révolution...

Le président. — Ne réveillez pas de douloureux souvenirs, et, dans votre intérêt, ne racontez pas si longuement vos honteuses conversations avec Scheltein.

Cela lui va bien de faire le dégoûté !

Dervin. — Je ne cherche pas du tout à m'innocenter, mais, pour faire grâce à Scheltein, jamais !... Je respecterais son absence, s'il était réellement absent...

Le président, interrompant avec vivacité.

— Vous manquez de respect à la Cour.

On a envoyé chercher Scheltein, par des huissiers et par des gendarmes, au domicile que vous-même avez indiqué.

Dervin. — Au reste, on ne fait la guerre qu'à celui qui est pauvre.

Le président. — Voilà encore une expression fort indécente.

Dervin. — A cela près de l'expression.

L'acte d'accusation me fait un crime d'être pauvre, et je dois justifier mon honneur.

Le président. — Vous déclamez contre la police et vous prétendez n'être entré dans le complot que pour le découvrir à l'autorité.

Dervin se rassied.

Après lui se lève la jeune femme Picart, qui lit un court et touchant discours fréquemment interrompu par ses larmes et ses sanglots :

— Messieurs les jurés, je vous prie d'avoir pitié d'une malheureuse femme bien repentante de s'être laissé entraîner dans cette déplorable affaire. Je suis bien coupable d'avoir eu la faiblesse de recevoir ces maudites cartes et de ne pas les avoir confiées à mon mari... Je vous prie surtout, messieurs les jurés, d'avoir égard à la malheureuse position de M. Desbaumes, c'est moi qui suis cause de son malheur. Il appartient à une honnête famille à qui j'ai de grandes obligations; dans mon enfance, son père m'a rendu de grands services, et aujourd'hui, pour récompense de ces services, c'est moi qui vais être cause que ce père ne recevra plus les embrassements de son enfant. Faites, messieurs, je vous en supplie, que la faute retombe sur moi seule, et rendez à un malheureux père, un fils qui n'a pas cessé de le chérir.

Comment me présenterais-je devant lui quand j'irai au pays?...

Hélas! messieurs, il est encore une chose qui me navre; c'est mon pauvre cousin Bonnassier, un père de famille qui m'a toujours donné de si bons conseils et qui m'a servi de père pour mon mariage, — je vous en prie, messieurs les jurés, ayez pitié de lui et de son malheur.

Sourdon, chansonnier populaire des dernières années de l'Empire, se leva, non pour implorer ses juges, mais pour répondre au ministère public qui réclamait contre lui une peine *afflictive* et *infamante* pour non révélation du complot :

— La distribution des cartes et de la proclamation, dit-il, est le seul fait réel, sérieux, de l'accusation dirigée contre moi; or, c'est un simple délit prévu par la loi du 9 novembre 1815. Quant au complot, où est-il? où le trouver? Des gens qui conspirent sans aucun moyen d'action ne sont pas plus coupables que ceux qui auraient la pensée de tenter un empoisonnement avec de l'eau pure. Il n'y a pas eu de conspiration, conséquemment, il n'existe ni complicité ni révélation nécessaire. Si l'association des patriotes de 1816 est une conspiration, c'est la plus pitoyable, la plus ridicule dont les annales de l'histoire puissent jamais faire mention.

En effet, et devons-nous y insister? Peut-on voir un complot dans cet enfantillage de distribuer des bouts de carton sur lesquels, autour d'un triangle, on lit ces trois mots : *Union, Honneur, Patrie?*

Les habitués du café Souchon, établi justement vis-à-vis de la Préfecture de police, sont-ils des conspirateurs, parce qu'un mouchard qui s'est glissé parmi eux a imaginé de leur proposer de faire sauter les Tuileries?

A-t-on répondu à sa proposition? Nullement. Si ce n'est quelqu'un qui s'est écrié : — C'est une absurdité!...

Si quelqu'un a comploté, c'est la police. Et Scheltein, seul, échappera à la justice; bien mieux, il est déjà récompensé.

Il n'y avait pas là les éléments d'un procès en simple police, et on en a fait une affaire criminelle à laquelle on a consacré dix jours!

Bien plus, le ministère public a obtenu vingt condamnations!

Et sur ces vingt, trois capitales!

Furent déclarés coupables, les vingt accusés suivant, savoir :

Plaignier, Carbonneau et Talleron, du crime de *lèse-majesté*.

La femme Picart, l'officier Desbaumes, les deux Bonnassier père et fils, Sourdon et huit autres, de *non révélation du complot;* Dervin et deux autres, de distribution d'un *écrit* contenant des provocations directes au renversement du gouvernement.

Cartier (le vieux soldat) de distribution d'un signe de ralliement non autorisé par le roi.

Et la Cour prononça les condamnations qui suivent .

Plaignier, Carbonneau et Talleron au supplice des *parricides;* — la femme Picart, Desbaumes, Dervin et cinq autres accusés, à la déportation (mort civile); — Sourdon, les deux Bonnassier, père et fils et cinq de leurs coaccusés, les premiers à dix ans, les autres à huit et six ans de détention et tous au *carcan;* enfin, cinq années de prison, privation pendant ce temps du tiers de sa retraite et 50 francs d'amende à Cartier « coupable » d'avoir distribué des cartes à des joueurs de boule des Champs-Élysées.

Ils furent ensuite tous condamnés en outre aux frais du procès, frais énormes qui ruinèrent complètement ceux d'entre eux qui possédaient quelque ressource.

La plupart entendirent leur sentence sans laisser paraître la moindre émotion.

« Le crime fait la honte et non pas l'échafaud » dit Sourdon.

Mais la femme Picart, en sortant de la salle, tomba évanouie.

Le pourvoi en cassation formé par tous les condamnés, fut rejeté et il ne fut pas question de la fameuse clémence royale.

Le 27 juillet, trois semaines plus tard, Plaignier, Carbonneau et

Talleron furent conduits à l'échafaud. « L'exécution de ces malheureux, dit Vaulabelle, emprunta aux *autodafés* de l'inquisition espagnole une partie de leurs formes étranges et de leur lugubre solennité ; on sembla vouloir cacher sous l'appareil et sous la cruauté inusitée du supplice le crime de la poursuite et de la sentence.

Les trois condamnés sortirent de la prison escortés par une garde nombreuse ; le cortège s'avança lentement à travers la foule qui encombrait les ponts et les quais. Les patients avaient les pieds nus, une chemise blanche recouvrait leurs vêtements, un long voile noir enveloppait leur tête et leur cachait le visage.

Ils marchèrent ainsi jusqu'à la place de Grève.

Arrivés au pied de la guillotine, tous les trois, avant le supplice, furent contraints de monter sur l'échafaud et, là, de se tenir debout, rangés l'un près de l'autre, les traits toujours voilés, pendant qu'un greffier lisait au peuple l'arrêt qui les condamnait.

La lecture achevée, Plaignier et Carbonneau descendirent de la plate-forme. Talleron, resté seul, posa l'avant-bras sur un billot ; le bourreau armé d'un damas, lui abattit le poing ; peu d'instants après sa tête tombait à son tour.

Carbonneau, puis, Plaignier eurent successivement le poing coupé et la tête tranchée.

Quatre jours après ce triple supplice, le 31, Sourdon, les deux Bonnassier, père et fils et ceux de la même peine qui devaient subir la peine du *carcan*, étaient exposés sur un échafaud, place du Palais de Justice. Au nombre de ces hommes ayant tous le collier de fer au cou, on remarquait à l'un des poteaux faisant face à la grille du Palais, un ancien magistrat, le sieur Gonneau, ce membre de la Chambre des représentants que le hasard d'une rencontre avec le chef de bataillon en demi-solde Descubes de Lascaux, aussi condamné et attaché au poteau voisin, avait amené chez le marchand de vin Souchon, au moment où Scheltein proposait de faire sauter les Tuileries ; Gonneau avait fait assigner, pendant le procès, M. Cahier, avocat général à la Cour de cassation pour témoigner de ses opinions royalistes.

M. Cahier affirma, en effet, que ce malheureux ne lui avait jamais parlé de Louis XVIII qu'avec la plus profonde vénération et que, malade lors de sa nomination à la Chambre des Cent-Jours, il n'avait paru à cette Assemblée que pour y demander la déchéance de l'usurpateur et voter l'abdication.

L'historien ajoute :

« Trop souvent l'histoire a des ménagements pour les faits de la nature de ceux que nous venons de raconter : Elle les troque et les amoindit quand elle ne les passe pas sous silence. Cependant est-il rien de plus lâche et de plus odieux que ces provocations de police qui, dans l'intérêt de basses passions, attirent dans le piège et poussent à la mort de pauvres rêveurs politiques, de malheureux insensés ? Existe-t-il une flétrissure assez forte pour le gouvernement complice de ces trames infâmes, qui emploie la puissance dont il est dépositaire, non pour protéger et sauver les victimes, mais pour les égorger. »

Oui, comme le dit plus haut l'illustre écrivain, dans cette affaire, la poursuite et la sentence sont *deux crimes* et aujourd'hui notre devoir est de casser les arrêts des coquins et des scélérats qui siégèrent dans ces assises et de citer leurs noms. On remarquera que ces individus appartiennent tous, par leurs emplois et leur fortune, aux classes dites supérieures de la société.

Les douze jurés dans l'affaire des patriotes de 1816, étaient : MM. Delavie, Combal, de Salirène, propriétaires; Rochelle, avocat; Duparc, Launoy de la Creuse; Sorbet, avoué; Merlin, agent de change; Roger, secrétaire général des postes (depuis de l'Académie française); Egron, imprimeur; Carrette et Caccia, banquiers.

Ne dirait-on pas que ces noms étaient triés sur le volet? Ils l'étaient en effet. A cette époque, quinze jours avant l'ouverture des assises — pour affaire politique, — le préfet, sur la réquisition du président de la Cour, transmettrait à ce dernier une liste de soixante noms choisis avec soin, que le président réduisait ensuite à *trente-six* et c'était sur cette liste épurée que le sort désignait les douze jurés du jugement. Le droit de récusation était ainsi rendu illusoire.

Il en fut ainsi dans le procès du comte de Lavalette, que nous allons raconter.

LAVALETTE

L'ACCUSÉ

Parmi les scandaleux procès de la Restauration, il n'en est pas de plus odieux et de plus inique que celui du comte de Lavalette ; il n'en est pas non plus qui ait suscité un acte de dévouement plus émouvant et plus touchant à la fois que celui de la femme du condamné.

Antoine-Marie Chamant, comte de Lavalette, naquit à Paris en 1769. La Révolution le trouva clerc de procureur. Il fut chargé à cette époque, par d'Ormesson, de dresser un catalogue des livres trouvés dans les monastères. Au 10 août 1790, il faisait partie de la garde nationale fidèle à la monarchie, et dut prendre part à la défaite des Tuileries. Ce n'était pas cependant un royaliste bien convaincu, car nous le voyons, peu à près, embrasser la cause de la République menacée par la coalition, et s'engager comme volontaire dans l'armée des Alpes. Sa brillante conduite à Arcole lui valut les épaulettes de capitaine. Il devint aide de camp du général Bonaparte, dont il avait su mériter la confiance.

Il fut chargé par lui de plusieurs missions diplomatiques, dont il s'acquitta avec tant d'intelligence que Bonaparte, pour se l'attacher définitivement, lui fit épouser une nièce de sa première femme, la jeune Louise de Beauharnais.

Après s'être distingué dans les campagnes d'Égypte, d'Allemagne et de Prusse, durant lesquelles il se fit autant remarquer par ses talents administratifs que par sa valeur militaire, il fut chargé de la réorganisation et de la direction des postes. La tâche n'était pas petite. Tout était dans le désarroi le plus complet. Il fallait créer une administration en la pourvoyant du matériel de chevaux et de voitures et assurer sa sécurité. M. de Lavalette y parvint avec son bonheur ordinaire, et fut créé par Napoléon, comte et membre du Conseil d'État.

Esprit calme et conciliant, bienveillant par caractère, doué d'une grande affabilité, malgré la fermeté de ses convictions, il mit son influence au service de bien des adversaires politiques qui le payèrent, au jour de la mauvaise fortune, de la plus noire ingratitude.

Dans l'histoire des réactions, ce sont toujours les meilleurs qui sont persécutés avec le plus d'acharnement.

Destitué par la première restauration et remplacé par un nommé Ferrant, Lavalette reprit ses fonctions de directeur des postes, lors du retour de Napoléon de l'île d'Elbe. Il refusa le portefeuille de l'intérieur et se borna à des fonctions purement administratives.

Après Waterloo, il donna sa démission et ne pensa point qu'il pouvait être inquiété. Il comptait dans le camp royaliste, nous l'avons dit, des obligés, des liaisons auxquelles la politique était restée étrangère, basées sur ses qualités personnelles. Ainsi était-il lié avec la princesse de Vaudémont-Lorraine, dont le caractère indépendant et généreux mettait l'influence au service de tous les proscrits. Cette dame avait, elle-même, M. de Vitrolles qui, haut placé dans la faveur de Louis XVIII, pouvait se rendre utile à des amis communs. M. de Vitrolles avertit Mme de Vaudémont que M. de Lavalette ferait bien de veiller à sa sûreté, et lui-même le dit un jour à l'ancien directeur des postes.

— Que peut-on me reprocher? répondait-il.

— D'usurpation de fonctions le 20 mars.

— Soit, et mettons les choses au pis, admettons que je sois condamné à deux ans... à cinq ans même.

— Mais cela vaut la peine qu'on l'évite.

— C'est que je ne puis quitter Paris : ma femme est malade, elle approche du terme d'une seconde grossesse, du fond de ma prison je pourrais encore veiller sur elle. Tandis que si je m'expatrie, il me faut partir seul.

— Ce serait pourtant, à mon avis, dit M. de Vitrolles, le seul moyen d'assurer votre tranquillité et la sienne, car elle doit être inquiète?

— Non. Elle ne peut croire qu'on me trouve coupable.

Une chaise à porteurs était dans la cour du Palais de Justice.

Quelques jours plus tard, le 18 juillet, tandis qu'il dînait au milieu de sa famille, un inspecteur de police se présenta chez lui annonçant que M. Decazes le faisait demander.

Il était au mieux avec M. Decazes; il lui avait rendu service autrefois.

« Il veut sans doute m'engager aussi à quitter Paris, se dit-il; allons.

Et il suivit l'inspecteur.

Mais à peine eût-il franchi le seuil de la maison, qu'il se vit entouré par des agents qui le forcèrent à monter dans un fiacre puis le conduisirent au dépôt — lieu infect et terrible à cette époque — où il resta quinze jours sans avoir vu le nouveau préfet de police.

Pendant ce temps Fouché dressait la liste des victimes à immoler et inscrivait le comte de Lavalette dans la première catégorie — parmi les chefs militaires : Michel Ney, Mouton-Duvernet, etc., — qui renvoyait les prévenus devant le conseil de guerre. — Il y avait là une irrégularité flagrante. — Après de longues hésitations le Gouvernement le déféra à la justice criminelle ordinaire, et M. Dupuy, — un magistrat qui faisait son métier aussi honnêtement que possible, — juge d'instruction au tribunal de première instance, fut chargé de l'interroger.

L'instruction se prolongea quatre mois. Pendant ce temps, Lavalette demeura à la Conciergerie, tout près de la chambre occupée par le maréchal Ney.

Il était interdit aux accusés de communiquer ensemble, cependant ils réussirent un jour à échanger quelques paroles.

— Labédoyère y a passé, dit Ney à son voisin; puis ce sera vous; ensuite moi.

— Peu importe qui de vous ou de moi tombera le premier, répondit Lavalette, je crois qu'il n'y a plus de ressources.

— Oh! oh! répliqua le maréchal, peut-être... nous verrons! Cependant tous ces avocats m'ennuient; ils ne comprennent rien à ma position; mais je parlerai.

Le Gouvernement qui, dans tous les procès criminels qu'il intenta voulait obtenir une sentence de mort, s'efforçait de paralyser la défense et agissait par la surprise, de sorte que l'accusé arrivait devant un tribunal comme dans un guet-apens.

Renvoyé devant la Cour d'assises de la Seine pour le lundi 20 novembre, Lavalette reçut seulement le samedi, vers dix heures, la communication de la liste des jurés. Il n'avait que la journée d'un dimanche, peu favorable aux informations, pour se renseigner sur l'esprit et les tendances du jury.

Mais à quoi bon? Nous avons dit comment le jury se préparait.

Les douze noms désignés furent ceux de M. Héron de Villefosse, *président*, MM. Jurien, Parmentier, Guéneau de Mussy, baron de Courville, Commard, Varmer, Neupveu, Chapellier, Burlot, Bezard et Petit.

M. Héron était ingénieur des mines et maître des requêtes au Conseil d'État sous l'Empire, alors que Lavalette siégeait comme conseiller.

L'accusé fondait quelque espoir sur lui, tandis qu'il se sentait un ennemi dans Jurien, ancien émigré.

L'accusation comprenait deux chefs principaux : 1° Complicité dans le complot ayant pour but le retour de l'Usurpateur et le renversement du gouvernement légitime ; 2° usurpation de fonctions publiques.

L'acte d'accusation commençait par chercher à établir la part que Lavalette avait prise à la Révolution du 20 mars.

« Le 20 mars, à sept heures du matin, racontait le ministère public, l'accusé s'est présenté à l'Hôtel des Postes, et pénétrant dans les appartements du directeur, il a frappé violemment avec sa canne sur le parquet en s'écriant d'une voix forte : — *Au nom de l'Empereur, je prends possession de la Poste.* Il a ensuite, en qualité de directeur général, délivré un permis de poste au comte Ferrand, son prédécesseur. Enfin le même jour, et agissant en même qualité, il a adressé à tous les directeurs de poste du royaume la circulaire suivante :

« L'Empereur sera à Paris dans deux heures et peut-être avant. La capitale est dans le plus grand enthousiasme et, quoiqu'on puisse faire, la guerre civile n'aura lieu nulle part. Vive l'Empereur !

Le conseiller d'État, directeur général des Postes,

Comte LAVALETTE.

Le matin du 20 mars, l'accusé était entré à l'Hôtel des Postes, il le reconnaissait, mais par simple curiosité, pour connaître les nouvelles de la nuit. Quant à avoir frappé avec sa canne en déclarant qu'il prenait possession des Postes, un tel fait était indigne d'un homme de son caractère et ne pourrait être cru de ceux qui connaissaient son respect pour les bienséances.

Il donnait à M. Macarel, secrétaire intime de M. Ferrand, le seul qui en témoignât contre lui, le plus formel démenti.

Il ajouta en s'adressant au faux témoin : « Quelques jours après le 20 mars, vous m'avez écrit une lettre d'excuses, vous m'avez demandé une audience ; je vous l'ai accordée et j'ose dire que vous n'avez pas eu à vous en plaindre.

Macarel supporta sans broncher ce démenti et cette leçon qui, ailleurs et en d'autres circonstances, eussent suffi à le déshonorer. Il invoqua le témoignage de deux garçons de bureau. Ceux-ci furent appelés et déclarèrent n'avoir rien entendu.

Il s'agit ensuite d'un permis de poste, délivré le matin même du 20 mars, à M. Ferrand, son prédécesseur. Il fut prouvé que c'était à son domicile particulier, et sur les instances les plus pressantes de Mme Ferrand, que M. de Lavalette avait délivré cette pièce.

Quand à la circulaire aux directeurs des Postes des départements, l'accusé avouait l'avoir écrite à quatre heures et demie du soir, dans le seul but de prévenir des désordres administratifs et politiques.

Cette partie de l'accusation ayant été complètement réfutée, il restait celle d'avoir participé au retour de Napoléon et au renversement du gouvernement royal, le ministère public ne possédait aucune preuve, il fit un procès de tendances. Il fit un crime à Lavalette de ses idées et de ses sympathies.

— Quiconque, dit l'avocat général Hue, ne verrait dans cette cause que le fait d'usurpation de fonctions et ne verrait pas l'intention de servir l'Usurpateur, n'en verrait qu'un côté, et le moins important. Les débats que vous avez entendus sont la chose la moins importante, et je dirai même la plus inutile. L'accusé n'est pas venu aux Postes dans son intérêt, ni dans l'intérêt de l'administration, mais pour servir Bonaparte et il l'a servi. Il a préparé la marche de Fontainebleau à Paris, il a tendu la main de Paris à Fontainebleau.

Quand l'Usurpateur n'aurait pas eu besoin de ce secours, l'intention de l'accusé a été de coopérer à l'attentat de l'usurpation : — L'instruction fait le crime. Cette doctrine, messieurs, n'est pas extraordinaire, la tentative du crime est assimilée au crime lui-même. Attendra-t-on que la victime soit immolée pour punir l'assassin ?

Cette doctrine, pour n'être pas extraordinaire, n'en était pas moins d'une iniquité révoltante. Il y ajouta une injustice plus criante encore. Au lieu de séparer les chefs d'accusation et d'interroger le jury séparément sur chacun d'eux, il ne posa qu'une question, et les jurés n'eurent à répondre par *oui* ou par *non* que sur le fait de culpabilité générale.

En vain M. Tupier, avocat de l'accusé, s'éleva-t-il contre cette perfidie, l'avocat général, après un discours passionné, obtint de la Cour que l'on posât une question unique : — L'accusé est-il coupable?

Il était neuf heures lorsque les jurés se retirèrent pour délibérer.

M. de Lavalette, reconduit à la Conciergerie, y trouva un de ses jeunes parents, ancien aide de camp du prince Eugène, M. Tascher de Sainte-Rose, qui, en son état valétudinaire passait tout le temps qu'il pouvait près du prisonnier. Ils firent une partie d'échec.

A dix heures, on obligea M. Tascher à se retirer et le jury prolongea ses délibérations jusqu'à minuit.

Huit voix contre quatre avaient déclaré l'accusé coupable et, après une courte délibération, la Cour prononça la peine de mort.

Lavalette, en entendant sa sentence, tira sa montre, regarda l'heure et se penchant vers son avocat qui semblait accablé :

— « Que voulez-vous, mon cher ami, lui dit-il, c'est un coup de canon. »

Il se pourvut en cassation, mais sans conserver d'espérance.

L'ÉVASION

Mme de Lavalette ne connut le verdict que le lendemain, ce fut la princesse de Vaudémont qui lui porta la triste nouvelle. Cet excellent cœur soutint son courage et l'obligea à écrire immédiatement au duc de Duras, premier gentilhomme de la Chambre, pour obtenir une audience du roi.

Elle porta elle-même la lettre aux Tuileries une heure après. A sa grande surprise, la réponse ne se fit pas attendre. Le roi attendait Mme de Lavalette dans son cabinet.

L'infortunée se rendit au palais et se jeta aux genoux de Louis XVIII. Sa Majesté lui répondit :

— « Madame, je vous ai reçue pour vous donner une marque de mon intérêt. »

Elle attendit qu'il continuât; c'était tout ce qu'il avait à lui dire.

On la releva, et M. de Duras la reconduisit hors de l'appartement.

Mme de Vaudémont se tourna vers M. Pasquier, alors ministre de la Justice et ancien ami du condamné.

— Le roi n'est plus le maître, lui répondit le ministre; il est dominé par son entourage et par la Chambre. Adressez-vous à la duchesse d'Angoulême, on ne peut rien lui refuser.

Mais aborder la fille de Louis XVI n'était pas facile; elle avait prévu cette démarche et, à l'imitation du roi, son oncle, afin de se défendre à la fois et contre la pitié et contre l'ennui d'un refus, elle s'était barricadée. Des factionnaires gardaient toutes les issues des appartements, il y en avait jusque sur les combles. Un jour même, comme on avait annoncé que Mme de Lavalette attendrait le roi à la sortie du palais, Louis XVIII avait renoncé à sa promenade habituelle.

Cependant Marmont, duc de Raguse, ancien compagnon à l'armée d'Égypte de Lavalette, favorisa une dernière tentative, il prit le bras de Mme de Lavalette que lui avait amenée le général Foy et la conduisit vers la salle des gardes où le roi et sa nièce, en sortant de la chapelle devaient passer.

Une permission spéciale était nécessaire pour pénétrer dans cette salle, le garde de faction arrêta la comtesse, Marmont intervint, M. de Glandevès, major des gardes, lui rappela les ordres donnés pour la comtesse de Lavalette.

— Mais elle est entrée, avez-vous des ordres pour la faire sortir?

— Non.

— Eh bien ! je reste, dit la suppliante.

Au même moment la messe finissait; le roi parut au fond de la galerie ; apercevant la comtesse, il s'arrêta, puis reprit sa marche. Lorsqu'il passa près d'elle, Mme de Lavalette se jeta à ses pieds.

— « Madame, répondit-il sans suspendre sa marche, je ne puis faire autre chose que mon devoir. »

Après le roi venait Mme d'Angoulême; Mme de Lavalette se précipita à ses genoux en étendant les bras; mais M. d'Agoult, chevalier d'honneur de la princesse, se place aussitôt entre elle et la suppliante. Mme d'Angoulême jette un regard irrité à Marmont et poursuivit son chemin.

Le maréchal, pendant un mois, fut en disgrâce.

Le pourvoi venait d'être rejeté; il ne restait plus que l'échafaud ou l'évasion.

L'évasion fut tentée et elle fut aussi émouvante que celles de Latude ou du baron de Trenck.

Le plan fut combiné entre Mme de Lavalette, sa fille Joséphine, enfant de douze ans, Mme de Vaudémont, MM. Baudus et de Chassenon.

On était au 20 décembre, l'exécution devait avoir lieu le lendemain matin.

Des ordres sévères avaient été donnés et comme si l'idée d'une évasion était dans l'air, le greffier-concierge avait été averti de redoubler de surveillance. Il ne devait admettre personne auprès du prisonnier sans une lettre du procureur général. Lavalette, en apprenant cela, écrivit à Bellart pour qu'il lui fût permis de communiquer avec sa famille et avec quelques personnes qu'il désigna.

Cette demande lui fut accordée.

Le 20 décembre, à cinq heures du soir, le concierge Roquette introduisit Mme de Lavalette et sa fille auprès du condamné. Elles étaient accompagnées d'une vieille gouvernante, la veuve Dutoit, qui fut laissée dans la salle du greffe. Elle s'était fait amener en chaise à porteurs qu'elle avait laissée dans la grande cour du Palais de justice.

Vêtue d'une jupe noire, d'une ample robe-redingote de mérinos rouge doublée de fourrures, d'un chapeau noir à plumes mélangées, elle s'est habillée de façon à pouvoir facilement substituer ses vêtements à ceux de son mari. Le cachot du condamné n'était séparé de l'avant-greffe, situé à l'entrée même de la conciergerie, que par deux portes; l'une donnant sur le premier vestibule, l'autre sur un couloir.

Cette disposition des lieux devait merveilleusement faciliter à Mme de Lavalette le plan qu'elle avait conçu.

Les deux époux et leur fille dînèrent ensemble, servis par un des guichetiers nommé Eberle.

A sept heures du soir, celui-ci se retira dans l'avant-greffe.

Le repas avait été triste. Les trois convives, le cœur serré par l'anxiété, échangèrent à peine quelques paroles.

L'heure d'agir sonna, quand tout à coup la porte du cachot s'ouvrit et un des gardiens entra, amenant la vieille gouvernante. La chaleur du poêle, le chagrin ont tellement agi sur la pauvre femme qu'elle est tombée en défaillance en poussant de pénibles gémissements.

Mme de Lavalette s'approche d'elle et lui dit rapidement, d'une voix basse mais ferme :

« Pas d'enfantillage !... Le moindre cri peut coûter la vie à mon mari ; quoique vous voyiez, pas un mot ; respirez ce flacon d'odeurs, dans quelques instants vous serez à l'air libre. »

Le gardien s'est retiré.

Les deux époux passent derrière un paravent qui divise la pièce en deux et le travestissement s'opère.

Il fut plus facile qu'on n'eût pu le croire

M. de Lavalette était petit et corpulent, mais les privations et les tourments de sa captivité l'avaient fait maigrir ; de sorte que, lorsqu'il reparût sous les habits de sa femme jeune et mince, l'œil le plus exercé n'eut pu soupçonner la substitution qui venait de s'opérer.

La jeune Joséphine y fut prise et ne reconnut pas d'abord son père.

Tous les soirs, après que vous m'avez quitté, dit Lavalette, le concierge vient me voir ; ayez soin de vous tenir derrière le paravent et de remuer quelques meubles ; il me croira derrière et sortira, pendant les quelques minutes qui me sont indispensables pour m'éloigner.

La porte s'ouvrit.

Lavalette avait à traverser un corridor, la grande salle du greffe, un grille intérieure, puis la porte de sortie ; un gardien, assis dans l'étroit couloir placé au delà de cette grille, vis-à-vis de la porte de sortie, avait une main appuyée sur la clef ouvrant la grille.

En dehors, se trouvait une petite cour ouverte, gardée par un poste nombreux de gendarmerie.

Malgré un accident arrivé à sa chaise de poste, M. Ellisters put rejoindre ses amis.

Les gardiens, dans la salle du greffe, se tenaient à gauche des portes; dans la petite cour les gendarmes étaient habituellement groupés à droite, la leçon avait été faite à la jeune Joséphine; dans le greffe elle devait prendre le bras gauche; dans la cour le bras droit de son père, afin de se trouver constamment entre lui et les gendarmes ou les gardiens.

Le corridor fut facilement franchi; cinq guichetiers étaient debout dans le greffe lorsque Lavalette y entra, coiffé du chapeau de la comtesse et enveloppé dans son châle et dans ses fourrures. Il paraissait abîmé dans la douleur, avait la tête inclinée sur la poitrine et se cachait le visage en tenant son mouchoir sur ses yeux.

Les gardiens se rangèrent sur son passage.

Le concierge parut en ce moment, et s'approchant du côté opposé à celui où se trouvait la jeune Joséphine, il posa la main sur le bras du condamné.

— Vous vous retirez de bonne heure, madame la comtesse, lui dit le concierge.

Lavalette répond par un gémissement.

Le concierge, placé entre la grille et la porte de sortie, au lieu d'ouvrir le regardait.

Un inexprimable malaise s'empara du condamné, il est à bout de forces. Enfin, faisant appel à toute son énergie, il passe la main à travers la grille et fait signe d'ouvrir.

Les clefs tournent, les portes livrent passage, le groupe toujours dans la même attitude, passe près des gendarmes. On atteint enfin la grande cour du Palais de Justice. La chaise à porteurs était près du grand escalier, le comte et sa fille y prennent place. Mais un contre-temps s'est produit. La chaise reste immobile, les porteurs et le domestique chargé de les surveiller ont disparu.

Une incroyable imprudence a fait soupçonner aux porteurs la substitution qui doit s'opérer, et malgré l'espoir d'une riche aubaine, ils s'éloignent, sans pourtant divulguer le secret qu'ils ont pénétré.

Lavalette s'attend à voir accourir les gardiens de la Conciergerie; il se sent perdu, mais il a des armes, il se défendra et vendra chèrement sa vie.

Enfin deux minutes à peine se sont écoulées, le domestique a trouvé d'autres porteurs, la chaise est enlevée.

On tourne à droite, par le quai des Orfèvres et l'on arrive rapidement rue de Harlay, où stationne un cabriolet, Lavalette y est entraîné par M. Baudus.

La voiture part au galop, gagne le pont Saint-Michel, la rue de la Harpe et prend à droite, la rue de Vaugirard.

Là, seulement, le fugitif reprend possession de lui-même et reconnaît à ses côtés, le comte de Chassenon.

— Quoi, c'est vous? s'écrie Lavalette.

— Oui, répond le comte et vous avez derrière vous une paire de pistolets doubles, chargés, dont vous ferez, j'espère, bon usage en cas de besoin.

— Non, en vérité, je ne veux pas vous perdre.

— Eh bien! je vous donnerai l'exemple et malheur à qui viendra vous arrêter.

Il était neuf heures quand ils s'arrêtèrent au coin du boulevard Neuf et de la rue Plumet. L'endroit était désert, l'obscurité à souhait, Lavalette quitta ses vêtements de femme, pour revêtir un ample carrick et se coiffer d'un chapeau galonné. M. Baudus les rejoignit là, ainsi qu'il en était convenu.

Lavalette suivit ce dernier dans la rue du Bac, en se tenant à distance comme un domestique. Plusieurs fois des gendarmes, courant au galop aux barrières, les croisèrent en chemin.

Parvenu devant un hôtel de belle apparence, M. Baudus dit à l'évadé :

— Je vais entrer, tandis que je parlerai au suisse, avancez dans la cour, vous trouverez à gauche un escalier, vous le monterez et au dernier étage, vous prendrez, à droite, un corridor au fond duquel est une pile de bois, tenez-vous là et attendez.

Lavalette suivit ces indications et se blottit près de la pile de bois. A peine y était-il, qu'il entendit le frôlement d'une robe. On lui prit la main et on le conduisit dans une chambre qui s'ouvrit tout à coup et où brûlait un bon feu, puis la porte se referma.

Pendant ce temps-là, que devenait Mme de Lavalette?

Aussitôt après le départ du comte, le concierge était entré. La comtesse fit un bruit derrière le paravent, il se retira pour revenir cinq minutes après. Ne voyant pas encore son prisonnier, il écarte le paravent et aperçoit Mme de Lavalette. Il jette un cri de fureur et s'élance vers la porte, la courageuse femme se cramponne à ses vêtements pour l'empêcher d'aller donner l'alarme.

— Attendez une minute, lui dit-elle. Laissez-le se sauver, je vous en supplie.

— Mais, madame, vous me perdez! se récrie le concierge en s'efforçant de se débarrasser de ses étreintes.

Il n'y parvint qu'en lui laissant dans les mains des lambeaux de ses vêtements.

Il ouvre la porte du cachot, et crie de toutes ses forces, à plusieurs reprises :

— Le prisonnier est sauvé !

Ce cri se répète de tous côtés. Geôliers, guichetiers, gendarmes coururent affolés, et beaucoup sans savoir ce qu'ils font. Les mieux avisés pensent à la chaise à porteurs, ils l'aperçoivent à l'extrémité de la rue, tournant sur le quai, — elle n'avait donc sur eux que bien peu d'avance, — les gendarmes se précipitent à sa poursuite. Heureusement que la rue de Harlay n'est pas éloignée et que le cabriolet du comte de Chassenon y attend le fugitif.

Le cabriolet a déjà disparu quand les gendarmes ont rejoint la chaise. Ils l'ouvrent... ô déception!... Ils n'y trouvent que la jeune Joséphine !

Cependant la nouvelle de l'évasion est parvenue à M. Auglès, successeur à la police de M. Decazes, et à M. Bellart, procureur général. Ces messieurs, furieux, descendent à la Conciergerie. Leur colère confirme l'espérance de l'héroïque femme sur laquelle ils vont se venger.

— Madame, s'écrie Bellart, vous avez manqué à la justice et violé la loi.

De quelle justice de procureur lui parlait-il ? Il ne concevait pas qu'il était odieux et ridicule, ridicule de s'indigner d'un acte d'humanité et d'amour conjugal, odieux de menacer une femme résignée à tout, à Samson comme à Bellart.

Il l'interroge, il verbalise et la fait mettre au secret.

Quand à Decazes, il se sent compromis. Il se voit en disgrâce et en perd l'esprit. Il prend des mesures de salut public, on croirait la patrie en danger.

Toutes les barrières de Paris sont fermées. Des dépêches télégraphiques, des courriers portent à toutes les villes du royaume, les ordres les plus sévères à l'égard des voyageurs, des perquisitions sont faites nuit et jour chez tous ceux qui se sont trouvés en relations avec l'ancien Directeur des Postes. Cet intrigant si roué, cet ambitieux d'un si remarquable aplomb s'emballe et ne sait plus ce qu'il fait.

D'ailleurs, tous les royalistes en sont tombés au même degré et les femmes, les jeunes filles (ce qui prouve combien nous vivons moralement par des conventions de parti pris, de mode, de tout ce qui constitue l'automatisme moral), oui des mères, des épouses s'écriaient :

« Comment a-t-on pu sauver ce Lavalette ! »

Quand la jeune Joséphine rentra au couvent où elle faisait *son éducation* ses petites camarades et les religieuses la fuyaient et bon nombre de parents déclarèrent qu'il retireraient leurs filles, plutôt que de les laisser en contact avec une enfant qui avait eu une pareille conduite !...

Ils ne s'apercevaient pas, ces imbéciles, qu'ils enseignaient ainsi à leurs enfants le parricide.

Enfin, Mme de Lavalette, lorsque six semaines après l'évasion de son mari, elle recouvra la liberté, fut obligée de reprendre sa fille.

A la Chambre ce fut du délire.

Le 22 décembre, M. de Sesmaisons annonça qu'il interpellerait le lendemain les ministres de la justice et de la police.

Le 23, il monta à la tribune et s'exprima en ces termes :

« Le coupable devait recevoir le prix de ses attentats, car le roi, malgré sa clémence, avait fait prévaloir la loi de la justice sur les sentiments de son cœur. Le long retard qui a eu lieu entre le jugement et son exécution ouvre un vaste champ aux conjectures. La fuite de Lavalette se lie-t-elle à un complot? Toutes les précautions nécessaires à la garde d'un prisonnier ont-elles été prises?

« Pour tout autre individu le jugement eut-il été aussi long? Pour un condamné ordinaire n'y aurait-il pas eu des surveillants de jour et de nuit? Aurait-il obtenu autant de temps pour se préparer à la mort ou pour préparer sa fuite? Et quand la France attendait avec impatience la punition d'un aussi grand coupable, les règles ordinaires ne devaient-elles pas moins être employées à son égard? Un maréchal de France a payé de sa tête le crime de haute trahison, et le complice de l'attentat, un des principaux agents de la conspiration du 20 mars, trouve le moyen de se soustraire?

« Un tel événement a-t-il été dirigé par une main ennemie?

« N'accuserons-nous que la fatalité?

« Dans le doute, nous devons chercher la lumière. Auprès de qui? Sans doute auprès des agents de l'autorité. Il est dans l'intérêt de la Chambre et de la France de connaître les détails d'un pareil événement Quoiqu'on puisse dire, du peu d'importance de la faute de Lavalette, le conspirateur du 20 mars peut avoir trouvé d'anciens et de nouveaux complices et, rendu à la liberté, faire encore beaucoup de mal à son pays.

« Je demande que la Chambre s'informe, près des ministres responsables, des causes d'un tel événement. Puissent-ils, dans leurs éclaircissements, s'affranchir du fardeau de l'effrayante responsabilité qui pèse sur eux. »

M. Bonville fut plus violent encore :

— Il s'agit d'un criminel d'État, dit-il, d'un condamné que la clémence du souverain n'a pas défendu contre la sévérité des lois et qui n'avait plus qu'à subir le jugement. La vengeance publique l'attendait, la nation semblait veiller sur lui comme sur le grand coupable qui l'avait précédé (Ney). Il était sous la surveillance, presque immédiate, de deux ministres et c'est malgré tout cela qu'il a échappé au supplice par une ruse grossière, à l'aide de laquelle un scélérat obscur n'aurait pas échappé.

« Comment le concierge est-il encore en place? A qui fera-t-on croire qu'il n'a pas vu qu'une femme grande et mince n'avait rien de commun avec un homme petit et gros, et dont la tournure devait être aussi ridicule que grotesque sous le déguisement dont il s'est servi pour assurer le succès de *cette scène de comédie?*

« Le garde des sceaux, s'il n'a point favorisé l'évasion du sieur de Lavalette *favorisait*, du moins, *ses espérances* pour la grâce et les *obsessions* de sa femme auprès de Sa Majesté.

« L'instruction a commencé le 3 novembre, la condamnation est du 20. Le pourvoi en cassation est rejeté, le jugement devait être exécuté dans les vingt-quatre heures. *Les gens du métier* assurent qu'en vingt jours tout devait être terminé, et cependant l'affaire a duré du 20 novembre au vingt et un décembre. On assure qu'elle s'est arrêtée, dans les bureaux de la justice, beaucoup plus qu'elle ne devait. Le rejet du pourvoi y est arrivé le lundi 18 décembre, et il n'a été transmis, à la Cour d'assises, que le mercredi suivant à une heure de l'après-midi. L'évasion a eu lieu le mercredi soir et l'exécution était fixée au jeudi. — On trouve, ici, un système de temporisation et de lenteur difficile à excuser. *Puisque le sort de l'accusé était fixé, il était urgent de terminer.*

« Je demande que la Chambre nomme une commission d'enquête. »

Les ministres demandèrent l'ordre du jour. La Chambre renvoya la proposition de M. de Sesmaisons dans les bureaux. Elle y fut étouffée.

Cependant, Lavalette restait introuvable. Lui-même ignorait qui lui donnait asile.

Il lui eut été difficile de deviner qu'il se trouvait à l'hôtel des affaires étrangères, chez le duc de Richelieu, dans l'appartement de M. Bresson, caissier principal.

Cela tenait du roman.

En 93, M. Bresson, poursuivi comme royaliste, n'avait échappé à la mort que par la fuite. Errant dans les montagnes du Dauphiné il allait tomber aux mains des autorités républicaines, alors implacables pour les émigrés, lorsqu'il fût recueilli et sauvé par des paysans qui, bien que bons patriotes, n'hésitèrent pas à lui donner asile.

Sa femme fit alors le vœu de sauver, à son tour, un proscrit.

Instruit de cette particularité, M. Baudus intéressa facilement Mme Bresson au sort de Lavalette, et cette dame put accomplir, sous la Terreur blanche, le vœu qu'elle avait fait sous la Terreur rouge dix-huit ans auparavant.

Cependant, l'évasion de Lavalette n'était pas terminée et ses amis songeaient au moyen de le faire franchir la frontière.

Les difficultés étaient nombreuses. Les portraits du condamné avaient été multipliés et répandus à profusion ; et, d'ailleurs, ses traits prononcés étaient connus de tous les maîtres de postes et des postillons de France. Ce fut encore la princesse de Vaudémont qui imagina les moyens de salut. Elle mit dans son secret un gentilhomme anglais, M. Michel Bruce, et celui-ci s'entendit avec trois de ses compatriotes : le général-major Thomas Wilson, qui déjà avait fait de nobles efforts pour sauver le maréchal Ney, par qui il avait été, pourtant, battu en Espagne ; le capitaine Hutchinson et l'officier Ellisters.

Le 16 janvier 1816, par une soirée sombre et pluvieuse, Lavalette fut conduit chez le capitaine Hutchinson. On avait demandé à lord Stuart un passeport pour lui sous le nom du colonel Loueska. Il cacha ses cheveux grisonnants sous une perruque d'un blond ardent, revêtit un uniforme anglais et le 8 au matin prit place dans un cabriolet découvert à côté du général Wilson.

M. Hutchinson et un domestique les accompagnaient à cheval.

La barrière de Clichy, qu'ils devaient franchir, était gardée par des gendarmes. Ceux-ci les examinèrent avec une grande attention, mais les laissèrent passer.

On ne fit qu'une traite jusqu'à Compiègne où M. Ellisters rejoignit ses amis malgré un accident arrivé à sa chaise de poste.

Ils gagnèrent la Belgique par Cambrai et Valenciennes.

En relayant dans cette dernière ville, Lavalette fut reconnu par le maître de poste. Mais celui-ci, ennemi des Bourbons, avait en outre obtenu, dans une circonstance particulière, la protection du fugitif. Au moment où tant de lâchetés et tant d'ingratitudes se produisaient, il se montra reconnaissant.

S'approchant du faux Loueska :

— Colonel, lui dit-il, vous allez en Belgique. Le bruit court que M. de Lavalette s'y est réfugié ; il fut mon protecteur et voulut bien m'obliger autrefois en m'avançant, généreusement, une somme dont j'avais besoin. Vous le verrez sans doute ; voudriez-vous me rendre un grand service et me procurer le moyen de m'acquitter envers lui.

En même temps, il tendait au faux colonel un rouleau de cinquante louis.

Lavalette eut peine à dissimuler son émotion.

Quelques heures plus tard, il franchissait enfin la frontière.

De Bruxelles, il passa en Bavière et se fixa à Munich, où il vécut sans bruit. Malgré les plaintes du gouvernement français, il ne fut pas inquiété.

Ne pouvant arracher sa victime à l'hospitalité étrangère, le ministre furieux s'en prit aux officiers anglais. Une lettre du général Thomas Wilson, adressée à un de ses frères résidant à Londres, fut saisie au Cabinet noir, et révéla dans tous ses détails la seconde partie de l'évasion du condamné à mort.

Le 22 avril 1816, MM. Thomas Wilson, Hutchinson et Bruce,

Un corps de hussards contribua à la défaite des Autrichiens.

étaient traduits devant le jury de la Seine, sous l'inculpation d'avoir, de complicité, recelé un prisonnier condamné à la peine de mort, et d'avoir facilité et consommé sa fuite.

Roquette, Eberle, un valet de chambre et un porteur au service de Mme de Lavalette, comparaissaient sous la même prévention.

Tous les cœurs vraiment français sympathisaient avec les généreux officiers anglais, dont la bonne foi avait été surprise par l'odieuse violation du secret des lettres.

Le général Wilson déclara dans ses interrogatoires, qu'en concourant à arracher un prisonnier politique à la mort, il avait voulu laver le gouvernement anglais de l'opprobre attaché à la violation de la capitulation de Paris.

Et Michel Bruce adressa à la Cour des assises cette leçon d'humanité :

— Messieurs, je suis encore jeune, mais j'ai beaucoup voyagé ; j'ai toujours observé, même chez les nations les plus barbares, chez celles qui sont presque dans l'état primitif de la nature, que secourir ceux qui avaient recours à leur protection était une chose sacrée, un devoir commandé par leur religion, par leurs lois, par leurs mœurs. Le Bedouin du désert, le Druse du Liban sacrifierait plutôt sa vie que de trahir celui qui lui aurait demandé un asile, quel que soit son pays, quel que soit son crime, il ne voit que le devoir de l'humanité, j'ai cru, homme civilisé, devoir imiter les vertus des barbares.

Les juges, croyant n'avoir plus rien à emprunter aux barbares, condamnèrent les trois officiers anglais, chacun à trois mois de prison.

L'exil de Lavalette ne dura que cinq ans.

Une ordonnance royale de 1821, annula sa condamnation. Il rentra en France, mais il devait y être frappé dans ses affections les plus chères. Mme de Lavalette ne devait pas recevoir le prix de son noble dévouement. Elle n'avait pu résister aux terribles émotions qu'elle avait éprouvées, et quand son mari accourut la rejoindre, elle ne le reconnut plus : elle était folle.

Aussi, le roi n'avait pas tout perdu ; la femme avait payé pour le mari ; il avait pu faire grâce.

VIE DE MICHEL NEY

Ney fut un soldat héroïque, mais il ne fut qu'un citoyen faible et déloyal en politique. Il était très intelligent et possédait toutes les qualités du cœur, ce qui rend très difficile à juger sa conduite en 1815. Sa conduite, à l'entrée à Paris du comte d'Artois; ses promesses d'une fidélité exaltée faites à Louis XVIII, rendent nécessaires le souvenir de sa vie entière pour être pardonnées, et peut-être aussi, que par une étude plus approfondie de sa vie morale, on parviendrait à s'expliquer les odieuses défaillances d'un si grand caractère.

C'est à sa jeunesse, croyons-nous, qu'il faut remonter pour se rendre compte de ses actes en 1814-1815.

Nous allons esquisser rapidement sa vie.

Michel Ney naquit à Sarrelouis, en 1769. Son père, ancien soldat, s'était fait tonnelier et avait amassé quelques économies, il envoya son fils pendant quelques années au collège des Augustins, puis l'en retira pour le placer chez un notaire, et de là, chez un avocat et dans les bureaux des mines d'Alpenweier. Las de la vie de bureaux qui convenait peu au développement de ses forces physiques et à leur besoin d'activité, il s'enrôla, en 1788, dans les hussards. Il avait dix-neuf ans.

Il appartenait donc, par son éducation autant que par son existence matérielle dans la première partie de sa vie, à l'ancien régime. Croyances, erreurs, préjugés, premières impressions chez lui profondément gravés, étaient antérieures à la Révolution.

Nous attirons sur cela votre réflexion, parce que nous croyons que cette éducation première influa d'un grand poids dans la conduite de Ney après la première abdication de Napoléon, et à son retour de l'île d'Elbe.

En se faisant soldat, Ney avait trouvé sa voie. Il se fit aussitôt remarquer par sa rare aptitude au métier des armes, et franchit assez rapidement les grades subalternes. Cependant, — bien qu'il ne fut pas sans exemple que des soldats sans naissance se fussent élevés aux plus hauts grades, — Ney, pouvait être condamné à végéter, quand la Révolution lui fournit l'occasion de parvenir par son seul mérite.

« La vie de Michel Ney, dit un historien, tient de l'épopée. Il est admirable pendant les guerres de la République, il est plus merveilleux encore dans les grandes luttes de l'Empire. Vingt-neuf ans de combats et de batailles où il apparaît toujours comme un héros! Il dépasse les grands guerriers d'Homère. C'était le grand soldat adoré de ses troupes, et sa popularité était immense.

« Ah! que n'a-t-il succombé dans cette horrible mêlée de Waterloo où il implora vainement un boulet anglais. Enseveli dans sa gloire, il eut lavé de son sang les quelques taches que ses faiblesses et son manque de caractère ont faites à sa renommée, et il eut échappé à cette triste destinée qui l'a fait tomber, sous les balles des douze volontaires royaux. »

Son avancement est rapide.

Brigadier en 91, il est lieutenant en 92. En 93, il est aide de camp du général Lecourbe, et capitaine en 94. Placé, par Kléber, à la tête de cinq cents cavaliers pour harceler un corps autrichien, il se distingua si bien qu'il mérita le grade de chef d'escadrons. Un mois plus tard, au combat d'Aldenhoven, il fut fait chef de brigade, ensuite, il prit part aux sièges de Maestricht et de Mayence.

Blessé légèrement devant cette dernière place, il reprit les armes en 95, se distingua dans différents combats et enleva la citadelle de Wurtzbourg, où il fit 2,000 prisonniers.

Une bataille sanglante et victorieuse lui livra la ville de Forzheim. Ce brillant fait d'armes lui valut le grade de général de brigade. Dans cette campagne, il s'était montré aussi humain après la victoire que redoutable pendant le combat : il avait sauvé la vie à un grand nombre d'émigrés, faits prisonniers en combattant contre la France.

Il en fut bien récompensé plus tard!...

Parmi ceux qui le condamnèrent à mort, se trouvaient peut-être **des** prisonniers de Forzheim.

En 1797, Ney, à qui Hoche avait confié un corps de hussards, contribua à la défaite des Autrichiens, à Neuwied. Mais au Giesen, en poursuivant l'ennemi, il eut son cheval tué et, malgré une défense désespérée contre les cavaliers qui l'enveloppaient, fut fait prisonnier.

On ne pouvait abandonner un officier aussi brillant, et un premier échange de prisonniers le rendit à la France.

Envoyé à l'armée que commandait Bernadotte, il s'y fit remarquer par un coup d'une rare audace.

Ayant reçu l'ordre de s'emparer de Manheim, il ne prit que cent cinquante hommes, s'introduisit furtivement dans la place, et s'en rendit maître. Cette action d'éclat lui valut le grade de général de division (1799). Il passa ensuite à l'armée de Masséna, et après une série de combats, reçut le commandement de l'avant-garde de l'armée du Rhin ; grâce à une diversion qu'il opéra, il retint l'archiduc Charles, et permit à Masséna de battre Souvarow à Zurich, mais dut ensuite céder son commandement au général Lecourbe.

Sur ces entrefaites, le général Bonaparte arriva d'Égypte, prévenu de la décomposition de la République.

Disons un mot de cette crise sociale, en regrettant de ne pouvoir en tracer le tableau complet.

« Dès l'origine de la Révolution, dans le fracas des protestations patriotiques, au milieu de tant d'effusions populaires, de dévouement à la cause du peuple et de la liberté, il n'y eut jamais, dans les partis, qu'une conception fondamentale, celle de s'emparer du pouvoir, après l'avoir institué, de s'y affermir par tous les moyens et d'en exclure le plus grand nombre, pour le renfermer dans un comité privilégié... Aussitôt qu'il avait broché ses articles de constitution et saisi les rênes de l'État, le parti dominant conjurait la Nation de s'en fier à lui... Pouvoir et argent, argent et pouvoir pour garantir leurs têtes et disposer de celles de leurs compétiteurs, tous les plans finissent là. Depuis les agitateurs de 1789 jusqu'aux tyrans de 1798, de Mirabeau à Barras, chacun n'a travaillé qu'à s'ouvrir de force la porte des richesses et de l'autorité, et à la refermer sur soi (1). »

Après la Révolution, le Directoire républicain, par l'incapacité de

1. Mallet-Dupan, *Mercure Britannique*.

la plupart de ses membres, par l'apathie de quelques-uns et la corruption des autres, avait réduit le pays aux derniers degrés de la misère et du désordre.

Barras promet à Louis XVIII de coopérer à la Restauration ; il reçoit, par lettres-patentes, sa grâce entière et la promesse de douze millions. Sieyès dit à Gahier : « Nous voici membres d'un gouvernement qui, nous ne pouvons nous le dissimuler, est menacé de sa chute prochaine. Mais quand la glace se rompt, les pilotes habiles peuvent échapper à la débâcle. Un gouvernement qui tombe n'entraîne pas toujours ceux qui sont à sa tête. »

Sieyès cherche la force dans l'armée. Il prépare Joubert, sonde Moreau, pense à Jourdan, à Bernadotte, à Macdonald, avant de se tourner vers Bonaparte.

« Il me faut une épée », dit-il. Boulay de la Meurthe, dans une brochure, propose un protectorat militaire. Baudin, membre des Cinq-Cents, dit à Carnot, un de ses collègues : « La Constitution de l'an III ne peut plus aller, seulement je ne vois pas où prendre le *bras d'exécution*.

En effet, les généraux sondés par Sieyès sont royalistes, un d'eux, même, sera roi un jour.

C'est vers ce dernier et vers Lefèvre, que Michel Ney, invité à soutenir Bonaparte, se tourne pour demander conseil.

Il voit sans doute, comme tout le monde, les lézardes de l'édifice républicain, mais il ne sait à quel parti se rallier, Bernadotte et Lefèvre, après avoir hésité eux-mêmes, le décident pour le vainqueur de Marengo et des Pyramides.

Ney, d'une étonnante audace, d'un rare sang-froid sur le champ de bataille, était incertain, irrésolu lorsqu'il se trouvait en face d'une politique complexe, et était prompt à se laisser entraîner. Il se rallia donc au coup d'État de Brumaire, comme tant d'autres généraux. Il fut comblé, par le premier Consul, de bontés et de faveurs.

Bonaparte lui fit épouser Mlle Auguié de Lascaus, amie intime de sa belle-fille, Hortense de Beauharnais, et fille de Mme Auguié, femme de chambre de Marie-Antoinette. Le mariage eut lieu au château de Grignon en 1802, et, à cette occasion, Bonaparte fit don au général d'un magnifique sabre égyptien qui devait lui être fatal en 1815.

Pour tâter l'intelligence de Ney, le premier Consul lui confia une mission diplomatique en Suisse, en qualité de ministre plénipotentiaire.

Ce pays était devenu le foyer de tous les cabinets de l'Europe. A son arrivée, tous les cantons étaient en armes, Ney fit occuper la forteresse d'Ausbourg, la ville de Zurich, puis se présenta au Sénat de Berne, l'assura de la protection de la France et donna en même temps, au général Brankmann, l'ordre de licencier ses troupes. Bien qu'il eût parlé moins en diplomate qu'en militaire, il réussit. La Suisse recouvra la paix et signa le traité de médiation (février 1803). La République helvétique lui décerna une médaille comme témoignage de reconnaissance.

En octobre suivant, la rupture des relations diplomatiques avec l'Angleterre le rappela à Paris. Bonaparte formait, alors, le camp de Boulogne. Ney fut placé à la tête du 6ᵉ corps.

Après la proclamation de l'Empire, Ney fut comblé d'honneurs, il fut fait maréchal de France et grand officier de la Légion d'honneur.

Devant la grandeur de la France, les grandes monarchies de l'Europe reformaient leur coalition. Nous avions contre nous la Russie, l'Autriche et l'Angleterre.

En quelques jours, Ney transportait son armée au bord du Rhin ; s'emparait des défilés du Danube et mettait en déroute l'archiduc Ferdinand à Geutzbourg. Ensuite, il enlevait les formidables positions d'Elchingen, défendues par 14,000 hommes et 40 pièces d'artillerie, rejetait l'ennemi dans les plaines d'Ulm qui capitulait peu de temps après

Après ces victoires, et tandis que Napoléon marche sur Vienne, Ney, avec 30,000 hommes, envahit le Tyrol, chasse l'archiduc Jean et s'empare des magasins et des arsenaux de l'ennemi.

La victoire d'Austerlitz force l'Autriche à implorer la paix, qui es signée à Presbourg, le 26 décembre. Chaque année va l'illustrer d'une victoire. C'est lui qui, en 1806, achève la défaite des Prussiens à Iéna, qui s'empare d'Erfurt, où il prend 120 pièces de canons et fait 40,000 prisonniers, puis de Magdebourg, qui capitule en 24 heures, et lui livre 800 canons et 23,000 prisonniers. Chaque étape est une victoire. Ney franchit la Vistule, met l'ennemi en déroute à Milarva, le bat près de Lauterbach, repousse le général russe Beningsen, arrive au secours de Bernadotte attaqué par toute l'armée russe à

Moringhem, le 27 janvier 1807, et dix jours après, anéantit tout un corps prussien à Deppen, enfin coupe la retraite aux Russes à la terrible bataille d'Eylau.

Le 1ᵉʳ mars, à Gustad, avec 16,000 combattants, il soutient le choc de 70,000 Russes appuyés par 100 pièces de canon. Le 6 juin, toujours victorieux, mais sous la menace de forces écrasantes, il se replie avec une lenteur habile sur Altenbourg. Le 14, il est à Friedland, où, digne lieutenant de l'empereur, il jette dans l'Alle l'aile gauche de l'ennemi et s'empare de la ville défendue par la garde impériale russe.

Le traité de Tilsitt mit fin à cette campagne, une des plus admirables des guerres impériales.

Napoléon, qui savait combien les titres de noblesse avaient gardé de prestige en France, qui, dans ses armées et ses relations diplomatiques sentait l'ancienne noblesse, ruinée et déchue de ses privilèges, reconquérir un ascendant par ses seuls titres, avait résolu d'opposer des rois, des princes, comme lui sans naissance, aux rois et aux princes héréditaires, et enfin, dans le même esprit, de tirer du peuple, parmi les citoyens les plus illustres de l'armée, de la science et des arts, une noblesse nouvelle.

Ainsi Michel Ney fut fait duc d'Elchingen.

La victoire suivit Ney jusqu'en Espagne, où le patriotisme, devenu un fanatisme religieux, nous opposa une résistance inattendue. Cette résistance, qui fit le bonheur de notre éternelle ennemie l'Angleterre et retarda de cinquante ans la civilisation de l'Espagne, assura à ce royaume le gouvernement paternel des Bourbons, et nous coûta très cher, en épuisant nos forces en combats de détails, en succès militaires stériles, à une époque où l'Empire avait besoin de toutes ses forces, contre une coalition sans cesse reformée.

L'année suivante, un autre allié de l'Angleterre, le Portugal, nous offrit d'autres champs de bataille et nous obligea à la retraite.

L'entêtement de Napoléon à maintenir le blocus continental et à lutter ainsi contre le gouvernement qui s'était fait le banquier de la coalition, amena la rupture avec la Russie ou du moins contribua à cette rupture.

On connaît peu généralement l'histoire de l'Empire, mais on a une idée de l'expédition de Russie. Le retentissement de sa catastrophe

Proclamation du maréchal Ney à Lons-le Saulnier.

dure encore. Le sujet est trop vaste pour être traité ici. Nous n'en parlerons que pour citer les actions les plus glorieuses de Michel Ney.

Le maréchal eut d'abord le mérite de prévoir le danger, pour une armée aussi considérable, de s'aventurer dans un pays sans chemins et peu connu, presque sans ressources, et à l'entrée de l'hiver.

Ses conseils ne furent pas écoutés.

Le 7 septembre, il prit la part la plus glorieuse à la sanglante bataille de la Moscowa, et Napoléon le nomma prince de la Moscowa.

Mais le plus beau titre de gloire de ce légendaire héros fut acquis surtout après l'incendie de Moscou. Dans cette désastreuse retraite, il se montra presque surhumain.

Chargé, le 2 novembre, du commandement de l'arrière-garde, Ney eut constamment à lutter contre les cosaques. Au combat de Krasnoë, séparé du gros de l'armée on le crut perdu. Il ne lui restait que sept mille hommes pour repousser des forces considérables. Parvenu aux bords du Dnieper, il n'a plus que trois mille hommes, et pour franchir le fleuve, il est obligé d'abandonner son artillerie et ses bagages.

Enfin, il rejoint l'armée à Orcha. Mais il a perdu ses chevaux et fait, à pied, le coup de fusil avec ses soldats.

Mais il doit prendre le commandement de l'armée, l'Empereur est parti pour Paris, où il pense parer aux dernières conséquences du désastre et prévenir une insurrection. Murat l'a suivi pour sauver sa couronne de Naples. Le prince de la Moscowa va redoubler d'efforts héroïques.

« Il traverse Kowno et le Niemen, dit M. de Ségur, toujours combattant, reculant, mais ne fuyant pas, marchant toujours après les autres et pour la centième fois depuis quarante jours et quarante nuits, sacrifiant sa vie et sa liberté pour sauver quelques Français de plus.

Il sort enfin le dernier de cette fatale Russie, montrant au monde l'impuissance de la fortune contre les grands courages, et que pour les héros, tout tourne en gloire, même les plus grands désastres.

Il fallait nous attendre à être attaqués par tous nos alliés de la veille.

En avril 1813, Napoléon rentre en campagne, et remet à la tête du 3e corps, le prince de la Moscowa. Ney franchit la Saale, passe sur le corps de l'ennemi au défilé de Posena, le 1er mai, soutient pendant six heures, à Lutzen, l'effort des coalisés et décide la victoire. Le 21 mai, à Bautzen, il tourne les positions ennemies par une marche rapide au delà de la Sprée, enlève à la baïonnette le village de Prëilitz, et s'avance sur Wurchem, tandis que l'ennemi laisse 18,000 hommes sur le champ de bataille et bat en retraite.

A la tête des 3°, 5° et 7° corps, il envahit la Silésie et entre à Breslau, le 3 juin.

Battues de toutes parts, la Russie et la Prusse, pour se refaire, demandent une armistice ; Napoléon commet la faute de la leur accorder. La Suède, dont Bernadotte est devenu roi, s'allie à la Prusse et à la Russie ; l'Autriche se vend au poids de l'or et la coalition européenne s'est reformée contre nous.

C'est l'hydre de la fable, on lui coupe une tête, il en repousse deux.

Bernadotte va fournir contre son ancienne patrie, contre son ancien maître, les plans de la campagne, et nous battre avec notre propre génie.

Napoléon rappelle près de lui le maréchal Ney. Malheureusement en son absence, son corps d'armée se fit battre, et, après avoir contribué à la victoire de Dresde, Ney fut lui-même battu par Bernadotte, qui lui fit dix mille prisonniers et lui prit vingt pièces de canon, mais la défaite sanglante de Leipzig suivit de près.

SUITE ET FIN DE LA BIOGRAPHIE DE NEY

L'ennemi nous repoussa jusqu'au delà de nos frontières.

Ney, infatigable, retrouva l'activité et la vaillance qu'il avait déployée contre la Russie.

Sans commandement fixe, sans but arrêté pendant cette fatale campagne où rien n'était prévu, parce qu'il n'était pas possible de rien prévoir, le prince de la Moscowa courait à l'ennemi, s'efforçait de lui faire face partout; remportant presque partout des avantages dont il regrettait de ne pouvoir tirer parti. A Brienne (29 janvier 1814), à Champaubert, à Montmirail, à Craone (9 mars), à Château-Thierry, il fut constamment au feu. A peine avait-il 53,000 hommes, disséminés sur un grand espace, à opposer à une masse de 300,000 ennemis rangés de front. Tant d'efforts devinrent inutiles, et tandis que Napoléon, après avoir traversé Nogent-sur-Seine, arrive à Fontainebleau, les Alliés entrent dans Paris le 21 mars, et le 2 avril le Sénat prononce la déchéance.

Ce fut Ney qui annonça à l'Empereur le décret du Sénat.

Dès qu'il aperçût le maréchal, Napoléon lui demanda :

— Eh bien ! avez-vous réussi?

— En partie, sire, votre vie et votre liberté sont garanties, mais la régence n'est pas admise. Il était déjà trop tard. Demain, le Sénat reconnaîtra les Bourbons.

— Où me retirerai-je?

— Où voudra Votre Majesté; à l'île d'Elbe, par exemple, avec six millions de revenus.

Napoléon ne fit entendre ni une plainte ni une objection, il se retira et signa, le 11 avril, son abdication.

Alors, ces hommes qu'il avait comblés et élevés presque jusqu'à lui, donnèrent au monde le spectacle démoralisateur de leur bassesse morale en se précipitant, avec la plus lâche servilité, vers cette famille des Bourbons, rentrée dans les fourgons de l'étranger. Oubliant l'Empereur et la France ils ne songèrent qu'à conserver leurs grades, leurs *dignités*, leur fortune.

Ney n'échappa point à cette honteuse contagion. Au lieu d'entrer dignement dans la retraite, le 11 avril, lorsque le comte d'Artois entra à Paris, le maréchal Ney accourut au devant du prince émigré et, se faisant l'interprète des anciens généraux de la Révolution, il lui adressa ces paroles :

— « Monseigneur, nous avons servi avec zèle un gouvernement qui nous commandait au nom de la France, Votre Altesse Royale et Sa Majesté verront avec quel dévouement nous saurons servir notre roi légitime. »

Louis XVIII, qui tenait à l'attacher à sa cause, publia, le 20, l'ordonnance suivante :

« Notre cousin, le maréchal Ney, est nommé commandant en chef du corps royal des chasseurs et chevau-légers lanciers de France. »

Puis il le nomma chevalier de Saint-Louis, puis gouverneur de la

6e division militaire et pair de France. Le prince de la Moscowa se rendit aux réceptions des Tuileries avec sa femme, mais la maréchale s'y vit en butte au mépris et aux sarcasmes de l'ancienne noblesse et profondément atteinte, même dans son mari chez qui on affectait de ne voir que le fils d'un ancien tonnelier, il lui arriva souvent de verser des larmes en sortant des Tuileries.

Ney quitta Paris et se retira près de Châteaudun, dans sa terre des Coudreaux.

C'est là que le 6 mars 1815, il reçut du ministre de la guerre, le maréchal Soult, le commandement de la 6e division militaire. Il se rendit de suite à Paris pour prendre ses ordres. En y arrivant il apprit, de son notaire, le débarquement de Napoléon à Cannes.

— Voilà un bien grand malheur ! s'écria-t-il, que va-t-on faire ? Qui pourra-t-on envoyer contre cet homme ?

Soult lui dit que le gouvernement le chargeait d'arrêter Napoléon et qu'on lui ferait savoir, à Besançon, la conduite à tenir.

Avant de partir pour cette ville, il voulut voir le roi. Ayant obtenu une audience, il montra une vive colère contre *Bonaparte*, parut fier d'être choisi pour arrêter ce criminel et promet « de le ramener dans une cage de fer ».

Le *Journal de Paris* publiait, le 11 mars, l'entrefilet suivant :

« Sa Majesté a assuré le maréchal Ney qu'elle comptait sur sa fidélité. M. le maréchal a baisé la main du roi avec un enthousiasme respectueux, et lui a dit que le plus beau jour de sa vie serait celui où il pourrait lui donner des preuves de son dévouement. »

En arrivant à Besançon, Ney apprit que le comte d'Artois, frère du roi, était à Lyon où il avait pris le commandement des troupes. Il lui écrivit, aussitôt, que le peu de troupes qu'il avait à Besançon ne lui paraissait pas nécessiter son séjour dans cette ville, il suppliait donc Son Altesse de l'employer près d'elle et à l'avant-garde s'il était possible.

Le lendemain, M. de Maillé, premier gentilhomme du comte d'Artois, vint lui apprendre le départ de Lyon du prince et l'arrivée de Napoléon à Grenoble.

Ney se décida, alors, à transporter son état-major à Lons-le-Saulnier, bien résolu, écrivait-il au ministre, d'attaquer l'ennemi à la première occasion (12 mars). Il apprit, en même temps, l'entrée de

Napoléon à Lyon. Il concentra ses forces et donna ses instructions à ses généraux.

Un de ses officiers lui ayant dit que les soldats se mutinaient et, frémissants d'enthousiasme, criaient : Vive l'Empereur !

— Il faudra bien, répondit-il, qu'ils se battent. Je prendrai un fusil et j'engagerai l'action. Je passerai mon sabre à travers le corps du premier qui refusera de me suivre.

Le 13, il apprit que Napoléon était partout acclamé. Mâcon, Dijon, venaient de proclamer le rétablissement de l'Empire et que l'artillerie qu'il attendait venait d'aller grossir les troupes de l'Empereur. Il était déjà dans une profonde perplexité lorsque, dans la nuit du 14, des émissaires de Napoléon vinrent le trouver. Ils lui dirent que l'Empereur avait l'assentiment de l'Autriche et de l'Angleterre et que, d'ailleurs, le mouvement de l'opinion était partout irrésistible et faisait, du retour de Napoléon, une marche triomphale.

Incertain, Ney consulta Lecourbe et Bourmont, placés sous ses ordres, et ceux-ci lui répondirent que l'on ne pouvait résister au courant et qu'il fallait abandonner la cause royale.

Ney, alors, fit volte-face.

Il ordonna aussitôt de réunir les troupes sur la place de Lons-le-Saulnier, le 14 au matin. A l'heure fixée, au milieu d'une foule énorme et silencieuse, le maréchal, entouré de son état-major, arriva sur la place, tira son épée et d'une voix forte lut la proclamation suivante, qui lui avait été remise par les envoyés de Napoléon :

Officiers, sous-officiers et soldats,

« La cause des Bourbons est à jamais perdue. La dynastie que la nation française a adoptée va remonter sur le trône. C'est à l'empereur Napoléon, notre souverain, qu'il appartient seul de régner sur notre beau pays. Que la noblesse des Bourbons prenne le parti de s'expatrier, ou consente à vivre encore au milieu de nous, que nous importe ? La cause sacrée de notre liberté et de notre indépendance ne souffrira plus de leur funeste influence. Ils ont voulu avilir notre gloire militaire, mais ils se sont trompés. Cette gloire est le fruit de trop nobles travaux pour que nous puissions, jamais, en perdre le souvenir.

« Soldats ! Les temps ne sont plus où l'on gouvernait les peuples en étouffant leurs droits. La liberté triomphe enfin, et Napoléon, notre auguste empereur, va l'affermir à jamais. Que désormais cette cause si belle soit la nôtre et celle de tous les Français! Que tous les braves que j'ai l'honneur de commander se pénètrent de cette grande vérité.

« Soldats! Je vous ai souvent conduits à la victoire, et maintenant je vais vous conduire à cette phalange immortelle que l'Empereur conduit à Paris et qui y sera sous peu de jours et, là, notre espérance et notre bonheur seront à jamais réalisés. Vive l'Empereur! »

Dès les premiers mots de cette proclamation le peuple et l'armée, qui haïssaient profondément les Bourbons, firent entendre des acclamations frénétiques. Une joie furieuse, dit M. Thiers, éclata comme le tonnerre dans les rangs des soldats. Mettant leurs schakos au bout de leurs fusils, ils poussèrent ces cris : Vive l'Empereur! Vive le maréchal Ney! avec une violence inouïe; puis, rompant les rangs, ils se précipitèrent sur le maréchal, baisant, les uns ses mains, les autres les basques de son habit; ils le remerciaient, à leur façon, d'avoir été au vœu de leur cœur.

Ceux qui ne pouvaient l'approcher entouraient ses aides de camp, un peu embarrassés de leurs hommages.

« Vous êtes de braves gens, disaient-ils, nous savions bien que vous et le maréchal ne resteriez pas longtemps avec les émigrés. »

Les habitants, non moins expressifs dans leurs témoignages, s'étaient joints aux soldats, et Ney rentra chez lui escorté d'une foule remplie d'allégresse.

Cependant, en revenant à sa résidence, il trouva la gêne et même l'improbation sur le visage de la plupart de ses aides de camps. Un d'eux, ancien émigré, brisa son épée en lui disant : « Monsieur le Maréchal, il fallait nous avertir et ne pas nous rendre témoins d'un pareil spectacle. »

— Et que voulez-vous que je fasse, dit le maréchal, est-ce que je puis arrêter la mer avec mes mains?

D'autres, en convenant qu'on ne pouvait faire marcher les soldats contre Napoléon, lui exprimèrent néanmoins leurs regrets qu'en si peu de temps il eût joué deux rôles contraires.

— Vous êtes des enfants! leur répliqua-t-il. Il faut vouloir une chose ou une autre. Puis-je aller me cacher comme un poltron, en fuyant la responsabilité des événements?

Le maréchal Ney ne peut pas se réfugier dans l'ombre. D'ailleurs, il n'y a qu'un moyen de diminuer le mal, c'est de se prononcer de suite pour se débarrasser de la guerre civile, pour nous emparer de l'homme qui revient, et pour l'empêcher de recommencer ses folies ; car je n'entends pas me donner à un homme, mais à la France, et si cet homme voulait nous ramener sur la Vistule, je ne le suivrais point.

Ney reçut ensuite à dîner, non tous ses généraux, mais tous les chefs du régiment, un seul excepté, qui refusa de s'y rendre. Sauf un peu de gêne provenant de la violation du devoir militaire que l'on se reprochait intérieurement, ce ne fut qu'une longue récapitulation des fautes des Bourbons qui, sans le vouloir, ou le voulant (chacun en jugeait à sa manière) s'étaient livrés à l'émigration, à l'étranger, et avaient affiché des sentiments qui n'étaient pas ceux de la France. Ce ne fut aussi qu'une protestation unanime contre les anciennes fautes de l'Empereur, contre sa folie belliqueuse, contre son despotisme, contre son refus d'écouter les représentations de ses généraux en 1812 et en 1813; ce ne fut enfin qu'une résolution énergique de lui dire la vérité et d'exiger, de sa part, des garanties de liberté et de bonne politique.

Les généraux Lecourbe et de Bourmont ne prirent que peu de part à la conversation, mais ils admettaient comme inévitable et trop motivée par les fautes des Bourbons, la révolution qui s'accomplissait.

Le maréchal quitta ses convives. Il adressa à sa femme une lettre, dans laquelle il racontait ce qu'il avait fait, et qu'il terminait par ces mots caractéristiques : — « Mon amie, tu ne pleureras plus en sortant des Tuileries. »

Dans la nuit du 14, le maréchal partit avec ses troupes au devant de Napoléon, il le rencontra à Auxerre. Il était très décidé à faire ses conditions, et se présenta tenant un manifeste explicatif où il faisait ses réserves. En le voyant, Napoléon lui ouvrit les bras en lui disant : « Embrassons-nous, mon cher maréchal. »

Et comme Ney voulait commencer sa lecture.

— Vous n'avez pas besoin d'excuses, lui dit-il, votre excuse, comme la mienne, est dans les événements qui ont été plus forts que les hommes. Ne parlons plus du passé, mais ne nous en souvenons que pour nous mieux conduire. »

A Riom, le général Excelmans fit proposer à Ney de l'enlever.

Le maréchal, interloqué, dut remettre son manifeste dans sa poche. Mais, le lendemain, il l'écrivait à Napoléon :

« Je ne suis pas venu vous joindre ni par considération, ni par attachement à votre personne. Vous avez été le tyran de ma patrie ; vous avez apporté le deuil dans toutes les familles, et le désespoir dans plusieurs. Vous avez troublé la paix du monde entier. Jurez-moi, puisque le sort vous ramène, que vous ferez le bonheur du peuple ! Je vous somme de ne plus prendre les armes que pour maintenir nos limites, de ne plus les dépasser pour aller tenter au loin d'inutiles conquêtes ; à ces conditions, je me rends pour préserver mon pays des déchirements dont il est menacé. » Le maître qui veut se faire obéir, ne peut subir les conditions de son subordonné, et d'ailleurs, il y avait plus de faiblesse mal déguisée dans cette rodomontade, que de véritable courage. Napoléon le chargea de l'inspection des frontières du Nord-Est. Lorsque le 1er juin, il réunit le Corps électoral au Champ-de-Mai, apercevant Ney, qui n'avait pas paru aux Tuileries depuis un mois, il l'apostropha en ces termes :

— Je croyais que vous aviez émigré ?

— J'aurais dû le faire plus tôt, répondit le maréchal, maintenant, il est trop tard.

Néanmoins, Napoléon nomma, le lendemain, le maréchal membre de la Chambre des Pairs, et l'appela au commandement du 1er et du 2e corps d'armée.

Quelques jours plus tard, Ney se battait héroïquement aux Quatre-Bras, puis à Waterloo où il cherchait vainement la mort.

« Ney éperdu, dit V. Hugo, grand de toute la hauteur de la mort acceptée, s'offrait à tous les coups dans cette tourmente. Il eut là son cinquième cheval tué sous lui. En sueur, la flamme aux yeux, l'écume aux lèvres, l'uniforme déboutonné, une de ses épaulettes coupée par un coup de sabre d'un horsegard, sa plaque de grand-aigle bosselée par une balle, sanglant, fangeux, magnifique, une épée cassée à la main, il disait : Venez voir comment meurt un maréchal de France sur un champ de bataille ! » Mais en vain, il ne mourut pas. Il était hagard et indigné.

Il jetait à Drouet d'Erlon cette question :

— Est-ce que tu ne te fais pas tuer, toi ?

Il criait, au milieu de toute cette artillerie écrasant une poignée d'hommes :

— Il n'y a donc rien pour moi ? Oh ! que je voudrais bien que tous ces boulets anglais m'entrassent dans le ventre !

Tu étais réservé à des balles françaises, infortuné ! »

De retour à Paris, la grandeur héroïque de Ney s'évanouit. Le caractère, chez lui, n'est pas à la hauteur du courage. Au lieu de faire son devoir de citoyen et de parler en patriote, il se rend au Sénat stupéfait de l'entendre dire : « Il ne nous reste plus, messieurs, qu'à entamer des négociations. Il faut rappeler les Bourbons, et moi, je vais prendre le chemin des États-Unis.

On ne lui donna aucun commandement dans l'armée qui s'organisait sous les murs de Paris.

Il ne serait pas resté en sûreté au milieu des soldats indignés, a dit Caulaincourt.

Le 3 juillet, le gouvernement signait une capitulation, dont l'article 12 était conçu en ces termes :

« Seront respectées, les personnes et les propriétés particulières, les habitants et en général, tous les individus qui se trouvent dans la capitale continueront à jouir de leurs droits et liberté sans pouvoir être inquiétés ni recherchés en rien relativement aux fonctions qu'ils occupent, on auraient occupés, à leur conduite et à leurs opinions politiques. »

Cet article semblait protéger Ney contre la vengeance des Bourbons. Cependant le maréchal quitta Paris avec des papiers au nom du major Reiset et, après avoir songé à se réfugier en Suisse, il accepta l'hospitalité d'un de ses amis.

Nous avons raconté ailleurs, comment les royalistes, surtout dans le Midi, respectèrent l'article 12 de la capitulation et comment Fouché dressa des listes de généraux accusés de haute trahison.

On se souvient comment la retraite du maréchal fut découverte, par un individu qui avait reconnu le magnifique sabre turc que Napoléon avait donné à Michel Ney, et enfin comment celui-ci était allé au devant des gendarmes envoyés pour l'arrêter.

Conduit à Aurillac, il y resta cinq jours, sous la garde du préfet Locard, puis il fut acheminé vers Paris, sous l'escorte de deux officiers de gendarmerie auxquels le préfet recommanda la surveillance la plus sévère.

L'un d'eux, qui avait servi sous le maréchal, répugnant à ces mesures de rigueur, dit au prisonnier qu'il aurait en lui et son camarade non des gardiens, mais de simples compagnons de voyage, s'il leur donnait sa parole de ne point chercher à s'échapper.

Le maréchal donna sa parole.

Engagement regrettable, car une partie de l'armée de la Loire se trouvait sur son chemin, entre autres, le corps de dragons d'Excelmans, cantonné à Riom, ville que Ney devait traverser.

Excelmans, en effet, lui fit proposer de l'enlever, Ney refusa parce que sa parole était engagée.

Il entra à Paris sous de sombres présages. On venait d'y apprendre l'assassinat du maréchal Brune à Avignon, à l'heure où il entrait à la Conciergerie, Labédoyère sortait de l'Abbaye pour être fusillé.

Peu de jours après, le comte de Lavalette était enfermé dans un cachot voisin de celui du maréchal.

M. Decazes fit subir trois longs interrogatoires à ce dernier et deux jours plus tard, le 21 août, un arrêté du ministre de la guerre constitua, pour le juger, un Conseil de guerre spécial. Le maréchal Moncey, nommé président, répondit par un refus écrit à la notification de sa nomination. Le lendemain, un des ministres vint, *au nom du roi*, lui donner l'ordre d'accepter, et le maréchal répondit au roi par l'admirable lettre suivante :

« Sire, placé dans la cruelle alternative de désobéir à Votre Majesté ou de manquer à ma conscience, je dois m'expliquer à Votre Majesté. Je n'entre pas dans la question de savoir si le maréchal Ney est innocent ou coupable ; votre justice et l'équité de ses juges *en répondront à la postérité*, qui juge dans la même balance les rois et les sujets. Ah ! Sire, si ceux qui dirigent vos conseils ne voulaient que le bien de Votre Majesté, ils lui diraient que l'échafaud ne fit jamais des amis. Croient-ils donc que la mort soit si redoutable pour ceux qui la bravèrent si souvent ?

« Sont-ce les Alliés qui exigent que la France immole ses citoyens les plus illustres? Mais, Sire, n'y a-t-il aucun danger pour votre personne et votre dynastie à leur accorder ce sacrifice ?

Et après avoir désarmé la France à ce point que dans les deux tiers de votre royaume il ne reste pas un fusil de chasse, pas un seul homme sous les drapeaux, pas un canon attelé, les Alliés veulent-ils donc faire tomber les têtes de ceux dont ils ne peuvent prononcer les noms sans rappeler leur humiliation?

« Qui, moi, j'irais prononcer sur le sort du maréchal Ney! Mais, Sire, permettez-moi de demander à Votre Majesté où étaient les accusateurs, tandis que Ney parcourait tant de champs de bataille? Ah! si la Russie et les Alliés ne peuvent pardonner au prince de la Moscowa, la France peut-elle donc oublier le héros de la Bérésina?

« C'est à la Bérésina, Sire, que Ney sauva les débris de l'armée. J'y avais des parents, des amis, des soldats enfin qui sont les amis de leurs chefs et j'enverrais à la mort celui à qui tant de Français doivent la vie? Tant de familles leurs fils, leurs époux, leurs pères! Non, Sire, et s'il ne m'est pas permis de sauver mon pays et ma propre existence, je sauverai du moins l'honneur. S'il me reste un regret, c'est d'avoir trop vécu, puisque je survis à la gloire de ma patrie. Quel est, je ne dis pas le maréchal, mais l'homme d'honneur qui ne sera pas forcé de regretter de n'avoir pas trouvé la mort dans le champ de Waterloo?

Ah! Sire, si le malheureux Ney eut fait là ce qu'il avait fait tant de fois ailleurs, peut-être ne serait-il pas traîné devant une commission militaire, peut-être, ceux qui demandent aujourd'hui sa mort, demanderaient-ils sa protection.

« Excusez, Sire, la franchise d'un vieux soldat qui, toujours éloigné des intrigues, n'a jamais connu que son métier et la patrie. Il a cru que la même voix qui a blâmé les guerres d'Espagne et de Russie, pouvait aussi parler le langage de la vérité au meilleur des rois. Je ne me dissimule pas qu'auprès de tout autre monarque, ma démarche serait malheureuse et qu'elle peut m'attirer la haine des courtisans, mais si en descendant dans la tombe, je peux m'écrier avec un de vos illustres aïeux : *Tout est perdu hormis l'honneur* » alors je mourrai content. »

« Cette lettre, dit de Vaulabelle, est l'éternelle condamnation des juges du prince de la Moscowa. » Elle provoqua chez le roi et dans son entourage une explosion de colère et *d'indignation*. Princes, ministres, courtisans réclamèrent un châtiment.

Le ministre de la guerre, Gouvion-Saint-Cyr, avec la servile docilité de Soult eut la honte de rédiger, contre le défenseur de la barrière de Clichy, l'ordonnance qui suit :

Louis, vu nos ordonnances des 24 et 25 août, en vertu desquelles le maréchal Ney est traduit devant le conseil de guerre de la première division, vu l'arrêté du 21 août par lequel notre ministre de la guerre a désigné les membres qui doivent composer ce conseil, vu les lettres du maréchal Moncey, desquelles il résulte qu'il n'a point, pour se dispenser de siéger, la seule excuse qui, d'après l'article 6 de la loi du 15 brumaire an V, puisse être valable; considérant que le refus du maréchal Moncey ne peut être attribué qu'à un esprit de *résistance* et *d'indiscipline*, d'autant plus coupable qu'on devait attendre un exemple tout à fait contraire du rang éminent qu'il occupe dans l'armée et des principes de *subordination* que, dans sa longue carrière, il a dû apprendre à respecter, nous avons résolu de lui appliquer la peine portée par l'article 6 de la loi du 15 brumaire an V, contre tout *officier* qui, sans excuse valable, refuse de siéger dans le Conseil de guerre où il est appelé. A ces causes, nous avons ordonné et ordonnons ce qui suit :

Le maréchal Moncey est *destitué*, il subira une peine de *trois mois d'emprisonnement.*

Donné à Paris, à notre château des Tuileries, le 29 août de l'an de grâce 1815, et de notre règne le vingt et unième.

Signé : LOUIS.

Pour le Roi,
GOUVION-SAINT-CYR.

Ainsi « le meilleur des rois » trouva injurieuse pour lui une lettre qu'aujourd'hui tout le monde admire et, au malheur de faire fusiller le maréchal Ney, sut ajouter encore l'odieux de destituer de la plus haute dignité militaire et d'emprisonner le maréchal Moncey.

Celui-ci fut envoyé au fort de Ham, mais le fort était encore occupé par les Prussiens, qui refusèrent de recevoir le prisonnier.

Le maréchal fit ses trois mois de détention dans une auberge située en face du château.

Ney, aussitôt après la formation d'un Conseil de guerre, fut enfermé à la Conciergerie avec la plus grossière et la plus méprisable barbarie. Il fut traité comme le plus vil des malfaiteurs et tenu au secret pendant trois semaines.

Son cachot était situé à l'extrémité d'un couloir long et obscur. Il ne recevait d'air et de lumière que par une seule fenêtre obstruée d'une hutte en planche.

Les murs étaient nus et sales. Le mobilier se composait d'un mauvais grabat, d'une vieille table, d'une chaise et de deux baquets infects. Il y resta un mois. On le transféra, ensuite, dans un cachot au-dessus de celui du comte de Lavalette, où on lui accorda un poêle, mais on ne négligeait rien qui put lui être désagréable. Il jouait assez bien de la flûte et, comme il recourait à ce passe-temps, on le lui interdit. Pour toute distraction, il avait de courtes promenades dans un couloir gardé par deux factionnaires, vêtus ordinairement de l'uniforme des grenadiers de la garde impériale, mais qui n'étaient que des gardes du corps ou des agents de police déguisés, ainsi que Lavalette en acquit la preuve et l'a raconté dans ses Mémoires.

Après une longue instruction dirigée par le général Grundler, rapporteur, le Conseil de guerre se rassembla dans la salle réservée aux assises criminelles. Cette vaste salle était à peine assez grande pour contenir les amis de l'accusé, auxquels disputaient leurs places beaucoup de dames françaises et étrangères, et d'officiers anglais et allemands, pleins de sympathie pour le héros militaire.

On remarquait, derrière les juges, le prince Auguste de Prusse, le prince de Metternich, lord et lady Castlereagh.

Le Conseil n'avait pas permis que le maréchal fut assis au banc des voleurs et des assassins et lui avait fait donner un fauteuil, dans l'enceinte demi-circulaire qui fait face au bureau des juges.

L'ouverture de l'audience fut retardée par le refus de siéger du maréchal Masséna. Le maréchal alléguait des différends survenus en Portugal, entre Ney et lui ; mais ces raisons furent repoussées comme insuffisantes. A dix heures et demie, les conseillers firent leur entrée dans l'ordre suivant :

Le maréchal *Jourdan*, président ;
Les maréchaux *Masséna, Augereau, Mortier ;*
Les lieutenants-généraux *Gazan, Claparède* et *Vilatte*, juges ;
Le maréchal de camp *Grundler*, rapporteur ;
M. *Joinville*, commissaire du roi, ordonnateur en chef.

Au milieu d'un silence profond, l'auditoire attendait l'arrivée de l'accusé ; mais, à la surprise générale, cette attente fut vaine. Toute l'audience se passa en lectures d'interrogatoires et de différentes pièces de procédure. A cinq heures et demie, l'audience fut renvoyée au lendemain.

Le 10, la lecture des pièces continua. Nous en donnerons, ici, les principaux passages. Les interrogatoires du juge rapporteur sont la matière même du procès :

D. — Vous avez déclaré que vous aviez vu les agents de Bonaparte dans la nuit du 13 au 14, pourquoi donc votre proclamation est-elle datée du 13 ?

R. — C'est à tort qu'elle porte cette date, elle est vraiment du 14. Je l'ai lue moi-même à une fraction des troupes. Le reste a été connu par l'ordre du jour. J'ai eu connaissance, mais seulement par les journaux et non officiellement, de l'ordonnance du roi qui déclarait Bonaparte traître et rebelle et qui ordonnait à tous les citoyens de lui courir sus. Une grande partie des troupes avait déjà abandonné la cause du roi avant qu'il eût publié sa proclamation. Deux bataillons du 76° s'étaient même permis de garder prisonnier, à Bourg, leur général, le maréchal de camp Gauthier. Les agents de Bonaparte avaient déjà réussi à influencer la totalité des troupes.

Déjà, depuis le 10 et le 11, une grande partie des soldats avaient commencé à discuter. Un grand nombre d'agents s'étaient mêlés parmi eux. J'ai su, depuis, que deux aigles avaient été apportées. L'exaltation était à son comble ; un silence sinistre annonçait que les troupes étaient prêtes à lever l'étendard de la révolte. Les soldats menaçaient de me tuer, ainsi que cela me fut rapporté par le général de Bourmont et plusieurs autres officiers. J'étais, moi-même, troublé de la position affreuse où la France allait se trouver, et j'ai plutôt suivi l'entraînement général, que je n'ai donné l'exemple.

Le matin du jour où je lus la proclamation aux troupes, je fis appeler chez moi les généraux Lecourbe et Bourmont et je leur en donnai communication. Je sommai ce dernier, *au nom de l'honneur*, de me dire ce qu'il pensait. Ils en approuvèrent le contenu et m'accompagnèrent sur le terrain où le général Bourmont avait fait rassembler les troupes.

D. — Lorsque vous eûtes pris le parti de rejoindre Bonaparte, écrivîtes-vous aux maréchaux Suchet et Oudinot ?

R. — Non, je crois me rappeler que je leur écrivis quelques jours

Le maréchal paraît, accompagné de deux officiers de gendarmerie.

après, pour leur transmettre les ordres qui m'avaient été adressés par le général Bertrand.

D. — Où avez-vous rejoint Bonaparte?

R. — A Auxerre, direction qu'il m'avait fait indiquer pour la direction des troupes.

D. — Avez-vous reçu, du 13 au 14 mars, des ordres des ministres du roi?

R. — J'ai reçu une lettre du ministre de la guerre, à Besançon, qui me faisait connaître les mouvements ordonnés, par lui, aux maréchaux Suchet et Oudinot, mais je ne me rappelle pas précisément la date.

D. — N'avez-vous pas donné l'ordre de faire arrêter plusieurs officiers généraux et supérieurs, employés dans votre département; entre autres, les généraux de Bourmont, Lecourbe, Delort, Jarry, M. le comte de Scey, préfet du Doubs et le maire de Dôle?

R. — Oui, d'après l'ordre que je reçus de Bonaparte, c'était une mesure que l'on croyait nécessaire, mais qui ne les a pas atteints, la plupart de ceux que vous me désignez étant arrivés à Paris presque en même temps que Bonaparte. J'ai su, depuis, qu'ils n'avaient pas été inquiétés, et que l'ordre avait été envoyé au général Mermet, commandant à Besançon, de mettre en liberté ceux qui avaient été arrêtés, excepté le préfet de Besançon qu'on fit sortir de la ville.

D. — Connaissez-vous M. Cayrol, commissaire-ordonnateur?

R. — Oui.

D. — Pourquoi l'avez-vous fait arrêter à Lons-le-Saulnier?

R. — Je ne me rappelle pas avoir donné cet ordre-là. Je crois me souvenir, que lui ayant reproché de n'avoir pas pris toutes les mesures nécessaires pour assurer la subsistance des troupes, je lui ordonnai d'aller à Besançon pour y pourvoir.

D. — En arrivant à Besançon, avez-vous donné l'ordre de désarmer la place?

R. — Non.

D. — Savez-vous si le directeur d'artillerie fit retirer les canons de dessus les remparts et par quel ordre?

R. — Je n'en ai rien su. On peut en demander compte au général de Bourmont, pour savoir s'il y avait des ordres matériels à cet égard.

D. — Vous rappelez-vous avoir fait demander, par votre chef d'état-major, une somme de 15,000 francs à M. le préfet de Besançon?

R. — Non.

D. — De qui le général Gauthier reçut-il l'ordre de rétrograder sur Bourg avec le 76e?

R. — Je suppose que c'est du général de Bourmont.

D. — Par qui Votre Excellence apprit-elle la révolte du 76e et son départ pour rejoindre Bonaparte?

R. — Par le préfet de l'Ain et deux autres personnes qui arrivaient de Lyon.

D. — Quelles étaient les forces sous vos ordres à Lons-le-Saulnier, tant infanterie que cavalerie ou artillerie?

R. — Il y avait, à Lons-le-Saulnier, les 60e et 77e de ligne, 8e de chasseurs et 5e dragons; l'artillerie n'était point encore arrivée.

D. — D'où Votre Excellence attendait-elle son artillerie?

R. — De Besançon. Le général Mongenet avait l'ordre de la diriger sur Lons-le-Saulnier. Je crois qu'il y arriva une batterie le 15, mais je ne puis pas l'affirmer, parce que j'étais déjà parti de cette ville.

D. — Votre Excellence a écrit le 13, de Lons-le-Saulnier, une lettre au ministre de la guerre, dans laquelle elle lui faisait connaître la composition des deux divisions sous vos ordres. Ces troupes étaient donc à Lons-le-Saulnier ou dans les environs?

R. — Je vous ai déjà répondu que deux régiments étaient à Lons-le-Saulnier, le reste était cantonné dans les environs, à l'exception du 3e hussards, dont une grande partie était déjà passée à Bonaparte, du 6e de hussards que j'avais dirigé sur Auxonne et du 76e qui était à Bourg. Quant à l'artillerie, elle n'était pas encore arrivée en totalité, et les divisions dont j'ai fait connaître la composition au ministre n'auraient pu être réunies que le 15.

D. — De quoi se composaient vos approvisionnements de guerre à Lons-le-Saulnier?

R. — Je ne puis répondre positivement à cette question, je sais seulement que quelques régiments d'infanterie devaient avoir cinquante cartouches par homme. D'autres régiments *n'en avaient pas du tout*. On avait mis une telle précipitation à faire partir les troupes, que le général de Bourmont avait oublié de faire donner des cartouches à quelques-uns des régiments. A mon avis, à Besançon, il n'y avait pas encore *un seul cheval réuni* pour le service de l'artillerie de mon corps d'armée.

D. — Avez-vous fait à M. Pessonges de Préchamp, votre chef d'état-major, quelque confidence sur votre projet de vous réunir à Bonaparte?

R. — Non.

D. — Pourriez-vous nous représenter et la lettre que vous reçûtes du général Bertrand de la part de Napoléon, dans la nuit du 13 mars, et l'original de la proclamation que vous avez lue aux troupes et qui, dites-vous, était jointe à la lettre?

R. — Ces deux pièces doivent se trouver dans mes papiers.

D. — Vous rappelez-vous avoir dit, sur la place de Lons-le-Saulnier, aux personnes qui vous entouraient, après la lecture de la proclamation, que le retour de Bonaparte était préparé depuis plus de trois mois?

R. — Non, je ne me rappelle pas cela.

D. — N'avez-vous pas dit à l'ordonnateur Cayrol : Il y a plus de trois mois que je savais cela de l'île d'Elbe.

R. — Non.

D. — Avez-vous donné, à Dôle, l'ordre d'afficher une proclamation?

R. — Je ne me le rappelle pas.

D. — Avez-vous dit, le 15 mars, au maire de Dôle, en présence du sous-préfet, que depuis trois mois, MM. les maréchaux de France avaient formé le projet de renverser le gouvernement des Bourbons, et que, depuis un mois, ce projet avait été définitivement arrêté?

R. — C'est une fausseté, je ne connaissais pas le maire de Dôle, je crois l'avoir vu à mon passage en cette ville, mais je ne lui ai fait aucune espèce de confidence et de déclaration de ce genre.

Quelques jours plus tard, le juge d'instruction revient sur les deux pièces du 13 mars.

D. — Avez-vous fait faire la recherche des deux pièces dont je vous ai parlé : la lettre de Bertrand et la proclamation que vous assurez y avoir été jointe?

R. — J'en ai fait la demande à Mme la maréchale. Elle m'a répondu qu'à l'époque où elle apprit mon arrestation et l'exécution de Labédoyère, un premier mouvement d'inquiétude la détermina à donner l'ordre à son régisseur des Coudraies, de brûler tous les papiers qui se trouvaient dans mon château, au nombre desquels se trouvaient les deux pièces que vous me demandez. Cet ordre a été exécuté.

Dans un autre interrogatoire, Ney fait ainsi l'historique de la mission qui lui fut confiée par l'Empereur à son retour de l'île d'Elbe :

— Je suis parti de Paris le 23 mars, par ordre de Bonaparte, pour me rendre à Lille. Je reçus, dans cette ville, une lettre très longue de lui, le 25 ou le 26, dans laquelle il me prescrivait de parcourir toute la frontière du nord et de l'est de la France, depuis Lille jusqu'à Landeau ; de passer la revue des troupes, de visiter les places pour m'assurer de l'état des fortifications et de la situation de leur approvisionnement de guerre et de bouche, ainsi que les hôpitaux militaires.

J'étais également chargé de donner des renseignements sur les fonctionnaires civils et militaires, de les suspendre provisoirement quand je le croirais convenable et de proposer leur remplacement. On sait que je n'ai usé, qu'avec une extrême réserve, de ce pouvoir et que personne n'a été déplacé par moi. Lorsque j'arrivais dans une ville, les autorités militaires et civiles venaient me rendre visite. Je m'informais auprès d'elles de l'état des choses ; je leur faisais part des ordres que j'avais reçus et des pouvoirs qui m'étaient confiés. Il était tout simple que je leur parlasse dans le sens du gouvernement d'alors, mais je nie formellement avoir tenu aucun discours ou propos insultants pour le roi ou pour les princes de sa famille ; mes instructions portaient l'ordre exprès d'annoncer partout que l'Empereur ne voulait et ne pouvait plus faire la guerre hors de France, d'après les arrangements faits et conclus à l'île d'Elbe entre lui, l'Angleterre et l'Autriche ; que l'impératrice Marie-Louise et le roi de Rome devaient rester à Vienne comme otages, jusqu'à ce qu'il eût donné à la France une Constitution libérale et exécuté toutes les conditions du traité. Après quoi elle viendrait, avec son fils, le rejoindre à Paris.

« J'avais en outre l'ordre, dans le cas où le roi ou quelques princes de la famille royale tomberaient en mon pouvoir, de ne rien faire pour les retenir, mais de les laisser aller où ils jugeraient convenable, et de protéger même leur sortie du territoire français. Je devais rendre compte, tous les jours, à Bonaparte lui-même. »

La lecture des pièces fut terminée le 10, à midi.

Le président, s'adressant aux gardes, leur dit :

— Priez le Maréchal accusé de vouloir bien comparaître devant le Conseil.

Un murmure d'approbation s'éleva de l'auditoire à ces paroles pleines de convenance, et le silence se rétablit aussitôt.

Ney parut, accompagné de deux officiers de gendarmerie; les soldats de service lui portèrent les armes. Il prit place sur le fauteuil auprès duquel s'étaient assis ses trois défenseurs : MM. Berryer, père et fils, et M. Dupin.

Les officiers de gendarmerie se tinrent à quelque distance en arrière.

Le Maréchal portait l'habit bleu d'uniforme sans broderies, avec les épaulettes de son grade et la plaque de la Légion d'honneur.

Un crêpe, à son bras gauche, rappelait la mort de son beau-père, M. Auguié, qui, en apprenant son arrestation, avait été frappé d'apoplexie foudroyante.

Le président, selon l'usage, lui demanda ses nom, le lieu de sa naissance et ses qualités.

Le Maréchal se leva, mais au lieu de répondre, il lut une protestation rédigée par ses avocats, et dans laquelle il déclarait que si, dans l'instruction, il avait daigné répondre aux questions faites, au nom du Conseil, par le général rapporteur, c'était uniquement par déférence pour les maréchaux et les généraux composant le tribunal; maintenant, ajoutait-il, obligé de comparaître, il déclinait la compétence du Conseil, et que, pair de France, il demandait, aux termes des articles 33 et 34 de la Charte, son renvoi devant la Chambre des pairs.

— Étranger aux matières judiciaires, dit-il, n'ayant aucune connaissance personnelle des lois ni de la procédure, j'attends de l'indulgence de MM. les maréchaux et lieutenants-généraux, qu'ils voudront bien m'admettre à motiver mon déclinatoire par l'organe de mon défenseur, M. Berryer...

Idée funeste, qui lui avait été suggérée par ses maladroits défenseurs, et que ses amis, mieux éclairés, accueillirent avec un douloureux étonnement. Il récusait un tribunal d'amis pour demander à être jugé par ses ennemis déclarés et impitoyables. Il n'aurait pu être condamné à mort par ces maréchaux et lieutenants-généraux qui, avec lui, avaient fait la campagne de Belgique; plusieurs, après

Waterloo, avaient combattu Ney lui-même, qui conseillait de se soumettre aux Alliés. Ils l'auraient tout au plus condamné à l'exil, et lui auraient sauvé la vie.

Après la lecture faite par l'accusé, le président reprit la parole :

— Maréchal, avant d'entendre les motifs de votre déclinatoire, le Conseil doit constater votre identité ; votre réponse à la question que je vous ai faite ne peut vous engager en rien ; votre défenseur aura ensuite la parole pour développer vos moyens d'incompétence.

Le Maréchal répondit :

— Je me nomme Michel Ney, duc d'Elchingen, prince de la Moscowa, chevalier de Saint-Louis, grand cordon de la Légion d'honneur, chevalier de la Couronne de fer, grand-croix de l'Ordre du Christ, maréchal de France, né à Sarrelouis, le 10 janvier 1769.

Berryer père, dans un langage ampoulé jusqu'au burlesque, plaida longuement en faveur du déclinatoire. La promotion de Ney à la pairie était, disait-il, heureuse et fatale, « puisque, semblable au majestueux vaisseau que la foudre a brisé, elle offrait au navigateur, perdu dans un océan de misère, la planche du naufragé, sans laquelle il eût peut-être péri. »

En terminant, il invitait les juges à lire les titres du maréchal Ney dans la Charte, « le livre saint de nos libertés ».

Le général Grundler, rapporteur, puis le commissaire du roi, Joinville, s'efforcèrent de combattre le déclinatoire, et, un moment, les vrais amis du Maréchal espérèrent que Jourdan et ses collègues se laisseraient convaincre. Malheureusement, ils cédèrent à la facilité qui leur était offerte de satisfaire au désir de leur infortuné compagnon d'armes sans s'attirer la colère des royalistes.

Après un courte délibération, le Conseil rentra dans la salle d'audience, et Jourdan prononça le jugement suivant :

« Le Conseil, après avoir délibéré sur la question de savoir s'il est compétent pour juger le maréchal Ney, accusé de haute trahison, se déclare incompétent, à la majorité de cinq voix contre deux. »

— Ah ! nous avons été des lâches ! s'écriait Augereau six mois plus tard, alors que, se mourant seul, abandonné des siens, il faisait un retour vers le passé. — Nous devions nous déclarer compétents, le juger malgré ses avocats, malgré lui... Il vivrait, du moins !...

Le lendemain, 11 novembre, le Maréchal fut renvoyé devant la

Chambre des pairs par une ordonnance de M. de Richelieu. Ce ministre, qui a rendu de grands services à la France, et dont l'élévation de caractère est indéniable, prononça un discours d'une violence extraordinaire :

— Ce n'est pas, messieurs, seulement au nom du roi que nous remplissons cet office, c'est au nom de la France, depuis longtemps indignée, et maintenant *stupéfaite;* c'est même *au nom de l'Europe* que nous venons vous conjurer et vous requérir à la fois de juger le maréchal Ney.

« Nous osons dire que la Chambre des pairs doit *au monde* une éclatante réparation : elle doit être prompte, et il importe de contenir l'indignation qui, de toutes parts, se soulève. Vous ne souffrirez pas qu'une plus longue impunité engendre de nouveaux fléaux. Les ministres du roi sont obligés de vous dire que cette décision du Conseil de guerre devient un triomphe pour les factieux. Il importe que leur joie soit courte, pour qu'elle ne soit pas funeste. »

D'après la violence d'un modéré comme M. de Richelieu, on pouvait s'attendre à ce que serait une Chambre d'*ultra*.

Les amis de Ney comptaient sur l'article 12 de la capitulation que nous avons cité.

Il y était dit que « les habitants de Paris ne seraient recherchés ni inquiétés pour leur conduite et leurs opinions politiques. »

Cette garantie engageait les généraux alliés signataires et leurs troupes, pour *leur compte*, envers la ville de Paris et ses habitants, mais non le gouvernement, qui n'était nullement en cause, et qui n'était pas même nommé. A cette objection, M. de Richelieu répondait que si le Maréchal avait tenté de fuir avec de faux papiers, c'est qu'il ne se sentait pas protégé par l'article 12.

Cet argument venait de Wellington, à qui la maréchale Ney avait adressé la demande d'une interprétation de l'article 12 qui fut favorable à son mari, et qui lui répondit assez durement.

L'ouverture des débats fut fixée au 21 novembre.

Un grand nombre d'étrangers, de dames de la cour occupaient les tribunes.

LE PROCÈS

Une semaine à peine suffit aux préliminaires du procès. Le baron Séguier, membre de la Chambre des pairs, fut chargé de suivre l'instruction. — Ce Séguier avait été un des plus vils courtisans de Napoléon. C'est de lui qu'il tenait son titre nobiliaire et ses fonctions. *Le Moniteur* est rempli de ses harangues serviles.

En 1812, à propos de Mallet, le baron disait à l'Empereur :

« Des insensés ont tenté d'ébranler ce que le génie et le courage avaient fondé. Ils voyaient l'auguste rejeton de notre Empereur, et ils ont méconnu le principe fondamental de la monarchie : Que *le roi ne meurt pas.* »

Dix-huit mois plus tard, le baron faisait signer à ses collègues de la *Cour impériale*, une déclaration par laquelle elle arrêtait que « fidèle aux lois fondamentales du royaume, elle appelait de tous ses moyens le chef de la maison de Bourbon au trône héréditaire de Saint-Louis. »

Et il disait de Louis XVIII :

« Bientôt nous verrons celui qui, pour avoir été longtemps éloigné de son trône, n'en a pas moins régné sur nos cœurs. »

C'était l'époque des lâches palinodies.

Il est regrettable que Ney n'ait point échappé à la contagion, et qu'oubliant toute dignité, il ait fait remettre au roi, par le baron Séguier, la déclaration suivante :

« Je mets aux pieds du roi l'hommage de ma respectueuse et vive reconnaissance pour la bonté que Sa Majesté a eu d'accueillir mon déclinatoire, de me renvoyer devant mes juges naturels, et d'ordonner que les formes constitutionnelles soient suivies dans mon procès. Ce nouvel acte de sa justice paternelle me fait regretter davantage que ma conduite, au 14 mars dernier, ait pu faire soupçonner que j'avais l'intention de le trahir. Je le répète dans toute l'effusion de mon âme, à vous, monsieur le baron, à la France, à l'Europe, à Dieu qui m'entend, que jamais, lors de la fatale erreur que j'ai déjà tant expiée, je n'ai eu d'autre pensée que d'éviter à mon malheureux pays la guerre civile et tous les maux qui en découlent. J'ai préféré la patrie avant tout. Si c'est un crime aujourd'hui, j'aime à croire que le roi, qui porte ses peuples dans son cœur, oubliera cette funeste erreur, et que si je succombe, la loi n'aura puni qu'un sujet égaré et non un traître. »

A l'ouverture de l'audience, un grand nombre d'étrangers de distinction, de personnages politiques, de dames de la Cour occupaient les tribunes préparées d'avance. On remarquait Metternich, le prince de Wurtemberg, le comte de Goltz, le général russe Grisein.

On avait cherché à donner à la salle un aspect imposant par des pièces de décor d'assez mauvais goût; ainsi, sur des banderolles suspendues derrière le tribunal, on lisait des inscriptions de ce genre : SAGESSE — TOLÉRANCE — MODÉRATION.

M. d'Ambray, ministre de la justice, présidait; il avait pour secrétaires MM. Pastoret, de Sèze, de Choiseul et de Châteaubriand.

M. Bellart, royaliste fanatique, altéré du sang des vaincus, procureur général, commissaire du roi, était au banc du ministère public.

Les pairs prennent place ; l'accusé est introduit.

Le Maréchal est escorté de quatre grenadiers de la garde royale; il porte le même costume que devant le Conseil de guerre. Il salue l'assemblée avec dignité et s'assied, entre ses deux défenseurs, sur un fauteuil qui a été disposé pour lui, en face de l'assemblée.

Après l'appel nominal, auquel répondent cent soixante pairs, le président adresse à l'accusé les questions d'usage; le greffier donne ensuite lecture des pièces dont nous avons cité quelques passages, et enfin lit l'acte d'accusation.

Par son importance, cette pièce demande à être reproduite ici au moins en partie.

« Les commissaires du roi chargés de soutenir, devant la Chambre des pairs, l'accusation de haute trahison et attentat contre la sûreté de l'État intentée au maréchal Ney, déclarent que des pièces qui leur ont été communiquées résultent les faits suivants :

« En apprenant le débarquement à Cannes, le 1ᵉʳ mars dernier, de Bonaparte à la tête d'une bande de brigands de plusieurs nations, il paraît que le maréchal Soult, alors ministre de la guerre, envoya, par un de ses aides de camp, au maréchal Ney, qui était dans sa terre des Coudreaux, près de Châteaudun, l'ordre de se rendre dans son gouvernement de Besançon, où il trouverait des instructions.

« Le maréchal Ney vint à Paris le 6 ou le 7 (car ce jour est resté incertain) au lieu de se rendre directement dans son gouvernement.

« La raison qu'il en a donnée est qu'il n'avait pas ses uniformes.

« Elle est plausible.

« Ce qui l'est moins, c'est qu'il ignorait, lorsqu'il est arrivé à Paris, et l'événement du débarquement de Bonaparte à Cannes, et la vraie cause de l'ordre qu'on lui donnait de se rendre à Besançon. Il est bien invraisemblable que l'aide de camp du ministre ait fait au Maréchal un secret si bizarre d'une nouvelle devenue l'objet de l'attention et des conversations générales, secret dont on ne peut soupçonner le motif, et que le Maréchal ait manqué de curiosité sur les causes qui lui faisaient ordonner de partir soudain pour son gouvernement, et n'eût pas interrogé l'aide de camp, qui n'eût pu se défendre de répondre.

« Le Maréchal veut pourtant que l'on admette cette supposition, et il soutient qu'il n'a appris cette grande nouvelle qu'à Paris, par hasard, et chez son notaire Batardi...

« Cette ignorance n'est pas naturelle, et elle est plus propre à accroître qu'à dissiper les soupçons sur la possibilité que le Maréchal ait trempé dans les manœuvres dont ce débarquement a été le funeste résultat...

« C'est le 8 ou le 9 que le Maréchal partit de Paris...

« Il trouva, à Besançon, les instructions du ministre de la Guerre. Ces ordres portaient, en substance, qu'il réunirait le plus de forces disponibles, afin de pouvoir seconder les opérations de S. A. R. Monsieur, et de manœuvrer de manière à inquiéter et même détruire l'ennemi.

« On a vu que, d'après les récits opposés de certains témoins, dont les uns rapportent les discours du Maréchal, qui sembleraient supposer qu'il savait, dès longtemps, ce que méditait l'ennemi de la France, et dont les autres assurent n'avoir remarqué, dans ses mesures et dans ses discours, que de la droiture, il est au moins permis de conserver beaucoup de doute à cet égard.

« Mais, ce sur quoi toutes les opinions se réunissent, c'est sur la conduite que le Maréchal tint à Lons-le-Saunier, le 14 mars.

« Le Maréchal avait dirigé sur cette ville toutes les forces qui étaient éparses dans son commandement. Quelques officiers, bons observateurs, et même des administrateurs locaux, avaient conçu de justes inquiétudes sur les dispositions de plusieurs militaires de divers grades, et sur des insinuations perfides faites aux soldats, avaient indiqué au Maréchal, comme un moyen d'affaiblir ces mauvaises inspirations, le mélange qu'il pourrait faire des bons et des mauvais serviteurs du roi qu'on choisirait dans les gardes nationales avec la troupe, que par leurs exemples et leurs conseils ils maintiendraient dans le devoir.

« Le Maréchal, du premier mouvement, rejeta ces propositions, même avec une sorte de dédain, en disant qu'il ne voulait ni *pleurnicheurs,* ni *pleurnicheuses;* et, quoiqu'il fléchit ensuite un peu sur cette idée, ce fut avec tant de lenteur et de répugnance, que la mesure ne put malheureusement être réalisée, ni empêcher le mal que le Maréchal semblait prévoir sans beaucoup d'inquiétude.

« Cet aveuglement ou cette mauvaise disposition secrète du Maréchal eut bientôt les graves conséquences qu'avec d'autres intentions le Maréchal eût dû redouter.

« Quelques témoins pensent que, jusqu'au 13 au soir, le Maréchal fut fidèle.

« En admettant leur favorable opinion, l'effort n'était pas considérable. Le Maréchal était parti de Paris le 8 ou le 9; c'était le 8 ou le 9 qu'il avait juré au roi une fidélité à toute épreuve et un dévouement tel, qu'il lui ramènerait, selon son expression, dans une cage son ancien compagnon de guerre. Depuis lors, quatre ou cinq jours seulement s'étaient écoulés. Quatre ou cinq jours suffisent-ils à éteindre ce grand enthousiasme?

« Quatre ou cinq jours durant lesquels le Maréchal n'avait encore ni rencontré d'obstacles, ni vu l'ennemi, n'avaient pas dû, à ce qu'il semble, consommer l'oubli de sa foi.

« Il est triste pour la loyauté humaine d'être obligé de dire qu'il en fut autrement.

« Cinq jours seulement après de telles promesses faites à son maître, qui l'avait comblé d'affection et de confiance, et qu'il avait trompé par l'expression démesurée peut-être, dont le monarque ne lui demandait pas l'espèce de preuve qu'il affectait, le maréchal Ney trahit sa gloire passée, non moins que son roi, sa patrie et l'Europe, par la désertion la plus criminelle, si l'on songe au gouffre de maux où elle à plongé la France, dont le Maréchal, autant qu'il était en lui, risquait de consommer la perte, en même temps que, sous mille incertitudes, il consommait celle de sa propre gloire.

« Ajoutons même qu'il trahit sa propre armée, dans laquelle le gros des soldats savait résister encore aux brouillons et aux mauvais esprits, s'il en était qui cherchassent à l'agiter; sa propre armée qu'il est apparent qu'on aurait vu persister dans cette loyale conduite, si elle eût été assez heureuse pour s'y voir confirmée par l'exemple d'un chef dont le nom et les faits militaires commandaient la confiance aux soldats; sa propre armée, enfin, qu'il contraignit, en quelque sorte, par les proclamations dont il va être rendu compte, à quitter de meilleures résolutions pour suivre son chef dans la route du parjure où il l'entraînait après lui.

« On vient de dire que le maréchal Ney n'avait pas vu l'ennemi : on s'est trompé. Il ne l'avait vu que trop; non pas, il est vrai, comme il convient aux braves, en plein jour et au champ d'honneur, pour le combattre et le détruire; mais comme c'est le propre des traîtres, au fond de sa maison et dans le secret de la nuit, pour contracter avec lui une alliance honteuse et pour lui livrer son roi, sa patrie, et jusqu'à son honneur.

« Un émissaire de cet artisan des maux de l'Europe, encore plus habile à tramer les fraudes et les intrigues qu'à remporter des victoires, était parvenu jusqu'au Maréchal, dans la nuit du 13 au 14 mars dernier. Il lui apportait une lettre de Bertrand, écrite au nom de son maître, dans laquelle celui-ci appelait le Maréchal le *Brave des Braves* et lui demandait de revenir à lui.

« S'il est vrai que le Maréchal, jusque-là, ne fut entré dans nul complot, il n'en fallut pas davantage, du moins, pour qu'il consentît à trahir ses serments. Sa vanité fut flattée; son ambition se réveilla. Le crime fut accepté; et ce ne fut pas plus tard qu'au lendemain matin qu'en fut renvoyée l'exécution...

« On peut juger de l'effet que dut produire sur la masse des soldats, cette conduite et ces ordres d'un chef révéré.

« La surprise, d'ailleurs, eût pu opérer les mauvais effets qu'il est hors de doute qu'on avait déjà préparés par d'autres moyens. Ces moyens, toutefois, avaient si peu obtenu, et les troupes auraient été si faciles à maintenir dans le devoir, qu'en effet le cœur des Français n'est pas fait pour trahir quand la perfidie ne cherche pas à les égarer, qu'au dire d'un témoin entendu dans la procédure du Conseil de guerre (le chef d'escadron Beauregard), tandis que les soldats qui étaient plus près de leur général, entraînés par les séductions de l'obéissance, répétaient le cri de rébellion qu'il avait jeté : *Vive l'Empereur!* les soldats les plus éloignés, fidèles au mouvement de leur cœur et de l'honneur français, et qui étaient loin de supposer l'exécrable action du maréchal Ney, criaient : *Vive le roi!*

« En vain son aide de camp l'abandonne, Ney s'enfonce dans la trahison; il écrit à Bonaparte pour lui apprendre ce qu'il a fait et répond au marquis de Vauchier, qui repousse avec horreur la proposition qu'il lui fait de servir la France pour Bonaparte, que cette *horreur était une bêtise.*

« L'acte d'accusation lui impute enfin d'avoir, dès le 19 mars, décerné un ordre d'arrestation contre ceux des officiers dont la résistance avait été plus marquante, et parmi lesquels figurent MM. de Bourmont, Lecourbe, Delort, La Germetière, etc.

« C'est en conséquence de tous ces faits et des résultats qu'ils ont amenés, que Michel Ney, maréchal de France, duc d'Elchingen, prince de la Moscowa, ex-pair de France, est accusé :

« 1° D'avoir entretenu avec Bonaparte des intelligences à l'effet de faciliter, à lui et à ses bandes, leur entrée sur le territoire français, et de lui livrer des villes, des forteresses, etc., et de seconder le progrès de ses armes sur les possessions françaises, notamment en ébranlant la fidélité des officiers et des soldats;

« 2° De s'être mis à la tête de bandes et de troupes armées, d'y avoir exercé un commandement pour envahir des villes dans l'intérêt de Bonaparte et pour faire résistance à la force publique agissant contre lui.

« 3° D'avoir passé à l'ennemi avec des troupes placées sous ses ordres;

« 4° D'avoir, par des discours tenus en lieux publics, placards, affiches et écrits imprimés, excité directement les citoyens à s'armer les uns contre les autres;

« 5° D'avoir excité ses camarades à passer à l'ennemi;

« 6° Enfin, d'avoir commis une trahison envers le roi et l'État, et d'avoir pris part à un complot dont le but était de détruire et de changer le gouvernement et l'ordre de successibilité au trône; comme aussi d'exciter la guerre civile en armant ou portant les citoyens et habitants à s'armer les uns contre les autres;

« Tous crimes prévus par les articles 77, 87, 88, 89, 91, 92, 93, 94, 96 et 102 du Code pénal, et par les articles 1er et 5 du titre 1er et par l'article 1er du titre III de la loi du 21 brumaire an V.

« Fait et arrêté en notre cabinet, au palais de la Chambre des pairs, le 16 novembre 1815, à midi.

« *Signé:* RICHELIEU, BARBÉ-MARBOIS, DU BOUCHAGE, DE FELTRE, VAUBLANC, CORVETTO, DE CAZE, etc... »

Après la lecture de l'acte d'accusation, le président Dambray exposa les charges qui pesaient contre l'accusé avec la plus cruelle partialité; puis, d'une voix doucereuse, il assura que MM. les pairs, loin d'être hostiles au Maréchal, avaient plutôt à se défendre des sentiments qu'éveillaient en eux la vie illustre du Maréchal et les grands souvenirs qu'elle faisait naître.

Ney se leva et demanda que la Cour consentît à entendre ses défenseurs sur les moyens préjudiciels qu'ils ont à présenter.

M. Berryer père développe un moyen préjudiciel en nullité de procédure, basé sur l'article 33 de la Charte, qui exigeait que la Chambre fut organisée en Cour criminelle par une loi spéciale, tandis qu'elle l'avait été par une ordonnance. Le défenseur se réserve, dans le cas où ses conclusions ne seraient pas admises, de disposer et de faire valoir d'autres moyens préjudiciels.

M. Bellart insiste pour que ces moyens soient présentés cumulativement, sous peine d'être déchu du droit de les faire valoir.

M. Dupin répond :

— Ce qui est préjudiciel doit, avant tout, être décidé par un jugement. Si l'on nous refusait la loi demandée, encore faudrait-il nous accorder les délais nécessaires pour produire une défense en nous retranchant, pied à pied, dans nos demandes où nous attendait l'impossible auquel nul n'est tenu. Elle serait arrivée, cette loi que nous sollicitons, si, au lieu de suivre une marche *tortueuse*, le ministre eût procédé légalement et suivi la ligne directe de la Constitution.

Si les conditions de la convention n'étaient pas ratifiées, je livrais bataille à la tête de cent mille hommes.

Combien faut-il de temps pour obtenir une loi? Celui qui a suffi pour rédiger les deux ordonnances. Nous avons, avant tout, espéré qu'il serait décidé si nous serions jugés avec ou sans la loi. Le 18 seulement les pièces nous sont arrivées, deux jours à peine ont été à notre disposition pour nous occuper de la question préjudicielle; nous ne demandons que le temps physique de répondre.

M. Bellart s'élève alors contre la tactique de la défense qui, après avoir sollicité la juridiction de la Chambre des pairs, fait maintenant tout son possible pour s'y soustraire.

Tous ces petits moyens, en effet, étaient indignes de Ney et le compromettaient plus qu'ils ne servaient sa cause.

Sur les instances de Berryer et Dupin, la Cour s'ajourna au 23 novembre.

Dans cette séance, M. Berryer opposa encore cinq moyens de nullité résultant de la violation de plusieurs articles du Code d'instruction criminelle. Le procureur général se borna à répondre que la Chambre était un tribunal exceptionnel, placé au-dessus de toutes les règles de droit ordinaire et de toutes les formes judiciaires.

La Chambre, faisant droit à ces conclusions, ordonna qu'il serait passé outre, et que les débats s'ouvriraient immédiatement. Puis, sur les sollicitations des défenseurs tendant à obtenir un délai pour pouvoir assigner des témoins à décharge, la Cour décida que la cause serait définitivement entendue le 4 décembre.

LES DÉBATS

A l'ouverture de l'audience, le Maréchal fut soumis à un interrogatoire très circonstancié.

Les questions portaient sur les points suivants :

1° S'il était prévenu, à sa terre des Coudreaux, du débarquement de Napoléon;

2° Des motifs qui l'avaient engagé à venir à Paris, au lieu de se rendre directement dans son gouvernement;

3° De ceux qui l'avaient conduit à recevoir les émissaires de Napoléon;

4° Enfin, si la proclamation qu'il avait lue aux troupes lui avait été envoyée toute rédigée, ou si lui-même en était l'auteur.

A ces questions, le procureur général ajouta celles de savoir si, à Lons-le-Saulnier, le Maréchal avait porté les décorations impériales, et d'où provenaient les aigles qui s'y étaient subitement montrées.

Ney ne fit que reproduire les réponses qu'il avait faites dans ses précédents interrogatoires, ajoutant qu'avant de lire la proclamation, il l'avait communiquée aux généraux Lecourbe et Bourmont, qui ne l'avaient pas désapprouvée. Il nia avoir fait imprimer la proclamation. Il l'avait lue sans l'avoir signée et presque sans en avoir connaissance. Il nia, en outre, avoir fait arrêter aucun officier ou fonctionnaire public, comme aussi d'avoir proposé à M. Vauchier de trahir la cause royale pour s'unir à Bonaparte.

Le Président. — Pourquoi n'avez-vous pas conservé la lettre qui vous fut écrite par Bonaparte et par le général Bertrand?

Le Maréchal. — La Maréchale, dans un moment d'affliction et de terreur bien excusable, a ordonné qu'on la brûlât; je n'ai pu sauver cette lettre, je le regrette, elle contenait des détails qui m'eussent été profitables.

Le président adresse au Maréchal, sur les faits qui suivirent l'événement du 14, de nombreuses questions, puis il donne l'ordre d'introduire les témoins.

Les premiers entendus sont le duc de Duras, le prince de Poix, témoins de la dernière entrevue de Ney avec Louis XVIII, puis le comte de Scey, préfet du Doubs.

— Le Maréchal, en arrivant à Besançon, dit ce dernier, me demanda de l'argent et des chevaux. Il tint des discours propres à faire penser qu'il tenait au roi. L'enthousiasme était général à Besançon. La veille, les voitures du duc de Berry étant arrivées, elles avaient été traînées en triomphe. On fit partir des canons de la forteresse. Il demanda des armes pour les volontaires royaux, il ne s'en trouva pas. Le baron de Préchaut lui dit, en parlant de Napoléon : « Il ne s'en ira pas comme vous croyez, » et cela dans un sens à l'alarmer.

Le Maréchal. — Je ne vous ai point demandé d'argent. Il est vrai que j'avais un bon de 15.000 francs du ministre de la Guerre, mais cette affaire fut réglée par mon secrétaire, et après mon départ de Besançon. Je vous ai demandé des chevaux, et je le faisais dans l'esprit de mes instructions et de mon devoir. Rien n'est sorti de la citadelle, en armes ou canons; vous n'avez pas eu la précaution de faire distribuer des cartouches aux troupes, je ne sais pas de quel nom je dois, monsieur le préfet, caractériser votre déposition, inexacte de tous points.

Le Préfet. — Je ne dis pas que cet argent fut pour un autre emploi que celui que commandait l'intérêt public ; j'ai redemandé ce bon comme une pièce de comptabilité.

Le maréchal. — Vous rappelez-vous, monsieur le préfet, que vous m'offrîtes 700,000 francs et que je vous dis, sur cet argent mis à ma disposition : « Que ni moi ni mes soldats n'avaient besoin de rien, et que ces fonds devaient être réservés pour les urgentes nécessités qui ne pouvaient manquer de naître et pour le service du roi. »

Le préfet. — Il y avait, en effet, dans la caisse de Besançon 700,000 francs, et il eût été possible de réunir une somme plus forte.

Le maréchal. — Je crois que c'est de Besançon, monsieur le préfet, qu'est partie, à son origine, cette infâme calomnie qui m'accusait d'avoir reçu 500,000 francs pour faire mon devoir. On ne la reproduit plus aujourd'hui, parce que l'on a senti qu'il était trop odieux et trop absurde d'accuser d'une pareille bassesse un homme tel que moi. Mais si j'eusse été assassiné dans mon transfert d'Aurillac à Paris, — comme j'en ai couru vingt fois le risque, — mes enfants n'auraient pu se laver de cette tache.

M. de Rochemont. — J'ai été envoyé, le 13 mars, par le maréchal à Mâcon, pour y sonder l'esprit de la population et observer les forces de Napoléon. Le maréchal me complimenta sur la résolution où j'étais de donner au roi une preuve de zèle.

M. de Faverny, commandant des gardes d'honneur, le 14 mars, rapporte des propos qu'il impute au général Lecourbe à Poligny. « Le général nous annonça que tout était fini, que le maréchal Ney avait dit que *tout était arrangé*, que la reddition des troupes à Napoléon n'avait été pour lui qu'un jeu d'enfant.

Le maréchal. — Je prie monsieur de dire si je ne lui ai pas parlé à lui-même, dans les intérêts de Sa Majesté. Lui, sans doute, avait de bonnes intentions, mais qu'il déclare s'il aurait pu recevoir trois hommes. Quant à ce qu'on lui a raconté, que j'avais dit que tout était arrangé, cela ne se rapporte qu'à ce que je tenais moi-même du général Bertrand.

De Faverny. — J'avais beaucoup d'hommes qui m'avaient donné leur parole de marcher.

Le président. — La conversation que vous entendîtes à Poligny a-t-elle eu d'autres témoins que vous?

De Faverny. — Oui, monsieur le président, M. Legagneux, maître de la maison et plusieurs autres personnes. J'ai encore entendu dire au général Lecourbe qu'il irait trouver Bonaparte et qu'il lui ferait de vives remontrances sur sa conduite; qu'il lui déclarerait que s'il traitait encore les généraux comme il le faisait autrefois, on saurait bien se défaire de lui; qu'au reste, tout était en subversion; que si Bonaparte était tué, ils étaient cinq ou six qui voulaient être empereur, et que la France ressemblait à l'empire romain dans sa décadence. Le général Lecourbe a détaillé ensuite que les troupes avaient été échelonnées par le maréchal Ney et divisées en petits pelotons pour mieux opérer leur défection.

Le maréchal. — Il était impossible que Lecourbe tint de pareils discours. Il savait que les troupes étaient en marche et suivaient l'itinéraire tracé par le ministre de la guerre, qu'ainsi il n'était pas en mon pouvoir de séparer les troupes en détachements partiels.

Le procureur général insiste pour avoir, à ce sujet, une réponse plus explicite et plus précise. Le maréchal répond que les troupes étaient parties de Besançon au moment de son arrivée, et jusqu'au 14, avaient exécuté les ordres apportés par Bourmont.

Ce dernier fut entendu à son tour. Ce double traître, cette âme vile ne pouvait que cracher du venin. Ce misérable qui remplissait à Lons-le-Saulnier le rôle de mouchard (ainsi qu'il va nous le dire) après avoir fait son rapport à Louis XVIII, sollicita de Ney sa bienveillante intervention pour rentrer dans l'armée impériale. Ney lui fit obtenir, malgré l'opposition de Davout, le commandement d'une division du 4º corps, et le 15 juin suivant, au moment où l'armée française franchissait la Sambre, il déserta et put avertir Blücher de l'irruption de nos troupes au milieu de ses lignes, puis alla rejoindre Louis XVIII à Gand.

La déposition de ce scélérat fut celle qui influa le plus sur la décision des juges. Nous la reproduirons entièrement, malgré les répétitions d'idées et de faits qu'elle contient inévitablement.

Le comte de Bourmont. — Le 13, le baron Capel, préfet de l'Ain, arriva à Lons-le-Saulnier et me dit que Bourg était insurgé; je portai avec lui cette nouvelle au maréchal qui en parut fâché. Le 14, au matin, arriva le 8ᵉ chasseurs à cheval; j'allai le dire encore au maréchal qui me donna l'ordre de le faire mettre en bataille. — « Eh bien! mon cher général, me dit-il ensuite, vous avez lu les proclamations de l'Empereur; elles sont bien faites; ces mots : *la victoire marchera au pas de charge*, feront un grand effet sur le soldat. Il faut bien se garder de les laisser lire aux troupes. — Sans doute, lui dis-je. — Mais cela va mal, ajouta-t-il. N'avez-vous pas été surpris de vous voir ôter la moitié du commandement de votre division (1)? De recevoir l'ordre de faire marcher vos troupes par deux bataillons et trois escadrons? C'est de même dans toute la France. C'est une chose finie absolument. »

« Je ne comprenais rien. Le général Lecourbe entra. Le maréchal lui dit en me montrant : « Je lui disais que tout était fini. » Lecourbe parut étonné.

« Oui, reprit le maréchal, c'est une affaire arrangée. Il y a trois mois que nous sommes tous d'accord. Si vous aviez été à Paris, vous l'auriez su comme moi. Le roi doit avoir quitté Paris, où il sera enlevé; mais on ne lui fera pas de mal. Malheur à qui ferait du mal au roi! On n'a que l'intention de le détrôner, de l'embarquer sur un vaisseau et de le conduire en Angleterre. Nous n'avons plus maintenant qu'à rejoindre l'Empereur.

« Je dis au maréchal qu'il était extraordinaire qu'il proposât d'aller rejoindre celui contre lequel il devait combattre. Il me répondit qu'il m'engageait à le faire. « Mais vous êtes libre, ajouta-t-il. » — Le général Lecourbe lui répondit : « Je suis venu ici pour servir le roi et non pas pour servir Bonaparte. Jamais il ne m'a fait que du mal et le roi ne m'a fait que du bien. Je veux servir le roi; j'ai de l'honneur.

— Et moi aussi, répondit le maréchal, parce que je ne veux plus être humilié. Je ne veux plus que ma femme revienne chez moi les larmes aux yeux des humiliations qu'elle a reçues dans la journée. Le roi ne

---

(1) Bourmont commandait la 6ᵉ division à Besançon.

veut pas de nous, c'est évident; ce n'est qu'avec Bonaparte que nous pouvons avoir de la considération. Venez, général Lecourbe; vous êtes maltraité, vous serez bien traité.

« Le général Lecourbe répondit que c'était impossible, qu'il allait se retirer à la campagne. Une petite discussion s'éleva entre eux. Enfin, une demi-heure après, il prit un papier sur la table. « Voilà ce que je veux lire aux troupes, dit-il. » Et il lut la proclamation. Le général Lecourbe et moi nous nous sommes opposés à ce qu'il voulait faire; mais persuadés que si tout était *arrangé*, il avait pris des mesures pour empêcher ce que nous pouvions entreprendre; sachant que les troupes, déjà ébranlées par les émissaires de Bonaparte, avaient en lui une grande confiance, nous résolûmes d'aller sur la place. Nous étions affligés et tristes. Les officiers d'infanterie nous dirent qu'ils étaient bien fâchés de tout cela, que s'ils l'avaient su ils ne seraient pas venus. Après la lecture, les troupes défilèrent au cri de : *Vive l'Empereur!* et se répandirent en désordre dans la ville.

« Le maréchal était si bien déterminé d'avance à prendre son parti, qu'une demi-heure après il portait la décoration de la Légion d'honneur avec l'aigle, et à son grand-cordon la décoration à l'effigie de Bonaparte. Son parti était donc pris, à moins qu'il ne les eût emportés d'avance à Lons-le-Saulnier pour le service du roi. »

« Ne pouvant maîtriser plus longtemps son indignation, Ney se leva et l'enveloppant d'un regard de mépris : — Depuis huit mois que le témoin prépare son témoignage, il a eu le temps de le bien faire. Il a cru impossible que nous nous trouvions jamais en face; il a cru que je serais traité comme Labédoyère et fusillé par jugement d'une commission militaire; mais il en est autrement. Je vais au but. Le fait est que le 14 mars, je l'ai fait demander, lui et le général Lecourbe. Ils sont venus ensemble. Je suis fâché que Lecourbe ne soit plus, mais je l'invoque dans un autre lieu; je l'interpelle contre tous ces témoignages devant un tribunal plus élevé, devant Dieu qui nous entend tous. C'est par lui que nous serons jugés et que sera connue la vérité!... J'étais là, tête baissée, sur la fatale proclamation et vis-à-vis d'eux. Je sommai le général Bourmont, au nom de l'honneur, de me dire ce qui se passait. Bourmont prit la proclamation, la lut, et dit qu'il était absolument de cet avis. Il la passa ensuite à Lecourbe qui ne dit rien et la rendit à Bourmont. Lecourbe dit ensuite : « Cela vous a été envoyé ; il y a quelque rumeur, il y a longtemps qu'on prévoit tout cela. » Le général Bourmont fit rassembler les troupes, et il *a eu deux heures pour réfléchir.* Quant à moi, quelqu'un m'a-t-il dit : « Où allez-vous? Vous allez risquer votre honneur, votre réputation pour une cause funeste! » Non! je n'ai trouvé que des hommes qui m'ont poussé dans le précipice!

« J'encourais seul la responsabilité, monsieur de Bourmont. Je demandais des avis, des conseils d'hommes à qui je croyais une ancienne affection pour moi et assez d'énergie pour me dire : — *Vous avez tort.* Au lieu de cela vous m'avez entraîné, jeté dans le précipice!

« Quand tous deux eurent lu la proclamation, nous causâmes ; je leur dis, en effet, qu'il paraissait que c'était une affaire arrangée ; que les personnes envoyées par Bonaparte m'avaient raconté *telle* et *telle* chose ; mais je ne faisais que répéter les propos de ces personnes.

« Bourmont rassembla les troupes sur une place que je ne connaissais même pas. Il était libre de me faire arrêter. J'étais seul, sans cheval, sans officier ; mais il a de l'esprit, il s'est montré habile. Je l'avais prié de loger chez moi, il refusa, s'éloigna, se réfugia chez le marquis de Vaulchier, formant ensemble des coteries pour être en garde contre les événements et s'ouvrir, dans tous les cas, une porte de derrière. Ensuite, Bourmont et Lecourbe sont venus me prendre avec les officiers et m'ont conduit au milieu du carré où j'ai lu la proclamation. Après cette lecture, nous avons été embrassés, étouffés par les troupes qui se sont retirées en bon ordre. Les officiers supérieurs sont ensuite venus dîner chez moi ; j'étais sombre ; et pourtant, si Bourmont veut dire vrai, il avouera que la table était gaie. Voilà la vérité.

Le président. — Qui a donné l'ordre de réunir les troupes?

Bourmont. — Ce fut moi, sur l'ordre verbal de M. le Maréchal.

Le Maréchal. — Il les a rassemblées après communication de la proclamation.

Bourmont. — A onze heures.

Le président. — Comment se fait-il qu'ayant désapprouvé la conduite de M. le Maréchal vous l'ayez suivi sur le terrain, sachant ce qu'il allait y faire?

Bourmont. — Je voulais voir l'effet que produirait cette proclamation, et s'il se manifesterait quelque esprit d'opposition dans les

Montez le premier, monsieur le curé, j'arriverai toujours avant vous là-haut.

troupes. Quant au moyen de parer à l'influence du Maréchal il n'y en avait qu'un seul, c'était de le tuer. On a dit que je pouvais rejoindre le roi ; je craignais d'être arrêté ; et m'éloigner était d'ailleurs manquer mon objet, *qui était de rendre compte de tout à Sa Majesté.* Si je passais par Dôle ou Besançon, je tombais sous la puissance du Maréchal. Ma voiture s'est cassée. Le pont de Méry-sur-Seine était impraticable et m'a obligé à faire un long détour. J'étais à Paris le 18, et j'ai fidèlement rapporté au roi ce dont j'avais été le témoin.

Le Maréchal. — M. de Bourmont a dit que j'avais, à Lons-le-Saulnier, la plaque à l'effigie de Napoléon ; cela est inexact ; j'ai porté la décoration du roi jusqu'à Paris, où mon bijoutier m'en a fourni de nouvelles. On peut le faire entendre. (Se tournant vers le témoin.) Vous me supposez donc bien misérable ? C'est une infamie, général, de dire que j'avais d'avance l'intention de trahir !

M. Bellart. — Je prie M. le président, de demander à M. le Maréchal s'il ne s'est point élevé quelque querelle personnelle entre lui et le déposant ?

Le Maréchal. — Aucune.

Le président. — M. de Bourmont a-t-il continué à servir ?

Le Maréchal. — Il a suivi la colonne et s'est ensuite échappé.

Le président. — Pourquoi avez-vous compris le général de Bourmont dans l'ordre d'arrêter quelques officiers ?

Le Maréchal. — L'ordre a été donné à Auxerre et personne n'a été frappé. Cet ordre venait de Bonaparte. M. de Bourmont a disparu d'auprès de moi après m'avoir poussé à la défection.

Le président. — Que M. de Bourmont nous dise à qui il faut attribuer l'ordre de faire marcher les troupes par fractions ?

Bourmont. — Au ministre de la guerre.

Le Maréchal. — C'est vous qui avez apporté l'ordre et qui l'avez fait exécuter.

M. Berryer. — Permettez-moi, monsieur le Président, de demander à M. de Bourmont, qui prétend s'être rendu sur la place de Lons-le-Saulnier par simple curiosité, si c'était aussi la curiosité qui l'amenait au banquet de l'état-major, chez M. le Maréchal ?

Bourmont. — Il fallait écarter les soupçons et empêcher qu'on ne m'arrêtât. Le Maréchal était inquiet de moi.

Le Maréchal. — Je n'ai fait arrêter qui que ce soit. J'ai laissé tout le monde libre. Vous ne m'avez fait aucune objection; personne ne m'en a fait. M. le colonel Dubalen vint m'offrir sa démission; seul, il se conduisit en homme d'honneur. Vous aviez un grand commandement, vous pouviez me faire arrêter; vous auriez bien fait; et si vous m'aviez tué, vous m'auriez rendu un grand service, et peut-être était-ce là votre devoir!

M. Berryer. — Quelles étaient les forces présumées de Bonaparte?

Bourmont. — Avant d'entrer à Lyon, il pouvait avoir cinq mille hommes; il en avait sept quand il en est parti.

Le Maréchal. — Pourquoi tromper sur le nombre? Tout le monde sait qu'il était à la tête de quatorze mille hommes, sans comprendre les soldats qui se rendaient de toutes parts à sa rencontre, et une foule d'officiers à demi-solde. Que pouvais-je contre ce nombre, avec quatre malheureux bataillons qui m'auraient pulvérisé plutôt que de me suivre?

Le Président au témoin. — Le Maréchal aurait-il pu engager le combat?

Bourmont. — Si le Maréchal avait pris une carabine et chargé à la tête de l'armée, nul doute que son exemple n'eût été décisif, car aucun homme n'avait plus d'empire sur l'esprit de l'armée. Cependant, je n'oserais affirmer qu'il eût été vainqueur.

Le Maréchal. — Cela eût été impossible. L'auriez-vous fait, vous? Je ne vous crois ni assez de fermeté, ni assez de talent...

Le Président. — On demande enfin si le Maréchal (sa proclamation à part) eût pu faire marcher ses troupes contre Bonaparte?

Bourmont. — Il aurait pu disposer de celles qui étaient encore à Poligny, à Lons-de-Saulnier, à Saint-Amour, et qui n'avaient pas pris encore la cocarde de la rébellion.

M. Dupin. — M. le Maréchal ne vous lut-il la proclamation qu'une fois?

Bourmont. — Il la lut une seconde fois.

M. Dupin. — Je demande s'il la lut une seconde fois, si vous saviez ce qu'il allait faire?

Bourmont. — Nul doute.

M. Dupin. — Aviez-vous fait quelques dispositions contraires à l'effet qu'on voulait produire?

Bourmont. — Je n'en ai pas eu le temps.

M. Dupin. — Comment saviez-vous donc que les troupes penchaient pour le roi?

Bourmont. — Je ne pouvais en répondre.

Le baron Séguier. — Un officier ne fut-il pas arrêté, le 13, par les ordres de l'accusé?

Bourmont. — On m'a dit que cet officier avait parlé de se rendre à Bonaparte, je le fis arrêter, mais comme c'était un militaire recommandable, je le fis seulement conduire à Besançon.

M. Berryer. — Nous supplions M. le Président de demander à M. de Bourmont quel effet produisit la lecture de la proclamation?

Bourmont. — Les soldats criaient : *Vive l'Empereur!* Les officiers étaient stupéfaits.

M. Berryer. — Qu'on demande à M. de Bourmont s'il a crié : *Vive le roi?* (Violents murmures.)

M. Molé, pair. — De pareilles questions sont tout à fait déplacées!

Le septième témoin, M. de Vaulchier, est entendu :

— Le 12 au soir, dit-il, en apprenant l'entrée de Bonaparte à Lyon, Ney s'est plaint des mauvaises dispositions qui avaient été prises. « Son A. R. Monsieur, a-t-il dit, aurait dû faire monter un maréchal dans sa voiture et marcher à l'ennemi. Si j'y avais été moi-même, j'aurais dit : Marchons, monseigneur, il faut aller aux avant-postes. C'est le seul moyen d'opposer quelque résistance aux projets de Bonaparte. »

Le témoin rend compte de la revue du 14; il ajoute : « J'ai reçu une lettre du Maréchal qui me recommandait de maintenir l'ordre et de faire relâcher les personnes arrêtées pour cause d'opinion. Je le vis dans l'après-midi et je lui dis que mes serments s'opposaient à ce que j'administrasse pour Bonaparte. Il me répondit : « Vous faites une bêtise. » Il ajouta des paroles offensantes pour les princes, qu'ils ne pouvaient régner, qu'ils offensaient la nation. Il rappela les humiliations que la Maréchale avait dû subir à la cour. Il assura de plus qu'on ne ferait de mal à personne et que tout se passerait avec calme. Le Maréchal ne mit, du reste, aucun obstacle à mon départ.

Le Maréchal. — Je me rappelle, en effet, avoir eu, à Lons-le-Saulnier, un entretien avec vous ; mais s'il a duré dix minutes, c'est tout au plus ; et certes, on comprendra que j'avais autre chose à faire que de vous donner des explications si longues. Je déclare, au surplus, que vous avez refusé de servir l'Empereur.

M. de Vaulchier poursuit sa déposition. Il affirme que Ney, le 14, portait la décoration de la Légion d'honneur.

Le Maréchal. — Cette assertion est contraire à la vérité. Cent mille témoins pourraient en attester la fausseté.

Les dépositions du baron Capelle et du comte de la Gemetière reproduisent à peu près celles de Bourmont.

Les capitaines Grison et Cosse, témoins à gages. Un de ces individus raconta que le Maréchal, à Landau, après avoir réuni tous les officiers dans une salle d'auberge, s'y enferma avec eux, prit les clefs, et là, « vomit mille horreurs contre les Bourbons ».

La Cour écouta ces honteuses sottises ; le Maréchal ne daigna pas les démentir.

M. Cailloé, bijoutier et passementier, apporta contre les calomnies de Bourmont, Capelle et la Gemetière une preuve accablante. Il déclara que ce ne fut que le 25 mars que les plaques et les décorations du Maréchal lui furent apportées pour y ajouter les insignes impériaux. Il montra son registre à l'appui de sa déposition.

M. Batardi, notaire, vint affirmer que ce fut de sa bouche que le Maréchal apprit le débarquement de Napoléon. Ney témoigna le plus vif étonnement et la plus grande affliction. — « Mon malheureux pays, dit-il. Que revient faire cet homme qui n'a que la guerre civile à nous apporter ? S'il n'eût pas compté sur des mésintelligences et des mécontentements, il n'eût pas osé remettre les pieds sur le sol français. »

Le duc de Maillé déclare qu'il laissa le Maréchal, à Lons-le-Saulnier, dans les dispositions les plus favorables à la cause du roi. « Je dois encore à la vérité de déclarer, ajoute-t-il, que j'ai entendu le Maréchal donner les ordres les plus rassurants et dire, en propres termes, à M. le comte de Bourmont : — « Allons, mon cher général, il faudra marcher contre Bonaparte. Nous sommes peut-être inférieurs en nombre, mais nous nous battrons bien, et, morbleu ! nous le frotterons ! »

Le général Philippe de Ségur. — J'ai l'honneur de connaître M. le prince de la Moscowa. Je le vis le 7 mars. Il me dit qu'il allait combattre Napoléon ; il me chargea, en son absence, de plusieurs dispositions militaires. Tout ce que j'entendis de sa bouche était digne du général français qui a fait la gloire de son pays dans vingt campagnes.

M. de Boursillac, sous-préfet à Poligny. — J'ai vu le Maréchal avant sa défection. Il me reçut, m'offrit de mettre à ma disposition les gardes nationales et de donner lui-même l'exemple de la résistance. Je l'entendis se plaindre du roi, de M. et Mme de Blacas, du rejet que l'on avait fait, à la cour, des services de la vieille garde.

Le Maréchal. — Sur ce que j'ai dit de la vieille garde, je dois une explication. Oui, j'ai dit au roi qu'il était généreux et politique de se l'attacher ; qu'elle avait des droits à défendre sa personne ; que la garde était la récompense de toute l'armée, et qu'il ne fallait pas l'anéantir. Ce discours, je l'ai tenu à Compiègne, dans un moment où Sa Majesté daignait me donner une confiance particulière. Bonaparte l'a su et m'a dit depuis : — « Si le roi eût suivi vos conseils, jamais je n'aurais mis les pieds en France. »

Le lieutenant-général comte Heudelot. — Dans les départements placés sous mon commandement et dans les pays environnants, le mouvement d'insurrection était général. On ne pouvait compter ni sur les soldats, ni sur les habitants. Le parti du roi était une infime minorité. Il en était de même, à ce que je crois, dans le gouvernement du Maréchal. Les habitants étaient exaspérés et portés à se réunir à Bonaparte.

L'article 12 de la capitulation de Paris était, on s'en souvient, l'argument principal de la défense de Ney. — Le Maréchal avait cité les commissaires du gouvernement qui l'avaient rédigé et signé ; c'étaient : Davout, prince d'Eckmuhl, MM. de Bondy, de Pignone, le général Guilleminot.

Interrogé au sujet de l'article 12, le général Guilleminot s'exprima ainsi :

— Comme chef d'état-major, j'ai été chargé de stipuler amnistie en faveur des personnes, quelles que fussent leurs opinions, leurs fonctions et leur conduite. Ce point a été accordé sans aucune contestation. J'avais ordre de rompre toute conférence, si l'on m'eût fait éprouver un refus. L'armée était prête à attaquer ; c'est cet article qui lui a fait déposer les armes.

M. de Bondy, préfet de la Seine pendant les Cent-Jours, dépose que la principale base de la Convention était la tranquillité publique, la sûreté de Paris, le respect des personnes et des propriétés. L'article 12 a été accepté de la manière la plus rassurante pour tous ceux qui y étaient compris.

Davout, prince d'Eckmuhl. — Dans la nuit du 2 au 3 juillet, tout était préparé pour se battre. La Commission envoya l'ordre de traiter avec les généraux alliés. Les premiers coups de fusils avaient été tirés. J'ai envoyé aux avant-postes pour arrêter l'effusion du sang. La Commission m'avait remis le projet de la Convention; j'y ai ajouté tout ce qui est relatif à la démarcation de la ligne militaire et, en outre, les articles qui se rattachaient à la sûreté des personnes et des propriétés, et j'ai spécialement chargé des commissaires de rompre les conférences, si les conditions n'étaient pas ratifiées.

M. Berryer. — Qu'auriez-vous fait si la Convention proposée n'eût pas été acceptée?

Davout. — J'aurais livré la bataille. J'avais vingt-cinq mille hommes de cavalerie, soixante-quinze mille hommes d'infanterie et quatre à cinq cents pièces de canons; en un mot, toutes les chances que peut prévoir un général en chef étaient favorables.

Cette réponse ne décidait pas la question de protection élevée par les défenseurs, M. Berryer reprit :

— Quel est le sens, demanda-t-il, que M. le prince d'Eckmuhl et le gouvernement provisoire donnaient à l'article 12?

M. Bellard se lève et s'oppose à ce que le témoin réponde à cette question. « La Convention existe, dit-il, on ne peut faire qu'elle renferme autre chose que ce qui s'y trouve écrit, l'opinion du prince ne peut en changer les termes.

Le Maréchal. — La capitulation était tellement protectrice que c'est sur elle que j'ai compté. Sans cela, croit-on que je n'aurais pas préféré périr les armes à la main? C'est en contradiction de cette capitulation que j'ai été arrêté.

— « Ah! pourquoi, dit M. de Vaulabelle, sous les murs de Paris, au lieu de conseiller la soumission à ces alliés qui demandaient maintenant sa mort, à ces princes qui le livraient à leurs juges, n'avait-il pas tiré l'épée et jeté le cri : *En avant!* aux cent mille soldats qui demandaient un général pour les conduire contre Blücher et Wellington (1). »

Le réquisitoire de M. Bellart termina la séance. Les plaidoiries furent remises au lendemain. Le procès avait déjà occupé quatre audiences.

FIN DU PROCÈS

L'accusation fut violente et d'une révoltante partialité. L'avocat général demandait la tête de Ney au nom des puissances étrangères, au nom du ministre et des Chambres. Le Maréchal n'était jugé que par ses ennemis politiques.

La défense continua à être mesquine dans ses arguments, emphatique dans ses discours, usant de moyens dignes de la défense de murs mitoyens, abaissant la cause au lieu de l'élever.

Elle ne se borna point à invoquer l'article 12 de la capitulation et les traités de Vienne, mais elle plaça le Maréchal sous la protection de l'article du 20 novembre qui cédait Sarrelouis à la Prusse, lieu de naissance du Maréchal, et enlevait à celui-ci la qualité de Français.

L'auditoire protesta par de violents murmures.

Déjà, la veille, — probablement sans savoir ce qu'il lisait, — Ney avait donné lecture d'une note de ses avocats qui invoquait le traité du 20 novembre. Cette fois, il recouvra sa lucidité, il comprit et, se levant soudain, il s'écria avec énergie : — « Non, non! je suis Français et je mourrai Français! Jusqu'à présent, ajouta-t-il en s'autorisant des murmures, ma défense avait été libre; on l'entrave, maintenant; mes défenseurs ne sont plus libres. Je les prie de cesser ma défense plutôt que de la présenter incomplète. Je suis accusé contre la foi des traités, et on ne veut pas que je les invoque! »

---

(1) Voici l'opinion de Napoléon. On lit dans le *Mémorial de Sainte-Hélène*, t. II, p. 30 :
« La défense politique de Ney était toute tracée.
« Il avait été entraîné par un mouvement général qui lui avait paru la volonté et le bien de la patrie. Il avait obéi, sans préméditation, sans trahison. Des revers avaient suivi; il se trouvait devant un tribunal. Il ne lui restait plus rien à répondre sur ce grand événement, si ce n'est qu'il était à l'abri derrière une capitulation sacrée qui garantissait à chacun l'oubli sur tous les actes, sur toutes les opinions politiques. »

Soldats !... droit au cœur.

« Je fais comme Moreau, j'en appelle à l'Europe et à la postérité (1) ! »

Le ministère public saisit avec empressement l'offre qui lui était faite de clore les débats.

« C'est abuser de notre patience, s'écria Bellart. On a employé toute la matinée à présenter des moyens extraordinaires, on a soutenu des principes désavoués dans toutes les législations; nous avons laissé aux défenseurs la liberté la plus entière; mais on en a abusé jusqu'à la licence, sous prétexte de se défendre on a introduit un moyen véritablement tardif, parce que l'état de la cause est définitivement arrêté et qu'il ne s'agit plus que des faits. Défendre ce moyen ce n'est pas gêner la liberté. »

M. Dupin veut répliquer, mais le Maréchal le prie de cesser une défense inutile.

— Puisqu'on ne me permet pas de me défendre librement, dit-il, M. le président ordonnera à la Chambre ce qu'elle voudra qu'elle juge !

Bellart s'empresse de requérir l'application des articles du Code pénal. Il demande la peine de mort.

Il est cinq heures. On fait évacuer les tribunes publiques. Le Maréchal est ramené dans sa prison et les pairs entrent en délibération. Comme on va procéder à l'appel nominal, Augereau demande à se retirer, se fondant sur ce qu'il a siégé dans le Conseil de guerre. Les anciens ministres, Talleyrand, de Gaucourt et Gouvion Saint-Cyr refusent de prendre part au vote parce qu'ils ont pris part à l'acte d'accusation. Enfin, les pairs ecclésiastiques, qui en tant d'autres circonstances font brûler et massacrer par le bras séculier, sont pris de scrupules parce qu'il leur est interdit de se prononcer dans une cause criminelle.

L'appel nominal avait constaté 161 membres présents, il fallait 101 voix pour décider chaque question. Ces questions furent au nombre de trois :

La première : — L'accusé est-il convaincu d'avoir, dans la nuit du 13 au 14 mars 1815, accueilli les émissaires de l'Usurpateur ?

Il y eut 113 *oui;* 47 *non;* 1 abstention.

---

(1) Évoquer le nom du traître Moreau, mort en combattant dans les rangs de l'armée russe, était plus qu'une sottise, elle lui fut encore dictée par ses défenseurs.

Deuxième question : — L'accusé est-il convaincu d'avoir, ledit jour, 14 mars 1815, lu sur la place publique de Lons-le-Saulnier, à la tête de son armée, une proclamation tendant à l'exciter à la rébellion et à la désertion à l'ennemi; d'avoir immédiatement donné l'ordre à ses troupes de se réunir à l'Usurpateur et d'avoir lui-même, à leur tête effectué cette réunion?

Oui, à l'unanimité, moins une voix.

Troisième question : — L'accusé est-il convaincu d'avoir accompli un crime de haute trahison et d'attentat à la sûreté de l'État, dont le but était de détruire ou tout au moins de changer le gouvernement et l'ordre de successibilité au trône?

Il y eut 159 *oui;* 1 *non;* 1 *abstention.*

Sur l'application de la peine, 138 pairs se prononcèrent pour la mort par les armes; 17 pour la déportation; 5 refusèrent de voter parce que la défense n'avait pas été libre.

La peine capitale était prononcée; le chancelier rédigea immédiatement l'arrêt.

Certes, Ney a commis de grandes fautes et la première, celle qui entraîna les autres, fut de ne pas s'être retiré chez lui après l'abdication de Fontainebleau. Ses rodomontades contre celui qui l'appelait prince de la Moscowa et à qui il refusait le titre d'Empereur étaient ridicules.

Il appelait Napoléon *monsieur Bonaparte*, et il pleurait avec sa femme de ce que, à la cour des émigrés, on se rappelait qu'il était le fils d'un tonnelier. Ses courbettes devant les frères de Louis XVI étaient d'une platitude honteuse. Il s'était mis en confraternité avec les lâcheurs et les traîtres : les Bourmont, les duc de Raguse, les Soult.

Cependant il tenait encore debout, et son passé, ses exploits, son dévouement l'avaient fait si grand qu'il commandait encore l'admiration et provoquait même la sympathie. Une année d'erreurs ne pouvait faire oublier une si noble carrière. Il avait été bon aussi pour ses troupes; il avait leur cœur et elles avaient le sien. Son titre de prince de la Moscowa était mérité et il le portait bien. C'était un héros égaré dans un monde étranger, et, à certains égards, inférieur à lui, si ce n'est indigne de lui.

Aussi, la France ne pouvait condamner, sans être ingrate et

injuste, un de ses plus illustres enfants et, parée encore des lauriers tachés de son sang, l'envoyer à la mort, le faire tuer par ses compatriotes et ses frères d'armes.

Ce jugement, rendu par la passion politique, fut donc un crime, un assassinat juridique, et la page où l'Histoire a conservé les noms des juges du maréchal Ney est le pilori de ces derniers.

Nous la reproduirons. Voici la liste des pairs qui ont voté la mort :

Duc d'Uzès ; de Chevreuse ; de Brissac ; de Rohan ; de Luxembourg ; de Saint-Aignan d'Arcourt; de Fitz-James ; de Valentinois; de la Vauguyon; de la Rochefoucauld; de Clermont-Tonnerre; de Coigny; de Laval-Montmorency; de Beaumont; de Lorges; de Croï-d'Havré; de Lewis; de la Force; de Castreis; de Doudeauville; prince de Chalais; duc de Serent; le maréchal Marmont, duc de Raguse; comte Abrial; Barthélemy, Beauharnais; Beurnonville; Canclaux; Cornet; d'Aguesseau; Davout; Demont; d'Haubersaërt; d'Hedouville Dupont; Dupuy; Emmery Garnier; de Lamartillière; Laplace; Lecouteux; de Rochemont; de Lespinasse; de Montbadon; de Pastoret; le maréchal Pérignon, de Saint-Vallier, de Sémonville; maréchal Serrurier; comte Soulès; Shée; de Tascher; maréchal duc de Valmy; de Vaubois; de Villemansy; Vemart; Maison; Dessoles; de Latour-Maubourg; de Vandreuil-Bailly; de Crussol; d'Arcourt, de Clermont-Gaillerande; de Damas; d'Albertas; d'Arimont; d'Avarey; de Boisgelin; de Boissy-Ducoudray ; de Boissel ; de Bonnoy ; de Brezé ; de Beaufremont; maréchal de Bellune; Clermont-Tonnerre; duc de Caylus; de Castellane; de Châteaubriand; de Choiseul-Gouffier; de Coutades ; de Crillon ; de Charaman; de Chabannes; de Durfort; Dambray; Damas-Crux; d'Andigné; d'Ecquevilly; d'Escars; Ferraud; de Frondeville; de Ferronnays; de Gand; de Gontaut-Biron; de la Guiche; amiral Gantheaume; d'Haussonville; de Juigné; d'Hédouville; de Lauriston; de Louvois; de Lamoignon; de la Tour-du-Pin; de Gouvernet; de Machault; de Mortemart; Molé; de Mathan; de Montmorency; de Mun; de Muy; général Mennier; de Noë; d'Orvilliers; d'Osmond ; de Rogecourt; de Rougé; de Saint-Roman; Lepelletier; de Rosambo; Deseze; Séguier; de Suffren-Saint-Tropez; de la Suze; de Saint-Priest; de Talaru ; Auguste de Talleyrand; de Vence; de Vibraye; de Verac; Morel de Vindi; Lynch.

Les ducs de Broglie, de Montmorency; les comtes de Bertholet; Chasseloup-Laubat; Chollet; Collaut; de Fontanes; de Gouvion; Herwin; Klein; Lanjuinais; Lemercier; Lenoir-Laroche; de Malleville; Porcher; Turial et Lally-Tollendal avaient voté la déportation.

A minuit, la séance fut rouverte.

L'arrêt était pressenti, et la lecture en fut écoutée avec une joie à peine contenue.

Les deux avocats protestaient par leur absence.

M. Bellart requit immédiatement du président la déclaration que Michel Ney ne faisait plus partie de la Légion d'honneur. La déclaration fut prononcée.

Plusieurs pairs, tout en ménageant le parti dominant, avaient espéré que M. de Richelieu, après la sentence, implorerait la clémence du roi. « La commutation de la peine de mort en celle de l'exil en Amérique serait, disaient-ils, un acte de bonne politique, elle prouverait la force du gouvernement et donnerait à la famille royale une grande popularité. »

M. de Richelieu se rendit aux Tuileries; admis auprès du roi après minuit et demie, il trouva Louis XVIII inflexible.

— Ma famille ne me pardonnerait pas cette grâce, disait-il, et vous-même vous seriez mis le lendemain en accusation par la Chambre des Députés.

Une conférence, en effet, avait eu lieu, dans la soirée, entre tous les membres de la famille royale; la duchesse d'Angoulême, inspirée par des sentiments de vengeance qu'elle-même et les siens devaient expier quinze ans plus tard, avait insisté avec chaleur sur la nécessité d'un grand exemple, et toutes les voix s'étaient réunies à la sienne.

C'est en ce moment que le duc de Wellington aurait dû intervenir. Un grand nombre de ses compatriotes à Paris, quelques-uns de ses amis en Angleterre, lord Habland, entre autres, l'en avaient prié. Demeuré en France, quand tous les autres chefs de la coalition l'avaient quittée, le général anglais y exerçait une influence toute puissante; il s'en servit, mais ce fut pour persister à exiger des Alliés le sacrifice de l'homme dans lequel les souverains et lui voyaient le principal coupable de cette journée du 20 mars qui, huit mois auparavant, était venue porter encore une fois la terreur au sein des monarchies de la vieille Europe.

Ney, pourtant, devait être sacré pour Wellington ; soldats l'un et l'autre, tous deux s'étaient trouvés face à face sur le fatal plateau du Mont-Saint-Jean. Mais le général anglais résumait en lui les qualités comme les défauts de sa nation et de sa caste : Intelligence nette, volonté ferme, tête froide, son esprit était sans élévation, son caractère sans grandeur, son cœur sans générosité. Nous ne craignons pas de l'affirmer, à la place de Wellington, le chef de l'aristocratie anglaise, Ney, ce généreux enfant de notre démocratie, eût fait plus que d'exiger la grâce, il n'eût pas permis le jugement. (DE VAULABELLE.)

A l'heure où le tribunal rendait son arrêt, M. Cauchy, archiviste de la pairie, se rendait auprès du condamné pour lui notifier sa sentence.

Depuis l'avant-veille, le Maréchal avait été transféré de la Conciergerie à une chambre sous les combles du Luxembourg, mais sous la surveillance la plus sévère. Après sa sortie de la salle de justice, il avait dîné, puis s'était jeté tout habillé sur son lit. Il dormait d'un profond sommeil lorsque M. Cauchy se présenta.

Il se leva ; pour l'encourager à parler :

— Faites votre devoir, monsieur, lui dit-il, il faut que chacun fasse le sien.

Et comme M. Cauchy commençait la longue énumération des titres du condamné :

— Passez, passez, interrompit celui-ci, dites simplement Michel Ney, et demain un peu de poussière !

Et il écouta la lecture du jugement sans montrer la moindre émotion.

M. Cauchy lui dit ensuite que s'il désirait les secours de la religion, il pourrait faire appeler le curé de Saint-Sulpice.

— Je n'ai besoin de personne pour apprendre à mourir, répondit-il.

Il demanda si, avant d'aller à la mort, il pourrait recevoir sa femme et ses fils. Sur la réponse affirmative de M. Cauchy :

— A quelle heure est-ce pour demain ? demanda-t-il.

— A huit heures et demie.

— Bien ; en ce cas, faites avertir la Maréchale pour cinq heures et demie. Mais j'espère que personne ne se permettra de lui annoncer ma condamnation. Je me réserve de la lui apprendre. Puis-je être seul, maintenant ?...

M. Cauchy salua et se retira; le Maréchal recouvra aussitôt son sommeil interrompu.

LE DÉNOUEMENT

Le lendemain 7 décembre, à cinq heures et demie, le Maréchal fut éveillé par l'arrivée de sa femme, de ses quatre enfants et de Mme Gamot, sa belle-sœur. En entrant dans la chambre de son mari, la Maréchale tomba dans un long évanouissement auquel succédèrent des pleurs et des sanglots.

Les enfants, dont l'aîné était à peine âgé de douze ans, sombres, silencieux, regardaient leur père. Il les prit sur ses genoux, leur parla longtemps à voix basse, puis, voulant mettre un terme à cette scène déchirante, il dit à demi voix à Mme Gamot, mais de façon à être entendu de sa femme, que celle-ci « aurait peut-être le temps d'arriver jusqu'au roi. »

La Maréchale saisit avidement cette ouverture, qui n'avait d'autre but que de l'éloigner, et, se jetant dans les bras du condamné qu'elle étreignit longtemps, elle se hâta de courir aux Tuileries.

C'est encore à M. de Vaulabelle que nous emprunterons la dernière scène de ce drame historique.

« Resté seul avec ses gardes, Ney écrivit quelques dispositions. Les hommes chargés de sa surveillance, bien que couverts de l'uniforme de gendarmes et de soldats de la nouvelle garde, appartenaient aux anciennes bandes de l'Ouest et du Midi ou aux différents corps de la maison du roi. L'un d'eux, dont les formes et le langage contrastaient avec l'habit dont il était vêtu, s'approcha de Ney :

— « Monsieur le Maréchal, lui dit-il, à votre place, maintenant, je penserais à Dieu, j'enverrais chercher le curé de Saint-Sulpice.

« Ney regarda le garde et sourit.

— « Eh bien! lui répondit-il, allez le chercher.

« A huit heures, on vint l'avertir, il répondit qu'il *était prêt*.

« Il portait le deuil de son beau-père.

« Il avait pour vêtement une redingote de gros drap bleu, une culotte et des bas de soie noirs; pour coiffure, un chapeau rond.

« Il descendit entre une double haie de soldats qui se prolongeait jusqu'à l'entrée du jardin où l'attendaient le curé de Saint-Sulpice et une voiture de place.

« Au moment de monter, il dit au prêtre en lui cédant le pas :

— « Montez le premier, monsieur le curé, j'arriverai encore avant vous là-haut !... »

Le fiacre se mit en marche à travers le jardin du Luxembourg, entra dans la grande avenue de l'Observatoire, et s'arrêta à moitié distance environ entre cet édifice et la grille du jardin. Un officier ouvrant alors la portière annonça au Maréchal qu'il était près du lieu d'exécution. Ney mit pied à terre, non sans manifester quelque étonnement ; il croyait devoir être conduit à la plaine de Grenelle. Mais le gouvernement, redoutant des rassemblements trop nombreux et quelque échauffourée populaire, avait pris le parti de l'exécuter pour ainsi dire en fraude.

Depuis le matin, une foule considérable était en effet réunie à la plaine de Grenelle ; l'avenue de l'Observatoire, au contraire, ne laissait voir que quelques passants. Après avoir fait ses adieux au prêtre et lui avoir remis, pour la maréchale, la boîte en or dont il faisait habituellement usage, et pour les pauvres de sa paroisse quelques pièces d'or qu'il avait sur lui, le Maréchal alla se placer devant le peloton d'exécution.

Ce peloton était composé de soldats vétérans. L'officier qui les commandait fit offrir au prince de la Moscowa de lui bander les yeux.

— Ignorez-vous, répondit le Maréchal, que depuis vingt-cinq ans j'ai l'habitude de regarder en face les boulets et les balles ?

Puis il ajouta :

— Je proteste, devant Dieu et la patrie, contre le jugement qui me condamne ! J'en appelle aux hommes, à la postérité, à Dieu ! Vive la France !

L'officier écoutait immobile. Le général commandant la place de Paris et qui, depuis le matin cinq heures, se trouvait chargé de la garde du condamné et des détails de l'exécution, le comte de Rochechouart s'adressant au chef de peloton, lui dit à haute voix : — *Faites votre devoir !*

Le Maréchal aussitôt ôta son chapeau de la main gauche

Des charrettes emportaient des enfants, des vieillards et des objets divers.

et, posant la main droite sur sa poitrine, il s'écria d'une voix forte :
— *Soldats, droit au cœur!*

Mais l'officier ne bouge pas.

Le comte de la Force, frère de l'un des juges du Maréchal, assistait à l'exécution comme colonel d'état-major de la garde nationale ; il s'avance vivement vers le commandant du peloton, il le trouve éperdu ; placé sous le regard de la grande victime que le devoir lui dit d'immoler, l'officier semble frappé de vertige. M. de la Force prend immédiatement sa place ; il donne le signal ; le peloton fait feu ; Ney tombe frappé de six balles à la poitrine, de trois à la tête et au cou et d'une balle dans le bras.

Conformément aux règlements militaires, le corps resta déposé pendant un quart d'heure sur le lieu d'exécution.

Transporté à l'hospice de la Maternité, il y demeura jusqu'au lendemain, gardé par des sœurs de charité qu'on relevait d'heure en heure et qui, agenouillées près de lui, récitaient les prières des morts.

Cependant, la Maréchale était accourue aux Tuileries ; elle s'était adressée, pour parvenir jusqu'à Louis XVIII, au duc de Duras, premier gentilhomme de service.

Elle dut attendre assez longtemps ; le roi, disait M. de Duras, ne recevait encore personne. La nouvelle de l'exécution ne tarda point à arriver au château, le premier gentilhomme annonça alors à la Maréchale que l'audience ne pouvait lui être accordée parce qu'elle était maintenant sans objet. »

La Maréchale, en arrivant à son hôtel, fut prise d'un long évanouissement.

Déjà son père, M. Auguié, avait été foudroyé par la seule nouvelle de l'arrestation du Maréchal, elle portait donc un double deuil dans son cœur.

Peu après, le corps du supplicié lui fut rendu, mais *l'autorité* se réserva de régler le convoi, le corps de Ney fut conduit sans pompe au cimetière de l'Est. Le convoi se composait de la voiture mortuaire et de deux voitures de deuil occupées par la famille de la Maréchale.

En 1830, les protestations retentissantes commencèrent à s'élever. Dupin et Berryer à la Chambre des députés, Excelmans à la Chambre des pairs, flétrirent la condamnation du maréchal Ney. En 1848, le gouvernement provisoire décréta une statue au héros de la Bérésina, mais l'impuissance de la République de 1848 se contenta du décret et en laissa la réalisation au gouvernement bonapartiste, son successeur.

Napoléon III n'a pas fait œuvre d'opinion ou de reconnaissance dynastique en élevant une statue à l'infortuné qui, jusqu'à sa dernière heure fut pour « le meilleur des rois » ; il vit dans le Maréchal une de nos gloires nationales, et dans l'érection de sa statue la protestation la plus légitime et la plus modérée contre la Terreur-Blanche. Il eut pu choisir d'autres victimes, il s'honora en n'oubliant pas Moncey, mais il est regrettable qu'il n'ait pas songé à Labédoyère... Enfin il suffit, si le bronze du Luxembourg peut faire penser au peloton d'exécution de Grenelle.

La statue érigée à l'endroit même où le Maréchal est tombé sous les balles, et qui a été inaugurée le 7 décembre 1853, jour anniversaire de l'exécution, est de Rude. Son mérite a été vivement disputé par la critique. Ney est représenté dans l'attitude du commandement, le sabre au poing, respirant l'enthousiasme, la tête haute avec le geste qui lui était habituel et que la *grande armée* appelait le bras de Ney. Dans ce mouvement d'enthousiasme qui emporte l'homme tout entier dans le cri de guerre *En avant!* on a vu de l'effort, une trop grande recherche de l'effet, un défaut de simplicité, de naïveté qui est le cachet de la grandeur ; mais on a reconnu à ce bronze de grandes qualités d'expression et d'exécution. Rude y a triomphé des plus grandes difficultés. Il lui fallait soutenir l'anatomie de sa figure, en maintenir les équilibres, dans une des situations les plus violentes, dans une des poses les plus compliquées que la sculpture ait jamais abordées. L'élan extraordinaire qu'il a imprimé à toute la machine humaine n'a rien de gauche, d'invraisemblable. Le mouvement est si bien réparti dans tout l'ensemble que l'œil oublie la pesanteur de la matière. Cette statue si vigoureusement lancée en avant ne tombe pas!

L'ASSASSINAT DU MARÉCHAL BRUNE

A AVIGNON

Au moment où l'on arrêtait, à Aurillac, le maréchal Ney, de l'autre côté des montagnes qui séparent le Cantal du Languedoc, le Rhône roulait dans ses eaux les restes d'un de ses frères d'armes, le maréchal Brune, assassiné à Avignon.

Avignon... ou si l'on veut le Vaucluse, s'est bien changé, s'est bien amendé sans doute depuis 1816, mais les massacres de la Glacière, le règne de Jean coupe-tête, les assassinats de 1816 et particulièrement celui de l'illustre maréchal Brune, lui ont donné une affreuse renommée de passions sanguinaires et de férocité.

La politique n'y a jamais servi que de prétexte à ses convulsions et à ses fureurs. C'était un pays d'ignorance et de superstitions qui, jusqu'à notre Révolution, avait vécu à part, sous un gouvernement de prêtres, et ne semblait avoir renoncé à la *malaria* romaine que pour respirer les vapeurs du sang... comme elle ne sortit de la terreur rouge, que pour tomber dans la terreur blanche.

En somme, le fond du pays étant un alluvion clérical, l'ancien comtat devenu le Vaucluse, resta surtout un foyer royaliste. Là les Trestaillons, les Lambot, les Giraud, comme les *braves-brigands,* poussaient en pleine terre, sans culture. Enfin pour comble de misère, cette sorte d'hystérie meurtrière ne se bornait point à l'enceinte de la ville des papes, mais s'étendait et sévissait aux localités voisines : Vaucluse, Carpentras, Beaucaire, Nîmes, Marseille et d'autres qu'il nous plaît d'oublier.

Dans toute la Provence et au delà, non seulement le sang de la guerre civile coulait à flots, et le vol, l'incendie, le pillage et l'assassinat déchaînaient leurs fureurs, mais le crime prenait un caractère monstrueux de raffinement ou de sauvagerie.

Tout cela sous le prétexte de venger Dieu et les Bourbons des bienfaits de la Révolution et des gloires de l'Empire.

Enfin, chez ces populations royalistes fanatiques et antipatriotiques, le respect de la loi, l'ordre public et la peur du service militaire avaient amassé des haines violentes qui n'attendaient qu'un malheur national pour éclater.

Pendant les Cent-Jours, le général Cassan, qui commandait le Vaucluse, sous les ordres du maréchal Brune, avait maintenu l'ordre avec quelques compagnies de bons citoyens, appartenant à la population libérale. Les royalistes n'eurent à subir aucune vexation et l'ordre avait été maintenu avec autant de douceur que de fermeté. Mais, le 24 juin, lorsqu'on apprit la défaite de nos armes, la réaction éclata avec la plus extrême violence. Les bandes étaient toutes organisées, elles envahirent les rues, les cafés, un honorable négociant fut assassiné en pleine rue.

Le général Cassan parvint cependant à réprimer ce commencement d'insurrection non seulement à Avignon, mais aussi dans les localités voisines; puis il demanda des troupes à Nîmes et à Valence et un bataillon de la Drôme vint le renforcer.

Ce déploiement de forces porta ombrage à Carpentras, un des premiers à arborer le drapeau blanc. Ses habitants demandèrent du secours à Marseille et les agents du roi à Marseille mirent à la disposition des royalistes de Carpentras, pour organiser leur défense, le major Lambot, officier de gendarmerie, ambitieux vulgaire, âme basse, prêt à se lancer dans tous les excès.

Le major partit avec les émissaires de Carpentras pour aller prendre le commandement militaire de Vaucluse. Il établit son quartier général à Cavaillon et y appela toute la canaille. Ensuite, avec sa bande, il parcourait les communes, faisant la chasse aux bonapartistes qu'il empilait dans les plus infectes geôles.

En même temps, il intriguait à Avignon. Le général Cassan le savait, mais se promettait de l'écraser à la première tentative qu'il eût fait à main armée.

Mais, dans la nuit du 18 au 19 juillet arriva la circulaire de M. de Vitrolles, annonçant le retour à Paris de Louis XVIII. Le général rassembla ses chefs de corps et leur communiqua cette circulaire. D'autre part, le préfet intervint pour le prier de faire évacuer la ville à ses troupes et de se retirer.

Cassan quitta immédiatement Avignon avec le 13ᵉ et le 35ᵉ de ligne, et se dirigea vers Pont-Saint-Esprit. Derrière eux suivaient un grand nombre de gardes-nationaux qui émigraient, avec leurs familles, dans le département de la Drôme. Des charrettes emportaient les femmes, les enfants, les vieillards et les objets de première nécessité.

La petite armée de Cassan se croisa, en chemin, avec la bande de Lambot se dirigeant vers Avignon. Ces derniers, à la vue de la ligne, hurlèrent leur répertoire d'injures, mais quelques coups de fusils, tirés en l'air, suffirent à les mettre en fuite, si bien que les fuyards, en entrant en ville, y jetèrent la panique. Les malheureux Avignonnais allaient ressentir les effets de la lâcheté et de la colère de la bande.

Ces misérables fuyards se portèrent vers la succursale de l'Hôtel des Invalides, où se trouvaient quelques vieux soldats, une centaine environ de blessés ou d'infirmes.

Aux cris de mort des forcenés amis de Louis XVIII, les invalides ferment vivement les grilles de l'hôtel, prennent les armes, et peut-être allaient-ils en faire usage, quand un royaliste de marque, nommé Lacroix, prêche les brigands et les détourne.

La foule étant dissipée, les invalides crurent que tout danger avait disparu ; ils sortirent en ville... mais la retraite des bandits n'était que feinte, ils tombèrent dans un véritable guet-apens. Il subirent tous les genres de mort ; fusillés, poignardés, noyés dans la rivière de Sorgues.

On sait l'effet que la vue et l'odeur du sang produisent sur la brute humaine ; elles allument en elle le besoin du meurtre. L'assassinat des blessés encouragea à celui des femmes, des enfants, des vieillards. La bande des massacreurs grossit. Les assassinats, dit un historien, M. Ernest Daudet, ont lieu à Avignon comme à Marseille, rue par rue, maison par maison ; on traque les libéraux et les bonapartistes comme des bêtes féroces ; partout meurtre, pillage, incendie et vol. On jetait les cadavres dans le Rhône, qui rejetait parfois son funèbre dépôt sur ses bords.

M. Puy, maire d'Avignon, lutte désespérément ; la multitude protège les assassins.

Un homme est chargé de conduire un suspect à la maison d'arrêt. Il le tue en route, en plein jour, son arme fait coup double et blesse mortellement une femme qui passait. Mis en arrestation, le meurtrier est délivré par la populace furieuse et on le vit longtemps porter librement, comme un titre à la reconnaissance publique, le poids de crime.

« Les rues sont désertes, écrivait le préfet, tout est en proie à la crainte et à la stupeur. » Le silence lugubre de la ville n'est interrompu que par les craquements d'une porte enfoncée ou le cri d'une victime qu'on égorge.

Chaque jour, des groupes se formaient aux portes, aux abords des remparts, du côté du Rhône. Les autorités demeuraient désarmées, impuissantes ou complices des malfaiteurs. Le commandant militaire laissait agir les exaltés à leur gré et opérer des arrestations arbitraires qui eurent, en peu de jours, rempli les prisons de la ville et plusieurs fois, parmi les bandits, il fut question d'en finir par un massacre *général*. »

Telle était la situation d'Avignon et du Vaucluse, lorsque le maréchal Brune eut la malheureuse inspiration d'y passer pour se rendre de Toulon à Paris. Il était instruit des désordres qui venaient d'y éclater, mais il n'était aucun danger qu'il ne fût habitué à braver. Plusieurs fois il avait été appelé à éteindre la guerre civile non seulement en Vendée, mais en Provence même, et il s'était acquitté de ces missions difficiles avec humanité et avec honneur.

LE MARÉCHAL BRUNE

Brune, né à Brives-la-Gaillarde en 1763, était le fils d'un avocat au présidial de cette ville. Étudiant en droit, puis journaliste, il accueillit la Révolution avec enthousiasme et fut, avec Danton, un des fondateurs du Club des Cordeliers. Il remplit une mission politique en Belgique et, après peu de temps de service, fut nommé général de brigade de l'armée d'Italie.

Son nom se rattache, dès lors, à la lutte de la France contre l'Europe coalisée.

Dans la campagne d'Italie, il donna des preuves de talent militaire et de courage héroïque. Après le traité de Campo-Formio, il commanda en Suisse, puis en Hollande, où il écrasa à Bergen, les Anglo-Russes et infligea au duc d'York une capitulation. En 1800, il pacifia la Vendée et reprit un commandement en Italie. Nommé, en 1803, ambassadeur à Constantinople, puis maréchal de France, gouverneur des villes hanséatiques en 1807, il prit le commandement de l'un des corps qui opéra contre la Russie. Il s'empara de Stralsund, de Rugen de la Poméranie suédoise. En traitant ensuite avec le roi de Suède, et bien qu'il repoussât tout ce qu'il crut indigne de la France, cependant il montra trop de condescendance, ce que lui reprocha Napoléon, ainsi que de s'être servi des mots *armée française* au lieu de *armée de S. M. Impériale et Royale*. Accusé ensuite d'avoir fermé les yeux sur les concussions de Bourrienne, il tomba en disgrâce et fut privé de son commandement.

Il vécut dans la retraite jusqu'en 1814.

Après la première abdication de Fontainebleau, Brune envoya son adhésion à Louis XVIII, mais pendant les Cent-Jours, il rejoignit Napoléon qui lui confia le corps d'observation du Var.

A la seconde Restauration, il se démit de son commandement et se mit en route pour Paris.

Un écrivain royaliste, dont on connaît l'impartialité, fait justice en ces termes des accusations portées contre l'administration du maréchal Brune.

« Certains écrivains, dit-il, pour colorer d'un semblant de légitimité les colères sous lesquelles périt, quelques mois plus tard, le maréchal, leur ont attribué pour principale cause le joug qu'il fit peser, pendant les Cent-Jours sur les populations royalistes du Midi. Mais une étude impartiale de cette époque et les documents qui nous ont permis de la faire revivre rend inacceptable cette explication, mise en avant sinon pour excuser les assassins, du moins pour atténuer leur forfait. Les diverses mesures qu'ordonna le maréchal : le licencement de la garde nationale, l'arrestation de quelques gens du duc d'Angoulême, la proclamation de l'état de siège furent des mesures de défense et non de provocation. Ayant accepté la mission de rétablir l'autorité de l'Empereur dans le Var, Brune ne pouvait moins faire que ce qu'il fît; en examinant ses actes on est même tenté de dire qu'il ne fit pas assez et compta trop souvent sur la modération des royalistes irréconciliables qu'il devait soumettre à l'autorité impériale.

Un ami de Brune trace de lui le portrait suivant :

Le maréchal Brune, dit-il, à la loyauté d'un vieux soldat joignait des qualités plus solides que brillantes; c'était son Tacite à la main

A mort! hurlaient les forcenés.

qu'il regardait passer les révolutions modernes, y prenant part quand la voix de son pays l'appelait à sa défense et toujours par des motifs de patriotisme et non d'intérêt personnel. Quant au physique, c'était, à cette époque, un homme de quarante-cinq ans à peu près, à la figure franche et ouverte, encadrée par de gros favoris, à la tête chauve et garnie seulement, aux deux tempes, de cheveux grisonnants, à la taille élevée, à la démarche vive et à la tournure militaire.

A son arrivée dans le Midi, une vieille calomnie, qui l'avait déjà poursuivi autrefois, se réveilla de son long sommeil. Je ne sais quel auteur, en rapportant les massacres du 2 Septembre et la mort de la malheureuse princesse de Lamballe, avait dit : « Quelques personnes ont cru reconnaître, dans l'homme qui portait la tête au bout d'une pique, le général Brune déguisé » et cette accusation absurde, puisque Brune était loin de Paris lors des massacres, — après avoir été répandue sous le Consulat, poursuivait encore le maréchal en 1815 avec un tel acharnement qu'il ne se passait pas de jour sans qu'il reçût quelque lettre anonyme qui le menaçait d'un sort pareil à celui de la princesse [1].

Un soir que nous étions chez lui, il en ouvrit une qu'il nous passa aussitôt, elle était conçue en ces termes :

Coquin,

« Nous connaissons tous tes crimes, tu en recevras bientôt le juste châtiment.

Dans la Révolution, c'est toi qui as fait périr la princesse de Lamballe ; tu portais sa tête au bout d'une pique, mais la tienne doit faire encore plus de chemin. Si tu as le malheur de te rendre à la revue des Allées, ton affaire est faite et ta tête doit être placée au haut du clocher des Accoules. »

« Adieu scélérat. »

Nous lui donnâmes le conseil de remonter à la source de toutes ces calomnies et d'en tirer une vengeance éclatante.

Il réfléchit un instant, puis approchant la lettre d'une bougie et en regardant avec distraction la flamme qui la consumait.

---

[1]. L'auteur de cette calomnie était un pamplétaire anglais, aux gages de son gouvernement pour salir toutes nos gloires nationales.

— Vengeance ! oui, dit-il, je sais bien qu'en en tirant vengeance, je les ferais taire et que j'assurerais peut-être la tranquillité publique qu'ils troublent incessamment. Mais je préfère employer la persuasion à la rigueur, j'ai pour principe qu'il vaut mieux ramener les têtes que de les couper et passer pour un homme faible que pour un buveur de sang.

Le maréchal Brune était tout entier dans ces quelques mots.

Sa bonté ne fut récompensée, à Marseille, que par des outrages. Toulon seule, ville patriotique, seconda ses efforts.

Dans le chef-lieu des Bouches-du-Rhône, la nouvelle du désastre de Waterloo fut le signal du pillage et des massacres, les fugitifs de cette ville excitèrent à Toulon une indignation telle, que les bons citoyens offrirent à la garnison de se porter avec elle à Marseille, pour venger leurs frères d'armes. — Brune combattit ce mouvement et se contenta d'assurer la tranquillité du Var.

Loin de s'abîmer dans le deuil, la petite armée de Toulon sentait son âme héroïque s'élever à la hauteur des malheurs de la grande armée. En apprenant l'abdication de Napoléon et la capitulation de Paris, les soldats de Brune jurèrent de s'ensevelir sous les murs de Toulon, plutôt que d'accepter la cocarde blanche.

Ils imaginèrent un projet tel que peut en inspirer l'amour désespéré de la patrie.

Ils voulaient s'avancer vers le nord en soulevant sur leur passage les patriotiques populations de l'Isère et du Lyonnais, de grouper autour d'eux toutes les troupes et les gardes nationales que l'on rencontrerait en route, de rejoindre l'armée de la Loire et de tenter d'arracher la France aux Bourbons.

Brune et ses officiers démontrèrent à leurs compagnons d'armes ce que leur projet avait de chimérique.

Sur ces entrefaites, l'amiral Gautheaux qui, bien qu'il eût trahi la cause impériale avait laissé d'excellents souvenirs à Lyon comme préfet maritime et commandant de l'escadre, vit le maréchal Brune et obtint de lui, — après de longues hésitations — d'arborer le drapeau blanc.

Mais Brune ne put rester à Toulon, il sollicita des lettres de rappel.

Trois routes s'offraient à lui pour se rendre à Paris ; celle de la mer, au pouvoir des Anglais, celle de la vallée du Rhône, au pouvoir des assassins royalistes, et celle du Dauphiné, dont le patriotisme était pour lui une garantie.

Le marquis de Rivière, qui venait de présider aux crimes de Marseille et s'emparait du pouvoir, à Toulon, écrivit à lord Exmouth, commandant la flotte anglaise devant Toulon, en faveur du maréchal Brune, afin qu'il pût prendre la voie maritime.

Cette brute anglaise répondit par la lettre ignoble et stupide qui suit :

« Puisqu'il paraît que c'est la mode, en France, de permettre à cette *bande de coquins de maréchaux* de quitter tranquillement le pays, je ne m'opposerai pas à ce que le *prince des drôles*, le maréchal Brune, se rende sous pavillon blanc à *Tunis*. Quant à l'envoyer en *pays chrétien*, je ne pense pas que personne s'en arroge le pouvoir, car il n'est pas un pays ayant conservé son bon sens qui puisse vouloir recueillir de *pareils garnements*. »

Il ne restait à Brune que la voie de terre.

On connaissait, à Toulon, l'état mental de la Provence, et Brune fut supplié par ses officiers de prendre la route de Gap et de Grenoble. Mais le marquis de Rivière déclara hautement que de telles inquiétudes étaient injustes ; qu'il avait pris toutes les mesures nécessaires pour assurer le voyage du maréchal, auquel il s'engageait à donner une escorte.

Brune ne voulait pas paraître reculer devant le danger, et la route d'Avignon étant la plus courte, il persista à la choisir.

Il partit dans la nuit du 31 juillet au 1er août, muni d'un sauf-conduit du marquis de Rivière et accompagné de trois aides de camp, MM. Bourgoin, Allard, Degand et son secrétaire M. Guen. Sa suite était assez nombreuse. Un détachement du 14e hussards lui servit d'escorte jusqu'à Aix, où il fut remplacé par des cavaliers hongrois.

A Aix, lorsqu'on lui demanda ses papiers, la population s'attroupa et les injures et les menaces éclatèrent aussitôt. On lui jette des pierres, et des furieux veulent l'arracher de sa voiture et l'égorger.

Les Hongrois durent charger la foule et le cocher, enlevant vigoureusement ses chevaux, partit à fond de train.

A Orgon, à Gemenos, à Saint-Andeal se reproduisirent les mêmes scènes, sans que le maréchal daigna modifier son itinéraire.

Les royalistes d'Avignon, en apprenant l'arrivée de Brune, craignirent qu'il ne renonçât à traverser leur ville.

Ils étaient trop lâches pour comprendre le courage d'un soldat de l'Empire.

Leurs illustrations : Pointu, Nadaud, Farges, Guindon, dit Roquefort, et Giraud se réunirent en une parodie de conseil de guerre et votèrent la mort du maréchal, à l'unanimité. Chacun s'attribua un rôle. Les plus forts se chargèrent de repousser les défenseurs du maréchal et les autres se chargèrent de l'assassinat.

La plupart de ces bandits se distinguaient du reste par leur vigueur et leur adresse acquises dans de violents exercices du corps.

Un écrivain du temps a tracé de l'un d'eux, un vivant portrait :

« Pointu était le type parfait de l'homme du Midi, teint olivâtre, œil d'aigle, nez recourbé, dents d'émail. Quoiqu'il fût d'une taille à peine au-dessus de la moyenne, qu'il eût le dos voûté par l'habitude de porter des fardeaux et les jambes arquées en dehors par la pression des masses énormes qu'ils transportait journellement, il était d'une force et d'une adresse extraordinaires.

Il envoyait, par dessus la porte de l'Oulle, un boulet de quarante-huit comme un enfant eut fait de sa balle. Il jetait une pierre d'une rive du Rhône à l'autre, c'est-à-dire à plus de deux cents pas, enfin il lançait, en fuyant, son couteau d'une façon si vigoureuse et si juste, que cette *flèche* allait, en sifflant, entrer à vingt pas derrière elle, deux pouces de son fer dans un gros arbre de la grosseur de la cuisse. Ajoutez à cela une adresse égale au fusil, au pistolet et au bâton, un esprit naturel, vif, rapide, une haine profonde qu'il avait vouée aux républicains et vous aurez une idée de ce qu'était le terrible chef des assassins d'Avignon, qui avait sous ses ordres, comme premiers agents, le taffetassier Farges, le portefaix Roquefort, le boulanger Nadaud, le brocanteur Magnan.

Le maître de poste d'Aix avait averti le maréchal et lui avait indiqué un chemin de traverse qui, sans changer sa direction, lui permettait de gagner Lyon par le Pointet et Sorgue.

Brune avait répondu que n'ayant jamais fait de mal à personne, il n'avait rien à craindre.

Arrivé sur les bords de la Durance, il renvoya son escorte.

Il entra à Avignon le 2 août, à dix heures du matin, par la porte de l'Oulle. Il se fit conduire à la place de ce nom appelée aussi place des Spectacles, et descendit pour déjeuner à l'*Hôtel du Palais-Royal*, où se trouvait alors la poste aux chevaux.

Il était seul dans une calèche fermée, ses deux aides de camp et un valet de chambre le suivaient dans un cabriolet.

A peine avait-il pénétré dans l'hôtel, que la foule envahit la place et entoura les voitures, M. Mallin, maître d'hôtel, aperçut des visages sinistres, il en avertit Brune, qui remonta immédiatement en voiture en attendant qu'on rattachât les derniers traits des chevaux.

Le postillon était en selle, la voiture allait s'ébranler lorsqu'un officier se présenta à la portière, et lui réclama ses papiers.

C'était le fils du procureur du roi, M. Verger, capitaine de la garde nationale et chargé, ce jour-là, de la police de la ville, qui venait faire ainsi le jeu des assassins.

Il ne se doutait pas des conséquences de son intervention; autrement, croyons-nous, il se serait abstenu.

Il avait cru devoir prendre les ordres du major Lambot, sinistre aventurier qui prenait le titre de commandant des armées du roi dans Vaucluse.

Lambot ordonna au capitaine Verger de demander au maréchal ses papiers et de suspendre son départ.

Le jeune homme obéit.

De minute en minute, la foule grossissait et devenait plus houleuse.

— Venez voir, criait un individu, l'assassin de la princesse de Lamballe.

— A mort! à mort! répondait la foule.

L'infâme calomnie produisant son effet ordinaire, soulevait la tempête et encourageait à tous les attentats.

Se penchant à la portière de la voiture :

— Monsieur le maréchal, dit Verger, le major Lambot, qui commande le département, désire voir vos papiers.

— Il n'attend pas que j'aille les lui présenter! dit Brune.

— Il m'a chargé de les lui apporter.

— Mais, monsieur, fait observer un aide de camp, cette formalité est bonne pour de simples officiers ou de simples soldats, voyageant avec une feuille de route; un maréchal de France en est dispensé.

— Je n'ai pas, comme militaire, répondit le capitaine de la garde nationale, à discuter les ordres de mon supérieur.

— Prenez du moins en considération le danger que ce retard fait courir à M. le maréchal. Voyez cette foule, prête à nous massacrer.

— Je dois obéir.

— Voici mes papiers, monsieur, dit Brune impatienté; mais revenez vite, la situation n'est pas bonne.

La foule devina un retard au départ de la voiture, en voyant le capitaine Verger s'éloigner avec les papiers et fit entendre un immense murmure de satisfaction.

Puis, ses provocateurs hurlèrent :

— Au Rhône, l'assassin !... Arrêtons-le !

Cependant, le nouveau préfet du département, M. de Saint-Chamans, qui venait d'arriver et qui était descendu incognito à l'*Hôtel du Palais-Royal,* s'émeut de cette scène et se rend près du maréchal.

— Partez ! lui dit-il. Partez, je vous en supplie, votre vie est en danger.

— Je voudrais être parti, mais mes papiers ?

— Je vous les enverrai, par un gendarme, sur la route d'Orange, mais sortez de la ville.

En même temps, il ordonna d'atteler les chevaux, dont quelques forcenés avaient déjà détaché les traits.

Sur l'ordre du maréchal, le postillon enlève ses chevaux, allonge son fouet sur ceux qui veulent lui barrer le passage et part au galop. Bientôt, il franchit la porte de l'Oulle et on peut le croire sauvé.

Mais Pointu, Farges, Roquefort, tous les furieux s'élancent par des voies détournées et sont bientôt sur les derrières de la voiture qui, pourtant, va disparaître, car elle est déjà hors de la ville et roule sur la route de Paris, entre le rempart et le Rhône.

Mais, soit imbécillité, soit connivence avec les assassins, un poste de gardes nationaux, avertis par les cris des poursuivants, se jettent en travers de la route et arrêtent les chevaux.

— Vos papiers ? demande le chef de poste.

— Ils sont chez le commandant de place, répond le maréchal.

— Je ne puis vous laisser passer sans les avoir vus.

Et la multitude, de nouveau accourue, appuya l'autorité du chef de poste. La voiture, de toutes parts enveloppée, se trouva prisonnière. « En ce moment, raconte un témoin, toute la population était sur pied. La route de Paris, les rues, depuis la porte jusqu'à la place de l'Oulle, étaient couvertes d'une foule pressée, écumante, hurlante. Le seuil des portes, les fenêtres, les toits des maisons, les arbres étaient surchargés de masses mouvantes. »

Contre une pareille population, que pouvaient quelques hommes dévoués ?

Pendant plus de quatre heures, M. de Saint-Chamans et le maire, M. Puy, luttèrent avec la plus louable énergie contre cette population altérée de sang ; MM. de Balzac et Montagne qui, l'année précédente, avaient empêché l'assassinat de Napoléon, se rendant à l'île d'Elbe, exposèrent encore leur vie pour épargner à leur parti le déshonneur d'un crime. Plusieurs fois, on tira sur eux.

Enfin, le capitaine Verger, comprenant la faute qu'il avait commise, accourt avec les papiers revêtus du visa et ordonne à la voiture de continuer sa route.

Mais sa voix se perd dans le tumulte. Le préfet et quelques citoyens honnêtes secondent M. Verger et parviennent à dégager la voiture ; M. de Saint-Chamans adjure la foule de laisser passer le maréchal.

La foule répond :

— A mort ! à mort ! le brigand de la Révolution !

« Ce fut alors, écrit un témoin oculaire, un tumulte inexprimable. Le préfet, le maire, parlaient tour à tour et suppliaient leurs concitoyens d'épargner à la ville un si grand crime. Le commissaire de police d'Avignon, M. Bressy Pontagon, qui revenait, avec le chirurgien Beauregard, d'examiner le cadavre d'un fédéré assassiné la veille et jeté au Rhône, se joignit à eux.

Mais on ne les écouta pas. Le préfet réclama le respect de son autorité. Nadaud lui répondit :

— Je ne connais pas de préfet. C'est moi qui suis le préfet.

— Mais, malheureux, dit le maire, allez-vous frapper un illustre soldat, un fidèle serviteur du roi, qui se rend à Paris par ses ordres ?

— A mort ! à mort ! hurlèrent les forcenés. Au Rhône, l'assassin !

Immobile dans sa voiture, se voyant à la merci de ces misérables, et certain, s'il mettait pied à terre, d'être écharpé par eux, le maréchal ne devait plus espérer et se résignait.

Il déchargea presque à bout portant un pistolet.

Il était séparé de ses aides de camp, prisonniers également dans leur chaise de poste.

Il paraissait calme et restait assez maître de lui pour adresser des remerciements à tous ceux qui se dévouaient en ce moment pour protéger son existence.

Cependant, leur courage était à bout. Ils ne pouvaient attendre aucun secours et jugèrent que la prudence était de ramener le maréchal à l'hôtel, pour l'y mettre à l'abri. Ordre fut donné au postillon de revenir sur ses pas. Alors, lorsqu'on vit les voitures se retourner pour rentrer en ville, une immense acclamation s'éleva, venant des bords du Rhône, couverts d'un peuple furieux, des rues voisines, descendant des toits, chargés d'individus, qui s'étaient hissés jusque-là pour mieux voir. Le son des tambours battant la générale, les lugubres tintements du tocsin se mêlaient, comme un glas, à ces hurlements de bêtes fauves.

Les défenseurs du maréchal marchaient serrés et compacts autour de la voiture, repoussant les insulteurs, espérant encore qu'ils le ramèneraient sain et sauf jusqu'à l'*Hôtel du Palais-Royal*.

Quand ils eurent dépassé la porte de l'Oulle, ils furent assaillis par une grêle de pierres. Aux approches de l'hôtel, une poussée violente les sépara de celui qu'ils cherchaient à défendre. Ils crurent que, cette fois, c'en était fait de lui. Mais il n'avait rien perdu de son sang-froid, et, profitant d'un effort désespéré du postillon, qui jeta ses chevaux contre les murs de l'hôtel, il ouvrit la portière et sauta légèrement sous le porche.

La porte fut vivement fermée par M. Mallin et par le portefaix Vernet, sorte d'hercule, qui faillit briser les bras des assaillants entre les battants de la porte.

Mais les chefs, les meneurs ne visaient qu'à isoler le maréchal. Ils avaient fait conduire la chaise de poste des aides de camp à une autre porte. Les deux officiers et le valet de chambre injuriés, bousculés, en butte à tous les mauvais traitements, furent arrachés de leur voiture, enfermés dans une cave, et gardés à vue toute la journée. Ils ne furent délivrés que le soir, lorsqu'eût été accompli le drame sanglant, préparé par le comité royaliste.

Brune avait été conduit dans la chambre n° 1 de l'hôtel, dont les fenêtres prenaient jour sur la place, et ainsi se trouvant trop exposé à la vue et aux tentatives du dehors ; M. Mallin le pria de passer dans la chambre n° 3, qui donnait sur la cour et qui permettait de fuir par les arrière-bâtiments de l'hôtel.

Mais, à ce moment, le drame atteignait à ses péripéties les plus émouvantes ; nous empruntons le récit à l'auteur des *Causes célèbres :*

« En ce moment, M. de Saint-Chamans s'élance dans la cour. On brisait les fenêtres et la petite porte de la rue, la place étant encombrée ; on entendait mille cris de mort, que dominait le terrible *zaou*[1] ! qui, de moment en moment, prenait une expression plus menaçante. M. Mallin vit que tout était perdu si l'on ne tenait pas jusqu'au moment où arriveraient les troupes du major Lambot, et dit à Vernet de se charger de ceux qui enfonçaient la porte ; qu'il se chargerait, lui, de ceux qui voulaient passer par la fenêtre ; et ces deux hommes, d'un mouvement pareil et d'un cœur égal, seuls contre toute une population rugissante, entreprirent de lui disputer le sang dont elle avait soif. Tous deux s'élancèrent, l'un dans l'allée, l'autre dans la salle à manger, — portes et fenêtres étaient déjà enfoncées.

Plusieurs hommes étaient entrés.

A la vue de Vernet, dont ils connaissaient la force prodigieuse, ils reculèrent.

Vernet profita de ce moment rétrograde et referma la porte.

Quant à M. Mallin, il saisit son fusil à deux coups, qui était à la cheminée, mit en joue les cinq hommes qui étaient dans la salle à manger et les menaça de tirer sur eux s'ils n'obéissaient à l'instant. Quatre obéirent ; un seul resta. Mallin, se trouvant homme à homme, posa son fusil, prit son adversaire aux flancs, l'enleva comme un autre eût fait d'un enfant et le jeta par la fenêtre ; trois semaines après, cet homme mourut, non de la chute, mais de l'étreinte.

Mallin s'élança alors à la fenêtre pour la fermer ; mais, au moment où il poussait les battants, il sentit qu'on lui prenait la tête par derrière et qu'on la lui penchait violemment sur l'épaule gauche. En même temps, un carreau vola en éclats et le fer d'une hache glissa sur son épaule droite. M. de Saint-Chamans, qui le suivait, avait vu descendre l'arme, et c'était lui qui avait détourné, non le fer, mais le

---

1. Michelet en parle à propos des massacres d'Avignon : « Ce sifflement, ce bruit de vertige, dit-il, est pour l'homme du peuple le cri de l'émeute, le signal de la mort. » (*Hist. de la Révolution,* t. IV.)

but qu'il voulait frapper. Mallin saisit la hache par le manche et l'arracha des mains de celui qui venait de lui porter le coup si heureusement évité ; puis, il acheva de refermer la fenêtre, la barricada avec les volets intérieurs et monta aussitôt chez le Maréchal.

Il le trouva, se promenant à grands pas dans sa chambre ; sa belle et noble figure était calme, comme si tous ces hommes, toutes ces voix, tous ces cris ne demandaient pas sa mort.

Le Maréchal lui demanda du papier à lettres, une plume et de l'encre. Mallin les lui donna. Le Maréchal s'assit devant une petite table et se mit à écrire.

L'ASSASSINAT

Sur la place, le maire et le préfet continuaient leur lutte inégale, ne songeant qu'à gagner du temps et n'espérant que dans la garde nationale du fameux major.

Mais celui-ci n'ignorait rien de qui se passait, et, tout au contraire, désirait que la population en finît avant d'être obligé d'intervenir.

En cela, il partageait les sentiments, non seulement de la canaille, mais d'un grand nombre de bourgeois qui, des fenêtres et des toitures, assistaient à ces scènes de fureur et y applaudissaient.

Enfin, l'habile major fait retirer la gendarmerie et amène un détachement du Royal-Angoulême.

Nous connaissons ces fanatiques.

La foule s'étonne.

— Eh ! quoi ! s'écrie un homme du peuple, vous aussi le protégeriez ?

— Bien au contraire, répond un des soldats, jetez-le par la fenêtre, nous le recevrons sur nos baïonnettes.

Des individus armés de haches vont enfoncer la porte, au moment où le major Lambot lui-même arrive sur les lieux.

Le major saisit le plus acharné et lutte avec lui, mais celui-ci, espèce de colosse, renverse et roule à terre le major et attaque de nouveau la porte, M. de Saint-Chamans, qui s'est élancé au secours de Lambot, est blessé à la main par la hache.

Cependant Lambot se relève et ordonne au commandant Hughes, placé à la tête du détachement militaire, de charger la foule à la baïonnette et de garder la porte de l'hôtel sur six rangs de profondeur. L'ordre est exécuté; les gardes nationaux repoussent les assaillants, et M. de Saint-Chamans, à bout de forces, profite de ce succès pour se retirer.

Il était près de deux heures, les autorités luttaient depuis dix heures du matin.

Le sous-préfet et le major, restés sur la place, croyaient remarquer que l'émeute se calmait. Les poussées étaient moins fréquentes, les cris moins violents. Ils espéraient que, la nuit venue, ils pourraient faire évader le Maréchal, quand, tout à coup, des applaudissements, des acclamations partent de toutes les fenêtres, tous les regards se portent vers les combles de l'hôtel, on crie : Ils sont entrés par les toits!

Le major pressent une catastrophe. Il frappe à coups redoublés à la porte que l'on débarrasse pour lui de ses barricades ; mais, au moment où il se précipite dans la cour, deux coups de feu retentissent à l'intérieur, et lui annoncent qu'il arrive trop tard.

Que s'était-il passé ?

Brune, dans sa chambre, debout devant une petite table sur laquelle il venait d'écrire à sa femme, relisait une des dernières lettres de la Maréchale, quand apparurent soudain des individus à la figure sinistre, armés de pistolets et de carabines, les premiers sont le tafetassier Farges et le portefaix Guindon, dit Roquefort.

— Que voulez-vous? demanda le Maréchal avec le calme qui ne l'abandonnait pas.

— Tuer l'assassin de la princesse de Lamballe, répondit Farges.

— Je n'ai jamais été l'assassin de personne, s'écrie Brune. Si j'ai répandu du sang, c'est en défendant la patrie. J'étais à Thionville quand fut commis le meurtre dont on m'accuse. J'ai appris à braver la mort ; je puis vous épargner un crime ; donnez-moi une arme et vous verrez si je sais mourir.

— Tu veux la mort, dit Farges, la voilà !

Et il déchargea, presque à bout portant, un pistolet sur Brune qui, du revers de la main releva vivement le canon.

Le coup partit et la balle alla s'enfoncer dans le plafond, au-dessus de la cheminée.

— Imbécile! s'écria Roquefort, tu l'as manqué. Tiens! Voilà comme cela se fait.

Et visant le Maréchal par derrière, il l'étendit raide mort d'un coup de carabine.

Puis, entraînant son complice au balcon d'une fenêtre donnant sur la place, il cria, en brandissant son arme :

— Il est mort! Il s'est tué pour échapper à la vengeance du peuple.

La foule applaudit et pousse des cris de joie.

Cependant, au bruit des deux coups de feu, les gens de l'hôtel accourent, ils rencontrent, en passant, quatre chasseurs d'Angoulême et un sous-lieutenant postés dans le corridor qui conduit à la chambre occupée par le Maréchal. (Ils s'étaient bien gardés de s'opposer à l'assassinat.)

— Que se passe-t-il? leur demanda M. Mallin.

— Le Maréchal vient d'être tué, répond un des chasseurs.

Le lieutenant, un nommé Didier, entraîne vivement ce chasseur :

— Que dis-tu là? Dis donc qu'il s'est suicidé.

Les autorités averties arrivèrent bientôt pour constater le crime et dresser procès-verbal.

Nous donnerons tout à l'heure ce procès-verbal, qui est faux ; auparavant, voici le récit de l'événement fait par M. Verger, le jeune capitaine de la garde nationale qui, en s'opposant au départ du maréchal, a assumé une si grave responsabilité. M. Verger, interrogé par M. Germain-Sarrut, auteur d'une *Histoire de France contemporaine*, lui a répondu la lettre suivante :

Avignon, 3 avril 1839.

« Voici le fait tel qu'il s'est passé, tel que je l'ai narré au magistrat qui a pris l'information sur la plainte publique. Voici la plus exacte vérité et, lorsque d'autres renseignements sur moi vous auront bien appris qui je suis, j'espère apprendre de vous-même que vous ajouterez foi à mes paroles, religieusement affirmées.

« L'époque du passage du Maréchal à Avignon, très voisine des Cent-Jours, trouvait l'autorité à peine rétablie et impuissante contre la fermentation des esprits que plusieurs semaines de terreur avaient provoquée, la force publique, la police dépendait du colonel Lambot;

il commandait le département de Vaucluse. Les postes de la garde nationale avaient été multipliés pour le maintien de l'ordre public. Il s'en trouvait un notamment à la porte de l'Oulle, à l'entrée de laquelle sont situés les hôtels où les voyageurs affluent le plus. Ce poste avait, à leur égard, une surveillance spéciale.

« J'étais capitaine de la garde nationale, mais je n'étais pas de garde et encore moins commandant de ce poste ce jour-là.

« Un capitaine n'est chef d'un poste qu'autant que sa compagnie entière l'occupe : un simple sous-lieutenant était là.

« Mais une fatalité voulut que j'eusse, ce jour-là, le service des rondes, j'étais ce qu'on appelle capitaine de police. Un garde vint m'avertir qu'un voyageur militaire de grande importance arrivait, que l'officier de garde au pont de l'Oulle l'avait arrêté dans sa marche et demandait ce qu'il avait à faire. J'allai à l'hôtel de ville, où j'appris que ce voyageur était le Maréchal Brune. L'hôtel du colonel Lambot était à deux pas de là, je cours y prendre des ordres, ils portent qu'il ne peut laisser partir le Maréchal sans avoir lui-même examiné ses passeports, qu'il vienne les lui montrer s'il le peut, ou les lui envoie aussitôt.

« Chargé de cet ordre, j'arrive à la porte de l'Oulle, le Maréchal était dans sa voiture au devant de l'*Hôtel du Palais-Royal*, entouré seulement de quelques hommes de garde. Nul attroupement ne s'était encore formé, aucune insulte n'était proférée ; rien n'annonçait le mouvement populaire qui allait survenir.

« Je fis part au Maréchal de mon message. Il répondit qu'il était dans l'impossibilité d'aller chez le commandant, mais il accepta avec reconnaissance ma proposition d'être moi-même porteur de ses papiers, qu'il me remit. Je puis de suite les envoyer au colonel qui, après les avoir lus me dit : — Son passeport est signé par M. de Burèce ; il est en règle, vous pouvez laissez partir le Maréchal.

« Les chevaux étaient déjà attelés, le Maréchal était impatient de suivre sa route, lorsque je l'avais quitté, je dus nécessairement faire grande diligence et pourtant à mon retour, qui ne se fit pas attendre dix minutes, la voiture n'était plus devant l'hôtel, j'y appris qu'un instant après mon départ, des injures ayant commencé à se faire entendre, M. de Saint-Chamans, préfet du Vaucluse, arrivé à l'*Hôtel du Palais-Royal* et quelques autorités venues pour l'y recevoir avaient engagé le Maréchal à ne pas s'arrêter plus longtemps et lui avait promis qu'un gendarme courrait après la voiture et lui rendrait ses papiers.

« Mais, sur les cris venus du dehors de la ville et qui m'apprennent que le Maréchal est arrêté, je sors de la porte de l'Oulle, j'aperçois un rassemblement, j'y cours! Une trentaine d'hommes insultaient le Maréchal et voulaient le forcer à descendre de voiture; je leur ordonne de se retirer, ils ne me répondent que par des menaces, et sortant des couteaux de leur poche, ils sont au moment de couper les traits des chevaux. Je tire mon épée, je fonds sur eux. L'un des plus furieux me couche en joue; je me précipite sur son arme et la lui arrache. Le danger du Maréchal ne me laisse plus songer au mien, à mon impuissance de le défendre contre ces forcenés, et peut-être aurions-nous péri à cette place, tous les deux, si le préfet et le conseiller de préfecture qui en avait rempli les fonctions jusqu'à ce jour, ne fussent accourus en donnant l'ordre au postillon de rebrousser chemin et de rentrer en ville.

« Grâce à mes efforts, au secours que me prêtèrent les hommes qui suivaient les autorités, le trajet de retour put être parcouru, mais ce ne fut pas sans peine ni danger. Des pierres étaient lancées sur la voiture, et j'en fus moi-même atteint, mais j'allais jouir du fruit de mon courage, du bonheur d'avoir mérité les témoignages de gratitude que du fond de sa voiture m'adressa le Maréchal, nous entrons dans la ville; la voiture rase l'entrée de l'hôtel. Le Maréchal se jette dans l'entrée, et la porte se referme sur lui.

« Enfin je respirai, il était dans l'hôtel sous la sauvegarde de l'autorité; ses jours y devaient être hors de danger.

« Mais la foule augmentait sans cesse, et remplit bientôt la place entière. Des vociférations se font entendre.

« En vain l'autorité voulut-elle la dissiper, la calmer. En vain le colonel Lambot accourut-il lui-même en criant : — *Cet homme est sous ma responsabilité personnelle et s'il vous faut une victime, frappez-moi plutôt que lui.*

« Rien ne fit impression sur cette populace, elle redoublait au contraire ses cris et ses gestes de mort!... Sans doute, et tout porte à le croire, des étrangers étaient venus susciter cette scène de désolation; j'ai aperçu des figures inconnues. Elles peignaient le crime,

Le garde-champêtre reconnut ce chef héroïque.

elles inspiraient la terreur et j'ai lieu de penser que l'instruction renferme, à cet égard, des faits positifs.

« Cependant les autorités et tous les hommes honnêtes, quoique harassé de fatigue, j'étais encore au milieu d'eux, demeuraient à la porte de l'hôtel, lui faisant de leur corps une barricade de plus et toutes les tentatives pour l'enfoncer avortaient encore, lorsqu'une détonation se fit entendre dans l'intérieur.

« Un individu parut au balcon du premier étage ; il annonça que le Maréchal venait d'échapper par un suicide à la fureur populaire...

Je me retirai consterné. Je n'ai plus rien vu en ce jour néfaste, j'étais anéanti par les scènes d'horreur ou je m'étais trouvé. Il est sûr néanmoins, la voix publique et l'instruction l'ont constaté, que le Maréchal Brune n'a pas mis lui-même un terme à ses jours glorieux ; de misérables assassins s'introduisirent jusque près de lui, par les toits de l'hôtel et l'un d'eux le tua d'un coup presque à bout portant.

J'ai fini mon pénible retour de souvenir sur cet attentat ; j'ai fait, pour le prévenir, ce que l'honneur m'imposait et, dans ces temps calamiteux, ce n'est pas la seule fois que j'ai exposé mes jours pour sauver, pour défendre ceux qu'on signalait alors comme des adversaires vaincus, et si l'esprit de parti ne s'efforçait pas de tout salir, au lieu de blâme, les rapports dont vous me parlez seraient remplis de mon éloge. Je ne veux, toutefois, ni de l'un ni de l'autre. Notre position nous fait quelquefois des obligations bien pénibles, mais on n'est pas homme, si on ne sait pas les remplir, comme on n'est pas écrivain et digne de travailler pour l'histoire et ce sont vos expressions que j'emprunte, si on se laisse entraîner par la passion, loin de la vérité et de la justice, et c'est à ces sentiments que vous m'exprimez, que je fais un appel pour l'objet de votre lettre.

« J'ai l'honneur d'être, monsieur, votre très humble serviteur.

« Casimir Verger. »

Ce monsieur est certainement de bonne foi, mais nous ne pouvons partager son illusion et à notre avis il a — *sans le vouloir,* — contribué à la catastrophe.

Tous ces hommes qui profitent des troubles publics pour s'empanacher et se galonner de pouvoirs sans autorité, servent le désordre qu'ils prétendent réprimer et servent à faire le mal plus qu'à l'empêcher. Voyez le major ou colonel Lambot et le maire... Il n'y a que Saint-Chamans qui ait lutté vigoureusement. On ne nous opposera point, je pense, les chasseurs d'Angoulême.

La population presque tout entière paraît altérée du sang du vieux soldat, non parce qu'il est Maréchal de France et qu'il s'appelle d'un nom glorieux, mais parce qu'il est devenu le héros d'un drame sanguinaire. Il est le taureau du cirque.

Enfin, tous ces hommes qui avaient paru exposer leur vie pour sauver celle de Brune eurent la lâcheté de commettre un mensonge pour couvrir les assassins. Après avoir laissé tuer le Maréchal, ils ne craignirent pas de le déshonorer en signant un procès-verbal qui déclarait que la victime s'était suicidée.

Un chirurgien cependant, M. Allart, après l'examen des blessures, s'honora du refus de signer le procès-verbal ; mais un autre, M. Louvel-Beauregard, n'hésita point, et un officier de santé suivit son exemple. Ils donnent, de la blessure, la description suivante : « Le cadavre était encore chaud, il avait deux plaies de forme orbiculaire, du diamètre de quatorze millimètres environ, l'une située à la partie antérieure, un peu latérale droite, dite larynx, pénétrant d'outre en outre à travers le cou et correspondant à une autre plaie située derrière le dos, entre les deux épaules, entre la troisième et la quatrième vertèbre cervicale, que ces deux plaies ont été faites par un même coup d'arme à feu et que la balle, en son trajet, avait déchiré non seulement le corps des vertèbres, mais aussi les artères jugulaires et carotides et lésé toutes les parties molles, ce qui a dû procurer une mort prompte au sujet... »

« L'état du cadavre, ainsi constaté par lesdits docteur en chirurgie et officier de santé, les sieurs Reullac, chirurgien aide-major de la garde nationale de Marseille, Arnaux, ex-officier du 6e régiment d'infanterie de ligne, aujourd'hui officier de la garde nationale d'Avignon, et Pierre Laporte, domestique de l'auberge dudit Palais-Royal, ont déclaré le reconnaître pour être celui du maréchal Brune.

« Nous avons ensuite remarqué dans ladite chambre, et contre le mur, entre la cheminée et l'un des deux lits, une empreinte qui nous a paru être celle d'une balle, laquelle empreinte est à la hauteur à peu près de la taille d'un homme. Nous avons encore remarqué une brèche qui nous a paru récente, faite au plâtre, à l'angle et vers le milieu de la poutre du plafond ; ladite brèche étant de forme irrégulière, nous ne pouvons en déterminer la cause.

« Les mouvements populaires qui ont eu lieu pendant environ quatre heures, soit à l'extérieur, soit à l'intérieur, ont poussé, à plusieurs reprises, le maréchal à la tentative de se détruire lui-même, soit au moyen d'une arme à feu, soit au moyen d'un couteau ; sur les deux heures et demie, il se saisit d'un pistolet d'arçon que tenait un chasseur d'Angoulême qui était à la porte, et se donna la mort en se tirant un coup de pistolet au-dessous du cou, du côté droit. »

Cette calomnie ne rencontra que peu de créance.

L'avocat Dupin réfuta facilement le procès-verbal.

« Relèverai-je d'abord, dit-il, la forme insolite de ce procès-verbal qu'on a fait signer par une foule de fonctionnaires, dont le concours était inutile ? N'est-ce point le cas de voir le dol dans l'excès même de la précaution ? Un homme est mort : on appelle le juge d'instruction ; il doit procéder seul ; qu'a-t-il besoin de la collaboration et de l'attache des fonctionnaires publics de l'ordre administratif ? A quoi bon l'intervention de ceux-ci dans un acte judiciaire, si ce n'est pour se prêter un mutuel secours, en attestant solidairement ce qu'aucun d'eux n'eut jamais voulu prendre sur lui d'affirmer seul ? Acte honteux de faiblesse et de complicité, sorte de *pétition officieuse* en faveur du crime contre la victime..... »

« Mais, enfin, l'iniquité s'est montrée à elle-même, car le procès-verbal seul suffit pour **démontrer sa propre fausseté.**

En effet, les fonctionnaires qui l'ont signé n'y figurent pas comme témoins ; ils n'attestent rien qui soit à leur connaissance personnelle ; ils ne paraissent que pour donner un air d'authenticité aux déclarations que renferme le procès-verbal. Or, ces déclarations rappellent les faits de rassemblement, d'investissement de l'hôtel, d'invasion de la chambre du maréchal, de vociférations, de menaces.

« L'empreinte des balles au plafond et sur la muraille atteste qu'on a tiré deux coups de feu. L'état du cadavre, constaté par des gens de l'art, la description de ses blessures prouvent qu'il y a eu un assassinat commis par derrière, et non un suicide, démontré impossible par toutes les circonstances de fait. Cependant, les fauteurs du procès-verbal n'y ont aucun égard ; la vérité la plus palpable est méconnue ; elle succombe sous la déposition de deux seuls hommes qu'on daigne interroger, par prédilection, au milieu de cette foule; d'un serrurier et d'un boucher, dignes témoins d'une pareille scène.

« Mais le procès-verbal est surtout détruit par l'instruction subséquente qui a eu lieu sur la plainte de Mme la Maréchale. En effet, plusieurs signataires du procès-verbal se rétractent et déclarent que, si d'abord ils ont cru à un suicide, depuis, ils n'ont pu s'empêcher de reconnaître qu'il y avait eu assassinat. MM. de Saint-Chamans et Verger père sont de ce nombre.

« Pour colorer l'allégation du suicide, on avait prétendu que le Maréchal avait emprunté le pistolet d'un factionnaire du régiment de chasseurs d'Angoulême. Mais cette assertion est démentie par les officiers mêmes de ce corps, qui attestent que leurs soldats, et notamment le factionnaire, n'étaient pas armés de pistolets. »

Tout le monde, à Avignon, savait les noms des assassins, mais on savait aussi que certains assassinats ne déplaisaient pas aux Bourbons.

Ils avaient souffert pendant l'émigration, ils avaient été humiliés; ils prenaient leur revanche.

LES SUITES DU MEURTRE — CE QUE L'ON FIT DU CADAVRE

Les assassins n'avaient pas eu le temps de fouiller leur victime. On trouva sur le Maréchal une ceinture de cuir, contenant la somme de 553 francs, un cachet d'argent, un couteau, une montre d'or avec sa chaîne en or. Mais ils se dédommagèrent en pillant les bagages et les voitures. Quarante mille francs en or furent enlevés et partagés ostensiblement sur la place publique. Un officier de la garde nationale emporta, comme souvenir, un sabre, dont le fourreau était garni de pierreries, présent fait au Maréchal par Selim III.

L'*Hôtel du Palais-Royal* fut également mis au pillage, et M. Mallin dut s'estimer heureux d'échapper à l'incendie. Afin d'enlever tout prétexte à l'invasion de sa maison, il pria l'autorité de le laisser procéder immédiatement à l'ensevelissement du cadavre. Cette autorisation lui fut accordée. Vers cinq heures, on déposa le corps tout vêtu dans une bière grossière; les fossoyeurs l'enlevèrent, et le cortège funèbre se mit en marche, escorté d'une compagnie de gardes nationaux et de chasseurs d'Angoulême.

Mais des rassemblements d'hommes de proie, armés de haches et de fusils, persistaient aux abords de l'hôtel ; à la vue du cercueil, ils accoururent, l'injure à la bouche. Ils ordonnèrent aux porteurs de s'arrêter, et ceux-ci, épouvantés, déposèrent le brancard à terre et prirent la fuite.

Alors se passa une scène de barbarie honteuse et inouïe. Le cercueil fut brisé ; des individus passèrent une corde à nœud coulant au cou du cadavre et le traînèrent par les rues.

Un tambour marchait devant eux, battant le pas de la *Farandole*.

— Au Rhône ! au Rhône ! criaient-ils.

Ils arrivèrent ainsi au pont de bois, dit pont de la Berthulasse.

Pendant ce temps, qu'était devenue l'escorte de gardes nationaux et de chasseurs d'Angoulême ? L'éternelle foule les avait remplacés, dansant et hurlant.

Les assassins soulevèrent le corps de leur victime, et, au milieu d'applaudissements frénétiques, le précipitèrent dans le fleuve

Enfin, une main inconnue écrivit sur le parapet du pont :

« ICI EST LE CIMETIÈRE DU MARÉCHAL BRUNE

« *2 août* 1815. »

Mais, dans le Midi, il n'y a pas de fête complète sans danses. La foule revint sur la place organiser un bal. « Des hommes et des femmes, dit un historien, que l'élégance de leurs costumes désignait pour appartenir à la haute société, se mêlèrent à ces réjouissances. Des couplets furent improvisés. Par celui-ci, jugez du reste :

> Un ange subtil
> Avait placé dans le fusil
> L'excellente prune
> Qui tua le maréchal Brune.

Cependant, quelques Avignonnais regrettaient que le cadavre n'eût pas été défiguré et rendu méconnaissable avant d'être jeté au Rhône, afin de rendre toute constatation impossible.

Le fleuve, en effet, rejeta le cadavre plusieurs fois sur les bords, et, plusieurs fois, les riverains le repoussaient à l'eau. Enfin, le flot le déposa à dix lieues d'Avignon, sur une grève, entre Tarascon et Arles.

Le garde-champêtre, ancien soldat qui, peut-être, avait servi sous le Maréchal, reconnut ce chef héroïque et lui creusa une fosse au bord du fleuve.

Il en parla, peu après, au jardinier d'un château voisin, appartenant à M. Laugier de Chartrouse. Ce jardinier, nommé Berlandier, en parla à son maître, qui fit inhumer le corps du Maréchal et lui donna une tombe provisoire dans un fossé de son domaine.

Pendant longtemps, cette modeste et pieuse sépulture demeura ignorée; mais elle ne put échapper à la connaissance de la Maréchale, qui faisait faire, aux bords du Rhône, d'actives recherches. A la prière de Mme Brune, M. de Chartrouse fit exhumer une seconde fois les restes du Maréchal, les fit placer dans un cercueil et les transporta lui-même à Paris, chez Mme Brune.

Celle-ci, après avoir beaucoup remercié M. de Chartrouse, le pria de revenir le lendemain matin.

A l'heure dite, le gentilhomme provençal se rendit à l'hôtel Brune. Il fut reçu par des domestiques vêtus de deuil, le vestibule, les escaliers étaient tendus de noir. Introduit dans un salon décoré avec le même appareil funèbre, M. de Chartrouse y trouva la veuve entourée d'un petit nombre d'amis et de parents de son mari. Elle se leva en l'apercevant, le présenta à chacune des personnes présentes et lui témoignant devant tous sa reconnaissance, l'invita à assister au repas des funérailles. La Maréchale, dans cette réunion, annonça sa résolution de venger la mémoire de son mari. Toutefois elle dut attendre pendant deux autres années, non pas des juges, il existe toujours des hommes revêtus de ce titre, mais le moment de la justice.

LE CHATIMENT

En vain la Maréchale demandait justice

Ce fut un jeune avocat, Crémieux, qui appelé à Avignon par M. Mallin, pour obtenir la restitution de tableaux et autres objets d'art pillés en 1815 dans son hôtel. Ce fut Crémieux qui osa le premier en plein tribunal, évoquer l'ombre sanglante du Maréchal. L'effet en fut prodigieux, et cette sortie éloquente contre les bandits royalistes mérite d'être rapportée :

« Comprenez-vous bien, messieurs, ce que je demande à la justice ? Je demande la prison et des restitutions pécuniaires contre des misérables dont le délit se rattache à cette fatale époque de 1815, temps de crimes et de désordres pour nos malheureuses contrées. Je demande une punition exemplaire pour ces voleurs audacieux qui bravèrent si longtemps la justice et que la justice, enfin, doit frapper sans haine, mais sans miséricorde ; je le demande ici, d'où mes paroles sont entendues à Nîmes, à Uzès, qui ont vu, sans les réprimer encore, ces désordres et ces crimes. Je demande justice contre les hommes de 1815, ici, messieurs, dans cette ville à laquelle il faudra, pour son honneur même, un jour, d'éclatantes, d'immenses réparations.

« Héros que tant de champs de batailles avaient respecté, dont le sang généreux avait coulé tant de fois pour la patrie et qui l'a servie avec un égal honneur de la plume et de l'épée, toi que la Hollande, la Suisse, l'Italie, admiraient dans la gloire, que la France comptait avec orgueil au nombre de ses plus illustres guerriers, de ses plus savants législateurs, des ses plus habiles diplomates, Brune, maréchal Brune ! quelle mort ils t'ont donnée !

« Hier, je baisais avec respect la dernière place où reposa ton cadavre sanglant. Quand ils osèrent, après t'avoir assassiné, te précipiter dans le fleuve qui te déposa plus tard loin d'eux, sur une rive hospitalière : aujourd'hui, dans cette enceinte sacrée, j'évoque tes mérites et rends à ta mémoire un juste tribut d'admiration et de larmes. La justice est lente quelquefois, comme l'a dit un poète romain, mais elle atteint un jour le coupable et console les bons citoyens. »

Les voleurs furent condamnés ; cependant pendant quatre ans encore les assassins se promenèrent la tête haute dans Avignon, mais la Maréchale ne se décourageait pas et ne cessait de réclamer justice. Elle y déployait une énergie admirable.

Un jour, comme on l'en complimentait, elle se leva et conduisit le visiteur près de sa chambre, dans une pièce d'une décoration sévère. Là, elle souleva un rideau et le visiteur étonné vit le tombeau du Maréchal Brune.

Les bandits s'éloignèrent, laissant leur victime sur le pavé.

— Il demeurera là, dit elle, jusqu'à ce que j'aie vengé sa mémoire et fait punir les assassins.

En 1819, le moment lui parut favorable pour obtenir ce qu'elle attendait depuis si longtemps.

Assistée de Dupin, elle présenta au roi une requête éloquente. Elle avait pris pour épigraphe un passage du discours du garde des sceaux, prononcé le 14 mars 1817 :

« Le scandale est dans le crime, il n'est pas dans la plainte; il n'est pas dans le cri du sang injustement répandu. »

Après avoir fait du crime un récit saisissant, elle terminait par ce cri pathétique :

« Je demande justice, Sire;

« Justice du meurtre de mon époux ;

« Justice de l'outrage fait à son cadavre;

« Justice de l'insulte faite à sa mémoire par ceux qui ont osé l'accuser de suicide.

« Cette justice, je la demande au Roi;

« Je la demande à ses ministres ;

« Je la demande aux Chambres ;

« Je la demande à la nation entière !

« Je veux que du sein de toutes les âmes honnêtes s'échappe un même cri qui seconde le mien : Justice! justice ! »

Cette requête fut renvoyée au Garde des sceaux, M. de Serres, elle fut accueillie par ce ministre, mais seulement le 24 février 1821, six ans après l'assassinat, la Cour d'assises de Riom procéda au jugement.

En attendant, la rage des royalistes acheva de s'assouvir.

Le fameux journaliste Martinville, rédacteur du *Drapeau blanc,* écrivit une biographie de Brune, où il le traitait de voleur, d'assassin, de traître, de concussionnaire, de lâche, de pillard, d'incendiaire. Poursuivi, à la requête de la Maréchale, ce coquin fut acquitté : le tribunal ayant déclaré que la vie de Brune appartenait aux libres jugements de l'histoire.

Enfin l'affaire Brune fut déférée à la Cour de Riom, et l'on entama une instruction qui ne dura pas moins de deux ans. Protégés par leurs nombreux complices et par quelques-unes des autorités mêmes du Midi, les accusés ne furent pas arrêtés, Farges mourut, Guindon, dit

Roquefort, fut jugé par contumace, quand tout le monde pouvait le voir à Avignon. Des gendarmes avaient été punis pour l'avoir poursuivi trop vivement.

Après son interminable instruction, l'affaire fut appelée devant le tribunal ; mais le principal accusé Guindon, dit Roquefort, faisant défaut, il n'y eut point, aux termes de la loi, d'appel du jury ; aucun témoin ne fut assigné et l'affaire fut jugée sur le rapport des pièces.

« Néanmoins c'était un obstacle imposant que celui de la veuve de l'un des plus illustres maréchaux de France, ayant à ses côtés le défenseur de tant de gloires et venant, après avoir surmonté tous les obstacles, écouter la décision des magistrats pénétrés de la grandeur de leur mission. Un auditoire immense attendait en suspens le triomphe de la vérité et, tout entier aux émotions que le récit des faits et l'éloquence de la partie publique et celle de l'avocat lui fournissaient, ne laissa échapper que des murmures d'indignation contre le crime, et des soupirs à la mémoire du guerrier et à la noble poursuite de sa courageuse épouse.

Malgré le mauvais vouloir de certains magistrats qui faisaient dire au Garde des sceaux :

— « Voilà dans une ville un commissaire de police qui ne voit pas, et un juge d'instruction qui n'entend pas. » Malgré les menaces et les tentatives d'intimidation et de subordination, la lumière allait enfin se faire sur cette cause obscure et sanglante.

« Il résulte de l'information, disait le rapport du juge d'instruction, que Didier et Baudon, qui ont déclaré au procès-verbal et devant le conseiller Dupin, avoir vu le Maréchal se suicider, que Didier qui a obtenu depuis la mort du Maréchal la décoration de la Légion d'honneur, et Baudon, qui est soupçonné par quelques témoins d'avoir coopéré à l'assassinat, sont de faux témoins. »

L'acte d'accusation formule nettement l'attentat commis sur la personne de Brune.

« Dès l'instant où une opinion favorable et juste s'est formée sur cet événement, on n'a pas douté que le Maréchal ait été assassiné ; ce Guindon dit Roquefort a été signalé comme l'un de ses meurtriers. Il n'y a qu'une voix, qu'un cri sur la part qu'il a prise à cet assassinat. Dès le premier moment on a dit, comme on l'a répété dans la suite, qu'un individu que la mort a mis hors de la justice des hommes, ayant tiré le premier coup de pistolet contre le Maréchal, Guindon, dit Roquefort, lui représentant sa maladresse, le poussant à l'écart et se mettant à sa place, prononça ces affreuses paroles :

« Je vais te faire voir comment il faut faire. » Et déjà il avait tiré son coup de carabine et le Maréchal n'était plus.

Mais l'instruction avait été bien circonscrite, et l'accusation bien limitée.

Les complices, les vrais coupables avaient été laissés hors de cause et Dupin avait bien raison de s'écrier :

— Ainsi l'on n'a pas instruit contre ces fonctionnaires dont la conduite, si elle ne les accuse pas de connivence, les accuse au moins d'une grande faiblesse.

« On n'a pas instruit contre ce jeune homme qui, au dire de plusieurs témoins, avait *excité et fomenté l'attroupement,* contre cet audacieux qui, se trouvant dans la chambre du Maréchal Brune, l'aurait injurié en face et menacé d'une mort prochaine.

« Et ce commandant qui n'a trouvé d'autre apologiste que dans la déposition de l'un des signataires du procès-verbal, ce commandant de place, si puissant sur la multitude qu'un mot de sa part suffit pour la calmer, mais quand ?... Lorsque le but est rempli, quand le crime a été commis et que le Maréchal a cessé de vivre. Ce même homme qui donne à la gendarmerie l'ordre de se retirer, quand il fallait, au contraire, lui donner l'ordre d'agir, quand son insuffisance même du côté du nombre n'eut pas été un motif capable de légitimer sa retraite, à moins que le devoir de mourir à son poste ne soit un vain mot !

« A-t-on instruit contre les deux faux témoins qui ont attesté le prétendu suicide ?

« A-t-on instruit sur le pillage des effets partagés sur la voie publique ?

Toutefois, messieurs, ne croyez pas qu'en relevant ces lacunes dans l'instruction, je veuille accuser les intentions des magistrats qui l'ont dirigée ; je veux seulement en tirer cette conséquence, qu'au moins il est bien prouvé par là que l'instruction a été conduite avec une grande modération, sans animosité, et que par conséquent les seuls faits qu'elle eut soin d'établir méritent toute votre confiance.

« On n'est pas remonté jusqu'aux instigations du crime, on n'a poursuivi que les vils instruments dont on s'est servi pour le commettre.

Tout aboutit à deux portefaix dont l'un est mort, l'autre contumace. Roquefort contumace ! « Eh ! pourquoi ? »

On l'a vu, on l'a signalé à l'autorité ; il se promenait publiquement sur les quais, dans les rues d'Avignon, cependant on ne l'a pas arrêté, on ne l'a pas voulu ! On a fait des perquisitions, mais après des avertissements préalables. Le commandant de gendarmerie a été changé, mais l'influence des instigateurs n'était pas détruite ; ils craignaient que, menacé sur sa tête, le coupable ne nommât ses complices ! »

Le 26 février 1819, la Cour rendit un arrêt qui condamnait Guindon à la peine de mort, pour avoir fait partie d'une réunion de plus de vingt personnes armées et en rébellion ; pour attaque et résistance avec violence et voies de faits envers la force publique, pour s'être rendu coupable de vols d'effets et d'argent, et pour avoir, volontairement et avoir préméditation, donné la mort au Maréchal Brune.

Et, statuant sur les conclusions civiles, *sans s'arrêter ni avoir égard au procès-verbal dressé à Avignon le 2 août* 1815, la Cour ordonne qu'en vertu de l'arrêt il sera procédé à la rectification de tous les registres où la *mort* du Maréchal aurait été attribuée à un *suicide*.

Faut-il ajouter que Guindon ne fut pas exécuté, mais continua à vivre publiquement au milieu de ses concitoyens.

Mais la Maréchale avait obtenu ce qu'elle désirait par dessus tout : la proclamation de la vérité sur la mort de son mari.

En 1841, Brives-la-Gaillarde, ville natale de Brune, éleva une statue à cet homme illustre.

Encore un mot :

Ceux de nos lecteurs qui croient à la justice divine apprendront avec satisfaction comment, après avoir échappé à la justice toujours défaillante des hommes, les criminels d'Avignon furent punis par la justice infaillible :

L'auteur des *Causes politiques célèbres*, auquel nous venons d'emprunter les détails du procès, termine en ces termes :

Les assassins qui s'étaient soustraits à la justice des hommes n'échappèrent point à la vengeance de Dieu. Presque tous eurent une fin misérable : Roquefort et Farges furent atteints de maladies étranges et inconnues, pareilles à ces anciennes plaies qu'envoyait la main de Dieu aux peuples qu'il voulait punir.

Chez Farges, ce fut un raccornissement de la peau et des douleurs tellement enflammées que, tout vivant, on l'enterrait pour le rafraîchir. Chez Roquefort, ce fut une gangrène qui atteignait la moelle et qui, décomposant les os, leur ôtait leur résistance et leur solidité ; de sorte que ses jambes cessèrent de le porter et qu'il se traînait par les rues, comme un reptile. Tous deux moururent dans d'atroces douleurs et regrettant l'échafaud qui leur eut épargné cette cruelle agonie.

Pointu, condamné à mort par la Cour d'assises de la Drôme pour avoir assassiné cinq personnes, fut abandonné par son propre parti. Pendant quelque temps on vit, à Avignon, sa femme infirme et difforme, aller de maison en maison, demandant l'aumône pour celui qui avait été, pendant deux mois, le roi de la guerre civile et de l'assassinat. Puis, un jour, on la vit ne demandant plus rien et coiffée d'un haillon noir. Pointu était mort, — sans que l'on sût où, — dans un coin, au creux de quelque rocher, au fond de quelque bois, comme un vieux tigre auquel on aurait scié les griffes et arraché les dents.

Nadaud et Magnan furent condamnés chacun à dix ans de galères. Nadaud y mourut, Magnan en sortit et, fidèle à sa vocation de mort, valet de voirie, il empoisonne aujourd'hui les chiens.

Puis il y en a d'autres qui vivent encore, qui ont des places, des croix et des épaulettes, qui se réjouissent dans leur impunité et qui croient, sans doute, avoir échappé au regard de Dieu.

Attendons!...

. . . .

Les scélérats de cette espèce ont ordinairement des vices, dont ils payent tôt ou tard les excès : justice naturelle à laquelle on n'échappe pas.

ASSASSINAT
DU
GÉNÉRAL BREISSAND

L'assassinat du général Breissand est le pendant de l'assassinat du maréchal Brune. Il eut pour théâtre Sisteron, petite ville du département du Gard, le jour même, presque à la même heure, avec les mêmes détails de férocité.

On eut dit que les royalistes obéissaient à un mot d'ordre, comme pour la Saint-Barthélemy. Ces massacres simultanés s'appelaient : « les représailles des honnêtes gens. » Ils n'ont pas été exécutés sur des ordres écrits, mais, d'après les renseignements recueillis, on est autorisé à croire qu'ils avaient pour directeurs occultes des émissaires du duc d'Angoulême qui, pendant quelque temps, résida à Toulouse. Cette capitale du Languedoc, ainsi que Nîmes, était un foyer de fanatisme royaliste auquel se joignait la haine ancienne des protestants.

En demeurant à Sisteron, *son pays natal*, celui dont quelques mois auparavant il faisait la gloire, et où il ne croyait pas avoir d'ennemis, le général Breissand ne s'attendait pas à être en butte à des haines sanguinaires. C'était un brave officier dans le genre des Jumeaux de La Réole. Comme tant d'autres, il avait servi la République sans prendre part à ses excès, et pendant quinze ans avait lutté pour défendre sa patrie dont l'Europe monarchique, coalisée, avait juré l'abaissement.

Il n'était pas du nombre des traîtres de 1814 et 1815. Il n'était pas allé au devant des princes et ne s'était pas fait embaucher dans les turpitudes lucratives du royalisme par les Foucher et les Talleyrand, mais la gravité de ses blessures l'avait empêché de reprendre du service aux Cent-Jours. Il se retira à Sisteron, où il ne s'occupa en rien de politique et vécut dans le plus complet isolement.

Dès que la nouvelle de Waterloo fut connue, les assassins qui attendaient dans l'ombre et en armes le moment où ils pourraient, sans danger, se ruer sur les patriotes, sortirent en hurlant de leurs demeures, véritables tanières, et se répandirent dans les rues en poussant des cris de mort.

Sur le chemin de la bande se trouvait la maison d'un ancien maire de la commune connu par son libéralisme, généralement estimé; c'était une victime toute désignée. « A mort! Vincent! » Vincent était le nom de cet honnête homme.

Il est seul chez lui avec ses deux fils; ils n'ont pas d'armes; ces deux jeunes gens se jettent entre les brigands et leur père; mais on les assomme et Vincent est poignardé sous leurs yeux.

Au meurtre succède le pillage, et les amis du meilleur des rois (comme on disait et comme on dit encore) détruisaient tout ce qu'ils ne pouvaient emporter.

Ils se retirent hurlant de joie et encouragés par un premier succès.

Mais la victime était obscure. Le meurtre d'un honnête homme ne suffisait pas à leur gloire, il leur fallait un homme célèbre. Non loin de là habitait un général de la grande armée, un de ces soldats éprouvés qui sont l'honneur et la force de leur pays, le général Breissand. Ses blessures, nous l'avons dit, le clouaient dans son fauteuil. Il n'avait aucune méfiance. On n'avait pas encore vu en France que la gloire militaire et le patriotisme fussent des crimes. Il ne se croyait coupable ni d'Austerlitz ni d'Eylau, il ne croyait pas avoir à rougir d'Iéna, de Friedland, de la Moscowa. Il vivait donc isolé, triste, mais tranquille, quand la foule hurlante des royalistes entoura sa demeure, en brisa les portes et se rua sur lui.

Il n'y eut pas d'explications possibles, les cris de mort couvrirent tout d'abord sa voix; ils le rouèrent de coups, le poussèrent et l'entraînèrent dans la rue où il tomba baigné dans son sang.

Quelques curieux effarés se montrèrent, mais sans oser lui porter secours, et ils ne purent que témoigner, plus tard, que des mille outrages dont ces lâches abreuvèrent son agonie.

Le pillage suivit l'assassinat et les bandits s'éloignèrent, laissant leur victime sur le pavé.

Après être resté ainsi longtemps étendu sur la voix publique, Breissand fut enlevé par ordre de la municipalité et transporté à l'hôpital.

Là, on reconnut que son corps était encore chaud et que son cœur n'avait pas cessé de battre. La nouvelle s'en répandit dans la ville et

L'assassinat du général Ramel.

arriva aux oreilles des égorgeurs. Aussitôt, furieux d'avoir laissé leur œuvre inachevée, ils accoururent à l'hôpital, s'emparèrent du blessé et le traînèrent par les rues, sans l'avoir achevé, jusqu'au pont de la Beaume, sur la Durance.

« Rien de sinistre, dit un historien de Provence, comme ce site étranglé entre deux hautes montagnes, la rivière y forme des gouffres affreux et des tourbillons vertigineux. Non loin sont les ruines du pont d'Enfer, qui doit son nom à l'horrible aspect de ces lieux. »

C'est là que les bandits traînèrent le corps du général Breissand.

Parvenus au milieu du pont, qui n'a qu'une seule arche hardie et élevée, ils précipitèrent le corps tout palpitant de ce vaillant soldat qu'avaient honoré et respecté nos plus implacables ennemis. Le cadavre plonge au milieu du flot tourbillonnant, revient à la surface, tourne quelque temps, puis disparaît emporté en quelque sorte par la rapide rotation du gouffre.

En ce moment, les bandits font entendre des cris de joie et de frénétiques applaudissements, mais oseront-ils prétendre que leur victime, pour leur échapper, s'est précipitée dans la Durance?

LE NOUVEAU ROYAUME D'AQUITAINE

La Saint-Barthélemy des patriotes se poursuit dans toute la Provence. Les meurtres s'accomplissent avec les raffinements les plus barbares. Royalisme est synonyme d'anarchie. Le massacre et les dévastations s'étendent même aux campagnes naguère les plus paisibles. Les noms de France, Français, liberté, patrie, honneur sont interdits, et le nom de Louis XVIII lui-même devient suspect. Un nouveau parti, né des premiers égorgeurs, étend sa domination de Marseille à Toulouse ; c'est la tourbe des *verdets*, partisans du comte d'Artois, pour qui ils veulent créer un nouveau royaume d'Aquitaine, dont Toulouse sera la capitale.

Ainsi, *ces fils d'Henri IV*, d'Artois, d'Angoulême, rêvèrent un moment le démembrement de la France ! Ils tramèrent le complot de former, avec trente-trois départements du Midi, un État indépendant.

Ils se seraient fait soutenir, dans ce crime de lèse-patrie, par les Espagnols, auxquels ils auraient abandonné la Navarre française, et par les Autrichiens, qui auraient pris la Provence et auraient reconstitué l'ancien royaume d'Arles.

Cela aurait fait des places, des honneurs, des faveurs à distribuer pour les petits-fils d'Henri IV et aurait rayé la France du nombre des grandes nations. Cela eût permis de ressusciter l'ancien régime dans toutes ses beautés cléricales et féodales, et cela a été conçu, souhaité, préparé par des enfants de la France.

Les verdets, largement payés par un comité secret, vivaient dans de perpétuelles bombances. Les cabaretiers étaient prévenus qu'ils pouvaient leur ouvrir un crédit illimité.

Ils criaient publiquement : — A bas la Charte ! A bas Louis XVIII. Vive le comte d'Artois !

Non seulement ces hommes de proie du Midi se ruaient contre leurs ennemis politiques, les bonapartistes et les citoyens connus pour leurs opinions libérales, mais encore ils persécutaient en ceux-ci des hérétiques, c'est-à-dire les protestants. La guerre de religion rallumait ses fureurs anciennes.

Dans le département du Gard, les catholiques formaient les trois cinquièmes ; les protestants les deux cinquièmes. Nîmes et plusieurs autres villes renfermaient, en outre, quelques israélites. Dans les impositions de guerre, ce département était taxé de 940,000 francs. Les israélites furent obligés de payer 200,000 francs ; les protestants, 600,000 francs, et les catholiques, 140,000 francs seulement.

Ce double fanatisme devait donner aux vengeances un caractère particulier. « Les assassinats, dit M. de Vaulabelle, étaient habituellement suspendus les dimanches ; mais à Nîmes, les assassins savaient se dédommager. Le jour de l'Assomption, les femmes de tous les bandits se répandent dans les rues, arrêtent les femmes calvinistes, femmes mariées ou jeunes filles qui viennent à passer, les saisissent, les renversent, leur découvrent la partie postérieure du corps, aux applaudissements des hommes, spectateurs de ces scènes odieuses, et s'arment d'un battoir garni de ferrures imitant les fleurs de lis et appelé par elles *battoir royal*, elles font publiquement subir à leurs victimes un châtiment ignominieux. »

Au bruit des premiers massacres de Nîmes, Uzès se pique d'honneur et, en plein jour, un nommé Graffiau extrait de la prison, deux par deux, six détenus, accusés de bonapartisme, qu'il égorge sous les fenêtres du préfet. Celui-ci lui donne l'autorisation verbale pour l'assassinat de deux autres victimes.

On se croirait chez des cannibales de l'Océanie. — Le même fait va se renouveler.

En même temps, « des bandes armées sorties de Nimes dans le but de parcourir les campagnes, pillaient, rançonnaient ou égorgeaient les fermiers et les cultivateurs protestants dans un rayon fort étendu. Les habitants de plusieurs villages éloignés de tout secours voulurent se mettre en mesure de repousser les assassins et les pillards; ceux de Saint-Maurice, entre autres, obtinrent du sous-préfet d'Alais l'autorisation de se garder; pour plus de sûreté, tous arborèrent en même temps la cocarde blanche et le drapeau blanc; ces précautions prirent aux yeux du sous-préfet d'Uzès, Vallabrix, le caractère d'une rébellion. Le 2 août, il donne à Graffiau l'ordre de marcher contre les prétendus rebelles. Fier de cette mission Graffiau, se porte, avec trente hommes, sur Saint-Maurice, y arrive pendant la nuit et répond, par une décharge de tous ses fusils, au *qui-vive!* d'un garde national placé en sentinelle et qui tombe mortellement frappé.

Graffiau entre aussitôt dans le village, s'empare de six habitants, les amène triomphalement à Uzès, les conduit sous les fenêtres du sous-préfet, encore dans sa demeure, et les fusille malgré leurs cocardes blanches et leurs protestations de royalisme.

Les mêmes scènes se passaient et se répétaient à Toulouse, malgré le court séjour qu'y fit le duc d'Angoulême, et malgré les protestations de ce prince.

A ce sujet, nous devons rappeler l'assassinat, dans cette ville, du général Ramel.

Celui-ci n'avait l'honneur d'être ni révolutionnaire ni bonapartiste. Commandant de la garde du Conseil du Directoire, complice de Pichegru au 18 fructidor, il avait été condamné, avec ce dernier, à la déportation. Après le retour du roi, il avait été nommé commandant militaire de Toulouse. Malgré les services qu'il avait rendus à la cause royale, il est voué à la fureur des verdets, qui ont encore besoin du désordre.

Le 17 août, un tumulte appelle son intervention; il accourt au milieu des groupes, la foule l'enveloppe, puis le sépare de son escorte. Un seul soldat, resté près de lui, est tué en le couvrant de son corps. Cent voix accusent aussitôt le général du meurtre de son défenseur !...

C'est, si l'on peut dire, de la perfidie spontanée...

On le saisit, le désarme, le jette en bas de son cheval et le perce de coups, puis, le croyant mort, on l'abandonne.

Le vide se fait. Personne ne tient à se faire un titre de ses coups de couteau.

Cependant quelques humains, touchés de voir ce corps baigné dans son sang, l'emportent dans la chambre d'un ouvrier.

Il respire encore et le bruit s'en répand. Vainement, pendant des heures on ferme la porte et écarte les curieux ; la foule s'amasse de nouveau et pousse ses cris : A mort ! Pendant plusieurs heures elle fait le siège de la maison et cela, sans qu'un agent de la force publique se montre, sans qu'interviennent les magistats municipaux ou le maire, M. de Villèle, le futur ministre.

C'est un encouragement au crime, et la multitude le comprend ainsi.

Un homme encore montre quelque courage, c'est le chirurgien que tout d'abord on est allé chercher, et qui, après avoir pansé le blessé, s'est trouvé prisonnier de sa bonne action. Il ouvre une fenêtre et conjure le peuple de se retirer. Mais on dirait que des cuvettes et des éponges, les émanations de sang ont été flairées par les fervents royalistes. Ils redoublent de fureur. Ils enfoncent la porte. La chambre de Ramel est envahie ; on se précipite sur lui ; c'est à qui achèvera de le tuer.

« Lorsque, longtemps après cet assassinat, les plaintes de quelques citoyens courageux vinrent obliger le gouvernement de donner enfin l'ordre de rechercher et poursuivre les assassins, on arrêta non point ceux qui avaient frappé les premiers, mais ceux qui, revenus sur Ramel gisant sur son lit de mort « l'avaient déchiré encore tout vivant de mille coups. Ils sont mis en jugement. On allègue en leur faveur qu'ils n'ont pu *donner la mort à un homme déjà blessé de coups mortels ;* et deux d'entre eux sont seulement condamnés à la réclusion[1] »

Et nous pouvons, sans crainte de fausser la vérité, dire que cette ré-

---

1. Discours prononcé à la Chambre par le Garde des sceaux.

clusion ne fut pas longue, elle fut abrégée par la clémence du meilleur des rois.

La mort de Ramel, de Breissand et de tant d'autres, ne fit pas grand bruit. La plupart restèrent longtemps ignorées. La presse demeurait muette, et à la Chambre on imposait silence aux *perturbateurs* qui voulaient en parler.

Grâce à cette loi du silence, un grand nombre de crimes dits politiques échappèrent à la justice de l'histoire. Non seulement on n'en retrouve dans la presse que des échos affaiblis ou dénaturés, mais encore les pièces judiciaires les plus compromettantes pour le gouvernement furent enlevées des archives des départements et de Paris. Pour reconstituer l'histoire de ce temps odieux, il fallut faire des enquêtes et recueillir les traditions orales.

Il nous reste encore plus d'une victime célèbre ou illustre à citer, cependant d'autres infortunés qui ne s'étaient fait connaître ni par leur mérite ni par leur dévouement au pays et qui périrent en grand nombre sous les couteaux ou les balles royalistes, ont droit aussi au souvenir ému de leurs concitoyens.

Notre tâche, à nous écrivain, est d'imiter un brave homme qui vengea un de ses amis de la façon que l'on va voir. Le fait s'est passé aux environs de Nîmes, en 1815.

François Saussine, ancien capitaine du 11e de ligne, complètement sourd, couvert de blessures, retiré du service depuis quinze ans, possédait une maison que convoitait la sœur de Trestaillons. Il se doutait si peu du sort qui l'attendait qu'il se promenait tranquillement, la pipe à la bouche sur le chemin d'Uzès. Assailli par la bande de Trestaillons, il est tué à coups de couteaux.

Le propriétaire de l'enclos au pied duquel ce glorieux soldat reçut la mort, se plût à perpétrer le souvenir de ce crime. Toutes les semaines, il faisait balayer la place du meurtre, qui se distinguait par sa netteté au milieu du chemin poudreux et frappait l'œil du passant.

Interrogé par les personnes de la génération nouvelle sur la cause de ce soin inusité, il répondait :

— *C'est le sang d'un brave, assassiné là en* 1815.

Nous aussi, nous voudrions entretenir les places nettes, ou du moins y contribuer dans la mesure de nos forces.

C'est un travail utile, nécessaire, car les historiens royalistes ne manquent pas de dissimuler et de dénaturer les faits et prétendent voir dans les assassinats, les viols, les pillages, les incendies, de naturelles représailles de la Terreur de 93 et de la gloire impériale.

Qui a bien servi son pays, soit en fondant la société moderne, soit en la défendant contre les coalitions royalistes européennes est justement tombé sous les coups des assassins royalistes de 1815 ; telle est l'opinion de nos adversaires.

Élevons contre eux les témoignages de l'histoire impartiale. Nîmes et son territoire vont nous en offrir d'assez nombreux.

« Les scènes de meurtre et de carnage, les attaques, les dévastations, couvrent de ruines et de sang le territoire de Nîmes.

A chaque coin de rue un cadavre, dans chaque campagne une ferme incendiée, une maison démolie, partout la dévastation et la mort. Un témoin oculaire m'a affirmé que tous les matins les soldats, requis pour faire disparaître les malheureux tués et laissés pour morts sur la voie publique par les bandes des Trestaillons, des Servan, et des Truphémy, enlevaient de quinze à dix-huit cadavres par jour[1]. »

On pilla et on démolit ensuite la maison de M. Vitte, située au milieu de la ville.

Les autorités laissaient faire.

Sur le chemin de Montpellier on dévalisa la maison de M. T. et l'on brûla les meubles puis, ayant en vain cherché le propriétaire pour le tuer, on déterra son enfant, enseveli depuis trois mois, on lui lia les pieds et, à l'aide d'une corde on le traîna dans le ruisseau et le jeta à la voirie.

Après cet exploit, ils se dirigèrent vers les coteaux des Moulins-à-Vent. « Là, vivait dans un petit enclos, une pauvre veuve nommée Pépin, que l'on avait souvent engagée à quitter son isolement, mais qui se reposait sur sa faiblesse même.

On assaillit sa maison, on la jeta dehors ; on fit un bûcher de ses meubles et on démolit les quatre murs. Un caveau contenait les restes de la famille, on en brisa les cercueils, et on les répandit dans les champs.

---

1. V. Rouquette, *Histoire de la Terreur Blanche.*

Le lendemain, la veuve revînt pour rendre à la tombe ces tristes débris ; les bandits l'apprirent et renouvelèrent les profanations.

Ces êtres dénaturés, qui travaillaient pour « le meilleur des rois » firent un feu de joie de la maison de campagne de M. Nègre, puis Mlle Nègre, une enfant de quinze ans, qui venait d'être ensevelie, fut déterrée et outragée... M. Madier de Montjau, dans une pétition à la Chambre, n'osa le dire en français, il l'écrivit en latin.

« *Conculcaverunt corpus exanimum et super illud minxerunt.* »

La liste des infortunés qui tombèrent sous les coups des égorgeurs royalistes prendrait tout un volume.

Voici les noms que l'on peut enregistrer au bout de quelques jours en 1815.

« Affourti, les deux sœurs Aurez, les époux Bigat, Burquier, Bourion, Bouvillon, Barry, Bigonnet, veuve Rose, Courbet, Cabanon, A. Chef, les cinq frères Chivos, Mme Chivos, Clos, J. Combe, Cleron, Calandre, Clarion, Dalbos, Dameron, Dumas, Domaison, Hugues, Hentier, Héraut, Isnart, Imbert, J. Lichère, Londier, Lhermet, Laurial, Lafond, Ladet, huit membres de la famille Leblanc, Poujas, Porcher, Rigaut, Rambert, Rault, Soulier, Saussine, J. Vigale, Barthélemy, Vignote.

On estime à deux cents les malheureux qui furent massacrés par les seules bandes de Trestaillons et de Truphémy.

A ces tueries, il faut joindre les violences exercées contre les femmes protestantes ; car, pour être bon royaliste, il faut être bon catholique, comme pour être bon Trestaillon, il faut être assassin, voleur, incendiaire ; ne l'oublions pas. Mais je crois que nous avons déjà parlé des femmes et des jeunes filles de tout âge et de toute condition que l'on frappait à coups de battoir? Les victimes étaient mises à nu en public et fouettées avec des battoirs garnis de pointes disposées en forme de lis. Ces pointes, longues d'un pouce, entraient dans les chairs et en arrachaient des parcelles sanglantes.

Au brigandage se joignit aussi le Conseil de guerre. On le connaît ; on se souvient des Jumeaux de La Réole.

Il y avait, à Nîmes, un vieux soldat de la République, nommé Deferaldi, on l'arrêta pour avoir participé à l'organisation d'un corps qui avait marché contre le duc d'Angoulême ; il fut condamné à mort, et on l'exécuta le 28 juillet. C'était un assassinat, car le *Moniteur* arrivé

Caché dans le feuillage, les deux mains au mur, je ne dépassais que ce qu'il fallait.

la veille à Nîmes contenait une amnistie pour tous ceux qui avaient pris les armes postérieurement au 23 mars. On n'avait pas voulu perdre le plaisir d'une exécution ; la foule l'attendait.

. . . .

Voici, avec toutes ses péripéties poignantes, le récit d'un de ces drames nîmois, raconté par un témoin oculaire :

« Il était minuit. Je travaillais auprès du lit de ma femme, qui était près de s'endormir, lorsqu'un bruit lointain fixa notre attention.

« Peu à peu ce bruit devint plus distinct, plusieurs tambours battaient la générale et se croisaient en tous sens. Dissimulant mes propres craintes, dans la peur d'augmenter les siennes, je répondis à ma femme qui m'interrogeait, que sans doute c'étaient des troupes qui arrivaient ou qui quittaient la ville. Mais bientôt des coups de fusil, accompagnés de rumeurs auxquelles nous étions si bien habitués que nous ne nous y trompions plus, se firent entendre.

« J'ouvris ma fenêtre et j'entendis des imprécations horribles mêlées aux cris de Vive le roi ! Ne voulant pas demeurer dans l'incertitude où j'étais, je courus éveiller un capitaine qui logeait dans la maison ; il se leva, prit ses armes, et nous nous dirigeâmes ensemble vers le lieu d'où semblait sortir les cris. La lune nous permettait de distinguer les objets presqu'aussi bien qu'en plein jour.

« Une foule considérable se pressait sur le Cours et poussait des cris de rage ; le plus grand nombre, à demi nu, armé de fusils, de sabres, de couteaux et de bâtons, jurait de tout exterminer et, faisant briller ses armes, menaçait des hommes arrachés de leurs maisons et amenés en victimes sur la place ; le reste, par curiosité, venait demander, comme nous, la cause de ce tumulte.

« On s'égorge partout, me répondit-on. On a assassiné plusieurs personnes dans les faubourgs ; on a fait feu sur la patrouille... » Et, au milieu de ces réponses différentes, le tumulte allait toujours croissant. Comme je n'avais personnellement rien à faire dans un endroit où déjà trois ou quatre assassinats étaient commis ; impatient, d'ailleurs, de rassurer ma femme et de veiller moi-même sur elle, si ce tumulte gagnait de notre côté, je dis adieu au capitaine, qui se retira vers la caserne, tandis que je me dirigeai du côté du faubourg où était notre demeure.

« J'étais à cinquante pas de la maison, lorsque j'entendis parler assez loin derrière moi, je me retournai et je vis briller des fusils au clair de lune. Comme le groupe paraissait se diriger de mon côté, je gagnai l'ombre que projetaient les maisons, et, rasant les murs, j'arrivai à ma porte que j'ouvris et que je repoussai sans la fermer afin de ne rien perdre des mouvements de ceux que je guettais et qui s'approchaient toujours. En ce moment je sentis quelque chose qui me caressait ; c'était un gros chien corse qu'on lâchait la nuit et dont la férocité faisait une sûre défense. Je n'eus garde de le renvoyer, en cas de combat, c'était un allié trop important.

« Je reconnus trois hommes armés ; ils en tenaient un quatrième, mais désarmé et prisonnier, qu'ils amenèrent juste à l'endroit où je me trouvais. Ce spectacle ne me surprit point, car depuis un mois à peu près que duraient ces tumultes[1], tout homme armé, quoique non autorisé par un mandat, s'était arrogé le droit de saisir et d'emprisonner qui il voulait ; quant aux autorités, elles laissaient tout faire.

« Ces quatre hommes s'arrêtèrent juste devant ma porte, que je refermai alors doucement ; mais comme je ne voulais pas les perdre de vue, je gagnai le jardin qui donnait sur la rue, toujours suivi de mon chien qui, contre son habitude, au lieu de gronder avec menace, et comme s'il comprenait le danger, se plaignait tristement. Je montai sur un figuier dont les branches s'étendaient jusque dans la rue et, caché dans le feuillage, les deux mains appuyées au mur que je ne dépassais que de ce qu'il fallait pour que je puisse voir, je cherchai ce qu'étaient devenus mes hommes.

« Ils étaient toujours à la même place, seulement, ils avaient changé de position, le prisonnier était à genoux, les mains jointes devant les assassins, en leur demandant, au nom de sa femme et de ses enfants, et avec cet accent qui déchire, de lui laisser la vie. Mais ses bourreaux lui répondaient, en le raillant :

— Ah ! te voilà entre nos mains, chien de bonapartiste, lui disaient-ils. Allons ! appelle ton empereur, et qu'il vienne te tirer d'ici.

« Le malheureux redoublait alors de supplications et eux d'ironie. Ils le mettaient en joue, puis ils abaissaient leurs fusils, en disant : « Non, pas encore, que diable ! Donnons-lui un peu de temps de se voir mourir. »

---

1. Pour ce Nîmois, ces massacres sont des tumultes.

« Et alors, la victime, n'espérant plus de grâce, les priait au moins de l'achever de suite.

« La sueur me coulait sur le front ; je me tâtais pour voir si je n'avais pas sur moi une arme quelconque. Je n'avais rien, pas même un couteau. Je regardai mon chien, il était couché et paraissait lui-même atteint de la terreur la plus profonde. Le prisonnier continuait de se lamenter, les assassins menaçaient et raillaient toujours. Je descendis de mon figuier pour aller chercher des pistolets, mon chien me suivait des yeux et semblait n'avoir que la tête de vivante.

« Au moment où je mettais le pied sur le sol, une double détonation se fit entendre. Mon chien poussa un hurlement plaintif et prolongé. Je devinai que tout était fini.

« Il était désormais inutile d'aller chercher des armes ; je remontai sur mon figuier. Le malheureux, la face contre terre se tordait dans son sang ; les assassins s'éloignaient en rechargeant leurs fusils.

« Je voulus voir s'il n'y avait pas moyen de porter secours à celui que je n'avais pu sauver. Je sortis donc aussitôt. Je m'approchai de lui ; il était sanglant, défiguré, expirant, et pourtant il vivait encore et poussait des gémissements sourds. J'essayai de le soutenir, mais je reconnus que ses blessures, faites à bout portant, l'une à la tête, l'autre dans les reins, étaient sans remède.

« Une patrouille de la garde nationale parut alors au coin de la rue. Au lieu de voir en elle un secours, je voyais un danger. Je ne pouvais plus rien pour le blessé ; déjà il râlait et bientôt il allait mourir, je rentrai, je repoussai la porte à demi, et j'écoutai :

— Qui vive ? demanda le caporal.

— Farceur, dit un autre, qui demande qui vit à un mort.

— Eh ! non il n'est pas mort, répliqua un troisième, tu vois bien qu'il chante encore.

En effet, le malheureux, dans son agonie, poussait des gémissements affreux.

— On l'a chatouillé, dit un autre ; il n'y a pas de mal à ça ; le meilleur, maintenant, serait de l'achever.

« Aussitôt j'entendis cinq ou six coups de fusil et les gémissements cessèrent.

« Celui qui venait d'expirer se nommait Louis Lechaire ; ce n'était pas à lui, mais à son neveu que les assassins en voulaient.

Ils avaient pénétré de force dans son domicile, et comme celui qu'ils cherchaient n'y était pas et qu'il leur fallait une victime, ils l'avaient arraché des bras de sa femme et l'avaient emmené jusqu'auprès de la citadelle, où ils l'avaient assassiné.

« Le lendemain, dès le point du jour, j'envoyai chez trois commissaires de police, pour obtenir l'autorisation d'enlever le cadavre et le transporter à l'hospice, mais, ou ces messieurs n'étaient pas encore levés, ou ils étaient déjà sortis, si bien que ce ne fut qu'à onze heures, et après de nombreuses visites que l'on voulut bien me délivrer cette autorisation.

« Le lendemain, grâce à ce retard, toute la ville vint voir le corps de ce malheureux ; le jour qui suit un massacre semble un jour de fête ; on laisse tout pour venir contempler les cadavres des victimes.

« Un homme, voulant amuser la foule, ôta sa pipe de sa bouche, et la mit dans celle du cadavre. La plaisanterie eut un merveilleux succès et les assistants se prirent à rire aux éclats. »

Ce temps d'atrocités était cependant la période électorale qui envoya à Louis XVIII sa Chambre dite introuvable.

M. Madier de Montjau, père du député actuel, alors conseiller à la Cour de Nîmes, s'exprima plus tard en ces termes, dans une pétition adressée à la Chambre des Députés :

« Trestaillons et Truphémy ont été les deux chefs principaux des assassins de Nîmes ; ils ont présidé aux massacres commis l'avant-veille des élections de 1815 et qui furent accompagnés de tant de raffinements de barbarie. Ils escortaient ce fatal tombereau qui attendait les victimes à la porte de leurs maisons et les portaient à la voirie quand elles avaient été frappées. Trois fois en plein jour ce tombereau traversa Nîmes pour aller déposer et reprendre un effroyable chargement. Voilà sous quels auspices ont été faites les élections de 1815.

« Si quelques-uns de ces hommes qui, à une époque désastreuse étouffèrent la voix du courageux d'Argenson, rejettent mon témoignage, si même ils m'accusent d'exagération, ils m'obligeront à vous parler de ces proclamations incendiaires qui, loin de vouloir calmer la rage des bourreaux, allaient soulever la lie du peuple et ses plus impurs éléments.

« Je ferai retentir cet arrêté d'un commissaire extraordinaire qui, le 20 juillet 1815, à l'époque la plus féconde en pillages et en assassinats, ordonnait à des infortunés qui avaient fui pour éviter la mort, de rentrer dans le délai de huit jours sous peine de séquestration de leurs biens.

« Les despotes de l'Asie, moins cruels et moins absurdes, envoient à leurs esclaves le cordon fatal, mais ne leur ordonnent pas de venir le chercher.

« Je parlerai aussi de cet autre fonctionnaire plus élevé, qu'un pasteur s'efforçait d'émouvoir par le spectacle déchirant du supplice de plusieurs femmes fouettées par le peuple avec des battoirs garnis de pointes aiguës et qui répondit en souriant :

« Allez, monsieur, les magistrats de Paris auraient trop à faire s'ils avaient à s'occuper des querelles de la place Maubert. »

Les élections furent faites sous le poignard. Tout le monde royaliste, depuis le gouvernement jusqu'aux bandes provençales, y trouva son compte; car, en assassinant pour S. M. Louis XVIII, les Trestaillons ne croyaient pas travailler pour le roi de Prusse.

Les bandits dévastaient et mettaient de côté ; leur fureur était de la comédie, ils agissaient avec calcul ; ils n'incendiaient souvent que pour mieux dissimuler leurs vols. Sans pitié pour leurs victimes pauvres, ils pratiquaient, vis-à-vis des riches, le chantage le plus audacieux ou le plus cynique.

Les environs de Nîmes, fermes et villages, étaient frappés par eux de contributions. Trestaillons, et l'un de ses lieutenants écrivaient aux propriétaires protestants ou connus pour leur bonapartisme et leur imposaient le paiement d'une somme, sous peine d'incendie. Les maires des communes dont la majorité était protestante recevaient la même sommation, on exigeait d'eux dix, vingt ou trente mille francs de rançon. Résistaient-ils? On coupait leurs oliviers, on arrachait leurs vignes, on enlevait leurs grains.

Tous ces coquins ramassaient des rentes dans le sang de leurs compatriotes et leurs chefs furent encore pensionnés du roi.

DERNIÈRE PARTIE

LE GÉNÉRAL DROUOT

Reposons-nous des scènes hideuses des massacres du Midi et des physionomies repoussantes des Roquefort, des Trestaillons et des Truphémy par les drames des conseils de guerre et le défilé des figures héroïques des Drouot, des Labédoyère, des Cambronne.

Le général Drouot, que Napoléon avait surnommé le *Sage*, unissait à la gloire militaire le mérite qui fait un grand citoyen. Sa vie est sans tache. Ses talents militaires sont incontestés ; son dévouement à la patrie, sa fidélité à l'Empereur, le placent au premier rang des victimes illustres de la Restauration.

Antoine Drouot naquit à Nancy en 1774. Son père, riche boulanger, le fit élever au collège. A la suite d'un brillant examen qu'il subit sous le célèbre Laplace, à l'école d'application de Metz, il entra dans l'artillerie comme sous-lieutenant. Il se distingua particulièrement à Fleurus (1794) à la Trebbia, puis à Hohenlinden (1800) et fut nommé en 1808, colonel-major de l'artillerie de la garde. Il prit une part glorieuse aux victoires de Wagram et de la Moscowa. C'est dans la campagne de 1812 que ses qualités militaires brillèrent avec le plus d'éclat. La perte de nos vieilles troupes dans les neiges de la Russie obligèrent Napoléon à suppléer au nombre et à l'expérience des soldats par une importance plus grande donnée à l'artillerie. Drouot se montra alors vainement prodigieux d'habileté et d'énergie à Bautzen, à Lutzen, à Wachau. Le 30 octobre, il sauva l'armée française en foudroyant 80,000 Bavarois qui nous barraient le passage à Hanau. Il venait d'être nommé général de division ; la campagne de 1814 lui donna d'autres occasions de se signaler. Il mit le comble à sa réputation en s'emparant du passage de Vanclos, défendu par 60 bouches à feu, qu'il emporta avec quelques pièces de canon.

Après l'abdication, il suivit Napoléon à l'Ile d'Elbe et chercha, par de sages conseils, à détourner l'Empereur de rentrer en France. A Waterloo, il prolongea la résistance et fut du petit nombre des généraux qui se refusèrent à voir la perte de l'Empire dans la perte de la bataille. Il rallia les débris de l'armée sous les murs de Laon.

Après la capitulation de Paris, il se replia avec ses troupes derrière la Loire. Il y donna l'exemple du sacrifice et de la plus noble abnégation. L'autorité qu'il exerçait sur la garde ; la grande affection qu'avaient pour lui les troupes, lui permirent de calmer l'effervescence de l'armée de la Loire et de faciliter son licenciement. Eh bien ! cela n'empêcha pas Louis XVIII de le porter, un des premiers, sur la liste de proscription.

Dès qu'il eût connaissance de la loi du 24 juillet, Drouot se constitua lui-même prisonnier.

Il sollicita des juges et comparut devant un Conseil de guerre dont les noms seuls soulèvent à la fois l'étonnement et la méfiance, des noms d'émigrés obscurs : le lieutenant-général, comte d'Antonard, président, du vicomte de Pons, du comte Louis de Vergennes ; du colonel de Marcillac, du vicomte Berraud de Rissus, de M. Denon, rapporteur.

Les dépositions de divers témoins, employés de la maison de l'Empereur, établirent que le général Drouot avait blâmé l'expédition de l'Ile d'Elbe et n'avait suivi l'Empereur que comme accomplissant un devoir.

— Si j'avais écouté le *Sage*, dit plus tard Napoléon, je ne serais pas parti, mais il y avait encore plus de danger à rester à Porto-Ferrajo.

Le maréchal Macdonald témoigna que c'était au général Drouot que la France était redevable de la discipline et de la soumission de l'armée de la Loire.

Drouot tint un langage très digne ; il dit que, dévoué à l'Empereur dans sa prospérité, son attachement pour lui s'était augmenté en raison de sa mauvaise fortune et que lorsque la funeste résolution de rentrer en France fut prise, son devoir était de le suivre. Il ajouta :

Cambronne commandait une division de la vieille garde qui fut anéantie.

— Si je suis condamné par les hommes qui ne jugent les actions que sur les apparences et d'après les événements, je serai absous par mon juge le plus implacable, ma conscience. Tant que la fidélité aux serments sera sacrée parmi les hommes, je serai justifié ; mais quoique je fasse le plus grand cas de leur opinion, je tiens encore plus à la paix de ma conscience. J'attends votre décision avec calme. Si vous croyez que mon sang soit utile à la tranquillité de la France, mes derniers moments seront encore doux. »

Malgré ces généreuses paroles, la non culpabilité de Drouot ne fut prononcée qu'à une majorité de trois voix contre quatre.

Louis XVIII fit appeler le général, qu'il désirait connaître, et ordonna qu'il fût inscrit au cadre des généraux en disponibilité, mais Drouot ne reprit jamais de service. Napoléon avait la plus haute estime pour l'homme et pour le général. Il avait, disait-il, des raisons suffisantes pour le croire supérieur à un grand nombre de ses maréchaux... Et peut-être (ajoutait-il) ne s'en doute-t-il pas... ce qui serait encore une qualité de plus.

On lit encore, dans les *Mémoires* de l'Empereur « Drouot est un homme qui vivrait aussi satisfait, pour ce qui le concerne personnellement, avec quarante sous par jour qu'un autre avec les revenus d'un souverain. Sa morale, sa probité et sa simplicité lui eussent fait honneur dans les plus beaux jours de la République romaine.

Il serait difficile, en effet, de citer un seul des généraux de Bonaparte qui, à ses qualités militaires, réunit les vertus civiles de Drouot. Son éducation politique est un prodige au milieu des camps. Lié à la fortune de celui qui gouvernait la France, il a suivi l'impulsion de son époque, sans oublier la patrie. »

Cet éloge, décerné par Napoléon, est un brevet de gloire qui vau. bien des titres de noblesse.

Drouot, retiré à Laon, y mourut sans fortune en 1847.

CAMBRONNE

SON PROCÈS ET L'HISTOIRE D'UN MOT FAMEUX

Encore un héros populaire, à la fois glorieux et sympathique.

Pierre Cambronne, naquit à Saint-Sébastien, près de Nantes, en 1770. Il s'enrôla encore jeune dans la légion Nantaise et fit ses premières armes contre les Vendéens. Il montra autant d'humanité que de courage. Il sauva entre autres, à Quiberon, plusieurs émigrés. En 1799, il fut envoyé à l'armée de Masséna, et combattit à Zurich, où il enleva une batterie russe et vit périr, à côté de lui, La Tour-d'Auvergne et refusa, par modestie, la survivance de son titre de *Premier grenadier de France*, que les soldats lui offraient par acclamation ; colonel à Iéna, il fut créé baron en 1810 et général de brigade en 1812. Il se couvrit de gloire et fut plusieurs fois blessé pendant la campagne de France. Il suivit Napoléon à l'Ile d'Elbe, et commanda l'avant-garde en débarquant au Golfe Juan. Pendant les Cent-Jours, il fut fait général de division, grand-aigle et pair de France. A Waterloo, il soutint avec sa division, pendant une grande partie de la journée le choc des Prussiens. Le soir, pendant la déroute, il fit encore une résistance héroïque avec un bataillon que rien ne pouvait entamer. Sommé de se rendre, il répondit par un mot, dont nous discuterons plus loin la valeur historique. Laissé pour mort, il fut relevé par les Anglais, respirant encore, et emmené en Angleterre. Après l'abdication de l'Empereur, il écrivit à Louis XVIII, en demandant sa retraite si, à cause de ses blessures, on ne le jugeait plus capable de servir son pays, mais en même temps, il apprenait qu'il était porté sur la liste des généraux qui devaient être traduits devant un Conseil de guerre, sous l'accusation d'avoir trahi le roi et attaqué à main armée le gouvernement établi.

Cambronne écrivit aussitôt au ministre de la guerre, qu'il se présenterait devant ses juges dès qu'il serait mis en liberté.

Il débarquait peu de temps après à Calais, dont le commandant de place le fit conduire sous escorte à Paris.

Il comparut devant un Conseil de guerre composé du général Foissac-Latour, du général Edmond de Périgord, du marquis de la Chevalerie, du chef d'escadron vicomte de Pons, du capitaine comte de Vergennes, du capitaine de Goué.

Le chef de bataillon Dalou était rapporteur et le capitaine Dutuis, commissaire du roi.

Interrogé sur les circonstances de son départ pour l'Ile d'Elbe, Cambronne répondit :

— Lorsque nous étions à Fontainebleau, on reçut l'ordre de former un régiment pour aller avec Napoléon. J'étais dans mon lit, malade des blessures que j'avais reçu à la bataille de Craonne, je réfléchis et j'écrivis au général Drouot que j'étais le plus ancien major et que je regarderais comme la plus grande injustice de ne pas me choisir quand on m'avait toujours choisi pour aller au feu.

Un membre du conseil. — Ainsi c'est volontairement, vous l'avouez, que vous êtes allé à l'Ile d'Elbe.

Cambronne. — N'avons-nous pas des devoirs dans notre état?

Le président. — Le général Drouot avait-il le commandement effectif des troupes après le débarquement au Golfe Juan?

R. — Je ne me suis jamais mêlé de cela.

D. — Vous vous êtes du moins mêlé de savoir si vous aviez un chef ou non ?

R. — J'allais à l'ordre ; une fois que j'avais dit : *Quoi de nouveau?* et qu'on m'avait répondu : « *Rien* » je m'en allais. Je n'aime pas à faire la cour.

D. — Je vous demande, si oui ou non, le général Drouot avait le commandement de l'armée?

R. — Non, c'était Napoléon.

D. — Cependant Drouot ne faisait pas que vous transmettre des ordres, il vous en donnait directement.

R. — Il était lieutenant-général, et moi simple maréchal de camp; je devais lui obéir.

D. — A qui faisiez-vous vos rapports?

R. — Quand j'avais quelque chose à dire, je le disais au major-général.

D. — Quel était-il ?

R. — Bertrand.

D. — Avez-vous conservé vos lettres de correspondance ?

R. — Je n'ai jamais conservé une seule lettre.

D. — Lorsque vous êtes arrivé à Paris, Bonaparte a dû vous donner des marques de satisfaction ?

R. — Cinq différentes : Il m'a nommé pair, lieutenant-général, comte...

Le président interrompant. — Combien de temps après votre arrivée ?

R. — Je ne peux vous le dire, car je n'ai pas fait attention.

D. — En supposant que vous n'y mettiez pas d'importance, vous devriez vous rappeler cette époque. Vous avez reçu des brevets ?

R. — Je vous donne ma parole d'honneur que je ne me le rappelle pas. Je vous ai dit que je ne gardais jamais de papiers.

D. — Combien de temps après votre arrivée avez-vous été nommé pair ?

R. — Très longtemps après. Mais je n'ai pas même assisté à la première séance.

D. — Vous avez refusé le grade de lieutenant-général ?

R. — Oui.

D. — Pour quel motif ?

R. — Je vais vous le dire. Je me crois capable de commander une division ; mais dans une affaire malheureuse j'aurais pu me trouver embarrassé et je ne voulais pas m'exposer à faire verser le sang français par ma faute. D'ailleurs, je me serais trouvé avec d'anciens généraux de brigade qui auraient pu se croire humiliés d'être commandés par un moins expérimenté qu'eux.

Cette simplicité, ce détachement des honneurs et des titres, cette franchise étaient bien d'un héros.

Berryer fils défendit Cambronne avec talent. Il eut l'habileté de faire valoir l'identité de la situation de celui-ci et du général Drouot, acquitté deux jours auparavant. Il rappela que le roi avait désiré voir Drouot et avait fait à ce fidèle ami de l'Usurpateur l'accueil le plus bienveillant.

Le Conseil ne voulut pas se contredire.

Cambronne fut acquitté à l'unanimité.

Une seule voix le déclara coupable d'avoir porté les armes contre la France.

Ces deux acquittements soulevèrent l'indignation des royalistes. De toutes parts s'élevèrent des protestations, et il faut lire dans quels termes elles étaient faites. Le *Journal des Débats* s'écriait :

« Ils disent : Nous sommes de l'île d'Elbe, nous sommes sujets du roi de l'île d'Elbe, nous avons dû lui obéir ; mais si quelque chose pouvait aggraver le crime d'une pareille invasion, ce serait de l'avoir tentée à la suite d'un pareil homme ! Quoi ! ce souverain d'une nouvelle espèce vient *furtivement* attaquer la France avec 600 hommes ! Une pareille expédition porte-t-elle le caractère d'une guerre à laquelle un homme d'honneur puisse prendre part ? *Et si un grossier et stupide soldat* (Cambronne) incapable de raisonner et accoutumé à une obéissance passive, peut suivre aveuglément un pareil chef, en est-il de même d'un officier instruit (Drouot) qui, par son éducation, ne peut être tout à fait étranger aux principes du droit public ? Il y avait une manière légitime et assurée de les défendre et de les protéger : c'était de les confier à la clémence du roi ! »

A défaut des deux généraux on voulut punir leurs avocats, M. Girod (de l'Ain) et Berryer fils. Le procureur général Bellard les fit traduire devant le Conseil de discipline de leur Ordre, comme prévenus d'avoir soutenu des doctrines dangereuses et propres à blesser le système de la légitimité.

Le 24 mai, le Conseil reconnut que les principes développés dans leurs plaidoiries par les deux défenseurs étaient évidemment condamnables et subversifs de toute autorité légitime, mais il déclara que M. Girod, président du Tribunal civil sous l'interrègne, n'appartenait pas à l'ordre des avocats ; quant à Berryer fils, le Conseil le renvoya de la peine, attendu qu'il avait donné, dans des circonstances difficiles, des preuves des meilleurs sentiments royalistes.

Drouot et Cambronne furent soumis à la surveillance la plus sévère et obligés de rentrer dans leurs foyers sans solde ni traitement.

Venons, maintenant, aux célèbres paroles prêtées à Cambronne sur le champ de bataille de Waterloo. L'historique en est des plus amusants.

Nous avons dit qu'à Waterloo Cambronne commandait une division de la vieille garde qui fut anéantie presque tout entière. On raconte que, cerné de tous côtés et sommé de se rendre il répondit par ces mots héroïques : « La garde meurt et ne se rend pas ! »

Cette phrase fut rapportée, pour la première fois, quelques jours après l'événement par un journal de Paris, l'*Indépendant*, et reproduite par le *Journal général* et le *Journal des Débats*, ex-*Journal de l'Empire*; elle retentit dans toute la France. Nul ne doutait alors de son authenticité, et aujourd'hui on n'est pas encore certain qu'elle ait été prononcée. L'enquête commencée à son sujet est encore ouverte, nous ne pouvons vous donner que les pièces du procès, si l'on peut dire, les affirmations et les dénégations qui font autorité.

Thiers raconte ainsi l'épisode de la garde impériale :

« Les débris des bataillons de la garde, poussés pêle-mêle dans le vallon, se battent toujours sans vouloir se rendre. En ce moment, on entend ce mot qui traversera les siècles, proféré, selon les uns, par le général Cambronne, et, selon les autres, par le général Michel : « *La garde meurt et ne se rend pas!*

Cambronne, blessé presque mortellement, reste étendu sur le terrain, ne voulant pas que ses soldats quittent leurs rangs pour l'emporter. Le 2ᵉ bataillon du 3ᵉ grenadiers, demeuré dans le vallon, réduit de 500 à 300 hommes, ayant sous ses pieds ses propres camarades, devant lui des centaines de cavaliers abattus, refuse de mettre bas les armes et s'obstine à combattre. Serrant toujours ses rangs à mesure qu'ils s'éclaircissent, il attend une dernière attaque, et, assailli sur les quatre côtés à la fois, fait une décharge terrible qui renverse des centaines de cavaliers. Furieux, l'ennemi amène de l'artillerie et tire à outrance sur les quatre angles du carré. Les angles de cette forteresse vivante abattus, le carré se resserre, ne présentant plus qu'une forme irrégulière mais persistante. Il dédouble ses rangs pour occuper plus d'espace et protéger, ainsi, les blessés qui ont cherché asile dans son sein. Chargé encore une fois, il demeure debout, abattant par son feu de nouveaux ennemis. Trop peu nombreux pour rester en carré, il profite d'un instant de répit pour prendre une forme nouvelle et se réduit alors à un triangle tourné vers l'ennemi, de manière à sauver, en rétrogradant, tout ce qui a cherché asile derrière ses baïonnettes. Il est bientôt assailli de nouveau. « *Ne nous rendons pas!* » s'écrient ces braves gens qui ne sont plus que cent cinquante. Tous, alors, après avoir tiré une dernière fois, se précipitent sur la cavalerie et, avec leurs baïonnettes, tuent des hommes et des chevaux, jusqu'à ce qu'ils succombent dans ce sublime et dernier effort. Dévouement admirable et que rien ne surpasse dans l'histoire des siècles. »

Ainsi Thiers, tout en acceptant les paroles déjà citées, hésite à les attribuer à Cambronne ou à Michel.

Casimir Delavigne les a traduites poétiquement dans les stances suivantes :

> « Parmi des tourbillons de flamme et de fumée,
> O douleur ! quel spectacle à mes yeux vient s'offrir.
> Le bataillon sacré, seul devant une armée.
>   S'arrête pour mourir.
> C'est en vain que, surpris d'une vertu si rare
> Les vainqueurs, dans leurs mains, retiennent le trépas
> Fier de le conquérir, il court, il s'en empare.
> *La garde, avait-il dit, meurt et ne se rend pas !*
> On dit qu'en les voyant couchés sur la poussière,
> D'un respect douloureux frappé par tant d'exploits,
> L'ennemi, l'œil fixé sur leur face guerrière,
> Les regarda sans peur pour la première fois. »

Maintenant, autre version ; selon d'autres écrivains, les mots célèbres n'ont pas été prononcés, mais Cambronne aurait jeté aux Anglais un mot de colère, très simple, très usité, mais qui désigne quelque chose de malpropre et que les gamins seuls se plaisent à écrire.

Écoutons ce qu'en dit Victor Hugo dans son roman *Les Misérables :*

LE DERNIER CARRÉ

« Au crépuscule ; vers neuf heures du soir, au bas du plateau de Mont-Saint-Jean il en restait un (un carré). Dans ce vallon funeste, au bas de cette pente gravie par les cuirassiers, inondée maintenant par les masses anglaises, sous les feux convergents de l'artillerie ennemie victorieuse, sous une effroyable densité de projectiles, ce carré luttait. Il était commandé par un officier obscur nommé Cambronne. A chaque décharge, le carré diminuait et ripostait. Il répliquait à la mitraille par la fusillade, rétrécissant continuellement ses quatre murs. De loin, les fuyards s'arrêtant par moment, essoufflés, écoutaient, dans les ténèbres, ce sombre tonnerre décroissant.

« Quand cette légion ne fut plus qu'une poignée, quand leur drapeau ne fut plus qu'une loque, quand leurs fusils, épuisés de balles, ne furent plus que des bâtons, quand le tas de cadavres fut plus grand

C'est le mot M...

que le groupe vivant, il y eut parmi les vainqueurs une sorte de terreur sacrée autour de ces mourants sublimes, et l'artillerie anglaise reprenant haleine, fit silence. Ce fut une espèce de répit. Les combattants avaient autour d'eux comme un fourmillement de spectres, des silhouettes d'hommes à cheval, le profil noir des canons, le ciel blanc aperçu à travers les roues et les affûts; la colossale tête de mort, que les héros entrevoient toujours dans la fumée au fond de la bataille, s'avançait sur eux et les regardait. Ils purent entendre dans l'ombre crépusculaire qu'on chargeait les pièces; les mèches allumées, pareilles à des yeux de tigre dans la nuit, firent un cercle autour de leurs têtes; tous les boutte-feux des batteries anglaises s'approchèrent des canons et alors, ému, tenant la minute suprême suspendue au-dessus de ces hommes, un général anglais, Colville selon les uns, Maitland selon les autres, leur cria : « Braves Français, rendez-vous! » Cambronne répondit : « M...! »

. . . .

Le lecteur français voulant être respecté, le plus beau mot, peut-être, qu'un Français ait jamais dit, ne peut lui être répété. Défense de déposer du sublime dans l'histoire.

A nos risques et périls, nous enfreignons cette défense. . . . .

« Au mot de Cambronne, la voix anglaise répondit : « Feu! » Les batteries flamboyèrent, la colline trembla. De toutes ces bouches d'airain sortit un dernier vomissement de mitraille épouvantable. Une vaste fumée, vaguement blanchie du lever de la lune, roula et quand la fumée se dissipa, il n'y avait plus rien; ce reste formidable était anéanti; la garde était morte. »

Peu de temps après la publication des *Misérables,* le rédacteur d'un journal de Lille fut informé qu'un des survivants du bataillon de Cambronne, Antoine Deleau, vivait encore aux environs de la ville, il proposa une enquête et le vieux soldat fut mandé à la Préfecture, où fut rédigé le procès-verbal suivant, inséré au *Moniteur :*

PRÉFECTURE DU NORD

Nous, préfet du Nord, etc.

Une publication récente du journal hebdomadaire l'*Esprit public,* insérée dans plusieurs journaux, relatant que le sieur Deleau (Antoine-Joseph), adjoint au maire de la commune de Vicq, canton de Condé, arrondissement de Valenciennes, département du Nord, ancien soldat de la garde impériale, avait conservé notion certaine du fait mémorable auquel il a pris part à la bataille de Waterloo et des paroles attribuées à Cambronne, et Son Excellence le ministre de l'intérieur nous ayant chargé, par lettre du 27 juin courant, d'approfondir la question, nous avons fait appeler ledit sieur Deleau, né à Vicq le 2 avril 1792, et aujourd'hui encore adjoint au maire de ladite commune de Vicq.

Ses souvenirs militaires ont paru être, en effet, de la plus grande précision et empreints d'autant de calme que de bonne foi.

Nous avons prié le sieur Deleau de venir avec nous dans le cabinet de S. E. M. le maréchal de Mac-Mahon, duc de Magenta, à son quartier général à Lille, où était M. le général de division Maissiat, commandant la 3e division militaire et M. le commandant d'état-major Borel, premier aide de camp de S. E. le Maréchal.

Le sieur Deleau s'est exprimé en ces termes :

« J'étais à Waterloo dans le carré de la garde, au premier rang en raison de ma grande taille ; j'appartenais à la jeune garde, n'ayant encore que vingt-trois ans, mais on sait que la jeune garde avait été appelée à combler les vides de la vieille. L'artillerie anglaise nous foudroyait et nous répondions par une fusillade de moins en moins nourrie.

« Entre deux décharges, le général anglais nous cria : « *Grenadiers, rendez-vous !* » Le général Cambronne répondit (je l'ai parfaitement entendu, ainsi que tous mes camarades) :

« La garde meurt et ne se rend pas ! »

— Feu ! dit immédiatement le général anglais.

« Nous serrâmes le carré et nous ripostâmes avec nos fusils. « Grenadiers, rendez-vous, vous serez traités comme les premiers soldats du monde ! » reprit d'une voix affectée le général anglais.

« La garde meurt et ne se rend pas ! » répondit encore Cambronne. Et, sur toute la ligne, les officiers et les soldats répétèrent avec lui : « La garde meurt et ne se rend pas ! » Je me souviens parfaitement de l'avoir dit comme les autres.

« Nous essuyâmes une nouvelle décharge et nous y répondîmes par la nôtre.

« Rendez-vous, grenadiers, rendez-vous ! » crièrent en masse les Anglais qui nous enveloppaient de tous côtés. Cambronne répondit à cette dernière sommation par un geste de colère accompagné de paroles que je n'entendis plus, atteint, en ce moment, d'un boulet qui m'enleva mon bonnet à poils et me renversa sur un tas de cadavres.

« Je déclare donc avoir entendu prononcer par le général Cambronne, à deux reprises : « *La garde meurt et ne se rend pas !* » et ne lui avoir pas entendu dire autre chose. »

Cette précision, circonstanciée de souvenirs, au sujet d'un fait historique de haute importance et le caractère honorable du témoin, nous ont déterminé à rédiger le présent procès-verbal, que ledit sieur Deleau a signé avec nous.

(Suivent les signatures).

On aurait pu croire la discussion close ! Quelques jours plus tard elle se ranimait dans l'*Esprit public*, qui recevait la lettre suivante du comte Michel, fils du général Michel, tué à côté de Cambronne dans le dernier carré de Waterloo.

Angoulême, 1er juillet 1862.

Monsieur,

« Je lis dans un des derniers numéros de l'*Esprit public*, dans un article signé Charles Deulin, qu'un nommé Antoine Deleau, ancien grenadier de la vieille garde, aurait déclaré avoir entendu le général Cambronne, entouré d'ennemis, s'écrier : « La garde meurt et ne se rend pas ! »

« Je suis trop fier de la gloire de mon père pour laisser passer, sans y répondre, une pareille affirmation et pour ne pas hautement revendiquer pour le général comte Michel, l'honneur d'avoir prononcé ces sublimes paroles (et non d'autres) sur le champ de bataille de Waterloo.

« Je viens donc, monsieur le rédacteur en chef, faire appel à votre impartialité et vous prier de vouloir bien insérer, dans un des plus prochain numéros de votre journal, les trois déclarations suivantes que j'oppose à M. Deleau.

« Je prends ces témoignages parmi beaucoup d'autres produits officiellement dans une requête que mon frère, lieutenant-colonel Michel et moi, avons adressé en 1845 au Conseil d'État, lors de l'inauguration de la statue du général Cambronne, à Nantes. »

La première de ces déclarations émane de M. Maquand, lieutenant-colonel en retraite à Vernon (Eure), et se trouve dans une lettre à M. le baron général Harlet :

« Mon général, au reçu de votre lettre, je m'empresse de vous mettre à même de répondre de suite à Mme la comtesse Michel ; vous pouvez assurer à cette dame qu'étant en garnison à Lille en 1821, où commandait alors le général Cambronne, je le complimentai sur les sublimes paroles qu'on disait qu'il avait prononcées sur le champ de bataille de Waterloo ; il affirma ne les avoir jamais prononcées ni entendues ; que sûrement elles avaient été dites par un autre de ses camarades ; qu'il voudrait le connaître pour lui faire rendre l'honneur qu'elles devaient lui mériter. »

La deuxième déclaration est une lettre de M. le Maire de la ville de Nantes à M. le Préfet de la Loire-Inférieure :

« Le général, dont chacun connaît la simplicité antique et l'extrême modestie, s'est toujours défendu personnellement d'avoir prononcé ces paroles, disant, à la vérité, que c'était l'armée tout entière, mais sans que jamais, dans ses épanchements les plus intimes, il eût proféré le nom du général Michel ou de tout autre. »

La troisième déclaration, enfin, est celle du général Bertrand, qui ne lui a pas donné la forme d'une lettre, mais l'a consignée sur une pierre détachée du tombeau de l'Empereur, à Sainte-Hélène.

Le général y a écrit :

« A la comtesse Michel, veuve du général Michel, tué à Waterloo, où il répondit aux sommations de l'ennemi par ces paroles sublimes : « La garde meurt et ne se rend pas ! »

« *Signé :* Bertrand. »

« Veuillez agréer, monsieur le rédacteur, etc.

« Comte MICHEL,
« *Préfet de la Charente.* »

Ce n'était pas la première protestation de la famille Michel. Déjà, vingt ans auparavant, Cambronne étant mort le 28 janvier 1842, Nantes, sa ville natale, ayant été autorisée à lui élever une statue sur le piédestal de laquelle la phrase fameuse avait été gravée, les fils du comte Michel demandèrent la suppression de l'inscription. Le gouvernement se déclara incompétent pour décider du bien fondé de leur demande.

Nous empruntons au *Dictionnaire Larousse*, qui, lui-même l'emprunta à un livre de M. Fournier : *De l'Esprit dans l'Histoire*, l'anecdote suivante :

« Selon Fournier, Cambronne avait une prédilection marquée pour le mot en cinq lettres. Lors de son retour d'Angleterre, où il avait été emmené prisonnier de Waterloo, on le priait souvent de répéter, sur le même ton, le fameux mot.

« Il hésitait jusqu'à ce que les dames fussent sorties, puis il le lâchait avec la plus héroïque énergie, et alors tous les cœurs de battre, toutes les narines de frémir. Une fois, cependant, pressé par une femme charmante de lui dire le fameux mot, Cambronne tâcha de s'excuser.

— « Ma foi, madame, je ne sais pas au juste ce que j'ai dit à l'officier anglais qui me criait de me rendre ; mais, ce qui est certain, c'est qu'il comprenait le français et qu'il m'a répondu : « Mange ! »

Enfin, M. Levot, archiviste de la marine, à Brest, affirme que, dans un banquet donné par la ville de Nantes en 1830, et dont la présidence fut offerte à Cambronne, le général désavoua formellement les paroles célèbres qu'on lui attribuait.

Est-ce une raison pour que la phrase n'ait pas été prononcée sur le champ de bataille ? Non, assurément. On peut l'attribuer au général Michel, et, comme Deleau, dire que tout le monde le répétait.

Et le mot, dira-t-on ? — Encore mieux ! Il partait par salves. Il devait joliment rouler sous les moustaches des grenadiers.

Supposer le contraire, le rayer, c'est tomber dans l'invraisemblable ; et, puisqu'il était familier à Cambronne, on peut le lui laisser.

Mais quand a-t-il fait son apparition dans l'histoire ? Le *Grand Dictionnaire* dit que ce fut le 15 août 1827, au *Café des Variétés*. Des hommes de lettres, dont l'un des plus marquants était Charles Nodier, s'entretenaient de ce problème, lorsqu'un secrétaire du *Mercure de France*, connu dans le monde des vaudevillistes et des journalistes par son esprit de contradiction, s'écria tout à coup :

— Vous ne savez rien ! je sais le vrai mot, moi, Cambronne leur a répondu : M.... !

« Le mot était tombé en bonne terre, il est devenu grand. Il eut l'unique honneur de remplir d'admiration l'auteur que vous savez et d'être qualifié par lui de sublime dans un long chapitre de son épopée sociale. »

LE GÉNÉRAL LABÉDOYÈRE

La carrière de Labédoyère fut courte, mais héroïque, et fut couronné par le martyre.

Le comte François Huchet de Labédoyère est né à Paris en 1786. Il fit les campagnes de 1807 et 1808 comme gendarme d'ordonnance; accompagna, en qualité d'aide de camp, le maréchal Lannes en Espagne, où il fut blessé à Tudela. L'année suivante, il se distingua à Ratisbonne et à Essling, puis dans les campagnes de Russie et de Saxe. En 1813, à Colberg, il fut blessé et nommé lieutenant-colonel. De retour à Paris, il épousa Mlle de Chastelux, fille d'un ancien émigré.

Après l'abdication de Fontainebleau, il se rallia à Louis XVIII, qui lui donna le commandement du 7e de ligne, en garnison à Grenoble. Au retour de l'île d'Elbe, il alla au devant de Napoléon et lui dit avec une franchise hardie :

— Sire, les Français vont tout faire pour Votre Majesté, mais il faut qu'elle fasse tout pour eux. Plus d'ambition, plus de despotisme; nous voulons être libres et heureux. »

Le soir même, Grenoble ouvrit ses portes à Napoléon. En récompense, Labédoyère fut nommé coup sur coup général de brigade, aide de camp de l'Empereur, général de division et pair de France.

Après Waterloo, rentré à Paris, malgré les défections et les lâchetés de tous genres dont il était témoin, il parla, avec la chaude éloquence du patriotisme, en faveur de la résistance de Paris et des droits de Napoléon II.

Le spectacle de ces hommes si humbles, si prodigues de protestations quelques jours auparavant, et aujourd'hui si impatients de se séparer de l'Empereur, souleva tout ce qu'il y avait en lui de nobles passions. Son indignation, longtemps contenue, éclata. « Je répéterai, s'écria-t-il, ce que j'ai déjà dit : Napoléon a abdiqué en faveur de son fils; son abdication est nulle, de toute nullité, si on ne proclame pas à l'instant Napoléon II. Eh! qui s'oppose à cette résolution? ajouta-t-il en s'animant par degrés. Ce sont ces individus, constants adorateurs du pouvoir, qui savent se détacher d'un monarque avec autant d'habileté qu'ils ont mis à le flatter. Je les ai vus autour du trône, aux pieds du souverain heureux. Ils s'en éloignent quand il est dans le malheur! Ils repoussent aussi Napoléon II parce qu'ils sont pressés de recevoir la loi des étrangers, à qui ils donnent le nom d'*alliés,* d'*amis* peut-être. (Murmures.)

« Oui, l'abdication de Napoléon est indivisible, et, si l'on refuse de proclamer le prince impérial, je le déclare, Napoléon doit tirer l'épée. Il se verra à la tête d'une armée de cent mille hommes; tous les cœurs généreux viendront à lui; il sera entouré de ces braves guerriers, couverts de blessures et prêts encore à sacrifier pour sa cause, pour la France, la dernière goutte de leur sang! Malheur à ces généraux vils qui l'ont déjà abandonné et qui, peut-être en ce moment, méditent de nouvelles trahisons! (Les murmures augmentent.)

« Napoléon, en abdiquant sa puissance pour sauver la patrie, a fait ce qu'il devait au pays, à lui-même. Mais la nation serait-elle digne de lui si, pour la seconde fois, elle l'abandonnait dans les revers? (Vive agitation.) Ne l'avons-nous pas déjà abandonné une fois? L'abandonnerons-nous encore? Quoi! il y a quelques jours à peine, à la face de l'Europe, devant la France assemblée, vous juriez de le défendre! (L'agitation devient plus violente.) Où sont donc ces serments, cette ivresse, ces milliers d'électeurs, organes de la volonté du peuple? Napoléon les retrouvera si, comme je le demande, on déclare que tout Français qui désertera ses drapeaux sera jugé selon la rigueur des lois, que son nom sera déclaré infâme, sa maison rasée, sa famille proscrite. (Violentes exclamations.) Alors plus de traîtres, plus de ces manœuvres qui ont occasionné les dernières catastrophes et dont peut-être les auteurs siègent ici... »

En prononçant ces mots, Labédoyère avait arrêté son regard sur Ney. On cria : *A l'ordre!*

— Jeune homme, dit le vieux Masséna, vous venez de vous oublier.

— Il se croit sans doute au corps de garde, ajouta le comte de Lameth.

Labédoyère, après avoir lentement parcouru l'Assemblée de son regard, s'écria :

Une escouade d'agents appuyée par un bataillon prussien cernèrent la maison.

— Il est donc décidé, grand Dieu! qu'on n'entendra jamais ici que des voix basses?

On crie : A *l'ordre!* La colère est à son comble.

— Oui, répète Labédoyère avec un geste indigné et en quittant la tribune, depuis dix ans, il ne s'est fait entendre, dans cette salle, que des voix basses! »

Après lui, ce fut Mouton-Duvernet qui parla en faveur de Napoléon II.

Enfin, Napoléon, devant quitter la France, le comte de Labédoyère fut au nombre de ceux qui furent autorisés à l'accompagner. Il courut à la Malmaison; à mi-chemin, il rencontra la reine Hortense, qui lui remit ses passeports. Au lieu de suivre sa route, comme le lui conseillait la reine, il revint près de sa jeune femme, accouchée récemment.

Cette fatalité le voua à la mort.

Dans ses derniers jours, il disait à la Chambre : « Je ne me fais pas d'illusion; je sais bien que je serai un des premiers fusillés. »

Il voyait juste. Il avait soulevé contre lui des haines implacables.

Sa femme le supplia d'aller chercher un abri à l'armée de la Loire.

Excelmans, général en chef du 2ᵉ corps de cavalerie, et le comte de Flahaut lui avaient fait donner le titre de chef d'état-major du 2ᵉ corps, à Riom. Labédoyère, après s'être muni, à tout hasard, d'une traite de 55.000 francs sur Philadelphie, alla rejoindre ses deux amis dans le Puy-de-Dôme, et, quelques jours plus tard, put lire son nom inscrit en tête de la liste des généraux désignés pour être mis en jugement.

Obligé de s'expatrier, il voulut revoir sa femme et son enfant. M. de Flahaut se récria contre une telle imprudence, et Excelmans lui déclara que s'il ne lui donnait point sa parole de renoncer à un tel projet, il ferait placer deux sentinelles à sa porte. Labédoyère parut se résigner à suivre leur conseil; mais, comme il rentrait chez lui, il vit la diligence de Paris qui passait; il y avait une place vacante; il la prit, sans même remonter chez lui et sans avertir personne. Le 2 août, à huit heures du matin, il descendit rue du Faubourg-Poissonnière, n° 5, chez une amie de sa famille, afin d'y attendre la nuit pour se rendre chez lui.

Malheureusement, il avait été reconnu par deux de ses compagnons de voyage, un lieutenant de gendarmerie et un négociant, nommé

Legallerye, qui fut, depuis, commissaire de police à Lyon. L'un d'eux le suivit; et, quelques heures plus tard, une escouade d'agents, appuyés par un bataillon prussien, cernèrent la maison.

Il ne chercha point à fuir et se livra.

Il fut immédiatement interrogé par M. Decazes. L'interrogatoire fut long et captieux. Le haut policier s'efforça d'obtenir de lui quelques propos compromettants pour ses amis, mais il déjoua ses ruses et ne compromit que lui-même; puis on ameuta les journaux contre le jeune général, qui fut traité comme un individu coupable de tous les crimes.

Nous avons déjà donné des échantillons du savoir-faire de cette presse ignoble.

Enfin, le Conseil de guerre se réunit; il était composé de la fleur de cette odieuse aristocratie : *Président*, M. Berthier de Sauvigny; *vice-président*, M. Mazenod de Montdésir; *juges*, MM. Durand de Sainte-Rose, Saint-Just, Grenier, Lantivy et Boulnois; *rapporteur*, M. Viatti; *commissaire du roi*, M. Gaudries.

Ce procès fut cruel pour tout cœur de patriote, car il fit sentir de tout leur poids la puissance brutale de l'occupation étrangère et l'humiliation de la France. Les débats, le jugement ne furent qu'une parodie de la justice, un meurtre commandé par l'étranger, gonflé de la haine de ses défaites subies depuis quinze ans.

« Au dehors de la salle du Conseil, dit M. de Vaulabelle, une foule de soldats alliés stationnaient en groupes tumultueux, d'où s'échappaient des paroles de colère et de menace. Au dedans, on voyait assis ou debout un nombre considérable de généraux et d'officiers belges, anglais, allemands, qui semblaient s'être donné rendez-vous, moins pour assister à un débat régulier que pour dicter la sentence des juges. Le prince royal de Prusse, le prince d'Orange, le prince royal de Wurtemberg et les ambassadeurs ou représentants des principales puissances, entre autres, étaient assis derrière les membres du Conseil, échangeaient des paroles avec ceux-ci. La vue de ce grand nombre d'uniformes étrangers n'était peut-être pas ce qu'il y avait de plus extraordinaire dans l'aspect de la salle. Une foule de femmes jeunes, belles, parées richement, mais fanatisées, encombraient l'enceinte. Ces femmes, titrées pour la plupart, étaient de celles que chaque soir, dans le jardin des Tuileries, on voyait se livrer avec des officiers, même avec de simples soldats alliés, à des danses et à des rondes qu'elles entremêlaient de chansons, composées par ces fabricants de couplets de circonstance, esprits immondes qui ont des accents de joie pour tous les triomphes, et des insultes pour tous les malheurs.

Si l'ennemi se montrait avide de venger ses défaites passées sur le jeune général qui, malade, blessé, était accouru, le 30 mars, dans les rangs des soldats de Marmont, se battant un contre douze, et que l'on avait pu voir à Waterloo rester les derniers sur ce glorieux champ de bataille, les femmes dont nous parlons également, impatientes de vengeance, demandaient sa mort avec un incroyable emportement.

Jeune, riche, brillant, appartenant, par les siens ou par des alliances, à plusieurs familles de la Cour des Tuileries, Labédoyère, à leurs yeux, était doublement coupable.

Lorsqu'il entra dans la salle, il n'y rencontra que des regards de haine. On pouvait remarquer une certaine pâleur sur sa belle et douce figure, mais son attitude était ferme, ses traits très calmes, sa parole fort digne.

— Accusé, demanda le président, vos noms et prénoms, votre âge, votre lieu de naissance ?

R. — Charles-Angélique-François Huchet de Labédoyère, âgé de vingt-neuf ans, officier général, né à Paris.

D. — Quel grade aviez-vous le 1er mars 1815 ?

R. — Colonel du 7° régiment de ligne.

D. — Qui vous avait nommé ?

R. — Le roi[1].

D. — Quel drapeau avait reçu votre régiment ?

R. — Un drapeau blanc.

D. — Où l'avait-il reçu ?

R. — A Chambéry, mais je n'y étais pas.

D. — Un serment a dû être prêté à ce drapeau ?

R. — Je le crois, mais je n'y étais pas.

D. — Quelles décorations aviez-vous ?

---

1. Le roi l'avait nommé à l'emploi; depuis Bautzen, où il avait été grièvement blessé, il était colonel.

R. — J'étais chevalier de la Légion d'honneur et chevalier de la Couronne de Fer.

D. — N'étiez-vous pas chevalier de Saint-Louis ?

R. — Je n'ai jamais eu cette croix.

D. — Où avez-vous appris le débarquement de Bonaparte ?

R. — A Chambéry, où je reçus du général de ma brigade, le maréchal de camp Devilliers, l'ordre de me porter, avec mon régiment, sur Grenoble.

D. — Où votre régiment fut-il placé à Grenoble ?

R. — Il bivaqua sur le rempart.

D. — Par quel ordre quitta-t-il son poste pour se porter sur la route par laquelle Bonaparte devait arriver ?

R. — Par mon ordre.

D. — Quel cri proférâtes-vous en donnant l'ordre de se porter en avant ?

R. — Le cri de : *Vive l'Empereur !*

D. — Quand avez-vous donné l'aigle à votre régiment ?

R. — A la sortie du faubourg de Grenoble.

D. — Avez-vous déchiré votre cocarde blanche et pris la cocarde tricolore ?

R. — Non, je n'en avais pas.

D. — Le général Devilliers n'a-t-il pas couru après vous ? N'a-t-il pas employé la voix de l'autorité et de la persuasion pour vous ramener au devoir ?

R. — Oui, le général Devilliers me parla des suites que pourrait avoir ma démarche et des liens de famille qui devaient me retenir. Je lui répondis que les liens dont il me parlait m'étaient bien chers, que je savais que je les sacrifiais tous, mais que je croyais devoir ce sacrifice à mon pays, à la patrie, qui doit l'emporter sur tout.

D. — N'avez-vous aucune révélation à faire ?

R. — Aucune.

L'interrogatoire était terminé ; on passa à l'audition des témoins ; ils étaient peu nombreux et leurs déclarations ne firent que confirmer celles de l'accusé.

Le commandant Viotti prononça son réquisitoire et conclut à la peine de mort.

Labédoyère avait demandé à présenter lui-même sa défense.

Dans l'auditoire et même parmi les dames tapageuses régnait le silence le plus profond. Le jeune général se leva, et, d'une voix calme, mais ferme :

— Si ma vie seule était en cause, je me bornerais à vous dire que celui qui a conduit quelquefois de braves gens à la mort, saura lui-même y marcher en brave homme et je ne retarderais pas votre sentence. Mais on attaque mon honneur en même temps que l'on attaque ma vie, et cet honneur n'appartient pas à moi seul : une femme, modèle de toutes les vertus, un fils au berceau, ont droit de m'en demander compte ; je veux qu'ils puissent dire que, malgré le coup qui va m'atteindre, *l'honneur est intact*.

« J'ai pu me tromper sur les véritables intérêts de la France ; de glorieux souvenirs, un ardent amour de la patrie, des illusions, ont pu m'égarer ; mais la grandeur même des sacrifices que j'ai faits, en rompant les liens les plus chers, prouve qu'il n'entrait, dans ma conduite, aucun motif d'intérêt personnel.

« Je ne nierai pas des faits notoires, mais je déclare que je n'ai trempé dans aucun complot qui aurait précédé le retour de Napoléon. Je dirai plus : je crois pouvoir affirmer qu'il n'a point existé de conspiration pour le ramener de l'île d'Elbe [1].

. . . .
. . . .

« Si ma voix peut avoir ce caractère solennel que prennent, dit-on, les accents les plus faibles à l'instant de la mort, les réflexions que je vais vous soumettre ne seront peut-être pas sans utilité pour mon pays. En 1814, la nation et l'armée avaient abandonné l'empereur Napoléon ; la famille des Bourbons fut accueillie avec enthousiasme. Comment cette disposition générale vint-elle à changer ?

Le Président, interrompant Labédoyère :

— Accusé, restez dans les faits de la cause. Vous êtes accusé d'un crime ; nous n'avons pas à nous occuper des motifs qui vous y ont porté ; le Conseil n'a pas à prononcer sur des motifs ; il ne peut y avoir pour lui de crime innocent !

---

1. Les royalistes avaient accrédité à Paris l'opinion d'un complot, afin de nier la popularité de l'Empereur.

L'avocat, assis près de Labédoyère, fait observer que la défense n'est pas libre[1].

Le Président réplique : Que l'accusé se défende du crime qui lui est imputé, il est dans son droit, mais je ne souffrirai point qu'il se livre à des discussions politiques, à des divagations inutiles.

L'accusé. — Comment voulez-vous que je combatte des faits publics, des actions que j'avoue ? Ma seule défense est dans l'examen des causes politiques qui m'ont porté à la démarche dont je réponds devant vous. Vous ne voulez pas l'entendre ? Je n'insisterai pas. Je dirai seulement que je mourrai avec l'espoir que mon souvenir n'éveillera jamais un sentiment de haine ou de honte ; que mon fils, arrivé à l'âge de servir son pays, n'aura pas à rougir de son père et que la patrie ne lui reprochera pas mon nom. »

Sur ces belles paroles, l'accusé s'assit au milieu d'un silence glacial.

L'audience avait duré quatre heures ; il était près de deux heures, le Conseil se retira pour délibérer. L'accusé fut reconduit en prison. A quatre heures, l'audience fut reprise. Le Conseil, à l'unanimité, déclara le général de Labédoyère coupable de trahison et de rébellion, et le condamna à la peine de mort.

Il ne restait au condamné que la clémence royale. On sait ce qu'elle valait. Les courtisans bien informés en causaient tout bas et déclaraient qu'on ne pouvait fonder aucun espoir sur elle, le roi était trop irrité, et ils ajoutaient généreusement : — « Tant pis pour lui, il n'avait qu'à ne pas se laisser prendre. »

Les parents de sa femme se rangeaient à cet avis. Tous d'ancienne noblesse et royalistes fanatiques, ils n'avaient jamais accepté le jeune comte de Labédoyère comme un des leurs, et avaient toujours regardé le mariage de Mlle de Châtelux comme une mésalliance. « Seules, dit Vaulabelle, deux femmes, dont il était l'unique pensée, veillaient sur lui ; sa mère puis sa jeune épouse de dix-neuf ans, épouse adorée et qui, à son tour, avait voué au jeune général une de ses affections profondes, absolues, qui remplissent la vie et que l'on emporte au tombeau[2]. Toutes les deux obtinrent du général qu'il se pourvoierait en

---

1. Devant ce Conseil, la doctrine moderne de la suggestion morale n'eut pas été admise.

2. Dans son culte pour la mémoire de son mari, Mme de Labédoyère ne s'est point remariée.

revision et profitèrent des quelques jours de délai que leur donna cet appel pour essayer de le sauver. Une somme de 100,000 francs qu'elles parvinrent à réunir, devait acheter son évasion. Peut-être la tentative aurait-elle réussi sans une circonstance bizarre.

« M. Decazes convoitait le portefeuille de la police et employait toutes les ressources de son intelligence à perdre Fouché dans l'esprit du roi ! Au moment de la condamnation de Labédoyère, une dame Lavalette, lectrice de la mère de l'Empereur, alors que M. Decazes en était le secrétaire des commandements et qui n'avait, avec le comte de Lavalette, Directeur des Postes, d'autres rapports que la similitude de nom, vint se rappeler au souvenir du préfet de police, et réclamer son intervention auprès de nous ne savons quel fonctionnaire ou quel ministre. M. Decazes promit de la servir. La conversation devenue plus générale amena bientôt le nom de Labédoyère : M. Decazes dit que le gouvernement aurait désiré qu'il échappât à son sort et parut regretter qu'on ne put le sauver.

Mme Lavalette offrit de s'y employer si le préfet consentait à l'aider.

Sa proposition est acceptée et les moyens nécessaires sont fournis. Mais, craignant sans doute de s'être laissé entraîner trop loin et changeant subitement de pensée, le Préfet de police se décida à faire avorter la tentative et même à l'utiliser au profit de son crédit.

Peu d'instants après la sortie de Mme Lavalette de la Préfecture, le concierge de l'Abbaye y était mandé et là apprit, de la bouche même du Préfet, que dans la journée des offres lui seraient faites pour la délivrance de Labédoyère et que ces offres, il devait les écouter sans s'inquiéter des suites.

Cet homme, à peine rentré à sa geôle, fut appelé auprès d'une femme qui se tenait enfermée dans un fiacre stationné à l'un des angles extérieurs de la prison.

Il s'y rendit; mais presque aussitôt des gens apostés entourent la voiture, arrêtent la dame, qui était Mme Lavalette et saisissent sur elle 10,000 francs, ainsi que deux passeports signés en blanc par Fouché et dont le Préfet de police avait toujours un certain nombre à sa disposition.

Une fois rentré en possession des passeports et de l'argent que lui-même avait fournis, M. Decazes courut aux Tuileries et dénonça cette prétendue tentative d'évasion à Louis XVIII.

Le colonel Peireleau fait arborer à la Pointe-à-Pitre le drapeau tricolore.

Pendant ce même temps, Mme Lavalette était conduite dans une prison, où elle demeura oubliée.

Peu d'heures après, le gardien, demeuré à son poste, recevait les propositions de Mmes de Labédoyère ; mais rendu défiant et craintif par la scène où il venait de jouer un rôle, il refusa de rien écouter. »

Le 19 août, le Conseil de revision se réunit pour statuer sur l'appel du condamné, sous la présidence de M. Decouchy. Le défenseur, Me Mauguin, que nous avons déjà rencontré dans d'autres procès politiques, présenta dix cas de cassation qui furent tous rejetés.

A *l'unanimité* le Conseil confirma la sentence des premiers juges.

On avait hâte d'en finir.

A peine le Conseil des ministres eut-il reçu communication de l'arrêt de mort que Gouvion-Saint-Cyr, ministre de la guerre, expédia l'ordre de procéder sans délai à l'exécution.

On ne laissa même pas au condamné le temps du recours en grâce. D'ailleurs, on était convaincu de son inutilité.

Louis XVIII, fort tranquille de ce côté, et certain de ne pas être importuné, vers l'heure habituelle, trois heures et demie, se préparait à faire sa petite promenade de digestion, il sortait de ses appartements et allait monter en voiture quand, du milieu de la foule étonnée, une jeune femme en pleurs se jeta aux genoux du roi, en s'écriant : *Grâce! sire, grâce!*...

Louis la reconnut aussitôt, sa physionomie s'assombrit aussitôt :

— « Madame, répondit-il, je connais vos sentiments pour moi, ainsi que ceux de votre famille; je regrette de vous refuser; je ne peux qu'une seule chose pour votre mari : *Je ferai dire des messes pour le repos de son âme.* »

Mme de Labédoyère tomba évanouie, on l'emporta.

Malheureux prince ! Quelles émotions pénibles pour lui, et il n'était pas au bout de ses peines.

Deux heures plus tard, comme il rentrait de sa promenade, et commençait à songer au menu de son dîner, — une des plus grandes préoccupations de son règne, — survient une dame âgée, en grand deuil, qui, debout près du vestibule du pavillon de Flore, essaie de s'approcher du carrosse royal.

Louis l'aperçut : c'était la mère du condamné. Il donne des ordres, on entoura cette indiscrète et on l'entraîna sur le quai.

C'était l'heure fatale où Labédoyère sortait de la prison pour être conduit au lieu du supplice.

Il monta dans un fiacre, et, sous une bonne escorte de gendarmerie, fut dirigé vers la plaine de Grenelle. Il y arriva à six heures un quart.

Descendu de voiture, il se plaça en face du peloton d'exécution. Il refusa de se laisser bander les yeux. Il s'avança vers les soldats, presque à bout portant, ôta son chapeau et, découvrant sa poitrine, il dit d'une voix ferme :

— Tirez, mes amis, surtout ne me manquez pas !

Il tomba.

Presqu'aussitôt un prêtre, qui l'avait accompagné, descendit du fiacre, il tenait un mouchoir blanc à la main. Il s'avança vers le corps, s'inclina, et promena lentement son mouchoir sur la poitrine du supplicié. Puis, quand le linge fut imbibé de sang, il bénit la victime et se retira.

Une charrette garnie de paille attendait les restes de l'ancien aide de camp de Napoléon.

. . . .

Labédoyère avait été condamné aux frais du procès. L'état de ses dépenses, dressé par le fisc, contenait l'article suivant : « Pour gratification aux douze soldats chargés de l'exécution, à raison de 3 francs par homme : 36 francs. » La jeune veuve fut obligée d'acquitter cette somme.

LA CLÉMENCE ROYALE

Si certainement quelque chose peut rattacher les Français à la cause royale et bourbonnienne, c'est la clémence du « meilleur des pères » Louis le Désiré. Elle n'est dépassée que par celle de la duchesse d'Angoulême, la fille de Louis XVI. C'est ainsi que du 28 juin 1815 au 12 janvier 1816, Louis accorda trois amnisties à tous ceux qui avaient pris part à la révolte des Cent-Jours.

Si l'on ne s'en est pas aperçu, c'est, comme l'on dit, « de la faute du temps. »

A son retour de Gand, à Cambrai, dans une proclamation solennelle à son peuple, il disait :

« Je promets, moi qui n'ai jamais promis en vain (l'Europe entière le sait) de pardonner aux Français égarés tout ce qui s'est passé depuis que j'ai quitté Lille, au milieu de tant de larmes, jusqu'au jour où je suis entré dans Cambrai au milieu de tant d'acclamations. Je n'excepterai du pardon que les instigateurs et les auteurs de cette trame horrible » (28 juin).

Seconde parole de clémence :

« Les listes de tous les individus auxquels les articles 1 et 2 pourraient être applicables sont et demeurent closes par les désignations nominales contenues dans ces articles et ne pourront jamais être étendues à d'autres, pour *quelque cause* et sous *quelque prétexte* que ce puisse être (24 juillet).

On se souvient de la liste dressée par Fouché.

Amnistie générale :

« Amnistie pleine et entière est accordée à tous ceux qui, directement ou indirectement, ont pris part à la rébellion et à l'usurpation de Napoléon Bonaparte. L'ordonnance du 24 juillet dernier continuera toutefois à être exécutée à l'égard des individus compris dans son article 1er (12 janvier 1816).

Comme on l'a vu, ces actes de clémence restèrent lettres mortes. Heureusement qu'un grand nombre de généraux et officiers n'y ajoutèrent aucune confiance et se retirèrent à l'étranger.

Ces amnisties prétendues n'étaient que des pièges infâmes, destinés à retenir sous le coup de la vengeance les patriotes des Cent-Jours. Bien qu'ils ne fussent pas inscrits dans la fameuse liste, les six généraux suivants ne durent leur salut qu'à la fuite, c'étaient : Drouet d'Erlon; les deux Lallemand; Brayer; Ameilh et Clausel. Ils furent condamnés à mort par contumace. Clausel protesta par une lettre adressée au général Dupont, président du Conseil de guerre qui l'avait jugé.

« J'étais accusé devant vous, lui écrit-il, d'avoir trahi le roi avant le 23 mars, d'avoir *attaqué la France* et le Gouvernement, et de m'être emparé du pouvoir par violence. Comment ne vous êtes-vous pas souvenu que je n'avais pas encore accepté mon commandement le 24 *après midi*, puisque ce même jour, 24, je vous trouvai chez le ministre de la guerre Davout, *prêt à faire tout ce qu'il vous aurait commandé au nom de l'Empereur?*

« Vous parliez au ministre dans l'embrasure de la fenêtre la plus proche de son cabinet de travail, lorsque j'entrai dans le salon. M'étant approché, le ministre me pressa, vous présent, de partir pour Bordeaux[1]. Vous m'entendîtes lui adresser les questions suivantes :

« Le roi est-il hors de France? L'autorité de l'Empereur est-elle reconnue dans les départements que je dois traverser? »

« Vous entendîtes le ministre me répondre affirmativement à ces questions, vous l'entendîtes ajouter qu'il avait reçu, dans la nuit du 23 au 24, le rapport d'un général qui commandait alors à Orléans pour l'Empereur et qui commande aujourd'hui une division territoriale pour le roi, rapport où il annonçait que l'autorité impériale était partout reconnue. Je me décidai et, sur-le-champ, en présence du ministre, vous me priâtes de faire rechercher votre frère que vous supposiez être dans une campagne de l'une ou l'autre rive de la Loire ; de lui écrire de votre part, pour le décider à revenir à Paris, de lui annoncer que son affaire était arrangée, qu'il serait bien reçu ; de lui dire que d'ailleurs il devait considérer la cause des Bourbons comme perdue... Vous avez donc commis une *forfaiture* en me condamnant sur les deux premiers chefs d'accusation ; quant au troisième, je vous demanderai comment, parti de Paris seul, sans troupes, sans escorte, je peux m'être emparé d'un pouvoir quelconque avec violence. »

Le général Gruyer, qui commandait à Strasbourg, fut moins heureux que Clausel et tomba aux mains des royalistes. Le duc de Feltre, — ce parfait scélérat, — le fit arrêter à Strasbourg, dans la nuit du 1er janvier, un mois environ après la proposition de la loi d'amnistie. Il fut condamné à mort; cependant, recommandé par ses juges à la clémence royale, sa peine fut commuée en vingt ans de détention.

Il avait eu le bras droit fracassé près de l'épaule, dans la campagne de France à Méry-sur-Seine en chargeant, à la tête de quelques bataillons d'infanterie, tout un corps de l'armée de Blücher.

---

1. On se souvient que Clausel était gouverneur de Bordeaux, lorsqu'un des frères Faucher en était préfet.

Il était un des plus braves, des plus modestes et des plus honnêtes officiers de notre armée. Emprisonné dans la citadelle de Strasbourg, privé de tout traitement, n'ayant, pour exister avec sa famille, que les secours de quelques amis, soumis à la surveillance d'agents subalternes qui, en insultant à son malheur, croyaient faire preuve de zèle, il fut traité avec une rigueur dont le fait suivant donnera la mesure.

Mme Gruyer avait obtenu de partager sa captivité. On a dû remarquer déjà combien de femmes, à cette époque, se sont distinguées par leur dévouement à leur mari, et combien le monde bonapartiste était supérieur, comme mœurs, comme cœur, au monde royaliste. Mme Gruyer ne fut pas moins admirable que Mlle Faucher, que la maréchale Brune, la maréchale Ney, Mme de Lavalette, Mme de Labédoyère. Devenue enceinte dans la prison, les douleurs de l'enfantement la surprirent pendant la nuit ; *on lui refusa l'assistance d'un médecin* et ce fut le général qui fut obligé de l'accoucher.

Mis en liberté après quatre ans de détention, le général mourut en 1822 des suites de ses souffrances, et ce fut seulement après la Révolution de 1830, que Mme Gruyer, restée sans fortune avec deux enfants, put toucher la pension due aux veuves des officiers généraux.

L'AMIRAL DE LINOIS — LE COLONEL PEIRELEAU
LE GÉNÉRAL TRAVOT

Le comte de Linois, par sa naissance, appartenait au parti royaliste, mais il n'émigra point et servit son pays sous la République et l'Empire. Il fut longtemps, comme chef d'escadre, chargé de la protection de nos colonies de l'Inde.

A la première abdication de l'Empereur, il s'était rallié avec empressement aux Bourbons. Au mois de juin 1814, on lui adjoignit le colonel baron de Peireleau, resté fidèle à la cause nationale, et un des héros de la campagne de France. On les chargea tous d'eux, l'un en qualité d'amiral, l'autre comme colonel commandant en second, de recevoir la Guadeloupe de la main des Anglais qui s'en étaient emparés pendant la guerre, et d'y rétablir la domination française.

Ils remplirent cette mission dans le mois de décembre suivant.

La nouvelle du retour de l'île d'Elbe n'était parvenue à Linois qu'à la fin d'avril.

Décidé à conserver à la cause royaliste l'île de la Guadeloupe, il refusa, pendant sept semaines, d'ouvrir les dépêches qu'il recevait; il prétendait ainsi ignorer le rétablissement de l'Empire. Cette persistance à maintenir le drapeau blanc le rendit suspect à la colonie, et plusieurs navires de guerre anglais ayant apparu, on imagina qu'ils allaient, d'accord avec Linois, s'emparer de la Martinique et composer un petit royaume pour les Bourbons. Le colonel Peireleau quitte alors la ville de la Pointe-à-Pitre, siège de son commandement, et, à la tête de quelques soldats et d'une petite troupe d'habitants, se rend à la Basse-Terre, résidence de l'amiral, fait arborer le drapeau tricolore et proclame le rétablissement de l'Empire.

C'était le 18 juin, jour de la bataille de Waterloo.

Les habitants voulaient déposer l'amiral, mais il s'y opposa et le replaça dans son commandement.

La tranquillité régna jusqu'au jour où l'amiral anglais Leith, à la tête d'une flotte, somma la Guadeloupe de se rendre, et fit prisonniers Linois et Peireleau, réduits à capituler.

Emmenés en Angleterre, puis rendus à la France, ils furent accusés de trahison et traduits devant un Conseil de guerre.

Ce procès fut exceptionnellement long; il occupa cinq séances, sous la présidence du général Lauriston.

L'amiral de Linois fut acquitté; mais le colonel fut accusé d'avoir empêché les Anglais de s'emparer de la Guadeloupe et d'avoir conservé cette île à la France, en la plaçant sous le drapeau de l'Usurpateur, il fut condamné à la peine de mort.

En même temps, un Conseil de guerre de Rennes avait à juger le général Travot, « général éminent, cœur généreux et loyal, caractère élevé » (de Vaulabelle). Il avait contribué, pour une large part, à la pacification de la Vendée et avait conservé des ennemis irréconciliables dans ce pays.

Parmi ces derniers, on citait un officier général d'une extraordinaire férocité, Canuel, que Rossignol, envoyé par le Comité de Salut public, avait, en quelques mois, bombardé général. Le Directoire et l'Empire avaient refusé de l'employer, tant sa réputation était terrible.

Ce Canuel, après l'Empire, avait accueilli avec joie les Bourbons, et avec une joie d'autant plus bruyante qu'il avait à se faire pardonner ses cruautés contre les Vendéens, lorsqu'il était général de la République.

Au retour de l'île d'Elbe, craignant d'être inquiété, il s'était réfugié dans la Vendée, au milieu de ces populations qui, jadis révoltées, avaient eu en lui un persécuteur impitoyable.

En ce moment, l'ancienne chouannerie envahissait le pays; Travot fut chargé de la détruire, ce dont il s'acquitta en quelques semaines.

Dix mois plus tard, Travot et le général Canuel se retrouvaient en présence, mais, cette fois, dans l'enceinte d'un Conseil de guerre, l'un comme accusé, l'autre comme juge et président.

Ce choix d'un ennemi et d'un vaincu pour juge et arbitre de la liberté et de la vie de son vainqueur était dû au comte de Vioménil, que nous avons vu gouverneur militaire de Bordeaux, lors du procès des Jumeaux de La Réole; il venait de changer le commandement de la Gironde pour celui de l'Ille-et-Vilaine; il était accompagné des trois autres assassins des frères Faucher : MM. de Laporterie, de Labouterie et Lucot d'Hauterive.

Travot fut traité avec la même cruauté que l'avaient été les généraux César et Constantin Faucher. Il fut mis au secret. Mais, plus heureux que ces derniers, il avait conservé des amis; ceux-ci s'adressèrent à un jurisconsulte, qui demanda d'abord au geôlier, puis au procureur du roi, copie de l'écrou du prisonnier. Cette copie lui étant refusée, il réclama auprès de Vioménil qui, pour toute réponse, lui donna l'ordre de quitter la ville dans les vingt-quatre heures et de se rendre à Bordeaux. Mais les Bretons ne se laissèrent pas intimider comme les avocats bordelais. Trois avocats prirent aussitôt la place de leur confrère exilé. Ils firent paraître, en faveur du général, une consultation que signèrent avec eux treize de leurs confrères.

Vioménil en demeura stupéfait et il n'osa exiler tout le barreau de Rennes qui, ajoutons-le, outre MM. Coatpont, Bernard et Lesueur, les trois premiers défenseurs, comptait des hommes très distingués.

Dégradation du général Bonnaire.

Le Conseil se réunit le 18 mars.

Il était ainsi composé :

Le lieutenant-général Canuel, *président;* les lieutenants-généraux comte Rivaud de la Ruffonière et comte O'Mahouy; le colonel comte de Belon, le chef d'escadrons chevalier Destombes; les capitaines de Vigeon et de la Grasserie, *juges;* le chevalier de Jouffroy, *rapporteur.*

Avant la lecture des pièces de l'instruction, les défenseurs demandèrent la récusation du général Canuel.

Celui-ci déclara d'abord qu'il n'avait aucun motif pour se récuser, puis consentit à laisser plaider la question; mais, comme on devait le pressentir, la récusation fut rejetée par les juges et le président lui-même.

Lecture fut ensuite donnée des pièces du procès.

Le lendemain, le débat s'ouvrit. Travot était accusé de révolte contre l'autorité légitime.

Cependant il n'avait pas été inscrit sur la liste du 24 juillet, et selon la proclamation de Cambrai, il n'était coupable d'aucun fait excepté de l'amnistie. En effet, lorsque Travot rentra en activité, il y avait deux mois que Louis XVIII était à Gand. Qu'appelait-on sa *révolte?* C'était sa marche contre les insurgés vendéens, et par conséquent contre Canuel.

Canuel représentait alors l'autorité légitime. Nous ne plaisantons pas, le tribunal en jugea ainsi. Bien mieux encore il fut accusé, à différentes époques d'avoir combattu l'insurrection vendéenne, de s'être ainsi montré un constant ennemi du roi et, pour s'assurer la victoire, d'avoir employé tous les moyens. « Ainsi, disait le rapporteur, la *modération* ne fut pas une de ses armes les moins redoutables; la *clémence elle-même* fut un de ses moyens de succès! Il poussait la scélératesse jusqu'à être humain.

En conséquence, le général Travot fut déclaré coupable à la majorité de six voix contre *une;* cinq voix contre deux le condamnèrent à la peine de mort.

LE GÉNÉRAL BONNAIRE

Après Waterloo, la place de Condé, dans le département du Nord, investie par un corps d'armée hollandais, était défendue par le général Bonnaire.

Le 7 juillet, dix-neuf jours après la bataille, un individu vêtu en bourgeois, sans tambour et sans drapeau parlementaire, se présenta devant une porte de la ville et demanda à être conduit près du commandant auquel il avait, disait-il, d'importantes communications à faire. On lui banda les yeux et malgré l'irrégularité de sa présentation, cet étranger fut introduit dans la forteresse. Il remit au général un ordre signé Bourmont et contresigné Clouet, lui enjoignant d'arborer le drapeau blanc et de remettre son commandement au porteur de la dépêche, le colonel Gordon.

Quel était ce Gordon? on l'ignorait mais les signatures des deux traîtres, dont quelques soldats échappés de Waterloo avaient appris à Condé la défection, devaient éveiller la méfiance.

— Colonel, demanda Bonnaire, vous n'êtes pas Français?

— Je suis d'origine hollandaise, mais depuis longtemps au service de la France.

Un cercle nombreux d'officiers et même de soldats s'était formé autour du général et de l'inconnu.

A cette déclaration d'origine, de nombreuses exclamations se firent entendre :

« S'il était Hollandais, pourquoi était-il venu sans escorte, sans drapeau?... Et cet ordre, signé de deux traîtres? Celui qui le portait ne valait pas mieux que ses chefs, c'était un espion. Il n'avait pas compté qu'on allait lui rendre la place, mais il voulait jeter un coup d'œil à l'intérieur.

Les esprits s'échauffèrent. Quelques-uns disent bien haut qu'il faut le fusiller sur-le-champ; le code militaire autorise cette prompte justice. Mais le général recule devant cette rigueur, il ordonne au lieutenant Mietton de reconduire Gordon jusqu'au delà des glacis et de faire tirer sur lui un coup de canon à poudre.

« C'est une satisfaction qu'il faut donner à la garnison. »

Mietton obéit, mais avant de faire franchir au prétendu parlementaire les derniers ouvrages de la place, il ordonna de le fouiller. Les papiers trouvés sur lui achevèrent d'éclairer sur son compte.

Ce coquin était un des deux officiers supérieurs du corps de Drouet d'Erlon qui étaient passés à l'ennemi le 16 juin, pendant la bataille de Ligny et lorsque ce corps se dirigeait vers les Quatre-Bras. Il était porteur de plusieurs exemplaires de la déclaration publiée par Louis XVIII à Cambrai, et d'une espèce de rapport daté de Gand le 20 juin.

Dans ce rapport, Gordon disait au duc de Feltre, ministre de la guerre du roi en fuite : « Le 16 juin, au moment où le 1er corps prenait sa place à l'extrême gauche de l'armée, je fis semblant d'aller reconnaître la position et, piquant des deux, je me rendis à Nivelles (quartier général des Hollandais) accompagné du lieutenant-colonel aide de camp Gaugler. »

Lecture à haute voix fut donné de ces papiers à l'escorte par le lieutenant Mietton. La colère fut à son comble.

— Ah ! traître ! s'écrièrent les soldats. Tu es passé à l'ennemi et tu venais pour nous livrer !

Les papiers furent portés au général. Celui-ci les parcourut rapidement.

— C'est bien, dit-il à son aide de camp, bornez-vous à exécuter mon ordre.

Le lieutenant revint, mais comme il arrivait à cinquante pas du colonel Gordon, plusieurs coups de fusil partirent du milieu des soldats de l'escorte et le traître tomba raide mort.

Le 5 juin de l'année suivante, le général Bonnaire et son aide de camp, le lieutenant Mietton, étaient traduits à Paris, devant un Conseil de guerre.

Ce tribunal était présidé par M. de Maillé, premier gentilhomme du comté d'Artois, et comptait parmi les juges, le comte de La Ferronnays, premier gentilhomme du duc de Berry ; le comte de Macarthy, aide de camp du prince de Condé ; le marquis de Malleyssie, colonel de la légion de l'Indre.

Le général Bonnaire et son aide de camp étaient accusés, le premier, d'avoir autorisé le meurtre de Gordon, envoyé comme parlementaire, le second, de s'être rendu complice du général en prenant une part active à l'exécution du meurtre.

Malgré la partialité des juges, on ne put prouver que le général avait ni ordonné ni autorisé les coups de feu de l'escorte de l'aide de camp.

A la seconde audience, Bonnaire n'était accusé que de n'avoir pas suffisamment protégé la sortie du colonel et d'avoir laissé impunis les soldats de l'escorte. Quant au lieutenant, il jurait énergiquement d'avoir ordonné le feu.

La dignité de ses réponses, la noblesse de son attitude, la franchise courageuse avec laquelle il qualifia de désertion en présence de l'ennemi la conduite de Bourmont et de Clouet, l'épithète de *traîtres* qu'il appliqua à ces personnages devenus tout-puissants étonnaient le tribunal et repoussaient toute tentative d'intimidation.

Ce fut à leur avocat, Chauveau-Lagarde, que le président réserva toutes ses sévérités.

Chauveau, cependant, jouissait d'une considération exceptionnelle comme ancien défenseur de Marie-Antoinette devant le tribunal révolutionnaire. L'exaltation royaliste était trop violente et les services anciens étaient oubliés surtout par des nobles qui, pendant l'émigration, n'y avaient pas prêté grande attention.

Bref, Chauveau-Lagarde ayant dit de Gordon :

« Après avoir servi sous l'Usurpateur pendant les trois mois de son horrible usurpation, le colonel *a quitté* l'armée deux jours avant la bataille de Mont-Saint-Jean, pour passer au quartier général des Hollandais, c'est ainsi qu'il est parvenu à *l'armée royale française*, où il a obtenu la mission qui est la cause de ce malheureux procès.

M. de Macarthy interrompant :

— Est-ce que, par hasard, vous regarderiez comme un crime d'avoir quitté les drapeaux de l'Usurpateur pour se rendre sous ceux du souverain légitime ?

M. Chauveau-Lagarde ne répond pas et continue son plaidoyer. Il croit devoir se justifier de quelques reproches que le rapporteur lui a adressés :

— Loin de moi, dit-il, la pensée de faire l'éloge de l'action déplorable dont le colonel Gordon a été la victime ; j'ai seulement voulu dire que le sentiment d'indignation des soldats contre la trahison et la désertion était digne d'éloges.

M. Macarthy. — Comment, digne d'éloges ! Voilà des principes que nous ne pouvons tolérer.

Après une interruption de quelques instants, le défenseur discute les nécessités et les devoirs imposés au commandant d'une place assiégée.

— Je suis Français, s'écrie-t-il, et mon dernier désir est de mourir, comme le colonel Gordon, pour le roi ! Mais ce colonel devait-il passer comme un simple parlementaire aux yeux du général Bonnaire et de ses soldats ? Voilà l'unique question à juger. Le général n'a fait qu'exécuter les instructions qui lui étaient données de ne recevoir personne dans la place. Ces instructions étaient conformes aux principes et au texte des anciennes ordonnances ; car on sait que les usurpateurs empruntent le ton, le langage et les couleurs des souverains légitimes.

M. de Malleyssie. — Je ne puis souffrir que l'on fasse ici l'éloge de l'usurpation ; on ne peut laisser plaider des principes aussi erronés.

M. Chauveau-Lagarde. — Au nom du ciel, écoutez-moi ! Ce n'est pas un principe que j'établis, c'est un fait. Je dis que les instructions étaient textuellement conformes aux anciennes ordonnances de nos rois.

M. de Malleyssie. — Monsieur l'avocat a semblé faire entendre tout à l'heure que l'accusé avait pu prendre le commandement de Condé dans l'intérêt même du gouvernement légitime, c'est encore une chose que nous ne pouvons souffrir ; M. le général Bonnaire, en acceptant du service sous Buonaparte, a trahi le serment qu'il avait prêté, quelques jours avant le 20 mars, en recevant cette croix de de Saint-Louis que je vois briller sur sa poitrine et dont je suis moi-même décoré.

Le général Bonnaire. — Il est vrai que j'ai été nommé chevalier de l'ordre de Saint-Louis peu de jours avant le 20 mars ; mais, lorsque quelque temps après, Bonaparte m'a investi du commandement d'une place de première ligne, tout était consommé. J'ai toujours cru qu'il était du devoir d'un honnête homme, et surtout d'un militaire, d'obéir au gouvernement existant.

M. de Malleyssie. — Je ne connais que la religion du serment, moi ! Je tiendrai le mien jusqu'à ce que le roi lui-même m'en relève, voilà ma profession de foi.

M. Chauveau-Lagarde. — Je n'ai point dit ce qu'on m'impute... ce serait une chose insensée.

Le général Bonnaire (interrompant). — Ces discussions ne peuvent être utiles dans l'intérêt de la justice, encore moins dans celui du client. J'aime mieux que M. Chauveau renonce à ma défense.

Ce n'est pas l'avis du président, M. de Maillé, qui invite M. Chauveau à continuer sa plaidoirie.

M. Chauveau-Lagarde. — Je ne puis plus être entendu.

Le président. — On ne nie pas que votre client ne puisse être, d'ailleurs, un très galant homme.

M. Chauveau. — Ah ! vous l'avez dit, c'est un très galant homme ; eh bien ! je continue.

L'avocat n'abusa pas de la liberté qui lui était laissée ; il termina brièvement, et, peu d'instants après, le Conseil entrait en délibération. Quatre voix déclarèrent le général Bonnaire coupable de *participation au meurtre* du colonel Gordon, — ce qui emportait la peine de mort. — Les trois autres membres se prononcèrent en sens opposé ; cette minorité de faveur fit acquitter l'accusé de ce chef. Mais, à l'unanimité, les juges déclarèrent qu'il n'avait pas réprimé le meurtre ainsi qu'il le devait.

A l'unanimité, également, le lieutenant Mietton fut déclaré coupable de meurtre.

La sentence fut rendue en ces termes :

« Attendu que le crime du maréchal de camp Bonnaire *n'est prévu par aucune loi civile ou militaire;* mais considérant que ledit Jean-Gérard Bonnaire a commis la violation la plus inouïe du droit des gens, en méconnaissant le caractère sacré de parlementaire, crime que toutes les nations anciennes ont puni de la mort même, condamne, à l'unanimité, le maréchal de camp Bonnaire à la peine de la déportation (mort civile) et à la dégradation de la Légion d'honneur; condamne, à la majorité de six voix sur sept (un membre ayant voté pour les travaux forcés à perpétuité), le nommé Antoine Mietton, ex-lieutenant aide de camp, en réparation du crime d'assassinat, dont il demeure convaincu, à la peine de mort. »

Quelques jours plus tard, au moment où des détachements nombreux de soldats venaient de défiler à la parade sur la place Vendôme, un fiacre, escorté de gendarmes, s'arrêta devant le front de la troupe, et l'on en vit péniblement descendre un vieillard accablé de douleur et dont le corps avait ployé sous les fatigues de la guerre. Le genou brisé par une balle, il avait peine à marcher.

— Ah! s'écriait-il en pleurant, mieux valait la mort. Pourquoi ne m'avoir pas pris le peu de vie qui me reste, au lieu de me faire subir une telle humiliation!

Ce vieillard était le général Bonnaire.

Des soldats le conduisirent en face d'un homme de cour, le duc de Maillé, lequel était revêtu des insignes de maréchal de camp, grade qu'il avait reçu en 1814, sans doute comme récompense de quelques obscurs services rendus pendant l'émigration.

On contraignit Bonnaire de se tenir incliné, et ce fut dans cette posture, la tête baissée devant un ancien émigré, que le général de la Révolution, dont l'énergie, dix mois auparavant, avait empêché la prise de Condé et conservé cette place à Louis XVIII, entendit prononcer la formule suivante :

« De par le roi, je déclare, au nom de la Légion d'honneur, que vous avez manqué à l'honneur et que vous avez cessé de faire partie de la Légion. »

Le même jour, à trois heures, d'autres gendarmes conduisaient l'aide de camp Mietton à la plaine de Grenelle.

Cet infortuné, qu'un seul mot contre son chef aurait pu sauver, mourut en répétant ce qu'il avait dit à l'audience : « Le général ne m'a point donné d'ordre; il est innocent. »

Les journaux firent remarquer qu'il était allé à la mort sans l'assistance d'un confesseur.

Après cette lecture, en s'inclinant devant le roi, chaque maréchal disait : Je le jure.

LE GÉNÉRAL AMEILH — LE GÉNÉRAL SAVARY

Les condamnés à mort contumaces.

Le général Ameilh eut une fin plus affreuse encore.

Ancien soldat de la République, il avait conquis tous ses grades à la pointe de son épée et avait fait toutes les grandes campagnes de l'Empire. Après la première abdication, il se rapprocha des Bourbons et lors du retour de l'île d'Elbe, il accompagna le comte d'Artois à Lyon pour s'opposer à la marche « de l'Usurpateur ». Mais le rapide succès de celui-ci obligea le frère de Louis XVIII à regagner Paris au plus vite.

Le général Ameilh, resté à Lyon, reprit le drapeau tricolore et se rendit à Auxerre. Là, il fut arrêté, conduit à Paris et enfermé à l'Abbaye, heureusement que l'Empereur arriva avant qu'on eut le temps de le juger et de l'envoyer à la plaine de Grenelle.

Il prit donc part au dernier effort de la France révolutionnaire pour résister à la coalition. Compris, le 24 juillet, au nombre des patriotes qui devaient être jugés par un Conseil de guerre, il parvint à se réfugier en Angleterre, d'où il comptait s'embarquer pour la Suède et trouver la protection de Bernadotte, dont il avait été l'ami autrefois.

Mais, à cette époque troublée, toutes les lois étaient suspendues, le droit des gens n'existait plus, on l'arrêta à Lunebourg, en Hanovre, et il fut enfermé dans la forteresse de Hildelsheim.

Tant de malheurs accumulés finirent par ébranler sa raison; il devint fou.

Tous ceux qui avaient conquis pour la France une branche des glorieux lauriers des dernières vingt-quatre années (1792-1815), tous ceux qui s'étaient illustrés par leur courage et leurs talents militaires, par leur dévouement et leurs talents diplomatiques ou administratifs, par leur patriotisme, par leur fidèle attachement à l'homme de génie qui avait mis fin à la guerre civile, la famine et le désordre, affermi les grandes conquêtes du peuple sur l'ancien régime féodal et clérical, et pendant quinze ans avait victorieusement lutté contre cette royauté féodale en Europe; en un mot, tous les grands Français de la République et de l'Empire étaient voués à l'exil comme Carnot, à la mort comme Labédoyère et Lavalette, à la misère comme Gruyer, à la dégradation comme Bonnaire, à la folie comme Ameilh...

L'armée de Condé, qui n'avait jamais trouvé l'occasion de se battre contre les Français, couvrait la France de bourreaux.

Que l'on nous pardonne ces explosions d'indignation dans ce long martyrologe.

Le général Savary, simple soldat en 1789, était capitaine à dix-neuf ans. Il se distingua pendant les guerres de la République et de l'Empire, et fut nommé général de division en 1805. Il s'acquitta avec succès de plusieurs missions diplomatiques qui lui furent confiées par Napoléon. Après Waterloo, il suivit l'Empereur sur le *Bellerophon*, mais les Anglais lui refusèrent de l'accompagner jusqu'à Sainte-Hélène et l'envoyèrent prisonnier à Malte, au mépris du droit des gens. En vain réclamait-il des juges; il s'évada. Il se rendit à Smyrne, où il apprit l'arrêt qui le condamnait à la peine de mort. Inquiété, menacé par les agents diplomatiques bourbonniens, il rentra en Europe et se réfugia à Gratz, en Styrie, où le gouvernement autrichien le toléra, et même permit à sa femme et à sa fille de venir le rejoindre.

Cependant il n'était pas tranquille tant que son procès n'était pas revisé. Il avait besoin de retourner à Smyrne, il obtint un sauf-conduit, mais là, une fâcheuse aventure faillit le perdre. Il eut à punir dans un duel l'insolence d'un jeune officier de la marine française, il craignit de nouvelles persécutions et partit pour l'Angleterre où il demeura sans être inquiété jusqu'en 1819. Mais il ne pouvait vivre hors de France. Il rentra brusquement et reparut dans son hôtel à Paris. Le gouvernement l'envoya devant un Conseil de guerre, mais les haines s'étaient assouvies, et il eut la chance d'être acquitté par le même Conseil et sur les mêmes faits qui lui avaient valu la peine de mort.

Revenons maintenant de quelques années en arrière; nous n'avons pas épuisé la longue liste des victimes de la Terreur de 1815-1816.

Citons encore les condamnations à mort prononcées contre les généraux Lefebvre, Desnouettes (11 mai 1816), Rigaud (16 mai),

Gilly (25 juin). Les trois premiers, jugés à Paris, parvinrent à s'expatrier.

La même sentence atteignit peu après le général Drouet d'Erlon, les généraux Lallemand aîné (20 août), Lallemand jeune (21 août), Clausel (11 septembre). Ces généraux échappèrent également à la mort par l'exil.

L'armée française, comme on le voit, était suffisamment décapitée. Les anciens maréchaux n'étaient plus nombreux et il n'en existait point de création nouvelle. Le roi en fit l'observation et voulut avoir des maréchaux de sa façon. Son choix fut heureux, il nomma deux émigrés, le duc de Coigny et le comte de Viomenil (le coquin qui joua un si beau rôle dans les procès Faucher et Travot, l'ami de Canuel), le comte de Beurnonville (ex-républicain, devenu le collègue de l'abbé de Montesquiou), et le duc de Feltre, le traître, le persécuteur acharné.

Ce fut, pour ce dernier, une occasion d'imposer une humiliation de plus au petit nombre de maréchaux qui avaient avalé leur honte et renié leur passé, et en même temps de flatter les faiblesses des princes et des courtisans. Obligé de prêter serment comme maréchal, il s'éleva contre la simplicité révolutionnaire du serment en usage, et proposa de le remplacer par des formules ayant leur origine dans ces temps reculés où nos rois, mal affermis dans leur puissance, avaient incessamment à se défendre, avec des bandes indisciplinées, contre leurs grands vassaux. La cour accueillit ce changement avec transport. On décida que les anciens maréchaux renouvelleraient, à cette occasion, leur serment, et, le 15 juillet, jour de la Saint Henri, dans une grande Assemblée tenue aux Tuileries, le président du Conseil lut, pour le duc de Feltre, puis ce dernier lut à son tour pour les autres maréchaux présents à Paris, la formule suivante :

« Vous jurez à Dieu, votre créateur, sur la foi et loi que vous tenez de lui et sur votre honneur, que bien et loyalement vous servirez le roi, ci-présent, en l'office de maréchal de France duquel ledit seigneur vous a pourvu ; que vous n'aurez aucune intelligence ni particularité avec quelque personne que ce soit, au préjudice de lui et de son royaume, *et que si vous entendiez quelque chose qui lui soit préjudiciable, vous le lui révélerez,* que vous ferez vivre en bon ordre, justice et police, les gens de guerre qui sont et qui pourront être ci-après à sa solde et service ; que vous les garderez de fouler le peuple et sujets dudit seigneur et leur ferez entièrement garder et observer les Ordonnances faites sur lesdits gens de guerre ; que des délinquants vous ferez faire la punition, justice et correction, telle quelle puisse être l'exemple à tous autres ; que vous pourvoierez et ferez pourvoir et donner ordre à la forme de vivre des gens de guerre, conformément aux Ordonnances dudit seigneur ; que vous irez et transporterez toutes les fois qu'il le commandera, par toutes les parties du royaume, pour voir et entendre comment iceux gens de guerre vivront, et garderez et défendrez de tout votre pouvoir qu'il ne soit fait aucune oppression ni moleste au peuple, et jurez, au demeurant que, de votre part vous garderez et entretiendrez lesdites Ordonnances en tout ce qui vous sera possible et ferez et accomplirez entièrement tout ce qui vous sera ordonné selon icelles et de faire en France tout ce que bon et notable personnage, qui est pourvu comme vous en état présentement doit et est tenu de faire en tout et partout ce qui concerne ledit état. En signe de ce et pour mieux exécuter ce que dessus, ledit seigneur roi vous fait mettre en la main le bâton de maréchal, ainsi qu'il a accoutumé faire à vos prédécesseurs. »

Ce charabia moyen âge nous démontre suffisamment de quel esprit rétrograde était animé ledit seigneur roi.

L'obligation de moucharder existait déjà pour les chevaliers de Saint-Louis et de la Légion d'honneur.

Après la lecture de cette ridicule et avilissante formule, chaque maréchal s'inclinait devant le roi et ajoutait :

Je le jure. Ainsi, pour conserver leur grade et leurs rentes, défilèrent ces soldats de la République qui devaient leurs dignités à la Révolution, comme la Révolution leur devait ses triomphes militaires ! Jourdan, Moncey, Mortier, Oudinot, Macdonald, Kellermann, Suchet, Gouvion-Saint-Cyr, ainsi s'inclinèrent parmi les Beurnonville, les Marmont, les de Feltre, les de Coigny, les Vioménil, les maréchaux Masséna, Victor, Lefèvre, Serrurier. Il manquait à la fête le maréchal Soult, duc de Dalmatie, ce farceur éhonté, tour à tour impérialiste et royaliste qui persécuta ses anciens compagnons d'armes, éleva un monument expiatoire aux victimes de Quiberon déclara, au retour de l'île d'Elbe, Napoléon *hors la loi* et lui demanda ensuite une commandement, combattit à Waterloo, contribua à livrer Paris, et enfin offrit de contribuer à prendre part à cette « insurrection royale du Midi » (ce sont ces expressions) à ces massacres dont nous avons cité les plus célèbres victimes. La loi dite d'amnistie l'envoya en exil. On le revit plus tard, sous Louis-Philippe, ministre de la guerre.

LES COMITÉS ROYAUX. — LES VAUTOURS DE BUONAPARTE

La terreur blanche fit plus de cent mille victimes ; malheureusement, l'histoire n'a pu garder les noms que de celles qui furent immolées par les Cours prévôtales, les Conseils de guerre et les Cours d'assises, ou dans quelques massacres fameux. Dans un grand nombre de villes s'étaient formés des *comités royaux*, sur le modèle des *comités révolutionnaires* de 93, foyers de haine, de brigandage et de dénonciations, pourvoyeurs des Cours prévôtales.

« Poursuivre, persécuter, sévir, dit un historien, était toute l'occupation des préfets, qui s'ingéniaient à inventer de nouvelles catégories de crimes. Les habitants des départements de l'Eure et du Rhône étaient tenus, par arrêté préfectoral, de dénoncer et livrer immédiatement à l'autorité toutes les personnes qui répandaient des bruits absurdes. Ils multipliaient les perquisitions, les visites domiciliaires. Ils n'hésitaient pas à faire démolir une propriété ou à faire incendier une grange, quand ils faisaient la chasse aux généraux de l'armée de la Loire. Un arrêté du chevalier de Fitz-James condamnait à être fusillé dans les vingt-quatre heures tout individu qui colporterait des écrits *insidieux*, non revêtus de la signature d'une autorité constituée.

Enveloppés dans un vaste système d'espionnage, tous se sentaient menacés. La délation atteignait les hommes les plus étrangers à la politique. Il ne suffisait pas d'être persécuteur pour être à l'abri de la délation. Il n'y avait plus de sécurité nulle part, ni pour personne, pas même dans le cabinet du roi, pas même à la Chambre. Voilà sous quels auspices et par quels moyens la royauté légitime essayait de s'implanter de nouveau en France.

En mai 1816, la Cour prévôtale du département de la Sarthe se dirigeait vers la petite ville de Lude, chef-lieu de canton, située sur le Loir. La voiture qui accompagnait ce terrible tribunal était suivie d'une charrette chargée d'un objet sinistre.

Cette charrette promenait une guillotine.

Évidemment, on savait d'avance que l'on aurait à s'en servir.

A l'arrivée des juges et de leur instrument, l'émotion des habitants de Lude fut extrême. Toutes les portes et les fenêtres se fermèrent. Les juges se rendirent directement à la salle des actes publics, qui devait servir de prétoire. Plusieurs bancs y avaient été disposés pour les accusés, que bientôt les gendarmes introduisirent. C'étaient vingt-trois paysans qui se regardaient avec étonnement et une vague terreur.

Ils se demandaient ce qu'on avait à leur reprocher.

Pendant la dernière insurrection, Vendame, un insurgé, avait été désarmé, et les prévenus, après ce crime, s'étaient portés vers la demeure de deux autres cultivateurs, dans l'intention, disait l'accusation, de leur enlever leurs vivres.

Ces pauvres gens avaient cru remplir un devoir patriotique; ils avaient voulu empêcher la guerre civile sans verser une goutte de sang, et on venait leur apprendre qu'ils avaient commis un crime.

Après un rapide interrogatoire, le président prononça un verdict qui condamnait à la peine capitale les nommés Pierre Leroy fils, garçon menuisier; Joseph Lambert, menuisier; Charles Roland, menuisier; Jean Joreau, journalier. Les autres malheureux furent condamnés aux travaux forcés à perpétuité et à la détention; et, le lendemain, les quatre têtes tombaient sur la place publique de Lude. Afin de jeter de l'odieux sur ces innocents et faire supposer chez eux une férocité exceptionnelle, l'autorité leur avait donné le surnom de *bande des vautours de Buonaparte*.

De même que c'était un crime de trahison de réprimer la chouannerie, c'était aussi un crime de combattre le brigandage dans n'importe quelle province, lorsque le vol, le meurtre, les scènes de désordre étaient des explosions d'enthousiasme royaliste.

Le désastre de Waterloo avait été célébré à Montpellier par des manifestations tumultueuses. La populace avait saccagé un café, blessé plusieurs officiers, désarmé des patrouilles et assailli un poste. La garde nationale dut intervenir; mal lui en prit.

Dénoncés pour avoir troublé cette petite fête, onze gardes nationaux furent traduits, le 26 juillet 1816, devant la Haute-Cour prévôtale de l'Hérault.

Il avait été décidé en haut lieu, dit un historien, que cinq condamnations capitales seraient prononcées. Chaque ville de France était ainsi taxée à tant de têtes.

Deux juges désignés refusèrent de présider la Cour prévôtale, véritable tribunal d'assassins. L'histoire nous a conservé le nom de l'un de ces deux courageux citoyens, c'était M. Chauvet.

La Cour se trouva composée de M. Saurines, président, Loys de Marigny, Martin, juges au tribunal civil, Coffinières et Vial, avocats sans cause, la honte de leur ordre et le plus souvent l'objet de la risée de leurs confrères. Le maréchal de camp Montel remplissait les fonctions de prévôt.

M. Paris, l'un des défenseurs, ainsi que les autres avocats, remplirent avec la plus grande fermeté et le plus grand courage, la périlleuse mission qu'ils avaient acceptée de disputer aux assassins la vie de quatorze accusés. Ni les injures, ni les menaces du président ne les empêchèrent de poursuivre jusqu'au bout leur noble tâche.

Cinq des accusés furent condamnés à mort. C'étaient les nommés : Jean-Jacques Pau, boulanger; Esprit Avinens, ferblantier; Nicolas Lataud, officier en retraite; Jean-Jacques Adelbert et Pierre Combes, anciens militaires.

Pau et Avinens n'avaient pris aucune part à la répression du mouvement royaliste. Des témoins vinrent établir leur alibi, on refusa de les entendre.

La participation des trois autres n'étant guère mieux prouvée et parmi tous ces prévenus, — puisqu'il fallait cinq têtes, — on aurait pu tirer au sort les condamnés; le jugement aurait été tout aussi équitable. Deux furent condamnés à dix ans de surveillance de la police, un à dix ans de réclusion, un autre aux travaux forcés à perpétuité.

L'exécution des quatre condamnés à mort fut ordonnée pour le jour même de la sentence. Ils ne devaient quitter la salle du tribunal que pour monter à l'échafaud; mais malgré toute son activité, le bourreau ne put être prêt avant la nuit.

A neuf heures, précédés par des torches, les victimes furent conduites au supplice.

M. Lardier, un écrivain local, a laissé, de ce drame, un émouvant récit dans *Une exécution à Montpellier*.

Dieu nous vengera!

« Il n'est pas inutile de dire comment moururent ces victimes d'une opinion généreuse qui seule était poursuivie et mise en cause dans cette affaire.

« Aucun des cinq condamnés ne faiblit, aucun ne démentit l'énergie de la conviction que le conduisait à l'échafaud, Pau, jeune encore, homme superbe et de formes athlétiques, marchait sûrement à la mort, promenant des regards assurés sur la foule qui admirait son courage et son sang-froid. Avinens, plus jeune que Pau, jouissait à Montpellier d'une estime générale et avait constamment mené une vie exempte de reproches. Convaincu de l'atroce injustice qui devait terminer ses jours, il voulut protester par un dernier effort qui malheureusement fut impuissant contre l'infâme arrêt de la Cour prévôtale.

Dans le trajet de la prison au lieu de l'exécution, il parvint à s'emparer du sabre d'un gendarme, se défendit longtemps et ce ne fut qu'à grand peine qu'on put le désarmer et le conduire à l'échafaud.

« Cinq fois le fatal couperet s'abattit et cinq fois avant de s'abaisser sous son tranchant, les victimes firent entendre le cri de Vive la République !

« La foule, stupide et lâche, composée en grande partie de légitimistes, répondit à cette noble invocation par des cris de rage et de fureur.

« La terreur et la consternation planèrent sur la ville à la suite de ce jugement et des circonstances qui avaient accompagné l'exécution. Chacun pouvait craindre pour soi après une violation aussi manifeste de toutes les règles de la justice et tous ceux qui n'avaient pas fait preuve d'un royalisme exalté, soit par des extravagances, soit par des actes de férocité, pouvaient être arrêtés et traduits devant la Cour prévôtale. On eût dit que Montpellier était en proie à une de ces calamités générales et terribles qui ont pour effet de dissoudre tous les liens de la société et jusqu'à ceux de la famille ; et, frappant une population entière, sans distinction d'âge ni de sexe, ont le pouvoir, par l'effroi qu'elles répandent, d'étouffer les plus douces affections. Les parents des condamnés les ont peu vus pendant le jugement et s'éloignèrent entièrement d'eux aussitôt qu'il eût été rendu.

« Heureusement, pour consoler l'humanité, presque toujours dans des circonstances semblables on a vu des dévouements sublimes former un brillant contraste avec le découragement général et témoigner hautement que les grandes crises sociales, en développant l'égoïsme, mettent aussi en relief les nobles et beaux caractères; c'est qui eût lieu à Montpellier.

« Une jeune fille de dix-sept ans, Marie Clausson, appartenant à la classe du peuple, avait vu son père faire partie des quatorze accusés mis en jugement et sur le point d'être condamnés au dernier supplice; sa maison avait été incendiée et saccagée; la vue de ces désastres, toutes les scènes d'horreur dont elle avait été témoin, ne firent pas naître, mais éveillèrent dans son âme ces sentiments élevés qui, pour réparer autant que possible une injustice, font chercher et affronter le danger sans le craindre.

« Le lendemain de l'exécution, elle se rendit chez le fossoyeur et demanda à pénétrer seule dans le cimetière. Les cinq cadavres et les cinq têtes gisaient encore sur le sol. A cet aspect, le jeune fille s'agenouille, adresse au ciel une ardente prière; puis elle coupe une mèche de cheveux de chaque tête, les noue, les marque, fait placer le corps d'Avinens dans une bière, met une pierre sur celui de Pau et le soir, à onze heures, le fait enlever et enterrer dans le jardin de son père. Le lendemain et les jours suivants, elle se rendit chez les familles des suppliciés, leur adressa de touchantes paroles de consolation et leur remit les cheveux.

Peu de jours après, elle fut arrêtée et conduite à l'Hôtel de Ville, car on espérait la punir de tant de piété, de dévouement et d'héroïsme. Mais les chefs reculèrent cette fois devant l'indignité que la tourbe royaliste espérait leur faire commettre, et Marie fut mise en liberté, après vingt-quatre heures de détention.

« Son zèle ne fut point abattu par ce commencement de persécution. En public, au milieu des huées et des insultes dont la foule accompagnait les malheureux patriotes envoyés au bagne, elle suivit les charrettes qui portaient ces condamnés; elle fit plus d'une lieue avec eux, cherchant à relever leur courage et leur prodiguant les faibles secours qui étaient à sa disposition. Elle fut arrêtée de nouveau et, de nouveau, mise en liberté.

« Le dévouement de cette fille intrépide fut cependant récompensé.

Son père, que la mort menaçait, fut acquitté de tous les crimes politiques qu'on lui imputait; mais ses juges eurent la satisfaction de le punir sous un autre prétexte.

« Pendant les débats, il n'avait pu retenir l'expression de son indignation contre les témoins à sa charge, qui déposaient contre lui avec toute la haine et toute la fausseté naturelles aux hommes de ce parti si caractéristique de l'époque.

« Il fut, pour ce fait, condamné à cinq années de réclusion.

« Quelques années plus tard, les Bourbons étaient une troisième fois chassés de la terre de France, qu'ils avaient couverte de tant de ruines et inondée de tant de sang. Une cérémonie expiatoire attira sur le lieu de la sépulture des malheureux exécutés toute une population émue et sympathique. Des discours patriotiques furent prononcés sur la tombe de ces martyrs de la liberté, puis des voix mâles entonnèrent l'hymne sacré de la *Marseillaise*. »

LES VICTIMES D'ARPAILLARGUES ET DE CARCASSONNE

Il n'était pas nécessaire, comme on l'a déjà vu et comme on va le voir encore, d'être un personnage politique, un haut fonctionnaire ou un riche libéral bon à piller, pour être envoyé devant ces antichambres de la guillotine, qu'on appelait Cours prévôtales et Conseils de guerre. Il suffisait d'avoir autrefois montré des opinions républicaines ou impérialistes, d'avoir eu les opinions de son temps, pour prêter le flanc au dénonciateur, pressé d'hériter ou en quête d'une place.

Tout prétexte était bon et rien ne pouvait apporter des considérations favorables à l'accusé. On n'en admettait aucune, ni l'humilité de la condition, ni l'âge, ni l'ignorance. Il arriva même de supprimer des témoins à décharge, quand, par hasard, il se présentait de ces audacieux. Ouvrier, paysan, vieux soldat, tout y passait. Les journaux, complices des furieux, ou d'une lâcheté étonnante, disaient à peine un mot de ces victimes vulgaires, et, s'ils en parlaient, c'était pour les insulter... surtout lorsqu'elles n'avaient pas accepté les dernières « consolations » du prêtre.

« Le 11 avril 1815, *dix-sept mois* avant le jugement, une troupe assez nombreuse de volontaires royalistes, licenciés après la capitulation du duc d'Angoulême, se présente devant le bourg d'Arpaillargues. Les habitants, voyant en eux des ennemis, se mettent en défense; on sonne le tocsin; le maire, à la tête des plus résolus, se rend à l'entrée du bourg et parlemente avec les volontaires. Au milieu des pourparlers, un coup de feu éclate; des deux côtés, on se croit attaqué et l'on tire; les volontaires se dispersent, laissant sur le terrain plusieurs blessés.

« Les Cent-Jours se passent, ainsi que les derniers mois de 1815; puis, des dénonciations arrivent aux autorités de Nîmes : une troupe de volontaires royaux se met aussitôt en chemin, envahit Arpaillargues et arrête un nombre assez considérable d'habitants des deux sexes.

« Après une longue instruction, les accusés comparaissent devant la Cour d'assises du Gard : quelques-uns sont acquittés; d'autres condamnés à une longue réclusion ou aux travaux forcés à perpétuité; *huit sont frappés de la peine capitale, entr'autres deux vieillards, âgés l'un de soixante-dix ans, l'autre de soixante-quinze!...* Il y avait aussi deux femmes, Jeanne Verdus et la veuve Boucovran, qui montrèrent, en mourant, plus de courage que les soldats qui entouraient la guillotine, car le cœur faillit à plus d'un à la vue de cette horrible tuerie. »

Ces condamnations appartenaient à des faits antérieurs aux trois amnisties prononcées par le roi par la proclamation de Cambrai, par l'ordonnance du 24 juillet et la loi du 12 janvier :

« Je promets, moi, qui n'ai jamais promis en vain, l'Europe le sait, de pardonner aux Français égarés tout ce qui s'est passé depuis le jour où j'ai quitté Lille. »

La parole du roi vaut sa clémence; aussi les juges l'oublient du jour au lendemain. Quant aux accusés, ils l'ignorent, ils n'ont pas lu les journaux.

Et que dire de la composition des tribunaux, juges et jurés? Nous avons presque toujours donné leurs noms... des noms gothiques, bizarres, des titres de noblesse qui ne rappelaient aucun service rendu au pays; des généraux qui n'avaient jamais commandé une brigade; des amiraux qui avaient été vingt-cinq ans avant de revoir la mer.

Tous ces revenants sont, de naissance et d'état, les ennemis des infortunés dont les noms ont fait trembler l'étranger, dont les titres sont de glorieux témoignages de la reconnaissance de la nation.

C'est de leurs fauteuils de juges que ces nobles officiers de l'armée de Condé peuvent seulement, après une si longue attente, trouver;

dans le sang français, une compensation à Marengo, Austerlitz, Iéna, la Moskowa, Montmirail, Champaubert. Ils se vengent de la gloire par l'assassinat, et leur premier commandement est celui d'un peloton d'exécution. Grenelle, la place de l'Observatoire, la place de Grève sont leurs champs d'honneur à Paris... On ne les compte pas en province. Ils ont dégradé Bonnaire et jugé Cambronne, et, depuis que le roi, gardé par deux cent mille étrangers, n'est plus en fuite, ils le sauvent au moins une fois par jour... ce sont tout bonnement des héros...

Carcassonne, — ville d'un zèle ardent, pays chaud, — ne pouvait se contenter de son Tribunal correctionnel et de sa Cour d'assises, elle avait sa Cour prévôtale à laquelle pourvoyait un *Comité royal*. — La justice n'y chômait pas, d'ailleurs, et vous allez en juger, on ne s'y montrait pas plus scrupuleux qu'ailleurs pour se procurer des causes politiques.

M. Baux, honorable chirurgien, fut dénoncé comme conspirateur, par le maire d'une commune de l'arrondissement de Castelnaudary, M. le comte de Vendomois, qui depuis fut convaincu de faux témoignage en Cour d'assises, M. Baux fut arrêté, mais comme il n'y avait pas l'ombre d'un complot, on le relâcha. Le comte, furieux, dénonça alors les juges et le procureur du roi au procureur général de Montpellier qui, sans retard, donna l'ordre de recommencer la poursuite. La sentence est dictée d'avance, le malheureux chirurgien est condamné sans preuves par les mêmes juges qui, précédemment, l'avaient acquitté.

Appel est interjeté, et l'accusé est transféré à Carcassonne.

Là, se trama contre lui la plus ignoble machination pour assurer sa perte.

La prison de Carcassonne était encombrée de prévenus. Un agent du Comité royaliste de l'Aude, M. Coméleran, introduit dans la prison, annonça avec mystère aux détenus, qu'un riche propriétaire, M. Fournié de Larivade, était tout disposé à favoriser leur évasion en fournissant l'argent nécessaire, mais à une condition... c'est que le premier usage qu'ils feraient de leur liberté serait de prendre leur revanche sur les autorités en les coffrant elles-mêmes. « Quelques officiers en demi-solde, ajoutait-il, vous y aideront. »

Cette proposition sourit au plus grand nombre, mais le prétendu émissaire de M. Fournié ajoutait :

— Mon ami fait grandement les choses, il paye à tous leur rançon, mais il ne vous connaît pas et il a le droit d'exiger une garantie de vos promesses. Il demande donc de vous une lettre où vous les renouvellerez et les signerez.

Les détenus se récrièrent d'abord de cette exigence. Mais pour la plupart, ils étaient enfermés depuis des mois, dévorés d'ennui et d'inquiétude. Pauvres paysans, ils avaient laissé leur famille sans ressources, ils ignoraient ce qu'on leur voulait et ce qu'on ferait d'eux. Leur imagination s'exaltait à mesure que s'éteignait leur énergie, et ils ne tardèrent pas à se dire qu'ils ne risquaient pas plus à accepter qu'à dépérir entassés, sans air et sans lumière, dans leur prison ; puis le malheur rend parfois stupide ; et si grossier que fut le piège, ils ne le voyaient pas. Vainement M. Baux, dont la coopération écrite disait Coméleran était essentielle, leur signalait l'absurdité des propositions de celui-ci ; ils ne l'écoutaient pas ; loin de là, tous, dominés par l'espoir d'une liberté prochaine, ils le supplièrent d'écrire la lettre demandée.

— Sans vous, disaient-ils, Fournié et Coméleran ne consentiront pas ; en refusant, vous serez cause que nous resterons tous ici.

Lui seul, — pauvres gens ! faisait obstacle à leur bonheur !

Il résista longtemps, enfin il céda à leurs supplications, à leurs plaintes, à leurs larmes.

Il traça les premières lignes de la lettre, un autre en écrivit la plus grande partie. Le détenu Bouery, cabaretier à Limoux, la signa ; un quatrième, Gardé, ancien soldat du train, la remit à sa femme qui la porta à Coméleran.

Le soir même, à minuit, le prévôt envahit la prison, fit jeter dans les cachots et mettre aux fers les détenus désignés d'avance par le Comité, et commença une information. Le prévôt et ses collègues firent comparaître à leur barre les prévenus Baux, Bouery, Gardé et quelques autres, sous accusation d'un double complot : « Complot d'évasion, de massacre et d'attentat au gouvernement royal dans la personne des autorités constituées, complot ayant pour but de porter le trouble dans la ville de Carcassonne, en excitant les citoyens à s'armer les uns contre les autres. »

Les accusés furent tenus au secret le plus absolu ; ce ne fut qu'à l'audience qu'on leur permit de choisir des avocats. Plusieurs n'osèrent se charger de leur défense, et trois seulement eurent ce courage.

Ce fut simplement pour l'honneur de leur corporation, car leur office était inutile.

Dès la seconde audience, la Cour condamna à la peine de mort, MM. Baux, Bouery et Gardé, et à l'exemple de la Cour de Montpellier, elle ordonna que l'exécution aurait lieu immédiatement.

Bien que prévenu longtemps d'avance, le bourreau ne put parvenir à dresser l'échafaud assez vite : ses valets, plus humains que les membres du barreau, avaient refusé de l'aider, il ne sortit d'embarras qu'avec le concours d'un portefaix qui se fit payer en conséquence. Les autorités d'ailleurs, prévôt, général commandant le département et d'autres hauts fonctionnaires, ne dédaignèrent pas de prêter la main à cette œuvre. Le spectacle devait être touchant. Enfin, après de longs efforts, la guillotine fut dressée. A deux heures et demie de l'après-midi, la condamnation avait été prononcée ; à cinq heures, les victimes marchèrent au supplice.

M. Baux aperçut le prévôt à quelques pas de l'échafaud. Il s'arrêta et lui cria :

— Prévôt Barthey, Dieu vengera notre mort! Je t'appelle devant lui! Tes collègues et toi, vous nous suivrez de près!

Ces paroles produisirent une impression profonde.

Le bourreau fit son office et les trois innocents périrent.

Mais cet « acte de foi » royaliste n'eut pas le succès qu'en attendaient les autorités de Carcassonne. Il souleva même une secrète réprobation. Une des victimes, Gardé, habitait la ville ; il laissait une femme et cinq enfants en bas âge; aussitôt après son supplice, un grand nombre de citoyens se rendirent chez lui et donnèrent à sa veuve une petite somme en attendant des secours plus efficaces. Ils ouvrirent, en effet, le jour même, une souscription en faveur des jeunes enfants. Mais pour mettre le comble à leur cruauté, les autorités interdirent la souscription sous peine de poursuites, firent saisir les listes, s'emparèrent de l'argent et — peut-on le croire? — exilèrent la veuve de l'arrondissement, la chassèrent de sa maison, de sa commune!...

Mais, dit M. de Vaulabelle, une autre justice, celle qui s'élève du fond des consciences les plus endurcies, atteignait le prévôt Barthey.

Cet homme n'avait pas entendu sans épouvante les dernières paroles de l'infortuné Baux : Il rentre chez lui frappé de terreur et

Il entreprit de rassurer ses ouailles.

tombe malade le soir même. Sa raison s'altère en même temps que sa santé; et croyant voir l'ombre de Baux dans tous ceux qui l'approchent, redoutant pour ses restes la vengeance des amis de ses victimes, il meurt à peu de temps de là, après avoir recommandé à sa famille de déposer son corps, non dans le cimetière public, mais dans la cour de son habitation.

Le portefaix qui, au refus des valets du bourreau avait aidé ce dernier à dresser la guillotine, ne survécut pas à ce triste service; accablé de reproches et d'injures par ses compagnons de travail, qui lui défendirent de jamais approcher d'eux et de se présenter sur le port, se précipita dans le canal du Languedoc et s'y noya le soir même de l'exécution.

OU LE GROTESQUE SE MÊLE A L'ODIEUX

Si dans le chef-lieu de l'Aude on sentit quelque mouvement d'humanité, — bientôt réprimés du reste, — au sujet de M. Baux et de ses deux compagnons d'infortune, il n'en fut pas toujours de même, et le contraire se montra dans l'affaire du curé du village de Fitou, M. Aurusey. Ici, la stupidité le dispute à l'injustice.

Nous avons déjà dit, je crois, que dans toutes les paroisses de France, les curés étaient obligés d'exercer, par la confession et autres offices de leur ministère, une police secrète. MM. les desservants rendaient un compte écrit, chaque semaine, au curé du chef-lieu de canton qui transmettait ces rapports et le sien à son supérieur. Ces rapports de police étaient centralisés par un *Comité* secret, et de ce même Comité on distribuait à chaque paroisse des instructions, comparables à celles d'un directeur spirituel à sa pénitente, ou bien le mot d'ordre d'un mouvement d'opinion à soulever par la prédication.

Ce fut ainsi « qu'un beau dimanche » toutes les chaires de l'Aude retentirent de menaces contre les acquéreurs des biens du clergé et des émigrés, et de malédictions contre la suppression de la dîme et autres privilèges ecclésiastiques abolis par l'infâme Révolution.

Naturellement, les possesseurs de biens nationaux prirent l'alarme et à ce point que le curé de Fitou en eut pitié.

Il croyait savoir que cette démonstration n'était pas sérieuse, qu'elle n'était qu'un ballon d'essai. C'était probablement un homme de bonne foi et à qui répugnait l'obéissance passive, aveugle, qu'on exigeait de lui; bref, il entreprit de rassurer ses ouailles et dit au prône qu'il ne fallait pas s'inquiéter des faux bruits que l'on faisait courir, que S. M. Louis XVIII, dans la Charte qu'il avait octroyée, avait reconnu la vente de tous les biens nationaux.

Il faudrait, ajouta-t-il, supposer ce monarque sans loyauté et sans foi, un malhonnête homme, pour oser avancer qu'il retirerait sa parole et violerait la Charte. Donc, aucune restitution n'aura lieu.

Trois jours plus tard, le curé Aurusey fut arrêté pour avoir insulté le roi et tenu des propos de nature à troubler la paix publique... juste le contraire de ce qu'il avait dit et fait.

Par provision, on avait ajouté à ces accusations, celle d'avoir correspondu avec Buonaparte pendant le séjour de ce scélérat à l'île d'Elbe.

Il fut mis en prison et au secret; son procès fut rapidement instruit et il parut devant la Cour d'Assises.

L'animation était extrême contre ce pauvre curé, le seul du département qui eût agi honnêtement; mais le fanatisme royaliste rendait le peuple à moitié fou.

Une foule passionnée, houleuse, envahit la salle et les abords du Palais de justice.

On voyait pêle-mêle avec les juges, le préfet, sa femme et sa fille, le général commandant le département et son état-major, le maire et ses adjoints, les femmes d'un grand nombre de fonctionnaires, les principaux ecclésiastiques de la ville, des officiers de gendarmerie. « De toutes les bouches sortaient l'annonce et le vœu d'une condamnation capitale; les jurés choisis par le préfet manifestaient hautement l'intention de la prononcer. »

Appelés dans la chambre du Conseil, avant l'audience, pour le tirage au sort de ceux d'entre eux qui devaient composer le jury de jugement, un certain nombre, frappant familièrement sur l'épaule du procureur du roi, le sollicitaient pour être maintenus.

— Ne nous récusez pas, disaient-ils, nous sommes solides au poste. »

Le défenseur fut épouvanté; il créa incident d'audience sur incidents, et avec une habileté remarquable, employa la nuit à décider les témoins les plus importants à quitter Carcassonne. Le lendemain, sur ses conclusions, la Cour, privée des témoignages essentiels, fut obligée de remettre l'affaire à une autre session.

Il sembla qu'on arrachât sa proie à l'assistance, et une violente clameur s'éleva de la salle. On criait à la supercherie, à la trahison, et le clergé lui-même cédait à la colère. Les jurés ne se montraient pas moins indignés. Ils se réunirent dans un château du voisinage et, au dessert d'un bruyant festin, ils rédigèrent une dénonciation au garde des sceaux, dans laquelle ils se plaignaient « de ce que, par un *acte arbitraire* dans l'intérêt d'un prêtre *sacrilège*, sur les conclusions d'un avocat d'autant plus suspect qu'il avait été membre de la Chambre des représentants, la Cour avait refusé de juger et de condamner l'homme le plus coupable qui eût jusqu'alors paru sur les bancs d'ignominie, et dont la punition était si nécessaire et si ardemment désirée. »

L'affaire revint à la session suivante: la haine, les fureurs n'avaient pas désarmé. Les mêmes femmes, les mêmes jeunes filles remplissaient la salle, couraient des juges aux officiers et de ceux-ci aux abbés. Le clergé était plus nombreux. Les jurés étaient choisis par le préfet, baron Trouvé, et ces honnêtes gens avaient déclaré la veille, en soupant à l'auberge, que cette fois le curé de Fitou n'échapperait pas.

Aussi le courageux défenseur de l'abbé Aurusey commençait-il à désespérer de sa cause.

Quand soudain, à la vue d'un groupe nombreux de chanoines, une inspiration originale, audacieuse, mais logique en définitive, traversa son esprit.

Il demanda la parole; après un exorde qui ressemble à un sermon, il déclare que l'accusé n'est pas devant ses juges naturels, et que, d'après toutes les lois canoniques, un prêtre ne peut être jugé que par un tribunal de prêtres.

Ces paroles produisirent une impression soudaine et profonde. Pour tout le monde, l'idée d'un tribunal ecclésiastique fit diversion, et les prêtres entrevirent les perspectives d'un nouveau pouvoir.

Le défenseur poursuivit :

« Rendez l'accusé à ses juges naturels. »

« En 1801, le pape, par le Concordat, en consacrant le rétablissement du culte catholique en France, avait entendu restituer à l'Église tous ses privilèges.

« C'était par le fait seul de la tyrannique impiété de l'Usurpateur, que la juridiction ecclésiastique n'avait pas recouvré tous ses droits, mais ces droits étaient imprescriptibles. Je vous adjure, MM. du clergé, ici présents à l'audience, d'attester la vérité du principe et de se joindre à moi pour solliciter de la Cour une déclaration d'incompétence qui permit d'appeler l'attention du roi très chrétien sur une question de droit public aussi importante, question que la piété bien connue du monarque résoudrait nécessairement dans l'intérêt de la religion et de ses ministres. »

Les bons chanoines, pris au leurre, applaudissent ces séduisantes doctrines, puis se tournent vers les magistrats et discutent avec eux, et telle est leur éloquence que la Cour se déclare incompétente.

L'accusé fut sauvé pour la seconde fois, et les dames de Carcassonne n'eurent pas le plaisir de voir tomber sa tête.

Mais l'arrêt fut cassé et l'accusé renvoyé devant la Cour d'Assises de Perpignan.

Le spirituel défenseur avait gagné du temps et soustrait son client aux haines locales qui demandaient sa tête.

A Perpignan, le curé fut accompagné par un grand nombre de ses paroissiens de Fitou, qui enfin avaient compris que le curé n'avait parlé en chaire que dans leur intérêt. Ils se montrèrent reconnaissants, et pour ne pas l'abandonner, passèrent plusieurs nuits dans la salle d'audience.

Il ne fut pas absout, mais on ne lui infligea que cinq mois de prison.

Ainsi finit l'odieuse comédie qui menaçait d'être un drame sanglant.

Les Cours prévôtales n'eurent point toujours le bonheur de prononcer des condamnations capitales, et souvent, dans leurs arrêts, à l'odieux ne se mêla que le ridicule.

En voici quelques exemples :

A Aix (Bouches-du-Rhône), un entrepreneur de spectacles forains avait obtenu du maire l'autorisation de montrer des figures de cire, et avait fait placarder des affiches dans lesquelles il annonçait la représentation du *Jardin royal et Retour à la Vertu*, où *S. M. Louis XVIII est représentée en habit militaire, avec figures richement costumées, etc... Entrée deux sous par personne.*

Un ancien lieutenant retraité, âgé de soixante-treize ans, allant faire sa promenade quotidienne, s'arrêta devant cette annonce. Il fut rejoint par M. Jacquemin, médecin.

— Qu'est-ce que cela? lui demanda-t-il en l'abordant

— Ce sont des *marionnettes*, répondit M. Christine.

Cette réponse fut recueillie par un passant qui, plein de zèle, alla la porter à l'autorité judiciaire. M. Christine fut arrêté, et par un jugement du 22 octobre, « reconnu coupable d'avoir porté atteinte au respect de la personne sacrée du roi et aux membres de sa famille, en disant à haute voix, à l'occasion d'un spectacle où l'on annonçait la figure de S. M. Louis XVIII en habit militaire : *Ce sont des marionnettes.* » Le sieur Christine est condamné à trois mois de prison et cinquante francs d'amende, à la privation du dixième de sa pension de retraite pendant lesdits trois mois, à la surveillance de la haute police pendant six mois et aux frais du procès.

Autre jugement non moins admirable :

Cette fois, nous quittons le Midi. A Rennes, un capitaine de gendarmerie en retraite, M. Paul Sassar, était cité devant la Chambre des appels correctionnels, comme *témoin* d'une rixe de café.

Il se tenait assis au fond de la salle, quand le président, M. Huon de Kermadec le fit appeler et lui dit :

— Vous portez, sur votre redingote, des boutons séditieux. Asseyez-vous sur le banc des prévenus.

Le capitaine obéit, très étonné.

Le président lui renouvelle son observation ; il ne comprend pas.

Celui qui l'avait dénoncé, un gendarme de service, s'approche alors et indique, près de la redingote de l'officier, un bouton portant ces mots : *Gendarmerie impériale.*

Aussitôt, l'avocat général, M. Delamarre, se lève, déclame un violent réquisitoire contre le capitaine, et demande sa condamnation à trois mois de prison avec privation de la moitié de sa pension de retraite pendant *cinq ans* et de la surveillance de la haute police pendant le même temps.

Les images des rois, des princes et princesses, sont devenues sacrées, comme sous l'empire romain les images de César. Il ne reste plus qu'à élever des autels au *divin* Louis XVIII.

Une fervente royaliste, prêtresse de Vénus, dénonça à l'autorité judiciaire un capitaine à demi-solde qui avait outragé la duchesse d'Angoulême, en faisant servir son buste en plâtre de support à un chandelier, par allusion sans doute au métier que font les entremetteuses, et de plus, d'avoir dessiné deux lignes noires au-dessus de la lèvre supérieure de la princesse.

Le buste fut déposé comme pièce de conviction, et le tribunal de première instance de La Rochelle déclara le capitaine « atteint et convaincu d'avoir, dans la nuit du 4 au 5 mai, étant dans un lieu de prostitution, adressé des paroles ordurières à un buste respectable, et manifesté l'intention d'avilir une image révérée, en réparation de quoi le prévenu est condamné à trois mois de prison, cinquante francs d'amende, au remboursement des frais, à trois mois de surveillance de la haute police et 100 francs de cautionnement de bonne conduite. »

Autres arrêts étonnants :

M. Nanteuil, ancien officier municipal, fut condamné à 4.000 fr. d'amende, deux ans de privation de droits civiques, deux ans de surveillance de la haute police, pour avoir montré par hasard une médaille à l'effigie de Napoléon, frappée à l'occasion de la fondation de l'Université.

Un écrivain, M. Rioust, auteur d'un éloge sur Carnot, fut déclaré, par le tribunal correctionnel de Paris, coupable d'avoir professé dans cet écrit des idées contraires aux maximes fondamentales de la monarchie et tendant à affaiblir le respect dû à la personne et à l'autorité du roi; d'avoir, à l'audience du 29 mars précédent, dans une plaidoirie entièrement écrite, osé soutenir une doctrine contraire à la légitimité, en prétendant que l'Usurpateur des Cent-Jours pouvait être encore salué du titre de monarque, et d'avoir osé déclarer, en face de la justice, qu'il professait hautement des principes qualifiés par lui de libéraux et qui ne sont que séditieux.

En conséquence de quoi le tribunal condamne ledit Rioust à deux ans de prison, 10.000 francs d'amende, 10.000 francs de cautionnement de bonne conduite, dix ans de privation de ses droits civiques et de famille, cinq ans de surveillance de la haute police et les frais.

On inventait des délits incroyables.

On avait mis en cause un capitaine en retraite comptant plus de vingt années de bons et honorables services, ce que le duc de Berry appelait vingt années de brigandage.

Le Président. — Vos noms et qualités?

R. — Velu, ancien capitaine de cavalerie.

D. — N'avez-vous pas appelé votre cheval *Cosaque?*

R. — Cela peut être, mais je n'en ai aucun souvenir.

D. — Comment avez-vous pu donner à votre cheval *un nom cher à tous les bons Français?*

R. — Je l'avais acheté d'un officier russe, et je l'avais appelé cosaque comme je l'aurais appelé normand, s'il eut été normand.

D. — Vous devriez pourtant savoir que c'était outrager un peuple au courage duquel la France doit en partie le rétablissement de l'autorité légitime.

Par une indulgence extraordinaire ou pour mieux dire, par un sentiment de pitié que leur inspirait l'état déplorable de la santé du prévenu, les juges prononcèrent un acquittement.

En effet, le pauvre capitaine était frappé à mort. Il avait contracté, pendant sa longue détention préventive, une maladie à laquelle il succomba quelques jours après son acquittement.

Pourtant, pendant quelques semaines, on aurait pu croire à la fin prochaine de la Terreur : La Chambre, dite introuvable, avait été dissoute, et un ministère soi-disant libéral, arrivait au pouvoir. Mais cet apaisement n'était qu'apparent, et mal en prit aux patriotes qui crurent pouvoir sortir de leur asile. Le sang ne tarda pas à couler de nouveau sur tous les points de la France. Il ne se passait pas de jours sans une exécution capitale.

Le 22 mai 1816, les citoyens Raymond et Desfontaines montaient à l'échafaud à Alençon, condamnés par la Cour prévôtale de l'Orne, comme chefs d'un rassemblement dans les environs de Domfront.

A Sens, un rassemblement coûta la vie à plusieurs cultivateurs. Ils furent exécutés en sortant du tribunal. Pour le même délit encore, la Cour prévôtale d'Orléans condamna à mort et fit exécuter sur-le-champ une femme et quatre journaliers.

A Bordeaux, un agent de police nommé Baudon, joua le rôle de

Ce sont des marionnettes.

Scheltein, cet agent qui avait imaginé un complot pour faire sauter les Tuileries.

Il se lia avec quelques faibles d'esprit, les convoqua à des réunions dans un cabaret, puis dressa des listes et communiqua à ces soi-disant conspirateurs un plan d'organisation militaire fantastique, sur lequel il comptait pour les compromettre.

C'était d'une grande pauvreté d'imagination, mais l'autorité bordelaise eut l'air de prendre tout cela au sérieux. Les mandats d'arrestation furent lancés, l'instruction grossit les faits et, à force d'habileté, parvint à établir un complot contre le roi, mais ce résultat inattendu et amusant retint Baudon au nombre des accusés. En vain ce misérable protesta-t-il de son innocence et voulut-il prouver qu'il n'avait joué d'autre rôle que celui d'agent provocateur.

Il fut condamné à la peine capitale et exécuté avec deux malheureux qu'il était parvenu à compromettre, le capitaine Bedrine et le praticien Cassagne. Baudon, jusque sur la planche fatale, ne cessa de protester de ce qu'il appelait son innocence.

Nous verrons un peu plus loin d'autres coquins de la même espèce user de la provocation avec succès.

Revenons à nos têtes coupées.

Quatre paysans des environs de Melun et un Hongrois, cabaretier à Ponthiéry (contumace), furent accusés d'avoir voulu renverser le gouvernement.

Comment peut-on imaginer pareille folie?

Ils furent arrêtés sous la prévention d'avoir prémédité de s'emparer de Fontainebleau, de désarmer les gendarmes ainsi que le régiment de la garde royale caserné dans cette ville; de se porter ensuite sur Melun, de désarmer la gendarmerie et la garnison, et enfin de marcher sur Paris et de s'y emparer du gouvernement.

Et avec quelles armes? Avec quels complices? Un arsenal sans doute et une armée d'insurgés?

Non, à eux quatre, la canne à la main, mais avec le Hongrois!... Qui a pu imaginer une histoire aussi insensée et comment se trouva-t-il des juges pour y croire? Et sur cette accusation dénuée de preuves et de bon sens, un tribunal osa condamner à mort quatre innocents et les envoyer à la guillotine!

Deux fourriers du 2ᵉ régiment d'infanterie de la garde royale,

Desbons et Chayoux, comparurent le 22 août 1816 devant le 1er Conseil de guerre de Paris, accusés d'avoir *conçu le projet* de profiter de la première revue à laquelle assisterait la famille royale, pour tirer sur les princes. Il n'y avait que le sergent Faiseau qui prétendait avoir reçu la confidence de ce projet et qui déposa contre les deux jeunes gens.

Ceux-ci niaient avec la plus grande énergie; ils n'en furent pas moins condamnés à la peine capitale, sur un unique témoignage et pour un simple projet de meurtre, sans commencement d'exécution.

Conduits à la plaine de Grenelle, ils ôtèrent leurs vêtements en priant qu'on les remit à leurs parents, ils s'embrassèrent, puis la main dans la main, s'avancèrent vers le peloton d'exécution et commandèrent eux-mêmes le feu.

Le temps était favorable aux agents provocateurs, les blessures de l'invasion étaient toujours saignantes. Les armées étrangères occupaient le pays et arrachaient aux paysans leur dernier morceau de pain. L'année 1816 avait été tellement pluvieuse que tout pourrissait dans les champs, grains, légumes et fruits. Sous couleur de politique, des bandes de scélérats se répandaient dans les provinces sous divers déguisements, cherchaient les mécontents, — il n'était pas difficile d'en trouver — et se lamentaient hautement devant eux de la dureté du temps.

A l'officier en demi-solde, ils tenaient un langage patriotique, à la mère de famille entourée d'enfants, du pain cher et introuvable, au commerçant il dépeignait les facilités données en secret aux Anglais, pour tuer par la contrebande nos fabriques et nos détaillants.

Si quelqu'un s'écriait : — « Ah! c'est bien vrai! » ou « A qui le dites-vous? Nous en savons quelque chose nous autres, » ou autre exclamation semblable, il n'en fallait pas davantage pour que le mouchard prît son nom, y ajoutait quelques calomnies locales ou de mauvais renseignements, et le dénonçât, ou encore selon la localité, le gardât pour figurer dans un complot de son invention.

La haute police n'avait pas le privilège de ces agences de provocation et de ces fabriques de complots; quelques préfets, de simples maires poussaient le zèle jusqu'à rivaliser avec elle et à solder aussi des agents.

Qui saura jamais le nombre de leurs victimes?

COMPLOT DE LYON — ONZE EXÉCUTIONS

On se souvient du général Canuel?...

Après le procès du général Travot, il fut nommé commandant militaire de Lyon, et résolut de monter une grande affaire qui le mit tout à fait en évidence. Il fit part de ses desseins au général Maringonné qui commandait sous ses ordres, et à M. Fargues, maire de Lyon. Ils furent secondés avec zèle par le commissaire de police Senneville, et le préfet, M. de Chabrol.

Ainsi, dans une seule ville, on trouve d'accord pour de pareilles infamies : deux généraux, un préfet, un maire et un commissaire général. — L'évêque et le curé manquent, mais l'on sait qu'ils mouchardaient à part, autrement ils seraient avec Canuel.

A en croire la police militaire, Lyon était miné par de nombreuses sociétés secrètes. La monarchie était sérieusement menacée.

Sur les indications de la police militaire, Senneville faisait faire des perquisitions, des visites domiciliaires, mais sans succès, on ne trouvait ni armes, ni munitions, ni documents séditieux.

C'est qu'ils sont habiles, répondait Canuel au commissaire. Ils savent où cacher leurs armes. Ils n'en sont que plus redoutables.

Et pour faire croire qu'il était de bonne foi, il doublait le nombre des patrouilles, consignait les troupes dans leurs postes, sac au dos, fusils chargés, prêtes à marcher. Des alertes, des prises d'armes achevaient d'inquiéter la population, de l'irriter, en donnant à la ville, du reste fort paisible, l'aspect de la guerre civile. Le bourgeois, stupéfait, regardait défiler des régiments avec leurs vivres de campagne, des pièces d'artillerie avec caissons et fourgons.

Il n'y avait de complot que dans les rapports des agents du général Canuel. En attendant mieux, on faisait quelques arrestations, toujours suivies de condamnations rigoureuses.

L'affaire de Grenoble, qui avait valu au général Donadieu un grand cordon et le titre de vicomte, empêchait Canuel de dormir.

Ses deux principaux révélateurs étaient un gendarme nommé

Gauthié et une fille publique nommée Lallemant. Ils répandaient les bruits les plus absurdes et faisaient les récits les plus étranges. Tantôt ils annonçaient l'arrivée de Marie-Louise et de son fils, tantôt celle de Napoléon, échappé de Sainte-Hélène, à la tête de six régiments nègres. L'Empereur se trouvait à Tabago, selon les uns, aux États-Unis selon d'autres. Il devait débarquer en France dans quinze jours.

Autre histoire :

Napoléon avait gagné l'Égypte; il y avait provoqué un mouvement en sa faveur. Les rois de Saxe, de Bavière et plusieurs princes d'Italie, étaient entrés dans la conspiration qui comptait, à Lyon et aux environs, plus de douze mille affiliés. Les agents provocateurs et révélateurs s'étaient procurés les noms des chefs, c'étaient les nommés : Favier, ancien armurier de la garde nationale active; Bize, logeur; Mistralet, ouvrier en soie et Cogniet, tambour.

Avec le temps, la liste s'allongea.

Cependant, ni le préfet ni le commissaire n'approuvaient cette prétendue découverte. Trop de fois déjà, sur des dénonciations à peu près semblables de la justice militaire, ils n'avaient trouvé rien de compromettant, c'est-à-dire ni conspirateurs ni armes, ils commençaient à se lasser.

Pour la troisième fois, Senneville, le commissaire, se livra aux recherches les plus sévères sans en obtenir aucun résultat. Bien mieux, plusieurs maisons qui lui étaient indiquées comme lieu de réunion des conjurés, étaient habitées par des royalistes connus et au-dessus de tout soupçon. Lui aussi commençait à se décourager de la besogne que Canuel et ses agents prétendaient lui tailler.

Ne pouvant plus rien obtenir des autorités civiles, Canuel se fâcha et écrivit au ministre de la police pour se plaindre de leur inertie et de leur aveuglement.

Le préfet, interrogé par le ministre, lui répondit :

« Le premier fondement de cette prétendue conspiration tient aux révélations d'une femme sur laquelle me sont parvenus les plus mauvais renseignements. Cette femme paraît avoir de grands rapports avec un des vicaires de Saint-François, qui s'est mis à la tête d'un petit comité de police, d'où sont sorties, depuis l'hiver dernier, une foule de notes, prétendues révélées sous le sceau de la confession, et qui, toutes soigneusement vérifiées, n'ont jamais conduit à aucun résultat. Un missionnaire, nommé l'abbé Lenfantin, connu par son dévouement plus ardent qu'éclairé, est membre de ce comité qui me paraît trop disposé à mêler les affaires de la religion avec celles de la politique. Quant au maréchal des logis Gauthié, employé directement par son colonel et par le général, pour parler et agir dans le sens d'un jacobin prononcé, il a pris l'initiative et provoqué lui-même des enrôlements, au lieu de se borner à rendre compte. Les hommes enrôlés, les projets dénoncés, les fusils, les canons n'avaient d'existence que dans l'imagination de ce gendarme. On a pourtant prononcé des condamnations, *mais moins par justice que par égard pour ceux qui ont inventé la conspiration.* »

En effet, l'absurdité de l'accusation n'avait pas arrêté les juges. Le procès fut instruit sérieusement, et sur sept individus traduits en police correctionnelle, trois furent acquittés et quatre condamnés à plusieurs années de prison.

Cependant Canuel et Maringonné ne cessaient de stimuler le zèle de leurs agents, et ceux-ci, pour marquer leur dévouement, leur adressaient chaque jour de nouveaux rapports alarmants, annonçant une prise d'armes, une émeute pour tel moment, dans tel endroit. On dénonçait des dépôts d'armes cachés dans un souterrain. La garnison était aussitôt mise sur pied, on doublait les postes, en un mot, on créait une agitation factice, capable de provoquer le danger que l'on semblait vouloir prévenir.

Faire naître le danger, c'était là tout l'espoir et le but de l'autorité militaire et de tous ceux qui avaient du zèle à placer des rentes sur l'État.

Enfin, comme il s'épuisait en efforts impuissants, Canuel fit la connaissance d'un officier de la légion de l'Yonne; le capitaine Ledoux, qui se chargea de lui fournir son complot tout agencé.

Le moment était propice, on commençait à croire à une conspiration réelle dont le gouvernement ne parvenait point à découvrir le secret.

Les patriotes faisaient des vœux pour son succès, comme les ouvriers et les paysans, las de payer le pain 1 fr. 10 le kilogr., ils étaient prêts à seconder le mouvement qui tenterait de débarrasser la France d'un gouvernement odieux à tous les points de vue.

Ledoux se mit en relation, par l'intermédiaire d'un agent de la police militaire, nommé Brunet[1], avec quelques anciens officiers de la ville et des environs, se dit délégué d'un comité appuyé sur un parti puissant et promit le concours d'une partie de la garnison.

Il se chargeait de diriger le mouvement dans l'intérieur de la ville. Un capitaine de dragons en demi-solde, M. Oudin, reçut de lui la mission de soulever cinq communes situées au sud-ouest de Lyon; un soldat retraité, chef d'un corps franc pendant les Cent-Jours, fut chargé de mettre en mouvement six communes au nord-oust de la ville. La cocarde tricolore était le signe de ralliement convenu; on proclamerait Napoléon II, et la population pauvre de Lyon, comme celle de la campagne, aurait la promesse d'obtenir le pain à trois sous la livre.

Le malheur rend crédule et l'on s'étonnerait autrement que les dupes de Ledoux et de Brunet eussent pu compter sur la complicité de la garnison. Elle était nombreuse et composée principalement de royalistes. *Un régiment suisse de la garde royale, deux légions d'infanterie de ligne, d'un régiment de dragons, d'un régiment de chasseurs à cheval des Pyrénées*, ayant pour colonel M. de Castelbajac, un des juges de Mouton-Duvernet.

Enfin, la prise d'armes fut fixée au dimanche 8 juin, jour de la Fête-Dieu.

Le 8, au matin, le petit nombre des conjurés lyonnais qui devaient se ranger sous le commandement de Ledoux ou prendre ses ordres et se rendre au lieu désigné par cet officier l'attendent vainement.

Chose étrange, la ville est calme; les points indiqués comme centres de réunion pour de nombreux complices, restent déserts; nulle part on apercevait le moindre symptôme d'agitation.

Deux des conjurés se rendent à la demeure du capitaine; on leur annonce qu'il est parti pour aller rejoindre sa femme à Charbonnières, petite commune voisine. Soupçonnant une trahison, ils vont se poster dans le faubourg de Vaise pour épier son retour. La journée entière se passe sans que Ledoux paraisse; enfin à l'entrée de la nuit, les deux officiers l'aperçoivent, le suivent et le voient entrer chez le général

---

[1]. Brunet, ancien facteur de la poste, plusieurs fois arrêté par la police municipale, ut toujours relâché sur les réclamations de l'état-major de la Place.

Canuel, d'où il ne sort qu'à onze heures du soir. L'un d'eux s'avance alors et lui tire un coup de pistolet en pleine poitrine. Le capitaine tombe mortellement blessé.

Ce coup de feu, tiré à onze heures du soir, fut le seul incident qui troubla la tranquillité de Lyon dans la journée du 8.

Les villages que le capitaine Oudin et Garlon devaient insurger ne gardèrent pas le même calme.

Ces villages, au nombre de onze, formaient deux groupes placés aux deux points les plus opposés de Lyon qui les séparait, et étaient éloignés l'un de l'autre d'environ six lieues. Le premier, celui dans la direction de Tarare, se composait des communes de Charnay, Chasay, Anse, Amberieux, Cheny et Châtillon ; le second, celui du sud-ouest, vers Givors, comprenait les communes de Saint-Genis-Laval, Frigny, Millery, Brignais et Saint-Andéal. Le 8 mai, dans l'après-midi, l'ordre de commencer le soulèvement fut apporté à Garlon et au capitaine Oudin, par un nommé Jacquet, qui remplissait, entre Ledoux et les conjurés de la campagne, le même rôle d'intermédiaire dont Brunet était chargé avec les insurgés de la ville.

Vers la fin du jour, le tocsin se fit entendre dans les onze communes, des rassemblements se formèrent, mais confusément et sans bruit.

A Charnay, quelques hommes, réunis par Garlon, s'enfuirent devant deux ou trois gendarmes accourus de Tarare. A Saint-Genis-Laval, résidence du capitaine Oudin, la seule apparition de quatre gendarmes de Lyon, avant-garde d'un détachement de cavaliers, suffit pour dissiper l'attroupement qui s'y était formé. A Saint-Andéal, un certain nombre d'ouvriers chapeliers sortirent de la commune, firent environ deux cents pas, s'arrêtèrent longtemps au milieu d'un champ, sans dessein fixe, et se dispersèrent en apercevant au loin quelques gardes nationaux d'un village voisin, qui se dirigeaient vers eux. Dans sept autres communes, le mouvement se borna à la réunion tumultueuse de quelques habitants attirés par le bruit, l'exemple ou la curiosité, ne sortirent point de leurs villages et se séparèrent d'eux-mêmes sans avoir fait autre chose que de dire des injures à leur curé, méconnaître l'autorité des gardes-champêtres et poussé des cris de *Vive l'Empereur!*

Ce coup de feu fut le seul incident qui troubla la tranquillité.

Les gens de Millery firent moins encore, s'ils quittèrent leurs maisons ce fut avec des seaux à la main, croyant à un incendie.

Telle était l'insignifiance de cette émeute et l'absence de toute organisation que pas une seule des nombreuses communes placées dans l'intervalle des six lieues qui séparent les deux groupes, ne prit la moindre part au mouvement.

Enfin, dix gendarmes, dix chasseurs à cheval et une compagnie d'infanterie, dirigés le 9 sur le théâtre des troubles, ne rencontrèrent de résistance sur aucun point.

Un seul gendarme mit son sabre hors du fourreau en poursuivant un habitant de Saint-Genis-Laval, qui essaya de l'arrêter d'un coup de fusil. Ce coup de feu, tiré pour un acte de défense personnelle, fut l'unique fait d'agression des villageois contre la force publique.

« Tout fut ainsi dispersé en un clin d'œil, disait, à quelque temps de là, le préfet Chabrol ; en moins de vingt-quatre heures, tout était rentré dans l'ordre sans que la force armée eût été obligée de tirer un coup de fusil. »

Ajoutons que le général Canuel et le maire Fargues, dans deux écrits publiés pour leur défense, ont avoué, le premier, qu'il savait à l'avance que la conspiration devait éclater le 8 juin, et le second, qu'il avait saisi, huit jours d'avance, tous les fils du complot. Et cependant ce ne fut que le 9 que l'on mit en campagne vingt cavaliers et une compagnie d'infanterie...

Mais il fallait un complot.

Autre preuve :

La commune de Saint-Genis-Laval avait une brigade de gendarmerie. Le 8, les quatre gendarmes étaient absents, en permission pour leur plaisir, et le brigadier, après avoir passé la journée au cabaret avec le capitaine Oudin, s'éloigna au moment où le mouvement devait commencer.

Canuel, Maringonné et Fargues n'en firent pas moins sonner bien haut leur dévouement, s'entre-félicitant et proclamant qu'ils avaient sauvé le trône et l'autel. M. de Chabrol en fut lui-même ébranlé et parut persuadé quand il vit que les récompenses allaient pleuvoir sur les inventeurs du complot, il se mit dans leurs rangs pour prendre part à l'averse.

Cependant il fallait donner un corps à la conspiration. On arrêta en masse pour faire croire à la force et à l'étendue du complot. *On fit cent cinquante-sept arrestations dans Lyon* et plus de *trois cents dans les campagnes.* Ces onze malheureuses communes furent mises en quelque sorte à sac. Des colonnes mobiles s'abattaient sur elles, réquisitionnaient argent, vivres, fourrages, maltraitant, ruinant les paysans. La terreur était à son comble et elle devait croître encore, car chacun des onze villages allait voir se dresser l'échafaud sur sa place publique. Tels furent en effet les crimes de ces Bourbons dont quelques écrivains osent nous vanter la paternelle bonté. Les bourreaux, avec eux, n'ont pas chômé et la nomenclature de leurs victimes est longue.

Depuis le 8 juin au lendemain de la comparution, il sembla que le cours des lois fut remplacé, dans la région lyonnaise, par le bon plaisir des autorités. Celles-ci disposaient de la liberté et de la fortune de leurs administrés. Les maires utilisaient le passage des colonnes mobiles, qui parcouraient les villages avec mission de désarmer les populations et de rechercher les accusés en fuite, pour s'emparer de propriétés privées, pour faire des arrestations et imposer des corvées.

Avant de parler du procès et des exécutions de Lyon, citons quelques-uns des crimes atroces commis ainsi par les autorités légales.

Le maire de Saint-Genis-Laval frappa, d'une amende de deux mille francs, la veuve Dumont, et à payer une partie des frais occasionnés par le supplice de son enfant, exécuté sous les fenêtres de sa demeure, en même temps que le capitaine Oudin.

Un autre maire, pour se venger d'une jeune femme déjà mère de trois enfants, dont l'aîné avait à peine six ans et qui était alors enceinte de huit mois, fit arrêter son mari et le fit fusiller devant elle.

La victime, après une première décharge, ayant donné quelques signes de vie, le maire prêta, pour l'achever, deux pistolets qu'il portait constamment à sa ceinture et dont il accueillit la détonation *par des sauts de joie!*...

Les colonnes mobiles frappaient les petites villes et villages de réquisitions de tous genres, depuis les fourrages jusqu'aux chaussures. Elle procédaient, sur l'ordre de Canuel, au *désarmement* des officiers en demi-solde, on leur enlevait sabres, fusils de chasse, pistolets, et jusqu'à leurs épées. Il leur était interdit de porter leurs uniformes et de paraître plus de deux ensemble dans un lieu public. Ils étaient tenus de prouver qu'ils n'avaient pas pris part à la conspiration, et enfin ils ne pouvaient toucher leur modique pension, que sur un certificat de bonne vie et mœurs délivré par le maire ou le commissaire de leur résidence.

Bien que les Cours de justice expédiassent les affaires avec une rapidité inouïe, leur zèle est insuffisant. Il leur faudrait faire comparaître, en un seul jour cent cinquante prévenus et prononcer vingt-huit condamnations capitales.

Les prisons regorgeaient de prévenus et même de femmes et d'enfants.

On classa les prévenus, on les jugea par catégories.

Les premières têtes qui tombèrent (13 juin), furent celles de Raymond, pionnier à Saint-Genis-Laval, et Saint-Dubois, ouvrier couverturier. Le 29, Jean Valençat fut exécuté au milieu d'une population effarée, qui se pressait sur les deux rives de la Saône et toute la prairie en face de Trévan, où le condamné avait son domicile. Joseph Lourd monta à l'échafaud, le 24, à Brignais, sa commune. Laurent Colombeau; Jean-Baptiste Fillon; Christophe Andéal des Granges, furent exécutés au lieu dit des Échines Saint-Andeal.

De cette commune, la guillotine fut expédiée à Charnay, où elle se dressa le 5 pour un tailleur de pierres nommé Bechet. La veille, en entendant sa condamnation, cet infortuné s'était écrié :

— J'espère que celui pour qui je vais perdre la vie, vengera ma mort.

Nous ignorons le secret de ces paroles mystérieuses.

Pour terrifier davantage les populations, les autorités départementales donnaient un certain apparat à leurs exécutions, qui étaient pour elles de véritables fêtes de sang. Des circonstances atroces, des cruautés voulues, des raffinements de férocité, en relevaient l'effet et leur donnaient un caractère plus terrible. Le capitaine Oudin, qui pendant quelques jours était parvenu à se dérober à la police, fut arrêté à Tarascon. Traduit immédiatement devant la Cour prévôtale, il fut enchaîné avec un jeune apprenti maréchal, — enfant de seize ans, — nommé Pierre Dumont, et conduit à Saint-Genis-Laval.

Nous l'avons rapporté plus haut, que l'on nous pardonne cette répétition, l'échafaud, par un raffinement de cruauté, fut dressé devant la porte du jeune Dumont, et la mère, malgré ses cris déchirants, *fut forcée d'assister* au supplice de son enfant!... et contrainte, plus tard, de payer les frais de l'exécution!...

Quelques jours après, on exécutait, à Aupt, le citoyen Tavernier.

Cependant, beaucoup de prévenus étaient en fuite et condamnés par contumace. La guillotine était menacée de chômage. On usa d'une ruse infâme. On promit publiquement leur grâce à certains fugitifs, on les attira hors de leur retraite et on les envoya à l'échafaud.

Laurent Colombeau, entre autres, reçut nominativement du commandant d'un colonne mobile l'invitation de se rendre près de lui; sa grâce lui était promise; il se livra; le supplice l'attendait. Ce jour-là fut encore « une petite fête » pour les soldats d'escorte qui, tandis que l'on montait la guillotine, pillaient les caves et rossaient les habitants.

Le capitaine commandant l'escorte, ivre lui-même, maltraita un fonctionnaire qui lui refusait du vin, et répondit par des injures à un officier qui lui ordonnait de se retirer avec son détachement.

En deux mois, on jugea cent cinquante-cinq accusés et on prononça vingt-huit condamnations à mort, vingt-six condamnations à la déportation (mort civile), six aux travaux forcés, quarante-huit à plusieurs années d'emprisonnement. Et ce qu'il y a de plus affreux c'est que les condamnés ne tombaient point sous le coup de la loi. Le Code dit :

« Il ne sera prononcé *aucune peine* pour le fait de sédition contre ceux qui ayant fait partie des bandes séditieuses, *sans y exercer aucun commandement* et sans y remplir aucun emploi ni fonctions, se seront retirés au premier avertissement des autorités civiles ou militaires, ou même depuis, lorsqu'ils n'auront été saisis que hors des lieux de la réunion séditieuse, sans opposer de résistance et sans armes.

Or, nulle part il n'y avait eu de résistance. Tel village n'avait pas bougé; dans tel autre, un attroupement s'était formé et dispersé avant même l'apparition des gendarmes. Le calme était rétabli lorsque l'on procéda aux arrestations.

Encouragé par de si brillants succès, — c'était du moins l'avis du procureur général, baron Pasquier[1], — le général Canuel résolut d'en renouveler les procédés ; de nouveaux bruits de complots se répandirent. Les agents provocateurs se remirent en campagne, afin de faire un nouveau 8 juin. La police militaire était intacte et désirait venger la mort du capitaine Ledoux, la seule perte, d'ailleurs, qu'elle eût éprouvée. Deux agents, Dehit et Fiévée, s'entendirent avec des maires et des officiers de gendarmerie pour se procurer des armes, des aigles, de la poudre, des cocardes tricolores. D'autre part, le préfet Chabrol promettait son concours et accréditait près des fonctionnaires sous ses ordres, un nommé Pierre Leblanc, qui parcourait les campagnes, visitait sous-préfets, maires et commissaires, et, dans le concours de ces autorités, trouvait facilement le moyen d'organiser une conspiration pour chaque ville, de désigner les prétendus conspirateurs ; de raconter les détails de leurs réunions et d'improviser jusqu'aux conversations qu'il assurait y avoir entendues. On en trouve la preuve dans les vingt-neuf rapports de Leblanc à de Chabrol, publiés par M. de Sainneville.

Les prisons, nous l'avons dit, étaient pleines. Les malheureux, entassés dans une promiscuité complète, manquant d'air, se pressaient parfois aux fenêtres ; ordre était donné aux sentinelles de tirer dessus. *On tirait presque journellement,* disait un officier, en déposant devant le tribunal.

On reprit avec succès l'ancien procédé de terreur, qui consistait à donner l'alarme de nuit et de jour, en doublant les postes et les patrouilles. Des listes de conspirateurs, où figuraient des avoués, des notaires, de gros négociants, des propriétaires, circulèrent en même temps dans les salons royalistes : Villefranche, Tarare, Belleville, y fournirent leur contingent de proscriptions.

Cette terreur ne contribuait pas à la reprise des affaires, mais à prolonger la misère la plus atroce.

Cependant, la police de M. Decazes restait en dehors de ces agissements et devait naturellement leur être opposée. Le commissaire de police, Sainneville, surveillait la police de Canuel, étudiait les onze procédures instruites par la Cour prévôtale et ne tardait pas à pos-

---

1. Il écrivait : « Je ne puis qu'applaudir au zèle éclairé et soutenu que les magistrats mettent dans les poursuites qui doivent assurer la répression de cet attentat. »

séder les trucs, le personnel, les engins de la fabrique de conspiration. Il en dressa un état complet, qu'il envoya à M. Decazes.

Celui-ci qui, peut-être dans cette démarche de son subordonné, voyait aussi une provocation ou qui redoutait Canuel, n'accepta ces rapports qu'avec hésitation, et les soumit à MM. Lainé et de Richelieu.

Ces deux ministres, eux aussi, se montrèrent d'abord incrédules. Ils opposaient aux rapports de Sainneville ceux du préfet Chabrol et « l'heureux effet » produit par les exécutions ; puis, pareilles manœuvres sous la Monarchie légitime, de la part d'un préfet et de deux généraux d'un zèle éprouvé, leur paraissaient trop monstrueuses pour être possibles. Quelles nouvelles récompenses, quels titres, quels grades pouvaient encore ambitionner Canuel et de Chabrol? Tandis qu'un simple commissaire de police pouvait désirer faire du zèle. Après le 8 juin, le général n'avait rien demandé pour lui-même, mais, tout d'abord, une récompense pour le capitaine Ledoux, assassiné, une pension pour sa veuve et une bourse dans un collège pour son fils.

A cela, M. de Sainneville et les députés du Rhône, interrogés par les ministres, répondaient : « On nous a dit que l'insurrection du 8 avait été étouffée au berceau, et, cependant, les têtes tombent par centaines ; les prisons regorgent de détenus et l'inquiétude est partout. » Enfin, on signalait de tous côtés les abus de pouvoir les plus révoltants.

Le ministre, pour en finir, résolut d'envoyer sur les lieux un homme qui eût donné à la cause royale assez de gages pour en imposer aux royalistes les plus difficiles. Il envoya le traître de 1814-1815, le duc de Raguse. Ce maréchal reçut le titre de *lieutenant du roi dans les 7ᵉ et 19ᵉ divisions militaires*, avec les pouvoirs les plus étendus.

Il devait partir le 10 septembre, l'incident suivant le força à quitter Paris.

On n'était encore qu'au mois d'août, quelques jours avant le 25, jour de la Saint Louis, dans l'entourage du préfet et du général, on s'entretenait beaucoup d'un complot autrement plus terrible que les précédents. « Les forêts voisines étaient remplies de révoltés. Les armes, les munitions ne leur manquaient pas, Lyon serait pris et mis au pillage dans la journée du 25. Ce bruit, répandu par Dehit, Leblanc et

Fiévée causa une véritable panique; le 25 au matin, les habitants désertèrent la ville pour se réfugier dans la campagne. Ils sortirent au nombre de huit mille.

A cette nouvelle, le maréchal de Raguse partit pour Lyon, où il arriva le 3 septembre. Il se trouva tout d'abord entouré par les auteurs mêmes de cet état de choses et subit naturellement l'influence de leurs flatteries et de leurs calomnies. Cette première impression n'échappa point à M. de Sainneville, mais il se garda bien de la heurter, il pria seulement le Maréchal d'attendre de nouvelles informations avant de se prononcer. Bien qu'il ne manquât point de finesse, le duc de Raguse eût peut-être gardé longtemps ses illusions, sans le colonel Favier, son aide de camp, qui le premier fit entrer le doute dans son esprit. « Moins enchaîné que son général dans les devoirs officiels de sa position, caractère loyal, organisation énergique et doué de cette chaleur de cœur qui est le privilège d'un petit nombre, le colonel n'avait pas craint de voir et d'interroger d'autres personnes que les habitués des salons privilégiés du commandant de la division, du préfet et des sommités royalistes de la ville. Une fois averti par les rapports et les observations de Favier, le Maréchal, à son tour, chercha la vérité en dehors du cercle où il était enfermé. Il entendit des citoyens de toutes les classes et se fit remettre les nombreux rapports adressés aux différentes autorités avant et après le 8 juin.

« Des traits de lumière jaillirent pour lui de ces documents. »

Il prit connaissance ensuite des onze dossiers des procès déjà jugés par la Cour prévôtale, avec l'aide d'un avocat, M. Gras, ancien membre de la Chambre des représentants des Cent-Jours.

Intimidée par la présence du Maréchal, la Cour prévôtale avait suspendu ses séances, le duc de Raguse la pria de les reprendre et chargea un de ses officiers d'en sténographier l'interrogatoire des prévenus, les dépositions des témoins, et les réponses des accusés.

Les malheureux traînés devant la Cour étaient épuisés par une longue détention, des privations barbares, de mauvais traitements de toute espèce. Accablés de menaces, hébétés ou affolés, ils imaginèrent, pour se concilier la pitié de leurs juges, de répondre affirmativement à toutes les questions, de simuler des aveux et, dans ce but, d'inventer des fables invraisemblables.

C'est de 1815 que datent les grandes fortunes commerçantes de la capitale.

L'un d'eux, nommé Vernay, qui semblait prendre plaisir à s'entendre parler et à exciter l'étonnement, enfin à se donner de l'importance, déclara que le 8 juin il devait, à la tête d'une troupe nombreuse, enlever le poste de la poudrière de Lyon, s'emparer de celle-ci, y laisser une garde et rejoindre ensuite un corps d'armée composé de trois colonnes de huit cents hommes chacune, équipés militairement et coiffés de bonnets à poil, le sac au dos, puis seconder ses troupes dans l'attaque de l'Hôtel de Ville, clef de l'ensemble des opérations stratégiques.

Cet intarissable bavard ajouta que chaque bataillon de ce corps d'armée avait pour chefs ou sous-chefs tels et tels qu'*il nomma* et qui, sur-le-champ, furent arrêtés, mais dont l'interrogatoire fut remis à la séance suivante.

Cependant, dans la prison, le bruit de la mission de Marmont, duc de Raguse, s'était répandu, et Vernay apprit que le Maréchal avait envoyé au Tribunal un officier chargé de sténographier les débats. Malgré une première sentence qui l'avait, par contumace, condamné à mort, Vernay reprit courage et renversa tout son système.

Invité, par le prévôt, à dire s'il persistait dans ses déclarations précédentes, il se leva, et, étendant la main vers le Christ placé derrière ses juges, il répondit d'une voix ferme :

— J'atteste ce Christ placé devant mes yeux que tout ce que j'ai dit est faux. On m'y a forcé par les plus terribles menaces. Je vous eusse accusé vous-même, monsieur le prévôt, si on l'eût exigé. Me voilà à votre disposition, vous pouvez me faire mourir, je le sais ; mais j'aime mieux mourir sans honte et sans remords que de vivre déshonoré par le mensonge, par la calomnie. Quand vous voudrez, je suis prêt.

Quelques-uns des co-accusés de Vernay qui, à l'instruction, avaient eu la faiblesse de faire des aveux d'actions imaginaires pour obtenir leur grâce, leur disait-on, n'osèrent l'imiter ; ils furent acquittés, comme révélateurs. Vernay ayant persisté, fut condamné à mort.

Il bénéficia cependant d'une demi-mesure de justice : il ne fut pas exécuté ; sa peine fut commuée en celle de dix ans de réclusion.

Il était innocent ; pourquoi ne l'avoir pas gracié ?

Le duc de Raguse avait écrit aux ministres ; il leur avait expliqué les causes de la sanglante terreur qui pesait depuis un an sur le département du Rhône, et nommé les coupables : les généraux, le préfet.

Il leur avait envoyé des pièces qui établissaient la complicité du capitaine Ledoux avec le général Canuel dans l'affaire du 8 juin.

On aurait bien voulu faire le silence sur toutes ces infamies, ne pas étaler ces plaies, mais l'éveil avait été donné au public. Le colonel Favier, chef d'état-major de Marmont, avait publié une brochure où il disait la vérité ; on le destitua et il resta en disgrâce pendant le reste de la Restauration.

Tous les gouvernements sont amis des demi-mesures lorsqu'il s'agit de bien faire.

Le préfet Chabrol fut *déplacé*.

Canuel fut destitué de son commandement.

Mais ils conservèrent leurs richesses, leurs titres, leurs honneurs.

Le ministère n'osa ni condamner les autorités qui avaient joué le rôle d'agents provocateurs, ni entièrement vider les prisons pleines de malheureuses victimes.

Les condamnés à la détention, à cinq ans de détention et au-dessous obtinrent leur grâce entière ; la peine des condamnés à plus de cinq ans fut réduite à une année ; on commua en trois ans de prison la peine des condamnés aux travaux forcés à perpétuité.

Des amendes énormes compromettaient la fortune de plus de cent cinquante familles ; toutes furent remises ; enfin, le duc prononça le renvoi de six officiers et la destitution de sept maires.

Ces mesures furent acceptées comme un grand soulagement, mais non considérées comme un acte réparateur. On ne fit rien pour adoucir le sort des orphelins et des veuves des assassinés ; on les laissa à leur misère ; on n'indemnisa point ceux que l'on avait obligés à fermer leurs magasins ou perdre leur place pour fuir dans les bois, ou ceux que l'on retint des mois entiers en prison.

Cependant, le gouvernement crut s'être montré trop généreux envers les victimes et trop sévère envers les coupables.

Le général Canuel reçut donc, en quittant Lyon, le titre d'inspecteur général d'infanterie, et, peu de temps après, par ordonnance royale, il fut fait *baron !*...

Un conseiller d'État de cette époque, Camille Jordan, jugeait ainsi les événements de Lyon et flétrissait en ces termes Canuel et ses complices :

« Nulle voix plaintive, au nom de la justice méconnue, de l'humanité profanée, ne s'éleva-t-elle pas du sein des campagnes désolées qu'a si récemment et si lentement parcourues le tombereau fatal, chargé de l'instrument du supplice, allant frapper de malheureux cultivateurs plus égarés que coupables, tandis que les premiers auteurs, les perfides instigateurs de ces mouvements funestes tiennent encore leur tête cachée dans l'ombre, d'où n'a pas su les tirer le bras d'une justice si inquiète et si sévère ! »

Après l'affaire de Lyon se produisirent des complots véritables, et le gouvernement récolta ce qu'il avait semé. Des sociétés secrètes se formèrent dans presque toute la France, le Midi excepté. Les polices civile, religieuse et militaire ne perdirent rien de leur zèle, mais elles n'eurent pas besoin de recourir à la provocation.

Nos lecteurs se souviennent des complots de Belfort, de Colmar, de Brisach, de Mulhouse, de Thouars, de Saumur et enfin des sergents de La Rochelle.

La vieille armée n'était pas morte, elle n'était que décimée. Pendant deux ans, on s'était acharné à l'abreuver d'outrages, elle qui était la gloire de la patrie, et on l'avait placée comme une bande de brigands sous la surveillance de la police ; on lui avait rogné ou disputé son pain et fait de la misère sa dernière humiliation. Cette armée, lorsqu'elle n'eût plus à craindre de livrer, par une tentative malheureuse, la France épuisée aux représailles, aux vengeances des armées qui couvraient son sol, songea à reprendre ses droits, sa place au soleil et à en finir avec les Bourbons.

Les conspirations qui se formèrent n'étaient plus inventées par des Scheltein et des Canuel, ni combattues par des Donadieu ; elles furent trahies et vaincues, mais elle furent redoutables et mirent sérieusement le gouvernement en danger.

Pendant quinze ans, la monarchie des Bourbons se débattit contre son impopularité dans les masses et le fanatisme des classes dirigeantes.

L'aristocratie se refit avec le milliard d'indemnités, les épaves de son naufrage, les places, les titres dont le roi la combla ; la bourgeoisie fit un coup de commerce, pendant l'invasion, au moins à Paris. Une ville fut enrichie et la France livrée au pillage ; les vaincus avilis se laissèrent gorger d'or par les vainqueurs.

« Paris se vendit en détail après s'être livré en bloc et n'eut pas même le mérite d'une infamie désintéressée » (L. Blanc).

« Les marchands décuplaient leurs recettes habituelles ; tous les jeunes officiers avaient des maîtresses coûteuses, des loges au théâtre, des dîners chez Véry. *C'est de cette année 1815 que datent la plupart des fortunes marchandes de la capitale.* On ne peut s'imaginer l'immense dépense des chefs des armées coalisées : le grand-duc Constantin et son frère laissèrent à Paris une somme de 1,500,000 roubles dans l'espace de quarante jours[1].

« Blücher, qui reçut trois millions du gouvernement français, engagea ses terres et partit ruiné par les maisons de jeu. » (*Histoire de la Restauration*, par un homme d'État.)

Tandis que Paris, l'aristocratie, le clergé s'enrichissaient, les campagnes étaient dévastées, les ouvriers sans ouvrage, les petits propriétaires ruinés. L'agriculture de plusieurs provinces était tarie dans sa source et des villes opulentes, écrasées d'impôts arbitraires et de contributions de guerre, tombaient dans la misère.

Combien de temps fallut-il pour relever les ruines de l'invasion ? Pour reconstituer l'armée, garnir ses arsenaux. Tandis que d'autre part, il fallait reconstruire les fabriques, reprendre les grands travaux industriels ? L'argent manquait, le crédit le remplaça, on s'adressa aux banquiers.

Sans les capitalistes, rien ne pouvait s'entreprendre : Ce fut ainsi que leur règne commença. Ils étaient nécessaires, ils furent les maîtres. C'est de 1815 que date la maison Rothschild. Et lorsqu'enfin l'invention des machines à vapeur changea de fond en comble la production industrielle et exigea la transformation complète de son outillage, le crédit, le capital, en un mot le banquier devint le maître d'une classe sociale démesurément accrue, la classe ouvrière, le commerce et l'industrie se trouvèrent sous une véritable féodalité financière.

Cette révolution économique devait être féconde en crises et fut une cause puissante ajoutée à tant d'autres pour renverser un pouvoir détesté. La bourgeoisie donna le signal de l'insurrection, le peuple se battit avec passion et la banque appuya la Révolution de 1830.

1. Plus de 6,000,000 de francs.

Le 27 juillet 1830, au moment où les troupes parcouraient la ligne qui s'étend du Louvre à l'Arc de l'Étoile, une fenêtre s'ouvrit lentement à l'angle de la rue de Rivoli et de la rue Saint-Florentin.

— Oh! mon Dieu! que faites-vous, monsieur Keiser? s'écria du fond de l'appartement somptueux une voix frêle et sénile? Vous allez faire piller l'hôtel!

— Ne craignez rien, répondit M. Keiser, les troupes battent en retraite, mais le peuple ne songe qu'à les poursuivre.

— Vraiment! reprit M. de Talleyrand

Et, faisant quelques pas vers la pendule :

— Mettez en note, ajouta-t-il d'un ton solennel que le 27 juillet 1830, à midi cinq minutes, la branche aînée des Bourbons a cessé de régner sur la France.

Deux ou trois jours après, Charles X et sa famille s'acheminaient lentement vers les côtes de Normandie afin de s'y embarquer pour l'Angleterre.

A Argentan... « La nouvelle de l'avènement de Louis-Philippe avait déjà circulé dans cette ville, les habitants se pressèrent sur le passage de la famille proscrite, pour surprendre le secret de ses émotions.

A côté de la duchesse de Berry qui effaçait, par son étourderie, la majesté de son malheur, on remarquait la fille si souvent éprouvée de Louis XVI[1], son visage était livide, ses yeux, qui avaient tant pleuré avaient perdu leur regard. Une aussi terrible catastrophe avait rouvert dans son cœur toutes les blessures anciennes. Souvent on la vit, durant ce lugubre voyage, descendre de voiture et s'arrêter au bord du chemin, comme pour ne pas quitter trop tôt ce royaume trois fois fatal à sa famille.

Les commissaires la craignaient à cause de la brusquerie de ses mouvements et de l'amertume de son langage; mais ils étaient frappés de respect par une douleur qui datait de la tour du Temple.

Le Dauphin ne souffrait pas, faute de penser. » (L. Blanc. *Hist. de dix ans.*)

---

[1]. Celle qui repoussa durement Mmes de Lavalette et de Labédoyère, celle qui entretint avec d'Artois (Charles X) et les jésuites, les haines, les vengeances, qui se montra sans pitié et qu'on surnomma *le mouton enragé*.

MURAT

FUSILLÉ LE 9 OCTOBRE 1815

Murat est mort deux mois avant le maréchal Ney, avec qui il a tant de points de ressemblance, et il est tombé comme lui sous les balles de douze soldats. Tout fut semblable en eux, le même caractère et la même fortune, la même vie et la même mort.

La qualité de roi, dont fut revêtu Joachim Murat et qui faillit faire de lui un second Bernadotte, nous avait fait hésiter jusqu'à présent à lui donner place parmi les victimes patriotes de 1816, mais une page de Lamartine, un patriote et un grand cœur aussi, nous a décidé en faveur de celui qui fut un brave cavalier de la République, un maréchal de France illustre, un préfet couronné du grand Empire, une victime de l'inepte Ferdinand de Bourbon. Lamartine dit de Murat :

« Sorti des montagnes des Pyrénées, comme un soldat qui cherche aventure, signalé à l'armée par sa bravoure, offert au premier Consul par le hasard, devenu cher et utile par le zèle et par l'amitié, élevé à la main de la sœur de Bonaparte par sa beauté et par son amour, porté aux grands commandements par la faveur, au trône par l'intérêt de famille, à l'infidélité par l'ambition de sa femme et par la faiblesse du père pour ses enfants; précipité par le contre-coup de la chute de l'Empire, disgracié à la fois par Napoléon et par ses ennemis, incapable de la médiocrité et de l'obscurité après tant d'éclat et tant de fortune, se jetant de désespoir dans l'impossible et ne trouvant que la mort, mais tombant, jeune encore, avec toute sa renommée, emportant, sinon l'estime entière, du moins tout l'intérêt et toute la compassion des contemporains, laissant à la postérité un de ces noms qui éblouissent les âges, où l'on trouvera des ombres sans doute, mais pas de crime : tel fut Murat! Deux patries le revendiqueront : la France qu'il servit, l'Italie qu'il gouverna. Mais il appartient avant tout au monde de l'imagination et de la poésie; homme de la fable par ses aventures, homme de la chevalerie par son caractère, homme de l'histoire par son époque. Il mérita plus que tout autre l'épitaphe rarement méritée par ceux qui servent ou qui gouvernent des Cours ; *homme de cœur* dans toute la grandeur et toute la sensibilité du mot. Aussi l'histoire qui aura de l'enthousiasme et des reproches aura surtout des larmes pour lui. »

JEUNESSE DE MURAT

Joachim Murat naquit à la Bastide-Fortunière (Lot) le 25 mars 1771.

Il était le second fils d'un aubergiste qui, ayant amassé quelque bien, lui fit faire ses études à Cahors, puis, le destinant à l'état ecclésiastique, l'envoya à Toulouse étudier le droit canon.

C'est ainsi que le plus souvent nos parents nous connaissent.

Ce brave homme avait produit un garçon d'une force athlétique, d'une beauté virile et intelligente, d'un tempérament généreux, et il rêvait de l'ensevelir tout vivant dans la robe d'un prêtre ! C'était sa manière de comprendre la nature et de remercier la Providence.

Mais Joachim était cadet et le bien paternel appartenait à l'aîné.

La nature, qui ne s'accommode point des conventions sociales, réclama ses droits.

Les beaux yeux des Toulousaines plaidèrent chaudement en faveur de ceux-ci, il renvoya à l'arsenal ecclésiastique le *droit canon* et, comme après ce coup de tête il fallait vivre de ses propres ressources, il s'engagea dans les dragons.

Il aimait les chevaux, il en avait soigné chez son père, puis l'uniforme relevait sa bonne mine. Il aurait été heureux tout d'abord sans la discipline. Sa nature fougueuse ne s'en accommodait pas.

Mais s'il eût été discipliné, il aurait réalisé le type inconnu du parfait dragon, étant déjà excellent cavalier et soldat intrépide. Un acte d'insubordination le fit renvoyer. Il entra, peu après, dans la garde constitutionnelle de Louis XVI. Ce n'était pas son affaire ; cette garde ayant été supprimée, il passa dans le 21ᵉ régiment de chasseurs à cheval et devint sous-lieutenant en 1791.

Murat à Naples.

Son père alors eût été aussi scandalisé que surpris de le voir, courant du Palais-Royal aux Cordeliers, s'enflammant aux discours des révolutionnaires, admirateur passionné de Danton et, finalement, après la mort de l'ami du peuple, demandant à la Convention le droit de changer son nom de Murat en celui de Marat.

Il était terroriste... et bon garçon. Il n'avait pas d'ambition en ce temps-là, et les cavalcades du général Sauterre ne le rendaient pas jaloux. Il avait des haines politiques convaincues : Le danger qu'il avait couru à Toulouse, lui faisait détester le clergé ; l'arrogance et la fatuité des officiers nobles lui faisaient prendre en grippe la noblesse ; Louis XVI était un fantassin qui ne marchait pas droit et trompait la nation. Un chef sans prestige.

Tout en portant dans son cœur le deuil de Marat, il se consola avec Robespierre, ce qui, après le 9 thermidor, lui valut d'être mis en disponibilité, comme terroriste ; il était alors chef de brigade.

Relégué dans les Pyrénées occidentales, il revint à Paris et, le 12 vendémiaire an IV, il fut de ceux qui se levèrent spontanément pour la défense de la Convention.

Ce jour décida sa destinée.

Il fut réintégré dans son grade et Bonaparte, qui avait pu l'apprécier, se l'attacha comme aide de camp pendant la campagne d'Italie (1796).

Il fit alors connaître sa brillante valeur à Dego, Céva, Mendovi, Bonaparte le fit nommer général de brigade, et, après la campagne, l'envoya porter au Directoire les drapeaux pris à l'ennemi.

De retour en Italie, Murat continua à donner des preuves de sa bouillante intrépidité à Mantoue, Roveredo, Saint-Georges, où il fut blessé et contribua à forcer l'Autriche à demander la paix par la brillante manœuvre qu'il fit exécuter à sa cavalerie, le 13 mars 1797.

Appelé, l'année suivante, à faire partie de l'expédition d'Égypte, Murat fit des prodiges à la prise d'Alexandrie. A la bataille des Pyramides, il gagna le grade de général de division ; au siège de Saint-Jean-d'Acre, il monta le premier à l'assaut. A Aboukir, il se mesura corps à corps avec Mustapha-Pacha et le fit prisonnier ; enfin, il eut la plus grande part à la victoire.

Son amitié pour le général en chef avait grandi avec son admiration.

Son goût pour ce que l'on appelle le panache et l'emphase méridionale n'avait pas dérobé à Bonaparte les qualités sérieuses de son esprit.

Comme plus d'un habitant du Lot, sous des démonstrations exagérées, des emportements, des exaltations, il avait beaucoup de finesse et de sens pratique, qu'il devait révéler plus tard. Admirablement doué, il était enfin, comme dit Lamartine, homme de chevalerie par son caractère et homme de cœur. Il fallait le génie de Bonaparte pour le dominer. Il n'était ni assez inférieur, ni assez supérieur pour lui échapper. Il devint son ami, son disciple.

Ils échangèrent leurs idées sur la triste situation de la République. Ils avaient tous deux vécu sous la Révolution; ils avaient fait le 12 Vendémiaire; ils avaient connu et avaient, à un certain degré, été liés aux deux Robespierre; leurs opinions devaient se rencontrer, et Bonaparte, en l'emmenant d'Égypte, put prendre Murat pour confident de ses desseins ambitieux

MURAT, HOMME POLITIQUE

Le 18 Brumaire, qui renversa le gouvernement directorial de la République et le remplaça par le Consulat, est un des événements les plus importants de notre histoire et même de l'histoire de l'Europe. Était-il nécessaire? Nous n'aborderons pas cette question, qui nous entraînerait beaucoup trop loin. Nous ne raconterons donc pas le 18 Brumaire; nous dirons seulement que Murat y prit une grande part. C'est lui qui, à la tête de soixante grenadiers, dispersa le Conseil des Cinq-Cents et prononça la dissolution.

En récompense, le premier Consul lui donna le commandement de la garde consulaire et lui accorda la main de sa sœur Caroline (20 janvier 1800). Ce mariage n'était pas seulement de convenance et d'intérêt, comme on l'a dit, mais d'inclination. Caroline, par sa beauté, était digne de Murat. Elle l'aimait avec passion; il était également épris d'elle; il ne l'a que trop prouvé.

Le premier soin de Bonaparte, aux Tuileries, fut d'écrire aux gouvernements des grandes puissances, pour leur exprimer son désir d'affermir la paix.

Il écrivit au roi d'Angleterre et à l'empereur d'Autriche :

« Appelé, sire, par le vœu de la nation française à occuper la première magistrature de la République, je crois convenable, en entrant en charge, d'en faire part directement à Votre Majesté.

« La guerre qui, depuis huit ans, ravage les quatre parties du monde, doit-elle être éternelle? N'est-il donc aucun moyen de s'entendre?

« Comment les deux nations les plus éclairées de l'Europe, puissantes et fortes plus que ne l'exige leur sûreté et leur indépendance, peuvent-elles sacrifier à des idées de vaine grandeur le bien du commerce, la prospérité intérieure, le bonheur des familles? Comment ne sentent-elles pas que la paix est le premier des besoins, comme la première des gloires? »

L'Autriche et l'Angleterre rejetèrent ces ouvertures, la première en termes modérés, la seconde avec une grande violence de langage. Il fallait donc faire la guerre.

Dans cette nouvelle campagne, conduite avec autant d'audace que de sagesse, et restée célèbre par le passage du Saint-Bernard, Marengo, Hohenlinden et le siège de Gênes, Murat battit les Napolitains, qu'il chassa des États romains. La paix d'Amiens fut signée, de part et d'autre, par une joie sans mélange; mais cette joie s'altéra bientôt chez l'Angleterre. La France grandissait plus dans la paix que dans la guerre. Le ministre Pitt s'en alarma; il remua tout le continent pour nous trouver des ennemis. Un prétexte manquait; deux surgirent : la conspiration royaliste de Cadoudal et l'exécution du duc d'Enghien. La coalition renoua ses liens, deux fois brisés; la guerre éclata des Alpes et du Rhin jusqu'aux bords du Niémen.

Pendant la paix, Murat avait représenté le Lot, son département, au Corps législatif. La guerre lui offrit de nouveaux honneurs à moissonner. Napoléon l'en accabla. Il le créa successivement gouverneur de Paris (1803), grand maréchal de l'Empire (1804), prince, grand amiral; après la victoire d'Austerlitz, dont Murat assura le succès, il reçut l'investiture des grands-duchés de Clèves et de Berg, avec le gouvernement indépendant de ces petits États (1806). « Murat, dit Larousse, que nous citons à dessein, administra sa principauté avec une grande modération, s'attacha à ne pas pressurer ses sujets, à ne pas les indisposer contre lui par des réformes administratives trop brusques, et s'attira, à ce sujet, de vifs reproches de Napoléon... Bien qu'habitué à subir l'ascendant de son terrible beau-frère, Murat, dit-on, refusa de mettre à exécution ses instructions tyranniques et offrit même, un jour, de se démettre de son pouvoir souverain. »

Tout en devenant un petit monarque, Murat n'en était pas moins resté un des lieutenants de Napoléon. Lors de la coalition de 1806, il reprit le commandement de la cavalerie de la grande armée et montra de nouveau, sur tous les champs de bataille, son énergie et son impétuosité.

Après avoir chargé les Prussiens à Iéna, il fit capituler Ulm et prit Lubeck, où commandait Blücher; il repoussa les Russes et entra à Varsovie le 28 novembre.

L'année suivante, il se couvrit de gloire à Eylau et à Friedland, et, le 21 juin, assista à l'entrevue des deux empereurs à Tilsitt, sur le Niémen.

Après la conclusion de la paix, Murat allait retourner dans son Grand-Duché, lorsqu'il fût appelé à la conquête de l'Espagne. Il balaya rapidement les troupes venues à sa rencontre et entra dans Madrid (25 mars 1808). Mais il eut, un peu plus tard, à comprimer dans le sang une violente insurrection. Charles V l'investit de l'autorité royale et il pouvait se croire maître de la couronne, lorsque Napoléon la donna à son frère Joseph.

De retour à Paris, Murat ne cacha point sa déception à l'Empereur qui, pour l'en consoler, lui donna la couronne de Naples ou des Deux-Siciles (15 juillet).

Au mois d'août de cette même année 1808, le fils de l'aubergiste de La Bastide-Fortunière faisait son entrée triomphale à Naples, où il était proclamé roi, sous les noms de *Joachim-Napoléon*.

LE ROI DE NAPLES

Comme les Bourbons d'Espagne, les Bourbons de Naples étaient tombés dans l'imbécillité, et, aux derniers degrés d'une immoralité révoltante. Le peuple, chez qui la paresse et l'amour des plaisirs sont les traits de caractère dominants, sans industrie et presque sans commerce, sans patriotisme et sans énergie, maintenu par le roi et les prêtres dans une profonde ignorance, restait indifférent au changement de dynastie, et, qu'il le reconnût ou non, n'avait qu'à y gagner.

Joachim ne rencontra donc point tout d'abord de résistance ouverte ; il eut à répondre à l'avidité des grands seigneurs et des officiers, ce qui ne fut pas facile avec des coffres vides.

Sa grande fortune personnelle lui permit de suppléer, de temps en temps, à la pénurie du Trésor public.

Il fit plus, en quelques semaines, que ses prédécesseurs pendant leurs règnes.

Il enleva d'abord aux Anglais l'île de Capri, travailla avec ses ministres, effrayés de son activité. Il opéra dans l'administration des réformes louables, fit cesser les arrestations arbitraires, que l'on croyait devoir prodiguer en son honneur et l'on put pressentir l'ordre et la justice, inconnus jusque-là. En très peu de temps, il réorganisa l'armée et la marine, appela à sa Cour les hommes de lettres, les artistes, les savants, les encouragea et leur promit sa protection. On s'attendait à trouver en lui un homme de plaisirs, on se trompa. Il aimait la représentation, passait souvent des revues de ses troupes et, sans flatter le peuple dont il avait la prudence de respecter certains préjugés, certaines superstitions, les coutumes invétérées, il commençait à se faire aimer.

Son goût pour les uniformes surchargés d'ornements et les chapeaux empanachés de plumes et d'aigrettes de diamants, qui le faisait comparer en France à un roi d'opéra-comique, loin de paraître ridicule, plaisait au peuple napolitain.

Caroline prenait également au sérieux un règne dont la durée était si incertaine.

La charité, la bienfaisance étaient dans ses devoirs, et elle ne l'oubliait pas.

Elle encourageait son mari et le soutenait contre les exigences de Napoléon. Le *Courrier de Paris* l'arrachait de temps en temps à l'illusion de son indépendance et de son pouvoir.

Lorsqu'il marche, comme Ruy-Blas, *dans son rêve* étoilé, un ordre parti du cabinet de l'Empereur, une observation raide et sèche, le rejetaient brusquement à la réalité, « Ruy-Blas, fermez la porte; — ouvrez cette fenêtre; ramassez ce mouchoir. »

Les Anglais, sous Ferdinand s'étaient emparés de la Sicile pour la protéger, il était de l'intérêt de Napoléon, comme de celui de son beau-frère, de les en déloger. Murat, pour une entreprise aussi sérieuse ne pouvait compter sur des troupes napolitaines et les bataillons français dont il attendait le concours, refusèrent leur coopération en alléguant qu'ils n'étaient à Naples que pour la défense du royaume et ne pouvaient concourir à aucune opération extérieure.

Murat se plaignit à l'Empereur et demanda le rappel en France de troupes qui lui étaient inutiles. Napoléon répondit comme il convenait à une proposition *imprudente* inspirée par le dépit.

Aucun de ses lieutenants couronnés ne consentait à rester son lieutenant, tous improvisaient une seconde patrie et, dans leur royaume à peine conquis, prétendaient à une politique personnelle.

Joachim s'irrita de la réponse de Napoléon et décréta que tous les étrangers, y compris les Français, qui avaient des emplois dans le royaume, devaient se faire naturaliser Napolitains s'ils prétendaient les conserver.

Ce decret tyrannique eut le sort qu'il méritait, il fut annulé par un autre signé aux Tuileries, en 1811, portant que le royaume des Deux-Siciles faisant partie du grand Empire français, tout Français était de droit citoyen du royaume des Deux-Siciles. »

Ainsi Napoléon, malgré l'autorité de la toute-puissance et du génie, malgré les liens de l'amitié, la solidarité de fortune, ne pouvait se reposer sur son ancien ami d'Égypte et de Brumaire, son compagnon de tous les champs de victoire, son beau-frère, qu'il couronnait roi après l'avoir comblé de biens.

On aurait pu croire Murat assez intelligent pour comprendre sa double faute envers les liens sacrés qui subordonnaient l'existence de sa monarchie à celle de l'Empire et envers l'amitié de son bienfaiteur; mais il paraît que les couronnes tournent la tête; loin de reconnaître ses torts, Joachim furieux, blessé dans son orgueil, tomba malade de dépit. Il retarda les prières solennelles pour la naissance du roi de Rome, et renonça, pendant quelque temps, à porter la Légion d'honneur.

Il faillit en devenir Napolitain.

Il était mal conseillé par une femme qu'il aimait avec faiblesse. Caroline, comme toutes les sœurs de Napoléon, voulait être reine; par vaine ambition des honneurs et de la représentation, leurs prétentions, leurs rivalités, elles remplissaient de querelles la famille impériale.

Mais la guerre de Russie vint mettre un terme à ces dissentiments, Napoléon rappela Murat au commandement de la cavalerie de la grande armée. Il donna de nouveau des preuves de sa brillante valeur dans les champs d'Ostrowno, de Smolensk et surtout de la Moscowa, où il enleva la grande redoute russe et décida la victoire.

Mais à Winkova il fut battu, pour la première fois, par Kutusoff.

Dans la retraite de Moscou, Napoléon lui confia les débris de la cavalerie, mais le découragement s'empara de lui et à Wilna, remettant furtivement son commandement au prince Eugène, il disparut pour courir à Naples et, dès cette époque, il renia dans son cœur sa patrie et son empereur. Il entama avec l'Angleterre et l'Autriche des négociations secrètes pour conserver son royaume.

Toutefois, en 1813, il rejoignit encore la grande armée et combattit avec elle à Leipzig, à Dresde, à Wachau, puis disparut une seconde fois pour regagner « ses États ». — Les victoires mêmes ne pouvant conjurer l'épuisement de la France et un désastre, il n'écouta plus que les conseils de l'égoïsme.

Comme jadis on se rendait chez la sorcière, afin de lui demander des poisons et des philtres, Caroline se rendit chez Fouché, le maître en trahison, et lui demanda son avis. Fouché engagea le roi de Naples à abandonner l'homme dont il voyait crouler la fortune.

Par des traités des 6 et 11 janvier 1814 avec l'Angleterre et l'Autriche, il promit de fournir 30,000 hommes aux alliés qui, en échange, lui garantissaient sa couronne et même lui promettaient un accroissement de territoire.

A la tête de son armée, il s'empara de Bologne et là, dans une proclamation du 15 mai 1814, il disait, en s'adressant à ses soldats :

— L'Empereur *ne veut que la guerre*, je trahirais aujourd'hui les intérêts de mon ancienne patrie et les vôtres, si je ne séparais sur-le-champ mes armes des siennes, pour les joindre à celles des puissances alliées, dont les intentions magnanimes sont de rétablir la dignité des trônes et l'indépendance des nations. »

Caroline Bonaparte chez Fouché.

Cette défection fut un coup cruel pour Napoléon, qui plus tard, écrivit à Sainte-Hélène dans son *Mémorial*, les lignes *suivantes* :

« Il est impossible de concevoir plus de turpitudes que n'en contenait la proclamation de Murat. Il y est dit que le temps est venu de choisir entre deux bannières, celle du crime et celle de la vertu. C'était ma bannière qu'il appelait celle du crime. Et c'est Murat, mon ouvrage, le mari de ma sœur, celui qui me doit tout, qui n'eût rien été sans moi, qui n'est connu que par moi, qui écrivit cela ?... Il est difficile de se séparer du malheur avec plus de brutalité et de courir avec plus d'impudeur au devant d'une nouvelle fortune. »

DÉCADENCE DE MURAT

Au mois de février 1814, Murat marcha contre le vice-roi d'Italie, qu'il força à se replier sur l'Adige, mais qu'il n'attaqua plus que mollement.

Le 2 avril, Napoléon étant renversé, Louis XVIII reprit en France le cours de son règne et se déclara, à Vienne, l'ennemi déclaré de l'Usurpateur, qui vivait à Naples des dépouilles de Ferdinand de Bourbon. Naturellement, il n'avait pas reconnu Joachim, et, pour lui, Ferdinand n'avait pas cessé de régner.

Le renégat sentit sa couronne glisser de son front. Ceux qui, selon sa proclamation, portaient la bannière de la vertu, le regardaient de travers ; le Congrès discuta ses droits... lâchement, il se retourna alors vers son beau-frère, relégué à l'île d'Elbe. Il lui envoya des émissaires, qui lui promirent une coopération efficace, s'il voulait tenter de reconquérir sa couronne.

Napoléon écouta ces propositions.

Comment s'était produit ce subit revirement chez Murat ?

Avant d'entrer dans une alliance complète, il avait écrit à Napoléon une lettre où il lui avait dépeint l'Italie très agitée ; les Italiens réclamaient leur indépendance nationale ; que si elle ne leur était rendue, il était à craindre qu'ils ne se joignissent à la coalition de l'Europe. Il suppliait Napoléon de faire la paix, seul moyen de conserver un empire si puissant et si beau. Que si Bonaparte refusait de l'écouter, lui, Murat, abandonné à l'extrémité de l'Italie, se verrait obligé de quitter son royaume ou d'embrasser les intérêts de la cause italienne.

Cette lettre resta plusieurs mois sans réponse.

Murat, obligé de choisir promptement, signa, le 11 janvier 1814, avec la cour de Vienne, un traité dont nous avons parlé.

Nous lisons, dans les *Mémoires* de Châteaubriand :

« Mme Murat avait révélé cette importante transaction à Mme Récamier. Au moment de se déclarer ouvertement, Murat rencontra Mme Récamier chez Caroline et lui demanda ce qu'elle pensait du parti qu'il avait à prendre. Il la priait de bien peser les intérêts du peuple dont il était devenu le souverain. Mme Récamier lui dit :

— « Vous êtes Français, c'est aux Français que vous devez rester fidèle. »

La figure de Murat se décomposa ; il repartit :

— Je suis donc un traître ? Qu'y faire ? Il est trop tard. »

Il ouvrit avec violence une fenêtre et montra une flotte anglaise entrant à pleines voiles dans le port.

Le Vésuve venait d'éclater et jetait des flammes.

Deux heures après, Murat était à cheval, à la tête de ses gardes. La foule l'environnait en criant : *Vive le roi Joachim!* Il avait tout oublié ; il paraissait ivre de joie.

Le lendemain, grand spectacle au théâtre Saint-Charles. Le roi et la reine furent reçus avec des acclamations frénétiques, inconnues des peuples en deçà des Alpes.

On applaudit aussi l'envoyé de François II. Dans la loge du ministre de Napoléon, il n'y avait personne. Murat en parut troublé, comme si, au fond de cette loge, il eût aperçu le spectre de la France.

L'armée de Murat, mise en mouvement le 14 février, força le prince Eugène à se replier sur l'Adige. Napoléon, ayant d'abord obtenu des succès inespérés en Champagne, écrivait à sa sœur Caroline des lettres qui furent surprises par les alliés et communiquées au Parlement d'Angleterre par lord Castelreagh ; il lui disait :

« Votre mari est très brave sur le champ de bataille, mais il est plus faible qu'une femme ou qu'un moine quand il ne voit pas l'ennemi. Il n'a aucun courage moral. Il a eu peur, et il n'a pas hasardé de perdre en un instant ce qu'il ne peut tenir que par moi et avec moi »

Dans une autre lettre, adressée à Murat lui-même, Napoléon disait à son beau-frère :

« Je suppose que vous n'êtes pas de ceux qui pensent que le lion est mort. Si vous faisiez ce calcul, il serait faux... Vous m'avez fait tout le mal que vous pouviez depuis Wilna. Le titre de roi vous a tourné la tête; si vous désirez le conserver, conduisez-vous bien. »

Murat ne poursuivit pas le vice-roi sur l'Adige. Il hésitait entre les alliés et les Français, selon les chances que Bonaparte semblait gagner ou perdre.

Tandis que Napoléon se battait à Brienne, Joachim, appuyé par les *carbonari*, tantôt veut se déclarer libérateur de l'Italie, tantôt espère partager entre lui et Bonaparte, devenu vainqueur.

. . . .

Pendant le cours de 1814, le roi et la reine de Naples donnèrent une fête à Pompéï : On exécuta une fouille au son de la musique. Les ruines que faisaient déterrer Joachim et Caroline ne les instruisaient pas de leur propre ruine.

Lors de la paix de Paris, Murat faisait partie de l'alliance. Le Milanais, ayant été rendu à l'Autriche, les Napolitains se retirèrent dans les Légations romaines.

Quand Bonaparte, débarqué à Cannes, fut entré à Lyon, Murat, perplexe, ayant changé d'intérêts, sortit des Légations et marcha avec quarante mille hommes vers la haute Italie, pour faire diversion avec son beau-frère. Il avait déclaré aussitôt que la cause de son beau-frère était la sienne, et que, bientôt, il le prouverait.

Le 15 mars donc, après avoir diminué les impôts et promis un gouvernement constitutionnel et représentatif, il quitta Naples à la tête de son armée et s'avança en Italie, en appelant le peuple aux armes et à la liberté.

Les Autrichiens se replièrent devant lui jusqu'au Pô, mais là, ils le forcèrent à rétrograder à son tour. La peur et l'indiscipline débandèrent ses troupes; vaincu à Tolentino par l'armée austro-anglaise, il fut abandonné de son armée après une bataille de deux jours. Il rentra à Naples, accompagné de quatre lanciers. Il se présenta à sa femme et lui dit :

— Madame, je n'ai pu mourir.

Le lendemain, un bateau le conduisit à Ischia. Il rejoignit en mer une pinque chargée de quelques officiers de son état-major et fit voile avec eux pour la France.

Le 25 mai 1815, Murat aborda au golfe Juan, où son beau-frère avait abordé. De là, il envoya un courrier à Napoléon pour se mettre à ses ordres, mais l'Empereur ne lui répondit point. Peut-être était-il tenté de croire que Murat n'avait pas fait son devoir à Tolentino. Il se contenta de lui faire interdire, par Fouché, le séjour de Paris et de ses environs. En refusant son épée, Napoléon faisait à son cœur blessé un grand sacrifice ; il le reconnut plus tard. Il disait à Sainte-Hélène et en parlant de Waterloo : « Murat nous eut valu peut-être la victoire ; car que nous fallait-il en un certain moment ? Enfoncer trois ou quatre carrés anglais. Or, Murat était admirable pour une pareille besogne. Il était justement l'homme de la chose. Jamais, à la tête d'une cavalerie, on ne vit un homme plus déterminé, de plus brave, de plus brillant. »

Il le relégua dans une maison de campagne appelée *Plaisance*, près de Toulon.

Le roi de Naples, dans son chagrin, écrivit à Fouché le 19 juillet 1815.

« Je répondrai à ceux qui m'accusent d'avoir commencé les hostilités trop tôt, qu'elles le furent sur la demande formelle de l'Empereur et que depuis trois mois, il n'a cessé de me rassurer sur ses sentiments, en accréditant des ministres près de moi, en écrivant qu'il comptait sur moi et qu'il ne m'abandonnerait jamais [1].

Ce n'est que lorsqu'on a vu que je venais de perdre, avec le trône, le moyen de continuer la puissante diversion qui durait depuis trois mois, qu'on veut égarer l'opinion publique en insinuant que j'ai agi pour mon propre compte et à l'insu de l'Empereur. »

Dans les *Mémoires* de Châteaubriand nous lisons :

Il y eut dans le monde une femme généreuse et belle, lorsqu'elle arriva à Paris, Mme Récamier la reçut et ne l'abandonna point dans des temps de malheur. Parmi les papiers qu'elle lui a laissés, on a trouvé deux lettres de Murat du mois de juin 1815, elles sont utiles à l'histoire.

---

[1]. Peut-être était-il desservi par Fouché ; il y a là, semble-t-il, quelque perfidie de sa façon.

6 juin.

« J'ai perdu pour la France la plus belle existence ; j'ai combattu pour l'Empereur, c'est pour sa cause que mes enfants et ma femme sont en captivité.

« La patrie est en danger, j'offre mes services, on en ajourne l'acceptation. Je ne sais si je suis libre ou prisonnier. Je dois être enveloppé dans la ruine de l'Empereur s'il succombe, et l'on m'ôte les moyens de le servir et de servir ma propre cause.

« On me demande des raisons, on me répond obscurément et je ne puis me faire juge de ma position. Tantôt je ne puis me rendre à Paris, où ma présence ferait tort à l'Empereur. Je ne saurais aller à l'armée où ma présence réveillerait l'attention du soldat. Que faire? Attendre. Voilà ce qu'on me répond. On me dit d'un autre côté qu'on ne me pardonne pas d'avoir abandonné l'Empereur, l'année dernière, tandis que des lettres de Paris disaient, quand je combattais récemment pour la France : « *Tout le monde ici est enchanté du roi.* » L'Empereur m'écrivait : *Je compte sur vous, comptez sur moi, je ne vous abandonnerai jamais.* Le roi Joseph m'écrivait : *L'Empereur m'ordonne de vous écrire de vous porter rapidement sur les Alpes.* » Et quand, en arrivant, je lui témoigne des sentiments généreux et que je lui offre de combattre pour la France, je suis envoyé dans les Alpes. Pas un mot de consolation pour celui qui n'eut jamais d'autre tort envers lui que d'avoir trop compté sur des sentiments généreux, sentiments qu'il n'eût jamais pour moi.

« Mon amie, je viens vous prier de me faire connaître l'opinion de la France et de l'armée à mon égard. Il faut savoir tout supporter et mon courage me rendra supérieur à tous les malheurs. Tout est perdu hors l'honneur ; j'ai perdu le trône, mais j'ai conservé toute ma gloire, je fus abandonné par mes soldats qui furent victorieux dans tous les combats, mais je ne fus jamais vaincu.

« La désertion de vingt mille hommes me mit à la merci de mes ennemis ; une barque de pêcheurs me sauva de la captivité et un navire marchand me jeta en trois jours sur les rives de France. »

Sous Toulon, 18 juin 1815.

« Je viens de recevoir votre lettre; il m'est impossible de vous dépeindre les différentes sensations qu'elle m'a fait éprouver. J'ai un instant oublié mes malheurs. Je me suis occupé de mon amie dont l'âme noble et généreuse vient me consoler et me montrer sa douleur. Rassurez-vous; tout est perdu, mais l'honneur reste; ma gloire survivra à tous mes malheurs et mon courage saura me rendre supérieur à toutes les rigueurs de ma destinée. N'ayez rien à craindre de ce côté. J'ai perdu trône et famille sans m'émouvoir, mais l'ingratitude m'a révolté. J'ai tout perdu pour la France, pour son Empereur, par son ordre, et aujourd'hui il me fait un crime de l'avoir fait. Il me refuse la permission de combattre et de me venger et je ne suis pas libre sur le choix de ma retraite; concevez-vous tout mon malheur? Que faire? Quel parti prendre? Je suis Français et père; comme Français, je dois servir ma patrie; comme père je dois aller partager le sort de mes enfants. L'honneur m'impose le devoir de combattre et la nature me dit que je dois être à mes enfants. A qui obéir, ne puis-je satisfaire à tous deux? Me serait-il permis d'écouter l'un ou l'autre?

Déjà l'Empereur me refuse des armes et l'Autriche m'accordera-t-elle d'aller rejoindre mes enfants? Les lui demanderai-je, moi qui n'ai jamais voulu traiter avec ses ministres[1]? Voilà ma situation, donnez-moi des conseils, j'attendrai votre réponse; celle du duc d'Otrante et de Lucien avant de prendre une détermination. Consultez bien l'opinion sur ce que l'on croit qu'il me convient de faire, car je ne suis pas libre sur le choix de ma retraite; on revient sur le passé et l'on me fait un crime d'avoir, par ordre, perdu mon trône, quand ma famille gémit dans la captivité. Conseillez-moi. Écoutez la voix de l'honneur, celle de la nature et, en juge impartial ayez le courage de m'écrire ce qu'il faut que je fasse. J'attendrai votre réponse sur la route de Marseille à Lyon. »

Ces lettres, la dernière surtout respirent l'indécision et la faiblesse. Il ne peut même considérer en face sa situation et ramener son esprit

---

1. Ceci n'est pas exact.

illusionné à la réalité. Il ne veut être ni vaincu ni traître, malgré Tolentino, malgré sa proclamation à son armée, après le décret de Napoléon au sujet de nos nationaux à Naples. Il voudrait qu'on lui versât quelque goutte échappée aux coupes de flatterie de son ancienne Cour, qu'on lui rendît l'espérance, qu'on l'assurât de sa popularité.

Il n'a qu'à se montrer à quelques lieues de là, en France, on l'égorgera.

A Toulon commandait encore le maréchal Brune et, grâce à lui, l'ordre n'était pas encore troublé. C'était dans ce moment critique que Murat, mal guéri de sa couronne, rêvait de popularité.

« Mon peuple, se disait-il, n'a rien à me reprocher, j'ai diminué les impôts, réformé une justice et des pénalités barbares. En me perdant, il perd la Constitution la plus libérale qu'il aura jamais, je n'ai pas été renversé du trône par les Napolitains, mais par l'étranger. »

Bientôt il se vit entouré d'intrigants français et italiens, qui caressèrent son ambition et le pressèrent de retourner à Naples ; ils lui garantissaient un succès égal à celui de l'île d'Elbe et s'offraient à l'accompagner. Mais, avec un orgueil insensé, il leur répondait que son succès, son triomphe dépasserait celui de Napoléon.

« Je n'ai pas besoin, moi, disait-il à un de ses officiers qui combattait ses illusions, d'un bataillon de vieux soldats pour rallier les populations à mon drapeau ; mon nom seul suffit ; je partirai seul, si mes amis refusent de me suivre. »

Il se croyait populaire !...

Être populaire à Naples, où la popularité de quiconque s'achetait pour quelques baïoques et durait autant que ces dernières.

Compter sur la fidélité d'un peuple dont l'armée l'avait abandonné, c'était être aveugle.

N'était-ce pas être sourd aussi, car, où il était, il apprenait chaque jour les horreurs commises à Aix, à Nîmes. Les cris de ses anciens compagnons d'armes parvenaient jusqu'à lui. La haine, la vengeance, l'amour bestial du sang exaltaient les populations du Midi.

Il n'eût osé reparaître dans le Lot. Et ces excès ne lui servaient pas de leçons !... Napoléon n'avait-il rien fait pour la France ? N'avait-il pas détruit l'anarchie, rétabli l'ordre, l'industrie, le commerce ? N'avait-il pas donné à la France un Code renfermant les principes de

Des contrebandiers consentirent à le passer, lui et les siens, dans l'île de Corse.

la Révolution; encouragé les sciences et les arts? N'avait-il pas fait la France grande et glorieuse, et cependant son nom était exécré par une multitude ignorante et fanatique, ses images étaient brisées et brûlées, ses amis en fuite ou jetés en prison.

Qu'avait-il à espérer, lui, Murat, d'un peuple qui ne tenait ni à la gloire, ni aux libertés, ni aux progrès?

COMMENT FINIT MURAT

Cependant, à la chute de Napoléon celle de Murat était liée. L'Empereur a succombé pour la seconde fois. Brune quitte Toulon et les royalistes s'en emparent. Murat fut obligé de quitter la maison dite de Plaisance, de se déguiser en homme du peuple, de se cacher de nuit et de jour.

Sans un toit hospitalier, si humble qu'il fût, certain d'être livré aux égorgeurs qui sillonnaient la campagne et surveillaient la côte, s'il était découvert, il en fut réduit à s'enfouir dans un trou sur lequel s'avançaient quelques branchages. Il avait donc fini par connaître la peur?

Que lui avaient répondu le duc d'Otrante et la « belle dame », l'amie de la dernière heure? On ne l'a jamais su. Sa dernière lettre est sans doute restée sans réponse.

Il était donc seul dans son trou, par un temps de pluie épouvantable. Quelques intrigants, quelques désespérés, cachés comme lui aux environs, étaient encore décidés à partager sa fortune. Ils s'entretenaient les uns les autres dans les plus fausses espérances.

Enfin, des contrebandiers consentirent à les passer, lui et trois des siens, dans l'île de Corse. C'était le 22 août 1815.

Mais on croirait que les éléments, comme on disait jadis, étaient conjurés contre lui. Il part, une tempête éclate; la balancelle qui faisait le service de Bastia à Toulon le reçoit à son bord. A peine a-t-il quitté son embarcation, qu'elle s'entr'ouvre.

Parvenu à Bastia, il court se cacher au village de Vescovato, chez le vieux Colonna Ceccaldi. Là, non seulement il était en sûreté, mais il retrouva des partisans, Deux cents officiers le rejoignent avec le général Franceschetti. Il marche sur Ajaccio. La ville maternelle de Napoléon tenait encore seule pour son fils. De tout son Empire, Napoléon ne possédait plus que son berceau.

La garnison de la citadelle salue Murat et veut le proclamer roi de Corse; il le refuse; il ne trouve d'égale à sa grandeur que le sceptre des Deux-Siciles.

Pendant ce temps, à Vienne, Louis XVIII, pressé par Talleyrand, qui détestait Murat, confirmait la rentrée dans ses États de Ferdinand IV de Bourbon et la déchéance de Joachim-Napoléon I⁰ʳ. Celui-ci reçut bientôt son aide de camp, M. Mucirone, arrivant de Paris; il lui apportait la décision de l'Autriche, en vertu de laquelle il devait quitter le titre de roi et se retirer, à sa volonté, en Bohême ou en Moldavie.

— « Il est trop tard, mon cher Mucirone, répondit Joachim, le dé en est jeté; dans un mois, je serai à Naples.

Il avait déjà réalisé six bâtiments pour transporter ses partisans, des armes et des munitions, et avait mis, pour cela, ses derniers diamants en gage.

Tout son entourage paraissait plein d'enthousiasme et lui prédisait un succès facile. Il mit à la voile dans la nuit du 28 septembre 1815.

Il avait confié le commandement de sa petite escadrille à un ancien capitaine de frégate, qui devait à la faveur de Murat ce grade dans la marine napolitaine; il se nommait Barbara; et bien que quelques avis fussent parvenus à Joachim sur le compte de cet homme, dont on l'engageait à se défier, il croyait à son dévouement et à son courage.

Contrariés par les vents, les bâtiments dont se composait l'escadrille furent dispersés, le 5 octobre, par une tempête.

Le 6, en vue des côtes de Calabre, les signaux ne purent rallier qu'une seule barque, contenant quarante soldats.

Un officier envoyé pour répondre aux questions de la douane, fut retenu prisonnier et les douaniers menacèrent de faire feu si les barques ne s'éloignaient pas.

Murat parut alors reconnaître la nécessité d'une prompte retraite, mais Barbara, qui avait reçu le prix de sa trahison, insista pour qu'il débarquât au Pizzo, et Murat lui donna enfin l'ordre qu'il désirait.

Quand la barque arriva devant le port, les officiers, qui n'avaient pas été consultés sur sa dernière résolution, le supplièrent d'y renoncer, lui assurant qu'il allait à la mort.

Il fut inflexible et donna le signal du débarquement; puis il ordonna à Barbara de se tenir près du rivage, toujours prêt à le recevoir lui et sa suite dans le cas où l'accueil des Napolitains ne répondrait pas à ses espérances. Environ trente hommes, officiers, soldats, domestiques l'accompagnaient, lorsqu'il débarqua.

Quelques cris de Vive Joachim! l'accueillirent lorsqu'il descendit sur le rivage.

Dix ou douze canonniers garde-côtes le suivirent. Mais à peine sa petite troupe eut-elle pris le chemin de Monteleone, que des paysans que commandaient un officier de gendarmerie, nommé Capellani, fit feu sur elle. Des rassemblements se formèrent sur d'autres points. La résistance devenait impossible et il fallait retourner sur ses pas.

Mais lorsque Murat et ses compagnons eurent regagné le rivage, le bâtiment qui devait l'attendre avec le capitaine Barbara et le chef de bataillon Courant, avait disparu.

Il ne restait à Murat et à sa troupe aucune retraite.

Bientôt, ils furent cernés par la populace du Pizzo qui s'était réunie aux paysans et aux gendarmes. Une décharge générale tua un officier du roi et blessa sept autres personnes.

Fait prisonnier avec sa suite, il fut conduit au fort. Il eut à y subir d'abord les lâches insultes de Capellani qui le fouilla, lui enleva ses papiers, — entre autres plusieurs proclamations, — et vingt-deux diamants.

Le gouverneur de la province, le général Nunziante, arriva de Monteleone dans la nuit du 8 au 9. Son premier soin fut de faire transporter l'illustre prisonnier dans une chambre particulière. Le quatrième jour de sa détention, il fut prévenu, par le général Nunziante, que le gouvernement lui avait transmis par le télégraphe, l'ordre de le retenir prisonnier malgré ses réclamations, pour être transporté sur un bâtiment portant le pavillon anglais.

Dans la nuit du 13, le général reçut l'ordre de former un tribunal militaire chargé de juger l'ex-roi de Naples. Cette décision surprit vivement Murat. La veille, on avait éloigné de lui les généraux Franceschetti et Natale, qui partageaient son logement.

La Commission militaire se composait d'officiers qui, pour la plupart, avaient reçu leurs grades et leurs décorations du roi Joachim.

Il est condamné *d'avance* et par décret de Ferdinand.

Ces despotes, à moitié endormis, dit Vaulabelle, dont l'imbécillité sanguinaire est le fléau des populations du vieil Orient, peuvent seuls donner une idée du roi Ferdinand, prédécesseur et successeur tout à la fois de Murat. Ce roi, qui alliait les habitudes les plus basses à la dévotion la plus grossière, se peint tout entier dans le décret qu'il rendit pour la mise en jugement de Joachim.

Voici les termes de ce document :

Ferdinand, par la grâce de Dieu, etc., nous avons décrété et décrétons ce qui suit :

« Article 1er. — Le général Murat sera traduit devant une Commission militaire dont les membres seront nommés par notre ministre de la guerre.

« Article 2. — Il ne sera accordé au condamné qu'une demi-heure pour recevoir les secours de la religion.

« Donné à Naples, le 9 octobre 1815.

« *Signé :* Ferdinand. »

Il comparut à peine devant la Commission qui ne semblait chargée, en définitive, que de constater son identité et de prononcer l'arrêt dicté par le roi. Dans la nuit du 13, on lui signifia cet arrêt. Il protesta avec amertume en disant : « Je suis Joachim, roi des Deux-Siciles.

Puis, il demanda à écrire à sa femme, ce qui lui fut difficilement accordé.

Lorsque sa lettre fut achevée, on le fit descendre dans une des cours intérieures du fort où se trouvaient réunis vingt gendarmes; en passant devant ce détachement, il lui adressa le salut militaire.

Il regarda les soldats charger leurs armes, et choisit lui-même, en capitaine expérimenté, l'endroit où les balles le pouvaient mieux atteindre.

L'officier chargé de faire exécuter la sentence, voulut lui faire mettre un bandeau sur les yeux. Il le refusa, ainsi que la chaise qu'on lui offrit.

— J'ai trop souvent bravé la mort pour la craindre, répondit-il d'un ton ferme, mais sans jactance.

Couché en joue, au moment du feu, il dit :

— Soldats, sauvez le visage, visez au cœur.

Il tomba, tenant à la main les portraits de sa femme et de ses enfants. Ces portraits ornaient auparavant la garde de son épée.

On l'enterra dans une fosse déjà préparée, au cimetière du Pizzo.

Murat aima le luxe, l'apparat, les richesses du costume, la pompe des cérémonies. — « Au moment d'une bataille, dit Béguin, il se revêtait de son plus brillant uniforme, il implantait dans son panache une aigrette étincelante de diamants, et il aimait à parader devant les troupes. Guerrier, il n'avait pas, comme Hoche, Desaix, Kléber et Lannes, ce génie stratégique qui prépare un plan de campagne, ainsi que l'on crée le plan d'un grand poème; mais nul, mieux que lui, ne sut saisir l'à-propos d'un mouvement, distribuer, réunir, mouvoir des masses de cavalerie, tenter d'incroyables hardiesses et forcer la fortune.

« Roi, il gouverna sagement, libéralement et se fit aimer.

« Arrivé sur le trône avec 12 millions de fortune personnelle qu'il dépensa dans l'intérêt du royaume de Naples, il en descendit ruiné, presque sans aucune ressources.

De son mariage avec Caroline Bonaparte, il avait eu deux fils et deux filles :

Napoléon-Achille Murat, né à Paris en 1801, mort aux États-Unis en 1847; Napoléon-Lucien-Charles, né à Milan en 1803, fournit une longue carrière. Il passa une partie de sa vie en Amérique, revint en France en 1848, se fit nommer représentant du Lot. En 1861, il manifesta quelques velléités de revendication du trône de Naples, mais le gouvernement déclara qu'il désavouait ses projets. Il disparut de la scène politique en 1870.

Les deux filles sont Italiennes. Lœtitia-Joséphine, née en 1802, épousa le comte Pepoli de Bologne. Enfin, Louise-Julie-Caroline, née en 1805, a épousé le comte Rasponi de Ravenne.

LES COMPAGNONS DE MURAT

LES GÉNÉRAUX NATALE ET FRANCESCHETTI — LE COLONEL BARON DUMÉRIL

On se souvient que le gouverneur de la province, le général Nunziante, plus humain que le trop zélé Capellani, avait fait transporter Murat et ses compagnons dans un appartement du château-fort du Pizzo, et leur avait permis de s'y réunir dans une salle commune, mais que la veille de l'exécution (13 octobre), il avait privé les prisonniers de toute communication.

Bien qu'il conservât encore quelque espérance, Murat dit adieu à ses amis comme s'il ne pensait plus les revoir.

Par une bizarrerie digne d'un abruti comme le roi *légitime* de Naples, aucune résolution n'avait été prise à l'égard des complices de Joachim, et le gouverneur attendit des instructions. Peut-être Ferdinand, après avoir reçu les délations des cinq traîtres détachés de l'état-major, — trois aides de camp, le capitaine du bateau et son second, — attendait-il encore de nouveaux rapports.

Les généraux prisonniers, qui avaient espéré partager entièrement le sort de leur roi et comparaître devant le même tribunal, n'augurèrent rien de bon de la séparation qu'ils subissaient.

— Ferdinand, dit le général Natale, va envoyer le roi Joachim devant un peloton d'exécution et nous condamner au bagne à perpétuité. Ce sera sa joie de nous voir en forçats et travailler à achever les routes commencées par son prédécesseur.

— Plutôt la mort! s'écria le général Franceschetti.

— Ou la fuite, dit en souriant le colonel Duméril.

— Vous y songez peut-être, colonel?

— C'est-à-dire que depuis que l'on nous a pris, je ne songe qu'à cela.

— Les brigands ne nous ont pas laissé une baïoque, objecta Natale.

— Oui, général, mais ils ne nous ont pas enlevé les galons d'or de nos uniformes. C'est toujours cela.

— Nous sommes sans armes.

— Nous en trouverons en chemin.

— Je vous trouve bien affirmatif, mon cher colonel.

— Il n'y a que la foi qui sauve, répondit Duméril en riant; puis, je préfère essuyer, s'il le faut, le feu des sentinelles à attendre que l'on nous rive les fers aux pieds, et il doit être moins difficile de s'échapper d'ici que du bagne.

— Le hasard est toujours de moitié dans ces sortes d'entreprises, dit sentencieusement Natale.

Cet officier appartenait à l'artillerie.

Napolitain d'origine, il avait été des premiers à saluer avec enthousiasme l'avènement de Joachim, c'est-à-dire d'un gouvernement honnête et libéral. Il ne fallait pas être grand révolutionnaire pour être dégoûté de l'imbécile cruauté de Ferdinand, des mœurs contre nature et des favorites de sa femme, enfin du protectorat anglais exercé par l'amiral Nelson, partageant avec la reine l'amour d'une ballerine.

De même que Franceschetti, il avait offert à Murat, pour cette dernière tentative, la plus grande partie de sa fortune.

Natale était peut-être, des trois officiers dont nous parlons, le mieux doué comme finesse et comme imagination, et l'homme qui pouvait leur être le plus utile par sa connaissance des localités.

Il avait déjà l'avantage de connaître le château-fort où ils se trouvaient.

Le Pizzo n'avait jamais servi de prison d'État qu'à des détenus peu dangereux et à qui on laissait la liberté de circuler dans l'enceinte fortifiée, et aucune mesure de rigueur ou de précaution n'y avait été prise pour y enfermer les conspirateurs. On n'avait pas d'ailleurs à se méfier de Murat; sa dignité royale ne lui permettait point d'user des ruses employées par les malfaiteurs, ou de faire de la gymnastique au bout d'une corde comme Latude.

Mais ses compagnons n'avaient pas les mêmes scrupules à observer et étaient exceptionnellement favorisés par le local et les circonstances.

Mort de Murat. — Respectez le visage.

Après s'être quelque temps entretenus de leur situation, les trois détenus remirent leurs résolutions au lendemain.

Le hasard, comme le disait Natale, vint heureusement à leur secours.

Des bruits de chevaux et des saluts militaires les avertirent de l'arrivée du courrier de Ferdinand et de la réunion des officiers choisis pour prononcer l'arrêt de mort de Murat.

Dans une anxiété trop naturelle, ils entendirent les dispositions militaires prises pour l'exécution et, en même temps, la sortie de Murat pour la cour dont nous avons parlé.

Aussitôt Natale s'écria :

— Maintenant, mes amis, nous sommes libres : ne m'interrogez pas; suivez-moi.

L'appartement qu'ils partageaient avec Murat était situé au-dessus de celui du commandant du fort, et, selon un usage à qui plus d'un homme a dû la vie, communiquait par un escalier de service avec celui-ci, et plus bas avec le jardin.

Les portes se fermaient en dedans et les deux portes principales étaient seules gardées par des sentinelles.

Le commandant du fort assistait, avec le général Nunziance, à l'exécution.

Les fugitifs pénétrèrent chez lui, enlevèrent un chapeau du commandant, une paire de pistolets chargés et déposés sur une table de nuit. Le général napolitain et le colonel Duméril se les partagèrent, tandis que Franceschetti était assez heureux pour mettre la main sur un sabre... mais ils ne s'attardèrent point... une détonation sinistre leur rendit le sentiment du danger et en moins de deux minutes, ils eurent traversé le jardin ; mais là se rencontrait un inévitable obstacle.

A la sortie du jardin, sur le chemin du rempart ou de ronde, s'apercevait dans le mur d'enceinte, la baie noirâtre d'une poterne; mais entre celle-ci et la clôture du jardin, se promenait un factionnaire.

Natale en prévint ses compagnons.

Le temps manquait aux longues délibérations. Il prit brusquement son parti, jeta son chapeau, le remplaça par celui du commandant, et s'avança sur le chemin de rempart.

A cinquante pas de là, la sentinelle s'avançait dans sa direction.

Tout d'abord, les uniformes d'officiers napolitains produisirent un excellent effet.

— Pendant que je vais amuser cet imbécile, dit Natale, vous tirerez les verrous de la poterne; dépêchez-vous.

— Sentinelle, approchez.

Le soldat obéit et le regarda avec étonnement; il ne le reconnaissait pas.

— Depuis quand êtes-vous ici?

— Depuis une heure environ, mon... commandant.

— N'avez-vous vu passer personne?

— Non! personne.

— Des prisonniers, complices de l'usurpateur français, sont parvenus à s'évader des prisons. On nous a dit qu'ils avaient pris la direction de cette poterne.

Le soldat, dont la surprise semblait croître de seconde en seconde, s'écria tout à coup :

— Mais vous n'êtes pas mon commandant!

— Es-tu fou? fit le conspirateur.

— Vous êtes le général Natale!

— Ah!

— Général, je vous arrête.

— Brave garçon! fit Natale, avec une estime sincère.

Et lui mettant son pistolet sur la poitrine.

— Rends-toi ou je te tue.

Le pauvre diable effaré, pris entre le devoir et la mort, sentait sur son habit de toile le canon du pistolet comme une brûlure; ses genoux douloureux fléchissaient, la voix s'arrêtait étranglée.

Il laissa tomber son lourd fusil, — qui d'ailleurs n'était pas chargé, — et murmura :

— Grâce!

— Marche devant moi, reprit le général, en le poussant vers la poterne qui venait de tourner sur ses gonds rouillés.

Franceschetti et Duméril, témoins de cette scène, descendirent aussitôt dans le fossé, ils y entraînèrent le factionnaire. Il ne fut pas difficile de lui faire comprendre que s'il restait au fort il serait fusillé, et que ce qu'il avait de mieux à faire était de partager le sort des fugitifs.

Des bois étaient à peu de distance, ils s'y dirigèrent sans discuter, et ils furent assez heureux d'y arriver avant que l'on se fût mis à leur poursuite. Cela leur constituait une petite avance. Mais ils n'étaient qu'au commencement de leurs peines.

Ils ne possédaient ni plans ni ressources, ils ne pouvaient aller ainsi à l'aventure.

Le bois ne leur offrait que le couvert.

Les champs, dépouillés de leurs récoltes, gardaient à peine quelques mauvais fruits d'arrière-saison. Leurs uniformes les désignaient de loin à leurs ennemis, et ils avaient pour ennemis tous les paysans qui espéraient obtenir, en les dénonçant, la plus faible récompense.

Après s'être reposés de leur course rapide, Duméril rompit le silence avec une gaieté ironique.

— Maintenant, dit-il, nous n'avons plus que le choix de notre résidence.

— La campagne ou la ville; les châteaux-forts ou la belle étoile, et pour maître d'hôtel le hasard, dit le général Natale; mais quelques mauvais repas se supportent, et sous ce beau ciel on dort très bien dans les champs.

— Parfaitement général, mais vers quel but nous dirigeons-nous?

— Je vous avoue que je l'ignore. Mais la nuit porte conseil.

— Quant à moi, je ne vois qu'une chance de salut, dit Franceschetti.

— C'est déjà joli, fit Duménil; laquelle, mon général?

— C'est de nous rapprocher assez de la côte pour l'avoir toujours en vue et guetter la barque qui pourrait nous transporter en Corse. Là, je défie bien à n'importe quel roi de nous faire arrêter. C'est l'inexpugnable forteresse des amis de l'Empire. La mère de Napoléon ne livrera pas ses enfants. Je vous donne asile chez moi.

— Merci, général. Alors, nous nous rapprocherions de Palmi, par exemple. Nous n'en sommes pas éloignés, mais la Corse est bien loin.

— Aimeriez-vous mieux, Natale, vous rapprocher de Naples?

— Oui.

— Vous plaisantez?

— Du tout. J'ai, au fond du golfe de Salerne, une villa charmante. Ma femme l'habite à cette heure. Là, après m'être refait, je pourrais, muni d'argent, m'embarquer pour l'Orient ou pour l'Amérique.

— Mais nous sommes à cinquante lieues de mer de Salerne. Il n'est guère plus difficile d'aller en Corse. Vous y feriez venir votre femme et vous iriez plus tard en Amérique ou en Orient.

— Et vous, Duméril? fit Natale, pour éviter de répondre...

— Ah! *povero!* fit le colonel. J'accepterais volontiers l'hospitalité corse de Franceschetti, car au premier pas que je ferais en France, je serais fichu... J'étais resté au service avant les Cent-Jours; vous pensez qu'après notre aventure, je serais fusillé. Les Bourbons de France ne sont pas plus tendres que ceux des Deux-Siciles.

— Et toi, Nardi (c'était le nom de l'ex-factionnaire du Pizzo), que comptes-tu faire et que penses-tu?

— Général, répondit le soldat, je pense que bien peu de bâtiments s'arrêtent à Palmi.

— Nous parlons d'une barque. Et après?

— C'est qu'il faudra se rapprocher de la petite ville où notre signalement est donné; puis s'entendre avec le marinier, ce qui ne sera pas facile et sera dangereux. Enfin, je pense qu'il faut manger tous les jours et que pour cela il faut sortir du bois, et voulez-vous que je vous parle franchement, seigneur général? C'est que la nécessité peut pousser un galant homme à de vilaines choses. Aussi, souvent, on voit après la guerre un brave soldat estropié et sans argent obligé de tendre la main aux portes d'une ville, ou au bas d'un pont.

— Alors, tu te résignes à mendier, mon ami? demanda Natale.

— Non, général, mais parce que je ne le puis. Je n'ai pas le costume convenable, et d'ailleurs tout le monde connaît mon signalement, tout comme le vôtre, seigneur général.

— Eh bien alors?

— Ce qu'on me refusera, je le prendrai de force. Oui, je n'ai plus qu'un parti à prendre... et vous aussi, messieurs, croyez-moi : — C'est de nous faire brigands.

Les officiers se mirent à rire.

Nardi, seul, gardait son sérieux.

LA CHASSE AUX PROSCRITS

Tandis que les gendarmes transportaient le corps de Joachim dans une fosse creusée à l'avance au petit cimetière du Pizzo, le gouverneur de la Calabre ultérieure informait le roi de l'exécution de ses ordres et lui demandait des instructions au sujet des compagnons du supplicié. A cette lettre, il joignait celle de Murat à Caroline, sa femme. La correspondance se faisait ordinairement par mer, les routes n'existant encore que dans les projets du gouvernement, et le bateau avait depuis longtemps disparu de l'horizon, lorsque le concierge chargé de fournir les repas des trois officiers supérieurs, apprit au commandant la fuite de ses pensionnaires.

Grand émoi!... Constatation du fait... Ordre donné au lieutenant d'inspecter les postes et de faire prendre les armes à ses hommes; rappel des gendarmes; communication donnée au gouverneur.

— Si je ne m'étais pas absenté pour assister, comme c'était mon devoir, à la mort du général Murat, ce ne serait pas arrivé. C'est moi qui les gardait sans le savoir, pour sortir, ils devaient passer par chez moi. Que comptez-vous faire?

Le commandant dit quelles mesures il venait de prendre

— C'est parfait, répondit Nunziance sérieusement, mais non sans ironie, tous nos soldats sont à leur poste, pour le reste, entendez-vous avec la gendarmerie. Les malheureux, les voilà bien avancés sur cette côte déserte.

— Puisque j'ai le bonheur de posséder dans nos murs Votre Excellence, je désirerais prendre son avis.

— Eh bien! faites tirer le canon d'alarme pour avertir les pêcheurs et les paysans.

— Je n'ai plus, Excellence, qu'un petit nombre de coups à poudre pour répondre aux saluts de nos amis les Anglais... et je crains même de manquer de cartouches pour les exécutions, si elles se multiplient

— A mon retour à Catanzaro, je remédierai à cette pénurie. Je n'ai moi-même que de la poudre de chasse anglaise pour ma consommation personnelle. Il vous faut donc poursuivre les fugitifs à la baïonnette.

— Oui, Excellence, et ne pouvant m'emparer d'eux par la force, je devrai user de stratagème.

— Du moment que le stratagème ne coûte rien au gouvernement, vous aurez toujours notre approbation.

En quittant le gouverneur, le commandant alla trouver Callapravi, le butor qui commandait les gendarmes. Celui-là était ravi de l'affaire qui allait lui donner l'occasion de se distinguer; ancien brigand, puis policier, enfin gendarme, il connaissait toutes les ruses de la chasse à l'homme et était certain de capturer les fugitifs, et sans brûler une cartouche!

En définitive, le soldat Nardi était dans le vrai. Pour se sauver, ils devaient se faire brigands. La côte, pendant longtemps, devait leur être inabordable. Ils manquaient de tout : de vêtements, de vivres et d'armes. Ils ne pouvaient se procurer le nécessaire qu'en le volant.

Après avoir bien discuté, ils s'étaient endormis, étendus sur la mousse des bois, et lorsque le premier frisson de l'aube les réveilla, ils s'étonnèrent de n'être plus que trois au lieu de quatre.

— Tiens! Nardi? Parti. — C'est fâcheux...

Franceschetti avait enveloppé ses pistolets dans son foulard... Partis avec le soldat! Pas mal pour un débutant dans la carrière de Fra-Diavolo.

Ils n'étaient pas à plus d'une lieue du château-fort, et en se rapprochant de la lisière du bois, ils voyaient au-dessous d'eux, à droite le fort, le petit port à gauche, dans les champs, le village de Mileto.

S'ils étaient poursuivis, ils verraient les troupes et les paysans en campagne et auraient le temps de se réfugier plus haut dans le bois et la montagne.

Le paysage était délicieux. Sous une brise molle, la mer bleue frangeait d'argent ses vagues d'un éclat éblouissant, les habitations semblaient des nids construits dans d'énormes bouquets de verdure embellie des vives colorations de l'automne; mais sur les flots bleus on ne voyait qu'à peine deux ou trois barques de pêcheurs, et pas un marchand, pas un navire; dans les sentiers et les enclos, pas un passant, pas un cultivateur.

Aussi, ce magnifique tableau ensoleillé, joyeux, les laissait pensifs et glacés de pressentiments funestes.

Ils avaient faim.

A quelle cabane allaient-ils demander du pain... c'est-à-dire quelque nourriture?

Useraient-ils de la prière ou de l'intimidation?

Ils étaient trois et possédaient un sabre. Leurs habits brodés d'or auraient tenté la cupidité d'un marchand, mais un paysan calabrais n'en saurait que faire.

— Il faut agir, dit Franceschetti, coûte que coûte. J'avoue qu'en ce moment, je me rallie à l'opinion de Nardi.

Et vous, mes amis?

— Nous aussi.

— Eh bien! Descendons à la chaumière la plus rapprochée du bois. Tenez, celle-ci.

Comme il étendait la main, et dans la direction qu'il indiquait, tout à coup il vit paraître un jeune berger d'une quinzaine d'années qui sortait avec un petit troupeau de chèvres, une douzaine environ.

Ses amis l'aperçurent en même temps que lui et ne purent réprimer une exclamation de joie.

Le troupeau se dirigeait vers eux, et ils se hâtèrent de rentrer sous bois, en se dissimulant de leur mieux.

De plus expérimentés qu'eux des choses de la campagne auraient déjà observé aux buissons de la lisière des flocons laineux, des traces de bétail.

Déjà ces infortunés n'écoutaient plus que l'instinct de la conservation. Après avoir réuni toutes les piécettes d'argent et de cuivre qu'ils possédaient, afin de payer ce qu'ils allaient prendre, ils n'étaient arrivés qu'à une somme minime, et la fatalité les ployait sous le conseil du soldat : Faites-vous brigand.

— Pourquoi nous priver de nos derniers sous, dit Duméril. « Nos scrupules font voir trop de délicatesse. » Nous n'aurons pas toujours la chance de nous ravitailler sans argent.

Puis, avisant un chevreau de bonne apparence parmi les animaux qui déjà envahissaient les bords du bois, et qui s'aventurait dans leur direction; tenez, ajouta-t-il, voilà notre affaire.

Et faisant de son mouchoir une corde qu'il passa au cou du che-

Rends-toi ou je te tue.

vreau, il le tira à lui. Il l'emmena ainsi à quelques pas, mais l'animal cria, se débattit. Il le saisit par les quatre pieds, le chargea sur ses épaules et s'enfuit à toutes jambes, suivi de près par ses amis.

Le petit berger, il est probable, courut après eux, mais il eut peur.

Ils eurent ainsi des vivres pour deux jours et descendirent vers Palmi dans l'espoir de s'entendre avec un marinier.

Deux jours s'écoulèrent sans incident, sans que personne parut s'occuper d'eux.

Du coteau qui dominait la plage, ils voyaient entrer et sortir du petit port de Palmi des barques de pêcheurs, mais ils n'osaient descendre, se montrer, et faire des propositions aux propriétaires de ces pauvres embarcations. Ils pensèrent à s'emparer de l'une d'elles pendant la nuit. Elles n'avaient point d'attache, n'étaient point gardées, mais simplement tirées sur le sable.

La faim les torturait de nouveau.

Ce plan, formé le matin, devait être exécuté le soir, après une incursion dans un jardin où ils avaient cru voir des légumes ou des fruits.

Ils ne savaient point orienter une voile, mais ils espéraient en venir à bout. L'expédient était des plus misérables, et après s'être élevés par leur mérite aux plus hautes dignités d'un royaume, il était navrant d'être tombés si bas. Ne trouveraient-ils donc pas un cœur à la hauteur du leur qui aurait foi dans leur courage, dans leur honneur et leur ferait l'avance des frais du voyage en Corse qu'ils méditaient? Ils n'en désespéraient pas encore, lorsqu'ils distinguèrent, au nord-ouest, un grand bateau ponté, portant le pavillon anglais.

— Je ne sais pourquoi, s'écria Duméril, avec son impétuosité française, mais j'augure bien de ce bâtiment, bien qu'il porte les couleurs les plus détestées.

Vous parlez anglais, général? ajouta-t-il en s'adressant à Natale.

— J'en écorche quelques mots, colonel, mais je ne partage point votre espérance. Ce navire vient dans notre direction, il est probable qu'il se rend en Sicile, et il ne va pas changer sa direction pour nous faire plaisir. S'il sortait du détroit et allait vers le nord, il serait dangereux mais non ridicule de proposer à l'Anglais de nous prendre à bord.

— C'est vrai, fit Duméril, aussi prompt au découragement qu'à l'espérance.

Allons, ne comptons que sur nous-mêmes.

Cependant le bâtiment avait mis le cap sur Palmi, et, de l'endroit où ils s'étaient postés, ils assistèrent au débarquement.

Cinq ou six hommes. Ils n'avaient rien d'anglais. Mais, en tout cas, nos officiers ne pouvaient reculer devant un si petit nombre. Ils descendirent au port et rencontrant un des marins, Natale lui demanda, en italien, où était son patron ou capitaine. Ce matelot était Sicilien, il indiqua aussitôt celui qu'on demandait, sans paraître étonné de voir trois officiers poussiéreux, fripés comme l'étaient les fugitifs.

Un bonhomme s'approcha du général, porta la main à son bonnet et lui demanda ce qu'il désirait.

Natale le prit à part et lui parla avec une entière franchise.

« Tous trois, lui dit-il, nous sommes officiers supérieurs de l'ancienne armée, deux généraux, un colonel. Nous avons de la fortune, mais nous n'avons point de banquier à Palmi, on nous a dépouillés, et nous sommes sans un sou vaillant. Si vous voulez nous sauver, en nous conduisant en Corse où les bonapartistes n'ont rien à craindre, nous vous assurerons une petite fortune. »

Il allait à Palerme chercher du vin, on ne lui faisait pas manquer une grande affaire, mais à plusieurs reprises, il répéta :

« De l'argent, c'est très bien, mais si l'on me prend, je serai pendu ou fusillé. »

Natale lui faisait la part très belle, trente mille francs.

Tout à coup, il dit : — Et mes hommes !

— Ah ! fit le général, nous n'avons pas l'habitude de prêter plus que nous ne pouvons tenir, et en ce temps-ci l'argent est rare ; mais vous doublerez leurs salaires.

— S'ils se doutent que vous êtes proscrits, ne vont-ils pas nous dénoncer ?

— Vous les connaissez.

— Justement ! fit le capitaine.

— Si vous ne risquiez rien, ce ne serait pas la peine de vous payer si cher.

— Vous êtes recherché. Le bateau du Pizzo surveille la côte.

— Vous l'avez vu ?

— Certainement.

— Vous n'êtes pas sans armes, au besoin nous vous défendrons.

Enfin, après bien des hésitations, le capitaine consentit à les prendre à son bord.

Nous allons repartir, dit-il, après quelques provisions, un voyage de deux cents lieues l'exige, mais il n'est pas prudent que vous restiez ici, vous y êtes trop en vue et vous feriez bien d'embarquer dès à présent.

Ils y consentirent, enchantés de la raideur du patron.

Lorsqu'ils furent sur le pont, le capitaine invita le général Natale à entrer dans sa cabine. A peine y fut-il, qu'il lui mit un pistolet sur la poitrine, en lui disant :

— Général, vous êtes mon prisonnier.

— Vous croyez? dit Natale qui, d'un revers de main, envoya en l'air le pistolet; l'arme détonna.

— A moi! cria le général.

Ses deux amis accoururent, mais, au passage, ils furent arrêtés par une demi-douzaine de gendarmes sortis tout à coup de la grande écoutille de l'entrepont. Ils se battirent corps à corps; mais le nombre des assaillants s'accrut encore. Dans cette lutte inégale, ils succombèrent, et les soldats de police riant bruyamment du succès de leur stratagème, les garrottèrent comme des malfaiteurs.

Ce triomphe s'explique facilement.

Dès le premier jour, ils étaient avertis au Pizzo de la présence des trois officiers dans les bois. L'enlèvement du chevreau avait jeté l'alarme tout le long de la côte et prouvé en même temps que les fugitifs (on disait les brigands), mouraient de faim.

L'expédition résolue contre eux n'était plus qu'une partie de plaisir. Aussi leur gaieté était-elle insolente en s'en retournant au Pizzo, et ils n'épargnèrent pas leurs railleries aux malheureux proscrits.

Le soir même, ils rentrèrent dans la petite anse du golfe Sainte-Euphémie, que le château-fort était censé protéger de ses canons.

En abordant les prisonniers, le commandant, avec une joie mal contenue, leur dit :

— Messieurs, j'en suis désolé pour vous, mais je ne pourrai vous laisser désormais la même liberté qu'autrefois. Je vais écrire dans un instant au ministre, et, en attendant la réponse de Son Excellence, vous serez détenus dans les anciennes prisons.

On les enferma en effet dans des cachots souterrains construits selon les règles inhumaines du moyen âge.

Ce qui leur fut le plus cruel, ce fut d'être privés entre eux de communication.

Deux semaines s'écoulèrent avant que le commandant reçut la réponse du ministre.

NOUVEAU TRANSFERT

Les ordres donnés de Naples ne manquaient pas d'originalité.

« Puisque, disait le ministre de la police, vous manquez de geôles convenables et même de poudre, nous vous envoyons *le Diamant*, brick de guerre qui remettra entre les mains de l'autorité du port français le plus prochain, les nommés Franceschetti et Duméril, officiers français, le général napolitain Natale sera transféré à la prison militaire de Gaële, où l'attend une commission militaire. »

Peu de jours après, *le Diamant* arriva au Pizzo. Lorsqu'ils eurent connaissance de leur transfert, Franceschetti et Duméril se considérèrent comme sauvés : le port français le plus prochain était en Corse, Bonifacio ; mais le général Natale se jugea perdu ; Gaëte est la citadelle la plus considérable du royaume, et là, comme en France, dans toutes les villes fortes fonctionnait préalablement un tribunal militaire.

Le Diamant n'était pas un transport de bagne et n'était pas aménagé pour recevoir des prisonniers, on se contenta d'enfermer les trois officiers dans la première batterie, en leur accordant quelques heures de promenade sur le pont.

Il leur était interdit de causer ou d'avoir aucune communication avec l'équipage.

Toutefois, le capitaine daignait adresser, en passant, quelques paroles aimables aux proscrits. Tout se passa d'abord très convenablement. Un peu d'espoir et de gaieté revint au cœur de ces infortunés.

Le vent était contraire, il les poussait à la côte, le navire marchait lentement et le voyage ressemblait à une promenade. Cependant, parmi les marins qui leur apportait à manger, il en était un qui, au trefois, avait été sous les ordres de Natale et qui, ainsi que lui, était de Salerne. Il avait essayé de se faire reconnaître du général, qui s'était prêté de bonne grâce à ses avances.

Le général était riche et grand propriétaire aux environs de sa ville natale. Il y jouissait par conséquent d'une grande considération. En apprenant de cet homme que le brick devait faire escale à Salerne et s'y arrêter près d'une journée, un éclair d'espoir traversa l'esprit du prisonnier et, dès sa troisième entrevue avec le porteur de gamelles, il lui proposa de l'aider à fuir ou de fuir avec lui. A Salerne, il avait son banquier et, nous l'avons dit, sur le golfe, non loin de la ville, une riche maison de campagne.

Parvenu là, il lui serait facile de se munir de tout ce qui pouvait être utile à sa fuite hors du royaume.

Le soldat accepta moyennant une somme qui serait versée à ses parents, et sachant le général entièrement dépourvu d'argent, il le pria d'accepter ses économies.

L'évasion devait être facile, mais à la condition que le brick passerait la nuit à Salerne, et avec un voilier on ne peut calculer qu'approximativement la vitesse d'un navire.

Cet homme était intelligent, il sut pourvoir aux besoins les plus indispensables, c'est-à-dire un costume de marin et un sabre. La chance revenait visiblement au général : On débarqua à Salerne vers six heures du soir.

Le capitaine, son premier lieutenant et plusieurs officiers descendirent en ville aussitôt et beaucoup les suivirent d'un œil d'envie.

A sept heures, on porta aux prisonniers leur souper.

— Habillez-vous, général, dit le matelot salernais à Natale, nous partons dans un quart d'heure.

Cinq ou six matelots avaient formé le projet d'aller « courir une bordée » en ville, Natale devait, dans l'ombre, se mêler au petit groupe d'indisciplinés.

Robuste, adroit à tous les exercices du corps, le général italien suivit parfaitement les marins dans leur périlleuse escapade.

Le port, les rues étaient remplis de monde, il craignait d'être reconnu, il ne s'arrêta point en ville et se dirigea rapidement vers sa villa.

Les idées les plus bizarres avaient envahi son cerveau.

Natale avait une femme plus jeune que lui de dix ans, dont la famille était restée fidèle, même sous Murat, à l'horrible Ferdinand. Après la chute de Joachim et pendant l'occupation autrichienne elle était restée à Salerne sans être inquiétée, malgré les opinions muratistes de son mari et la part qu'il avait prise à la tentative du Pizzo.

Mme la Générale aimait le luxe, la représentation, les plaisirs, et Natale, dont les projets de fuite avaient depuis quelque temps absorbé la pensée, se demandait ce que sa femme avait fait pendant son absence. Il avait pour elle une affection très vive sans être aveugle ; sa coquetterie, sa légèreté l'inquiétaient souvent. Cependant elle avait dû être fort tourmentée, car on n'avait pas manqué de répandre le bruit de sa mort.

Consentirait-elle à le rejoindre à l'étranger? Devrait-il l'y obliger?... Il attendrait qu'il se fût fait une situation qui compensât celle qu'il avait perdue.

Les abords de la villa étaient déserts, un silence profond y régnait, mais une lumière brillait chez le concierge et l'appartement de la Générale était éclairé.

Elle veillait. Peut-être avait-elle quelqu'un de sa famille. Il allait la surprendre. Il tira la sonnette qui tinta discrètement. Le concierge alluma une lanterne et vint lui ouvrir, cet homme fut stupéfait en le reconnaissant.

— Quoi, général ! c'est vous ?

— Oui, mon ami. Tu me croyais mort ?

— Non, général, mais on nous avait assuré que vous étiez en prison.

— Je viens de m'en échapper en effet. Donc, silence !... Inutile que toute la maison le sache. Mme Natale est chez elle, j'ai vu de la lumière.

Et parlant ainsi, le général prit l'escalier avant que le concierge, qui avait visiblement quelque observation à lui faire, eût eu le temps de parler.

Vous vous doutez sans doute de ce qui l'attendait? Un de ces malheurs dont la banalité fait sourire et qui, cependant, renferment en eux tout ce qu'un galant homme peut souffrir de plus cruel.

La Générale, dans un déshabillé galant, se trouvait en tête à tête avec un monsieur que son costume négligé, son attitude compromettaient évidemment.

Et ce qui ajoutait au piquant ou à l'odieux du tête à tête, ce monsieur n'était pas un jeune homme, mais un personnage au front chauve et à lunettes d'or.

En entrant, tout d'abord, ce ne fut pas sa femme qu'il vit, mais l'étranger allongé sur un sopha, les jambes croisées, et ce qu'il remarqua soudain ce furent ses pantoufles.

Il s'arrêta un instant, muet de surprise, laissant à l'inconnu le temps de se redresser. Ils ne se connaissaient pas.

Le premier gardait tout son sang-froid. Trompé par le costume de matelot.

— On n'entre pas ainsi sans se faire annoncer! dit-il.

— Lui! s'écria la Générale épouvantée.

— Je vous dérange, madame? fit Natale avec ironie, monsieur est sans doute de vos parents? Je n'ai pas l'honneur de le connaître

— L'étranger se leva et, en s'inclinant :

— Je suis le comte Zampierri, ministre de la police, dit-il.

— J'étais très inquiète, ajouta la dame plus blanche que ses dentelles, j'avais écrit à M. le comte pour le prier de me donner de vos nouvelles, il a été assez bon pour m'en apporter lui-même.

— Voilà qui est fort bien trouvé, fit le général.

— Mais, monsieur, vous ne me ferez pas l'injure de douter de ma parole?

— Et vous, madame, m'épargnerez-vous l'odieux d'une comédie? Est-ce avec mon geôlier que je devais vous retrouver en m'échappant de prison?...

— Mais, monsieur...

— Me croyez-vous aveugle? Ah! ne m'irritez pas davantage. Et vous, monsieur le comte, si malgré l'emploi que vous avez à la Cour, vous êtes encore un galant homme, *veuillez changer de chaussures* et me rendre raison.

— Que voulez-vous dire?... Un duel?... Ah! général, oubliez-vous à qui vous parlez?

Il l'emmena ainsi à quelques pas et la chargea sur ses épaules.

— Non, monsieur, mais j'ignore si vous êtes encore un galant homme, ou seulement un misérable coquin, qui fait incarcérer le mari pour lui prendre sa femme, qui le fera fusiller demain pour jouir de son crime en toute sécurité.

— Assez, monsieur. La déplorable erreur...

— A votre tour, pas de phrases ! s'écria le général en frappant du pied et dégainant son sabre. La chambre où vous êtes, l'heure avancée, votre tenue ne sont pas des illusions, monsieur. Vous invoquez votre titre de policier en chef et menacez de me renvoyer à vos gendarmes, vous ne m'arrêterez pas, monsieur Zampierri, vous me tuerez ou je vous tuerai... et sur l'heure !...

— Oh ! mon Dieu ! exclama la Générale en se dirigeant vers la porte...

Il la saisit vigoureusement par le bras et la ramena brusquement au milieu de la chambre.

— Où allez-vous, madame, réveiller vos gens, appeler le valet de cet homme ?

— Comte, décidez-vous, je vous prie. Vous voyez, cette malheureuse, autrement, va me forcer à user des droits que me donne la loi. Vous savez ce que je veux dire : Le droit du mari outragé donné par le flagrant délit. On vous parle d'honneur, vous êtes sourd ; attendez-vous un autre langage ?

Le ministre commençait à avoir peur, son valet dormait à l'écurie ; les gens de la maison logeaient sous les combles.

Il savait qu'en sautant par la fenêtre il tomberait sur des rochers qui, pour être artificiels n'étaient pas tendres et inoffensifs. Il était sans armes et le général agitait un sabre de marine. Le temps des plaidoyers semblait passé. A la parole succédait l'action. Son regard cherchait, affolé, autour de lui, une arme, un moyen de défense. Il était aussi pâle que sa complice.

Le général marcha vers lui et lui dit :

— Vous êtes un lâche !

Un flot de sang monta au front pâle de Zampierri.

— Je ne suis pas un traîneur de sabre, moi, répondit-il.

— Tout gentilhomme sait tenir une épée.

— Mais je n'ai pas d'épée !... Vous voulez m'assassiner, assassinez-moi !

— Comte Zampierri, voulez-vous une épée ?
— Oui.

Natale se tourna vers sa femme et lui dit :

— Si vous tentez de fuir ou d'appeler, je tue cet homme comme un chien. Maintenant, allez dans mon cabinet, il y a des épées, vous le savez.

Mme Natale obéit, tremblante ; un instant après, elle reparut, tenant les deux épées.

— Très bien. Vous allez, madame, — toujours aux mêmes conditions, — nous accompagner avec ces deux candélabres, dont il faut allumer toutes les bougies.

— Mais, monsieur, de grâce, attendez le jour.

— Il faut qu'avant le jour je sois loin de Salerne. Obéissez-moi donc ! Nous allons descendre dans la grotte, où nous serons très bien.

La dame obéit, alluma les huit bougies et prit les devants. Le comte la suivait de près, songeant à profiter de la première occasion pour fuir. La grotte, située sous l'habitation, donnait accès sur un parterre qui, lui-même, bordait la plage du golfe de Salerne.

La Générale traversa l'appartement, et, par un étroit escalier, descendit dans la grotte spacieuse et ornée de fleurs, où, l'été, elle venait le soir goûter la fraîcheur de la brise.

Un sable fin couvrait le sol, des sièges et des tables rustiques y étaient disposés entre les bouquets de verdure et quelques statuettes de divinités marines.

Le général indiqua à sa femme les endroits où elle devait déposer les flambeaux, puis invita le comte à choisir une épée.

Il ôta sa veste de matelot.

Le comte dit encore :

— Nous allons donc nous battre sans témoins ? Je prends Dieu à témoin...

— Cela suffit, interrompit Natale.

— C'est un assassinat !...

— Allons donc.

Le comte ôta son vêtement et resta en chemise jusqu'à la ceinture, puis il tomba en garde.

Le combat s'engagea.

La Générale, assise dans un coin de la grotte, se cachait les yeux de ses mains.

L'action d'abord fut molle et le comte se tint sur la défensive, se bornant à parer les coups impatients de son adversaire.

Le système de défensive, excellent en lui-même, ne pouvait mener jusqu'au bout le ministre Zampierri. En pénétrant dans la grotte, il devait savoir qu'il s'agissait d'un combat à mort, et son adversaire n'était pas homme à abandonner la lutte après une légère blessure ou par suite de fatigue. Un moment vint où Natale multiplia les coups avec une vivacité étourdissante, le touchant au bras, à la poitrine, je ne sais où encore, puis, lui perça la poitrine d'outre en outre.

Zampierri tomba.

Natale essuya son arme en le considérant un instant. Il lui vit l'écume rouge aux lèvres, le regard éteint et il le jugea mort, bien qu'il eût encore un reste de vie.

Au bruit que fit la chute de son amant, la Générale jeta le petit cri d'usage.

— Il est blessé? fit-elle.

— Il est mourant, madame.

— Ne puis-je faire venir un chirurgien?

— C'est inutile, pour lui et pour vous.

Ah! pardonnez, il pourrait témoigner que le comte est mort dans une affaire d'honneur.

— Obligé de payer d'honneur, il est mort insolvable. Mais vous attribuerez sa mort à quelque brigand.

Puis, prenant le vêtement du ministre, il s'empara de ses papiers.

— Cela peut m'être utile, dit-il. Maintenant, madame, reprenez vos flambeaux et remontons à la maison.

— Mais il vit encore, monsieur.

— Lui faut-il un second coup d'épée?

— Oh! monsieur, un assassinat!...

— N'avais-je pas, madame, le droit de le tuer en entrant chez vous? Une heure plus tard, je vous trouvais au lit. Ah! épargnez-moi les injures et retirons-nous.

Elle jeta un dernier regard au mourant et obéit. Rentrée dans sa chambre, elle déposa les candélabres et se laissa choir dans un fauteuil, comme épuisée.

— J'ai toujours besoin de vous, reprit le général. Il me faut des vêtements, du linge, de l'or... tout ce que vous avez d'or ici.

— Je ne crois pas en avoir beaucoup.

— Vous y joindrez vos bijoux.

— Mes bijoux ! se récria la dame.

— C'est bien le moins pour me sauver la vie. Tandis que vous irez me dénoncer aux gens de votre amant, je devrai payer doubles guides aux postillons. Allons, je vous prie, madame, faites ce que je vous dis, et épargnez-moi vos observations.

La coupable, effrayée, toute défaillante qu'elle était, fit ce que voulait le général.

Tout, néanmoins, ne se passa point sans souffrance.

Natale ayant rencontré une parure qu'il se rappelait avoir donnée à sa femme quelques jours avant son mariage, dans un élan de passion, la sortit de l'écrin, la considéra un instant à la lumière des bougies, la mania avec une sorte d'attendrissement; puis, tout à coup, jeta collier et bracelets sur le parquet et les broya du talon de ses bottes.

Lorsqu'il jugea sa provision faite, il prit encore ses meilleurs pistolets, un magnifique poignard turc, que lui avait donné Murat, et il descendit chez le concierge, qui dormait tout habillé sur son lit.

— Dis au cocher de Zampierri d'atteler, lui dit-il.

Quelques minutes plus tard, la voiture, attelée de deux excellents chevaux, parut dans la cour.

— Dis au cocher de prendre la route d'Avelino, et rejoins-moi dans la voiture.

— Mais, monsieur, fit le concierge tremblant.

— Ton dévouement de quelques heures te sera bien payé. Je ne te garderai pas plus d'un jour.

Le concierge ne résista pas davantage; et le cocher, qui croyait mener son maître, prit, non sans surprise, la route d'Avelino.

Mais un ministre de la police a des caprices que n'ont pas les simples mortels.

La voiture partit au galop et fut abandonnée au bout de quelques postes, lorsque Natale pensa devoir la quitter et pouvoir dépister les gendarmes.

Il parvint à gagner un port de l'Adriatique, et, de là, la Grèce et la Turquie, où il prit du service et mourut pacha.

LA FUITE EN CORSE

Natale, très secret, comme la plupart des Italiens, n'avait pas averti ses compagnons de son évasion ; il avait, sans doute, quelque bonne raison pour cela. Il devait croire que, débarqués en Corse, ils sauraient se soustraire à l'autorité du préfet et trouver un refuge assuré dans l'hospitalité corse ; Franceschetti l'avait toujours espéré.

Lorsque le capitaine du navire de guerre déclara au Gouvernement la fuite du général Natale, Ferdinand ignorait encore la mort de son ministre et s'étonnait de son absence. La Générale ne s'était pas pressée de dénoncer son mari ; elle aimait autant que celui-ci échappât à la justice, afin de diminuer le scandale de leurs relations. Elle fit appeler d'abord un médecin de Naples ; puis, lorsque Zampierri ne donna plus signe de vie, elle alla se jeter aux pieds du roi. Ce monarque du temps de Nelson en avait vu bien d'autre, et il reportait sur les malheurs du vice toute l'indulgence qu'un autre eût réservée à la vertu.

Le pardon accordé, il défendit de parler de l'événement.

Quant à Franceschetti et à Duméril, il persévéra dans son idée de les restituer à son collègue et parent Louis XVIII, et à faire ainsi l'économie de vingt-quatre cartouches ; ajoutons qu'il y avait aussi, dans les prisons de Naples et de Gaëte, un certain nombre de Français que la mort de Murat et le bouleversement qui en suivit avaient jetés sur le pavé, sans ressources et sans protection, et dont l'économe gouvernement napolitain se débarrassait comme de bouches inutiles. Ces pauvres gens furent embarqués également pour Bonifacio.

Quelques jours plus tard, après une pénible traversée, on les remit au maire de cette petite ville. Ce magistrat, qui exerçait ses fonctions depuis plusieurs années, leur fit, avec le concours de la population, le plus fraternel accueil.

On ne saurait parler de la Corse, ce magnifique pays, et de son honnête et brave population, sans leur payer un juste tribut d'admiration. Il n'est pas un voyageur, pas un touriste qui ne les ait vantés.

La nature y a prodigué tous ses dons; et c'est un des rares pays où, si l'on est pauvre, on souffre peu de sa misère et l'on ne peut mourir de faim. Les villes, pour la plupart antiques et dépourvues d'usines, ont un cachet qui ravira tous les artistes; les campagnes, point de transition de Nice en Algérie, ne le cèdent en rien aux beautés les plus pittoresques et les plus attrayantes de la France et de l'Italie.

Mais, dans ce beau pays, l'industrie est presque nulle et le commerce est sans activité remarquable. Napoléon, dont l'île évoque sans cesse la grande image, a peu fait pour son berceau, et le centre de la Corse a gardé de sa sauvagerie primitive, ou, pour mieux dire, de sa simplicité pastorale.

A Bonifacio, on fait de l'huile et on pêche le corail, mais ces travaux ne pouvaient être d'aucune ressource pour les petits marchands ruinés et les ouvriers sans travail que l'on venait de débarquer. Après avoir pris un jour ou deux de repos, ils se dispersèrent et cherchèrent de l'occupation à Ajaccio et à Sartène.

Le général Franceschetti possédait, aux environs d'Ajaccio, plusieurs petits domaines, qui tenaient à la fois de la villa de plaisance et de la métairie, et que, depuis longtemps, il n'habitait plus. Il songea à y résider quelque temps avec le colonel, jusqu'au jour où celui-ci serait tout à fait rassuré sur les intentions du gouvernement français à son égard.

Quant à lui-même, Corse, ex-général de Murat, il ne croyait avoir rien à craindre s'il vivait paisiblement dans la retraite.

Le premier fermier chez lequel il se présenta fut stupéfait de surprise. On avait répandu le bruit de sa mort. On l'avait dit fusillé en Italie, et on entourait l'histoire de son arrestation et de son supplice de cent particularités qui s'accordaient parfaitement avec son caractère.

Déjà plusieurs cousins, qui se portaient comme ses héritiers, étaient venus rôder dans la campagne, mais l'autorité avait écrit à Naples pour obtenir un acte de décès.

Les héritiers s'étonnaient, naturellement, du silence du ministre napolitain et le général se réjouit de leur ménager une nouvelle surprise.

Ils ne tardèrent pas à revenir en effet, et en voyant le général, eurent des mines du plus haut comique. Ils ne réussissaient pas à dissimuler leur déception et à la changer en joie. Ils le félicitaient de son retour d'un air de reproche.

— Vous voyez, cousin, disait plaisamment l'un d'eux, nous ne vous avions pas oublié.

— Depuis le bruit de ma mort, interrompit le général.

— Oh! nous n'y croyions pas, cousin, mais moi je me disais : « Que deviennent les champs et les jardins de notre parent, tandis qu'il est au loin. Il ne faut pas que son bien dépérisse, tandis qu'il se dévoue à celui de l'État. Et nous nous sommes constitués surveillants et gardiens de vos récoltes. »

— Vous êtes d'excellents parents et vous auriez mérité de devenir mes héritiers, mais que voulez-vous... votre cousin le général a toujours eu la chance d'échapper aux balles. La mort ne veut pas de moi.

— Bien sûr que pour le roi Joachim vous avez plus d'une fois joué votre vie?

— En doutez-vous! fit le général.

— Et si c'était à recommencer?

— J'avoue que j'y mettrais plus de circonspection. Je vous prierai d'attendre. D'ailleurs je le ferai dès aujourd'hui. Je vais vivre comme un ermite, en dehors de la politique complètement, aussi je ferai de vieux os.

— Ici, dit Duméril, dans cet air pur et vivifiant, avec l'exercice de la chasse, l'absence de soucis, les soins de vos fidèles serviteurs, moi je vous prédis que vous mourrez centenaire.

— Je ne demande qu'une chose, reprit Franceschetti, c'est que l'on m'accorde ma demi-pension; je ne suis pas ambitieux.

— Non, oh! non, faisaient les cousins, vous êtes un modèle.

Mais ils riaient jaune.

— Et pourquoi, disait le fermier, le général ne se remarierait-il pas?

— Oh! répondit le général devenu pensif, pour une bonne raison, c'est que je me souviens de ma première femme.

Un des cousins eut la cruauté de dire :

— Mais on ne sait peut-être pas, à Ajaccio, votre retour de Naples? Ou peut-être le préfet attend-il des instructions? En France, en ce moment, la justice est très occupée. On ne voit partout que Tribunaux, Conseils de guerre, Cour prévôtales.

Vous êtes un lâche!

— Qui dit cela ? fit le fermier.

— Ceux qui débarquent de Marseille. Les Marseillais et les Nîmois sont devenus comme enragés et il est fort à craindre qu'ils n'importent, dans nos villes, leur genre de maladie.

Le général comprit la menace et dit d'une voix ferme :

— Nous verrons cela dans quelques jours, cousin; j'irai à Ajaccio.

— Qu'en pense monsieur le colonel? demanda un des cousins.

Duméril le regarda dans les yeux et répondit lentement :

— Je pense que nous avons le bonheur d'être en Corse et que, dans ce beau pays, la trahison est rare.

— Bravo ! fit le général.

Lorsque les cousins se furent retirés :

— Méfiez-vous des parents mis en goût d'héritage, dit Duméril au général, ce sont autant d'ennemis.

A AJACCIO

Quelques jours plus tard, Franceschetti enfourcha un de ces gais poneys dont on se sert partout en Corse, et alla, à Ajaccio, prendre le vent de l'opinion.

Il était très connu, très aimé et il fut aussitôt entouré d'amis et aussi de curieux de sa dernière aventure. On avait appris la mort du roi, mais on n'avait, sur ses compagnons, que des récits contradictoires. Généralement on croyait qu'ils avaient péri.

Le nom de Ferdinand excluait toute idée de clémence. Cette opinion était partagée des autorités.

Il était donc difficile de pressentir les décisions du préfet, du sous-préfet et de leur conseil. Leurs pouvoirs étaient illimités et, pour faire du zèle, de quoi n'étaient-ils pas capables ?

On traça au général un tableau exact, c'est-à-dire épouvantable de la Terreur blanche. L'île était encore indemne du fléau royaliste, mais, d'un moment à l'autre, on pouvait l'y importer. Si pareil malheur arrivait, certes, les habitants opposeraient une énergique résistance, mais le royalisme terroriste ferait des victimes et les premières seraient prises parmi les citoyens les plus chers aux habitants.

Franceschetti ne manquait ni de bon sens ni de finesse, il conclut de ce qu'on lui disait qu'il devait rester à la campagne, éviter d'attirer l'attention et se tenir sur ses gardes.

Il était bien décidé, en tout cas de ne céder qu'à la force.

Le colonel l'approuva.

A eux deux et quelques domestiques pour recharger leurs armes et faire nombre, ils pouvaient tenir tête à toute la gendarmerie de l'île.

Cette perspective d'un siège à soutenir n'avait rien de réjouissant et, cependant, elle n'altérait point leur bonne humeur.

Presque chaque jour ils allaient ensemble à la chasse ou à la pêche. L'ennui leur était inconnu.

Ils étaient braves. Ils faisaient à mauvaise fortune bon visage.

Un jour, néanmoins, certaines nouvelles de France passèrent sur eux comme un nuage gros de tempête et de ravages.

Ce nuage de mauvaises nouvelles venait du pays de Duméril.

Ces nouvelles étaient relatives à la persécution exercée par les catholiques contre les protestants. Les arrestations arbitraires, les coups, le meurtre, le vol, le viol, l'incendie toutes les cruautés et toutes les infamies étaient exercées contre les protestants, nous l'avons raconté, dans les anciennes provinces de Languedoc, Provence, Avignon ; or, sa femme et sa fille vivaient dans un petit bien paternel, à C... commune des environs de Toulouse, située non loin de la Garonne. Depuis son départ avec Murat il n'avait pas eu de leurs nouvelles et il n'avait osé leur écrire que depuis la courte excursion de son ami à Ajaccio.

Le secret des lettres n'existait point, il devait hésiter à dire où il était.

Ne se connaissant aucun ennemi dans un pays qu'il n'avait presque jamais habité, il était relativement tranquille.

« Puis, se disait-il, on n'attaque pas des femmes seules, ce ne serait pas français, ce serait trop lâche. »

Sa lettre était arrivée à son adresse et la réponse lui était parvenue à Ajaccio, bureau restant. Sa femme et sa fille le rassuraient sur leur santé, lui exprimaient avec prudence le bonheur qu'elles avaient éprouvé en apprenant qu'il se portait bien et ne les oubliait pas, et elles continuaient en supposant toujours, par dessus leur épaule, le regard de la police : « Espérons que nous serons bientôt réunis. Notre gouvernement paternel et l'amitié des peuples de l'Europe permettent de vivre en paix aux Français. Plus de guerre, plus de sang inutilement versé pour la gloire d'un ogre. Il ne faut pas t'effrayer de voir un grand nombre de tes anciens compagnons de bataille frappés par les tribunaux. On nous assure que tu n'as rien à redouter de semblable, n'ayant jamais pris les armes contre le roi ; mais je crois qu'il ne faut pas réclamer de suite ta pension. Il est préférable d'attendre la fin des troubles. Tu peux aussi te réclamer de ma famille, qui a toujours été royaliste... »

La lettre continuait ainsi platement, peureusement ; sans un tableau de la situation, sans une invitation à rentrer en France.

Elle était, pour ainsi dire, imprégrée d'un sentiment de terreur.

Duméril le sentit. En même temps, un journal racontait, en l'excusant, le pillage d'une maison de protestants dans une commune des environs de Toulouse, et racontait comment la dame de la maison et sa fille avaient servi de jouets aux femmes et aux filles catholiques qui s'étaient armées des battoirs fleurdelisés pour les fouetter en place publique.

A cette lecture, un frisson d'horreur parcourut le colonel de la tête aux pieds. Il lui semblait voir la hideuse foule des pillards et des fouetteuses envahir sa maison, traîner dehors sa femme et sa fille et leur faire subir, aux éclats de rire des curieux, le supplice humiliant et cruel que vous savez.

Mais les renseignements du journal manquaient de précision ; il y avait beaucoup de protestants aux environs de Toulouse.

Que penser ?... Il fit part de ses incertitudes à son ami Franceschetti.

— Mon cher colonel, lui répondit celui-ci, vous commencez à vous lasser de la sécurité dont vous jouissez près de moi, il vous faut reprendre la vie de périls et d'aventures.

— Non, je vous jure, général, vous faites erreur ; c'est la seule inquiétude que me cause ma femme et ma fille qui ne me laisse aucun repos. Pensez donc à ce que je vous ai lu, ces outrages !

— Si vous pouviez les empêcher, je vous dirais : allez. Mais vous ne le pouvez pas.

— Ma présence peut intimider la canaille.

— Je suis persuadé du contraire ; votre grade de colonel est assez élevé pour exciter sa fureur. Si les royalistes ne songent pas aux vôtres, votre arrivée leur servira de signal, elle les provoquera.

— Et je les laisserais faire?

— Êtes-vous plus courageux que le général Ramel, que le maréchal Brune? Serez-vous plus heureux?

— Je vous déclare, général, que si j'avais été à la place du maréchal, les Avignonnais n'auraient pas eu ma peau aussi facilement!... Tôt ou tard je rentrerai; alors, guerre à ceux qui se seront mal conduit vis-à-vis des miens!... Vous êtes Corse et vous comprenez la vengeance.

Ils continuèrent à chasser sans parler davantage de ce sujet pendant quelques jours.

Mais de jour en jour Duméril s'abandonnait davantage à sa tristesse, contrastant ainsi vivement avec son ami Franceschetti; véritable modèle d'insouciance. Cependant la Corse se fut trop rapprochée de la perfection des *îles fortunées* des anciens, si elle n'eut contenu quelques reptiles. Des dénonciations, des sommations d'avoir à agir contre un bonapartiste avéré et un autre scélérat du même genre, que réclamait la justice de son pays, arrivaient à la préfecture et à la mairie d'Ajaccio. Le préfet, à qui l'on reprochait sa modération, prit des mesures rigoureuses. Il lança contre les deux amis deux mandats d'arrestation. Les gendarmes se mirent en route à regret, mais le maire fit prévenir le général et son ami par un homme aposté dans la campagne, sur un chemin qu'ils devaient suivre en revenant de la chasse.

Ils ne rentrèrent pas et allèrent passer la nuit dans une autre petite maison des champs, plus isolée encore que la première.

Après les avoir vainement attendus, le lendemain et les jours suivants, les gendarmes se mirent à courir les villages et battre les buissons, mais les deux proscrits avaient cherché un refuge dans le *maquis*, c'est-à-dire les forêts qui couvrent les hautes montagnes.

Le Corse, poursuivi pour avoir voulu venger son honneur ou sa liberté, cherche un refuge dans les bois dont les lisières sont presque toujours garnies de troupeaux ou de petits villages dont la pauvreté assure l'indépendance.

Il devient leur ami et leur protégé et vit, comme eux, de laitage et de gibier; couchant l'été sous les feuilles, l'hiver dans les chaumières où l'on se ferait tuer plutôt que de le laisser prendre. Le berger, qui voit au loin dans la plaine, signale aux *brigands* les battues opérées contre eux.

Leurs anciens amis leur apportent de la poudre, des balles, un peu d'eau-de-vie et les nouvelles de la ville. Beaucoup de Corses ont ainsi passé leur vie. La trahison est inconnue dans cette contrée.

Plusieurs mois s'écoulèrent.

Cependant le colonel Duméril s'imagina qu'il aggravait la situation de son ami aux yeux des royalistes.

— Sans moi, lui disait-il, vous rentreriez dans vos foyers. Un jury corse n'oserait vous condamner. Il n'en est pas de même pour moi.

Tandis qu'il se refusait à convenir qu'il rendait supportable au général la solitude de la forêt.

LE COLONEL DUMÉRIL

Enfin dans le courant d'avril 1816, les deux amis se séparèrent.

Duméril, sans argent, voulait aller se livrer à Ajaccio, où la police lui eut offert son transfert gratuit à Toulouse, mais le général s'y opposa et le fit embarquer sur un vaisseau marchand pour Cette, après l'avoir forcé à accepter un peu d'argent. Il lui dit adieu comme à un ami que l'on n'espère plus revoir.

Depuis longtemps le colonel était sans nouvelles de sa femme et la Terreur blanche sévissait dans toute sa violence, voyageur modeste et dont la physionomie est depuis longtemps oubliée, il fait à pied, sans être inquiété, le chemin qui le sépare de son village.

Il arrive, il voit les volets fermés, la porte du jardin qui précède la maison jetée en dedans, le jardin desséché, abandonné, lui annoncent un malheur.

Il traverse le jardin d'un pas rapide. L'habitation est fermée; la porte principale qu'il secoue avec force lui résiste, mais il en connaît une autre donnant accès dans un fournil qui ne résistera pas à ses efforts.

En effet, il pénètre dans la maison. Il y trouve la solitude et le désordre le plus caractéristique ; les meubles sont ouverts, les tiroirs vides.

Tout objet de prix qui ornait les murs a disparu. Les restes d'un repas interrompu sont encore sur la table. Il vient de la chambre à coucher une odeur cadavérique qui l'épouvante. Il y court, ouvre au plus vite la fenêtre, et découvre les restes en décomposition d'un chien, sans doute tué en défendant ses maîtresses.

Mais, celles-ci, que sont-elles devenues ?

Il lui faudra s'informer chez les voisins... probablement les coupables. Il était probable aussi qu'elles avaient été entraînées avant d'avoir pu mettre ordre à leurs affaires, sauver leur argent et jetées en prison.

Ce que les gens du roi n'avaient pas volé, ils l'avaient brisé : ainsi les glaces, les tableaux, la vaisselle.

Le colonel sortit, le cœur navré.

Il lui répugnait singulièrement de s'adresser aux paysans pour savoir où diriger ses recherches et le gros de la catastrophe. Il aperçut un enfant et le questionna. Tout ce qu'il put en tirer, c'est que les dames n'étaient pas mortes et étaient à la ville.

Il eut encore la prudence d'attendre le soir avant de pénétrer à Toulouse ; enfin, il alla chez ses beaux-parents, les royalistes, où sa femme et sa fille avaient trouvé un asile.

Son apparition donna lieu à deux scènes bien différentes : l'une de joie, l'autre de colère ; l'une de tendresse, l'autre de haine. A peine eut-il le temps d'embrasser son épouse et son enfant ; de leur dire un mot de son long voyage, des inquiétudes qu'il avait éprouvées à leur sujet ; du spectacle de désolation que la maison lui avait offert avant qu'il eût pu obtenir d'elles quelques explications ; le pillage et les violences dont elles avaient été victimes, déjà le beau-père et la belle-mère entamaient un horrible duo de lamentations, non sur le mal commis par les bandits, mais sur le colonel, « auteur de tous maux ».

Étaient-ils assez à plaindre d'avoir un pareil gendre ! Un bonapartiste incorrigible qui, non content d'avoir combattu pour Buonaparte, avait conspiré avec le beau-frère de ce scélérat et soutenu sa tentative d'usurpation.

— Allez-vous bientôt nous laisser tranquilles ? lui dit la belle-mère.

— Ne nous avez-vous pas assez fait souffrir?

— Pourquoi êtes-vous venu ici; vous pouviez nous écrire.

— Vous êtes l'auteur de notre ruine.

— Vous êtes notre déshonneur.

— C'est à cause de vous que nous vivons cachées, comme des criminelles. Sans nous, vous n'auriez plus trouvé personne, que deux vieillards pour vous maudire.

— C'est à cause de moi, de mon passé sans tache, qu'on fit grâce de la vie à mes filles.

— Et c'est à cause de vous, reprit la mère avec acharnement, que nos filles ont été fouettées en place publique à C.

A ces paroles, le colonel bondit de fureur :

— Par qui, s'écria-t-il.

— Par des femmes.

— Lesquelles?... Leurs noms?...

— Des paysannes... que sais-je?...

— Je veux les connaître. Comme il me faut les noms des bandits qui ont tout dévasté et volé chez moi.

— De grâce! implora la colonelle, ne faites pas de bruit. Vous nous perdriez avec vous.

— Que dites-vous? se récria le beau-père. Prétendriez-vous vous venger? Ah! je ne le souffrirai pas! Le roi avant tout, monsieur, le roi quand même! C'est à vous de demander pardon à votre épouse, à sa fille, de ce qui leur est arrivé à cause de vous!

— Oh! grand-père, protesta la jeune fille en se suspendant au bras du colonel, vous savez bien que ce n'est pas pour cause politique, mais par fanatisme religieux, que ces coquines nous ont outragées. D'ailleurs, tous les prétextes sont suffisants pour cette populace. Allez-vous prendre parti pour elle contre nous?

— Oui, dit la colonelle, est-ce là l'accueil que vous deviez faire à mon mari?

Et le jour où j'ai la joie de le revoir, doit-il être changé en jour de querelles et de larmes? Mon père, votre fureur n'a rien de naturel, non plus que votre amour du roi. Ce monarque n'est-il pas catholique? N'est-il pas le descendant de ce roi Louis XIV qui a aboli l'édit de Nantes, ordonné les dragonnades. Non, c'est la peur qui parle chez vous. C'est la peur qui vous fait tenir le langage d'un

Natale essuya son arme en le considérant un instant.

Trestaillons et qui vous affole. Cessez de trembler, mon père ne vous compromettra pas longtemps. Il est inutile de l'injurier pour le décider à vous quitter. Laissez-nous jouir en paix, pendant quelques instants, du bonheur de nous retrouver ensemble.

— Venez dans ma chambre, mon père.

— Non, dans la mienne, fit la colonelle, en entraînant son mari.

Les deux vieillards, à demi fous de terreur, les regardaient avec étonnement.

Ils ne soufflèrent pas un mot; mais ils n'étaient pas convaincus.

Le colonel leur tourna le dos et suivit sa femme dans une pièce voisine.

Il aurait pu se rappeler que sous l'Empire, — qui fut si tolérant en matière de religion, si généreux envers les royalistes, qui n'étaient pas ses ennemis acharnés, — ils s'étaient aplatis devant le jeune officier qui leur avait demandé la main de leur fille.

Ils étaient trembleurs de nature. Tant qu'ils avaient cru voir dans l'officier un protecteur, ils l'avaient adulé et adoré; depuis que le règne du soldat était passé, ils le craignaient comme un pestiféré.

Lorsqu'ils furent seuls :

— Que Delphine (Mme Duméril) et Philomène le veuillent ou non, cet homme ne couchera pas ici, dit le vieillard.

— Mais où couchera-t-il? reprit la belle-mère.

— Où il voudra.

— Chez lui, tout est dévasté; à la ville alors? en admettant qu'on le reçoive.

— En ce cas, il ne passerait pas deux nuits à l'hôtel sans être arrêté ou massacré.

— Vas-tu le plaindre? fit sèchement le beau-père. Pourquoi est-il rentré? S'il se fait tuer, c'est qu'il l'aura voulu, il devait savoir ce qui se passait en France. S'il a souffert, nous avons souffert aussi, nous, et il ne devait pas à nouveau compromettre notre sécurité.

— Mais, dis-moi, fit tout à coup la belle-mère, qui avait réfléchi pendant cette tirade, il y a une chose à laquelle tu n'as pas songé.

— Laquelle?

— S'il voulait emmener avec lui sa femme et sa fille?

— Je le lui défends bien, par exemple !

— Et la loi?

— Qu'il aille chercher les gendarmes pour la faire exécuter! répliqua le beau-père en ricanant.

Au même instant, Duméril reparut avec sa femme et sa fille.

Sur le visage de celles-ci, on pouvait lire une vive anxiété. Le colonel, comme tous les hommes forts, n'avait point changé de physionomie.

— Monsieur Maujean, c'était le nom de son beau-père, je viens d'apprendre les noms des brigands royalistes qui ont outragé ma femme et ma fille et elles seront vengées.

— C'est-à-dire que vous allez vous faire massacrer?

— Si vous me dénoncez, oui; et je crains que vous ne le fassiez. Pour me venger, il faut que je séjourne quelque temps à C... Je vais donc rentrer chez moi et y procéder à tout ce qu'exige une installation provisoire, en évitant, autant que possible, ce qui pourrait attirer l'attention sur ma personne.

— Mais vous avez, au village, parlé à un enfant?

— Oui.

— Cela suffit, tout le village connaît votre arrivée.

— Je n'ignore aucun des dangers que je cours, mais on ne ferait jamais rien si l'on s'arrêtait devant le danger, voici près d'un an que je lui dispute ma vie; je n'ai pas fini, je vais jouer ma dernière partie. Mais d'abord il me faut des armes, on m'a tout pris. Vous en avez.

— Moi!... se récria M. Maujean.

— Je le sais par votre fille. Vous êtes incapable d'en faire usage, il me les faut.

— Mais je ne sais ce que vous méditez, moi, répondit le prudent beau-père, je ne veux pas devenir votre complice.

— Soyez sans inquiétude, cher monsieur; si l'on vous questionne à ce sujet, vous direz qu'elles étaient à moi et que je les ai reprises.

S'adressant à sa femme :

— Delphine?... Tu sais où elles sont?

— Oui, mon ami.

— Va les chercher : une paire de pistolets et un sabre. N'oublie pas la poire à poudre, le sac à plomb.

— Dans un instant.

Elle voulait assister à la fin de l'entretien. Elle était toujours aussi pâle, aussi émue. Son mari reprit, sans insister.

— Ce n'est pas tout ; mon cher beau-père. Il se peut que d'un moment à l'autre, brusquement surpris, je sois obligé de repasser la frontière, alors il me faudra de l'argent. Ma bourse est plus que légère et je n'ai vécu, depuis longtemps, que des libéralités de mes amis. Pour fuir, il faut de l'or, beaucoup d'or souvent ; il ne faut pas seulement acheter de bons chevaux, mais de mauvaises consciences, qui font les renchéries. A l'étranger enfin, en attendant de trouver un emploi, on risque de mourir de faim. Vous vendrez de mon bien tout ce que vous pourrez...

— Mais rien ne se vend, monsieur, à cette heure. Entendez-vous votre maison de C. ?... Mais partout, aux environs, on ne voit que maison à vendre.

— Vous vendrez à vil prix. Et si vous n'avez pas assez de mon bien, vous en vendrez de celui de ma femme. N'est-ce pas, Delphine ?

— Certainement, mon ami.

— Vous êtes fous ! s'écria le bonhomme indigné. Je ne me laisserai pas mettre sur la paille.

— Je ne vous demande rien, à vous.

— Cependant, monsieur, vous me dites que vous avez besoin de suite de beaucoup d'or.

— Oui, à titre d'avance sur mon bien et celui de ma femme, s'il est nécessaire, mais mes prétentions sont très modestes.

— Enfin, voyons, que demandez-vous ?

— Vingt mille francs ?

— Hein ! fit le bonhomme ahuri.

— J'ai dit vingt mille francs.

— En temps ordinaire... autrefois... on aurait pu... mais aujourd'hui l'argent est ratissé par nos libérateurs et le peu qui en reste se cache.

— Et vous en cachez, comme tous les bourgeois de cette ville. Eh bien ! faites-le sortir de sa cachette : il s'agit de sauver votre gendre. Prenez chez votre notaire, empruntez chez vos amis, mais ne me refusez pas ! Ce serait une trahison, ce serait un crime !

— Tout ce que vous voudrez, mais vous aussi, vous avez des amis, un notaire, allez les voir, quant à moi...

— Oh! mon père! s'écria Mme Duméril.
— Grand-papa! exclama la jeune fille.
— Il refuse!
— C'est mon mari, que j'aime!
— C'est mon père!... Tu ne nous aimes donc pas!... Pour qui donc gardes-tu ton argent? Ce n'est donc pas pour nous?... Moi, plus tard, je ne voudrais pas d'un argent que tu aurais refusé à mon père.

Le vieillard, en proie à une agitation extrême, se promenait à travers sa chambre. Les récriminations les plus ardentes ne devaient que l'irriter sans le convaincre. Sa femme, blottie dans un coin, assistait à la lutte avec un sentiment de fierté que lui causait la résistance de son mari.

Enfin, le colonel, concluant du silence de son beau-père, poursuivit :

— Puisqu'il en est ainsi, je vais, comme vous m'y avez engagé, tâcher d'emprunter chez mes amis d'autrefois, et j'aviserai ensuite selon ce que j'aurai obtenu.

— Tu ne feras pas cela! s'écria Delphine en se jetant entre son mari et la porte, vers laquelle il se dirigeait déjà; ce serait faire appel aux dénonciateurs. J'ai de l'argent à nous, tu vas le prendre.
— Mon père, remettez, je vous prie, au colonel, les cinq mille francs que j'ai apportés ici et qui n'ont pas cessé d'être à sa disposition.

Le vieillard haussa les épaules.

— Soit! dit-il.

Sa fille continua :

— Vous m'en prêterez cinq autres que je joindrai aux nôtres. Vous ne pouvez, sans me blesser cruellement, me refuser cette petite somme.

Le beau-père ne répondit pas, mais il n'osa refuser, et, finalement, s'exécuta.

— Avec cette somme de dix mille francs, j'espère que notre cher colonel sera à même de parer aux premiers événements fâcheux, conclut Delphine.

Peu après, le beau-père, qui était sorti de la chambre, y rentra et étala sur une table la somme en or demandée par sa fille, soigneusement divisée par petits sacs de mille francs cachetés.

Mme Duméril prit ensuite son mari à part, afin de le détourner de ses projets de vengeance et de l'engager à quitter Toulouse.

Le colonel s'était un peu calmé. Après avoir été longtemps dénué de tout, il se grisait à la vue des ressources qu'il se procurait ; avec son or et ses armes, il se sentait capable de résister à une armée.

— Maintenant, lui dit sa femme, raisonnons ; ta colère est dissipée. Elle m'a prouvé ton amour ; c'est tout ce que j'avais à attendre de toi ; mais la colère est mauvaise conseillère, et tu dois renoncer à ces projets de vengeance.

Le colonel eut un mouvement d'impatience.

— A cause de moi ! implora la jeune femme ; à cause de ta fille ! Réfugie-toi à l'étranger, et nous irons t'y rejoindre. Mais, ici, la place n'est pas tenable. Crois-tu que nous soyons heureuses dans la compagnie de ces vieillards que la peur rend féroces, et qui voudraient nous obliger à adorer avec eux les scélérats qui inondent de sang le Midi ?

« Je regarde comme le plus grand bonheur de pouvoir vivre avec toi à l'étranger. Mais accorde-moi d'abord de coucher ici secrètement cette nuit...

Duméril secoua la tête négativement.

— Ensuite, reprit sa femme, dès le matin, de te déguiser, d'acheter un cheval et de quitter le département. A mon avis, le mieux serait de gagner la mer et de t'embarquer pour l'Amérique. Un nouvel envoi d'argent t'y suivrait.

Duméril l'embrassa pour la remercier et lui répondit :

— Je te dirais bien oui, mais je te mentirais. J'ai quelque chose sur le cœur qui me pèse. Avant de quitter Toulouse et de partir pour l'Amérique, ce qui était mon intention, j'ai une affaire d'honneur à régler, et ce sera vite fait.

— Qu'est-ce donc ? fit Mme Duméril avec inquiétude.

« Tu peux, je crois, m'en confier la cause ?

— Non ; tu essaierais vainement de m'en détourner. Je te dirai tout plus tard.

— Mais tu n'as encore vu personne ?...

— Non ; c'est pour cela que je garde le libre emploi de ma soirée et que je ne puis t'accorder ce que tu m'as demandé en premier.

— Laisse-moi une partie de ton argent.

— Toujours la peur.
— Mais, sans doute.
— Et pourquoi donc? En es-tu venue à douter de mon courage?
— Tout le monde, maintenant, a des armes, des pistolets, des couteaux; tout le monde peut se croire le droit de te tuer et de te voler. Un brigand... et ils se comptent par centaines, un zélé serviteur du roi, un volontaire du duc d'Angoulême, n'importe, te reconnaît dans un endroit désert, il s'approche de toi, et, sans explication, te brûle la cervelle. Il te fouille et abandonne la charogne de bonapartiste à la curiosité des passants. Cela se passe sans plus de cérémonie. La police ne fait aucune recherche.
— La France est donc retournée à l'état sauvage?
— Sauf les apparences, oui, et si sauvage veut dire homme dépourvu de sens moral.
« Quant à notre maison de C..., méfie-toi, puisque l'on sait ton retour.

Ces dernières paroles parurent impressionner vivement le colonel. Elles contrariaient ses desseins.

L'AFFAIRE D'HONNEUR

Le colonel ne sortit de chez son beau-père qu'à la chute du jour, et, grâce à la négligence de l'éclairage municipal, il pouvait circuler sans être facilement reconnu.

Il avait besoin de retourner au village de C... s'il voulait donner suite à ses projets. Son désir était de se venger des battoirs fleurdelysés. Il savait les noms des femmes, mais il les considérait comme les instruments plutôt que les véritables auteurs de l'outrage.

Le nom de l'une de ces paysannes l'avait fait remonter à l'auteur principal.

Il voulait interroger cette femme, et, s'il ne s'était pas trompé, avoir une explication avec celui qui l'avait payée.

Il avait ceci d'autant plus à cœur que celui qu'il soupçonnait avait été, avant son mariage, son ami intime, et, depuis son mariage, son ennemi déclaré.

Maurice de Saint-Pierre, étroitement lié avec Duméril, s'était épris secrètement de Mlle Delphine Maujean, à laquelle son ami faisait la cour. Duméril, avec la plus cordiale franchise, le prenait pour confident de son amour, et Maurice en profitait pour le desservir.

Cette trahison ne fut connue du jeune officier que peu de jours avant son mariage.

Obligé de partir le lendemain de la cérémonie nuptiale pour rejoindre son régiment, il dut se contenter d'exprimer, dans une lettre à Maurice, l'indignation et la douleur que lui avait causées sa conduite déloyale.

Les événements politiques et militaires les séparèrent; l'affaire en resta là.

Mais le cœur avait gardé sa blessure. Elle ne guérit pas, et dans plus d'une circonstance Duméril la sentit se rouvrir. Il eut d'autres amis, mais aucun de la même amitié complète, absolue. Il ne se donna plus tout entier.

On a beau, par un scepticisme à la mode, affecter de dédaigner l'amitié, il faut croire qu'elle est nécessaire puisqu'elle est éternelle, et ne pas avoir d'amis de peur d'être trompé n'est pas moins ridicule que de ne pas se marier de peur d'être cocu. L'amitié est un des caractères de la « virilité » sentimentale, et il vaut mieux être trompé qu'impuissant.

On en veut naturellement à ceux qui vous gâtent la vie. On a du mal à leur pardonner, ou plutôt on ne leur pardonne jamais.

D'autre part, Maurice avait déjà été doublement puni de sa trahison; non seulement il avait perdu un ami sincère, mais l'estime de la jeune fille qu'il aimait et qui ne manqua point de lui faire sentir son mépris. Il dut renoncer aux sociétés et aux lieux publics où il la rencontrait, et finit par quitter Toulouse. Enfin, la dernière lettre de Duméril le blessa cruellement et changea en haine les sympathies qu'il lui gardait encore. La haine, en ce cas, est en proportion des torts que nous avons, et si son venin se mêle à celui de la jalousie, il empoisonne la vie de son auteur. Celui-ci attribue à son ancien ami, devenu son ennemi, tout ce qui lui arrive de fâcheux. Il en fut ainsi de Maurice.

Il découvre les restes d'un chien mort.

S'il n'avait pas fait fortune, s'il ne s'était point marié, c'est parce que, selon lui, Delphine lui avait refusé sa main.

Les événements de 1815 semblaient lui apporter sa vengeance. « C'est à eux maintenant de souffrir », se disait-il.

Il vit avec joie que le colonel Duméril était au nombre des officiers cités devant les Conseils de guerre.

« Je vais donc en être débarrassé », se dit-il encore. Et, en apprenant qu'il avait suivi Murat, il ne douta plus de son bonheur. Restait la femme.

Mᵐᵉ Duméril se croyait suffisamment protégée par les opinions royalistes de vieille date et bien connues de ses parents. Au lieu de se retirer de suite chez ceux-ci, elle était restée dans la petite maison de campagne où son mari aimait à la rejoindre entre deux batailles. Là, tout était peuplé de ses souvenirs et semblait le rendre présent à son affection. La retraite où elle vivait la rendait plus indépendante de sa famille, diminuait le cercle de ses relations et enfin, — ce qui lui plaisait par dessus tout — l'affranchissait de la vie mondaine, pour laquelle elle n'avait aucun goût.

Au village, cependant, elle était très avenante et très charitable. Les pauvres, les malades, avaient en elle une seconde Providence. Elle était aimable avec les plus humbles, on la flattait, elle pouvait se croire aimée. A l'heure des catastrophes, ses craintes se tournèrent vers Toulouse ; mais au village, *où elle n'avait pas un ennemi,* elle se croyait bien tranquille.

« Si les brigands de la ville débordent dans nos campagnes, les paysans les repousseront à coups de fourches. »

Plusieurs fois des chasseurs d'Angoulême vinrent à la proie à C...., cherchant des nouvelles du colonel Duméril. Ils n'osèrent pénétrer chez sa femme, parce qu'ils se redoutaient eux-mêmes, et que Delphine et sa fille, étant sans défense, auraient subi les violences de certains d'entre eux.

Mais ce qui étonna et effraya même les deux femmes, ce fut, un dimanche, de voir une bande de faubouriens venir se mêler à la population de C..., et en être volontiers accueillie.

Quoi ! ces paisibles maraîchers, ces bons villageois cachaient sous leurs blouses des Trestaillons ?.. Pourquoi non ? N'était-ce pas des brutes comme celui-ci ? L'ignorance, la stupidité engendrent facilement la cruauté, l'ardeur au pillage et les fureurs sanguinaires.

Bien mieux, comme la maison Duméril était la plus belle de la commune, les regards se fixèrent bientôt sur elle avec une instance inquiétante.

A plusieurs reprises, des bandes de dix ou quinze individus de mauvaise mine passèrent et repassèrent devant leur porte en discutant avec animation.

Les paysannes, qui étaient ses obligées et qui causaient souvent avec elle, l'évitaient ou rougissaient en lui disant bonjour, ou chuchotaient entre elles en la voyant venir. Les enfants ne la saluaient plus. La bonne avait l'air triste et bourru. Elle tremblait au moindre bruit, et, interrogée, répondait à tout « je ne sais pas. »

Il y avait autour de la maison un air de conspiration.

Un jour, le jardinier sortit et ne revint pas, sans donner un mot d'explication, sans prétexte, sans daigner dire au revoir à des personnes qui l'employaient depuis cinq ans.

Mme Duméril fut assez bonne, assez faible pour en être affectée. Elle s'attendait à voir, d'un jour à l'autre, la servante en faire autant.

— Mais, maman, on nous en veut, disait la jeune fille effrayée. J'ai peur. On nous en veut à cause de mon père ; ils guettent son retour pour le perdre et le mettre en prison.

La colonelle questionna un jour une femme qui n'était pas de la commune et lui vendait des volailles.

— Vous osez donc venir chez des pestiférées, lui dit-elle avec un sourire pénible.

— Oh! moi, je ne me mêle pas de politique ; mon petit commerce me suffit.

— Nous non plus, nous ne nous mêlons point de politique. Il est impossible de vivre plus retirées que nous. Si nous sortions autrefois, c'était souvent pour faire du bien. On n'avait pas l'air de nous détester, et maintenant nous sommes entourées de haine. C'est donc un bien grand crime que mon mari ait défendu la France contre ces bons messieurs les Anglais et les Prussiens...

Eh bien! mon mari est proscrit, il fuit comme un malfaiteur, lui, si honnête et si brave!... Et ce n'est donc pas assez d'un pareil malheur?

— Je vois bien, dit la marchande, que vous n'êtes pas au courant de ce qui se passe.

— Oh! très peu. Je croyais que les gens avaient meilleur cœur et que, du moins, ils n'ajouteraient pas à mes peines. Voilà, par exemple, Annette Donat que j'ai soignée dans sa dernière maladie, et Colombe Gerfaut, son amie, à qui j'ai fait souvent du bien; elles se détournent de moi.

— Je vous dis, madame, vous n'êtes pas au courant. Maintenant, les bonapartistes ne sont plus bons à jeter aux chiens, mais il y a pire encore...

— Eh! quoi donc?

— La religion... Vous êtes protestantes... Les protestantes, on ne les tue pas encore, mais on les bat. Méfiez-vous, madame. Quant aux deux femmes dont vous parlez, je les connais; je sais pourquoi elles sont, à cette heure, si chaudes catholiques... Mais n'allez pas dire que je vous l'ai dit!... Ce qui rend la Colombe et l'Annette si catholiques, c'est un monsieur Maurice de Saint-Pierre, qui, à la brune, vient les voir. Celui-là, c'est un dévot s'il y en a un, et prêcher contre les *parpaillots*, comme il les appelle, c'est son affaire.

La colonelle était suffoquée de surprise.

— Comment! il est ici? s'écria-t-elle.

— Vous le connaissez donc?

— Oui, mais depuis très longtemps. C'est par des temps comme celui-ci que l'on voit reparaître de pareils hommes.

— Si vous l'avez connu, alors tout s'explique.

— En effet, répondit Delphine, plongeant par la pensée dans tout un passé de perfidies et de haine, je comprends tout à cette heure.

La bienveillante marchande aurait pu en dire davantage. On venait d'inaugurer dans nous ne savons plus quelle ville ou bourgade les fameux battoirs à fleurs de lis. Cette cruauté, relevée d'une pointe d'obscénité, allait faire fureur. On en parlait. La marchande n'osa en rien dire. Le dégoût, un peu de honte et de pitié aussi l'en empêchèrent.

Mme Duméril ignorait ce nouveau supplice; peut-être, si elle l'eût appris, l'épouvante l'eut-elle poussée à chercher un refuge chez ses parents.

Elle se dit que l'on ne recommencerait point les persécutions religieuses, et que si un pareil malheur arrivait, elle en serait avertie par son pasteur. A force de s'exagérer, les calamités deviennent incroyables. Cependant, revenant aux intrigues de Maurice, à l'esprit de vengeance qui devait l'animer, elle se méfiait de quelque méchanceté de son invention, de quelque insulte de la part des femmes qu'il fréquentait

Elle ne sortait plus le soir et, la nuit, elle plaçait un poignard sur sa table.

Elle tremblait en ouvrant les *canards* venimeux qui représentaient la presse française; ils n'avaient que des malheurs à lui annoncer; et elle s'étonnait de ne pas rencontrer le nom de son mari. Elle savait qu'il était avec Murat, mais elle ignorait où se trouvait celui-ci.

Enfin, ce qui ajoutait à la cruauté de cette situation, c'était l'absence d'amis et d'amies. La défection de l'amitié était générale. On eût dit que les bonapartistes et les protestants avaient la peste, et jamais la lâcheté ne s'était étalée avec moins de vergogne. Beaucoup même ne dénonçaient leurs amis ou leurs voisins que pour acquérir des droits à la pitié des Trestaillon. Nous avons vu les Jumeaux de La Réole. Les mêmes scènes se sont répétées partout. Et, loin d'avoir honte de sa lâcheté, on en était fier; ce vice était à la mode.

Mme Duméril, dans le désir des nouvelles que quelquefois les gens en place se procurent avant les autres, s'était adressée à des amies mariées à de hauts fonctionnaires. Ces dames s'étaient empressées de lui fermer la porte avec assez d'affectation pour qu'elle ne revînt pas à la charge.

Sans savoir pourquoi, Mme Duméril et sa fille redoutaient particulièrement le dimanche. Elles avaient raison.

Un dimanche, un homme, avec son tambour et sa flûte, vers onze du matin, après la messe, se mit à parcourir le village.

La première fois qu'il passa devant la maison, il n'avait qu'une douzaine de polissons, qui le suivaient en sautillant; la seconde fois, un quart d'heure plus tard, il était suivi de plusieurs autres tambourineurs et d'une cinquantaine de femmes.

Cette bande s'arrêta soudain, comme par un mot d'ordre, en face de la maison réprouvée, avec des rires grossiers, des huées et des cris, puis avec le désordre et la houle des foules, se poussa vers la grille du jardin.

Les *tutu, panpan* reprirent leur vacarme; les enfants grimpèrent aux grilles; les femmes, redoublant d'injures en patois, secouèrent la porte; le siège de la maison commença.

Tandis que les dames Duméril se barricadaient, la bonne prenait la fuite par une porte de derrière et livrait ainsi la maison.

En un instant, la bande y pénétra et y disparut, se dispersant partout, brisant tout sur son passage, avec des hurlements de sauvages.

Presque en même temps, un individu avait ouvert la porte du jardin, que les enfants commencèrent à dévaster.

Les deux femmes, réfugiées dans une chambre à coucher du rez-de-chaussée, n'étaient séparées de leurs ennemis que par une porte, que l'on s'apprêtait à enfoncer.

Tremblantes, épouvantées, elles s'attendaient à être massacrées.

Enfin, Mme Duméril se place debout en face de la porte, et là, les bras croisés sur sa poitrine, pâle, la colère et le mépris dans le regard, elle attend.

L'entrée est forcée; deux femmes s'avancent, et, bientôt après elles, un tambourineur.

Ces deux femmes sont Annette Donat et Colombe Gerfaut. Le musicien est le porte-parole, l'orateur de la bande.

— Madame et mademoiselle, dit-il en saluant d'une façon ironique, qu'il croit très spirituelle, la jeunesse royaliste de C..., désireuse de vous conquérir à l'amour du roi, et, d'autre part, de vous punir de votre fausse religion, charge deux de ses meilleures catholiques de vous offrir ses fleurs de lis.

— Oui, partout cela se fait, aujourd'hui, reprend Annette Donat; pendant que les amis du roi observent le repos du dimanche, leurs filles et leurs femmes se chargent d'accommoder les filles et les femmes protestantes et bonapartistes.

Mme Duméril allait répondre; mais des bravos frénétiques couvrirent sa voix. Une poussée des femmes envoya contre elle et sa fille les deux coquines qui s'étaient mises à leur tête.

L'une, Colombe, s'empara de la jeune fille, à demi-pâmée de terreur; l'autre, Annette, saisit la colonelle à bras-le-corps; puis, immobilisant leurs victimes, les livrèrent à l'attentat obscène et féroce que vous savez... au milieu des rires, des cris, des outrages, et accompagnées du fifre et du tambourin.

Lorsque la fureur de ces coquines se fut assouvie, les deux femmes avaient perdu connaissance et gisaient abandonnées sur le parquet, livrées à l'indécente curiosité des hommes et des enfants.

Pas un bon cœur n'en eut pitié.

Si la pitié murmura chez quelqu'un de ces paysans ou de ces paysannes, qui avaient été les obligés des Duméril, elle fut étouffée. Rien de lâche comme les foules.

D'ailleurs l'attention, avec la mobilité particulière aux esprits du Midi, s'était déjà détachée des deux victimes.

La farce était jouée, il fallait songer à autre chose

La belle maison!... Que de belles choses ici! Ces gueuses, hein?... En avaient-elles?

Tout plaisait au regard et attirait les mains, et l'on fourrait dans ses poches. Ce qu'on n'emportait pas, on le brisait.

Qu'importe?... Il y en avait qui disaient qu'il fallait brûler la maison; en ce cas tout serait perdu. Il n'y avait donc pas de scrupule à avoir. Et puis ils en avaient pris assez quand ils étaient avec leur bandit corse!... Ce qu'ils avaient ne leur coûtait pas cher, aux traîneurs de sabre!

Quelques-uns des envahisseurs croyaient que le *coquin* se cachait... ce qui les autorisait à enfoncer les placards, à fouiller, tandis que leurs femmes ouvraient les commodes et les armoires.

Le buffet de cuisine n'était pas épargné, non plus que les caves.

Des idiots, dans les coins, composaient des bûchers de chiffons et de menu bois pour achever l'œuvre, car dans ces sortes d'orgies soi-disant politiques, l'incendie a toujours été le bouquet final et obligé. Mais il y eut beaucoup de fumée qui effraya les pillards et leurs femelles. En un instant la maison fut évacuée... et le feu s'éteignit de lui-même.

Les deux malheureuses femmes se réveillèrent. Comme vous le pensez, après avoir constaté qu'elles avaient été volées jusqu'au dernier sou, après avoir, en pleurant, reconnu que leur maison était devenue inhabitable, elles attendirent le soir et se sauvèrent chez leurs parents de Toulouse, qui ignoraient encore leur infortune.

LE VENGEUR

En sortant de Toulouse, le colonel se rendit tout droit chez Annette Donat.

Il savait que cette fille avait été la maîtresse de Maurice.

Avec les créatures de cette espèce, il n'y a qu'à vouloir et à payer.

Il ne s'égara donc pas, comme l'on dit, par quatre chemins, il la trouva seule et, à sa vue, parut terrifiée.

— Tu me connais, lui dit-il, tu sais pourquoi je viens.

— Grâce! implora-t-elle.

— Tu auras ta grâce, mais si tu la mérites. Je te ferai même les conditions assez douces, mais il faut m'obéir. Tu es la maîtresse d'un coquin qui fut jadis de mes amis, Maurice.

— Moi, monsieur!...

— Ah! ne m'interromps pas pour des bagatelles! C'est lui qui t'a payée, ainsi que Colombe Gerfaut, pour outrager ma femme et ma fille. Que vous a-t-il donné pour cela?... Tu ne veux pas le dire: il vous a donné à chacune cent francs. En voici le double. Tu vas aller trouver Maurice, tu lui diras qu'en fouillant aujourd'hui dans ma maison, tu as découvert une cachette où tu as vu des paquets de lettres et des rouleaux d'or. Tu ajouteras que tu le pries d'y venir voir. S'il doute... et c'est probable, il est très méfiant, comme tous les lâches de son espèce, tiens, voici des pièces d'or et des papiers que tu lui montreras. Tu diras qu'il y en a tant que tu n'as pas osé le prendre. S'il te demande ce que c'est que cette cachette, tu diras que c'est dans la cave, un trou recouvert d'une planche et d'un peu de terre; qu'il y avait dessus une seille dont tu avais besoin, et qu'en prenant cette seille, tu as entendu que ça sonnait creux. As-tu compris?

— Oui, mais je ne veux pas.

— Pourquoi?

— Parce que...

— Tu as peur?

— Oui.

Vous allez recevoir votre châtiment.

— Un de nous deux ne sortira pas vivant de la cave ; car, si je veux le voir, c'est pour le châtier. Je ne veux pas l'assassiner, entends-moi bien ; je ne suis pas de vos bandits, moi ; je suis un ancien soldat de Napoléon ; mais je veux le punir.

Il lui prit la main et lui mit dedans dix napoléons.

Un combat violent se livra chez elle, entre la cupidité et la crainte. Cette dernière l'emporta encore.

— Non ! fit-elle. Il me tuerait.

Duméril tira de ses poches deux pistolets et dit :

— Si tu ne m'obéis pas, c'est sur toi que je me vengerai ; tu es sûre d'y passer.

— Vous n'oseriez pas, dit-elle, en reculant blême et tremblante.

Il arma son pistolet.

— Consens-tu ? lui demanda-t-il.

Le cliquetis de l'arme lui fit une vive impression sans doute :

— Oui, murmura-t-elle.

— Allons, c'est bien, reprit Duméril ; maintenant, il n'y a plus que deux choses à faire : il faut me remettre le battoir fleurdelisé. Tu le possèdes encore ?

— Oui.

— Donne-le moi ; ensuite, je vais te dire comment j'entends prendre mes précautions pour que tu ne me trahisses pas.

Annette alla chercher le battoir.

Là, il s'agissait pour lui d'être inventif, car il n'avait aucune précaution prise, et, bien mieux, il n'en avait pu imaginer. Il lui fallait payer d'audace.

Il reprit :

— Il ne faut pas t'imaginer que tu vas me ramener la gendarmerie. Je ne suis pas seul. Attends un instant que je dise un mot à mes amis.

Il opéra une fausse sortie et revint, au bout d'un instant, légèrement essoufflé.

La paysanne fut convaincue qu'il avait communiqué avec des amis, ce qui ajouta encore à sa terreur, et, si elle avait déjà pensé à courir à la gendarmerie, elle abandonna ce projet.

Elle consentit donc à faire la démarche bizarre que le colonel exigeait d'elle.

Tous deux sortirent.

Duméril feignit d'abord de se diriger vers sa maison; mais, profitant de certaines dispositions locales que nous ne croyons pas indispensables de décrire, il suivit la fille Donat jusqu'à la maison de Maurice.

Elle était située dans une de ces rues écartées et peu vivantes, où les petits rentiers se retirent pour planter leurs choux.

Là, entre deux murs de jardins, le soir, on aurait pu être assassiné sans espoir de secours et sans autre témoin que la lune. En de pareils endroits, les pas sont sonores, mais aussi l'on rencontre, de distance en distance, des entrées de jardins ou d'habitations dont les enfoncements sombres servent d'abris aux aventureux.

Ce fut ainsi que Duméril put suivre la paysanne jusqu'à son entrée chez Maurice et sa sortie avec ce dernier; mais, entre temps, il s'écoula bien une demi-heure.

« Sans doute, se dit le colonel, il questionne et hésite beaucoup, malgré l'appât de l'or, qui est chez lui irrésistible.

Il avait, en effet, questionné et hésité beaucoup, mais rien ne s'était passé ainsi que le colonel l'avait pensé. Chemin faisant, les dispositions de la fille avaient changé. Au milieu de son histoire très embrouillée, pressée de questions par son ancien amant, elle finit par dire toute la vérité.

Maurice se garda de rien laisser paraître du mécontentement que lui causait un commencement de trahison mal dissimulé.

Au contraire, il montra la satisfaction la plus vive. Puis il lui demanda :

— Mais il t'a suivie, c'est probable?

— Non, je me méfiais, et, plusieurs fois en chemin, je me suis retournée. Je n'ai vu personne.

— Tu en es bien sûre?

Elle en jura.

— Très bien, dit-il. Tu vas me suivre, et, avant une heure, nous en serons débarrassés.

— Qu'allez-vous faire? fit Annette avec inquiétude.

— Tu vas le voir.

— Vous allez le dénoncer?

— Peut-être.

— Mais ses amis?
— Les hommes malheureux n'ont plus d'amis.
— Vous pouvez vous passer de moi.
— Au contraire; il me faut ton témoignage.
— Je tremble.
— Un peu de courage, et suis-moi. S'il m'attend dans sa maison, l'affaire est dans le sac. Viens. Partons. Ne lui laissons pas le temps de réfléchir, il ne nous attendrait plus.

En parlant ainsi, il sortit de la maison. Annette se tenait derrière lui. Duméril, caché à peu de distance, les aperçut. Il avait dépassé la maison afin de pouvoir les suivre et se trouvait à environ vingt-cinq mètres. La direction qu'il avait prise était celle du centre de la ville; l'opposée conduisait au village.

Maurice s'arrêta un instant sur le seuil, écouta, regarda à droite et à gauche, puis, d'un pas délibéré, se dirigea vers la ville.

Fatalement, il allait rencontrer l'ennemi ou, du moins, passer devant lui.

Il n'avait pas fait vingt pas; le colonel était devant lui.

Il le reconnut de suite.

— Ah! c'est vous, fit-il, que prétendez-vous donc?
— Me venger, répondit Duméril. Venger l'outrage que vous avez lâchement fait subir à deux pauvres femmes sans défense.

En parlant, il avait les mains derrière le dos, comme on représente Napoléon Ier.

Maurice caressait dans sa poche la crosse d'un pistolet.

— Je vous préviens, dit-il, que j'ai des armes.
— Ah! répondit avec ironie le colonel, vous avez des armes, mais saurez-vous vous en servir?

Maurice sortit son pistolet.

— Avant que vous en fassiez un mauvais usage, reprit Duméril en s'avançant sur lui, vous allez recevoir votre châtiment.

Et, sur ces mots, il le souffleta violemment du battoir fleurdelisé.

Le visage du traître fut mis en capilotade; les pointes de fer labourèrent le front, crevèrent les yeux, broyèrent le nez et les joues. Il poussa un grand cri et tomba de son long.

Duméril le regarda un instant et s'éloigna satisfait.

. . . .

. . . .

Quelques jours plus tard, le colonel était assez heureux pour s'embarquer. Il gagna Philadelphie, où sa femme et sa fille le rejoignirent.

LE PRIX DU SANG

AU CHATEAU DE FRESNOY

Le 25 juillet 1816, le jeune Clément d'Ambaret, en ouvrant la fenêtre de sa chambre à coucher, aperçut au delà du domaine paternel, par delà les derniers massifs de verdure, de blanches banderolles flottant au vent. Pour un habitant du château de Fresnoy un fait semblable était un événement ; le jeune Clément, après avoir contemplé ces banderolles, brodées d'or et d'argent, appela son valet de chambre.

— Voyez donc, Sulpice, qu'est-ce que c'est que cela?

— Monsieur, ce sont des saltimbanques nouvellement arrivés pour la fête patronale du bourg.

— Mais ils sont au bout de notre parc. Que montrent-ils?

— Ce matin, en revenant de la poste, j'ai vu leur baraque ; je crois qu'ils montrent des curiosités, des bêtes féroces. Si M. le comte voyait cela, il aurait vite fait de les faire déguerpir.

— Pourquoi donc?

— Ils sont sur un de ses prés.

— Il ne faut pas en parler.

— Déjà, l'abbé des Hautbuissons les a chassés ; ils s'étaient installés dans les ruines de l'ancienne abbaye, juste dans le coin du cloître.

— Ils ne savent donc où camper?

— A la ville, en attendant la fête, on leur ferait payer des droits de place.

— Ah ! voilà... fit M. Clément. Et ils n'en ont pas le moyen, peut-être ? Ils sont pauvres ?

— Oh ! s'ils le sont !... C'est pour cela qu'on les repousse de partout. Ils ont deux chevaux et une chèvre ; avec quoi les nourrissent-ils, si ce n'est avec des pâtures de nuit dans les avoines ou les blés. Les fruits, les légumes, la volaille, tout leur est bon, et, entre deux maraudes, ils ont encore le toupet d'aller mendier des œufs, du lard, du beurre chez les paysans, qui en ont peur.

— C'est fort curieux, fit le jeune Clément, devenu pensif ; je veux aller les voir, sans qu'on le sache.

Ces derniers mots donnent la mesure du peu de liberté dont jouissait ce jeune homme. Très sévèrement élevé et maintenu dans une complète ignorance du monde, il avait gardé, sans être un sot, une sorte de naïveté.

Son père, le comte Alexandre d'Ambaret, qui, depuis le Consulat jusqu'à Waterloo, exilé volontaire, ayant résidé à l'étranger et fait de longs voyages, avait confié son éducation et son instruction à l'abbé des Hautbuissons. Depuis deux ans seulement, le père et le fils vivaient ensemble au château de Fresnoy.

Disons un mot du château et des Hautbuissons, maintenant. Ils ont leur grande importance dans notre récit.

Fresnoy, dans l'Isère, était, avant la Révolution, un vaste et riche domaine, situé entre le village de ce nom et l'abbaye des Hautbuissons.

La Révolution avait vendu les terres des moines et démoli en partie le monastère. Il n'en restait que de très belles ruines, fort bien conservées, et une chapelle de Saint-Étienne, isolée sur la pente du coteau, avec une maisonnette qui logeait le desservant.

L'abbé, encouragé par la réaction fanatique de l'époque, ne désespérait pas de faire un jour reconstruire l'abbaye et de lui racheter de ses terres, dont une partie était allée arrondir le domaine de Fresnoy.

— Je vous aiderai volontiers, monsieur l'abbé, disait le comte d'Ambaret, mais je crains que vous restiez en chemin ; c'est une folie.

Les deux voisins vivaient en bonne intelligence.

Le château avait échappé à l'incendie, grâce à la courageuse protestation du concierge, qui vivait encore, le père Honorat. Le marquis de Fresnoy avait été guillotiné; sa femme s'était enfuie à l'étranger; ils n'avaient pas d'enfants; Alexandre d'Ambaret était leur plus proche héritier.

Celui-ci avait en outre rapporté d'Orient des sommes dont nous n'osons citer les chiffres, de crainte qu'ils ne paraissent fabuleux. Il était veuf; il aurait pu se remarier, mais il préférait la solitude. Nous dirons même que cet amour de la solitude était poussé chez lui à un tel degré qu'il en était étonnant et exerçait l'imagination et la perspicacité des curieux du pays.

Pourquoi, se demandaient ces derniers, plus royaliste que le roi et plus chrétien que le pape, le comte Alexandre n'avait-il accepté aucune place à la cour ou aucune fonction dans l'État? Il aurait pu être pair de France, député, chambellan, général, ou même, avec un peu de canotage, vice-amiral. Il refusait jusqu'à la préfecture et le siège de conseiller général.

On répondait à cela qu'il avait eu des passions et des chagrins; qu'il y avait un drame dans sa vie — c'était bien possible —; que la vie orientale l'avait blasé sur bien des plaisirs. Mais cette vie orientale est une légende. Les vrais Turcs sont ennuyeux, et leurs femmes ne sont faites que pour leur plaire, tandis que la société française, même en province, devait avoir des charmes pour un millionnaire ingambe, instruit, et qui n'avait pas encore passé la cinquantaine.

Cependant, il n'avait ni réceptions régulières, ni relations, et les devineurs d'énigmes en restaient confondus.

Il chassait seul au chien d'arrêt avec un valet pour ramasser ses pièces, ou il se promenait à cheval suivi, à vingt pas, par le même domestique. Le curé et deux ou trois vieilles femmes de Fresnoy étaient chargés de ses aumônes. Il donnait beaucoup et enrichissait la commune.

Quant à son fils, il ne l'associait que rarement à ses distractions, la chasse, la promenade. On ne les voyait guère ensemble qu'à la messe, où ils occupaient, à l'église, chacun un fauteuil placé dans le chœur. Ils mettaient chacun un louis dans la bourse de velours de la quêteuse. C'était, pour Clément, un moment solennel, car la quêteuse était le plus souvent une jolie fille, et ce fut pendant longtemps le seul rapprochement qu'il eut avec le beau sexe, dont tous les yeux étaient fixés sur lui.

Le père contribuait beaucoup à perpétuer la timidité de son fils en le tenant à distance et en ne lui parlant jamais que sur un ton grave.

Que voulait-il faire de lui?... Il y songeait peut-être, mais il ne le disait pas.

LA MÉNAGERIE

Dès qu'il eut vu son père partir à cheval, Clément s'empressa de descendre dans la cour et de franchir la porte du château pour aller voir la tente des saltimbanques, au moins le théâtre à défaut du spectacle.

La porte du château, — ceci est à noter, — était une tour carrée et massive, ce que l'on a appelé une bastille; ses murs avaient dix pieds d'épaisseur, et des deux côtés de sa voûte élevée s'ouvraient deux logis, un pour le concierge, l'autre, en face, pour une compagnie de gardes.

Le passage était donc spacieux, et comme il n'y avait plus de gardes, le concierge jouissait des deux logements. De même l'ancien pont-levis avait fait place à un pont fixe.

Un homme âgé, ancien soldat de la République, nommé Honorat, demeurait là avec sa fille, Mlle Adèle, une beauté de dix-huit ans.

Quelquefois, au passage, on rencontrait le bonhomme Honorat qui détachait aussitôt sa pipe de dessous ses longues moustaches et soulevait son bonnet de loutre pour vous saluer, mais le plus souvent on entrevoyait, sur le pas de sa porte, Mlle Adèle occupée d'un tricot ou d'une couture.

M. Clément n'aimait pas la rencontrer, cela le gênait.

Elle n'aimait pas, non plus, être obligée de lui dire bonjour; mais dès qu'il avait traversé la voûte elle était à une fenêtre.

Le jour dont il s'agit, reconnaissant son pas, elle quitta la porte de la conciergerie en toute hâte et courut à la fenêtre qui donnait sur la campagne et elle put le voir très bien qui se dirigeait vers la ménagerie.

Dans une jolie prairie que bordait le chemin du village au château

Monsieur, désirez-vous visiter notre établissement?

s'élevait un cirque formé de toiles grossières de différentes sortes dont quelques-unes portaient des traces de peinture capables, par l'incohérence du dessin et la violence de la peinture, d'intriguer les badauds.

Un mât, planté au milieu, livrait au vent un grand morceau de cotonnade blanche tachée de jaune, qui depuis deux ans remplaçait le glorieux et joyeux drapeau tricolore.

A droite, à gauche, deux chevaux et une chèvre paissaient en liberté, — comme chez eux.

Clément, à la vue du cirque de toile, ralentit le pas et marcha avec circonspection. L'ensemble lui parut bizarre.

Des deux côtés de l'entrée, surmontée de deux linges blancs tachés de fleurs jaunes, imprimées, il remarqua deux estrades formées de planches placées horizontalement sur des tonneaux et pensa qu'elles étaient destinées à des musiciens.

Il n'avait jamais rien vu de semblable et en imagina merveille.

Mais bientôt les peintures attirèrent ses regards et les captivèrent.

Ni Champollion, ni Denon, en Égypte ne furent possédés d'une curiosité plus ardente à la vue des inscriptions, des pyramides et des obélisques, que le jeune d'Ambaret à la vue de ces tableaux étranges.

Ces toiles, très anciennes, provenaient d'une autre ménagerie. Leur vétusté avait obligé de les découper sans souci de ce qu'elles représentaient, de sorte qu'on y voyait la moitié d'une baleine pêchée en présence d'un lion, un singe sans tête levant les bras vers le ciel, la tête d'un serpent boa qui se trouvait d'un côté du cirque, tandis que la queue était restée de l'autre.

Au-dessus de la porte d'entrée, pavoisée comme nous l'avons dit, on lisait en grandes lettres rouges :

MÉNAGERIE LAGINGEOLE

COMPRENANT :

Les animaux les plus féroces et les plus remarquables des quatre parties du monde, et une collection de phénomènes d'histoire naturelle.

Prix d'entrée : 25 centimes.

LES ENFANTS :

10 centimes seulement.

Clément se disait :

— Bien que les représentations ne soient pas commencées, si je demandais à voir, on ne me refuserait pas; ils ont l'air si misérables.

Il eut voulu que quelqu'un sortît de la ménagerie d'où, par instants, s'échappaient des cris, des rires, des jurons et de sourds grondements d'un lion, dont les flancs creux criaient famine. Il avait déjà fait plusieurs fois le tour de l'établissement lorsqu'enfin un individu d'une trentaine d'années, blond et chauve, aux yeux enfoncés, au nez proéminent, charnu et rougeaud se montra entre les deux rideaux de l'entrée, — comme un spécimen des phénomènes d'histoire naturelle. Il était sans cravate et en frac anglais. Sur son gilet se croisaient deux énormes chaînes d'or qui supposaient deux montres. Ce monsieur s'asseyait le soir au contrôle avec Mme Lagingeole et contribuait, par ses soins, à la bonne tenue de l'établissement et à la prospérité (?) des affaires.

M. Aristide était, en un mot, le *contresinge*.

Il remarqua de suite Clément et fut au devant de lui, et s'inclinant à deux reprises :

— Monsieur, lui dit-il, si vous désirez visiter notre établissement, bien que ce ne soit pas l'heure de la représentation, je me ferai un honneur et un plaisir de vous introduire.

— Mais oui, monsieur, répondit Clément, je serais curieux, en effet...

Tout en parlant il cherchait sa bourse...

— Que faites-vous, monsieur? se récria M. Aristide.

— Mais, monsieur, je ne prétends pas entrer sans payer.

— Nous y sommes bien entrés ainsi, nous... N'êtes-vous pas le fils de M. le comte d'Ambaret? Nous nous sommes installés sur votre terre jusqu'à dimanche, sans vous en demander la permission, parce que la générosité de M. le comte est connue à cent lieues à la ronde.

— La générosité de mon père est connue, il est vrai, monsieur, et je m'efforcerai plus tard de l'imiter, cependant je vous ferai observer que si vous vous étiez adressé tout d'abord au concierge.

— Oh! les concierges! fit avec mépris M. Aristide, *les petites gens* sont toujours prêts à abuser de leur pouvoir pour faire le mal. Mais daignez entrer, monsieur, je vais vous présenter M. et Mme Lagingeole.

Clément franchit le seuil et se trouva dans une sorte d'arène : les bancs qu'elle devait contenir attendaient, pour être placés le jour de la fête, sur la place de Fresnoy. Au milieu, Mme Lagingeole faisait, sur un réchaud, une soupe au jambon qui répandait la plus appétissante odeur; près d'elle, son mari fourbissait un vieux casque.

— Monsieur d'Ambaret, dit cérémonieusement Aristide, j'ai l'honneur de vous présenter l'illustre Lagingeole et son épouse.

Ces derniers, fort surpris, furent aussitôt sur pieds. Ils s'attendaient à être priés de décamper.

Après avoir joui un instant de leur inquiétude, Aristide leur expliqua le motif de la visite du jeune seigneur. Leur mine effarée se rasséréna aussitôt et même la chose leur parut si drôle que peu s'en fallut que la femme ne leur rît au nez.

— Notre ménagerie a bien souffert, monseigneur, reprit Lagingeole. En un an nous avons perdu huit animaux de toute beauté : deux lions, deux tigres du Bengale, une girafe, un éléphant de Ceylan. Voilà tout ce que j'ai pu conserver : un lion du désert, une hyène, une panthère, un loup, un ours, des singes et un chameau. Certainement, il n'y a pas de quoi faire courir tout le département de l'Isère... mais les gros animaux coûtent cher à nourrir, et l'on n'a plus d'argent... Vous avez vu cent fois mieux que cela sans doute!...

— Mais non, répondit Clément, avec une naïve franchise, si tout le monde était aussi ignorant que moi vous feriez recette. Ainsi, cette bête zébrée de blanc et de noir, à la prussienne, c'est la hyène ?

— Oui, monseigneur.

— Où l'avez-vous prise ?

— En Afrique. Je l'ai achetée à un marchand d'animaux.

— Et celle-là, c'est la panthère. Elle vient également d'Afrique ?

— Oui, monseigneur.

— Ce lion... (c'est la première fois que j'en vois un); il a l'air vieux et triste. Il me plaît ce pauvre lion. Je voudrais avoir quelque chose à lui donner, mais il ne mange que de la viande.

— Et nous avons du mal à nous en procurer dans les villages.

— Il a faim ? Il bâille...

— Il a bon appétit. Nous sommes jeudi, on ne tue pas à Fresnoy avant samedi, il a encore deux mauvais jours à passer.

Clément réfléchit.

— Tenez, dit-il, je veux qu'il mange.

Il donna un louis d'or au saltimbanque.

— Achetez un mouton, en réservant les meilleurs morceaux pour vous, il y aura encore de quoi le régaler.

— Oh! monseigneur, je n'ose accepter une semblable libéralité...

— Si, si, prenez. Vous ferez tuer le mouton de suite, mais pas ici, je ne veux pas le voir. La panthère en aura aussi un peu.

— Vous aimez les animaux?

— Autant que vous, j'en suis sûr. J'aimerais vivre, comme vous, entouré de bêtes... à condition que j'aurais de quoi les nourrir! Je m'attacherais vite à eux; j'étudierais leur caractère et je finirais par les apprivoiser, par m'en faire aimer.

Tandis qu'il parlait, la femme était déjà partie, en courant, pour chercher le mouton. L'idée des côtelettes et du gigot qu'elle se promettait de mettre de côté pour elle lui mettait l'eau à la bouche, et le contact de l'or, qu'elle avait dans le creux de sa main, éveillait sa cupidité.

Clément, qui n'avait jamais l'occasion d'épancher ses idées, rêvait tout haut.

— Il y a longtemps que vous montrez des animaux? demanda-il.

— Voilà bien seize ans, répondit le saltimbanque.

— Vous n'êtes pas venu souvent dans ce canton?

— J'y viens pour la seconde fois.

— Et vous avez parcouru toute la France, peut-être?

— Dans tous les sens.

— Mais cela est bien agréable! Chaque jour on voit du nouveau. On apprend à connaître les pays et les hommes. On est sans attache. Les quatre piquets d'une tente se fichent et se lèvent quand on veut. On peut, selon son caprice, vivre dans les montagnes ou la plaine, ou le bord de la mer. Pas de famille qui vous tienne, pas de relations qui vous obligent. On fait, on va à son caprice.

Vous n'êtes peut-être pas content de votre sort parce que vous n'avez pas de rentes, eh bien! vous avez peut-être tort de vous plaindre. — Oh! que je voudrais, moi, pouvoir mener cette vie errante!

— Mais vous le pouvez, monseigneur.
— Non.
— Vous avez chevaux et voitures et banquiers.
— Mon père a tout cela. Mais, après avoir beaucoup voyagé, mon père est devenu casanier. Et depuis que j'ai fini mes études, je suis resté à Fresnoy. Fresnoy est une belle campagne et tout ce qui m'entoure, mais j'ai vingt ans.
— Cependant, permettez, comme dit la vieille chanson :

> Vous avez plus d'un droit superbe
> Comme seigneur de ce canton.

— Quels droits?... La chasse?... La pêche?... Je n'y tiens pas. J'ai le droit de rester chez moi, de m'ennuyer et de me taire.

Sur ces paroles tristes, Clément sentit qu'il allait trop loin et baissa la tête d'un air confus.

Un bâillement du lion rompit le silence.

— Ah! ah! fit Lagingeole, mon Sultan sent quelque chose, voyez-le étirer ses griffes et humer l'air.

— Qu'est-ce donc?

— On apporte le mouton, c'est probable, et avant un quart d'heure, il sera ici.

Clément assista au festin des bêtes féroces. — Le saltimbanque n'osa mettre de côté pour lui qu'un gigot et les côtelettes. Tout le reste fit le régal du lion, de la panthère et de la hyène; jamais ces pauvres diables n'avaient été à pareille fête.

Le jeune d'Ambaret, après avoir joui de sa bonne action, quitta les saltimbanques, enchantés d'avoir fait sa connaissance et rentra au château.

Il était temps; son père ne pouvait tarder à être de retour.

Une surprise lui était ménagée.

Sur le seuil de la grande porte, Mlle Adèle était assise, les pieds au soleil, la tête à l'ombre.

— Bonjour, mademoiselle, lui dit-il avec courage.
— Bonjour, monsieur d'Ambaret.
— Il fait un bien beau temps!
— Aussi, vous avez fait une longue promenade.

— Non, je suis allé tout près d'ici voir une ménagerie.

— Ah! oui; il paraît que c'est curieux.

— Cela m'a amusé; il faut l'aller voir, mademoiselle.

— Oh! moi, je ne puis.

— Pourquoi?

— Mon père ne me le permettrait pas.

— Tiens!... Mais le mien non plus; le croirez-vous?... Eh bien! s'ils sont si exigeants, ils nous apprennent à leur désobéir.

— Oh! monsieur, que dites-vous là.

— Si vous le voulez, mademoiselle, nous nous entendrons pour cela.

— Ce que vous dites là, monsieur, me fait trembler.

— Mais vous êtes grande fille, et moi j'ai vingt ans. Soyons braves, et le jour de la fête, allons ensemble au spectacle.

— Ensemble!

— Pas le long du chemin.

— A la bonne heure.

— Mais dans la ménagerie.

— Et que pensera-t-on en nous voyant assis sur le même banc?

— Ce que l'on voudra.

— Monsieur d'Ambaret, ce n'est pas possible; je ne dis pas pour moi qui ne suis qu'une pauvre fille, mais pour vous...

— Pour un plaisir aussi simple et aussi innocent, que d'obstacles!... Allons, nous en reparlerons.

Adèle garda le silence.

— Il fit quelques pas sous la voûte, puis revenant en arrière :

— Ne voulez-vous pas, reprit-il, d'une voix adoucie, que nous en reparlions?

— Si vous le désirez, monsieur, je le veux bien.

— A demain donc.

— A demain, répondit la jeune fille à voix basse.

EXPULSION

Ce jour-là était un jour d'aventures extraordinaires. Clément d'Ambaret avait dépouillé sa chrysalide et devancé d'un an l'âge légal de sa majorité. Sans qu'il s'en doutât, une petite révolution s'était accomplie.

Il rentra chez lui fier de lui-même.

Ses nouvelles connaissances lui plaisaient et il se réjouissait surtout en songeant au repas du lion.

Quant à son entretien avec la blonde fille du concierge Honorat, il n'osait y songer ; ce souvenir le jetait dans des explosions de joie folle.

Il avait donc osé lui parler!

Et il lui avait donné rendez-vous!

Où avait-il trouvé ce courage-là qui lui avait manqué pendant près de deux années. La jeune fille était effrayée de la hardiesse de ses propos, et sans doute avait dû le trouver transformé.

Oui, mais si son père élevait la voix, il disparaîtrait comme une souris dans son trou.

Comme il pensait ainsi, il entendit le pas du cheval de son père qui rentrait de sa promenade, et pour la première fois, ce bruit familier lui causa une certaine impression.

Il se demanda si son père n'était pas déjà instruit de son aventure du matin et n'allait pas le réprimander.

Il se promit d'être fort.

Mais le temps passa, il n'en fut rien.

Il s'habilla pour le dîner, et à la cloche s'y rendit. Son père lui fit l'accueil habituel.

A la fin du repas, avec le calme le plus parfait, il dit à son valet de chambre.

— Jean, allez dire au concierge qu'il aille trouver les saltimbanques qui se sont installés dans mon pré et de leur ordonner de ma part d'avoir à vider les lieux sans délai, sous peine des amendes édictées par la loi.

— Oui, monsieur le comte, répondit le valet étonné.

Clément dit :

— Mais ils doivent aller à Fresnoy, samedi soir.

— Je ne veux plus les tolérer chez moi plus longtemps.

Cela fut dit d'un ton sec qui surprit tout le monde.

Le comte, on le sait, tenait à être charitable ; cette rigueur n'était point dans sa manière d'agir ordinaire ; il aurait laissé les *forains* tran-

Je vais lui dire que tu lui demandes un délai de vingt-quatre heures.

quilles, mais, en promenade, il avait rencontré l'abbé des Hautbuissons qui, avec de grandes phrases, lui avait dépeint la *profanation* des ruines de l'abbaye par la troupe Lagingeole, et qui lui avait fait des portraits peu flatteurs de ces artistes ambulants : des échappés de galères, d'anciens chauffeurs, des voleurs d'enfants et de bétail, des gens dangereux, dont il fallait purger le département.

Sous l'impression de ce chaud réquisitoire, le comte avait décidé de chasser de chez lui ces intrus.

Le concierge de Fresnoy se rendit, en conséquence, à la ménagerie.

On y faisait fête.

Bêtes et gens étaient en liesse.

Le loup avait dévoré toutes les rations de viandes gâtées destinées à la communauté carnassière ; les singes avaient des croûtes et des fruits, et du centre de l'établissement se répandait une odeur appétissante de côtelettes sur le gril. On buvait double et à la santé de Clément d'Ambaret.

L'entrée du concierge Honorat jeta un froid dans ces ébats de famille.

Il fit l'effet d'un huissier.

Il aborda la compagnie avec politesse, son bonnet à la main, et annonça qu'il était envoyé par le seigneur de Fresnoy, son maître, M. le comte d'Ambaret, pour leur signifier de se retirer de sa terre.

Nous laissons à imaginer l'effet produit par ce discours.

— Et pour quelle raison ? fit Lagingeole.

— Je n'en sais rien, mais probablement parce que vous détériorez le pré.

— Oui-dà ! Comme le baudet de la fable :

Qui tondit de ce pré la largeur de sa langue !

« Il n'a jamais manqué de toupet, le seigneur comte ; il serait capable de réclamer des dommages-intérêts.

— Il pourrait, du moins, vous faire faire un procès-verbal par le garde-champêtre. Et à quoi bon des frais ?

Lagingeole n'avait pas cessé de l'examiner avec attention.

— Comme il dit cela ! fit-il tout à coup. Dites donc, concierge, est-ce que vous n'avez pas, comme moi, servi l'*autre ?*

— Oui, sous la République, en Italie et en Égypte, répondit Honorat.

— Moi aussi, répondit Lagingeole.

— Ramené blessé, j'ai quitté le service.

— Tout comme moi également.

— Mais, demanda Honorat, comment vous appelez-vous?

— Actuellement *Lagingeole;* c'est mon nom d'enfant de la balle, comme, en 93, je m'appelais *Maximus,* — un nom que j'ai dû quitter parce qu'il ressemblait trop à un autre très désagréable...

— *Maximum?*

— Justement. Enfin, à l'armée, j'avais le nom de mon père : Léonard.

— Léonard? Je me rappelle ce nom, en effet, dit Honorat, légèrement troublé.

— Nous étions ensemble au fort d'El-Arich.

— C'est possible.

— Et nous nous sommes évadés ensemble, ajouta le forain en appuyant sur les mots. Ce sont des choses que l'on n'oublie pas, cela : ce massacre et cette fuite dans le désert. Tu étais blessé au bras gauche et moi au front.

— C'est vrai, répondit Honorat avec ennui, mais forcé d'en convenir.

— Allons! tope-là, camarade. Ils deviennent rares, les Égyptiens. C'étaient de solides soldats et des braves!... dit Lagingeole.

Honorat n'osa refuser sa main.

— Nous allons, dit son ancien compagnon d'armes, boire un verre ensemble.

— Non, merci, M. le comte m'attend.

— Qu'il attende!

— C'est le maître.

— Tu le crains donc bien.

— Il me fait vivre. Toi, tu es libre, tu vis où tu veux; moi, je suis attaché à la porte du château de Fresnoy. J'avais une petite pension sous l'Empire; je l'ai perdue.

— Mais tu aurais pu demander une loge à un autre qu'à cet homme.

— Je ne la lui ai pas demandée. Mon père l'avait occupée avant la Révolution; je fis les campagnes de Belgique et d'Alsace, puis d'Italie et d'Égypte, et, quand je revins à Fresnoy, M. d'Ambaret n'en était pas encore propriétaire. Il me trouva réinstallé dans la loge paternelle; j'appartenais aux murs du château comme si j'avais été inscrit dans l'acte de vente. Il ne s'inquiéta pas de mon passé; il savait que j'avais été soldat, mais tout le monde l'a été. Jamais il ne daigne m'interroger sur mes campagnes, et moi je n'aurais rien su des siennes si je n'avais entendu appeler de son nom un des deux Anglais, venus à El-Arich. Ce souvenir me fit un singulier effet; mais je ne pouvais, sans folie, donner ma démission. Plus tard, je t'expliquerai pourquoi. Je me suis dit qu'il fallait vivre d'abord; ensuite, — et cela peut te servir d'avis également, — que lorsqu'on n'est pas le plus fort, il faut savoir se taire.

« Maintenant, camarade, au revoir. Je vais lui dire que tu lui demandes un délai de vingt-quatre heures.

— Et si j'y allais? fit Lagingeole.

— Pas de bravade!... La bravade, tu le sais, n'est pas même de l'audace. Puis, tu as un verre de vin dans la tête; méfie-toi. Enfin, ne prononce jamais mon nom, n'est-ce pas?

— Tu peux être tranquille.

Honorat regagna le château.

La cloche du dîner sonnait; il rencontra son maître se rendant à la salle à manger.

— Ah! c'est vous? fit-il brusquement. Eh bien?...

— Monsieur le comte, ces montreurs de curiosités foraines sont des gens très pauvres...

— Des fainéants, des gens dangereux. Vous leur avez signifié de déguerpir?

— Oui, monsieur le comte.

— Qu'ont-ils répondu?

— Qu'ils avaient campé dans le pré, pleins de confiance dans la charité bien connue du seigneur de Fresnoy, et qu'ils le supplient de leur accorder un délai de vingt-quatre heures.

— Vous avez refusé!

— Ce n'était pas à moi qu'ils s'adressaient; je devais attendre les ordres de monsieur le comte.

— Me voici en pourparlers avec cette canaille. Vous auriez pu m'éviter cet ennui, Honorat.

— Monsieur, je vous suis tout dévoué ; mais, pour ce qui concerne le dehors du château, je me repose naturellement sur vos gardes.

— Allez, et que cela ne se renouvelle plus.

— Ces forains peuvent donc ne pas lever leur camp avant demain à midi.

— Oui, pour en finir.

LE PÈRE ET LE FILS

Ainsi que d'habitude, le dîner fut silencieux. Le père et le fils n'échangèrent pas quatre paroles. Le père mangea avec distraction et ennui ; le fils avec l'appétit d'un bon jeune homme dont la conscience est paisible et l'estomac en bonne santé.

Au dessert, M. d'Ambaret dit de servir le thé dans son cabinet.

A ce propos, nous ferons observer qu'il suivait en tout les modes anglaises, n'ayant d'estime et d'admiration que pour les Anglais.

Ses chevaux de selle, son tailleur et autres fournisseurs étaient Anglais. Il s'en fallut de peu qu'il ne le devînt lui-même.

Le repas terminé, il se leva ; son fils l'imita aussitôt ; et, lorsque celui-ci eut récité la prière d'actions de grâces :

— Clément, lui dit le comte, nous allons prendre le thé dans mon cabinet ; j'ai à vous causer sérieusement.

Lorsqu'ils se retrouvèrent face à face et commodément assis, le comte reprit la parole d'un ton fatigué et lent à s'échauffer.

— Mon fils, dit-il, depuis que vous avez quitté les Hautbuissons, vous avez pu, à loisir, réfléchir à la carrière qu'il vous conviendrait de suivre.

— Mon père, répondit Clément, je me suis habitué à m'en remettre en tout à votre volonté.

Le père fit un geste de dépit.

— Il est regrettable qu'à vingt ans vous ne sachiez pas vouloir; mais, du moins, avez-vous quelque désir et quelque préférence?

— J'ai craint, pendant longtemps, que l'on fît de moi un prêtre; mais, cela excepté... tout me paraît égal.

— Il est vrai que vous connaissez peu le monde.

— Pas du tout.

— Au moins désirez-vous le connaître?

— Je ne m'en fais aucune idée, si ce n'est que c'est un séjour plein de dangers, où l'impiété triomphe et où la vertu est sans cesse menacée... C'est là tout ce que l'on m'en a dit à Hautbuissons.

— Je vois qu'on vous a élevé pour faire de vous un prêtre. L'abbé Martin est dominé par une idée fixe : relever de ses ruines l'abbaye. Mais il faut des millions pour cela, et je ne suis pas convaincu que ce serait de l'argent bien placé. Il s'est mis dans la tête d'y employer notre fortune et il est tout disposé à vous ruiner, mon cher Clément, pour faire de vous un abbé des Hautbuissons!...

« Décidément, je me suis trompé en vous le donnant pour précepteur, et l'éducation que vous avez reçue laisse beaucoup à désirer. Elle n'a rien de solide : un peu de grec, beaucoup de latin, presque pas de mathématiques, de la géographie, de l'histoire... mais quelle histoire?... Et, d'ailleurs, des savants et des hommes d'État de nos jours prétendent que cette branche de connaissances ne sert qu'à un lettré, mais de rien à un homme politique[1]. Enfin, à quoi êtes-vous bon, si la fortune, par quelque catastrophe, venait à vous manquer? Quel emploi, civil ou militaire, pourriez-vous remplir?

— Pardonnez! j'ai appris l'horlogerie.

— Ah! vous savez raccommoder les montres?

— Oui, mon père; l'abbé avait recueilli, un hiver, un horloger genevois; il m'a cité un grand nombre de personnes de condition qui avaient appris un métier : tourneur, serrurier, jardinier, horloger... et m'a fait apprendre ce dernier métier.

— Très bien; et, si un jour nous sommes ruinés, répondit le comte avec un sérieux comique, nous pourrons alors vivre de votre travail. En attendant, que ferons-nous de vous?

1. L'étude de l'histoire et l'opinion ont beaucoup changé depuis.

« Si j'avais vécu à Paris, je vous aurais associé à ma vie et je vous aurais formé. Tout ce que je puis aujourd'hui, c'est de vous recommander à un ami. Il vous prendra, en quelque sorte, sous sa tutelle, vous initiera à mille usages que vous ignorez ; vous admettra à ses réceptions et vous mêlera ainsi, peu à peu, au monde parisien. Vous remplacerez les professeurs de latin et de grec par un maître de danse et de maintien, un maître d'armes et un maître d'équitation. Au bout d'un an, si je suis content de vous, j'irai vous voir et passer quelques jours près de vous. Enfin, un peu plus tard, vous irez à Londres y prendre la marque du parfait gentleman ; puis à Berlin, à Vienne, qu'il faut visiter... (s'interrompant) mais je vous vois rester froid à mes projets.

Clément, en effet, paraissait sous une impression pénible. Il avait même un peu pâli et son front se mouillait de sueur.

— Pardon, dit-il, j'éprouve plus de surprise que de joie. Ce grand et subit changement d'existence m'étonne, et, vous l'avouerai-je ? m'effraye un peu. Je sais que votre nom, votre mérite et votre fortune changent en devoir votre droit d'être ambitieux, et qu'il est naturel que, rassasié d'honneurs et de richesses, vous reportiez sur votre fils unique la charge de soutenir le lustre de votre maison, — je sais cela, — mais songez aussi combien il est naturel, dans l'état d'ignorance où je suis, que j'accepte avec joie un changement aussi prompt.

— Très bien, très bien, dit le père. Tu tâcheras de t'accoutumer à ces nouveautés. Il y a de ma faute ; je le reconnais et je m'en accuse. Je t'ai trop négligé. Cela va changer. Désormais, nous sortirons ensemble et nous prendrons le thé ici. Nous parlerons de Paris.

— J'ai souvent pensé, dit Clément, que j'irais voir Paris et je me réjouissais d'en visiter tous les monuments.

— Pauvre garçon ! fit le comte.

— Mais je n'étais pas pressé, reprit Clément. La vie, au château, sans être très variée, me plaisait. Maintenant que mon père se rapproche de moi, elle va me paraître délicieuse.

L'entretien sérieux se borna là. Il avait l'importance d'un événement.

Sans qu'il y parût, Clément s'était beaucoup maîtrisé pendant cette conversation. C'était la première fois que son père lui parlait aussi longuement et aussi sérieusement. Il n'était pas habitué à sa parole et elle l'émouvait facilement. Il éprouvait, vis-à vis de lui, une gêne insurmontable. Il sentait son ignorance ; il se méfiait de ses idées et de ses expressions. Enfin, il souffrait, en ces moments-là surtout, de la froideur habituelle de son père, de son indifférence pour tout ce qui le concernait.

« L'enfant, chez moi, ne le gênait pas, se disait-il amèrement ; maintenant il a peur d'avoir à rougir de l'homme ». Il se repent de m'avoir négligé. L'orgueil le rappelle à ses devoirs, mais l'affection ne se montre pas encore.

« En définitive, je dois toujours me féliciter d'avoir échappé à l'abbé Martin, l'époux mystique de l'abbaye ; il ne voulait pas me lâcher, et, s'il avait pu endoctriner mon père, je serais abbé. A quoi tiennent donc les destinées !...

« Heureusement, il n'est pas parvenu à éteindre chez moi tout l'instinct de liberté et de désir de connaître. Je m'étais bien promis de voir Paris, et même, depuis quelque temps, je ne rêvais que de voyages et je commençais à me sentir au château comme prisonnier. C'est ce que je disais à ce malheureux saltimbanque, dont la vie errante me semblait digne d'envie. »

Telles furent les premières réflexions auxquelles se livra Clément d'Ambaret ; d'autres se produisirent ensuite et d'un genre tout opposé ; ce fut la grande horloge du château qui les provoqua.

C'était l'heure où d'habitude il montait à cheval pour se promener au bois, et où, en passant, il tâchait d'échanger un regard avec la jolie fille du concierge. Quand il s'était abandonné au plaisir de l'aimer, l'idée ne lui était pas venue qu'un jour prochain il devrait renoncer à elle, ne plus la voir et l'oublier. Et elle-même ne semblait-elle pas croire qu'il devait, sinon toujours, du moins longtemps demeurer au château.

Quelle conduite allait-il tenir vis-à-vis d'elle ?

La quitterait-il sans explication, en se basant sur l'absence de tout engagement entre eux ; ou bien agirait-il avec plus de franchise et lui dirait-il les ordres qu'il avait reçus de son père ?...

Ce fut à ce dernier parti qu'il s'arrêta. Mais il ne voyait pas une heure propice dans la journée pour lui faire ses adieux ; il devait attendre au lendemain à l'heure convenue entre elle et lui.

Il la prit dans ses bras, et la porta chez elle.

Leur premier rendez-vous n'aurait donc été fixé que pour des adieux.

Enfin, on amenait le cheval dans la cour; il allait sortir, passer sous la voûte et devant la fenêtre où elle guettait, pour obtenir de lui un salut et un sourire.

Il descendit, monta à cheval sans résolution prise, et quand le visage rose, encadré de cheveux blonds, apparut à la fenêtre, il s'inclina comme pour se dérober au passage et lui laissa un sourire.

Puis il piqua des deux à travers la campagne, mécontent de lui-même.

Il se dit des choses dures.

Pour la première fois, ce bâtard de la Révolution égalitaire rougit de la bassesse de son inclination et se trouva ridicule d'être amoureux de la fille d'un portier.

Son éducation n'était pas faite et il ignorait qu'à Paris, la ville du bon goût et du bon ton, il arrivait à des gentilshommes d'aimer, d'entretenir des artistes dramatiques, des filles d'opéra qui n'étaient autres que des filles de concierges... et de quelquefois moins.

Mais, je l'ai dit, il ignorait...

Il passa donc tout un temps de galop à se dire des sottises et à s'humilier; puis il laissa sa monture à son allure ordinaire, et, comme dans toutes les crises morales, il se fit chez lui une réaction.

Il s'était trop maltraité, il fallait en rabattre.

En définitive, se disait-il, il n'avait pas été maître de son mouvement en passant sous la voûte. Il lui suffisait donc de voir Adèle pour ne plus se posséder. Et, n'en déplaise à toutes les lois et à toutes les bienséances, tant qu'il la verrait, il serait épris d'elle, parce qu'elle était faite pour lui plaire. Pour ne plus l'aimer, il faudrait qu'il ne la vît plus... Seulement, seulement, comment renoncerait-il à la voir? Pour cela, il lui faudrait une singulière énergie...

Ne plus la voir?... Enterrer son image au fond de son cœur, comme en un tombeau, en lui défendant de revivre?... Avoir le courage de se dire : ni yeux bleus, ni bouche amoureuse, ni cheveux d'or, ni chairs de roses, je ne veux plus de tout cela... je ne veux plus aimer !

A cette condition, alors, je puis prendre des chevaux de poste et partir pour Paris.

Était-ce possible ? Peut-être. Était-ce facile ? Assurément non. Il le sentait.

Jusqu'alors il n'avait agité aucune de ces questions.

Elle et lui étaient tout ce qu'il y avait de jeune et de vivant dans ce château, et la nature, — la bonne nature, — les avait poussés l'un vers l'autre en dépit de la raison et des convenances.

Un peu de terre est resté entre deux pierres de la fenêtre d'un prisonnier ; le vent y jette une graine et le printemps y met une fleur.

Jeune homme et jeune fille s'éprennent l'un de l'autre sans le savoir, sans y penser ; mais que tout à coup la nécessité de se séparer les surprenne, ils s'aperçoivent que cet événement si ordinaire et même prévu ne peut plus s'accomplir sans souffrance. Les liens qu'ils ont tissés en badinant ne s'arrachent pas sans des larmes et quelquefois du sang.

Telles furent les réflexions du jeune d'Ambaret, mais il rentra sans en avoir tiré aucune conclusion. Il remit à plus tard de prendre une résolution. Il n'avait pas acquis l'habitude de vouloir.

Le lendemain de cette journée si remplie, il se trouva, à l'heure dite, sous la voûte de la grande porte : c'était l'heure propice ; son père faisait sa promenade. Adèle l'attendait ; elle était seule.

Elle devint très rouge en le voyant. Il était également très ému. Il lui tendit la main et l'attira ainsi doucement sous ses lèvres, qui égarèrent leur premier baiser dans ses cheveux, au-dessus du front.

— Nous voilà donc ensemble, chère Adèle, lui dit-il. Depuis bien longtemps je désirais cette entrevue. Et vous ?

— Moi aussi, monsieur Clément ; mais ce n'était pas à moi de vous le faire savoir.

— Non, sans doute.

— Mais la confiance que j'ai en vous me faisait espérer qu'un jour vous vous décideriez à me parler.

— Et que pensiez-vous que j'eusse à vous dire ?

— Oh ! je ne sais pas ; car, à la vérité, en ce moment, il me semble que je n'ai rien à vous confier, et que d'être près de vous cela suffit pour que vous sachiez tout. Mais, parlez-moi, vous, je vous en prie. Vous entendre est déjà un bonheur.

— D'où vient donc la confiance que vous avez en moi ?

— De votre visage. Et vous, d'où vient que vous ne vous êtes pas montré plus hardi avec la fille d'un de vos domestiques?

— Parce que vous êtes belle sans coquetterie; parce que vous êtes pure sans être maniérée et qu'à travers votre franchise on lit votre honnêteté!... Et parce que... Faut-il tout vous dire? Tout en se sentant attiré vers vous, on craint de vous être funeste et de vous faire sortir de la ligne droite que vous avez toujours suivie. Oui, je me suis dit souvent que je devais me borner à nos bonjours passagers, si j'étais loyal, si j'étais honnête. Me faire aimer de vous, vous étourdir de promesses, de mensonges, c'eût été facile, peut-être, mais je ne l'ai pas voulu. Vous mentir? Oh! ce serait un crime. Et voyez combien cette réserve nous aura été heureuse... chère Adèle!...

« Sans se douter de rien, mon père ne songeait déjà qu'à nous séparer.

— Nous séparer? fit la jeune fille impressionnée.

— Mais oui, ma chère amie, nous séparer, riposta Clément avec tristesse.

— Mais comment?... reprit-elle suffoquée.

— Il veut m'envoyer à Paris.

— Ah! exclama la jeune fille en pâlissant.

— Tu pâlis!

— Je meurs, murmura-t-elle; et elle perdit connaissance.

Il la prit dans ses bras et l'emporta chez elle. Il la posa dans la grande chaise à bras de son père et lui prodigua, éperdu, des caresses et des baisers qui eussent rappelé une morte à la vie. En rouvrant les yeux, elle le vit tout en larmes et lui sourit.

— Pardonne-moi, lui dit-il d'une voix aimante; je devais t'apprendre notre malheur; je t'ai fait souffrir; j'ai bien souffert aussi, va. Mais, maintenant que nous avons mêlé nos larmes, nous sommes l'un à l'autre pour toujours. Remets-toi et reprends courage. Nous tâcherons de parer aux coups du sort. Ce qui paraît un malheur est parfois un bonheur. Cette triste nouvelle m'a prouvé que tu m'aimes; à moi maintenant de te prouver mon amour.

« Allons, levons-nous. Du courage!... Il faut marcher, agir.

Elle alla boire un grand verre d'eau, puis elle regarda le cadran

d'un air inquiet, détacha d'un vase plein de fleurs la plus belle rose,
qu'elle remit à Clément, en lui disant :

— Jusqu'à demain ; nous nous reverrons à la fête.

LA FÊTE PATRONALE

Clément se rendit dans la prairie. Lagingeole, aidé d'Honorat,
achevait de couvrir de toiles la voiture chargée de cages ; sa femme
faisait des paquets, et Aristide passait la bride aux chevaux. On entendait les fauves pousser de sourds gémissements. Clément ne put
résister au désir d'aller dire bonjour aux forains, qui s'empressèrent
de quitter leur travail pour venir le saluer.

— Vous nous quittez, dit-il.

— De toutes façons, il le fallait, répondit Lagingeole. Nous espérons que vous serez assez aimable pour assister demain, après vêpres,
à notre grande représentation ; j'entrerai dans les cages du lion, de la
hyène, de l'ours et des singes, pour leur servir leur dîner. Nous espérons que M. le comte ne s'y opposera pas.

— Heureusement que je puis me passer de sa permission, répondit Clément. Je me mêlerai au public à la sortie des vêpres. C'est déjà
chose résolue.

— Merci, mon jeune seigneur, dit Lagingeole en s'inclinant ; permettez-moi de continuer mon emballage ; vous voyez que vie *errante*
est parfois *fatigante*.

— Enfin, vous voilà avec votre permission en poche.

— Ce n'a pas été sans peine que nous l'avons obtenue, fit observer
M. Aristide. Le maire hésitait à nous l'accorder, sous le prétexte qu'il
n'y avait pas trop de viande dans la commune de Fresnoy pour la
jeter à des animaux. Le curé, que je respecte infiniment, cela va sans
dire, mais animé contre nous, insinuait que nous avions volé un mouton à l'abbé Martin, des Hautbuissons, et nous accusait de montrer en
cachette, aux jeunes gens, des personnages en cire contraires à la
pudeur, c'est-à-dire des pièces anatomiques que les médecins, selon
lui, doivent seuls connaître.

« Heureusement que l'adjoint, qui tient auberge, a fait observer que s'il n'y avait pas de comédie, personne ne viendrait à la fête et qu'il fallait favoriser le commerce. Enfin, M. le maître (l'instituteur) a dit que notre ménagerie est utile à l'instruction de l'histoire naturelle, et il a cité Paris, Londres et d'autres grandes villes où l'on élève des animaux féroces, afin de les montrer au public.

« Enfin, il a terminé son discours par un trait d'éloquence, auquel la gauche et le centre gauche du Conseil ont applaudi :

« Nous vivons, a-t-il dit, sous un monarque ami des lumières ; tous
« les amis du roi, tous les vrais Français se retrouveront sur les bancs
« de ce spectacle instructif !... »

« Le maire lui-même a été ébranlé.

« Vous voyez, monsieur d'Ambaret, que l'affaire a été chaude !... C'est vraiment à dégoûter du métier. Et maintenant, en route !

Il leva son fouet et l'énorme voiture s'ébranla vers le chemin du village.

Honorat reprenait en même temps le chemin du château ; Clément le rejoignit.

— Ils ne sont tout de même pas heureux, lui dit-il.

— Ah ! monsieur, que voulez-vous !... Ils font du dégât partout. Vous avez vu dans quel état ils ont laissé le pré.

— Que nous importe un peu d'herbe !

— Monsieur le comte m'a grondé.

— J'en ai été surpris.

— Mais j'ai tout de même obtenu, pour leur expulsion, un délai de vingt-quatre heures.

— Vous avez bon cœur, Honorat. Mais aviez-vous déjà vu ces bohémiens ?

— Il y a très longtemps, monsieur.

— Vous avez passé ici presque toute votre vie ?

— Oui, monsieur. Mon père était concierge de votre grand'tante, Mme de Fresnoy.

— Et pendant les troubles ?

(C'est ainsi que l'abbé Martin appelait la Révolution.)

— J'ai été soldat et j'ai servi sous Bonaparte, en Italie ; puis, ayant été blessé, je suis revenu ici. Le château était désert. Monsieur votre père ne le possédait pas encore. Il m'a gardé.

— Et vous vous êtes marié?

Honorat le regarda de travers.

— Non, monsieur, répondit-il.

— Tiens !... Mlle Adèle n'est-elle pas votre fille?

— Non, monsieur; Adèle est une orpheline. En guerre, j'avais vu son père périr sous mes yeux et, à mon retour, j'appris que sa mère était morte... Je la pris avec moi et je l'élevai comme ma fille.

— Vous l'aimez beaucoup, alors?

— Comme ma fille.

Clément demeura pensif un instant, puis reprit :

— Elle a dix-huit ans; vous songez peut-être à la marier?

— Moi! fit Honorat, étonné de toutes ces questions, je n'y songe guère.

— Elle y songe peut-être pour vous.

— Je ne le crois pas, monsieur.

— Il faudra vous séparer, alors?

— Ce n'est pas sûr, si c'est un garçon du village qu'elle épouse.

— Et elle n'a plus un seul parent?

— Non, monsieur. Lui connaîtriez-vous un mari, par hasard? fit Honorat en riant.

— Vous riez? Mais cela peut arriver, mon ami — et je le voudrais à son goût, j'en suis sûr, — jeune, épris d'elle et riche. Quelle est la première qualité que vous exigiez pour votre pupille?

— L'honneur! monsieur.

— Bien répondu, fit Clément.

D'après ce court entretien, on voit de quelle nature étaient les préoccupations du jeune d'Ambaret.

Quant à Honorat, il se disait : — D'où vient donc l'intérêt subit que ce blanc-bec porte à ma fille? D'où tombe tout à coup ce déluge de questions, quand il ne m'adresse jamais la parole? Il ne me paraît plus ainsi qu'à l'ordinaire. Un changement subit s'est fait en lui. Il perd, de jour en jour, cet air de séminariste dont l'avait accommodé ce mauvais calotin des Hautbuissons. »

En rentrant dans sa loge, il fut, tout d'abord, frappé de la physionomie de sa fille. On eût dit qu'elle avait souffert et beaucoup pleuré.

— Qu'as-tu donc, fillette? lui demanda-t-il. Tu as un air tout singulier : les paupières rougies, les joues blanches.

— Vous trouvez? Mais je n'ai rien, je vous assure.

— Justement, je quitte M. Clément qui, lui aussi, m'a paru extraordinaire. Il m'a accablé de questions sur mon passé, sur ta famille et m'a demandé si je songeais à te marier et quel mari je voudrais pour toi.

— Oh! par exemple!

— Jamais, depuis deux ans, il ne m'en a tant dit. Qu'est-ce que tout cela signifie? Auriez-vous causé ensemble?

— Quelle idée!

— Il peut, sans penser à mal, avoir cette fantaisie ; mais, prends garde, fillette, de faire causer de toi.

LE SCANDALE

La grande place carrée du village, par chacun de ses côtés, répondait aux grands besoins de la civilisation. Au sud, l'église; la mairie et l'école, au nord; à droite et à gauche, l'*Hôtel des Voyageurs* et le *Café des Voyageurs*.

Au milieu de la place était réservé, pour le bal, un espace orné d'une enceinte de fleurs et de feuillage; aux angles se voyaient des chevaux de bois, l'Hercule du Nord et la ménagerie.

Cet amoncellement d'attractions produisait l'encombrement de la foule, ce qui, au village, ne déplaît pas une fois l'an. Les dévots, seuls, en étaient vexés; ils ne pouvaient supporter que l'on dansât devant les saints de pierre du portail; et cependant, en ces temps de Trestaillons et de religions, on consacrait encore deux heures de l'après-midi à chanter les vêpres. Ce n'était que vers trois heures que l'on commençait à danser et que les spectacles ouvraient, au son du tambour et de la clarinette.

Les jeunes filles, se tenant par le bras ou par la main, par petites bandes, se portaient vers la grande place; les jeunes gens, également coalisés, allaient au devant des jeunes filles. Ils étaient en nombre, avaient mangé de la viande et bu du vin; ils ne doutaient plus de leurs charmes et attaquaient bravement celles à qui, depuis l'an der-

Apprends donc que celui que tu veux épouser...

nier, ils faisaient une cour timide. En attendant l'accord des violons — toujours difficile, — on faisait un tour aux chevaux de bois, ou l'on allait contempler les peintures énigmatiques de la ménagerie.

En même temps, les hommes, revenus de la vanité de la jeunesse, encombraient l'*Hôtel* et le *Café des Voyageurs*.

La grande chaleur était tombée, et de tous les villages voisins, par les routes poudreuses et les sentiers ourlés de verdure, s'acheminaient, en longues files, hommes, femmes et enfants. L'attraction était irrésistible.

Le père Honorat, ne voyant pas sa fille et éprouvant une vague inquiétude, l'avait appelée et cherchée, mais en vain. Il en fut vivement affecté ; c'était la première fois qu'elle était sortie sans sa permission et pour aller à la fête... C'était un coup de tête qui sous-entendait bien des choses et qui, sottement, brisait la bonne harmonie qui avait, jusque-là, régné entre eux... — « Il y a quelque amourette là-dessous », se dit-il.

Il en ressentit de la mauvaise humeur, mais sans colère. Il comprenait que cet accident devait se produire un jour ou l'autre. « Et, puisqu'il faut que cela arrive, se disait-il, il vaut encore mieux que ce soit avec un honnête garçon de Fresnoy qu'avec quelqu'un du château ». Il la gronderait, — car, en définitive, elle était coupable, — et il lui reprocherait aussi de s'être peu souciée de son désir d'aller faire un tour à la fête et voir son ancien compagnon Lagingeole dans son triomphe de dompteur.

De toutes façons, il lui parut triste de préparer son repas et de manger seul, et le temps lui sembla bien long ensuite. Ses idées s'assombrirent ; il ne tint plus en place et commença à juger sévèrement la conduite de sa fille. Allait-elle passer la nuit au bal ? Et quelle personne respectable la reconduirait chez elle ?...

Enfin, au risque de se faire chasser par le comte d'Ambaret, dévoré d'inquiétude, il résolut d'abandonner son poste et de courir jusqu'au village.

Le soleil avait disparu, mais la campagne s'éclairait encore des ardents reflets du couchant. On entendait la musique de la fête, alors dans tout son éclat. Il espérait aller et venir assez vite pour que son absence ne fût pas remarquée, mais il eut le bonheur de rencontrer des gens de connaissance.

Il leur demanda s'ils avaient rencontré sa fille.

— Mais oui, lui répondit une femme. Nous l'avons vue à la ménagerie, puis tout à l'heure, en nous en revenant; elle revenait aussi. Vous l'auriez rencontrée si vous aviez pris les sentiers à travers champs. Elle doit, à présent, être arrivée chez vous.

— J'étais fort inquiet, dit Honorat.

— Mais, pourquoi donc ça?

— Une jeune fille seule sur les chemins, à cette heure !

— Mais elle n'était pas seule.

— Ah !... fit Honorat avec émotion.

— Nous l'avons vue tout le temps avec le fils de M. d'Ambaret.

— Tiens ! fit le père en dissimulant ce qu'il éprouvait; oh bien ! je suis tranquille. M. Clément, comme chacun sait, est un honnête garçon.

« Allons, bonsoir la compagnie...

Quand il se fut éloigné, les commentaires allèrent leur train.

— Il ne le savait donc pas qu'ils étaient ensemble à la fête? dit une paysanne.

— Il paraît, répondit une autre ; il était si inquiet... mais il a été vite tranquillisé. Eh bien ! moi, si honnête que soit M. Clément, je lui préférerais un simple valet de ferme. La voilà affichée, cette petite mijorée. Vous avez entendu tout ce qu'on disait en les voyant ensemble?

Ç'a été un scandale.

— Le garçon, lui, avec sa mine de sainte nitouche, n'avait pas l'air de s'en apercevoir; tandis qu'elle, par moments, devenait de toutes les couleurs.

— Quand ils sont sortis du spectacle, ils ont été suivis par une bande de jeunes gens qui marchaient derrière eux en riant.

— Qu'ils prennent garde ! reprit un vieux paysan. Ils pourront s'en repentir. Et, après tout, si la demoiselle se laisse mettre à mal, M. d'Ambaret est assez riche pour réparer ses torts.

Nos deux amoureux, en effet, après s'être rendus à la fête, l'un par le chemin, l'autre par les sentiers, s'étaient rejoints devant la ménagerie. Clément avait joué l'étonnement, puis avait invité Adèle à entrer. Elle avait accepté. A leur vue, Lagingeole, en personne, était accouru et leur avait apporté deux chaises, un peu en avant des premières banquettes.

En leur faisant cet honneur, il avait cru bien faire ; mais le public trouva plaisant que la fille du concierge eût une chaise comme le fils de son maître. Il n'était pas habitué à ce sans-façon chez les personnes de naissance et le prenait pour de l'effronterie ou du cynisme. Mais c'était surtout la fille qui était raillée. Pour elle qui, jusqu'alors, n'avait jamais donné sujet à la critique, on était sans pitié. Ce n'était plus qu'une hypocrite qui venait de jeter le masque.

Honorat, qui connaissait Adèle et devinait Clément, était bien éloigné de les accuser d'hypocrisie, mais attribuait tout le mal à leur naïveté ; avec un peu d'adresse, leurs relations seraient restées inaperçues. Mais Adèle, avertie la veille encore, était coupable à ses yeux, et c'était principalement sur elle qu'il rejetait la faute commune.

Elle l'avait devancé à la grande porte et ne s'attendait pas à ce qu'il fût si bien instruit. Afin de mieux déguiser son trouble, elle restait sans lumière ; mais, aux faibles clartés de la nuit, on pouvait tout distinguer dans le logement. Dès qu'il l'aperçut, la colère d'Honorat éclata avec violence.

— Vous êtes sans lumière, dit-il ; vous n'osez vous montrer ; tant mieux s'il vous reste encore un peu de honte après ce qui s'est passé. Votre galant est-il ici, qu'il puisse m'entendre ?

— Je suis seule. Je sais d'avance tout ce que vous pouvez me dire ; mais je me hâte de vous affirmer que je ne suis pas aussi coupable que vous pourriez le croire. Je ne suis coupable que d'imprudence.

— Ah ! permettez, vous m'avez désobéi, vous m'avez bravé et vous nous avez compromis. N'est-ce là qu'une imprudence ? Je sais ce qui s'est passé, et, le long de la route, j'ai entendu les quolibets que l'on a faits sur votre compte.

Aller vous afficher avec ce jeune homme ! C'est le dernier avec lequel j'aurais voulu vous voir. Pour tout le monde, vous êtes sa maîtresse. Et si vous saviez !... Si vous saviez ce que je sais ! S'il le savait lui-même...

— Mais quoi donc ? interrompit Adèle.

— Vous vous fuiriez l'un l'autre avec horreur. Oui, le marchand de balais qui traîne dans les villages ; le mendiant qui s'assied les dimanches à la croix du chemin ; le dernier des misérables me serait moins odieux, s'il osait vous courtiser, que le fils du comte d'Ambaret. Mais tout devait vous mettre en garde contre lui : sa naissance, sa fortune, son âge. Qu'avez-vous à attendre d'une pareille liaison? Rien que le déshonneur. La honte pour vous et pour moi; pour moi, jusqu'alors si fier de votre réputation !

— Vous n'avez pas à rougir de moi, répondit Adèle avec fermeté. A la vérité, je sais que j'ai commis une faute; j'en éprouve un repentir sincère et je vous en demande pardon; mais je crois que vous vous trompez sur M. Clément d'Ambaret. Ce n'est ni l'aristocrate, ni le débauché que vous imaginez. Je sais bien que vous avez gardé, sur les nobles et les prêtres, vos opinions d'autrefois, que l'on défend aujourd'hui; mais, que voulez-vous ! Lorsque nous nous sommes rencontrés, nos cœurs n'ont pas parlé politique; nous avons tout oublié : moi que j'étais domestique, lui, qu'il était noble et riche. Mais le mal n'est pas irréparable.

— Je l'espère... Tu peux te placer à la ville. Le temps, l'éloignement te guériront de ta folie.

— Ce n'est pas ce que j'entends, moi.

— Eh! quoi donc?

— M. Clément est loyal; s'il tient ce qu'il m'a promis, notre faute sera réparée.

— Il t'a promis de t'épouser, sans doute?

— Oui.

— C'est impossible, te dis-je, s'écria Honorat avec violence, en admettant même qu'il soit de bonne foi.

— Mais pourquoi, je vous en prie?

— D'abord, parce que son père n'y consentirait jamais; c'est déjà une raison.

— A laquelle il a réfléchi très sagement; je vous le démontrerai. En avez-vous une autre à m'opposer?

— Oui, malheureusement, mais j'hésite à te la dire. Je m'étais bien promis de n'en point parler, et le silence sur ce sujet me semblait la première garantie de notre tranquillité. Mais on dirait que la fatalité s'en mêle et tout conspire pour m'arracher mon secret.

En parlant ainsi, Honorat, en proie à une agitation extrême, se promenait à travers sa chambre, passant et repassant devant sa fille.

assise en face de la fenêtre. Tout à coup, il s'arrêta devant elle, et lui dit en baissant la voix :

— Apprends donc que celui que tu prétends épouser est le fils de celui qui a fait assassiner ton père.

Cette révélation portait à la jeune fille un coup terrible, mais elle n'en ressentit point d'abord la douleur ; elle demeura un instant immobile et muette ; enfin, se levant désespérée, elle s'enfuit dans sa chambre en sanglotant.

PROJETS D'AVENIR

Dans l'après-midi du lendemain, l'abbé Martin, des Hautbuissons, vint faire une petite visite au comte d'Ambaret. Il portait sous le bras un immense carton, qu'il s'empressa de déposer sur une chaise ; puis, allant à M. d'Ambaret, la main tendue et grimaçant son plus aimable sourire :

— Eh bien ! mon cher comte, j'ai aujourd'hui d'heureuses nouvelles à vous apprendre : je crois que sous peu et à l'heure marquée, tout se décidera pour nous. J'ai reçu deux lettres, qui suffiraient à l'honneur de ma vie : l'une est de l'évêché, l'autre du cabinet de Mme d'Angoulême ; et la première, je suis en droit de le supposer, n'est qu'un écho du Vatican. Vous serez préfet de l'Isère, mon cher comte, et, à la préfecture, vous vous affirmerez à la fois comme un catholique dévoué et fidèle sujet du roi, mais comme grand administrateur.

D'Ambaret l'écoutait avec un ennui mal dissimulé. Nous savons qu'il était sans ambition. Il répondit sèchement :

— Je vous ai déjà dit, l'abbé, que je n'avais pas à affirmer mon dévouement aux Bourbons ; c'est fait depuis longtemps ; j'ai fait mes preuves au delà de tout ce que peut demander un ministère, mais il me répugne de solliciter. J'ai fait mon devoir, j'en attends la récompense et je ne suis pas pressé de la recevoir.

— Très bien ; mais si vous ne voulez plus rien faire pour le roi, répondit l'abbé, vous vous devez à l'Église.

— Comment cela ?...

— Comme fidèle.

— Allons donc ! Il me semble encore que je fais plus que mon devoir. Je ne cesse de donner pour vos bonnes œuvres.

— Votre fortune est si considérable !

— J'en dois compte à mon fils.

— Vous avez, dans votre passé, tant de vieux péchés à racheter. Croyez-moi, vous pouvez donner davantage, et si vous ne pouvez contribuer à la prospérité matérielle de l'Église de votre propre argent, du moins vous ne pouvez refuser une situation politique qui vous donnerait l'influence nécessaire pour faire tomber dans notre aumônière l'argent des autres. Pour relever les Hautbuissons, il me faut un préfet dévoué, et c'est sur vous que je compte.

« De la préfecture, plus tard, vous passerez à la Chambre des pairs et vous accepterez un portefeuille. L'appétit vient en mangeant. Depuis deux ans, vous avez oublié le monde. Je viens de chez mon architecte et nous avons arrêté le devis de l'abbaye à huit cent mille francs, en laissant en souffrance la restauration de la chapelle et en ne rachetant, du domaine, que ce qui est indispensable. Voulez-vous voir nos plans... (il prit son carton et étala sur une table des dessins et des aquarelles que le comte considéra d'un air froid).

« Tenez, voyez, monsieur d'Ambaret. Voici l'abbaye ancienne ; la voici telle qu'elle est actuellement, et voici la restauration de l'édifice, pièce par pièce. Je possède également l'estimation des matériaux qui peuvent encore resservir.

« J'ai envoyé une copie de ces dessins à l'évêché. Monseigneur a promis son concours, avec une lettre du pape. Nous pouvons commencer avec quatre cent mille francs et même moins.

— Où les trouverez-vous? demanda M. d'Ambaret.

— J'espère des premières quêtes, répondit l'abbé avec une assurance étonnante, une centaine de mille francs ; j'en espère autant du département ; et vous, monsieur le comte, vous y ajouterez bien cent mille?

— Moi? Vous plaisantez. Ne dois-je pas songer à envoyer mon fils à Paris pour y achever son éducation et vivre un peu dans le monde ?

— Ah ! quant à ce projet, fit l'abbé avec vivacité, je n'y contredis pas et même j'en saisirai l'occasion pour vous signaler les sottises dont il a scandalisé hier le pays.

La physionomie de M. d'Ambaret exprima un profond étonnement.

— Comment! fit-il, notre Clément, type d'innocence campagnarde, Clément aurait fait des sottises et scandalisé nos villageois? Cela dépasse toute créance.

— C'est pourtant vrai, monsieur le comte.

— De qui tenez-vous cette plaisanterie?

— De gens très sûrs.

— Et que lui reproche-t-on, à ce pauvre Clément? j'en suis curieux.

— On l'a vu, à la ménagerie, en compagnie galante. Par une exception remarquée de tout le monde, M. Clément et sa compagne avaient chacun leur chaise à part. Pendant le spectacle, ils causaient d'un air intime dont s'amusait la galerie. Le spectacle terminé, Clément n'a pas quitté la blonde Adèle. Ils se promenèrent.

— Qu'est-ce que cette blonde Adèle?

— Mais la fille de votre concierge.

Le visage de M. d'Ambaret s'assombrit. Il leva les épaules avec mépris.

— Ah! cela est d'un sot, par exemple. Et cette vieille bête d'Honorat qui favorise pareille extravagance! Je vais lui régler son compte... Je vous le disais, l'abbé, il est temps que Clément change de vie, ou il ne sera jamais ni un gentilhomme, ni un paysan. Paris lui est nécessaire, et la vie pratique est le meilleur des précepteurs.

— En rentrant aux affaires, fit observer l'abbé des Hautbuissons, vous pourrez le pousser.

M. d'Ambaret secoua la tête d'un air de découragement.

Clément était mal doué pour parvenir; il lui manquait le grand ressort de l'ambition. Il avait l'étoffe d'un bon chef de bureau, mais était-ce bien à un millionnaire de s'enfermer dans une administration pour arriver à cette position?

D'autre part, il était déjà trop âgé pour entrer dans une école militaire. Son père se disait, après avoir constaté qu'il était sans aptitude spéciale et remarquable : « J'en ferai un député ».

Il avait du temps devant lui et il se gardait bien d'en parler.

Lorsque l'abbé Martin se fut retiré, il manda près de lui son concierge Honorat.

Il y a bien longtemps que je gardais ce secret.

ENTRE MAITRE ET DOMESTIQUE

Le bonhomme savait ce qui l'attendait et y était résigné. Il était vieux, n'avait ni rentes, ni métier, ni asile; il ne possédait que quelques faibles économies; être expulsé, c'était dur; mais il faut s'attendre à tout quand on est pauvre.

Il se rendit, d'un pas ferme, devant son seigneur et juge.

— Monsieur le comte m'a demandé? dit-il en s'inclinant.

— Honorat, vous êtes, je crois, un brave homme et je n'ai jamais eu à me plaindre de vous; mais, après ce qui s'est passé hier, je ne puis vous garder plus longtemps. Vous allez prier M. Bréchet de régler votre compte, et voici cinq cents francs de gratification.

M. d'Ambaret présenta au concierge un billet de banque.

— Merci, monsieur, fit Honorat en refusant d'un geste, mais je voudrais savoir en quoi j'ai mérité d'être renvoyé.

— Je n'ai pas l'habitude, répondit le comte, de discuter avec les gens à mon service; nous ne sommes point liés par contrat; j'ai réfléchi avant d'agir, et je crois bien faire en vous renvoyant.

— Fort bien, monsieur; mais, maintenant que je ne suis plus à votre service, je puis vous demander un mot d'explication.

— Ne savez-vous pas ce qui s'est passé hier à la fête de Fresnoy entre votre fille et Clément d'Ambaret?

— Si, monsieur, et c'est parce que je le sais que je m'étonne de votre rigueur.

— En admettant même que vous ne soyez pas coupable, c'est-à-dire que vous n'ayez pas favorisé les relations de votre fille avec mon fils...

— Oh! monsieur... se récria Honorat avec indignation.

— J'admets, dis-je, reprit le comte, que vous n'êtes pas de connivence, mais qui empêchera le public de le croire, et que penserait-on de moi en supposant que je le tolère? Je dois donc vous renvoyer.

— Cependant, monsieur, je pourrais accuser M. Clément d'avoir séduit ma fille.

— Oh! oh! c'est trop fort!... Une fille honnête se garde, mon brave homme. La vôtre n'est pas une enfant; quand elle sera hors de chez moi, elle pourra bien faire tout ce qu'il lui plaira, je ne m'en soucierai guère.

— Dès à présent, il n'y a plus de danger, monsieur, et ce caprice insensé de deux enfants est tué dans l'œuf.

— Tant mieux! fit le comte avec impatience.

— Je n'ai eu à dire qu'un mot pour cela, reprit Honorat d'une voix grave.

— Fort bien, et je ne demande pas à en entendre davantage.

Le vieux soldat, le front baissé, tortillant sa casquette d'un air embarrassé, murmurait dans sa moustache :

— Il y a bien longtemps que je gardais ce secret; maintenant, avant de m'en aller, je veux vous le dire :

— Qu'est-ce encore que cette histoire. Voyons, mais soyez bref.

— Vous vous souvenez du petit fort d'El-Aricht?

D'Ambaret frémit, mais il se domina promptement.

— El-Aricht? fit-il. Qu'est-ce que cela?

— Vous et un autre émigré, habillés en officiers, vous êtes venus au fort, envoyés par lord Sidney-Smith.

— Ah! quelle invention est-ce là?

Honorat élevant la voix :

— Dites quel crime.

— Ah! prenez garde!... Où voulez-vous en venir, enfin?

— Si vous ne vous rappelez pas l'affaire d'El-Aricht, moi, je m'en souviens; je faisais partie de la petite garnison que vous avez trahie, payé par Sydney-Smith et que vous avez livrée au cimeterre des Turcs. Plusieurs des nôtres ont échappé au massacre. Un camarade de ce pays a péri; je n'ai pu le sauver, mais j'ai recueilli sa fille, que j'ai élevée.

« Vous voyez, monsieur le comte, qu'entre la pupille d'Honorat et le fils de l'émigré d'Ambaret, il y a un obstacle infranchissable : le sang des soldats que vous avez fait assassiner.

— Malheureux! s'écria le comte, incapable de dominer le bouleversement qu'il éprouvait. Quelle méprise horrible!

— Il n'y a pas de méprise, monsieur; celui qui a vendu les

Français d'El-Aricht et les a fait égorger est bien M. le comte d'Ambaret.

Sur ces paroles, Honorat se retira.

Le billet de cinq cents francs était resté sur la table où l'avait déposé le comte. Il témoignait de la loyauté du vieux soldat que, plus tard, son maître eut pu accuser de chantage.

Il serait difficile de décrire dans quel état se trouvait le comte d'Ambaret. Mais que l'on se rappelle ce que nous avons dit, au commencement de ce récit, de la profonde mélancolie de cet homme, de la crainte que lui inspirait le monde.

Cet homme, si puissant par la fortune, si considéré dans la contrée, qui ne le connaissait que par ses largesses et ses bienfaits, tremblait à la pensée de voir révéler son passé. Sa fortune avait été amassée par les trahisons et les plus infâmes complots, et ce n'était que depuis deux ans qu'il s'était retiré de ses intrigues.

Ayant connu tant de monde, il craignait toujours que quelque témoin surgît devant lui. La vie publique lui était devenue impossible.

De là on peut juger de ce qu'il éprouvait à la pensée que plusieurs témoins de l'une de ses plus abominables trahisons existaient encore et que l'un d'eux était devenu son ennemi déclaré.

Le caractère entier et fier du vieux soldat lui était connu. Il ne pouvait revenir sur le fait accompli ; rappeler Honorat, acheter son silence, et il ne pouvait le faire assassiner. L'éloignement de Clément était la première mesure à prendre, mais elle ne coupait point le mal dans sa racine ; il ne ferait que prévenir entre eux une explication orageuse.

Bien qu'il se crût très supérieur à son fils, il ne supportait point l'idée d'avoir à rougir devant lui. La pensée d'une telle humiliation l'exaspérait. Mais enfin il ne voyait pas un remède radical au mal. Honorat lui avait déclaré que plusieurs soldats avaient, comme lui, échappé au massacre d'El-Aricht ; ils allaient sans doute se coaliser contre lui, et il cherchait en vain le moyen de leur imposer silence.

Pendant ce temps, un chariot emportait de la porte du château le mobilier d'Honorat et de sa fille, qui, provisoirement, allaient habiter à Fresnoy. Clément ne pouvait les voir de sa fenêtre, mais son domestique lui apprit cette nouvelle, qui causait au château un étonnement général.

Il crut d'abord qu'ils quittaient volontairement leur loge et fut blessé des susceptibilités du concierge; mais, lorsqu'il sut qu'ils étaient chassés, il cria à l'injustice.

— C'est l'abbé Martin, dit Sulpice, qui aura fait tout le mal. Il est venu cet après-midi et n'a pas manqué de se plaindre à votre père du prétendu scandale causé par Mlle Adèle. Autrement M. le comte, qui n'est pas sorti, ne saurait rien.

— Il est étonnant que mon père ne m'ait pas appelé et interrogé.

— Toute sa colère est probablement tombée sur la jeune fille, dit Sulpice.

— Mais elle est innocente.

— Tant mieux; mais maintenant il est trop tard pour revenir sur ce qui est fait. Si monsieur me permet de lui donner un conseil, c'est de ne rien dire et de paraître ignorer ce qui s'est passé.

— Mais, où vont-ils?

— Provisoirement au village. De là, le vieux cherchera une place de garde chez quelqu'ancien traîneur de sabre, un ennemi du trône et de l'autel. Il n'était pas à sa place ici.

— Je voudrais bien savoir, fit Clément, ce qui s'est passé entre lui et mon père. Mais je n'ose aller le trouver.

— Si monsieur m'envoie à la poste chercher le courrier du soir, je verrai Honorat.

— N'attends pas d'ordre, vas-y, dit le jeune d'Ambaret.

Vers le soir, Sulpice fut à Fresnoy. En arrivant sur la place, il aperçut tout d'abord l'ex-concierge, assis devant l'*Hôtel des Voyageurs* avec l'aubergiste, Lagingeole et plusieurs paysans. Il fut invité à prendre un verre et mis au courant de la conversation.

Honorat se défendait et démontrait l'entière innocence de sa fille : Adèle, en allant au spectacle, n'avait eu qu'un tort, c'était de ne pas le prévenir. Elle s'était trouvée là sans connaissance. Heureusement que Lagingeole était un ancien camarade d'Égypte d'Honorat. Il avait reconnu la fille de son ami et lui avait offert une chaise en avant des premières places déjà garnies, et à côté du fils de M. d'Ambaret. Ce jeune homme n'était pas non plus un étranger pour lui; il était venu voir sa ménagerie plusieurs jours auparavant et avait été assez aimable pour offrir à déjeuner à ses animaux.

C'est ainsi que les choses s'étaient passées, qu'y avait-il de scandaleux?

« Ma politesse envers ce charmant gentilhomme, ajoutait Lagingeole, et la fille de mon vieil ami avait-elle quelque chose d'exagéré ? Ces jeunes gens n'ont pas manqué aux convenances. Ils ont été des modèles de bonne tenue et de modestie. Si c'est vraiment pour cela que M. d'Ambaret a remercié un ancien serviteur comme Honorat, il a tort.

— Les raisons ne lui manquaient pas, dit M. Aristide, il ne lui fallait qu'un prétexte.

— Quelles raisons? demanda Honorat.

— Vous avez servi Bonaparte ; cela suffit.

LA POLICE

Lagingeole ne pensait rester que huit jours à Fresnoy ; c'était beaucoup trop dans une bourgade où les esprits s'étaient montés avec violence pour ou contre lui. Il s'était formé deux partis : l'un qui se moquait en dessous cape des sermons du curé et des colères du sombre châtelain de Fresnoy, et l'autre qui prétendait représenter les bons principes, la morale et la religion. Dans ce dernier, non seulement on reprochait à Lagingeole d'avoir fait rire d'un gentilhomme, mais on insinuait qu'il avait un cabinet de curiosités, dites anatomiques, en cire, qu'il montrait aux hommes et aux jeunes gens majeurs, *en secret*, moyennant cinquante centimes.

Cette accusation était grave. Le pauvre diable, en ayant eu vent, avait renoncé à montrer ses prétendues curiosités, bien qu'il se privât ainsi de ressources nécessaires. Il ne conjura pas la tempête.

Trois ou quatre jours après la fête, une vieille voiture, dont les ressorts sonnaient la ferraille, attelée de deux rosses de louage et escortée de cinq gendarmes, s'arrêta devant l'*Hôtel des Voyageurs*.

Deux messieurs, tout de noir habillés, ayant sous le bras de volumineuses serviettes, descendirent de cet équipage et demandèrent au maître d'hôtel où était la mairie.

Ces personnages étaient le commissaire de police du chef-lieu d'arrondissement et son secrétaire.

Le commissaire parcourut la place d'un regard et ordonna à voix basse au brigadier de se placer près de la ménagerie.

Lagingeole n'avait pas attendu cette manœuvre savante pour s'apercevoir qu'il s'agissait de lui. Il avait eu le temps de se préparer à cette visite et était convaincu que le commissaire en serait pour son dérangement.

Rentrant dans la baraque :

— Voilà la *rousse*, dit-il à sa femme.

— Ah ! fit celle-ci atterrée. Quel malheur encore ?

— Tu peux être bien tranquille, ma chère, nous sommes en règle.

— Nous les attendrons, dit Aristide. Ce sont les curés et le comte qui nous montent ce coup-là, mais ils s'en repentiront. Je me charge de leur affaire.

En même temps entrèrent le commissaire de police et son secrétaire.

S'adressant à Lagingeole :

— C'est vous le maître ou directeur de l'établissement ?

— Oui, monsieur.

— Vous êtes accusé de montrer, en secret, des objets obscènes et contraires aux mœurs. Nous venons faire perquisition.

— Eh bien ! voyez, examinez.

Alors eut lieu la scène exorbitante que l'on connaît, cette violation du domicile dans ce qu'il a de plus intime ; les investigations poussées dans votre lingerie, votre ménage, vos papiers ; la profanation et la dérision de votre liberté individuelle ; toutes ces vexations sur le caprice d'un magistrat, sur la dénonciation d'un coquin.

Et l'on parle de liberté !... quand on peut subir cette brutale inquisition sous un simple prétexte, inventé par un mouchard et accueilli par un magistrat qui, s'il n'est pas un sot, peut être un malveillant.

Et nous payons des impôts pour être protégés contre les méchants !...

Autrefois, plus encore qu'aujourd'hui, certains agents de police joignaient à leurs fonctions une grossièreté voisine de la violence. Les plus honnêtes se sentaient souillés par l'intrusion des gens de police. D'ailleurs, je le répète, de nos jours ces messieurs sont de parfaits gentlemen, comparés à ceux de la Restauration, choisis par Vidocq et Coco-Lacour.

— Qu'est-ce que ce coffre? (en frappant l'objet d'un coup de pied). Ouvrez cela !

Plus loin :

— Videz-moi cette armoire; étalez tout. Qu'est-ce que ceci?... Que faites-vous de cela?... Allons, du leste !... Nous n'allons pas coucher ici. Retournez les poches de cette robe. Et ce corsage?... Les femmes fourrent là-dedans tout ce qu'elles veulent.

« Ah ! voici l'armoire des fameuses curiosités. Mais on ne met pas tous ses œufs dans le même panier. Voyons toujours ceci.

Lagingeole ouvrit une grande armoire de chêne à deux vanteaux, en disant :

— Voilà tout ce que j'ai.

— Ah ! des nudités ! exclama avec l'accent du triomphe le commissaire, en découvrant deux pièces anatomiques. C'étaient un homme et une femme en cire coloriée, demi-grandeur, dont plusieurs parties pouvaient être démontées, de manière à laisser voir l'imitation de plusieurs organes : une partie du cerveau, le cœur et les poumons. Des pagnes imités de ceux des sauvages répondaient aux exigences de la pudeur.

Le commissaire les souleva avec empressement.

— Et ça? fit-il. Qu'est-ce que ces saletés?

— Il n'y a pas de saleté, répondit Lagingeole d'une voix tremblante de colère. C'est parfaitement décent, puisqu'il y a des populations entières qui n'ont pas d'autres vêtements.

Mais le commissaire s'obstinait à détacher les pagnes.

— Laissez cela, monsieur, disait le forain; vous voyez bien que ce n'est pas fixé pour être détaché.

— Allons donc ! vous le détachez tout de même.

— Qui dit cela? Oserait-on le prétendre devant moi !

— Si ce n'est pas afin de les montrer, pourquoi n'avez-vous pas supprimé les cochonneries et les gardez-vous sous un mouchoir?

— Parce que, répondit Lagingeole avec raison, je ne veux pas détériorer une œuvre qui a une grande valeur. J'ai acheté ces objets pendant la guerre à un médecin bavarois, qui avait besoin d'argent.

— Vous avez d'autres pièces ?

— Vous les voyez : un crocodile et quelques oiseaux rares empaillés.

www.ingramcontent.com/pod-product-compliance
Lightning Source LLC
Chambersburg PA
CBHW061725300426
44115CB00009B/1110